中国海洋法年刊

CHINESE YEARBOOK OF THE LAW OF THE SEA

2019

中国海洋法学会 主办

知识产权出版社
全国百佳图书出版单位

图书在版编目（CIP）数据

中国海洋法年刊．2019/中国海洋法学会主办．--北京：知识产权出版社，2019.8

ISBN 978-7-5130-6370-8

Ⅰ．①中…　Ⅱ．①中…　Ⅲ．①海洋法—中国—文集　Ⅳ．①D993.5-53

中国版本图书馆 CIP 数据核字（2019）第 144042 号

责任编辑：唐仲江　　**责任校对**：王　岩

装帧设计：黄慧君　　**责任印制**：孙婷婷

中国海洋法年刊 2019

中国海洋法学会　主办

出版发行：知识产权出版社有限责任公司　　网　址：http：//www.ipph.cn

社　址：北京市海淀区气象路 50 号院　　邮　编：100081

责编电话：010-82000860 转 8726　　责编邮箱：pangcongrong@163.com

发行电话：010-82000860 转 8101/8102　　发行传真：010-82000893/82005070/82000270

印　刷：北京建宏印刷有限公司　　经　销：各大网上书店、新华书店及相关专业书店

开　本：710mm×1000mm　1/16　　印　张：35.75

版　次：2019 年 8 月第 1 版　　印　次：2019 年 8 月第 1 次印刷

字　数：760 千字　　定　价：98.00 元

ISBN 978-7-5130-6370-8

序　言

国际海洋法在中国的历史不算久远，但对当今我国海洋事业的发展乃至民族复兴大业的影响和重要性日渐突出。改革开放以来，国内始终有一批领导、专家学者和社会人士关心着中国的海洋权益和海洋发展，致力于海洋法在中国的研究和实践。1981 年成立的中国海洋国际问题研究会是中国海洋法学会的前身。1994 年经国家主管部门批准，中国海洋国际问题研究会正式更名为中国海洋法学会，并注册登记成为国家一级学会。

中国海洋法学会自创立以来，团结全国海洋法学界和社会的研究力量，为推动我国的海洋法理论研究和实践进行了有益的探索和努力，在维护国家海洋权益、促进海洋立法和管理、开展国际学术交流等方面，发挥了积极的作用。

中国海洋法学会坚持举办学术年会和形式多样的形势报告与研讨会，广泛开展国际交流与合作，研究和讨论的议题涉及海洋法理论和实践的诸多方面。广大会员发表了很多真知灼见和有价值的论著。2004 年以来，学会坚持每年将海洋法学术年会和学术报告会上提交和发表的优秀论文结集成册，已连续出版了十余本海洋法论文集。这些成果对于进一步推动和促进海洋法在我国的研究和实践具有积极的意义，为中国的海洋事业发展和海洋法制建设作出了重要的贡献。

2012 年党的十八大提出了“建设海洋强国”的战略决策。为了更好地服务于国家建设“一带一路”的倡议，推动我国海洋法学的研究与实践，客观反映和呈现新的历史时期海洋法在我国的繁荣和发展，我们决定自 2016 年起将中国海洋法学会年度学术论文集改版为《中国海洋法年刊》。

《中国海洋法年刊》旨在选收中国海洋法学会年会和其他学术报告会上发表和提交的部分优秀论文，其目的是将海洋法学者在海洋法领域内辛勤耕耘的结果付梓面世，以推动和促进国内海洋法理论研究和实践的发展，争取在国际上发出中国海洋法学者的声音。

为了保持论文原貌，编者仅对文字作了少量必要的更动，原则上不触及原文的风格和内容。文中所述仅属作者个人观点，不代表中国海洋法学会、编者和任何其他有关方面的意见。

由于编者水平所限，疏漏之处在所难免，敬请读者批评指正。

编　者

目　录
CONTENTS

辑三　维护海洋权益

辑一 海洋法的发展

全球海洋治理视觉下的 IUU 捕捞治理

■ 黄硕琳*

【内容摘要】本文根据关于“预防、制止和消除非法、不报告、不受管制（IUU）捕捞的国际行动计划”的定义，界定了 IUU 捕捞的概念，分析了 IUU 捕捞活动对生态、经济和社会产生的危害，梳理了治理 IUU 捕捞的国际法律框架及治理 IUU 捕捞的区域机制和治理的一些工具。文章介绍了联合国、联合国粮食与农业组织（FAO）及其他相关组织为打击 IUU 捕捞活动所采取的一些行动。治理 IUU 捕捞活动的国际法律框架不断完善；打击 IUU 捕捞活动的工具不断充实；打击 IUU 捕捞活动的力度在不断加强；打击和治理 IUU 捕捞活动有可能成为今后一个时期渔业治理的重点。针对我国国内渔业和远洋渔业的发展状况和 IUU 捕捞活动的现实状况，文章分析了 IUU 捕捞在我国屡禁不绝的原因，并提出了相应的对策建议。

【关键词】IUU 捕捞　治理　国际法　应对策略

随着社会发展和人类捕捞技术的进步，人们对海洋渔业资源的需求和开发力度不断加大。海洋渔业资源衰退、海洋生态环境恶化已成为海洋渔业发展的严重问题，海洋渔业的可持续发展面临危机。从 20 世纪 80 年代开始，国际社会高度关注海洋渔业对海洋生态系统、海洋生物多样性的影响。

进入 21 世纪以来，这种关注达到了新的高度。通过全球或区域性协定，以及可持续渔业和海洋生态环境保护的决议、宣言，共同构建起一个全球海洋渔业治理的法律框架。在此框架内，由主权国家和区域性渔业管理组织采取措施，确保国际渔业养护和管理措施得到遵守的全球海洋渔业治理的行动，正在有序地展开。

IUU 捕鱼活动被认为是对海洋生态系统和海洋生物多样性威胁最大的人类活动之一。[1] 自 1997 年南极海洋生物资源公约会议正式提出 IUU 捕捞的概念后，全球开始了对 IUU 捕捞行为的治理行动。这种治理行动是在全球海洋渔业治理法律框架内进行的。

一、IUU 捕捞的概念

IUU 捕捞是一个包含范围比较宽泛的违法捕鱼活动的概念。

其中，非法捕捞（Illegal fishing）指：本国和外国渔船在未经沿海国许可的情况下在该国管辖水域内所进行的捕捞活动；各区域渔业组织成员国和与区域渔业组织的合作

---

* 上海海洋大学海洋政策与法律研究所所长、教授、博士生导师。
本文为国家社科基金“维护国家海洋权益”研究专项项目“中国参与国际海洋渔业治理研究”（17VHQ010）的研究成果。

〔1〕 FAO. Illegal, unreported and unregulated fishing. FAO 2016. 16069E/1/09. 16.

国，违反法律或国际义务的捕捞活动；悬挂有关的区域渔业组织成员国旗帜的渔船违反该国受其约束的养护和管理措施，或违反国际法有关适用规定的捕捞活动。[2]

不报告捕捞（Unreported fishing）指：未向国家有关当局报告或误报的违法捕捞活动（报告错误的渔获种类、报告比实际偏低的渔获数量等）；在相关区域的渔业组织管辖水域进行的违规报告、不报告或误报的捕捞活动。[3]

不受管制捕捞（Unregulated fishing）指：悬挂有关区域渔业组织非成员国旗帜或无国籍渔船，以违反该组织养护和管理措施的方式在该水域进行捕捞活动；在无适用养护和管理措施的水域，针对相关鱼类资源的捕捞方式违反依照国际法应当承担的海洋生物资源养护责任的捕捞活动。[4]

IUU 捕捞活动发生于所有类型和规模的渔业中，即发生在公海和国家管辖区内的区域，涉及捕捞和利用鱼类产品的所有方面和阶段，有时可能与有组织犯罪相关。

二、IUU 捕捞的危害性

2016 年 FAO 出版的渔业和水产养殖的报告指出，在被评估的渔业资源种群中，58.1%的渔业资源被完全开发，31.4%的渔业资源在生物学不可持续的水平上被开发（过度捕捞），只有 10.5%的渔业资源处于健康状况[5]，而 IUU 捕捞是造成这种困境的主要因素。据估计，每年全球 IUU 捕捞量达到 2600 万吨。IUU 捕捞渔船常采用破坏性的捕捞方式，而这破坏了海洋生态系统的主要成分。这些方式包括炸鱼和氰化物捕鱼法，炸鱼造成东南亚珊瑚礁生态系统损失高达 50%以上，并使其再生能力下降五分之一。氰化物捕鱼法的有毒物质则导致水螅珊瑚的死亡，这种致命伤害会引起珊瑚群变色。IUU 捕捞不仅对鱼类资源造成了直接而严重的影响，海鸟、海龟等依赖鱼类以及其他海洋资源而生存的其他生物也受到了严重影响。

每年 IUU 捕捞造成的经济损失大约为 100 亿美元至 235 亿美元。[6]每年 IUU 捕捞对发展中国家造成的经济损失达 90 亿美元，其中非洲国家的损失为 10 亿美元，包括几内亚、利比亚、莫桑比克、肯尼亚、塞舌尔、塞拉利昂、安哥拉、纳米比亚、索马里等，这些国家的损失共计 3.72 亿美元，占捕捞总产值的 19%。在亚太地区，IUU 捕捞每年造成的损失达 58 亿美元，渔获产量计 350 万吨—810 万吨，占总产量的 8%—16%。[7]仅印度尼西亚因 IUU 捕捞造成每年的损失就达 40 亿美元，而菲律宾的经济损失为每年

[2] FAO. International Plan of Action to prevent, deter and eliminate illegal, unreported and unregulated fishing. Rome, FAO. 2001.

[3] Ibid.

[4] Ibid.

[5] FAO. 2016. The State of World Fisheries and Aquaculture 2016. Contributing to food security and nutrition for all.

[6] FAO. Illegal, unreported and unregulated fishing. FAO 2016. 16069E/1/09. 16.

[7] http://www.fao.org/docrep/007/ad514e/ad514e00.htm. 2004: 25.

8.94 亿美元。[8]

根据 FAO 的报道，IUU 捕鱼威胁到生计、加剧了贫困和增加了粮食不安全的状况。真正的渔民可获得的渔业资源被 IUU 捕鱼转移，导致当地渔业崩溃，而发展中国家的小型渔业则特别受其影响。来自 IUU 捕鱼的产品可以在海外贸易市场找到出路，从而节流了当地的食品供给。[9]IUU 捕捞活动损害了各国及区域渔业管理组织养护和管理渔业资源的措施，抑制了渔业可持续发展的实现。另外，IUU 捕捞活动使得那些遵纪守法的渔民处于不利地位，打击了守法渔民的信心。如果 IUU 捕捞活动针对的是一些脆弱的、进行严格管理或禁捕的渔业资源，则所有恢复该资源的努力都将前功尽弃，并且威胁到海洋生物多样性、食物安全，以及依靠渔业资源而生存的那部分人的生计。

三、治理 IUU 捕捞的国际法律框架

国际上出台（UNCLOS）的一系列治理 IUU 捕捞的法律文书可见表 1。这些国际治理文书，以《联合国海洋法公约》为基本框架并逐步完善，建构了以有法律约束力的国际法律文件为主、一系列国际渔业指导性文件为辅的全球治理 IUU 的国际法律框架，指导着全球治理 IUU 的行动。

表 1　治理 IUU 捕捞的国际文书

国际文件	主要内容	通过组织	性质	通过时间
联合国海洋法公约	是里程碑类型的文书，被描述为“海洋宪章”。为保护和利用世界海洋的生物和非生物资源提供了国际法基础。在养护海洋生物资源、有约束力的和自愿的国际渔业文书方面是一个起点，例如联合国粮食和农业组织（FAO）通过的文书以及无约束力但在政治上有重要意义的渔业决议，例如联合国大会（UNGA）通过的决议。	联合国	法律约束性	1982 年签署，1994 年 11 月 14 日生效
促进公海渔船遵守国际养护和管理措施协定（遵守协定）	旨在提高船旗国的作用，确保一国强化对其船舶的控制，保证遵守国际养护和管理措施。协定注意到在确保没有授权船舶不得在公海捕鱼方面船旗国的特殊责任，以及船旗国可有效行使职责，确保其船舶遵守国际措施。遵守协定还寻求防止公海上捕鱼的船舶“改挂船旗”到没有能力或不愿意遵守国际养护和管理措施的国家。保留渔船记录、国际合作和执法被广泛地包含在该协定的条款中。	联合国粮食和农业组织（FAO）	法律约束性	1993 年 11 月 24 日通过，2003 年 4 月 24 日生效

[8] Ibid.

[9] FAO. Illegal, unreported and unregulated fishing. FAO 2016. 16069E/1/09. 16.

续表

国际文件	主要内容	通过组织	性质	通过时间
联合国鱼类种群协定	旨在确保在UNCLOS框架内跨界和高度洄游鱼类种群的长期养护和可持续利用。该协定还明确了船旗国的责任，包括有关船舶的注册、登记和授权，监测、控制和监视，以及遵守和执法的责任。协定还涉及国际、区域和次区域执法合作、登临和检查程序以及港口国措施。	联合国鱼类种群大会	法律约束性	1995年8月4日通过，2001年12月11日生效
负责任渔业行为守则	作为开拓性的、独特的和自愿的文书，该守则可能是UNCLOS之后世界上引用最多、知名度高和广泛普及的全球渔业文书。作为综合性和包括所有方面的文书，守则由涉及渔业和水产养殖的政府、利益攸关方整体实施。守则的目的是就负责任行为确立国际标准，确保水生生物资源的有效养护、管理和开发，并给予生态系统和生物多样性应有的尊重。这些标准可酌情在国家、次区域和区域层面实施，以在渔业领域推进更负责任的行为。预计这些标准和规范将引导实现长期可持续的效果。	FAO	自愿基础上，部分法律约束性	1995年10月31日由FAO大会通过
关于预防、制止和消除IUU的国际行动计划（IPOA-IUU）	IPOA-IUU被构想作为综合性的工具箱，其中的全范围工具可用于打击IUU捕鱼的许多不同的情形。该国际行动计划包含了船旗国、港口国、沿海国和市场国的责任，设想了国家间以及产业、捕鱼社区和非政府组织（NGO）的代表的广泛参与和协调，以及采用广泛和综合的办法，以便处理IUU捕鱼的所有影响。该国际行动计划呼吁各国制订和通过自己国家的行动计划，涉及船旗国责任、沿海、港口和市场国措施以及渔业管理机构（RFMO）的作用和国家行动计划（NPOA）的实施。	FAO	自愿性质	2001年
港口国措施协定（PSMA）	是专门针对IUU捕鱼的首个有约束力的国际协定。其主要目标是通过禁止从事IUU捕鱼的船舶利用港口和卸货来预防、阻止和消除IUU捕鱼。这样，该协定减少了这类船舶继续作业的动机，同时阻止来自IUU捕鱼的渔业产品进入本国和国际市场。	FAO	法律约束性	2009年11月22日由FAO大会批准，2016年6月5日起生效
船旗国表现自愿准则（VGFSP）	准则就船旗国在挂旗和控制渔船方面的国际责任和义务的强化与监测执法提出了指导意见。其包括了基于包含在国际法中基本要素的船旗国的有关责任，包括有约束力和无约束力的国际渔业文书。该准则中心内容包括渔业管理、船舶注册和记录、授权、MCS以及船旗国和沿海国之间的合作。准则明确了各国可采取行动的范围，确保在其旗帜下注册的船舶不从事IUU捕鱼，包括MCS行动，例如船舶监测系统（VMS）和观察员。	FAO	自愿性质	2014年由FAO渔业委员会第31届会议通过

续表

国际文件	主要内容	通过组织	性质	通过时间
捕捞产品证明文件计划自愿准则（VGCDS）	关于渔获登记制度（CDS）的首个综合详细阐述国际政策的文件。VGCDS的目标是在确立和实施新的CDS，或协调、审议现有CDS时，为各国、区域渔业管理组织、区域经济一体化组织和其他政府间组织提供协助。CDS是确定整个供应链的鱼产品是否来自符合适用的国家、区域和国际养护和管理措施的产品的系统，根据有关的国际义务确立。	FAO	自愿性质	2017年7月由FAO大会通过
联合国大会关于可持续渔业的系列决议	促请所有国家直接或通过区域渔业管理组织和安排，根据国际法和《负责任渔业行为守则》，把预防性办法和生态系统方法广泛用于养护、管理和开发各种鱼类种群。呼吁各国和区域渔业管理组织禁止公海底拖网作业，并加强对脆弱生态系统的保护，特别是环境影响评价程序的适用。强调IUU捕捞仍然是对鱼类种群和海洋生态系统的最大威胁，继续对海洋资源的养护和管理、粮食安全和许多国家特别是发展中国家的经济产生严重和重大的影响，促请各国、区域渔业管理组织和安排充分履行一切现行义务，打击这类捕捞活动，迅速采取一切必要措施执行《预防、阻止和消除非法、未报告及不受管制的捕捞活动国际行动计划》；敦促船旗国加强对悬挂本国国旗的船只的有效管辖和控制，并进行尽职调查，包括在必要时制定或修订国家规则和条例，以确保此类船只不从事非法、未报告及不受管制的捕捞活动。	联合国	大会决议	2003年至2017年，联合国大会每年通过一个决议，即58/14号、59/25号、60/31号、61/105号、62/177号、63/112号、64/72号、65/38号、66/68号、67/79号、68/71号、69/109号、70/75号、71/123号、72/72号

此外，还有许多治理IUU捕鱼的区域机制。这些区域机制主要以区域渔业管理组织养护和管理措施（CMM）的形式出现，同时也以区域工作组、论坛和任务小组的形式出现，目的在于消除IUU捕捞活动。区域渔业管理组织在提高其缔约方对国际文书的认识以及确保养护和管理措施支持和补充国际养护和管理措施方面发挥着重要作用，开展并持续进行的一些关键行动，包括IUU船舶清单、港口国养护和管理措施和船旗国责任、区域捕捞产品证明文件和产品认证计划，信息交流机制和监测及执法。[10]

在治理IUU捕捞活动中，海上转运活动往往被认为是治理IUU捕捞的最大挑战。海上转运活动为确定捕捞活动的发生地、确定渔获物是否为合法捕捞增加了不少障碍。一些国家和区域渔业管理组织已经完全禁止渔获物在海上的转运。

还有一些其他的治理IUU捕捞活动的全球性工具。渔船、冷藏运输船和补给船全球记录（以下简称全球记录）是主要涉及参与捕鱼活动的船舶经核实的信息的一项全球行

〔10〕 http：//www. fao. org/fishery/en.

动。其主要目标是在可获得的法律框架内提供阻止和消除 IUU 捕鱼活动的有用和有利的工具，使那些在法律之外作业的船舶面临更困难的局面。该工具的要素是分配船舶唯一识别码（UVI），无论船名、所有权或船旗如何变更，其在船舶使用期间的 UVI 不变。全球记录现已成为打击 IUU 捕捞活动的主要工具。[11]

从事 IUU 捕鱼的渔民和船舶可能参与或进行其他犯罪。IUU 捕鱼活动同与犯罪相关的渔业领域密切相关。与犯罪相关的渔业领域包括诸如捕捞许可证的文件造假、逃税、洗钱、不合适的工作条件等。[12] 与渔业相关的犯罪是指发生在渔船上或捕捞作业期间以及利用捕捞作业作为掩护而实施的犯罪。这方面的例子包括贩毒、偷渡、贩运军火、海盗等。[13]

许多主管机构已制定了处理与渔业领域有关的犯罪的文书。例如，国际劳工组织引导制定的《捕鱼条件公约》，于 2007 年通过，并于 2017 年 11 月生效。该公约规定了渔船上雇用工人的最低标准，包括最低年龄、服务的条件、工人的安全、薪资、调回国内、膳宿和其他事项。联合国毒品和犯罪办公室（UNODC）在与渔业有关的犯罪以及与犯罪有关的渔业领域方面有若干行动，包括打击涉及野生生物和林业犯罪全球计划、海事犯罪计划、反洗钱全球计划以及集装箱控制计划。该办公室还与其成员联合，在联合国打击跨国有组织犯罪公约方面进行合作，目的在于打击 IUU 捕捞活动。该公约于 2000 年由联合国大会通过，2003 年生效。[14]

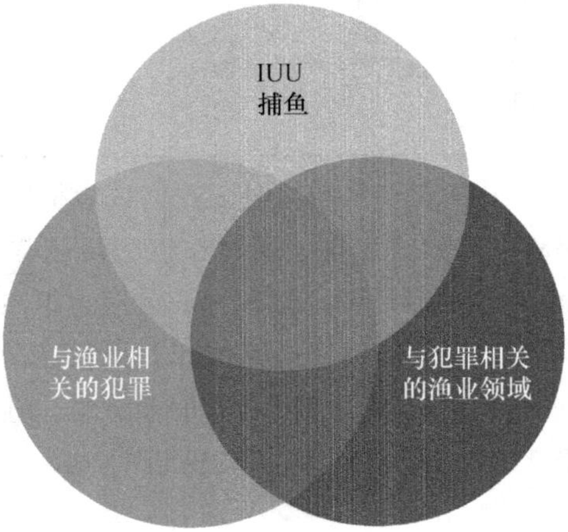

图 1 IUU 捕鱼活动与其他犯罪的关系[15]

〔11〕 Ibid.

〔12〕 Ibid.

〔13〕 Ibid.

〔14〕 Ibid.

〔15〕 Ibid.

IUU 捕捞活动的治理也得到了有关国际组织的关注和支持。1999 年 4 月，联合国可持续发展委员会强调了船旗国和港口国责任的问题以及需要 FAO 和 IMO（国际海事组织）合作解决有关 IUU 捕鱼的问题。为了解决该问题，IMO 和 FAO 秘书处一道工作，于 2000 年 10 月成立了关于 IUU 捕鱼的 FAO/IMO 特设联合工作组。[16]

一些国家、地区和区域渔业组织高度重视打击 IUU 捕捞活动。美国、韩国、欧盟、智利、新西兰、加拿大、澳大利亚等国家和地区，以及地中海区域、太平洋海岛区域、加勒比海区域、东南亚地区、近东地区、西非地区等海域的区域渔业组织都提交了有关预防、制止和消除 IUU 捕捞的国家报告。[17]

2003 年以来联合国大会关于可持续渔业的年度系列决议，都把 IUU 捕捞活动作为一个重要的议题。2003 年至 2017 年，联合国大会在“通过 1995 年《执行 1982 年 12 月 10 日〈联合国海洋法公约〉有关养护和管理跨界鱼类种群和高度洄游鱼类种群的规定的协定》和相关文书等途径实现可持续渔业”的相同标题下，通过了关于可持续渔业的一系列决议。这些决议都在第 4 部分中论及 IUU 捕捞活动。2017 年第 72/72 号联合国大会决议第 4 部分第 68 至 98 段专门就 IUU 捕捞活动作出决议，宣布每年 6 月 5 日为“打击非法、未报告和无管制的捕捞活动国际日”，要求制订和实施国家和区域行动计划，依照国际法采取有效或协调一致的措施，查明从事 IUU 捕捞活动的船只并剥夺行为人从中获取的利益。[18] 敦促船旗国加强对悬挂本国国旗的船只的有效管辖和控制，并进行尽职调查，包括在必要时制定或修订国家规则和条例，以确保此类船只不从事 IUU 捕捞活动。同时，重申船旗国必须根据国际法包括根据《联合国海洋法公约》的规定，对悬挂本国国旗的渔船包括对海上安全和渔船上的劳动条件承担责任。[19] 而在 FAO 牵头下，2018 年 6 月 5 日成为了第一个“打击非法、未报告和无管制的捕捞活动国际日”。

从发展趋势来看，治理 IUU 捕捞活动的国际法律框架不断完善，打击 IUU 捕捞活动的工具不断充实，打击 IUU 捕捞活动的力度在不断加强。打击和治理 IUU 捕捞活动有可能是今后一个时期渔业治理的重点。

四、我国 IUU 情况及应对策略

“十二五”期间，我国渔业综合实力迈上新台阶。2015 年水产品总产量达到 6700 万吨，养捕比例由“十一五”末的 71：29 提高到 74：26。[20] 但是，从总体上说，我国的渔

---

〔16〕 Ibid.

〔17〕 黄硕琳、邵化斌：《全球海洋渔业治理的发展趋势与特点》，《太平洋学报》2018 年第 4 期，第 65—78 页。

〔18〕 UN. A/RES/72/72，第 68—98 段。

〔19〕 同上。

〔20〕 农业部渔业渔政管理局：《全国渔业发展第十三个五年规划》，《中国水产》2017 年第 2 期，第 6—15 页。

业法规体系仍不健全，渔政执法力量薄弱，“依法治渔”还需强化。现有的渔业法律法规体系难以适应新形势、新任务的需要。电毒炸鱼、涉渔“三无”船舶、“绝户网”屡禁不止。渔政执法体制落后、手段匮乏、装备配备不足，渔政码头和扣船设施建设急需加强，渔业行政执法人员执法水平有待提高。[21]

在 IUU 治理方面，我国在国内开展了对“三无”渔船的治理工作。“三无”渔船，即无船名船号、无船舶证书（无有效渔业船舶检验证书、船舶登记证书、捕捞许可证）、无船籍港的渔船。“三无”的性质正好属于 IUU 的范畴，其渔业活动属于国际上要求治理和打击的捕捞活动。自 2014 年开始，浙江省率先开展了渔业“一打三整治”专项执法行动，主要打击“三无”渔船，整治船证不符、使用禁用渔具和污染损害海洋环境的违法行为。[22]辽宁、山东、广东、海南等地也开展了整治和打击“三无”渔船的执法行动，有效地打击了国内的 IUU 捕鱼活动。

在国际上，截至 2016 年年底我国有远洋渔船近 2900 艘（含在建渔船），远洋渔业总产量为 199 万吨。作业海域涉及 42 个国家（地区）的管辖海域和太平洋、印度洋、大西洋公海以及南极海域。其中，公海作业渔船 1329 艘，占世界公海作业渔船的 6%，产量 132 万吨，占世界公海渔业产量的 12%，船数和产量均居世界前列。[23]我国是 7 个区域渔业管理组织的成员国，积极参与这些区域渔业管理措施的谈判。这 7 个区域渔业管理组织涵盖的区域，基本包含了我国远洋渔船所有的作业区域。我国还与其他国家或地区签订了 8 个渔业协定或谅解备忘录，确定了我国渔船的入渔权和作业的条款条件。[24]我国大部分远洋渔船遵守国际渔业养护和管理措施或遵守所在国的养护和管理措施，严格按照作业的条款条件进行捕捞作业活动。我国政府在远洋渔业方面采取了一系列针对 IUU 捕捞活动的管控措施，如：远洋渔业项目必须得到中央政府的批准；远洋渔业企业必须具有远洋渔业企业资格证书且证书每年更新；远洋渔船安装渔船监控系统（VMS）；远洋渔船接受观察员；接受远洋渔业协会的指导等。

但不可否认，仍然有一些害群之马从事 IUU 捕捞活动，给我国的远洋渔业造成了不良的影响。以中西太平洋渔业委员会（WCPFC）所管辖海域为例，据报道，2011 年以来我国金枪鱼延绳钓渔船在该海域年均接受登临检查 30 次，平均每年有 2—3 艘渔船被查出严重违规。[25]国际社会反映中国存在相对严重的 IUU 捕捞情况。欧盟的 IUU 捕捞报告显示：2000—2011 年，我国渔船仅在西非北部海域的 IUU 捕捞行为就有 2648 起。

---

〔21〕 同上。

〔22〕 http：//www. oceanol. com.

〔23〕 农业部渔业渔政管理局：《全国渔业发展第十三个五年规划》，《中国水产》2017 年第 2 期，第 6—15 页。

〔24〕 同上。

〔25〕 腾云路、戴小杰、田思泉：《中西太平洋渔业委员会公海登临和检查制度的分析》，《上海海洋大学学报》2015 年第 1 期，第 115—120 页。

2011—2013年，中方渔船在西非六个国家共有204起涉嫌IUU捕捞行为。对这些害群之马应当加以严厉的处罚，以提高我国远洋渔业的负责任大国形象。

中国的水产品进出口也遭到诟病。我国有许多水产品的进出口是来料加工再出口。水产品供应链非常复杂，在渔民和消费者之间还有许多参与者，包括经销商、批发商、零售商和其他中间方，而大量渔获物可能经过一个或多个中间国进行来料加工再出口，导致IUU渔获物与合法渔获物混入加工市场，最终合法出口。由于水产品的来料追溯和认定缺失，致使一些IUU的渔获物通过来料加工的方式进入市场。

从原因上探究，IUU捕捞行为在我国屡禁不绝的原因有以下几点：（1）我国渔业企业、渔民的生态保护意识还十分薄弱，生态法制意识也十分薄弱。将在我国近海渔业资源开发中的思维与作业方式，带到公海区域或他国管辖区域，会对我国的负责任大国形象产生负面影响。（2）渔业立法不够完善，缺乏针对IUU的国家行动计划。渔业监管不到位或渔业执法中有法不依、执法不严的现象依然存在。（3）对国际渔业管理的发展形势认识不清，在具体的作业过程中存在侥幸心理。（4）缺乏专门针对监管水产品来源透明和问责的机制，也缺乏应对IUU捕捞及水产品欺诈的追溯识别机制。

为此，笔者建议：

一是，加强海洋生态意识的教育和海洋生态的保护力度。我国的海洋生态系统保护意识薄弱，人们对海洋生态保护的观念总体比较淡薄。各级政府在海洋开发与海洋生态保护之间，重心是偏向开发和经济发展的。海洋产业发展与海洋生态保护面临的矛盾会越来越尖锐，如果我们无法及时有效地解决经济利益与生态保护之间的这种对立，产业发展不仅会面临前所未有的发展瓶颈问题，我们人类也会损失海洋这一巨大资源。

二是，完善渔业管理制度。在国际海洋生态保护法律制度中，国家的责任被大大强化了，国家有义务采取措施保护海洋生态环境，保护海洋生物多样性。特别是作为一个正在崛起的大国，国际社会更关注的是中国能否负起大国的责任。在国际渔业管理中，船旗国的责任被大大强化了。国家有义务建立捕鱼的许可和登记制度，完善渔业数据的统计、收集、保存和定期交换制度以及渔船船员的培训制度。这些制度的建立，都有一些国际公认的标准。就我国而言，目前建立和完善这些制度，需要大量的人力、物力，也需要技术和强有力的行政领导的支持，还需要远洋渔业企业的密切配合。

三是，加强海上渔船监控监督及观察员制度，以减少海上IUU渔获转运。

四是，加强港口卸货管制，避免未报告地登临邻国港口卸货加工；加强我国冷冻水产品贸易进口说明，对水产品来料进行认定和追溯；必要时，可对不同来源和不同品种的鱼类进行单独包装、装运，避免IUU渔获混入合法市场。

关于《“区域”内矿产资源开发规章草案》中“审查机制”的反思

■ 周　江[*]　陈一萍[**]

【内容摘要】《“区域”内矿产资源开发规章草案》在争端解决机制中规定了一项新的程序——“审查机制”。这一程序意在解决国际海底管理局与承包者之间就开采合同的解释或适用问题的争端。但对比《联合国海洋法公约》中的“区域”内活动争端解决机制，会发现“审查机制”所强调的效率优势并不突出，解决技术争端的专业性也并非无可替代。相反，这一程序还可能会在某种程度上对《联合国海洋法公约》建立的“区域”内活动争端解决机制的一致性造成损害。因此，“审查机制”的建立实无必要。

【关键词】国际海底区域　开发规章　审查机制　争端解决机制　必要性

国际海底区域（International Sea-bed Area，以下简称“区域”）以其广阔的面积和丰富的矿产资源而为各国所关注。为了更好地组织和规范“区域”内活动，《联合国海洋法公约》（以下简称《公约》）专设国际海底管理局（以下简称管理局）以执行《公约》。自管理局开始工作以来，先后通过了《“区域”内多金属结核探矿和勘探规章》（以下简称《结核规章》）、《“区域”内多金属硫化物探矿和勘探规章》（以下简称《硫化物规章》）和《“区域”内富钴铁锰结壳探矿和勘探规章》（以下简称《结壳规章》），进一步细化并完善了《公约》和《关于执行1982年12月10日〈联合国海洋法公约〉第十一部分的协定》（以下简称《执行协定》）的相关内容。

随着管理局第一批为期15年的结核勘探合同到期，国际海底形势已进入后勘探时代，管理局的工作重心也逐步向矿产资源开发转移。为规范开发问题，管理局最早于2011年第17届会议上接受斐济代表关于请理事会着手拟定“区域”内深海矿物开采规章的声明，并于2012年在第18届会议上提出了《关于拟订“区域”内多金属结核开发规章的工作计划》（Work Plan for the Formulation of Regulations for the Exploitation of Polymetallic Nodules in the Area），后相继制定了《构建“区域”内矿产开发的规章框架》（2012，Developing a Regulatory Framework for Mineral Exploitation in the Area）、《“区域”内矿产资源开发和标准合同条款规章工作草案》（2016，Working Draft Regulations and Standard Contract Terms on Exploitation for Mineral Resources in the Area）以及《“区域”内矿产资源开发规章草案》（2017，Draft Regulations on Exploitation of Mineral Resources in

---

* 法学博士，西南政法大学国际法学院教授，博士生导师。

** 西南政法大学国际法学院硕士研究生。

本文为国家社科基金2017年重大项目“中国海权发展模式及海洋法治完善研究”（17ZDA145）的研究成果。

the Area，以下简称《开发规章》)。

作为管理局管理“区域”的最新规则，与《结核规章》《硫化物规章》《结壳规章》有所不同的是，《开发规章》在前三个规章所设置的争端解决机制的基础上[1]，新增了“审查机制”（review mechanism，也称“行政审查机制”)。本文拟对《开发规章》中“审查机制”的内容和特点进行梳理，并将其与《公约》中“区域”内活动争端解决机制加以对照，从而对“审查机制”的必要性进行探讨。

一、“审查机制”的基本内容

一如前述，在《开发规章》第十三部分所设计的“区域”内矿产资源开发的争端解决机制中，除与《结核规章》《硫化物规章》和《结壳规章》第40条内容相同的第93条外，还包含了在此前所有涉及“区域”内活动的规则、规章和程序中都未曾出现过的“审查机制”(第92条)。该审查机制的基本内容为：

尽管有《公约》第188条第2款（a）项的规定，即管理局与承包者有关合同的解释或适用的争端，经争端任何一方请求，应提交有拘束力的商业仲裁（commercial arbitration)，但如果管理局与承包者达成一致意见，也可将其有关开采合同的解释或适用问题的争端提交管理局内部的“审查机制”。具体而言，承包者可就管理局对其作出的任何决定或采取的行动提起审查，这种要求应向秘书长提出，秘书长应按其认为适当的方式对与之相关的事项进行调查。一旦调查结束，秘书长或承包者可将该争端提交专家或专家组，并由其依据相关法律及管理局的规则作出决定；而这种决定是最终的，对管理局和承包者具有约束力，除非秘书长或承包者在三十日内开始执行第93条规定的程序。关于专家或专家组的任命，如果秘书长和承包者能够就一个专家达成一致，则由此专家单独作出决定。如果不能，则应按照如下方法组建专家组：承包者和秘书长应设法在秘书长完成调查后的三十日内商定专家组的组成；如果不能达成协议，承包者和秘书长应分别在三十日内提名一名专家组成员；被如此提名的两名成员应对担任主席的专家组第三名成员的人选达成一致；如果两名成员无法在第二名成员被任命后的三十日内达成一致，则国际海洋法法庭海底争端分庭庭长将提名该专家组的第三名成员。另外，专家或专家组在作出决定的过程中，应按照自己的程序行事，但应力求以最快速和最具成本效益的方式行事。

从上述规定来看，我们至少可以对“审查机制”形成以下认知：

其一，“审查机制”赋予了管理局对“区域”内活动争端一定的管辖权。管理局是组织和调控所有国家在其管辖范围以外进行的勘探开发海底矿物活动的实体，原本

---

〔1〕《结核规章》第40条规定：“1. 关于本规章的解释或适用的争端应按照《公约》第十一部分第五节的规定解决。2. 根据《公约》具有管辖权的法院或法庭就管理局和承包者的权利和义务作出的任何终局裁决，在《公约》每一缔约国境内均可执行。”《硫化物规章》第40条和《结壳规章》第40条内容同上。

对“区域”内活动争端不享有管辖权。将管理局与承包者之间关于开采合同解释或适用的争端交由管理局秘书长调查后再提交专家或专家组裁定，看上去是意图构建一种类似司法裁判的程序，秘书长在其中的角色似乎并不是一个中立的调查者，反倒更像是代表管理局的取证者，而专家或专家组则扮演了法官的角色。但是，秘书长能够以其认为适当的方式对有关事项进行调查，而专家或专家组作出决定的基本事实依据又是此种调查，这使得秘书长在整个审查过程中有了相当的主导地位。此外，“审查机制”原本就是作为管理局的一个内部行政审查机制而诞生，在这样的背景下，很难说占有主导地位的调查者不会成为实质的审查者，加之审查活动的全过程是在管理局的整体控制下进行的，实际上给了管理局一个寻找对“区域”内活动争端管辖权的突破口。

其二，“审查机制”追求效率价值的意图明显。“审查机制”一方面将调查争端有关事实的任务交给了秘书长，并赋予其“以自己认为适当的方式进行调查”的方便。另一方面将作出决定的权力交给专家或专家组，同时也使其能够“按照自己的程序行事”，并且强调其应当“力求以最快速和最具成本效益的方式行事”。这样的职责分配不仅是出于专业上的考量，也是寻求各司其职所带来的效率最大化。在专家的选定或专家组的组建事宜上，“审查机制”同样规定了较为果断迅速的方式。从将审查一项争端的请求提交秘书长，到秘书长以其认为适当的方式进行调查，再到确定专家或专家组审查，每一处规定的细节都彰显着“审查机制”追求方便与快速的决心。

其三，“审查机制”强调解决技术争端的专业性。对于技术性争端的解决，《公约》提供了两种方式：一种是提交附件八下的特别仲裁法庭，这种仲裁庭的仲裁员都是科学或技术专家；另一种是推选无表决权的科学或技术专家列席法庭或仲裁庭。无论哪一种方式，都有专家的介入，足见其在技术争端解决中的重要性。而“审查机制”里最具决定意义的一个环节正是专家或专家组对争端的裁决。这一环节与附件八下的特别仲裁法庭如出一辙，只是没有赋予专家以仲裁员的名号以及在具体组建方式上有些许差别。此外，“审查机制”强调专家能够按照自己的程序行事，仿佛在刻意与普通的专家介入形式作出区分，以凸显专家解决技术性争端的专业性特点。

“审查机制”展现出的以上特点基本上与其被建立的初衷一致——就管理局 1 号讨论文件所示〔2〕，建立“审查机制”主要基于以下理由：现有争端解决机制不足以应对越来越多以及越来越复杂的“区域”内活动争端，需要设立新的争端解决制度；以行政审查的方式解决争端效率更高；专家或专家组在解决技术性争端时更具优势。

至于“审查机制”所具备的特点能否支撑其必要性，或者说制度设计者的理由是否足以说明建立“审查机制”势在必行，还有待商榷。以下，笔者将对这一问题展开探讨。

---

〔2〕 http：//www. isa. org. jm/ files/documents/EN/Pubs/DPs/DP1. pdf.

二、"审查机制"或有损《公约》"区域"内活动争端解决机制的一致性

"区域"内活动的争端解决机制在《公约》整体的争端解决机制中显得十分特殊，这主要体现在海底争端分庭对"区域"内活动争端带有明显强制色彩的管辖权上。

《公约》第十五部分"争端的解决"中一开始就规定了缔约国用和平方法解决争端的义务[3]，包括首先通过协商、谈判、调解或由他们自己选择的其他这类方法寻求争端的解决。而如果有关《公约》的解释或适用的争端未能通过这些方法得到解决，则经争端任何一方请求，应将这种争端提交导致有拘束力裁判的强制程序。[4]上述规定适用于解决与海洋法有关的所有争端，同样适用于解决"区域"内活动的争端，且如果"区域"内活动争端的一方是缔约国以外的实体，也能比照适用这些规定。[5]不同之处在于，即使《公约》提供了四种导致有拘束力裁判的强制程序——国际法院、国际海洋法法庭、按照附件七组成的仲裁法庭以及按照附件八组成的特别仲裁法庭[6]，却并不影响缔约国在"区域"内活动争端中接受国际海洋法法庭海底争端分庭的管辖[7]。这意味着，凡是《公约》缔约国，对于"区域"内活动争端，如果没有能够以自己选择的和平方法解决，争端任何一方可将该项争端提交海底争端分庭，而不需要争端当事双方发表授予海底争端分庭管辖权的声明。因此，接受海底争端分庭对"区域"内活动争端的管辖权，对缔约国而言是强制的，是一项公约义务。这种海底争端分庭对"区域"内活动争端的专属管辖权，也被誉为是《公约》规定的通过国际司法机构解决争端的机制的最重要的创新。[8]

实际上，海底争端分庭管辖权的确立经过了艰难的谈判，尤其是在处理其与管理局的关系问题上。早在第三次联合国海洋法会议1974年第二期会议上，第一委员会就关于建立解决"区域"内活动争端解决机制的必要性进行了讨论，并在修订的单一协商案文第一部分就建立特别法庭作了规定，该法庭作为管理局的一个主要机构，处理《公约》"区域"内活动这一部分的解释和适用问题。[9]在第三次联合国海洋法会议1979年第八期会议和1980年第九期会议上，集中讨论有关勘探和开发海底区域争端解决问题。讨论的结果是，放弃海底法庭作为管理局组成机构的设计，把海底法庭合并到国际海洋

---

〔3〕参见《联合国海洋法公约》第279条。
〔4〕参见《联合国海洋法公约》第286条。
〔5〕参见《联合国海洋法公约》第285条。
〔6〕参见《联合国海洋法公约》第287条第1款。
〔7〕参见《联合国海洋法公约》第287条第2款。
〔8〕Joseph Akl, "The Sea-bed Disputes Chamber of the International Tribunal for the Law of The Sea", *The Indian Journal of International Law*, 1997, 37: 36.
〔9〕参见A/CONF. 62/WP. 8/Part Ⅰ（ISNT, 1975），Ⅳ Off. Rec. 137, 144, 147（Chairman, First Committee）。

法法庭中去而成为海底争端分庭。[10]最终，即便出于经济上的考虑，《公约》将海底争端分庭归入国际海洋法法庭而不是令其成为一个单独的法庭，海底争端分庭的职能却并未因其被并入国际海洋法法庭而有所削弱。从职务上讲，海底争端分庭本质上是一个不受全庭支配的独立法庭。[11]

如今看来，在最终生效的《公约》中，管理局和海底争端分庭难得保持了微妙的平衡：为了确保管理局按照《公约》规定行使斟酌决定权不受海底争端分庭的司法审查，《公约》第 189 条明确规定："海底争端分庭对管理局按照本部分规定行使斟酌决定权应无管辖权；在任何情形下，均不应以其斟酌决定权代替管理局的斟酌决定权。"特别是，海底争端分庭"不应对管理局的任何规则、规章和程序是否符合本公约的问题表示意见，也不应宣布任何此种规则、规章和程序为无效"。倘在解决争端的过程中涉及可能不符合《公约》的规则、规章和程序时，海底争端分庭仅有权作出如下决定：管理局的规则、规章和程序适用于该个别案件"将同争端各方的合同上义务或其在本公约下的义务相抵触"；存在管理局"逾越管辖权或滥用权力"的情况；或者"一方未履行其合同上的义务或其在本公约下的义务而应给予有关另一方损害赔偿或其他补救"。[12]然而，当海底争端分庭应管理局大会或理事会请求，对它们活动范围内发生的法律问题提供咨询意见时，上述对海底争端分庭的诉讼管辖权的限制就不适用了。[13]这样一来，海底争端分庭在管理和管制国际海底区域资源的勘探和开采中没有任何作用，而管理局及其机关也没有被授予解决争端的职权。[14]

由此可见，将"区域"内活动争端的管辖与管理局职能的分离是经过慎重考虑且有意义的，并且《公约》十分注重海底争端分庭管辖权的强制性与整个"区域"内活动争端解决机制的一致性。但是《开发规章》中的"审查机制"却有逾越之嫌。虽然"审查机制"被冠以"行政审查"的名号，但其程序设置却透露出司法程序的痕迹，比如争端在提交秘书长进行调查之后还要提交专家或专家组作出决定，而专家组的组建与海底争端分庭专案分庭[15]的组成十分相似。在一些情况下专家或专家组的决定是最终的，对管理局和承包者具有约束力。在这样的程序中，专家似乎带有了法官的色彩。这

---

〔10〕 A. O. Adede, *The System for Settlement of Dispute under the United Nations Convention on the Law of the Sea*, Leiden: Martinus Nijhoff Publishers, 1987: 186.

〔11〕 赵理海:《海洋法问题研究》, 北京大学出版社 1996 年版, 第 132—133 页。

〔12〕 参见《联合国海洋法公约》第 189 条。

〔13〕 参见《联合国海洋法公约》第 189、191 条。

〔14〕 参见 LOS/PCN/152 (Vol. 11), pp. 342 – 343。

〔15〕《国际海洋法法庭规约》第 36 条规定:"1. 海底争端分庭为处理按照第 188 条第 1 款 (b) 项向其提出的特定争端, 应成立专案分庭, 由法官三人组成。这种分庭的组成, 应由海底争端分庭在得到当事各方同意后决定。2. 如果争端各方不同意专案分庭的组成, 争端每一方应指派法官一人, 第三名法官则应由双方协议指派。如果双方不能达成协议, 或如任何一方未能作出这种指派, 海底争端分庭庭长应于同争端各方协商后, 迅速从海底争端分庭法官中作出这种指派。3. 专案分庭的法官必须不属争端任何一方的工作人员, 或其国民。"

对《公约》第十一部分规定的“区域”内活动争端解决机制的一致性提出了挑战，也使我们不得不慎重考虑将审查机制纳入《开发规章》的风险。

三、“审查机制”的效率优势并不突出

在《公约》国际海底制度的框架下，“区域”内矿产资源开发活动的争端至少涉及以下几类：(1) 缔约国之间关于《公约》第十一部分及其有关附件的解释或适用的争端；(2) 缔约国和管理局之间的争端，包括相互指控违反《公约》第十一部分或其有关附件或按其制定的规则、规章和程序的争端，以及缔约国指控管理局的行为越权或滥用权力的争端；(3) 合同当事各方之间（即作为合同当事方的缔约国、管理局或企业部、国营企业以及自然人或法人之间）关于有关合同或工作计划的解释或适用的争端；(4) 合同一方在“区域”内的活动针对另一方或直接影响其合法利益的争端；(5) 管理局和符合条件的未来承包者之间的争端，包括拒绝订立合同或在谈判合同时发生的法律问题的争端；(6) 管理局同缔约国及承包者之间关于指控管理局应依《公约》附件三第 22 条负担赔偿责任的争端。根据该条规定，管理局行使权力时由于其不法行为造成的损害，应负担赔偿责任。此外，对于承包者不法行为造成的损害，如果管理局的行为或不行为有辅助作用，则也应承担相应责任。这些争端均可由海底争端分庭按照《公约》第十一部分及其有关附件对其行使管辖权。[16]

根据《开发规章》第 92 条，“审查机制”只限于处理管理局与承包者之间就开发合同的解释或适用问题存在的争议，也就是上述第（3）类争端中合同当事方为管理局和承包者的情形。对于这种情形，依据《公约》第 188 条第 2 款（a）项的规定，经管理局和承包者任何一方请求，都应当提交有拘束力的商业仲裁。因此，有拘束力的商业仲裁对此类争端的当事方而言是强制性的程序。然而，商业仲裁庭面对提交来的争端，无权对涉及《公约》解释的任何问题作出裁定。如果仲裁庭在争端任一当事方的请求下，或由其自愿，决定其有关裁定依赖于海底争端分庭的判决，则仲裁庭应将有关问题提交海底争端分庭来判决。在合同没有规定争端适用仲裁程序的情况下，除非争端各方另有协议，否则仲裁应按照联合国国际贸易法委员会的仲裁规则，或管理局的规则、规章和程序中所规定的其他这种仲裁规则进行。

这样看来，在《公约》中本有的“区域”内活动争端解决机制中，可供就开发合同的解释或适用问题发生争端的管理局和承包者选择的争端解决方法至少有三种：其一，用其选择的任何和平方法解决争端；其二，提交国际海洋法法庭海底争端分庭；其三，经任何一方请求提交有拘束力的商业仲裁。

---

〔16〕 参见《联合国海洋法公约》第 187 条。

“审查机制”的出现，在很大层面上是考虑到费用和效率问题。制度设计者希望最好能在采用《公约》第十一部分第五节规定的争端解决办法之前实施某种内部的行政审查机制。[17]这实际上是出于对上述三种争端解决办法的效率的不信任。

鉴于目前还未有一例提交至海底争端分庭的案件，也未有以其他方式解决管理局与承包者之间争端的实践公布，仅从应然层面对包括“审查机制”在内的“区域”内活动争端解决办法的效率分析对比，“审查机制”未必能够大获全胜。

首先，如果将争端提交海底争端分庭，可能会经历漫长的诉讼过程以及承担昂贵的费用。依据《国际海洋法法庭规则》第116条，如果是缔约国之间或缔约国与管理局之间的争端在海底争端分庭进行诉讼，则适用国际海洋法法庭的诉讼程序，包括起诉、当事各方的代表、书面程序以及口述程序等，而不适用《国际海洋法法庭规则》第三部分F节“海底争端分庭的诉讼程序”。如果是缔约国以外的实体作为争端一方或争端双方进行诉讼，则适用这种程序。就目前“区域”内勘探活动承包者的背景情况来看，承包者的主流形式是国家下属的研究机构[18]和国有企业[19]，也有少数承包者是国家间的国际组织、公私合营企业以及私营企业[20]。如此一来，如果开发合同的当事方将争端提交诉讼程序，海底争端分庭适用更为复杂的“海底争端分庭的诉讼程序”的机会就大大增加了。出于费用和速度的考虑，海底争端分庭的确不是最好的选择。

其次，《公约》允许管理局与承包者将其之间关于合同解释或适用的争端提交有拘束力的商业仲裁。一方面是因为商业仲裁的程序和形式更为海底活动合同的当事方所熟悉[21]，另一方面是因为商业仲裁的便捷性以及它适合技术或商业性质的争端[22]。事实上，“国际商事仲裁得以盛行的原因之一在于对传统封闭的公正观念的扬弃，而向效益价值靠拢”[23]，商业仲裁本身所追求的价值注定了它在争端处理上便捷、灵活、高效的特点，这使得当事方会更愿意将本质上是契约性质的争端交给它解决。在第三次联合国海洋法会议上，甚至有代表团期望所有的契约性争端都能保证适用商业仲裁，而不论其

---

〔17〕 http：//www. isa. org. jm/files/documents/EN/Pubs/DPs/DP1. pdf.

〔18〕 例如俄罗斯海洋地质作业南方生产协会、韩国海洋科技研究院、中国大洋协会、法国海洋开发研究院、印度国家海洋研究所、德国联邦地质科学及自然资源研究所、巴西海洋资源研究公司等。

〔19〕 例如瑙鲁海洋资源有限公司、基里巴斯马拉瓦研究与勘探有限公司、库克群岛投资公司、日本国家石油天然气金属矿物公司、中国五矿集团等。

〔20〕 吴慧：《“区域”勘探开发主体研究》，载薛桂芳主编：《海洋法学研究》（第1辑），上海交通大学出版社2017年版，第134页。

〔21〕 A. E. Boyle, The International Tribunal for the Law of the Sea and the Settlement of Disputes, in Joseph J. Norton, Mads Andenas, Mary Footer, *The Changing World of International Law in the Twenty-First Century：A Tribute to the Late Kenneth R. Simmonds*, The Hague：Kluwer Law International, 1998：130.

〔22〕 参见 A/CONF. 62/L. 43, Appendix B, section 2 and 4 （1979）, Ⅻ Off. Rec. 91 （Chairman, GLE/Part Ⅺ）。

〔23〕 张春良：《论国际商事仲裁价值》，《河北法学》2006年第6期，第103页。

是否涉及《公约》的解释或适用。[24]相比之下，“审查机制”作为一个原本应是高效的行政性质的程序，却至少包含了当事方达成一致、提出审查、秘书长调查、决定专家或组建专家组等一系列看起来并不轻松的环节，很难讲它的效率会比有拘束力的商业仲裁更高。而在争端方已经十分熟悉商业仲裁程序并且仲裁庭也对处理合同争端驾轻就熟的情况下，很难期待这个全新的“审查机制”会有多大存在感。

最后，关于用和平方法解决争端，作为《公约》大力提倡的争端解决方法，如果当事方出于某些原因根本无法使用，便失去了与其他有拘束力的程序对比的意义。而在当事方能够达成合意的情况下，其效率是不言而喻的，远非“审查机制”或任何其他有拘束力的程序可比。

通过以上“审查机制”与原有解决“区域”内活动争端的三种方法的对比，能够清楚地看到，“审查机制”的效率虽然高于诉讼程序，但却不及商业仲裁，又在一些情况下远远不及用和平方式解决争端。综合看来，“审查机制”在效率方面的优势就不突出了。如果以牺牲管辖权的统一与争端解决机制的一致性为代价，只是追求这一并不十分突出的效率，“审查机制”就更显得不必要。

四、“审查机制”中专家和专家组并非不可或缺

“审查机制”出现的另一原因是出于对海底争端分庭及商业仲裁庭的法官在处理技术争端时的特殊知识、专门技能和经验的担忧。“审查机制”的设计者预设了管理局与承包者之间有关开采合同解释或适用的争端很有可能是技术性的，以及这些技术性争端由诸如海底争端分庭这样专注于法律问题的法庭处理争端可能效率不高或有失专业性的前提，并认为将“区域”内矿产资源开发中涉及过多技术性问题的争端交给合格的专家或专家组裁决更有意义。[25]

海底争端分庭的成员是由国际海洋法法庭法官以过半数从法庭法官中选派11名法官组成的。与国际海洋法法庭一样，海底争端分庭法官的选派也应确保能代表世界各主要法系和公平地区分配，而管理局大会可就这种代表性和分配提出一般性建议。法官7人为组成海底争端分庭所需的法定人数。[26]由于国际海洋法法庭对当选法官已经有了个人任职资格方面的要求[27]，所以《国际海洋法法庭规约》对海底争端分庭法官的个人任职资格没有再作规定。但是，筹委会第四特委会在起草《国际海洋法法庭规则草案》时，曾就是否需要规定海底争端分庭法官具备特殊知识、专门技能和经验的问题进行讨

---

〔24〕参见 A/CONF. 62/C. 1/L. 27 and Add. 1，section Ⅴ，Annex（1980），ⅩⅢ Off. Rec. 113（Chairman，GLE/Part Ⅺ）。

〔25〕http：//www. isa. org. jm/files/documents/EN/Pubs/DPs/DP1. pdf.

〔26〕参见《国际海洋法法庭规约》第35条。

〔27〕参见《国际海洋法法庭规约》第2条第1款。

论。[28]一些代表团认为,《国际海洋法法庭规则》不应在《国际海洋法法庭规约》之外再附加条件;另一些代表团则强调,不可能所有国际海洋法法庭当选法官都具有相同能力,根据海底争端分庭法官所面对的具体任务,海底争端分庭法官应具备处理海底争端所需要的特殊知识、专门技能和经验,这样能提高海底争端分庭的效率。[29]虽然最终《国际海洋法法庭规则草案》没有规定法官的具体任职资格,但筹委会第四特委会的会议主席指出:"这不意味着在选派分庭成员时,不考虑与其职务有关的事务的特殊知识和先前经验。"[30]因此,在国际海洋法法庭已有的21位法官中尽量选择那些在有关"区域"内活动方面具有特殊知识、专门技能和经验的法官来担任海底争端分庭的法官应该是能够得到普遍认同的。另外,对于涉及科学和技术问题的任何争端,根据《公约》第289条的规定,海底争端分庭可以依照当事一方在书面程序结束以前作出的请求,或主动地决定选派两名或两名以上专家出庭,但无表决权。如果根据案件情况有其实际必要,法庭可考虑其后在口头程序结束前作出的该项请求。[31]这一制度意在当向法庭提交的争端具有高度技术性时,使得法庭可以借助某一领域的公认的专家的专门知识来作出裁决。[32]因此,一旦技术性较强的争端被提交至海底争端分庭,仍然可以得到专业的解决。

对于将争端提交有拘束力的商业仲裁的情况,选派仲裁庭的法官并没有像海底争端分庭那样的限制,当事方如果认为有必要,当然可以选择具有相关知识和经验的法官。

由此看来,在如何使技术性较强的争端获得更加专业的裁决这一问题上,海底争端分庭和商业仲裁完全能够通过特定的方式妥善处理,故而,在《开发规章》的争端解决机制中大费周章地规定"审查机制"的必要性,不得不再次被质疑。

五、"审查机制"难言势在必行

按照制度设计者的想法,设置"审查机制"最基本的前提是,随着"区域"内活动由勘探逐渐转向开发,会出现种类和数量越来越多的争端,而现有争端解决机制不足以应对。但是,就目前的情况来看,甚至于作为解决"区域"内活动争端主力的海底争端分庭都并未如其成立之初学者们预测的那样成为"一个比全庭更加繁忙而有实效的机构"[33]。事实上,自国际海洋法法庭成立至今,海底争端分庭还未作出过一项实质争端的裁决。这至少能在一定程度上说明,"区域"内活动争端并不会如想象般爆炸式增长到使现有争端解决机制无暇以顾的地步。退一步讲,即便"区域"内活动争端大量增

---

〔28〕 吴慧:《国际海洋法法庭研究》,海洋出版社2002年版,第181页。

〔29〕 参见LOS/PCN/152(Vol. 111),p. 79。

〔30〕 同上。

〔31〕 参见《国际海洋法法庭规则》第15条第1款。

〔32〕 Satya N. Nadan, et al., *United Nations Convention on the Law of the Sea* 1982: *A Commentary*, Vol. Ⅵ, Leiden: Martinus Nijhoff Publishers, 2002: 69.

〔33〕 赵理海:《海洋法问题研究》,北京大学出版社1996年版,第132—133页。

长，与其创造新的制度，不如尽力发掘现有制度的可能性。现有争端解决机制有足够的弹性去容纳数量逐渐增长的争端，而不需要新的“审查机制”。这主要体现在用和平方式解决争端上。

一则，用和平方式解决争端渊源已久。在最早考虑由深海采矿规定引发的争端解决是否需要建立一种制度时，第一委员会曾建议，争端当事方应首先通过协商、谈判、调解或其他他们自己选择的方法加以解决，一个月内如达不成一致，除非争端各方同意将争端提交仲裁，否则争端任何一方均有权向提议中的法庭提起程序。[34]《公约》第186条[35]和第285条[36]的规定意味着，《公约》第十五部分第一节规定的用和平方法解决争端的权利和义务对“区域”内活动争端的当事方完全适用。而诸如进行善意谈判和协商的基本义务，除非当事方另有约定可以对其进行改变，在其他情况下，应当承担义务并最大限度地使用以和平方法解决争端的程序。[37]由此可见，用和平方法解决争端一直都是《公约》缔约国的首选，也是国际社会努力将其义务化的理想争端解决方法。

二则，用和平方式解决争端的理念在当今世界被广为认可。《中华人民共和国政府关于〈“区域”内矿产资源开发规章草案〉的评论意见》在关于《开发规章》的总体评论中就提到：“《开发规章》设立的争端解决机制应当在遵循《公约》及其附件以及《执行协定》有关规定的基础上，允许和鼓励争端当事方优先通过谈判和磋商来解决争端。如有关争端无法通过谈判和磋商得到解决，可考虑诉诸当事方明示同意的第三方争端解决程序。”继而，又在对“审查机制”这一具体问题评论时指出：“鉴于当事方合意对于有效解决争端至关重要，建议考虑在《开发规章》第92条（审查机制）中加入允许争端当事方通过自愿选择的方法来解决争端的规定，而非必须通过行政审查机制来解决争端。还可积极考虑许可当事方在专家或专家小组意见的基础上，通过谈判或磋商解决有关争端。”

如此看来，用和平方法解决争端作为《公约》争端解决机制的重要部分，不仅不会因争端解决途径越来越多样而丧失其光彩，反而会在最大程度上促使我们反思：不断设置新的争端解决制度的确必要吗？通过以上一系列分析对比，我们会发现，至少“审查机制”的必要性并没有制度设计者所想的那样大，更难言其建立乃势在必行。相比“审查机制”的不必要，在《开发规章》中强调以和平方法解决争端似乎更为合理。

---

〔34〕 Satya N. Nadan, et al., *United Nations Convention on the Law of the Sea* 1982: *A Commentary*, Vol. Ⅵ, Leiden: Martinus Nijhoff Publishers, 2002: 623.

〔35〕《联合国海洋法公约》第186条规定：“海底争端分庭的设立及其行使管辖权的方式均应按照本节、第十五部分和附件六的规定。”

〔36〕《联合国海洋法公约》第285条规定：“本节适用于依据第十一部分第五节应按照本部分规定的程序解决的任何争端。缔约国以外的实体如为这种争端的一方，本节比照适用。”

〔37〕 Satya N. Nadan, et al., *United Nations Convention on the Law of the Sea* 1982: *A Commentary*, Vol. Ⅵ, Leiden: Martinus Nijhoff Publishers, 2002: 606.

南极条约协商会议的决策机制及其对南极治理重要议题的影响

■ 董　跃[*]　葛隆文[**]

【内容摘要】南极条约协商会议（ATCM）作为南极条约体系下最重要的会议之一，为各协商国交流信息、协调行动提供了平台，在南极治理中发挥着不可替代的作用和影响。通过对南极条约协商会议的决策机制进行总结和分析可以发现，因为南极地区所独具的特殊性，南极条约协商会议现有决策机制存在着一定程度的排外现象。南极治理也可能因此存在着决策垄断、监管俘获、民主缺陷、效率低下等问题，进而对相关南极重要议题的未来走向产生不可忽视的影响。

【关键词】南极条约协商会议　议事规程　决策机制

南极所特有的地理位置、环境和资源，对人类社会的可持续发展具有十分重要的意义与价值，因而也越来越为各国所重视。自 20 世纪中叶各国签订《南极条约》以来，以《南极条约》为核心的南极条约体系成为了国际社会处理南极事务的法律基石，是开展南极治理的核心，在南极的各个方面和领域均发挥着重要的作用。而这一体系的运作离不开 ATCM（Antarctic Treaty Consultative Meeting，以下简称 ATCM）及相应决策机制的运行。目前，国内对于南极治理，特别是 ATCM 的专题研究还处于起步阶段，多数是关注宏观层面的秩序走向或者是一些实体问题，对于程序性问题特别是制度性话语权的核心因素——决策机制还缺少专题研究。本文拟从《南极条约协商会议议事规程》（以下简称《ATCM 议事规程》）入手，从制度设计归纳 ATCM 决策过程与机制的特点及成因，并分析其对于南极治理重要议题的影响，以期对我国更好地参与南极治理提供建议与支撑，并完善国际组织决策的相关理论。

一、ATCM 的决策规则

ATCM 的实质是一个论坛，由十二个《南极条约》的原始缔约国会同那些通过在南极进行实质性研究活动而表明其对南极有兴趣的其他缔约国（二者统称为协商国）每年为“交换信息，共同协商有关南极共同利益的问题，以及阐述、考虑以及向本国政府建议旨在促进条约原则和宗旨的措施”的目的进行会面而形成。[1] 1961 年至 1994 年，ATCM 通常每两年举办一次，但自 1994 年以来，会议改为每年召开一次，由协商国按照其英文名称的字母顺序轮流主办。在五十多年的时间跨度下，ATCM 已经累计召开了 41

---

* 法学博士，中国海洋大学法政学院副教授，中国海洋大学海洋发展研究院研究员。

** 中国海洋大学法政学院国际法专业研究生。

〔1〕 https://www.ats.aq/devAS/ats_meetings.aspx?lang=e.

次，如果算上为解决特别问题而召开的南极条约协商特别会议（Special Antarctic Treaty Consultative Meetings，SATCM）和专家会议（Meetings of Experts），会议召开总次数则已接近80次。最近一次的ATCM（即第四十一届ATCM）已于2018年5月在阿根廷布宜诺斯艾利斯召开。

ATCM进行决策的基本框架由《南极条约》中与决策相关的条款和已经修订过十次的《ATCM议事规程》共同组成。它们是ATCM运行和发挥作用的基础，在处理南极事务和开展南极治理的过程中发挥着重要的作用，通过对其分析和研究，我们可以一窥其内质与特点，并为今后进一步研究南极条约体系的决策机制提供线索和引导。

（一）与会代表

与会代表是任何会议召开和进行的前提和基础，其范围、所要求的资格以及具有的相应权利均会对国际会议的决策机制产生重要影响。对不同类型的与会代表进行相应的区分则有助于更好地认清各类代表在会议中所扮演的角色和发挥的作用，进而更好地理解会议的本质与模式。与会代表在狭义与广义的范围上略有不同，根据《南极条约》及《ATCM议事规程》的相关规定，广义上的与会代表共分为以下四类：

（1）协商国代表。根据《南极条约》第九条和《ATCM议事规程》第一条，协商国是指根据《南极条约》第十三条加入《南极条约》的，通过在南极进行例如建立科学站或派遣科学考察队等具体科学研究活动而表明其对南极有兴趣的《南极条约》的任何缔约国。同样根据上述条款，协商国代表则是指协商国有权委派的、参加《南极条约》第九条第一款所提到会议（即ATCM）的代表。

协商国代表是ATCM中最重要的与会代表和实质参与者，具有表决权，对会议的进程和议题的讨论均有举足轻重的重要影响。根据《ATCM议事规程》第三条，协商国代表团由一名代表、一名候补代表、顾问和协商国认为可能有必要的其他人员组成。

（2）非协商国代表。非协商国代表是指虽未满足《南极条约》第九条第二款规定，但已经是《南极条约》缔约国的其他国家所应邀委派的代表。非协商国代表团同样由一名代表、一名候补代表、顾问和该国认为可能有必要的其他人员组成，但在人数上会受到一定的限制。虽然应邀出席ATCM的非协商国代表可以出席所有的全体会议，并在协商国代表一致同意的前提下参加所有的委员会或工作组会议〔2〕，还可以在会议上受邀发言〔3〕，但他们不具有表决权，无权参与决策〔4〕。

（3）观察员。观察员是指应邀出席会议并就各自负责领域向大会作报告的南极海洋

〔2〕《ATCM议事规程》第27条。
〔3〕《ATCM议事规程》第28条。
〔4〕《ATCM议事规程》第29条。

生物资源保护委员会（CCAMLR）、南极研究科学委员会（SCAR）和国家南极局局长理事会（COMNAP）的代表[5]。值得注意的是，此处的“观察员”与《南极条约》中所规定的“观察员”含义有较大的不同，后者是指协商国所指派的执行南极视察制度的特定人员[6]，切不可混为一谈。具体而言，观察员应为上述三大组织的主席或针对会议特别任命的代表。

同非协商国代表相似，观察员虽然可以出席审议观察员报告的全体会议，以及协商国代表一致同意的、对观察员报告进行审议的所有委员会或工作组会议[7]，并可以在介绍观察员报告后再次受邀发言[8]，但不具有表决权，无权参与决策[9]。

（4）受邀专家。受邀专家是指受 ATCM 邀请的、对南极有科学或技术兴趣的国际组织所指派的、协助大会开展实质性工作的相关专家。[10]根据南极条约秘书处（ATS）网站上所公示的信息，目前受邀指派专家的国际组织有以下 10 个：南极和南大洋联盟（ASOC）、国际南极旅游经营者协会（IAATO）、国际海道测量组织（IHO）、国际海事组织（IMO）、政府间海洋学委员会（IOC）、国际自然资源保护联盟（IUCN）、亚太旅游协会（PATA）、联合国环境规划署（UNEP）、世界气象组织（WMO）、世界旅游组织（WTO）。[11]由此可见，受邀国际组织所涉及的领域均是南极地区目前的关注重点。这些国际组织所指派的专家虽然可以受邀在其出席的会议上发言[12]，但同样没有表决权，无权参与决策。[13]

通过对 ATCM 与会代表种类的分析可知，虽然能够参加 ATCM 的代表种类不少，但只有协商国代表才是其中的主角，其余参会代表仅仅是信息的提供者和没有决策权的受邀者和旁观者而已。同时应该注意的是，在上述分析中，“与会代表”具有较大的定义外延，即将所有能够出席、参加会议的人员均纳入其中；但如果将“与会代表”的外延缩小至《南极条约》第九条第二款的规定，也可以说，只有协商国才是 ATCM 的与会者。这也就解释了为何会议规则的制定以及会议的运作都是以协商国为中心来设定和展开的。

（二）议事规程

ATCM 全体会议（以下简称大会）的开幕是公开进行的，但除此之外的其他会议，

[5]《ATCM 议事规程》第 2、31 条。
[6]《南极条约》第 7 条第 1 款。
[7]《ATCM 议事规程》第 32 条。
[8]《ATCM 议事规程》第 33 条。
[9]《ATCM 议事规程》第 34 条。
[10]《ATCM 议事规程》第 39 条。
[11] https：//www. ats. aq/e/info_ links. htm.
[12]《ATCM 议事规程》第 43 条。
[13]《ATCM 议事规程》第 44 条。

除非大会决定公开，否则均为私下举行。[14]为更好地开展会议工作，大会可以设立特定的委员会来履行相应的职能。[15]同时，大会和委员会可以设立工作组来处理各类议题。[16]

大会召开的法定出席人数为与会协商国代表的2/3[17]，其官方语言为英语、法语、俄语和西班牙语[18]。

会议主席作为会议的主持人和会议秩序的维护者，经大会授权后履行其职责，对会议的召开与顺利进行起着十分重要的作用。[19]毫无疑问，会议主席会由选举出来的协商国代表担任。[20]在未选出会议主席之前，东道国政府的代表将作为临时会议主席主持会议。[21]从历次会议最终报告的记载来看，会议主席均是当届会议东道国的代表。

在会议召开过程中，任何代表的发言均应获得会议主席的许可，并与所讨论的议题相关。[22]同时，大会可以限制每一位发言者的发言时间及次数。[23]值得特别注意的是，协商国代表可以在任何议题下提出程序异议，提出改变辩论的休会和结束时间、暂停会议或休会的动议，而这些异议与动议将在主席的主持下，通过表决得到解决。[24]

此外，会议文件作为会议重要的研讨对象和信息载体，是会议顺利召开的基础，在保持相关会议信息的延续性、可溯性方面有着不可替代的重要作用。根据议事规程，与ATCM相关的正式文件共分为四种：工作文件、秘书处文件、信息文件和背景文件。其中工作文件和信息文件尤为重要，是会议进行讨论和决策的基础。具体而言，工作文件是指协商国提交的、需要在会议上讨论并采取行动的文件，以及观察员所提交的、与其所负责特定领域相关的文件。[25]信息文件又分为三类：一是协商国或观察员提交的、为工作文件提供信息支撑或是与会议讨论相关的文件；二是非协商国提交的、与会议讨论相关的文件；三是专家提交的、与会议讨论相关的文件。[26]如果协商国认为需要ATCM就某个问题通过一项实质性决定，该国可在其向会议提交的工作文件中提出草案内容；在会议进行过程中，如果某些协商国代表认为有必要，也可以单独或联合向会议

〔14〕《ATCM议事规程》第8条。
〔15〕《ATCM议事规程》第9条。
〔16〕《ATCM议事规程》第11条。
〔17〕《ATCM议事规程》第12条。
〔18〕《ATCM议事规程》第22条。
〔19〕《ATCM议事规程》第13条。
〔20〕《ATCM议事规程》第6条。
〔21〕《ATCM议事规程》第5条。
〔22〕《ATCM议事规程》第14条。
〔23〕《ATCM议事规程》第16条。
〔24〕《ATCM议事规程》第15、17、18、19条。
〔25〕《ATCM议事规程》第48、35条。
〔26〕《ATCM议事规程》第50条。

提出草案。[27]

除此之外，为保证会议的顺利进行及信息的有效交换，议事规程还针对这些文件的提交期限等问题进行了规范，并提出了特定的要求。

（三）表决要求及生效

会议的进行与相关会议决策的制定离不开表决这一形式，而针对不同的事项，表决的规则自然也有所不同。会议结果根据效力的不同分为三种形式：在所有协商国通过后即具有法律拘束力的措施（measures）、处理 ATCM 内部组织事项的决定（decisions）和具有激励性质的决议（resolutions）。[28] 三类会议结果所具有的不同效力，必然会在表决方面有所表现。可想而知，具有法律约束力的措施相较其余二者而言更容易遭到协商国的抵制，因而也就更难获得通过。

《南极条约》第九条第四款规定，第九条第一款中所提到的措施只有在所有参加审议该措施会议的缔约国均批准的情况下才能生效。由此可见，措施的生效要求达到全体一致的要求。《南极条约》的修订也同样要达到全体一致的要求。[29] 除此之外，1995 年决定 1[30] 中所提到的不涉及程序性事项的措施、决定和决议也应由所有出席的协商国代表通过。[31]

大会关于所有程序性事项的决定和最终报告均应由与会协商国代表的多数作出。[32] 此处的表决规则是简单多数。

由此，全体一致规则和简单多数规则构成了大会决策的核心，是大会取得预期成果并获得其成员认可的必要保障。

但措施从通过到生效还要经过各协商国政府的批准或同意，考虑到各国各不相同的制度、利益考量等因素，措施的生效时间便具有了很大的不确定性，很可能出现虽已通过却迟迟不能生效的局面。为有效地解决这一问题，ATCM 在特定问题上创设了一种措施快速生效的机制。该机制规定，当有关南极特别保护区管理计划的措施在 ATCM 通过后，除非措施另有规定，如在会议结束后的 90 日内没有协商国提出异议或要求延长时间，则该计划被认为已获批准。[33] 但这一机制所能适用的范围太过狭窄，具有较大的局限性。[34]

---

〔27〕 徐世杰：《浅析 ATCM 工作机制及影响》，《海洋开发与管理》2004 年第 3 期，第 43 页。
〔28〕 https：//www. ats. aq/e/ats_ meetings_ atcm. htm.
〔29〕 《南极条约》第 12 条。
〔30〕 https：//www. ats. aq/devAS/info_ measures_ listitem. aspx？ lang = e&id = 221.
〔31〕 《ATCM 议事规程》第 24 条。
〔32〕 《ATCM 议事规程》第 21、25 条。
〔33〕 《南极环保议定书》附件五“区域保护和管理”第 6 条第 1 款。
〔34〕 徐世杰：《浅析 ATCM 工作机制及影响》，《海洋开发与管理》2004 年第 3 期，第 43—44 页。

（四）闭会期间事项处理

在闭会期间，难免会遇到需要大会解决的问题。为应对可能出现的紧急情况，《ATCM 议事规程》专门用一节对此进行了明确。可能出现的紧急情况主要分为两类：一是因出现紧急情况而需要大会采取相应的行动；二是有关国际组织提出获取某些会议活动的信息。因后者与决策无关，此处不予讨论。就前者的解决而言，主要由执行秘书与各协商国代表进行磋商协调。如果向各协商国通报磋商结果后，各协商国均无异议，执行秘书则可以依据磋商结果开展拟定的行动，从而解决紧急情况；如果仍有异议，则继续进行磋商。[35]

二、ATCM 决策机制的重要特点及其成因

通过以上决策规则的介绍，我们对 ATCM 相关决策机制有了初步的、更为清晰的认识，也对 ATCM 的运作有了更直观的感受。虽然不同国际组织决策机制之间可能具有一定的共性，但它们不可避免地会具有与其自身性质和运作方式相关的、独特的特征与特点。国际组织各不相同的决策机制一方面满足了其各自侧重的不同需求，另一方面也可能因此在国际组织内部引发制度性矛盾与问题，并可能对国际组织的继续存在与有效运行产生负面的影响。ATCM 作为类国际组织性质的论坛，其决策机制也不例外。故我们有必要对 ATCM 决策机制进行更深一步的总结与探索。

（一）特点

1. 集体决策背后的双重民主缺陷

（1）决策机制运行中的民主缺陷。在与会代表、会议运行的具体要求和表决规则这三个方面，ATCM 现有决策机制在一定程度上反映了决策权的相对垄断及决策结果和过程的不民主性。这主要体现在以下三个方面：

① 协商国主导。在客观因素的制约下，囿于南极环境和各国的国家实力，本身能够实质性参与到南极事务中的国家并不多，而无论是协商国代表所享有的表决权，还是其在会议进行过程中所享有的对程序性事项的动议权，都表明协商国才是 ATCM 的主导者和实质性参与者。其他代表所起的作用也仅限于参与讨论与提供信息。目前，缔结《南极条约》的 53 个国家中有 29 个协商国和 24 个非协商国。二者的数量大致相当，却有一半以上的缔约国不能参与到相关的决策之中。这就决定了协商国之外的《南极条约》缔约国（即非协商国）在相关南极事项上的必然缺位。

② 议事程序变动相对随意。通过上述介绍可知，在会议的进行过程中，协商国代表可以随意提出关于程序异议、改变辩论的休会或结束时间、暂停会议或休会的动议。这无疑会给会议的顺利进行与开展造成负面的影响，无法保证相关项目议程和辩论进行的

〔35〕《ATCM 议事规程》第 46 条。

完整性和连贯性。虽然这类问题将在会议主席的主持下通过表决得到解决，会议或辩论并不一定按照相关代表所提出的动议被暂停或休会，但无疑给别有用心的协商国代表提供了扰乱会议进程的机会和手段。个别协商国，尤其是在南极事务中一直占据主导地位的大国，就有机会明示或暗示地在正式进行表决之前通过这一形式表达其意图与想法，从而或多或少地影响其他协商国的态度或计划，进而影响相关议题的后续讨论与最终结果。

③ 会议召开不透明。根据议事规程的规定，除全体会议的开幕公开进行外，其余会议的召开均是在隐秘状态下进行的。虽然在 ATCM 结束后，秘书处会公布最终报告及各方所提交的各类文件，但是考虑到书面记载的局限性和精简性，这仍使得会议运行的部分细节和会议中各方交锋的实际情况不为公众所知，进而可能影响相关决策的公信力，削弱实际效果。当然，针对一些核心和敏感信息的保密也是必不可少的，因此，如何做好两者之间的平衡也成为需要考虑的问题之一。

综合以上三点，或许可以得出这样的结论，即 ATCM 决策机制本身就是为实现协商国对南极事务的垄断和掌控而设计的，目的就是尽可能地减小非协商国或其他组织介入南极事务的可能性及对南极事务所产生的影响。再加上协商国内部实力和影响力的分层，ATCM 有可能实际上被几个核心的协商国所主导，而使得其余协商国及所有非协商国的利益与主张无法得到体现与满足，使会议落入“形式主义”和“走过场”的窠臼。

（2）决策机制固有的民主缺陷。任何有政府性实体参与的国际治理均在一定程度上有着“民主缺陷”：“政府间实体可能被认为在根本上是不民主的，因为它将权力从民选的政府和国家立法机构拿过来，把权力交给不负责任的机构，在这些机构中，各国代表所作出的决策不受公众审查，使全球化问题脱离普通民众之关心。而且这些‘国际组织’缺乏必要的权力来为共同利益采取有效行动或者针对个别国家实施它们的集体意志。”[36] ATCM 同样具有类似的问题：各协商国代表所代表的是其国家的利益还是其国内全体人民的利益？在仅允许协商国实质性参与会议的情况下，协商国能否代表全体缔约国进行决策？南极条约的相关缔约国又能否代表世界上其他国家对主权性质仍未明确的区域进行治理与规制？这些问题可能在较长的一段时间内仍无法找到明确的答案，也需要我们进行持续的关注与研究。

2. 监管俘获现象明显

虽然 ATCM 已经将可以参会的代表分为协商国与非协商国两类，但这仍未涵盖会议内部所有的分层现象。除依据是否对南极有主权要求进行分类外，通过对 ATS 及 COM-NAP 公开的信息数据进行采集和整理，由图 1、图 2 可知，协商国在会议的参与度和科

〔36〕［英］帕特莎・波尼、埃伦・波义尔：《国际法与环境》，那力、王彦志、王小钢译，高等教育出版社 2007 年版，第 35 页。

考的参与度方面也有着较为明显的分层情况。

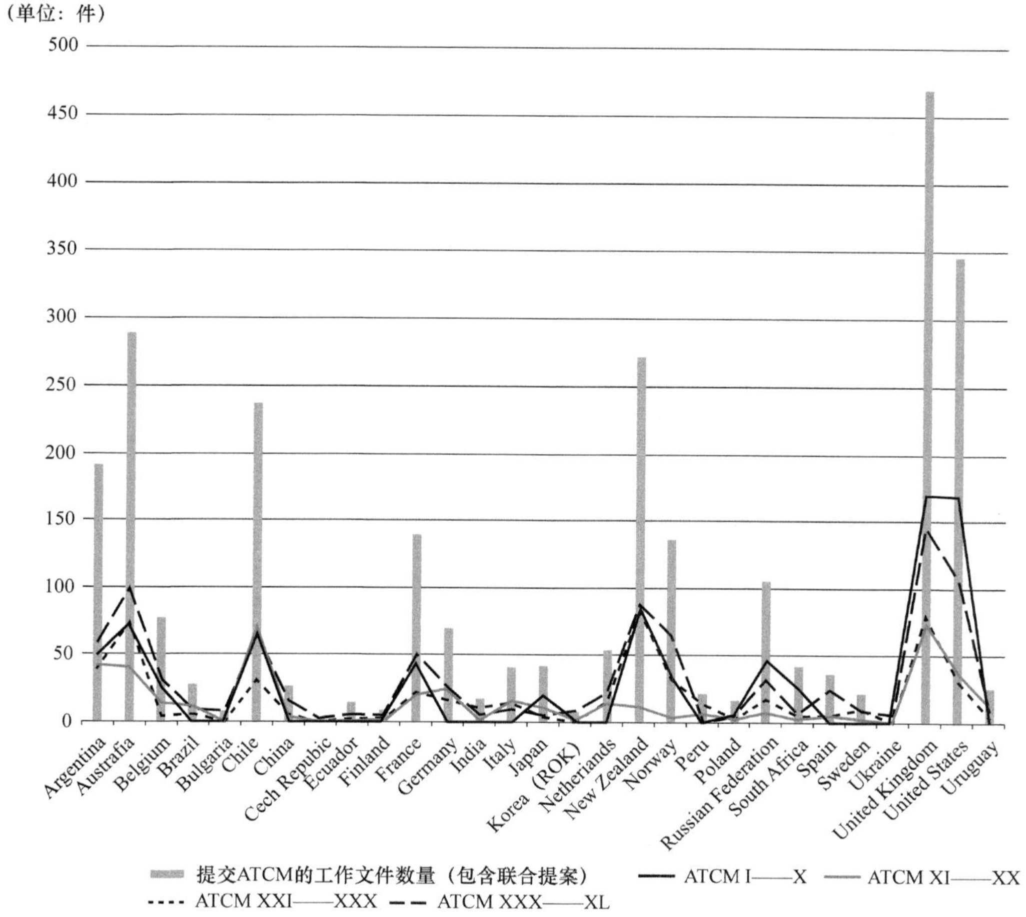

图 1　协商国提交的工作文件数量统计

在主权要求方面，协商国分为主权声索国、保留声索权国和无主权要求国。主权声索国包括阿根廷、澳大利亚、智利、法国、新西兰、挪威和英国 7 个国家。它们依据先占、实际控制、距离等因素，先后对南极提出过主权要求。保留声索权国指的是美国和俄罗斯，两者不承认上述 7 国的主权要求，但保留自身提出主权要求的权利。这 9 个国家之外的协商国，均为无主权要求国。

在可以衡量各协商国参与 ATCM 程度的不同指标中，各协商国向会议提交的工作文件的数量是一个非常重要的指标。通过对提交给 ATCM 的工作文件数量进行统计分析可得，协商国内部已经分化出了不同的参与层次。由协商国向 ATCM 提交工作文件的数量（联合提交的文件均计算到各国）具体来看（见图 1），协商国可分为三个不同的活跃层次，首先是积极活跃国，包括阿根廷、澳大利亚、智利、法国、新西兰、挪威、俄罗斯、美国和英国 9 个国家，这些国家提交的工作文件总量都在 100 份以上；其次是一般活跃国，包括比利时、德国、意大利、日本、荷兰、南非和西班牙 7 个国家，这些国家提交的工作文件总量均在 35—80 份；最后是相对不活跃国，包括巴西、保加利亚、中国、捷克、厄瓜多尔、芬兰、印度、韩国、秘鲁、波兰、瑞典、乌克兰和乌拉圭 13 个国家，这些国家提交的工作文件总量在 30 份以下。同时，虽然在 40 届会议的跨度下，各国提交的工作文件数量会有所波动，却仍保持了与总量统计基本一致的统计结果。

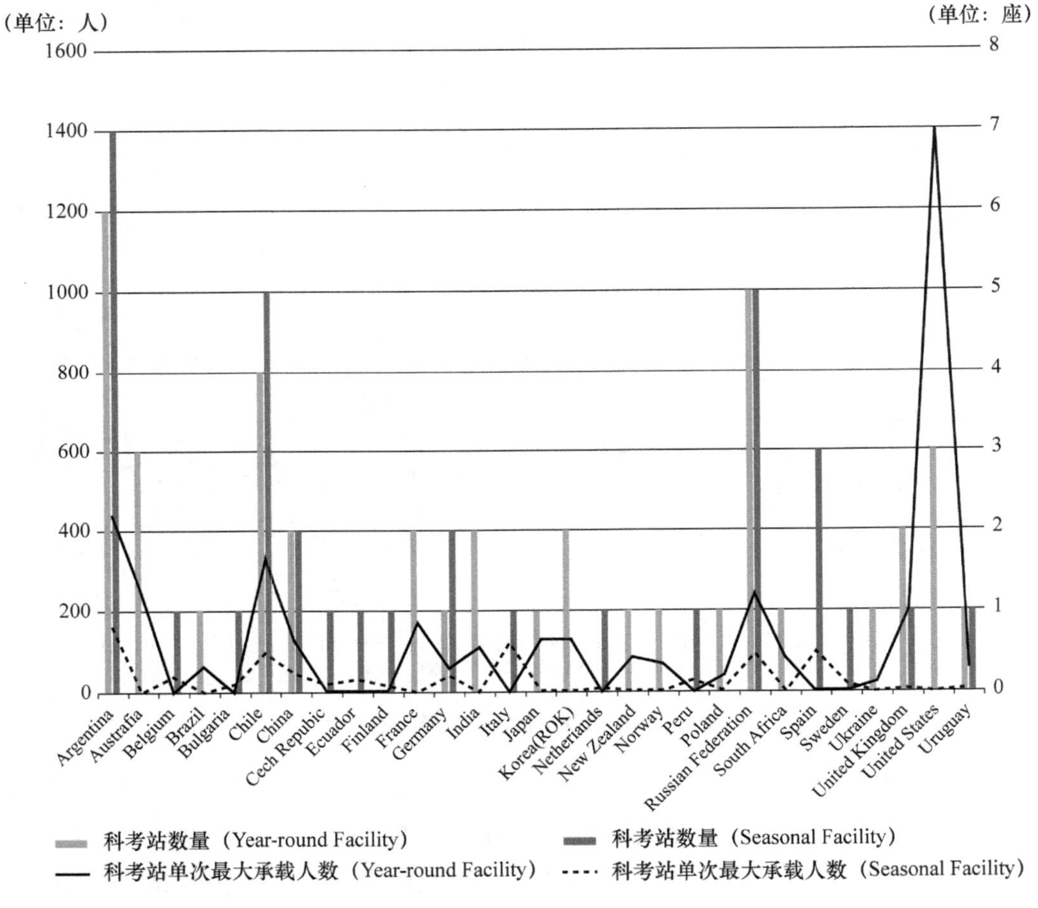

图 2　协商国科考站数量及单次最大承载人数统计

各协商国的科考站数量与单次最大承载人数的分布也呈现出了类似的现象。（见图 2）虽然所有协商国均在南极设有科考站，但 29 个协商国中只有 19 个国家拥有全年运行的科考站。这其中又仅有 10 个国家拥有 2 座以上的科考站。拥有全年运行科考站最多的 3 个国家分别是阿根廷（6 座）、俄罗斯（5 座）和智利（4 座）。此外，29 个协商国中只有 17 个国家拥有季节性科考站，且仅有 6 个国家拥有 2 座以上。拥有季度性科考站最多的 3 个国家分别是阿根廷（7 座）、智利（5 座）和俄罗斯（5 座）。即便如此，仅凭科考站的数量还不足以说明各协商国在南极地区的科考实力，还需要考虑科考站单次所能承载的最大人数。简单而言，科考站单次所能承载的人数越多，说明其站点面积越大，支持能力越好，间接表明其科考能力越强。因为季节性科考站承载人数较少，不足以展现各国实力，且有些国家只有全年运行的科考站而无季节性科考站，故在此不分析和讨论季节性科考站的单次最大承载人数问题。协商国中拥有全年运行的科考站且该类型科考站单次最大承载人数总和超过100人的国家从多到少依次为：美国（1399人）、阿根廷（441人）、智利（330人）、澳大利亚（243人）、俄罗斯（240人）、英国（188人）、法国（170人）、日本和韩国（130人）、中国（120人）及印度（112人）。综合分析科考站数量与单次最大承载人数两个数据，我们大致可以将协商国分为以下三个层次：一是科考强国，这些国家不论是在科考站数量方面还是在科考站的单次最大承载人数方面都具有相当明显的优势，包括美国、阿根廷、智利、澳大利亚、俄罗斯和英国；二是科考大国，这些国家虽然相较科考强国存在劣势，但仍有着较强的实力，包括法国、中国、韩国、日本和印度；三是一般科考国，这些国家在科考站数量及科考站单次最大承载人数上具有较为明显的劣势，包括上述11个国家以外的所有其他协商国。[37]

将上述三种不同的层次区分相结合，可以明显发现，在ATCM上的积极活跃国与对南极有主权意图（包括声索国和保留声索权国）的国家是完全一致的，而6个科考强国也均是对南极有主权意图的国家。据此，我们或许可以得出如下结论：阿、澳、智、法、新、挪、俄、英、美9个国家在南极事务中具有举足轻重的地位和影响力。

这种相对明显的内部层次分化达到一定程度，就很有可能（或者已经）引发类似“监管俘获”的情况，即本应受到监管的对象或利益集团却反过来影响监管机构的政策制定，而使得监管机构无法为公共利益服务[38]，使ATCM成为被“俘获”的主体。ATCM本是为协调各协商国之间的共同利益而设立的，但协商国内部层次的明显分化使得强势集团占据主导和引领地位。会议决策机制所决定的对大多数事项的一致通过规则，加之强势国家对弱势国家的影响，以及弱势国家本身对相关事务的不重视都会加剧这种情况，进而导致只有符合强势国家利益的措施或政策才能获得通过，否则就只会被拖延和消极应对，相对弱势国家的利益和公共利益无法得到保障。但在目前现有的会议决策机制下，却又没有能够很好解决和消除这一隐患的办法。

3. *决策程序与效率不稳定*

虽然自1994年以来ATCM每年都会召开，自2001年以来ATCM就设立了秘书处，

---

〔37〕 https://www.comnap.aq/Members/Shared%20Documents/COMNAP_Antarctic_Station_Catalogue.pdf.

〔38〕 Sidney A. Shapiro, The Complexity of Regulatory Capture: Diagnosis, Causality, and Remediation, *Roger Williams University Law Review*, Vol. 17, Issue 1 (Winter 2012), p. 223.

但实际上并没有一个常设机构负责闭会期间的相关实质事宜，现有秘书处也只不过是作为一个信息交换中心和会议协调、组织中心而发挥作用。[39]虽然议事规程针对闭会期间可能出现的紧急情况和其他事宜规定了相应的磋商程序，但是相较常设机构的处理而言，更长的处理时间和处理过程并不一定会带来更好的处理效果，反而有可能因时间的拖延而造成不良的后果和连带效应。

除此之外，协商国代表所享有的、在会议过程中随意提出相关程序动议的权利，在一定程度上也可能人为打乱会议节奏，导致出现会议时间延长、代表发言时间变短或讨论不充分等情况，进而会对会议效率造成负面影响。

（二）成因

ATCM 决策机制是在多方面因素的影响下形成和发展起来的。通过了解相关较为核心的影响因素，我们可以更进一步地了解其背后的缘由，从而找到问题的根源所在。

1. 南极自然条件及相关事务的特殊性

首先，在全球变暖、气候恶化的背景下，南极地区特殊的地理位置和环境资源使其成为人类可持续发展的重要宝库，越来越多的国家想通过各种方式参与到南极的各项事务当中。

其次，自南极地区被人类发现以来，不论是主权声索还是资源开采，各类与其相关的纷争愈演愈烈。如何更好地平衡各国的利益诉求一直都是解决南极问题的焦点。虽然自《南极条约》签订以来主权问题暂时被冻结，但是问题并未得到解决，而只是被搁置。同时，即便《南极环保议定书》的签订目前禁止了对南极矿产资源进行非科考性开采，未来的走向也并不绝对。在这种状况下，对南极有兴趣的国家，尤其是那些有主权诉求的国家，难免会通过各种合乎条约的方式、方法，如建设科考站等，来努力增强其在南极的实质性存在和对南极事务的影响力。

最后，以《南极条约》为首的南极条约体系更多地将注意力集中在环境、生物保护和科学研究上，体系的整体性和结构性在一定程度上有所欠缺。比如，ATCM 与南极环保委员会会议通常同时同地召开，可能还会有交叉，而《南极生物资源养护公约》和《南极海豹保护公约》就相对独立。南极海洋生物资源保护委员会只是作为观察员在 ATCM 上向大会作报告。

2. 南极的国际关系

虽然南极地区所涉及的国家并不算多，但该地区各国之间的国际关系却存在着特殊性。其特殊性主要体现在《南极条约》表面上的主权冻结与各国（尤其是主权声索国及保留声索权国）意欲增强各自实质性存在之间的矛盾与冲突。可以说，即便是在广泛开展南极科研合作的表象下，各国之间仍存在着互相防备和排斥的暗流，并可能对南极地

[39] 2001 年 ATCM 的决定 1 作出了设立秘书处的决定，2003 年又通过措施 1 对此予以明确，赋予了秘书处应有的法律地位和效力。

区的态势产生较为深远的影响。这不仅体现在主权声索国在主权方面的相互承认及诉求纠纷、保留声索权国的权利保留，也体现在南极事务和 ATCM 上各国的相互支持、对后来南极事务参与者的相对排斥等方面。

3. 集体决策中的存在与利用能力

虽然目前《南极条约》的缔约国有 53 个，其中的协商国有 29 个，但各国在南极地区的影响力和话语权却有着非常大的差异。除协商国外的 24 个缔约国，虽然有涉足南极事务、参与南极治理的意图，却无力达到成为协商国的标准，只能成为旁观者。而根据上述统计，29 个协商国中又仅有 1/3 左右的国家拥有足够强大的科考活动设施与人员。因为科考力量的强弱决定了协商国获得相关信息的能力，科考力量强的国家自然会获得更多的信息，进而使各协商国在议题的设置能力方面产生差异。而议题的设置能力又会影响成员利益上升为集体决策的机会，即在一定条件下，提出议题越多的国家，其意志和利益上升为决策的可能性就越大。这就使各国在 ATCM 中的存在与利用能力出现了偏差，造成大部分国家仅仅只是存在，只有少数国家是存在与利用并举的。

三、对南极治理重要议题的影响

南极治理最终还要落脚在特定问题和特定议题的解决与协调之上。ATCM 决策机制则是解决和协调相关问题的基础、途径和平台，同时也对不同性质议题的走向有着不同程度的影响。因此，我们有必要针对不同类型的议题进行分类探讨，以求一窥未来可能的发展趋势，提前做好相应的准备工作。

（一）原则型议题

在南极治理领域，原则型议题是指那些经由南极条约体系确定的、构成现有南极治理机制框架的基础性议题，如主权声索、环境保护、和平利用、科考合作等议题。在 ATCM 现有的决策机制下，因为这些议题的任何变动均有可能会对现有南极治理体系造成根本性颠覆或产生不良影响，且实质性决议均需获得协商国一致同意才能获得通过，所以，现有南极条约体系确立的冻结主权声索、禁止矿产资源开发和保护环境的原则具有较强的稳定性，在短时间内不太容易产生变动。对于这一类议题，我们可以暂时给予其较少的关注，待外部环境与世界局势可能发生大的变化时再度时而定。

（二）交叉型议题

交叉型议题则是指那些既存在于南极地区同时又与其他领域有交叉或有重大矛盾的相关议题，其中较为典型的是生物勘探。该问题不仅存在于南极地区，而且与“国家管辖范围以外区域海洋生物多样性养护与可持续利用”有较大的重叠。这就给予了一些国家在 ATCM 中回避该问题的借口：既然已经有专门的国际组织和会议针对这一问题进行谈判和研究，南极地区又不应被排除在外，则相关谈判结果理应同样适用于南极，因而没有必要在 ATCM 中再针对类似的问题进行探讨与协商。此外，在科学考察研究的平台上和环境保护的名义下，以南极资源为目的的考察与勘探活动并未停止，潜在的资源纷争不仅始终存在，且显得更加隐蔽和复杂。[40] 目前，各国对相关南极生物资源的纷争主要集中在技术强国（如美国）和技术弱国之间，它们在此类问题的规制上持有不同的立场。所以，在这种情况下，此类议题很难在会议上得到推进，而只能处于搁置状态。

（三）前沿议题

随着时代的发展和科技的进步，人类在南极的活动范围和形式都得到了不同程度的扩展。南极旅游和对南极各类区域的保护与管理逐渐成为各国关注的热点和焦点，并在 ATCM 上取得了相应的成果，如罗斯海保护区的设立等。究其原因，南极海洋保护及管理区虽然名义上限制了各国，加强了对于南极环境的保护，但实际上却间接增强了对海洋保护及管理区进行相应管理的国家在南极的实质性存在，为这些国家在南极治理中的话语权增加了分量。南极旅游也具有同样的情况。目前赴南极旅游的人数呈逐年上升趋势，该领域却仍处于相对无序状态，对其进行管理则势必牵扯国家管理权等问题。所以，对于此类前沿性热点问题，南极主要活动国家均在积极参与和推动，以求获得主动。

---

〔40〕 刘惠荣、刘秀：《国际法体系下南极生物勘探的法律规制研究》，《中国海洋大学学报》（社会科学版）2012 年第 4 期，第 10 页。

北极海运黑碳排放的国际治理：现状、挑战与制度构建

■袁　雪[*]　廖宇程[**]

【内容摘要】黑碳属于短期气候强迫因子，具备温室效应物质和大气污染物质的双重属性，对北极环境和生态系统危害极大。来自国际海运船舶的黑碳排放是导致北极气候变化和空气污染的主要来源，应当而且已经引起了国际社会的重视。但是，国际海事组织、北极理事会等机构对黑碳减排的立法与实践的尝试形成的却是碎片化、约束力弱、框架性的国际海运黑碳法律治理现状。国际海事组织与北极理事会应当牵头制定“北极海运黑碳减排协定”并将其作为统筹相关制度的基础，辅之以扩大 ECAs 等措施。通过“俱乐部”模式的运行机制和设置权利、义务的方式保障协定的执行力，构建北极海运黑碳排放国际治理体系，最终实现黑碳减排与绿色发展的双赢。

【关键词】黑碳排放　北极海运　气候变化　北极理事会　国际海事组织　国际治理

近年来，气候变化导致北极海冰加速消融，北极地区资源开发、旅游、新航线开通等人类活动逐渐增多，为国际海运带来了更多的机会，同时也对北极环境造成了威胁。气候变化对全世界都有影响，北极地区相对于世界其他区域，其生态系统和自然环境更加脆弱，更加易于受到气候变化的影响。黑碳是一种短期气候强迫因子，是仅次于二氧化碳（CO_2）的第二大导致全球气候变暖的物质，同时对人类健康也具有重要危害。研究证明黑碳和其他短期气候污染物是导致北极气候变暖较快的原因，因此减少人为黑碳排放将成为缓解北极气候变化的重要策略。来自国际海运船舶的黑碳排放是北极黑碳的主要来源。国际社会日益关切气候变化对地球气候系统和北极安全的进一步影响，已经认识到海运黑碳排放对北极日益恶化的生态环境的影响及对其进行治理的必要性，迫切需要将海运黑碳排放问题纳入到一个综合全球治理体系中。本文讨论如何从法律制度层面和技术层面缓解北极海运黑碳排放问题，试图构建可行的北极海运黑碳国际治理的制度模式。

一、北极海运与黑碳排放

黑碳，英文为 Black Carbon，也称为黑碳气溶胶，是由含碳物质不完全燃烧产生的

---

* 哈尔滨工程大学人文学院法学系副教授，法学博士，硕士生导师，主要研究领域为国际法和海洋法。

** 哈尔滨工程大学人文学院法学系硕士研究生。

本文为中央高校基本科研业务费项目“中国北极安全法律问题研究”（HEUCFP201831）、黑龙江省哲学社会科学规划项目“北极水域航行海事安全法律体系构建及中国参与路径研究”（17FXB07）、黑龙江省哲学社会科学规划项目“极地通航法律问题研究”（16FXB01）研究成果。

一种无定型碳质，是大气气溶胶中最主要的光学吸收成分，对气候变化具有重要影响。[1]一般在大气科学研究中，常用气溶胶代指大气颗粒物。黑碳是一种具有强大气候强迫能力的气溶胶，与大多数气溶胶相反，其会通过吸收阳光和向周围大气中重新排放获取的热量而导致升温效果。[2]黑碳与温室气体的气候强迫影响相反，黑碳是通过吸收太阳的辐射产生热量，而温室气体则是吸收地球表面的辐射。[3]黑碳是一种短期气候强迫因子，与CO_2等温室气体在大气中停留时间长达数十年甚至上百年相比，其在大气中仅仅停留数天到数周时间。就全球来说，大约有54%—57%的黑碳来自化石燃料的燃烧，其他大部分来自生物质的燃烧。[4]

作为短期气候强迫因子，黑碳对气候变化具有影响。Ramanathan and Carmichael 认为黑碳总辐射强迫将接近 +0.9 W/m^2，从 +0.4 到 1.2，这意味着黑碳的变暖效应仅次于 CO_2，其辐射强迫大约相当于 CO_2 的 55%。[5]联合国环境规划署（UNEP）和世界气象组织（WMO）2011 年发布的《关于黑碳和对流层臭氧的综合评估报告》也认为，针对这些空气污染物实施减排战略将极大地有利于减缓全球变暖，并建议将黑碳、臭氧减排与CO_2减排措施结合在一起。[6]黑碳是一种可吸入的大气污染物，严重危害周围环境和人类健康。由于黑碳具有吸附性，其表面能够吸附其他污染物，可以通过呼吸作用，夹带所吸附的有毒物质进入人体，从而引起呼吸系统哮喘以及心血管病、癌症等疾病的发生，危害人类健康。[7]

在北极和亚北极地区排放的黑碳与低纬度地区相比，对加速气候变暖的影响更大。因为黑碳不仅吸收被冰雪反射的辐射增加周围空气的温度，还沉积在冰雪表面上，导致冰雪本身吸收更多的辐射，从而降低冰雪的反照率而产生辐射强迫作用，导致冰雪加速融化和温度增加。由于冰雪融化后露出了深色的海洋或者陆地，反照率降低吸收更多的阳光，从而产生了一个正反馈回路。[8]世界上 90% 的货物贸易是通过海上运输完成的，

---

〔1〕 詹建琼等：《北极黑碳气溶胶研究现状和展望》，《极地研究》2010 年第 1 期，第 56—68 页。

〔2〕 Ramanathan V and Carmichael G, "Global and Regional Climate Changes Due to Black Carbon", *Nature Geoscience* , 2008, 36 (1): 221-227.

〔3〕 Laura Boone, "Reducing Air Pollution from Marine Vessels to Mitigate Arctic Warming: Is it Time to Target Black Carbon?", *Carbon and Climate Law Review* (CCLR), 2012, (1): 13-20.

〔4〕 穆燕等：《黑碳的研究历史与现状》，《海洋地质与第四纪地质》2011 年第 1 期，第 143—155 页。

〔5〕 Veerabhadran Ramanathan and Greg Carmichael, "Global and Regional Climate Changes Due to Black Carbon", *Nature Geoscience* , 2008, 36 (1) : 222.

〔6〕 United Nations Environment Programme (UNEP) and World Meteorological Organization (WMO), "Integrated Assessment of Black Carbon and Tropospheric Ozone: Summary for Decision Makers", *Geneva*: UNEP/WMO, 2011: 1-5.

〔7〕 https://baike.baidu.com/item/%E9%BB%91%E7%A2%B3%E6%B0%94%E6%BA%B6 E8%83%B6/1012060.

〔8〕 Daria Shapovalova, "The Effectiveness of the Regulatory Regime for Black Carbon Mitigation in the Arctic", *Arctic Review on Law and Politics*, 2016, 7 (2): 136-151.

尽管海运通常被认为是最有效率的货物运输方式，但船舶排放带来的大气污染问题不容忽视。'随着冰雪消融，北极航线逐渐开通，从亚洲到欧美的航程不仅大大缩短，而且船舶不必遵守其他航线所要求的负载标准而降低了成本，使得北极航线通航量大大增加；但北极航线航行也会相应导致船舶发动机的能效降低，从而造成更高的颗粒物排放，包括黑碳排放。北极海运船舶的黑碳排放对北极冰雪融化速度影响很大。据统计，国际海运每年排放的黑碳大约7.1万公吨到16万公吨，约占海运颗粒物质排放总量的15%，占全球所有黑碳排放总量的2%左右。[9]由于近年来北极海冰融化导致北极航运的高增长，预计到2030年黑碳排放将达到2004年的近5倍，到2050年将超过2004年的18倍。这意味着北极海运排放的黑碳在全球海运黑碳排放清单中的比例，将从2004年的0.6%增加到2050年的2.3%。[10]船源黑碳排放量的增加将会进一步加速北极变暖。

二、北极黑碳国际治理的制度现状

对于气候变化和国际贸易问题的国际治理的制度格局变得更加多元化，越来越复杂，尽管《联合国气候变化框架公约》（UNFCCC）和世界贸易组织（WTO）仍然是气候变化和国际贸易多边制度的核心，但是制度模式正在不断地发展变化。在气候变化和国际贸易问题交汇的地方，这些变化带来了特殊的国际治理挑战。北极地区的黑碳排放问题目前就面临这样的挑战，而且由于其全球性的气候变化，迫切需要采取减排行动。国际治理挑战的核心部分，就是要确定哪些制度安排能够直接为缓解北极黑碳问题的国际努力作出建设性的贡献，或者至少是支持。

（一）国际海事组织对海运黑碳排放问题的关注及其进展

本文关注的重点是国际海运船舶黑碳排放及其对北极变暖的影响，因此有必要将注意力转向国际海运业黑碳减排的发展。海运本质上是一项全球性的活动，北极航行船舶从事的大多是国际海运活动，因此应当在全球语境下探讨国际海运黑碳排放问题。同时，应该鼓励地方性和区域性的黑碳减排策略，不仅是因为这些区域性或地方性策略会影响更高层次的决策，更是由于空气污染物对地方和区域的影响更大，尤其是国际海运船舶黑碳排放对北极的影响。[11]

作为一个联合国专门的行业性机构，国际海事组织（IMO）是管理海上航运贸易和气候变化问题的重要机构。国际海事组织对海运黑碳排放问题的关注经历了与海运温室

---

〔9〕 James J. Corbett, et al., "Arctic Shipping Emissions Inventories and Future Scenarios", *Atmospheric Chemistry and Physics Discussions*, 2010, 10 (4): 9689-9704.

〔10〕 IMO, Any Other Business. Emissions Inventory and Analysis of Impacts of Short-Lived Climate Forcing Aerosols from International Shipping Activity in the Arctic. Submitted by the Clean Shipping Coalition (CSC), Doc. BLG 15/INF. 5. (2010), paras. 2-4.

〔11〕 www. arctic-council. org.

气体减排合并规制到独立规制的进程。虽然黑碳减排一直未被纳入国际海事组织相关立法的适用范围，但是对于国际海运黑碳排放问题的关注和规制经历了漫长的发展历程，已经取得了较大的成果，其间也离不开许多非政府组织的督促和推动。[12]国际海事组织对黑碳问题的关注最早来自2008年7月国际地球之友（FOEI）提交的一份名为“Prevention of Air Pollution From Ships：Opportunities for Reducing Greenhouse Gas Emissions from Ships”的文件。该文件对来自航运业对气候变化有重大影响的排放物的各种减排方法进行了总结和分析，其中包含有关黑碳排放影响的信息。[13]2008年10月召开的MEPC第58次会议讨论了该文件，开始正式关注黑碳排放问题。

2010年5月，海洋环境保护委员会（MEPC）第60次会议就减少北冰洋地区航运黑碳排放是否需要采取单独行动以及该问题与《国际防止船舶造成污染公约》（MARPOL）附则VI“防止船舶大气污染规则”之间的关系进行了讨论。各缔约国一致同意需要解决影响北极地区的船舶黑碳排放问题，并将其作为MEPC防止船舶大气污染及应对气候变化工作的重要组成部分。[14]2010年10月，MEPC第61次会议将黑碳议题从其他温室气体排放议题中独立出来。

2011年7月11—15日，MEPC第62次会议根据挪威、瑞典和美国的建议，同意制订一个缓解船舶黑碳排放对北极影响的工作计划，要求国际海事组织散装液体和气体分委会第15次会议（BLG15）承担界定国际海运黑碳排放的定义，考虑和确定最适合的黑碳测量方法以及调查适当的控制措施的任务，并向MEPC第65次会议提交最终报告，工作计划的范围仅限于北极地区。

2013年3月18—22日，国际海事组织船舶设计与设备分委会第57次会议（DE57）成立了由挪威牵头的极地工作组，将制定“极地规则”作为一项重要议题讨论。会议讨论了由清洁海运联盟（CSC）等几个非政府组织提交的有关“极地水域船舶黑碳排放”的联合提案，提出为了在所有极地水域最大可行地减少船舶黑碳排放，支持在“极地规则”中加入有关正在BLG分委会和MEPC讨论的相关内容。2014年2月3—7日，国际海事组织污染预防及响应分委会第1次会议（PPR1）讨论了通讯小组关于“国际海运黑碳排放对北极的影响”的报告和黑碳的定义。经过多次争论，2015年5月11—15日的MEPC第68次会议最终基于Bond等人的定义确定了黑碳定义。[15]

2016年2月15—19日，PPR3会议制定了《黑碳测量报告议定书草案》，提供了自

---

〔12〕 姜斌、韩佳霖：《非政府组织在减少国际航运业黑碳排放方面的作用》，《中国海事》2015年第6期，第61—62页。

〔13〕 胥苗苗：《IMO“黑碳”减排行动》，《中国船检》2015年第3期，第49—51页。

〔14〕 IMO，Report of the Marine Environment Protection Committee on its Sixtieth Session，Doc. MEPC 60/22 (2010)，para. 4. 95.

〔15〕 http：//www. imo. org/MediaCentre/PressBriefings/Pages/19-MEPC-ends. aspx#. VWQgBCS1dg.

愿收集黑碳数据的建议。目前，国际海事组织已基本形成了各种黑碳测量方法的报告格式，要求各测量研究单位按照测量报告的内容进行测量，尽可能完整地填写测量报告。[16]同时，邀请感兴趣的代表团使用该议定书，并将数据提交给 PPR4，以促进其进一步完善。

2017 年 7 月 3—7 日，MEPC 第 71 次会议同意在其工作计划中增加讨论制定降低北极水域船舶使用和运输重油（HFO）作为燃料的风险的措施，这一新计划也在 2018 年 4 月 MEPC 第 72 次会议上提出。重油是石油冶炼之后的油质污泥，因成本低廉而使用普遍。根据国际清洁交通委员会（ICCT）的数据，2015 年，北极地区船用燃料中重油比例颇高，几乎占总燃料的 57%。另外，海运黑碳主要来源于重油燃烧。根据 ICCT 的报告，2015 年，根据国际海事组织的定义，在北极地区航行的船舶超过 2000 艘，排放了超过 193 吨的黑碳，总共有 68% 的黑碳来自燃烧重油。[17]在 MEPC 第 72 次会议上，MEPC 考虑进一步制定措施以降低北极船舶使用和运输重油的风险，并通过了 PPR6 的会议议题。其议题包括界定重油的定义，编制减缓措施，经评估后在适当的时间、范围内颁布禁止在北极水域使用和运输重油的禁令。[18]目前，MARPOL 和《极地规则》禁止南极水域使用和运输重油，建议各成员国在北极采取相同的做法。[19]

（二）北极理事会规制北极黑碳排放的步伐

1996 年成立的北极理事会是北极国家的高级政府间论坛和合作平台，由各种工作组就环境和可持续发展问题进行研究。作为一个区域性国际组织，其无权作出有约束力的决定，因此北极理事会通常被描述为“软法机制”。[20]近些年，北极理事会主持制定了《加强北极国际科学合作协定》等三个有约束力的区域性协定，2009 年更新了《北极海上油气活动指南》，2015 年制定了《黑碳和甲烷减排加强行动框架》，使其权威得到了强化，作为一个规则的创造者和影响者变得更加活跃。事实上，作为一个知识机构，北极理事会成功地为决策者提供了相关的北极科学数据，包括黑碳数据，为其他国际机构制定北极相关政策提供了支持，例如北极理事会在 2013 年《汞问题水俣公约》谈判中的作用已经凸显。[21]

近年来，北极理事会越来越重视气候变化问题，成立了专门的工作组和专家组进行这方面的工作。2009 年北极理事会发布的《北极海运评估报告》（AMSA）中，已经列

---

〔16〕 http：//www. imo. org/en/MediaCentre/MeetingSummaries/PPR/Pages/PPR-3rd-Session. aspx.

〔17〕 https：//mp. weixin. qq. com/s/UdqsfNcUC9v_ n6Ub5dsMlg.

〔18〕 http：//www. imo. org/en/MediaCentre/MeetingSummaries/MEPC/Pages/MEPC-72nd-session. aspx.

〔19〕 http：//www. imo. org/en/MediaCentre/PressBriefings/Pages/17-MEPC-71. aspx.

〔20〕 Daria Shapovalova，“The Effctiveness of Current Regulatory Models of Gas Flaring in Light of Black Carbon Emissions Reduction on the Arctic”，in *Global Chanllenges in the Arctic Region：Sovereignty，Environment and Geopolitical Balance*，edited by Elena Conde and Sara Lglesias Sanchez ，London：Routledge，2017，at 365-388.

〔21〕 Daria Shapovalova，“The Effectiveness of the Regulatory Regime for Black Carbon Mitigation in the Arctic”，*Arctic Review on Law and Politics*，Vol. 7，No. 2，2016，pp. 136 - 151.

出了黑碳减排对于北极气候的可能利益。[22]在2009年特罗姆索召开的部长级会议上，北极理事会首次承认了短期气候强迫因子（SLCFs），并成立了一个短期气候强迫工作组[23]，最初的关注重点就是黑碳减排。工作组在2011年发布《黑碳对北极气候的影响报告》，证实了黑碳在北极的地位以及从黑碳这一污染物减排中获得大量短期利益的可能性。报告认为，北极理事会国家占该地区目前海运活动的90%，因此，它们应当通过采取早期的自愿减排措施和参与IMO等国际监管机制来影响未来北极海运黑碳排放的发展。

2013年，该工作组被重组为“黑碳和甲烷行动任务组”（TFABCM）。在瑞典基律纳举行的部长级会议上，北极理事会要求各国将黑碳列入国内优先减排清单。2015年4月，在北极冰层加速融化和科学评估黑碳和甲烷气候影响的背景下，在加拿大伊魁特召开的部长级会议通过了《黑碳和甲烷减排加强行动框架》。该框架文件由正文和三个附件组成。文件明确了北极国家对于黑碳和甲烷减排加强行动的共同愿景。首先，要求北极国家承诺根据理事会框架下的共同愿景采取国家层面的减排行动。其次，要求在定期评估框架下加强集体行动。同时，北极国家应重视对黑碳和甲烷的科学研究和监测工作。最后，鼓励北极理事会观察员和其他利益相关者也参与框架执行，积极采取减排行动，同时加强北极国家与这些主体的进一步合作。

该框架文件标志着北极国家首次正式同意共同应对气候变化，表明减缓气候变化的责任既是全球性的也是区域性的。因为北极理事会的性质使然，该框架文件不具有强制约束力，也没有为北极国家设置一个共同的黑碳减排目标，但以雄心勃勃的集体政治愿景的形式发出了一个强有力的政治信号，要求成员国要将其视为一个“可行的承诺”，履行报告要求，以确定影响北极的排放源，并报告它们的减排行动。北极国家的这一举措为其他国家树立了一个榜样，希望能激励其他国家在地区和国际两个层面采取行动。这一点对于了解当前来源于北极以外地区的北极黑碳水平所占的份额尤为重要。北极国家应抓住这一机会，除了采取自愿的技术和运营减排措施外，还应与IMO等其他组织密切合作，共同应对气候变化。[24]

（三）《远距离跨境空气污染公约》《哥德堡议定书》将黑碳纳入调整范围

1979年11月13日，34个国家和欧共体在联合国欧洲经济委员会（UNECE）主持下签署了《远距离跨境空气污染公约》（CLRTAP），公约于1983年3月16日生效，是全球第一个和唯一一个专门致力于以管理和控制跨界空气污染为目的的重要的区域性多

〔22〕 Arctic Council，Arctic Marine Shipping Assessment 2009 Report，Tromso：Arctic Council，2009：140-142.

〔23〕 http：//www. arctic-council. org/index. php/en/ about/documents /cateogry/52-final-reports-and-statements.

〔24〕 Arctic Council. Arctic Council Task Force on Short-Lived Climate Forcers，Progress Report and Recommendations for Ministers，Tromso：Arctic Council，2011：4-9.

边公约。[25]通过降低空气中的污染物质，欧洲国家在减少空气污染方面取得了许多进展，尤其是在减少 CO_2、NO_2 以及持久性有机污染物（POPs）方面。多年来，该公约为欧洲国家就减少空气污染展开技术合作与政策协商提供了一个框架。[26]

尽管该公约以欧洲为重点，但加拿大和美国都是 UNECE 和《远距离跨境空气污染公约》的成员国，也都是北极国家和黑碳排放大国。该公约为框架性公约，只规定基本原则和制度，对于特定空气污染物的控制由各议定书来解决。1999 年，公约缔约国签署了《消除酸化、富营养化和地面臭氧的哥德堡议定书》（以下简称《哥德堡议定书》），该议定书于 2005 年生效，被视为首个基于多种污染物的具有法律约束力的文件。

2009 年，CLRTAP 的执行机构成立了一个黑碳特设专家组，着重关注黑碳在冰雪覆盖区域所起的独特作用，例如北极地区。但是，它不是专门针对北极环境问题而设计的国际规则，在这一点上其与北极理事会有所不同，然而黑碳特设专家组的报告强调了黑碳对北极地区的重大影响。[27] CLRTAP 是一项具有法律约束力的国际协定，是《国际法院规约》确定的国际法来源。因此，有必要在黑碳污染的背景下分析 CLRTAP，以证明这种有针对性的、区域性的但不具有约束力的公约与具有更广泛约束力的国际法律文件之间所具有的可能的相互作用或差异。

2012 年修订的《哥德堡议定书》确定了数量减排目标，将 $PM_{2.5}$或者以直径≤2.5 微米的黑碳为其成分的颗粒物质纳入调整范围。[28]因此，该修订的议定书扩大了原来的适用范围，也是解决黑碳问题的一个重要的国际努力。各缔约国 2012 年 5 月承诺在 2020 年之前将包括黑碳在内的小颗粒物排放（$PM_{2.5}$）削减到 2005 年的水平。需要强调的是，虽然《哥德堡议定书》是一项具有法律约束力的文件，但其关于黑碳的规定是自愿的、非强制性的，议定书通过使用诸如“应该”“一国认为适当”等特定的措辞，来强调这些条款的自愿性，使得该议定书框架下的黑碳条款更具有“软法”的特点。目前还不清楚 2012 年《哥德堡议定书》修正案是否会真正改变北极国家关于黑碳减排的国内立法。虽然所有北极国家都是 CLRTAP 的成员国，但目前只有加拿大、芬兰、瑞典和美国接受该议定书。[29]因此，CLRTAP 和《哥德堡议定书》中承诺的黑碳减排任务任重道远。虽然《远距离跨境空气污染公约》可能不是对抗北极黑碳最有效的工具，但它是国际社会从事进一步科学工作和减排战略的重要公约。随着北极理事会“北极监测和评估

〔25〕 Patricia W. Birnie and Alan E. Boyle, *International Law and the Environment*, 2nd ed, Oxford: Oxford University Press, 2002: 506.

〔26〕 http: //www. unmultimedia. org/radio/chinese/archives/218070/#. WWckmYVOJdg.

〔27〕 Executive Body of the CLRTAP, 28th session, 2010.

〔28〕 Executive Body of the CLRTAP, Decision 2012/2 Amendment of the Text of and Annexes II to IX to the 1999 Protocol to Abate Acidi cation, Eutrophication and Ground-Level Ozone and the Addition of New Annexes X and XI ECE/EB. AIR/111/Add. 1.

〔29〕 https: //treaties. un. org/Pages/ViewDetails. aspx? src = TREATY&mtdsg _ no = XXVII-1-k&chapter = 27&clang =_ en.

计划”（AMAP）对北极黑碳研究的深入，未来可能会有更大的成效。

（四）气候和清洁空气联盟的黑碳减排行动

气候和清洁空气联盟（CCAC）是2012年2月16日由美国、加拿大、墨西哥、瑞典、加纳、孟加拉国以及联合国环境规划署（UNEP）联合发起，旨在遏制全球变暖的联盟。其成立的目的是解决有关短期气候污染物问题，即采取行动减少黑碳、甲烷以及氢氟碳化合物的排放。该联盟不是为某个国家设定某种目标的磋商机制，而是一种追求在相对短时间内取得明确成果的自愿伙伴关系。[30]该联盟自成立起就将黑碳问题列入其议程。

CCAC成立几年来，与多个合作伙伴就短期污染物减排开展了相关领域的合作，其成员和合作伙伴规模逐渐扩大，影响越来越广泛，为减缓全球气候变暖、维护人类健康发挥了重要作用。如2016年11月15日，CCAC召开高级别会议，呼吁各成员国采取更多行动减少油气和交通领域的黑碳与甲烷排放。[31]

三、当前北极海运黑碳排放国际治理面临的挑战

（一）缺乏一个统一的有约束力的国际协议

气候变化与国际贸易制度的复杂性和多元化，在各种国际性或区域性机构中表现明显，IMO、北极理事会、CCAC等很多机构均努力将北极黑碳问题列入议程中，如何协调这些机构在规制黑碳问题上所起的作用是探讨黑碳排放国际治理需要考虑的问题。《联合国气候变化框架公约》主要关注温室气体减排，而黑碳是颗粒物，不是气体，因此，虽然黑碳是具有较强气候影响的污染物，但并未被纳入当前应对气候变化的国际立法框架。如前所述，当前的国际黑碳治理体系中，只有2012年修订的《哥德堡议定书》将黑碳纳入了立法规制范围，但该议定书仅是一个框架性协议，没有赋予成员国强制性义务。同时，2015年北极理事会通过的《黑碳和甲烷减排加强行动框架》虽是直接针对北极地区黑碳和甲烷减排的，但也仅仅是一个框架性文件，只表明了北极国家黑碳减排的政治意愿。虽然IMO从2008年开始就手进行国际海运黑碳治理工作，但目前为止并未达成任何关于黑碳减排的法律文件，仅确定了黑碳的技术定义。《国际防止船舶造成污染公约》作为IMO调整船舶海洋污染的重要立法，并未将黑碳污染纳入规制范围。2017年生效的《极地水域船舶操作国际规则》（以下简称《极地规则》）是第一个为北极海运设置约束性规则的国际协议，其第二部分为极地区域的船舶活动提供了一个新的环境框架，但其只调整船舶的海上运输行为，并未包括极地的油气开发活动，而且也未涉及船舶黑碳、重油、灰水等问题。因此，如果想取得北极海运黑碳减排的实质性进展，而不是仅仅停留在政治口号层面，就必须采取其他方法

[30] http://www.ccacoalition.org/en/partners.

[31] http://www.ccacoalition.org/.

控制黑碳的不利影响。在制度规范层面，国际社会应当制定一个综合性的“北极海运黑碳减排协定”，就国际海运黑碳排放进行综合性的法律治理。

（二）黑碳排放已经引起了国际性、区域性和行业性重视

相比于地球其他区域来说，北极更易受到气候变化的影响。贸易对减缓和适应气候变化具有重要的潜力，国际海运对气候变化也有直接影响，黑碳排放与国际海运和国际贸易密切相关，因此，从海上运输中找到黑碳排放的解决方案可能是一种选择。与 CO_2 的气候影响具有全球性特征相反，黑碳排放具有区域性，可以通过制定与在某一地区运营船舶有关的规范和标准来减少该地区黑碳的排放，该地区将直接受益于减排效果，这样做可以减少对气候行动构成挑战的“搭便车”问题，也能为有关国家立即采取行动提供强有力的激励机制。北极理事会只有八个成员国，海运业是一个独特的行业，通过立法和实践举措在区域层面寻求行业性的解决方案，应该比 UNFCCC 这样广泛的、多边的、跨部门的选择更为适合。因此，国际社会尤其是北极国家，无论从国际框架层面、区域层面还是呼吁各国从国内层面，都应当采取措施规制航运业黑碳的排放。当下国际社会处于国际贸易和气候变化日益多元化的国际治理格局，WTO、IMO 和 UNFCCC 等多边机制在各个领域仍很重要并相互交汇产生影响，解决区域性或地区性问题仍有大量的区域性机制发展的空间。北极地区海运黑碳排放问题就处于区域性的国际贸易和气候变化机制交汇作用中，因此，有针对性地采取一些区域性的黑碳减排方案与国际层面和国内层面的对策相结合，将会取得更佳的效果。

（三）当前北极黑碳国际治理呈碎片化状态

北极法律的碎片化状态直接导致了北极治理体系的碎片化和不成体系化。北极的环境保护，是北极国家的专利，还是更广大的国际社会成员的责任？实际上，在当今的世界体制下，国际社会与北极国家一样，在北极地区有其合法权利与利益。北极以外国家有权利用北冰洋进行航行、勘探与开发资源及科学研究。这是北极国家必须考虑的问题，要管理好北极海域，北极国家需要其他国家和 IMO 等国际组织的支持与参与。鉴于当前北极环境保护立法体系是由国际公约、区域性协定、国内立法以及北极理事会的软法性规范组成的碎片化法律机制构成的状态，依靠现有的国际制度不能使北极的国家管辖外的海洋环境得到适当的保护与保全，因此，有必要讨论未来北极环境保护法律机制的构建模式，即国际模式和区域模式的博弈。

四、北极海运黑碳排放国际治理的制度构建

（一）制定“北极海运黑碳减排协定”——北极海运黑碳排放国际治理的制度基础

1. 需要明确“北极海运黑碳减排协定”的主体

“北极海运黑碳减排协定”主要调整的是北极地区黑碳排放问题，是就单一污染物减排进行规制、适用于北极区域的法律文件，具有较强的客体单一性和适用范围的区域性特征。由于北极黑碳的主要来源途径是船舶的海上运输行为，因此该协定主要规制的

是与海上运输黑碳排放有关的事项，着重要求成员方从北极航行船舶配备、认证、船员培训等方面采取相应对策来防止或减缓船舶黑碳排放对北极的影响，具有较强的行业性特点。为此，IMO 和北极理事会应当作为牵头制定主体，联合 CCAC、ISO、联合国欧洲经济委员会等机构共同制定“北极海运黑碳减排协定”。由于该协定主要应对的是北极地区海运黑碳排放问题，因此 IMO 应当首先与北极理事会进行协调开展这一规范制定工作。在规范制定过程中，IMO、北极理事会等组织应当广泛吸收北极理事会成员国、观察员国以及观察组织等主体的积极参与，共同致力于北极黑碳减排，保护北极环境。

2. 需要明确“北极海运黑碳减排协定”的制度运行模式

由于该协定的行业性、区域性、适用客体单一性等特点，各主体可以采取类似“俱乐部”模式的国际合作形式进行多边合作，共同致力于北极海运黑碳减排。具有“俱乐部”特征的国际制度安排强调成员的“参与”，有两个关键特征：可以在参与者之间共享利益，也可以排除非参与者。〔32〕在比较严格的减排领域，一般要求减排主体为远期和不确定的收益支付前期成本，最好的方法就是所有参与者进行合作，而参与和遵守的激励机制可以促使参与者有强烈的动机来参与合作，从而避免承担过大的减排成本。在气候变化协议的背景下，俱乐部式的国际协定可以激励成员的参与和遵守。〔33〕由于北极海运黑碳减排行动具有地域性、行业性等特征，这种合作在更小的群体中推进更为适合，小型团队能更快速地提供解决问题的办法，尤其是对于黑碳等短期气候污染物的减排，可以在短期内获得明显的效果，俱乐部可以为参与者提供讨论和交流的平台，想要享受这种合作模式利益的主体必须参与并遵守其规则。〔34〕作为一种国际治理模式，这种安排具有通过“参与和遵守”来阻止“搭便车”行为的优势。

“北极海运黑碳减排协定”的制定和运行可以建立在北极理事会、IMO 已经开展的和正在进行的黑碳排放数据分析、测量以及可能的减排措施的基础上。该协定可以通过激励和遵守机制鼓励各成员之间的合作，为各成员进行北极黑碳减排设置基本的权利和义务，而不是仅仅提供一个框架模式。因此，在本协定中，参与者可以分享俱乐部合作模式的权利；当然，参与者享受权利的前提是应当满足俱乐部对其成员的要求，如需要履行为北极航行船舶安装和适当维护所需要的设备，并满足北极船舶操作标准等义务。具体合作形式可以包含北极地区国际海运黑碳减排承诺，并采取国际技术转让流程来促进减排。当前，一些国家已经通过 CCAC 开展了黑碳、甲烷、碳氢化合物的减排行动，在本协定框架下，也可以在此基础上开展合作。同时，海运黑碳排放问题处于国际贸易和气候变化问题交织作用中，该协定内容不应与 UNFCCC 和 WTO 已有

〔32〕 R. Cornes and T. Sandler, *The Theory of Externalities*, *Public Goods*, *and Club Goods*, 2nd edn, Cambridge: Cambridge University Press, 1996.

〔33〕 https://www.ictsd.org.

〔34〕 https://www.ictsd.org.

的规则相抵触。

3. “北极海运黑碳减排协定”的主要制度构成

第一，该协定中应当体现各成员之间建立的有条件的承诺。这样做，有助于锁定已经参与该合作模式的成员，同时也能促使这些成员在看到这种合作带来的利益时会承诺得更多。协定中应明确参与这种俱乐部合作模式的好处，首先是成员可以获得在北极水域运营的机会。其次是成员可以获得技术转让的机会。协定应当规定，参与者将有权获得所需的技术，以满足参与和遵从性标准。另外，关于成员参与合作的具体方案和权利义务内容当然是需要协商的问题，这些可以由 IMO 组织和监督，并需要得到来自各种组织的建议和操作支持。

第二，适用的主体和船舶范围。如上所述，加入该协定后，特定船舶和船舶所有人或经营人可以享受协定带来的利益，即获得在北极运营的国际许可证，该许可证应当基于所需设备的安装和妥善维护并符合运营标准的认证签发。北极海运黑碳减排行动是国际海运业应对气候变化影响的行动，应该将 IMO 作为一个中心论坛。此外，其他组织也进行了相关的许多活动，应当与 IMO 进行互动。因此，这将是一个公私部门的合作关系，其中特定的船舶、船舶所有人、船舶经营人、船舶登记国政府、所有北极理事会成员国和观察员国政府与国际组织以及其他参加 IMO 的国家政府和非政府组织等，都将是参与者。在俱乐部式的合作模式中，这种参与将是“自愿的”，同时也将是船舶在北极地区运营的先决条件。关于协定适用的船舶范围应包括所有类型的从事国际贸易的船舶。

第三，建立一个监管和强制执行体系。该协定虽然采用俱乐部模式，各成员自愿参与，但一旦参与协定，就应当履行合作的承诺，因此有必要建立一个协定监管和强制执行体系。IMO 作为联合国系统内国际海运业主管机构，应当根据协定与其他组织合作，共同建立一个协定运营管理和制度监管框架，并负责协调各组织之间的分工合作。首先，需要监管的是成员的船舶是否符合取得北极运营许可证的条件，同时持有许可证的船舶将会受到监督，以符合设备和运营标准。其次，成员的船舶应当安装卫星跟踪系统，任何进入或通过北极地区的船舶都需要保持其船上跟踪系统转发器的运行，以便能被跟踪到。否则，船舶经营人将会受到严重罚款、被禁运以及取消数年在北极地区运营任何船舶的权利。另外，如果船舶在船舶所有人所在国以外的国家登记而该国不是该协定成员国，会造成国际海运特有的监管和相关法律问题，其中包括方便旗问题。这些问题对该协定执行也会有影响，需要详细分析。

（二）坚持协同控制原则采用可行的技术和运营减排策略

当前的国际海运减排框架主要是建立在 IMO 修订的 MARPOL 附则 VI“防止船舶造成空气污染规则”基础上的。该附则包括了大气污染物排放和 CO_2 等温室气体排放的协同控制。由于黑碳不是温室气体，不在 UNFCCC 及其《京都议定书》《巴黎协定》的减排框架范围内；其虽然是大气污染物，但也不在 MARPOL 附则 VI 规制的大气污染物范围内。但是，从黑碳的来源、成因、减排措施等方面看，其与其他大气污染物和温室气体具有类似的特征，都是以船舶为排放载体，都是来源于船舶发动机和锅炉的燃料不充分燃烧所致，减排措施都可以采取技术改进和运营管理等手段，因此，北极海运船舶黑碳排放可以与船舶温室气体和大气污染物排放进行协同控制。MARPOL 规定的船舶所有人、经营人等采取的针对减少船舶大气污染物和温室气体排放的技术和运营措施同样也会产生黑碳减排的效果，实现协同减排。由于 2017 年开始生效的《极地规则》的"环境保护"部分是建立在 MARPOL 基础上的，经修订的附则 VI 的规定同样适用于北极水域航行的船舶大气排放的规制。

许多技术和运营措施可以减少国际海运颗粒物质和黑碳排放。从重质燃料油转换为馏分燃料是一种简单的替代方法，可以减少黑碳的排放，并符合 IMO 排放规则。转向使用低硫燃料可以减少 30%—80% 的海运黑碳排放。改进的燃料质量还可以使颗粒过滤器更好地用于颗粒物质和黑碳减排。由于燃料成本上升，集装箱船舶所有人和经营人通常愿意采取降低船速和降低船级的方法，船舶减速航行与降低船级相结合可以减少 15% 左右的海运黑碳排放。废气洗涤器可以将黑碳排放减少 25%—70%。其他减少黑碳排放的方法包括废气再循环、滑阀、燃料包水乳液和液化天然气。从长远来看，随着船舶燃料质量的提高、满足当前燃料的标准，柴油颗粒过滤器会变得可行。估计含有低硫燃料的柴油颗粒过滤器将减少 80%—90% 的黑碳排放。[35]

（三）在北极地区设置船舶排放控制区

控制船舶燃油的硫含量是减少船舶发动机运行中硫氧化物和颗粒物排放的有效手段，也是当前国内外主要采取的针对船舶大气污染的控制方式。[36] 根据 MARPOL，IMO 已经设立了北美海域、美国加勒比海域、北海海域和波罗的海海域四个排放控制区（ECAs）。另外，欧盟设立了欧洲海域排放控制区，美国设立了加利福尼亚排放控制区。通过规定船舶在排放控制区内外不同的燃料含硫量标准，从而减少船舶大气污染物的排放。2016 年 10 月，IMO 决定将根据 MARPOL 附则 VI 要求的原定 2025 年实施全球在 ECAs 以外航行的船舶使用硫含量不高于 0. 5% 的燃油提前到 2020 年实施。[37] 而在 ECAs 以内，船舶使用的燃油含硫量不超过 0. 1%。这一决定对全球航运业影响很大，船舶所有人或经营人需要及时决定是使用低硫燃油如 LNG，还是安装替代设备如废气清洁系统等；炼油工业也要作出积极的应对措施，如是否能确保数量充足的合规燃油可用。另外，如何监管以及由谁来监管在 ECAs 之外航行的船舶燃料的使用问题，尤其是船舶航行在公海上的时候，这些问题都应当考虑。

为了应对北极船舶黑碳排放问题，有必要在北极地区港口区域实施排放控制区

〔35〕 https：//www. theicct. org/.

〔36〕 http：//www. 360doc. com/content/ 17/0803/14/35131417_ 676343295. shtml.

〔37〕 http：//www. 360doc. com/content/16/ 1028/20/37204565_ 602160345. shtml.

制度，需要根据 MARPOL 规定在北极地区设置 ECAs，将北极区域港口纳入 IMO 排放控制区管辖范围，要求在北极区域航行的船舶符合相应规定。IMO 需要借鉴迄今为止建立的四个 ECAs 船舶大气污染物减排的经验，与北极理事会合作，在“北极海运黑碳减排协定”框架下开展北极海运船舶黑碳减排行动，同时 CCAC 的参与也非常重要。

北极海运黑碳排放问题本就是国际贸易和气候变化法律制度交互作用的产物，北极地区 ECAs 制度的推行过程必定涉及北极域内域外海运大国的利益，因此，黑碳减排也不可避免牵涉国际贸易发展与环境保护之间的博弈。北极地区生态环境的脆弱性以及海运黑碳排放对北极地区影响的独特性，需要北极地区立即推行 ECAs 制度，北极海运黑碳减排对于保护北极脆弱的生态环境至关重要。当然，虽然黑碳排放具有很强的区域性特点，但不应仅局限于分析其对北极地区的影响，还应考虑其对世界其他地区港口区域的影响。海运业作为北极黑碳排放的关键领域，必须做得更多而且速度更快。随着整个北极地区变暖和融化速度的加快有可能大幅增加的北极海运，迫切需要让更多的国家采用 ECAs，尤其是北极国家和那些北纬高纬度地区的国家。

（四）开展国家海运黑碳排放报告制度

为了实现其黑碳和甲烷减排目标，2015 年北极理事会制定的《黑碳和甲烷减排加强行动框架》实行黑碳排放报告制度。截至 2016 年 3 月，所有北极理事会国家、八个观察员国和欧盟国家都向理事会提交了报告。这些国家提交的报告不是标准的排放数据表，而是包含减缓措施、与北极有关的项目描述、跨境合作范例和最佳做法的综合报告。[38]八个观察员国和欧盟提交的国家报告虽然不像北极国家那样详尽，但这一行动确实代表了观察员在理事会中发挥更加包容性作用的重要一步。鉴于亚洲国家排放在北极的黑碳排放中占 43%[39]，因此，在这一进程中包括亚洲国家具有重要意义。

北极理事会采用的黑碳排放报告的方法具有两方面优势：第一个优势是体现了北极理事会对观察员的影响力。来自北极国家的黑碳排放仅占该地区黑碳排放变暖影响的 1/3，将其他国家纳入该框架有可能会促进技术转让并能在相关情况下更好地协调国家政策。第二个优势是北极理事会可以与 CLRTAP 和《哥德堡议定书》协调黑碳排放报告，北极理事会允许这些国家向理事会秘书处提交“它们提交给 CLRTAP 的相同报告”，可以避免重复报告，减轻了负责编制和发送数据的各国国内机构的负担。[40]

在“北极海运黑碳协定”框架下的海运黑碳排放报告制度应当根据《黑碳和甲烷

---

〔38〕 Daria Shapovalova, “The Effectiveness of the Regulatory Regime for Black Carbon Mitigation in the”, *Arctic. Arctic Review on Law and Politics*, Vol. 7, No. 2, 2016, pp. 136 – 151.

〔39〕 https：//arcticcouncil. longsight. com/handle/11374/1607.

〔40〕 http：//www. arctic-council. org/.

减排加强行动框架》文件附则 B 的指南由 IMO 与北极理事会共同制定，成立专门的黑碳排放主管机关，要求协定各成员国船公司每年均需向船旗国主管机关提交经核实机构认可的排放报告，船旗国主管机关再将本国汇总后的排放报告提交协定框架下的主管机关。船公司报告内容包括船公司和船舶的基本信息、船舶能效设计指数或指数估计值、向 CLRTAP 提供的当前黑碳排放总结及未来预测、所使用的监测方法等信息。船旗国向协定主管机关报告内容还应包括国家行动摘要、国家行动计划或行业减排策略、关键部门的最佳做法或经验教训、与北极相关的项目以及其他气候、健康、环境以及排放和减缓的经济影响等信息。[41]

五、结 语

全球变暖，北极冰融化已成为不争的事实。以 CO_2为代表的温室气体仍然是气候变暖的最大威胁，因此也应当继续成为应对气候变化所关注的焦点。需要强调的是，本文所提出的措施并非抑制全球变暖的杀手锏，削减黑碳排放不能代替 CO_2长期减排。但作为短期气候强迫者，黑碳排放具有更强的区域性影响，尤其是北极海运黑碳排放对环境敏感脆弱的北极地区气候变化的影响要远大于世界其他地区，而且黑碳减排能在短期内产生实质性的影响的特点使其成为减缓全球变暖的最快途径。加之北极海运的预期大幅度增长趋势，国际海运业已成为北极黑碳排放的一个重要来源，对北极船源黑碳排放进行法律规制是实现气候效益和可持续发展双赢的办法。即使气候变化迫在眉睫，但监管行动正如本文所述进展缓慢。像《黑碳和甲烷减排加强行动框架》这样值得鼓励的举措无疑是朝着正确的方向前行的，但为了充分发挥这些措施的潜力并统筹碎片化的法律治理现状，必须尽快制定“北极海运黑碳减排协定”作为北极海运黑碳排放国际治理的制度基础，并以技术与运营措施、增设 ECAs、开展国家海运黑碳排放报告制度辅之。规制北极船源黑碳排放的法律路径因该问题的复杂性而任重道远，但利用减排带来绿色增长的双赢值得全球为之努力。

---

〔41〕 Ibid.

辑二

海洋争端解决

国家管辖范围以外深海遗传资源争端的解决

■ 郭红岩*

【内容摘要】深海遗传资源是指处于国家管辖范围以外海域的附着于深海海床、洋底及其底土之上，或其生存紧密依赖于深海海床、洋底及其底土的动物、植物和微生物等生物资源。到目前为止，虽然少有关于深海遗传资源的争端，但由于《联合国海洋法公约》以及相关领域的国际条约未作规定，特别是在没有明确深海遗传资源法律地位的情况下，未来在深海遗传资源勘探和开发商业化的情况下，在涉及其法律地位、海洋划区管理工具、深海遗传资源的获取和惠益分享、与深海遗传资源有关的知识产权、环境损害以及能力建设等方面，有可能产生争端。因此，本文拟就深海遗传资源争端的种类以及解决原则进行探讨，并提出相关建议。

【关键词】深海遗传资源　争端解决　原则　建议

一、概　述

（一）深海遗传资源的定义

深海遗传资源，英文称为“Marine genetic resources”、“Deep-sea genetic resources”或“Deep-seabed genetic resources”，但以“Marine genetic resources”最为常用。因翻译和视角不同，学者们对其名称的使用有“深海遗传资源”“海洋基因资源”“生物基因资源”“深海海底基因资源”“深海床基因资源”“深海床遗传资源”等称呼。本文采用“深海遗传资源”，既与联合国相关文件一致，也是比较权威和统一的说法。深海遗传资源是指处于国家管辖范围以外海域的附着于深海海床、洋底及其底土之上或其生存紧密依赖于深海海床、洋底及其底土的动物、植物和微生物等生物资源。

《生物多样性公约》[1]对“深海遗传资源”提供了一些指引性的定义。《生物多样性公约》第2条规定，遗传资源是指“具有实际或潜在价值的遗传材料”，而遗传材料是指“来自植物、动物、微生物或其他来源的任何含有遗传功能单位的材料”。也就是说，遗传资源是指来自植物、动物、微生物或其他来源的且具有实际或潜在价值的任何含有遗传功能单位的材料。遗传资源的范围是相当广泛的，深海遗传资源自然也被包括在内。但由于《生物多样性公约》确立的原则主要包括主权原则、事先知情同意原则、公平合理分享惠益原则以及妥善处理知识产权与遗传资源取得及惠益分享关系的原则，其整体逻辑与思维是建立在国家主权原则这一基础之上的，而深海遗传资源则是国家管辖范围以外的。因此，《生物多样性公约》不能直接适用于深海遗传资源，其争端解决也不能照搬《生物多样性公约》的相关规定。

---

* 法学博士，中国政法大学教授，博士生导师。

〔1〕《生物多样性公约》（Convention on Biological Diversity）是在20世纪80年代以来全球生物多样性面临巨大威胁、国际社会普遍关注生物多样性的保护与可持续利用的背景下制定的，其目的主要是保护生物多样性、持续利用生物多样性的组成部分以及公平合理地分享由遗传资源产生的惠益。

（二）“国家管辖范围以外海域”的范围

从海洋的一般意义上来说，“国家管辖范围以外海域”包含公海与国际海底区域。根据《联合国海洋法公约》（以下简称《海洋法公约》），公海是指不包括国家的领海、专属经济区、内水或群岛国的群岛水域的全部海域。国际海底区域是指国家管辖范围以外的海床、洋底及其底土。水深一般在2000—6000米，总面积2.517亿平方千米，约占地球表面积的49%。如果从公海自由的角度来看，“公海”既包括海水水体，又包括水体的上空和水体的底土，但对于上空和底土来说，公海之“公”，除了公共交通，即在水体中船舶的航行自由、在公海上空飞越自由以及在底土铺设海底电缆和管道自由，更重要的应当是捕鱼自由与海洋科学研究自由。公海水体中除了鱼类资源，还有诸多生物资源，包括动物、植物、微生物等生物资源。由于这些生物资源与一国专属经济区或大陆架的生物资源相类似，而且它们普遍可以在一国管辖范围之内较轻易地获取，对于这些生物资源来说目前没有多少争议，有争议的主要是位于深海海底的海床、洋底及其底土之上的那些生物资源，即在国际海底区域上的深海遗传资源。遗传资源本质上属于生物资源，而几乎所有生物资源都可以看作遗传资源，国家管辖范围外海域的这些遗传资源的法律地位是不同的：以国际海底区域也就是深海海底、海床及其底土为界，以上部分的遗传资源也就是指公海浅层海水水体里面生存的生物资源，划归公海范畴，可以自由采集与利用，按照《海洋法公约》第七部分第二节“公海生物资源的养护和管理”的规定进行养护和管理；位于深层海水之中，紧密依赖于深海海底，与深海生存环境不可分割的那部分遗传资源其法律地位问题则存在争议。

此外，“国家管辖范围以外海域”是否包含南极和北极区域，这要从南极条约体系与关于北极的相关制度和实际情况进行分析。1959年《南极条约》冻结了各国对南极的领土主权要求，并规定南极海域适用公海制度。但关于南极适用公海制度的海底区域，由于南极国家外大陆架申请的“冻结”状态，且南极条约体系的相关文件也没有明确南极海域底土的法律地位，所以，关于南极公海海域海底的遗传资源问题，不宜从《海洋法公约》的角度去解决，而是放在南极条约体系的范围内解决。对于北极来说，北冰洋地区究竟有多少区域属于国际海底区域的范围目前仍未确定，需要等到各个北极国家200海里以外大陆架的外部界线确定之后，才能确定北极地区的国际海底区域范围。实际上，不仅北极地区大陆架的划界可能会持续相当长的一段时间，而且，目前北极海域的冰封状态，也使其和一般的国际海底区域有所不同。所以，尽管南极与北极地区的部分海域从某种程度上都属于国家管辖范围外的海洋区域，但其特殊的地理位置、战略价值，特别是目前的法律地位状态，在探讨国家管辖范围以外的深海遗传资源时，一般不包括南极和北极区域部分。

（三）深海遗传资源争端的种类

关于深海遗传资源，到目前为止，虽然还主要限于理论上的争论或观点的对立，几乎没有实际的争端发生。但当深海遗传资源的商业性获取实际可能且规模越来越大时，将不可避免地产生争端。结合深海遗传资源的地位、获取和惠益分享、知识产权保护以及划区管理工具和环境损害等问题，未来的深海遗传资源争端应当主要包括以下几种类型。

1. 关于深海遗传资源法律地位的争端

根据《海洋法公约》，国家管辖范围以外的海域包括公海和国际海底区域。公海自由必须在《海洋法公约》所规定的条件下行使，包括关于生物资源养护和管理的条款、海洋环境的保护和保全的一般义务，以及国际法其他规则的规定；国际海底区域内资源的法律地位为人类的共同继承财产（common heritage of mankind）。但是，为了通过《海洋法公约》平衡对“区域”及其资源的保护，公约就“区域”内的海洋科学研究提出了特别的指导原则，一般认为海洋科学研究应包含对海洋环境及资源进行的研究。海洋科学研究旨在通过研究和资源利用增加全人类的知识，并且只应为和平目的而进行。而且，在“区域”内进行的以科学研究为目的的开发和利用应为全人类共同利益而行，并包括公平的利益分享。国际海底管理局是代表全人类对“区域”矿产资源的勘探和开发进行指导和管理的组织，也是对“区域”内活动及其产生的收益进行利益分配的组织，但是《海洋法公约》第十一部分并没有具体关于与深海遗传资源有关商业活动的规定。

国家管辖范围之外海域深海遗传资源的法律地位问题即所有权问题是发达国家和发展中国家争论的焦点。由于这种地位的争端，也可能引发某一具体深海遗传资源获取活动的性质、法律依据、相关权利属性及权利范围的争端。

2. 关于海洋划区管理工具与能力建设的争端

海洋划区管理工具是保护海洋生物多样性的重要手段，是基于生态系统方法，为了对某类种群、某个特别的生态系统，基于科学技术数据和指标进行区划管理的方法。

虽然《海洋法公约》不允许任何国家有效地声称将公海的任何部分置于其主权之下，即任何国家不能单方面在公海建立海洋保护区，并要求悬挂其他国家旗帜的船舶必须遵守。[2]但根据《海洋法公约》第117条、第118条、第192条、第194条和第197条的规定，各国在行使各项公海自由权利时，有义务为保护和保全海洋环境以及养护公海海洋生物资源进行合作。国际海事组织、联合国粮农组织和《生物多样性公约》等在其管理领域，提出了不同类型、用途的敏感区和脆弱区，从各部门、行业推动全球海洋生态环境保护。[3]现行各种划区管理工具名称很多，如“海洋保护区”、“特别保护区”、渔业中的“禁渔区和禁渔期”、航运中的“特殊区域”和“特别敏感海域”、“禁捕区”

〔2〕《海洋法公约》第89条。

〔3〕郑苗壮、刘岩、徐靖：《〈生物多样性公约〉与国家管辖范围以外海洋生物多样性问题研究》，《中国海洋大学学报》（社会科学版）2015年第2期。

和“保留区”。[4]在这些区域的申请、划定和管理过程中，都有可能产生争端。

关于能力建设，大多数发展中国家缺乏基础设施和资金，无法开展必要活动以确保其基因库收集物的持续可存活性。[5]为了使发展中国家能够发展必要的能力和技术，以便充分受益于海洋遗传资源，包括国家管辖范围外区域的海洋遗传资源，需要获得进入知识库的途径以及学习、掌握和适应相关技术的能力。这一过程包括通过很多不同途径进行技术转让，包括正式途径（例如许可和外国直接投资）或非正式途径（例如人员流动）以及（或者）市场途径（例如与上游供应商或下游消费者间的互动）或者非市场途径（例如官方发展机构或非政府组织的技术援助方案）。联合国贸易和发展会议（贸发会议）的一份报告指出，技术转让的不同方式的重要性随发展阶段的不同而不尽相同，而发展中国家利用这些技术转让的能力也各不相同。[6]因此，在此过程中也可能产生争端。

3. 关于深海遗传资源公平获取的争端

确定遗传资源的所有权人是为国家管辖范围以外区域遗传资源获取制度的基础和关键。《生物多样性公约》《名古屋议定书》《粮食和农业植物遗传资源国际条约》均确认遗传资源的国家主权原则。各国对国家管辖范围以外区域的遗传资源持有“人类共同继承遗产”和“自由获取”两种观点。坚持人类共同继承遗产原则的学者认为，国家管辖范围以外区域的遗传资源采取“先到先得”的做法，可能会损害海洋环境以及海洋生物多样性的可持续利用，发达国家在不分享利用遗传资源产生惠益的情况下开发遗传资源，有违公平原则。坚持公海自由的学者认为，遗传资源获取是一次性的，几乎不会影响获取区域的海洋环境及其生物多样性，不需要建立新的法律制度施加管制。

什么是深海遗传资源的公平获取，其标准是什么？在实践中，某一具体的深海遗传资源获取活动是否符合公平的原则和标准，是否符合国际法？对这些问题各国的看法不尽相同，国际社会也没有统一的标准。

4. 关于深海遗传资源惠益分享产生的争端

国家管辖范围以外区域遗传资源惠益分享目前还处于探索阶段，主要还是参考《生物多样性公约》《名古屋议定书》《粮食和农业植物遗传资源国际条约》的相关规定。《生物多样性公约》第15条第7款规定，各缔约国应采取措施“以期与提供遗传资源的缔约国公平分享研究和开发此种资源的成果以及商业和其他方面利用此种资源所获的利益。这种分享应按照共同商定的条件”。但《生物多样性公约》中的“公平合理”“成果和开发”“利用遗传资源所获的惠益”等关键术语没有界定，也没有指明惠益分享的

〔4〕 A/62/66/Add. 2，第123段。
〔5〕 A/62/66/Add. 2，第243—244段。
〔6〕 A/62/66/Add. 2，第245段。

主要受益群体。《名古屋议定书》没有涉及与最终成品有关的惠益分享，也未建立全球多边惠益分享系统的具体实施措施。《粮食和农业植物遗传资源国际条约》的主要目的不是商业化惠益的分享，而是保障粮食安全，规定的多边系统中的惠益分享受益方可以是持有遗传资源的缔约国国家政府及其自然人、法人，包括农民和国际农业研究中心。惠益分享形式以非货币性为主，主要包括促进信息共享、便利技术的获取和加强提供国能力建设等。所以，在深海遗传资源的取得和惠益分享方面，都存在着潜在的争端。

5. 因深海遗传资源的知识产权保护和技术转让引发的争端

深海遗传资源的研究、勘探和开发成本都是非常高昂的，采用必要的激励机制是必要的。认为产权分配，特别是知识产权分配，通过授予一段限期内的专属权以及规定在专利申请中公布发明从而进行信息与知识分享，也是促进研究的一种手段。

有关深海遗传资源和专利保护之间关系的问题包括：与其自然环境分离的自然发生生物体和相关的小型有机分子是否属于发明或发现；这些是否符合可以在工业上应用的标准；产品及衍生物是否应得到专利保护；将专利保护延伸至遗传物质是否符合伦理；专利申请人或专利所有人是否有义务分享开发资源或专利本身带来的好处（A/60/63/Add. 1，第216段）。[7] 考虑到《海洋法公约》与海洋科学研究相关的规定，可能会出现以下需要进一步考虑的问题：专利申请的提出是否视作对一部分海洋环境或其资源的主张；专利赋予的权利是否有可能干涉开展海洋科学研究的权利；为保护发明的新颖性而在提出专利申请前所需的保密程度是否符合传播、公布数据和研究结果的要求。鉴于与遗传资源专利相关的问题，可以进一步分析专利制度提供的各种例外的作用，例如试验性使用豁免权允许科学家使用专利发明，条件为研究是出于非商业目的。也可以进一步研究其他知识产权工具，包括地理标识和商标以及开源许可的作用。[8] 在深海遗传资源的获取、惠益分享过程中，也可能涉及知识产权的使用、转让等方面争端，这类争端一般可能要通过国家的国内救济机构来完成。

6. 因深海遗传资源获取造成环境损害引发的争端

有关深海遗传资源的分布、功能、脆弱性以及复原力方面的知识大部分还不为人知，对各种环境压力对海洋遗传资源产生影响的程度和性质只能作出推断。[9] 除海洋酸化和海洋遗传资源相关研究的潜在影响外，人们对污染、气候变化和过度开发方面的问题也已表示担忧。[10] 深海遗传资源也受到自然地球物理过程，例如火山爆发的影响。气候变化对大型生物的影响，例如对鱼类和珊瑚的影响，已经有翔实的记载。但在微生物

[7] 在协商进程第八次会议上分发的由世界知识产权组织编写的问题文件草案。

[8] A/62/66/Add. 2，第241段。

[9] A/62/169，第83—85、87段。

[10] A/62/169，第82—88、183—187段。

方面，只能推断此类影响的发生。[11]在自然条件下，由于自然选择和自然进程的结果，遗传多样性也会有一些丧失。遗传侵蚀在整个生态系统中具有连锁效应。[12]海洋遗传资源方面的研究活动对周围生态系统产生的影响，主要取决于进行样本采集或收集的地点。在此方面，从水体中收集微生物产生的影响可能有限，但是在脆弱的海底生境中进行收集可能有潜在的破坏性。此类影响也要看采样和收集的方法以及频率。到目前为止，各方还未对海洋科学研究产生的影响进行过全面评估，未来在这方面也可能产生争端。

二、和平解决深海遗传资源争端的基本原则

（一）和平解决深海遗传资源原则

深海遗传资源争端作为国际争端的一种类型，在其解决方法上，既要符合深海遗传资源有关文件的具体规定，也要符合《联合国宪章》的规定。而且，深海遗传资源相关文件关于深海遗传资源争端的解决内容，都必须在《联合国宪章》的框架之内，遵守和平解决国际争端原则。在方法上，综合《联合国宪章》及其他文件关于争端解决的规定和实践，解决深海遗传资源争端的方法包括谈判、调查、调停与调解等政治解决方法、仲裁和司法解决等法律解决方法以及区域机关或区域办法等。[13]

（二）解决深海遗传资源争端的程序公平原则

解决深海遗传资源争端，不仅要符合和平原则，也必须符合公平原则。和平解决原则关注的是方法和手段，而公平解决则更关注内容和结果。

《联合国宪章》既然规定了和平解决争端的政治和法律方法，这是所有国家必须履行的义务，但是在进行机制设置时，应当尽可能地促进和保证实现实质的公平和正义，而不应当成为一些大国或一些所谓的专家玩弄政治阴谋的舞台。

在这里，有一个问题看似无关大局，无关争端解决的公平正义，但实际上，它是一个非常重要的工具和媒介。这就是争端解决时的语言问题，即案件当事方官方语言的使用问题。从公平的角度来说，无论是强制仲裁还是司法解决，都应当考虑当事国的官方语言。特别是在强制仲裁的情况下，应当考虑使用被诉方的官方语言，或者至少同时使用英语和被诉方的官方语言。

（三）深海遗传资源争端法律解决时的整体代表性原则

整体代表性原则是指解决争端的法院或法庭的组成要符合整体代表性，即按照文化、法系、地域甚至性别等标准，公允地分配法院或法庭裁判人员的席位，使国

---

〔11〕 A/62/169，第87段。

〔12〕 "What is Genetic Erosion and How it Can be Managed?", in *Why We Care about Genetics*, Vol. 11, Genetic Resources Conservation Program, University of California, 2006.

〔13〕《联合国宪章》第33条。

际司法机构或仲裁机构的组成在整体上具有普遍代表性，以实现公正裁判。国际司法机构和仲裁机构的整体代表性对于国际法上公正裁判的实现，提高国家对国际司法机构和仲裁机构的接受度，具有重要意义，甚至说，其重要性“无论如何被强调也不为过”[14]。

具有整体代表性，这是当代几乎所有普遍性国际司法机构共有的要求。通常是按照某种标准对国家进行分类，在此基础上，合理分配国际司法机构或准司法机构的裁判席位。但各国际司法机构或准司法机构被要求代表的内容有所不同。国际法院、国际海洋法法庭以及国际刑事法庭，这三个普遍性国际司法机构虽都在其规约中规定法官席位应当合理分配以确保其法官组成具有代表性，但《国际法院规约》第9条要求法院整体代表的是世界“各大文化”与“各主要法系”；《国际海洋法法庭规约》第2条、第3条则要求“世界各主要法系”和“公平地区分配”，且以联合国大会所确定的每个地理区域集团至少3名代表法官为硬性标准；《国际刑事法院规约》第36条第8款则不仅要求法院在整体上能代表“各主要法系”和“地域公平”，还需考虑适当的“性别”比。在不同的代表性要求下，对法官席位进行分配的标准似应不同，如国际法院应按文化和法系对国家进行分类，从不同类型的国家中选任法官，而国际海洋法法庭的裁判席位则应分配给不同法系和地理区域集团的不同国家。

整体代表性问题在国际司法机构中基本得到解决，目前问题比较大的就是强制仲裁中的仲裁庭的组成。在《海洋法公约》第287条项下的四种法律解决机制中，当事方可以声明方式进行选择，若各方同时选择同一种程序，则争端应被提交该程序；若各方未能选择同一程序或未能作出选择，则应提交仲裁。[15]也就是说，《海洋法公约》第287条项下的法律解决机制具有强制性，可被单方启动。《海洋法公约》以前的重要国际条约往往只规定有限的争端解决机制，或是将导致有拘束力裁判的程序规定在该条约附件的任择议定书中，而这些议定书的参加国数量往往相当有限。[16]但《海洋法公约》法律解决机制的强制性大大背离了争端解决的传统方法，是《海洋法公约》法律解决机制最“与众不同”[17]的特点，被称为“国际关系中的逆倾向”[18]。之所以在《海洋法公约》第287条项下规定了四种强制程序，主要是因为在第三次联合国海洋法会议上，各国代表对于何种强制程序应被适用无法达成一致，最后只能将会上提及的四种争端解决程序

---

〔14〕［英］J. G. 梅里尔斯：《国际争端解决》，韩秀丽、李燕纹等译，法律出版社2013年版，第172页。

〔15〕《海洋法公约》第287条。

〔16〕Alexander Yankov, “The International Tribunal for the Law of the Sea and the Comprehensive Dispute Settlement System of the Law of the Sea”, in P. Chandrasekhara Rao & Rahmatullah Khan（eds.）, *The International Tribunal for the Law of the Sea: Law and Practice*（Kluwer Law International 2001）, p. 34.

〔17〕高健军：《〈联合国海洋法公约〉争端解决机制研究》（第2版），中国政法大学出版社2014年版，第8页。

〔18〕Natalie Klein, *Dispute Settlement in the UN Convention on the Law of Sea*, Cambridge University Press , 2005, p. 349.

全部纳入《海洋法公约》，供缔约国选择，并且在博弈过程中，附件七仲裁获得了剩余备用地位〔19〕，成为《海洋法公约》第 287 条项下法律解决机制强制性的最后保障，甚至成了兜底条款。

然而，虽同为《海洋法公约》第 287 条项下的法律解决机制，附件八特别仲裁与另外三种程序的地位却并不平等。一方面，特别仲裁法庭管辖的争端类型十分有限，仅涉及一些特定种类的海洋争端，包括渔业、保护和保全海洋环境海洋科学研究和航行，涵盖了来自船只和倾倒造成的污染的条文在解释或适用上的争端。〔20〕其创立初衷是提供解决海洋争端所需的人才，补充法院的不足〔21〕，法庭的仲裁员也因此需要具有法律、科学或技术上的专长〔22〕。另一方面，截至目前，仅有 12 个国家以声明方式选择了特别仲裁〔23〕，理论上看特别仲裁法庭被使用的概率不是很大。鉴于附件八的此种地位，这里只对附件七的强制仲裁进行研究。

一方面，从法律解决机制性质的角度来看，附件七仲裁具有准司法性质。国际法院、国际海洋法法庭是国际司法机构，而通常认为，仲裁在传统上具有外交而非司法特点。〔24〕国际司法往往指那些“常设的、中立的、有一套完整的组织结构和运行模式，依据国际法解决国际争端的国际组织”〔25〕。附件七中的仲裁法庭固非常设，但其以国际法为依据〔26〕；此外，附件七仲裁也有相对固定的运行模式。虽然实践表明，仲裁协议往往是当事各方意志的直接结果，且随着争端周遭情势和攸关利益的重要性而变化，因此很难说在实践中存在着仲裁程序的一般性惯例，将仲裁程序固定下来也往往具有重重阻碍〔27〕；但附件七确实对仲裁庭的组成方法、程序的制定与要求、争端各方的职责、开

〔19〕 参见 John E. Noyes，“The International Tribunal for theLaw of the Sea”，*Cornell International Law Journal*，Vol. 32，Issue 1（1999），pp. 109 – 182。

〔20〕 《海洋法公约》附件八第 1 条。

〔21〕 参见 A. E. Boyle，“The International Tribunal for the Law of the Sea and the Settlement of Disputes”，in Joseph J. Norton，Mads Andenas and Mary Footer（eds.），*The Changing World of International Law in the Twenty-First Century：A Tribute to the Late Kenneth R. Simmonds*（Kluwer Law International 1998），p. 103。

〔22〕 《海洋法公约》附件八第 2 条第 3 款。

〔23〕 具体有阿根廷、比利时、奥地利、白俄罗斯、德国、匈牙利、墨西哥、俄罗斯、乌克兰、厄瓜多尔、葡萄牙、东帝汶，www. un. org/Depts/los/settlement_ of_ disputes/choice_ procedure. htm。

〔24〕 Report of Georges Scelle，Special Rapporteur，Draft on arbitral procedure adopted by the Commission at its fifth session，Document A/CN. 4/113，in United Nations，*Yearbook of the International Law Commission*（ILCYB）1958，Vol. II，p. 2.

〔25〕 王林彬：《国际司法程序价值论》，法律出版社 2009 年版，第 11 页。

〔26〕 具体指应以《海洋法公约》及与《海洋法公约》不相抵触的国际法规则为依据，参见《海洋法公约》第 293 条。

〔27〕 国际法委员会曾尝试对仲裁程序进行固定化，但遭致反对。在特别报告员乔治·塞勒的建议下，国际法委员会最终仅于 1958 年提出了一组示范规则。参见 Report of Georges Scelle，Special Rapporteur，Draft on arbitral procedure adopted by the Commission at its fifth session，Document A/CN. 4/113，in United Nations，*Yearbook of the International Law Commission*（ILCYB ）1958，V. Ⅲ。

支、作出裁决所需要的多数、裁决书的形式、裁决的解释或执行等事项进行了规定〔28〕。虽然不是严格意义上的“完整”，但仍建立起了基本的运行模式。可以说，附件七仲裁在某些方面拥有明显的司法特征，可被称作准司法程序。公正性，是国际司法制度的基本价值之一。〔29〕因此，作为准司法程序的附件七仲裁在相当程度上应当以裁判的公正性为价值追求。

更为重要的是，从《海洋法公约》强制法律解决体系来看，附件七仲裁的公正裁判义务与国际法院、国际海洋法法庭的公正裁判义务并无二致，具有同等性质。国际法庭、国际海洋法法庭和附件七仲裁并列为《海洋法公约》第 287 条项下的法律解决程序，供缔约国选择。虽其程序各有不同，但管辖权范围和准据法以及对裁判的要求是一致的——都对有关《海洋法公约》的解释或适用的争端，或与《海洋法公约》的目的有关的国际协定向其提出的有关该协定的解释或适用的争端具有管辖权，也都同样受到《海洋法公约》对管辖权的限制〔30〕；都以《海洋法公约》和其他不与《海洋法公约》抵触的国际法规则为裁决的准据法，且只有在当事各方同意时，公允及善良原则才能作为法庭裁决的依据；在作出裁判前，都有义务查明其对该争端确有管辖权，且所提要求在事实上和法律上确有依据——在此种机制背后不可能存在着这样的意图：各法院或法庭适用同样的准据法，处理同种性质的争端，作出同样在事实和法律上应确有依据的裁判，却对其裁判的公正性采用不同标准。从这个意义上来说，《海洋法公约》为第 287 条项下的各个争端解决程序设定了相同的公正裁判的义务标准。

国际司法机构以来自不同法系和文化的法官确保整体代表性，仲裁则是“由各国自己选择的法官并在尊重法律的基础上，解决各国之间的纠纷”〔31〕，当事方以自己选任仲裁员的方式使自己的立场和利益被充分知晓和考虑，在充分考虑各方立场和利益的基础上由仲裁庭作出公正裁决。对附件七而言，仲裁庭成员的选任规则对保障其裁决的公正性意义重大。因此，要想实现深海遗传资源争端解决的公平性，就必须在设置其争端解决机制时，慎用像附件七所规制的强制仲裁。如果选用强制仲裁，对于仲裁员的选任，除了尊重当事国的自愿选择外，还应当考虑仲裁庭的整体代表性。

三、关于解决深海遗传资源争端的建议

（一）现有相关领域中争端解决机制和制度的局限性

现行各领域中有关争端解决机制，从总体上来说，符合 1945 年《联合国宪章》的基本要求，也具有一定的可操作性。但在具体解决方法的选择机制方面，还是有许多需

---

〔28〕《海洋法公约》附件七。

〔29〕参见王林彬：《国际司法程序价值论》，法律出版社 2009 年版。

〔30〕《海洋法公约》争端强制解决机构管辖权的限制有《海洋法公约》第 297 条第 2 款（a）项和第 3 款（a）项的自动限制和争端方按照第 298 条作出声明的任择性例外的限制。

〔31〕《和平解决国际争端公约》第 37 条。

要完善的地方，特别是近年来法律解决的实践，包括《海洋法公约》在内的国际文件中所设定的争端解决机制，已经暴露出强制仲裁等法律解决方法在解决某些争端方面的不利之处。

1. 强制仲裁的局限性

《海洋法公约》强制仲裁制度的局限性主要在于仲裁员指定机制的局限。强制仲裁的仲裁庭一般由5名仲裁员组成，争端各方均可指派1名仲裁员，且可为其本国国民。余下3名仲裁员的指派由当事各方以协议方式确定，且该3名仲裁员全部应为第三国国民。仲裁庭庭长应当从该3名仲裁员中产生，除非各方另有协议，否则应由当事各方共同选派。[32]从理论上说，附件七仲裁庭的组成可能存在这样几种情形：仲裁员全部由争端双方选任；无法就共同指派达成一致时，则仲裁员部分由争端双方选任，部分由第三方指派，第三方最多可能指定3人，且可能包括庭长；程序为单方面启动，且在一方不到案时，仲裁员由争端一方指派1人，由时任国际海洋法法庭庭长指派4人，包括庭长。

根据《海洋法公约》第十五部分和附件七的规定，仲裁程序由单方启动而被诉方不应诉时，并没有保障仲裁庭的组成满足整体代表性的规则设计。从截至2018年6月底的实践来看，根据附件七共组成了14个仲裁法庭，具体情况见下表。

表1 附件七仲裁法庭组成[33]

序号、当事方及案名	起诉方指派	被诉方指派	双方协议指派（首位为庭长）	国际海洋法法庭庭长指派（首位为庭长）
1. 新西兰和澳大利亚诉日本的南方蓝鳍金枪鱼案	Kenneth Keith 新西兰 PerTresselt 挪威	Chusei Yamada 日本	Stephen Schwebel 美国 Florentino Feliciano 菲律宾	/
2. 马来西亚诉新加坡的围海造地案	Kamal Hossain 孟加拉	Bernard Oxman 美国	/	C. W. Pinto 斯里兰卡 Ivan Shearer 澳大利亚 Arthur Watts 英国
3. 巴巴多斯诉特立尼达和多巴哥案	Vaughan Lowe 英国	Ian Brownlie 英国	Stephen Schwebel 美国 Francisco OrregoVicuña 智利 Arthur Watts 英国	/
4. 圭亚那诉苏里南案	Thomas Franck 加拿大	Hans Smit 美国	Dolliver Nelson 格林纳达 Ivan Shearer 澳大利亚 Kamal Hossain 孟加拉	/

〔32〕《海洋法公约》附件七第3条。

〔33〕此表为笔者整理。

续表

序号、当事方及案名	起诉方指派	被诉方指派	双方协议指派（首位为庭长）	国际海洋法法庭庭长指派（首位为庭长）
5. 爱尔兰诉英国 MOX 工厂案	James Crawford 澳大利亚	Lord Mustill 英国	Thomas A. Mensah 加纳 Yves Fortier 加拿大 Gerhard Hafner 奥地利	/
6. 孟加拉国诉印度案	Thomas A. Mensah 加纳	Pemmaraju Sreenivasa Rao 印度	/	Rüdiger Wolfrum 德国 Ivan Shearer 澳大利亚 Jean-Pierre Cot 法国
7. 毛里求斯诉英国案	Rüdiger Wolfrum 德国	Christophr Greenwood 英国	/	Ivan Shearer 澳大利亚 Albert Hoffmann 南非 James Kateka 坦桑尼亚
8. 阿根廷诉加纳的自由号案	Elsa Kelly 阿根廷	Thomas A. Mensah 加纳	/	Bruno Simma 德国 AwnShawkat Al-Khasawneh 约旦 Bernard Oxman 美国
9. 菲律宾诉中国的中菲南海仲裁案	Rüdiger Wolfrum 德国	/	/	Thomas Mensah 加纳 Stanislaw Pawlak 波兰 Jean-Pierre Cot 法国 Alfred H. A. Soons 荷兰
10. 丹麦（法罗群岛）诉欧盟的大西洋鲱鱼案	Francisco Orrego Vicuña 智利	Gerhard Hafner 奥地利	Thomas A. Mensah 加纳 M. C. W. Pinto 斯里兰卡 Rüdiger Wolfrum 德国	/
11. 荷兰诉俄罗斯的北极日出号案	Alfred Soons 荷兰	/	/	Thomas A. Mensah 加纳 Henry Burmester 澳大利亚 Janusz Symonides 波兰 Alberto Székely 墨西哥
12. 马耳他诉圣多美和普林西比的杜兹吉特·完整号案	Tullio Treves 意大利	/	/	Alfred H. A. Soons 荷兰 James Kateka 坦桑尼亚
13. 意大利诉印度案	Francesco Francioni 意大利	Chandrasekhara Rao 印度	/	Vladimir Golitsyn 俄罗斯 Jin-Hyun Paik 韩国 Patrick L. Robinson 牙买加
14. 乌克兰诉俄罗斯案	Professor Vaughan Lowe QC 英国	Vladimir Vladimirovich Golitsyn 俄罗斯		Jin-Hyun Paik 韩国 Boualem Bouguetaia 阿尔及利亚 Alonso Gómez-Robledo 墨西哥

截至2017年6月，国际海洋法法庭庭长共指派了仲裁员27人次，因有人多次被指定担任仲裁员，实际担任仲裁员的共有20人。

从上表关于附件七强制仲裁庭组成的实践，大致可以得出两个结论：

第一，争端各方就附件七强制仲裁庭的组成往往很难达成一致。在这14个案件中，完全由争端各方合意组成的仅有5个，占比35.7%；不应诉案件有2件，占比14.3%；即使被诉方应诉，争端各方就协议指派的3名仲裁员达成一致也并非易事，余下50%的案件都是按照争端双方各指派1名仲裁员，国际海洋法法庭庭长指派其余3名仲裁员的方式组成的。因此，国际海洋法法庭庭长的指派对附件七仲裁庭的组成影响重大。

第二，对附件七仲裁庭影响重大的国际海洋法法庭庭长在实际指派附件七仲裁员时并未考虑仲裁庭的整体代表性，其指派总体上也倾向于西欧及其他国家集团。附件七仲裁庭整体代表性的缺失，或将使附件七仲裁失去代表性基础，流于随意。目前的实践表明，缺失整体代表性约束的附件七仲裁逐渐变成了少数人意志实现途径的趋势。这种趋势集中表现在涉及领土主权争端的"混合型争端"的管辖权问题上，在中菲南海仲裁案中表现得尤为突出。

在2013年菲律宾诉中国的南海仲裁案中，由于中国不接受、不参与的立场，在菲律宾指定了德国籍法官 Rüdiger Wolfrum 为仲裁员之后，中国未在规定时间内指定仲裁员，中菲也未就指定仲裁员达成协议。于是，时任联合国海洋法法庭庭长柳井俊二根据《海洋法公约》附件七，指定了其余4位仲裁员。[34]仲裁庭的这种组成方法，无法保证仲裁庭会作出公正的裁决。[35]

《海洋法公约》的强制仲裁，由于其"强制"性，已经从根本上背离了"仲裁基于自愿"的基本精神。而且，由于一方的缺席，使仲裁庭不可能掌握有关案件的所有关键性证据。那么，在仲裁庭缺乏关键证据的情况下作出的所谓裁决，又怎么可能是公正的呢？再有，因为是国际仲裁，首先可能存在语言和文化的重大差异，对于涉及领土等重要事项的争端，仲裁员一般都只是法学专家，不是语言学家，也不是历史学家，怎么可能全面掌握和理解争端各方在长期的历史发展过程中关于领土边界问题上的发展和变迁呢？这就可能导致裁决或者证据不足，或者偏听偏信！

2. 司法解决的局限性

关于司法解决，虽然国际法院的很多判决都得到执行，但近年来也发生了多起质疑国际法院判决的情况。柬埔寨于2011年4月28日请求国际法院对1962年6月15日柬

---

〔34〕 柳井俊二指定了加纳籍法官 Thomas A. Mensah 为首席仲裁员、法国籍法官 Jean- Pierre Cot、波兰籍法官 Stanislaw Pawlak 和荷兰籍教授 Alfred H. A. Soons 为普通仲裁员。

〔35〕 中菲南海仲裁案仲裁庭所作的裁决，不仅在事实认定和法律适用方面存在错误，就连最基本的语言规范、标点符号、上下文的一致性以及基本事实的描述等方面，也存在着300多处基本写作规范和事实描述错误。

埔寨诉泰国的柏威夏寺案的判决进行解释，并同时请求国际法院指示临时措施。[36]意大利宪法法院于2014年10月24日发布一项判决，判定国际法院于2012年2月3日所作的德国诉意大利国家管辖豁免案的判决违反意大利宪法。[37]2017年2月2日，马来西亚向国际法院提交请求书，请求国际法院对2008年判决书中把马来西亚和新加坡争议的白礁岛判给新加坡的决定进行复核；2017年6月30日，马来西亚请求国际法院对2008年判决中环绕白礁岛和南礁的水域给出权威的有拘束力的解释。[38]

2008年5月23日，国际法院以12票对4票判定原本属于柔佛王国的白礁岛主权归属新加坡，以15票对1票判决白礁岛南部的中岩礁归马来西亚，而南礁主权则归拥有它所处海域主权的一方。国际法院把白礁岛判归新加坡的理由是柔佛国/马来西亚向新加坡默示转让了白礁岛。[39]2017年2月3日，马来西亚向国际法院提交请求书，请求国际法院对2008年判决的把马来西亚和新加坡争议的白礁岛判给新加坡的判决进行复核。[40]

马来西亚之所以请求国际法院对已经生效的判决进行复核，是因为马来西亚刚刚得到了三份对判决至关重要的证据，这三份证据是英国新近解密的文件，即1958年新加坡殖民政府的内部信函、1958年一名英国海事人员申报的意外报告以及20世纪60年代起的海事行动注释地图。这三份文件是马来西亚当局于2015年8月4日至2016年1月30日在英国国家档案馆寻获的资料。

上述仲裁和司法解决案件的发展和后续变化说明，法律解决方法适用的条件和规则本身需要进一步完善，同时，也应当对法律解决在争端解决中的地位，特别是强制仲裁的兜底地位进行调整，从总体上对深海遗传资源争端的解决机制进行规制。

再有，《生物多样性公约》和《粮食和农业植物遗传资源国际条约》都引入了强制调解制度，即争端各方在未接受仲裁和司法解决方法的情况下，必须进行调解。但强制调解不仅要经过争端各方同意，而且调解委员会作出的决定也不具有法律拘束力，这仍不是定分止争的最佳方法。

（二）提升谈判解决深海遗传资源争端的地位

综观《联合国宪章》《海洋法公约》《生物多样性公约》等国际文件规定的和平解决方法，无论是政治解决方法，还是法律解决方法，或是其他国际组织或国际机构的解决方法，除谈判方法不涉及第三方，不会有第三方的干预外，其余都有第三方参加，甚至由第三方主导。在这种情况下，就不可避免地把第三方的观点甚至利害关系也带了进来，这不仅不利于争端的解决，甚至使争端变得更加复杂。为了使争端得以高效和真正

---

〔36〕 http：//www. icj-cij. org/en/case/151.

〔37〕 https：//www. cortecostituzionale. it/documenti/download/doc/ recent_ judgments/S238_ 2013_ en. pdf.

〔38〕 http：//www. icj-cij. org/files/case-related/170/170-20170630-APP-01-00-EN. pdf.

〔39〕 http：//www. icj-cij. org/docket/files/130/14492. pdf.

〔40〕 See http：//www. icj-cij. org/docket/files/167/19344. pdf.

彻底的解决，应当提升谈判解决争端的地位。

很多国际法文件在涉及国际争端解决方法的适用问题时，常常规定谈判或以谈判为其主要内容的外交途径是其他解决争端方法得以适用的先决条件。比如，《国际联盟盟约》第13条规定提交仲裁或司法解决的争端，不仅在性质上适宜于仲裁或司法解决，而且在外交上主要通过谈判不能得到圆满的解决。又比如，《美洲国家组织宪章》第22条规定："如果在两个或两个以上的美洲国家之间发生争端，而按照当事国之一的意见认为通过正常外交途径不能解决，当事国应同意用某些其他和平方法，使能找到一种解决办法。"

争端解决的成败关键在于争端当事各方之间能否就有关解决条件或解决方案达成一致协议。由于谈判方法往往在解决国际争端中首先得到尝试，也由于争端当事各方相信使用它所获得的利益可能大得足以排除其他方法的使用，因而谈判方法在实践中实际得到适用的机会是其他方法所无法比拟的。甚至在以谈判方法成功解决争端的希望变得或者本身就十分渺茫时，争端当事各方也不会轻易放弃利用它的努力。当然，谈判方法独立地成功解决争端的辉煌纪录对于这项方法本身地位的确立更是至关重要的因素。

关于谈判解决国际争端的有效性，中英关于香港问题的解决为国际社会树立了典范。[41]

1983年7月，两国政府代表团开始举行谈判。在1984年9月18日有关香港问题协议达成之前，中英两国政府代表团共经过了22轮谈判。谈判达成的1984年12月19日《中华人民共和国和大不列颠及北爱尔兰联合王国政府关于香港问题的联合声明》使有关香港前途的基本争端问题得到解决。

2016年11月28日，荷兰和比利时关于两个领土边界的协定，又一次验证了谈判解决国际争端的高效性。

比利时与荷兰在该地区的边界是在1843年划定的，以界河默兹河当时的水流最深处为界。1961年，默兹河进行的疏浚工程以及1962—1980年两国为改善阿尔贝特和朱丽安娜两条运河的航运而进行的大规模改造行动，使该地区的实际地貌发生了很大变化。比利时和荷兰两国分别在对方境内形成了一些三面环水的"小飞地"，给实际管理带来了困难。

2012年2月，在荷兰的提议下，荷比两国开始了领土互换的可行性谈判。在就自然保护、领土整治以及水资源管理等问题达成一致后，两国于2016年6月签订了更改边界、领土互换的意向性协议。荷兰与比利时两国于2016年11月28日在阿姆斯特丹签订

---

〔41〕 参见李斐南：《谈判是和平解决国际争端灵活和有效的方法》，《政法学刊》1986年第6期；叶兴平：《试论谈判在各种和平解决国际争端方法中的地位》，《法学论坛》1996年第4期；叶兴平：《协商是解决国际争端的重要方法》，《深圳大学学报》（人文社会科学版）1996年第4期。

两国边界更改、领土互换协议，协议将在两国议会完成批准程序后的第二年1月1日正式生效。[42]根据该协议，荷兰边境城市马斯特里赫特和艾斯登-马赫拉滕以及比利时的维塞市将进行领土互换。比利时将以14公顷的自然保护区换得荷兰的3公顷土地。

荷兰和比利时的这一实践表明，谈判解决国际争端不仅是高效的，也会是稳定的，因为谈判所达成的协议反映了两国之间就该问题的所有诉求以及诉求的融合。

谈判作为其他方法的重要阶段和一种有效的解决争端方法的事实，说明谈判在和平解决国际争端的方法体系中占据特殊地位。它既是一种辅助性的方法，也是一种独立的方法。它可以帮助解决许多在孤立地适用其他方法的情况下无法得到解决的争端，而它自身的作用又是其他任何方法所不可能取代的。

综上所述，建议在深海遗传资源争端解决机制中提升谈判的地位，把谈判作为深海遗传资源争端各方解决争端的第一方法。虽然仍然尊重当事国在争端解决方法上的意思自治权，但必须设置法律解决的门槛。即未经实质性的谈判，则不得诉诸导致有拘束力的仲裁或司法解决。同时，对实质性的谈判进行要素的设计，这样有利于当事国之间增加接触，加强了解和理解。在对种类要素进行设计时，必须考虑到第三国应当遵守的国际义务，即不能做对当事国之间的谈判产生实质影响的行为。

（三）加强深海遗传资源的专门管理机构解决争端的作用

《联合国宪章》规定了联合国大会、安理会、秘书长以及区域机关和区域办法在解决国际争端方面的职权。实践中，非洲统一组织、美洲国家组织、欧洲联盟等都在解决地区争端方面发挥了一定的作用。从理论上来说，这些机制也同样可以适用于深海遗传资源争端的解决。

此外，根据南极条约体系文件的规定，ATCM在解决南极争端方面正在或将要发挥作用。那么，如果未来设立管理深海遗传资源的专门机构，该机构也将担负起解决深海遗传资源争端的作用。这样设置的原因和好处在于：第一，深海遗传资源本身涉及科学技术发展的最前沿，需要具备专业知识的人参与争端的解决，有利于从技术层面进行分析和把关；第二，该机构对深海遗传资源有较为深入的了解和把握，有利于对深海遗传资源的获取和惠益分享进行公平公正的处理，有利于争端的解决。

四、结　论

深海遗传资源争端主要是未来可能发生的争端，但由于《海洋法公约》以及相关领域的国际条约未作规定，特别是在没有明确深海遗传资源法律地位的情况下，未来在深海遗传资源的勘探和开发商业化的情况下，在涉及其法律地位、划区管理工具、深海遗传资源的获取和惠益分享、与深海遗传资源有关的知识产权、环境损害以及能力建设等

---

〔42〕　荷兰外交大臣孔德尔斯在签署协议后表示：“这一独特的边界协议是我们与比利时人良好合作的一个例证。今天的行动表明，荷兰和比利时是好邻居，能够用和平方式来调整边境。”

方面，有可能产生争端。在未来制定的国际条约中，必须明确深海遗传资源的法律地位，明确其应当适用的法律，方便进行确权。在设计深海遗传资源争端解决机制和制度时，一是避免争端当事国滥用法律解决方法；二是提升谈判解决争端的地位，把谈判作为深海遗传资源争端各方解决争端的第一方法；三是根据深海遗传资源争端的特殊性，还应当赋予深海遗传资源的相关管理或协调机构在争端解决时的一定的权力，以求得争端尽速得到解决。

《联合国海洋法公约》第74/83条第3款的“不危害或阻碍”义务分析

■ 闫朱伟*

【内容摘要】“不危害或阻碍”义务是指，存在划界争端的国家应尽一切努力不危害或阻碍最后协议的达成。它并不禁止国家在争端海域进行所有的单方活动。但是，在争端海域进行的对大陆架资源的勘探和开发、人工岛屿、设施和结构的建造等活动都违反了“不危害或阻碍”义务。本文从条约的基本解释方法、沿海国主权权利和管辖权的专属性及国际司法判例的角度对该项义务进行分析。为了使南海局势得到管控，南海周边国家应遵守这项义务。

【关键词】“不危害或阻碍”义务　勘探和开发　南海争端

《联合国海洋法公约》（以下简称《公约》）第74/83条第3款规定：“在达成第1款规定的协议以前，有关各国应基于谅解和合作的精神，尽一切努力作出实际性的临时安排，并在此过渡期间内，不危害或阻碍最后协议的达成。”该条款规定了“尽一切努力作出实际性临时安排”的义务和“不危害或阻碍最后协议达成”的义务（以下简称“不危害或不阻碍”义务）。“第一个义务旨在促进采取某些临时措施，第二个义务旨在限制有关国家在争端海域的活动。”[1]由于海洋划界过程的漫长性以及资源开发的紧迫性，《公约》第74/83条第3款规定的两项义务对和平解决海洋划界争端是极其重要的。然而，与“尽一切努力作出实际性临时安排”的义务相比，“不危害或不阻碍”义务在学者的研究中没有得到重视。但是，“不危害或阻碍”义务能够为国家在争端海域的行为给出有益的指导，因而关于该义务的解释和适用是很值得研究的问题。例如，由于南海周边各国竞相开发争端海域的资源，南海局势陷入了紧张的状态，而遵守“不危害或阻碍”义务对南海局势的管控显然具有积极意义。另外，正如加纳/科特迪瓦大西洋划界案所呈现的那样，争端国家之间已经产生了关于“不危害或阻碍”义务的争端，尤其是哪些行为可以被视为违反“不危害或阻碍”义务的争端。本文将围绕哪些行为可以被视为违反“不危害或阻碍”义务的行为这一问题进行分析。先根据条约的基本解释方法对《公约》第74/83条第3款规定的“不危害或阻碍”义务进行解释，然后在没有得出任何标准的情况下，根据《公约》规定的沿海国主权权利和管辖权的专属性来判断哪些行为更容易违反这一义务，接着分析国际司法判例在判断哪些行为违反“不

* 中国政法大学国际法学院2017级博士研究生，主要研究方向为国际法和海洋法。

〔1〕 Satya N. Nandan and Shabtai Rosenne, *United Nations Convention on the Law of the Sea 1982: A Commentary*, Volume II (1993), p. 815.

危害或阻碍”义务时考量的一些因素，最后简单分析“不危害或阻碍”义务在南海争端中适用的困境和启示。

一、对“不危害或阻碍”义务的解释

《维也纳条约法公约》第 31 条第 1 款规定了条约的基本解释方法：“条约应依其用语按其上下文并参照条约之目的及宗旨所具有之通常意义，善意解释之。”本文将首先按照这种解释方法探求“不危害或阻碍”义务在《公约》中的本意。“不危害或阻碍”在《公约》中的原文是“不危害或阻碍最后协议达成”。“危害或阻碍”的英文文本是“jeopardize or hamper”，《简明牛津词典》将“jeopardize”定义为“put into a situation in which there is a danger of loss，harm of failure”，将“hamper”定义为“hinder or impede the movement or progress of”。[2]有学者指出，“不危害或阻碍最后协议达成”中的“危害”和“阻碍”仅仅是近义词的重复。[3]“最后协议”是指“最终的海洋划界协议”，那么，“不危害或阻碍最后协议的达成”就是指争端国家在划界谈判过程中保持一定程度的克制，不采取危及海洋边界协议达成或妨碍谈判进程的行为。但是，更重要的问题是，争端双方在争端海域应保持多大程度的克制？它们不能采取哪些行为？

（一）按其上下文的解释

在解释“不危害或阻碍”义务时，应整体考虑《公约》第 74/83 条第 3 款的规定。在本条款中第一项义务（尽一切努力作出实际性临时安排）和第二项义务（在此过渡期间内，不危害或阻碍最后协议的达成）之间的连接词是“and”，说明这两项义务是相联系的，“有关各国应基于谅解和合作的精神”“尽一切努力”应同时适用于这两项义务。[4]因此，在解释“不危害或阻碍”义务时还应考虑到《公约》第 74/83 条第 3 款中的“在达成第 1 款规定的协议以前”、“在此过渡期间内”、“有关各国应基于谅解和合作的精神”以及“尽一切努力”。

“在达成第 1 款规定的协议以前”“在此过渡期间内”说明该义务本质上是临时性的。在加纳/科特迪瓦大西洋划界案中，法庭指出，这里的“过渡期间”是指海洋划界争端产生到通过协议或者裁决作出最终界线为止。[5]“尽一切努力”说明“不危害或阻

[2] Concise Oxford Dictionary（10th edn，OUP 1999），759 and 644，respectively，cited from The British Institute of International and Comparative Law，Report on the Obligations of States under articles 74（3）and 83（3）of UNCLOS in respect of Undelimited Maritime Areas（2016），p. 22.

[3] 宋荟伊：《论争议海域各方在达成划界协议前的国际法义务——基于〈联合国海洋法公约〉第 74 /83 条第 3 款的考察》，《研究生法学》2012 年第 5 期，第 64 页。

[4] See Dispute concerning Delimitation of the Maritime Boundary between Ghana and Côte dIvoire in the Atlantic Ocean，Judgment of 23 September 2017，para. 629，pp. 171-172.

[5] Dispute concerning Delimitation of the Maritime Boundary between Ghana and Côte dIvoire in the Atlantic Ocean，Judgment of 23 September 2017，para. 630，p. 172.

碍”义务是一项行为义务，而非结果义务。[6]如果一个国家能够证明它已经尽一切努力避免产生危害或阻碍最后协议达成的后果，那么即使该结果发生，也不会被视为违反了该义务。但是，“尽一切努力”这个短语可能会给有关国家或任何争端解决机构留下一定的解释空间。[7]“有关各国应基于谅解和合作的精神”可能反映了“善意”的传统法律概念。[8]在某种程度上，“不妨害或阻碍”义务是善意谈判义务的一个方面，这意味着双方“进行谈判的基础是各方必须善意地对他方在相关水域的合法权利给予合理的尊重”[9]。结合本条款中规定的第一项义务，善意谈判义务不仅要求海域重叠但尚未划定界线的国家尽一切努力作出实际性临时安排，而且要求争端国家在划界争端解决前不采取危害或阻碍划界协议达成的行为。

（二）参照条约目的和宗旨的解释

关于“不危害或阻碍”义务要求争端国在多大程度内保持克制，有两种不同的解释。第一种是，在争议地区内行使任何主权权利或管辖权都可能会侵犯另一个沿海国家的主权，并因此违反“不危害或阻碍”义务。因此，在即将进行的划界中，有关国家不得单方面行使其在该地区的主权权利和管辖权，但是它们可以就使用该地区的临时措施达成一致协议。第二种是，有关国家可以在有重叠主张的区域自由行使这些权利和管辖权，只要它们适当考虑到其他沿海国的权利。[10]

对这两种解释应“参照条约之目的及宗旨”进行分析。《公约》的宗旨是“促进海洋的和平用途，海洋资源的公平而有效的利用，海洋生物资源的养护以及研究、保护和保全海洋环境，促进全世界人民的经济和社会方面的进展”[11]。这一宗旨同样适用于存在划界争议的专属经济区和大陆架。因此，在解释《公约》第74/83条规定的“不危害或阻碍最终协议达成”的义务时，正如仲裁法庭在圭亚那/苏里南案中提到的，“由于争端的解决通常是一个耗时的过程，国际法院和法庭必须保持谨慎，不能扼杀当事方在划界争端期间在争议的海域追求经济发展的能力。本法庭对尽一切努力不危害或阻碍最终协议达成的义务的解释必须反映这种微妙的平衡。”[12]另外，《〈1982年联合国海洋法公约〉评注》中提到，“只要有关国家在争端海域进行的活动没

[6] The British Institute of International and Comparative Law, Report on the Obligations of States under articles 74 (3) and 83 (3) of UNCLOS in respect of Undelimited Maritime Areas (2016), p. 13.

[7] Satya N. Nandan and Shabtai Rosenne, *United Nations Convention on the Law of the Sea* 1982: *a commentary*, *Volume* II (1993), p. 815.

[8] Rainer Lagoni, Interim Measures Pending Maritime Delimitation Agreements, 78 *American Journal of International Law* 345, (1984), p. 355.

[9] Fisheries Jurisdiction (United Kingdom v. Zeeland) (Merits) [1974] I. C. J. Rep 3, p. 33, para. 78.

[10] *See* Rainer Lagoni, Interim Measures Pending Maritime Delimitation Agreements, 78 *American Journal of International Law* 345 (1984), p. 365.

[11] 参见《联合国海洋法公约》序言部分。

[12] Arbitration between Guyana and Suriname (Guyana and Suriname) (2007) XXX RIAA 1, p. 156, para 470.

有危害或阻碍最终协议的效果，这项义务（“不危害或阻碍”义务，笔者注）就不排除这些活动”。[13]

第一种解释造成的结果是，为了遵守“不危害或阻碍”义务，只要在存有划界争议的海域，争端双方都不能行使《公约》赋予的沿海国权利，例如捕鱼、自然资源的勘探开发、人工岛屿、设施和结构的建造和使用、海洋科学研究等。鉴于国际上仍有许多海域都存在专属经济区和大陆架划界的争议，这种解释显然不符合《公约》的目的和宗旨。这说明“不危害或阻碍”义务并不禁止争端国家在争端海域进行单方面活动，而是强调国家在进行这种单方面行为时不能危害或阻碍划界协议的达成。从这个角度来说，与其说“不危害或阻碍”义务是一种相互克制的义务，不如说它是一种“适当注意”的义务。

通过对《公约》条款的解释可知，“不危害或阻碍”义务是指海域重叠但尚未划定界线的国家必须尽一切努力不采取危及海洋划界协议达成或妨碍谈判进程的行为。但是，这项义务并不禁止国家在争端海域进行单方活动，而是强调国家在争端海域进行单方活动时尊重他国的权利和利益。然而，对“不危害或阻碍”义务的解释并不能回答一个重要的问题，即哪些行为违反“不危害或阻碍”义务？这是存在划界争端的国家更关心的问题。那么，是否存在判断哪些行为违反“不危害或阻碍”的义务的标准呢？对《公约》条文的解释并不能得出任何标准。有学者提出，哪些行为有“危害或阻碍”的效果取决于特定划界区域的情况以及有关国家主观上认为哪些行为会危害或阻碍它们达成海洋划界协议。[14]言外之意就是，对于哪些行为会危害或阻碍最终协议达成是一个很主观的判断。Paik 法官在加纳/科特迪瓦案的个别意见中指出，一个重要的标准是该行为是否有危害达成最后协议的进程或者阻碍以此为目的的谈判的效果。换句话说，它是一个以结果为导向的概念。这样，对以上问题的答案取决于每个案件的特定情况。[15]实际上，“不危害或阻碍”义务是善意谈判义务的一个要求，同时是一种“适当注意”的义务，因此，很难为国家在争端海域的行为是否违反“不危害或阻碍”义务确定一个标准。在缺乏判断标准的情况下，我们可以从《公约》对专属经济区和大陆架的权利的规定这一角度来探讨哪些行为违反“不危害或阻碍”义务。

二、从专属经济区/大陆架的权利看违反“不危害或阻碍”义务的行为

国家在专属经济区和大陆架上从事各种活动的权利依据来源于《公约》中的相关规

---

〔13〕 Satya N. Nandan and Shabtai Rosenne, *United Nations Convention on the Law of the Sea* 1982: *a commentary*, *Volume II* (1993), p. 815.

〔14〕 The British Institute of International and Comparative Law, Report on the Obligations of States under articles 74 (3) and 83 (3) of UNCLOS in respect of Undelimited Maritime Areas (2016), p. 25.

〔15〕 Dispute concerning Delimitation of the Maritime Boundary between Ghana and Côte dIvoire in the Atlantic Ocean, separate opinion of Judge Paik, para. 6.

定，《公约》对沿海国和其他国家在专属经济区和大陆架上的权利义务进行了分配。从分配给沿海国的权利的专属性这个角度看，争端国家在争端海域从事的单方活动的专属性越强，越容易引起双方国家之间关系的紧张，就越容易违反“不危害或阻碍”义务。据此，我们可以从沿海国权利的专属性这个角度讨论违反“不危害或阻碍”义务的行为。

根据《公约》的相关规定，可以将争端双方在争端海域内从事的活动分为三类，分别是：（1）沿海国专属的权利和管辖权，包括：勘探和开发矿物资源、人工岛屿、设施和结构的建造和使用；（2）沿海国非专属的权利和管辖权，包括：捕捞生物资源、海洋科学研究、海洋环境的保护和保全；（3）各国都享有的自由，包括：航行、飞越、铺设海底电缆和管道。以下将分别对这三类权利或管辖权进行分析。

（一）沿海国专属的权利和管辖权

这里所指的沿海国专属的权利和管辖权是指《公约》明确规定“专属”于沿海国的一些权利和管辖权。关于“专属”的含义可以参照《公约》第77条第2款的规定，即：“如果沿海国不勘探大陆架或开发其自然资源，任何人未经沿海国明示同意，均不得从事这种活动。”《公约》第77条、第60条和第81条所规定的几项权利中都提及了这几项权利的专属特征。由这些规定看出，对大陆架资源的勘探和开发、人工岛屿、设施和结构的建造与使用以及任何涉及大陆架钻探的活动都属于沿海国的专属权利，即未经沿海国明示同意，任何人均不得从事这些活动。由此可以推知，在存在划界争议的海域，任何一方如果单方面地行使这几项沿海国的专属权利必然会遭到另外一方的反对和抗议，进而危害或阻碍最后划界协议的达成。

（二）沿海国非专属的权利和管辖权

这里的沿海国非专属的权利和管辖权是指，虽然根据《公约》第56条规定被分配给沿海国，但相关条文中并没有提到“专属”字眼的沿海国的权利和管辖权，主要是指以养护和管理海床上覆水域自然资源为目的的主权权利以及对海洋科学研究、海洋环境保护和保全的管辖权。对这几项权利《公约》没有提及“专属”是有原因的，从相关规定看出，《公约》的目的是促进专属经济区内生物资源的利用、海洋科学研究和海洋环境的保护与保全，《公约》对这几项权利的规定反映了沿海国和其他国家之间一种利益的平衡。因此，关于在争端海域从事这几项活动是否违反‘不危害或阻碍’义务的问题也相对较为复杂，下文将依次进行分析。

1. 对专属经济区内生物资源的主权权利

关于专属经济区内的生物资源，《公约》第62条规定，沿海国在没有能力捕捞全部可捕量的情形下应准许其他国家捕捞可捕量的剩余部分，同时，《公约》第63条规定了相关沿海国应共同养护邻接区域内的相关种群。这两个条款说明《公约》本意并不排除非沿海国家参与专属经济区的这几项活动。实际上，在很多情况下，当事方即使划定了边界也会分享边界区域的种群。[16] 由于专属经济区内的生物资源具有可再生性，双方在相邻海域的捕鱼界线并没有大陆架资源界线那样明显。考虑到仲裁庭在圭亚那/苏里南案中提到的，"由于这些争端的解决通常是一个耗时的过程，国际法院和法庭必须保持谨慎，不能扼杀当事方在划界争端期间在争端海域追求经济发展的能力。本法庭对尽一切努力不危害或阻碍最终协议达成的义务的解释必须反映这种微妙的平衡"。[17] 综合这些情况似乎可以认为，只要双方活动确保专属经济区内的生物资源不被过度开发，两国可以允许其船只在未划界海域内捕鱼，而不会危害或阻碍关于划界的谈判。[18]

除了利用专属经济区内的生物资源，《公约》第 62 条还规定，在专属经济区内捕鱼的其他国家的国民应遵守沿海国的相关法律和规章。这说明沿海国对其他国家在其专属经济区内的捕鱼活动有立法管辖权和执法管辖权。一般来说，一国对另一国在争端海域内的捕鱼活动行使管辖权的行为，无论是立法管辖还是执法管辖，都会引起另一国的抗议或反对，进而危害或阻碍划界谈判的进程。一国对第三国的执法活动较有争议，如果对第三国的船只不能采取行动，这些船只很可能会在争端海域捕鱼并导致种群的过度捕捞。如果两国希望防止这种情况发生，他们可能只能采取某种形式的临时安排来解决第三国在争端海域的捕鱼问题。[19]

2. 对海洋科学研究的管辖权

《公约》第 246 条规定，在专属经济区内和大陆架上进行海洋科学研究，应经沿海国同意。但是，对于其他国家"按照本公约专为和平目的和为了增进关于海洋环境的科学知识以谋全人类利益"而进行的海洋科学研究，沿海国应给予同意。可以看出，本条款反映了在专属经济区和大陆架上沿海国和其他国家的实体权利的平衡[20]，由《公约》第 239 条可知，《公约》旨在促进海洋科学研究。但是，根据第 246 条第 5 款，如果其他国家的海洋科学研究计划与自然资源的勘探和开发有关、涉及大陆架的钻探、炸药的使用或将有害物质引入，涉及人工岛屿、设施和结构的建造、操作或使用，沿海国可以拒不同意该研究计划。这几种情况显然影响了沿海国的专属权利。据此可以认为，在不涉及第 246 条第 5 款规定的情况时，争端国家的船舶在争端海域内进行的海洋科学研究只要经其船旗国同意，就是不违反‘不危

---

〔16〕 The British Institute of International and Comparative Law, Report on the Obligations of States under articles 74 (3) and 83 (3) of UNCLOS in respect of Undelimited Maritime Areas (2016), p. 27.

〔17〕 *Arbitration between Guyana and Suriname* (*Guyana and Suriname*) (2007) XXX RIAA 1, p. 156, para 470.

〔18〕 The British Institute of International and Comparative Law, Report on the Obligations of States under articles 74 (3) and 83 (3) of UNCLOS in respect of Undelimited Maritime Areas (2016), p. 28.

〔19〕 Ibid.

〔20〕 Shabtai Rosenne and Alexander Yankov, *United Nations Convention on the Law of the Sea* 1982: *a commentary*, *Volume IV* 517 (1991).

害或阻碍’义务的。但是，“这两个国家都不应授权第三国进行海洋科学研究。这两个国家针对未经授权在争端海域进行研究的第三国船舶实施执法活动是否违反‘不危害或阻碍’义务尚不明确，但是可以比照适用上述关于对第三国渔船的执法行为。”[21]

3. 对海洋环境保护和保全的管辖权

根据《公约》第十二部分第五节和第六节的规定可知，沿海国在专属经济区和大陆架上的防治海洋污染的管辖权主要涉及三类，即对其管辖的海底活动造成的污染、倾倒造成的污染以及来自船只的污染。“由于勘探（至少如果涉及钻探）和开发海底资源将违反‘不危害或阻碍’义务，与这些活动造成的污染有关的管辖权问题在实践中并未出现。”[22]因此，本文主要讨论沿海国在专属经济区和大陆架上对倾倒造成的污染和来自船只的污染的管辖权。《公约》第210条和第211条分别规定了沿海国对倾倒造成的污染以及来自船只的污染的立法管辖权，同时，《公约》第216条和第220条分别规定了沿海国对这两类污染的执行管辖权。关于海洋环境污染的立法管辖权通常不会违反“不危害或阻碍”义务。但是，无论是针对第三国船舶还是当事方船舶的海上执法，都很可能会被另一主张专属经济区管辖权的国家视为一种挑衅，并因而违反“不危害或阻碍”义务。[23]

（三）各国均享有的自由

根据《公约》第58条第1款和第79条第1款规定，所有的国家在专属经济区和大陆架都享有航行自由、飞越自由以及铺设海底电缆和管道的自由。这几项自由当然适用于争端国家在争端海域的航行、飞越以及海底电缆和管道的铺设。但是，这几项自由并不是绝对的，第58条第3款规定，“各国在专属经济区内根据本公约行使其权利和履行其义务时，应适当顾及沿海国的权利和义务”。如果一国的航行、飞越、铺设海底电缆和管道的活动没有顾及其他国家的权利，例如，涉及军事演习或者污染海洋环境等特殊情况，就很可能违反“不危害或阻碍”义务。

三、司法判例中“不危害或阻碍”义务的考量因素

尽管衡量“不危害或阻碍”义务的标准并不存在，但通过圭亚那/苏里南案可知，仲裁庭在判断当事方行为是否违反“不危害或阻碍”义务时应进行相对客观的判断。通过分析司法判例中国际法院或法庭判定一国是否违反此项义务时所考虑的某些客观因素，可以预知未来相关国际司法判例的发展趋势。

---

〔21〕 See The British Institute of International and Comparative Law, Report on the Obligations of States under articles 74 (3) and 83 (3) of UNCLOS in respect of Undelimited Maritime Areas (2016), p. 29.

〔22〕 Ibid.

〔23〕 Ibid.

（一）有形改变[24]

在圭亚那/苏里南案中，仲裁庭“在矿物资源的勘探和开发活动中”提出了“有形改变”的标准，仲裁庭指出，引起有形改变的行为可能会危害或阻碍海洋划界最终协议的达成。[25]为了论证其合理性，法庭援引了国际法院在爱琴海大陆架案中关于临时措施的决定。在爱琴海大陆架案中，国际法院根据以下原因拒绝指示临时措施：（1）地震勘探不会对海床或底土造成有形损害的风险；（2）这些活动是暂时性的，并且不涉及设施的建立；（3）不涉及对自然资源的实际占有或其他方式的使用。[26]另外，法院认为土耳其的行为没有对希腊主张的权利造成不可弥补的损害，因而法院无须行使指示临时措施的权利。[27]仲裁庭据此指出，“那些满足指示临时措施标准的活动将很容易地满足不危害或阻碍最终协议达成的更低门槛。国际法院和法庭在评估临时措施请求时使用的标准——显然是对海床或底土有形损害的风险——将适当地指导本法庭分析一方是否违反根据《公约》第74/83条第3款的义务”。[28]

笔者认为，仲裁庭的这一推理中存在两个问题。首先，用国际法院或法庭指示临时措施的这一较高标准来证明不危害或阻碍义务的较低标准，这说明这一标准作为“不危害或阻碍”义务的标准是极为严苛的。一个行为如果导致临时措施的适用，它必然违反“不危害或阻碍”义务。但反过来，一个行为尚未达到临时措施的适用条件，它仍然可能违反前述义务。[29]因此，正如Paik法官指出的，对海洋环境的永久性有形改变应被视为多个相关因素中的一个，但不应该将其作为危害或阻碍最后协议达成的一个严格的门槛。[30]其次，仲裁庭强调了国际法院或法庭指示临时措施的标准是存在“有形损害”的风险，而没有使用国际法院的“不可弥补的损害”的表达。最合理的解释是，仲裁庭认为对海床或底土的有形损害等同于不可弥补的损害。但笔者认为，对海床或底土的有形损害相较于不可弥补的损害是一个更低的标准，因而有形损害和“不危害或阻碍”义务的标准都是低于不可弥补的损害的标准，这样，有形损害和“不危害或阻碍”义务的标准是无法比较的。因此，仲裁庭用指示临时措施的标准对“不危害或阻碍”义务标准的

---

〔24〕“有形改变”翻译自“physical change”，也有学者将其翻译为“物理改变”，参见宋荟伊：《论争议海域各方在达成划界协议前的国际法义务——基于〈联合国海洋法公约〉第74/83条第3款的考察》，《研究生法学》2012年第5期；严浙、杨光海：《南海沿岸国在海域划界前应承担的相互克制义务》，《太平洋学报》2014年第7期。

〔25〕See Arbitration between Guyana and Suriname (Guyana and Suriname) (2007) XXX RIAA 1, p. 155, para. 467.

〔26〕Aegean Sea Continental Shelf case (Request for Interim Measures of Protection) [1976] ICJ Rep 3, at para. 30.

〔27〕Ibid., at para. 33.

〔28〕Arbitration between Guyana and Suriname (Guyana and Suriname) (2007) XXX RIAA 1, p. 155, para. 469.

〔29〕参见宋荟伊：《论争议海域各方在达成划界协议前的国际法义务——基于《联合国海洋法公约》第74/83条第3款的考察》，《研究生法学》2012年第5期，第66页。

〔30〕Dispute concerning Delimitation of the Maritime Boundary between Ghana and Côte dIvoire in the Atlantic Ocean, separate opinion of Judge Paik, para. 7.

证明是有待商榷的。

但是，除了援引爱琴海大陆架划界案外，仲裁庭对“有形损害”有另外一个解释，即对海洋环境造成有形改变的单方行为之所以会危害或阻碍最终划界协议的达成，是因为它可能会被认为改变了现状（status quo）。[31]笔者认为仲裁庭的这一解释颇有道理，对此将在下一标题下进行讨论。

另外还需要指出的是，仲裁庭将大陆架的勘探活动区分为涉及钻探的勘探活动以及水文测量的勘探活动[32]，并指出水文测量的勘探活动不会对海洋环境造成永久的有形损害，因而是允许的。[33]但在实践中，单方的勘探行为，即使是“临时勘探活动”，也往往会导致国与国之间关系的紧张，易于导致国家之间争端的恶化。因此，禁止单方的“临时勘探活动”有利于维护最终划界协议达成前的和平环境。[34]

（二）改变现状

在2017年加纳/科特迪瓦大西洋划界案中，科特迪瓦主张加纳在争端海域的石油开采活动危害或阻碍最终协议的达成，对此，加纳援引了仲裁庭“改变现状”的提法，并借此对“有形改变”提出了质疑。相较于“有形改变”，加纳更加强调“改变现状”作为判断“不危害或阻碍”义务的考量因素。加纳主张，“应当基于对达成最后协议这一过程的可能效果，而不是基于有形的效果（physical effect）。问题一直是什么扰乱了现状并阻碍了协议的达成”。[35]加纳认为它在争端海域的活动已经持续了几十年且没有受到反对，因而它认为它的“这一活动本身就代表了现状，而非改变现状”[36]。由于科特迪瓦的主张是加纳在科特迪瓦海域的石油开采活动违反了“不危害或阻碍”义务，而争端海域最终被划在了加纳一侧，因此海洋法法庭分庭回避了对这一问题的直接论述。

改变现状的活动通常会影响对方国家可能作为沿海国的潜在权利，因而会危害或阻碍划界协议的达成。笔者认为，改变现状可以作为判断“不危害或阻碍”义务时的一个考量因素。相较于圭亚那诉苏里南案中的“有形改变”，加纳在这里的主张更类似于一种主观上的现状，它实际上要求法庭在考虑“现状”时将开采活动的开始和持续时间（或者说加纳在争端海域投入的大量人力、物力）考虑在内。“现状”一词是指某一特定时刻的事实或法律情况。维持现状是为了维持或促进争端双方的划界谈判，因而笔者认为，双方都接受的事实或法律情况才能被视为现状。而在加纳/科特迪瓦大西洋划界

〔31〕 Arbitration between Guyana and Suriname (Guyana and Suriname) (2007) XXX RIAA 1, p. 161, para. 480.

〔32〕 Ibid., para. 479.

〔33〕 Ibid., para. 481.

〔34〕 严浙，杨光海：《南海沿岸国在海域划界前应承担的相互克制义务》，《太平洋学报》2014年第7期，第5页。另外，根据作者论述可知，这里的“临时勘探活动”等于仲裁庭所指的不涉及钻探的勘探活动。

〔35〕 Dispute concerning Delimitation of the Maritime Boundary between Ghana and Côte d'Ivoire in the Atlantic Ocean, Judgment of 23 September 2017, para. 618, pp. 168-169.

〔36〕 *See* Dispute concerning Delimitation of the Maritime Boundary between Ghana and Côte d'Ivoire in the Atlantic Ocean, Judgment of 23 September 2017, paras. 619-621, p. 169.

案中，分庭指出，科特迪瓦多次对加纳在争议区域的石油开采活动提出过反对。[37]因而，尽管加纳的石油开采活动持续了很久，但它不能代表现状。另外，由于石油等矿物资源的不可再生性，在争端海域的单方石油开采活动会影响对方可能作为沿海国的潜在主权，因而将加纳单方的石油开采活动视为现状并不合理。

尽管仲裁庭用“改变现状”来解释“有形改变”危害或阻碍划界协议达成的原因，但二者并不等同。应该说，仲裁庭在圭亚那/苏里南案中提出的“有形改变”是改变现状的一种情况。“有形改变”主要是针对涉及钻探或炸药的各种活动，包括矿物资源的勘探和开发、人工岛屿的建造等。笔者认为，除了对海洋环境造成有形改变之外，使海洋生物资源种群数量明显下降的捕捞活动以及对海洋环境造成严重污染的活动也可以被认为是改变海洋环境现状的活动。

因此，结合“改变现状”这一因素来看，涉及钻探或炸药的各种活动，包括矿物资源的勘探和开发、人工岛屿的建造活动，以及过度捕捞的行为、造成海洋环境污染的行为都是违反“不危害或阻碍”义务的行为。

（三）武力或武力威胁

在圭亚那/苏里南案中，仲裁庭裁定苏里南在争端海域威胁使用武力的行为违反了“不危害或阻碍”义务。[38]应注意的是，使用武力的行为包括海上执法使用武力和国际关系中使用武力，它们是两种不同的武力行为。在判断某一武力使用的合法性之前，首先需要对其属于何种性质的武力使用进行归类。[39]在圭亚那/苏里南案中，仲裁法庭在审查了 CGX 事件主要参与者的证言后裁定，“在本案情况下，2000 年 6 月 3 日苏里南的行动似乎更类似军事行动的威胁，而非简单的执法活动”。[40]由该案也可以认为，争端国家在争端海域的武力行为很可能直接源于两个主权国家之间的海洋争端，是为了维护其领土完整和国家主权，因而其通常会被认定为军事活动而非执法活动。一般来说，在争端海域进行的涉及使用武力的活动，无论是执法行为还是军事行动，都会恶化两国已有的边界争端，危害或阻碍最后协议的达成。

四、结　语

2002 年《南海各方行为宣言》（以下简称《宣言》）第 4 条和第 5 条规定：“有关各方承诺根据公认的国际法原则，包括 1982 年《联合国海洋法公约》，由直接有关的主权国家通过友好磋商和谈判，以和平方式解决它们的领土和管辖权争议，而不诉诸武力或

---

〔37〕 Dispute concerning Delimitation of the Maritime Boundary between Ghana and Côte dIvoire in the Atlantic Ocean, Judgment of 23 September 2017, para. 147.

〔38〕 *Arbitration between Guyana and Suriname* (*Guyana and Suriname*) (2007) XXX RIAA 1, p. 162, para. 484.

〔39〕 高健军：《海上执法过程中的武力使用问题研究——基于国际实践的考察》，《法商研究》2009 年第 4 期，第 24—25 页。

〔40〕 同上，第 26 页。

以武力相威胁。各方承诺保持自我克制，不采取使争议复杂化、扩大化和影响和平与稳定的行动，包括不在现无人居住的岛、礁、滩、沙或其他自然构造上采取居住的行动，并以建设性的方式处理它们的分歧。"[41]这两款规定明确体现了《公约》规定的"不危害或阻碍"义务，但是，"不危害或阻碍"义务在南海争端中的适用并不顺利。由于南海争端本身极其敏感，加上域外国家介入南海争端，使得南海局势日益紧张。在南海争端海域，东南亚各国不仅竞相开发石油资源，而且在争端海域对我国渔船进行执法，不仅严重损害了我国利益，而且违反了"不危害或阻碍"义务，使本已十分敏感的南海局势进一步恶化。

南海周边各国遵守"不危害或阻碍"义务显然有助于管控南海的紧张局势，对缓和南海周边国家的关系、改善南海安全环境具有一定的积极作用。同时，鉴于南海油气资源开发的迫切性以及南海争端解决的长期性，南海周边国家应根据《公约》第74/83条第3款的规定，在遵守"不危害或阻碍"义务的同时尽一切努力达成实际性的临时安排。我国于1990年对外正式提出的"搁置争议，共同开发"南海的主张符合《公约》规定的"尽一切努力作出实际性的临时安排"义务，也是解决南海资源争端的有效办法。因此，我国应继续坚持"搁置争议，共同开发"的原则。同时，中国作为南海争端的一方，一方面应维护我国在南海应有的权益，另一方面也应发挥负责任大国的作用，努力把南海建设成为"和平之海、合作之海和友谊之海"[42]。

---

[41] http：//www. fmprc. gov. cn/web/wjb_ 673085/zzjg_ 673183/yzs_ 673193/dqzz_ 673197/nanhai_ 673325/t848051. shtml.

[42] 参见严浙、杨光海：《南海沿岸国在海域划界前应承担的相互克制义务》，《太平洋学报》2014年第7期，第8页。

中国应对南海仲裁案策略的检视

■何 琴*

【内容摘要】在南海仲裁案初始，面对不同的声音，中国需要在“积极参与仲裁”、“先出庭抗辩管辖权和可受理性问题，如若失败再考虑不参加之后的实体问题审理”以及“不接受、不参与、不承认仲裁”这几项策略中作出抉择。中国最终选择了“不接受、不参与、不承认”的策略，这既是一个政治判断，也是基于国际法的深思熟虑。本文从国际法的角度出发，梳理中国采取该策略考虑的主要因素，分析策略实施的效果，并探讨该策略为中国将来和平解决海洋争端带来的启示。

【关键词】“不接受、不参与、不承认” 南海仲裁案 海洋争端

一、引 言

菲律宾和中国都是1982年《联合国海洋法公约》（以下简称《公约》）的缔约国。2013年1月22日，菲律宾外交部声明将根据《公约》附件七启动针对中国的仲裁程序，仲裁涉及南海诸多岛礁的法律地位问题，以及中国在南海行为的合法性问题。〔1〕同年2月19日，中方声明不接受菲律宾就南海问题所提的国际仲裁。6月21日，根据《公约》附件七组建的仲裁庭正式成立。7月11日，仲裁庭成员举行首次会议并选定常设仲裁法院作为该案的书记处。8月27日，在第1号程序令中，仲裁庭通过了《程序规则》。2014年3月30日，菲律宾提交了诉状。2014年12月7日，中国政府发表了《中华人民共和国政府关于菲律宾共和国所提南海仲裁案管辖权问题的立场文件》（以下简称《中方立场文件》），从三个方面阐明了仲裁庭对于菲律宾提起的仲裁没有管辖权，再次重申不接受、不参与仲裁的立场。〔2〕2015年3月16日，菲律宾根据仲裁庭的要求，提交了补充书面陈述。2015年10月29日，仲裁庭作出了关于管辖权和可受理性问题的初步裁

---

* 西南政法大学国际法学院讲师，法学博士。主要研究领域为国际法和海洋法。
本文为2018年西南政法大学引进人才科研资助项目“南海争议海域生物资源合作开发方案研究”(2018-XZRCXM003)、2018年重庆市教育委员会人文社科重点研究基地项目“南海仲裁案后争议海域渔业资源合作开发法律制度研究”（18SKJD004）的研究成果。

〔1〕 Note Verbale from the Department of Foreign Affairs of the Republic of the Philippines to the Embassy of the People’s Republic of China in Manila, No. 13-0211 (22 January 2013).

〔2〕《中华人民共和国政府关于菲律宾共和国所提南海仲裁案管辖权问题的立场文件》，2014年12月7日。立场文件主要从以下三个方面阐明了仲裁庭对菲律宾提起的仲裁没有管辖权：“1. 菲律宾提请仲裁事项的实质是南海部分岛礁的领土主权问题，超出《公约》的调整范围，不涉及《公约》的解释或适用；2. 以谈判方式解决有关争端是中菲两国通过双边文件和《南海各方行为宣言》所达成的协议，菲律宾单方面将中菲有关争端提交强制仲裁违反国际法；3. 即使菲律宾提出的仲裁事项涉及有关《公约》解释或适用的问题，也构成中菲两国海域划界不可分割的组成部分，而中国已根据《公约》的规定于2006年作出声明，将涉及海域划界等事项的争端排除适用仲裁等强制争端解决程序。因此，仲裁庭对菲律宾提起的仲裁明显没有管辖权。”

决，声称根据《公约》附件七组建的仲裁庭具有合理性，中国不接受、不参与的立场不影响仲裁庭的管辖权。[3] 2015 年 11 月 24 日至 26 日和 11 月 30 日，仲裁庭就案件实体问题以及剩余管辖权和可受理性问题举行了两轮庭审，其间只有菲律宾出庭答辩，澳大利亚、印度尼西亚、日本、马来西亚、新加坡、泰国和越南等国作为观察员派团旁听。2015 年 10 月 30 日，在对其诉求进行了多次重大变更后，菲律宾提交了 15 项“最终诉求”。2016 年 7 月 12 日，仲裁庭就实体问题以及剩余管辖权和可受理性问题作出裁决（以下简称《7 月 12 日裁决》），确认其对菲律宾所提第 1 至 13 项和第 14（d）项诉求具有管辖权，且这些诉求都具有可受理性[4]，而中方又多次阐明了其不接受、不承认所谓裁决的坚定立场。[5]

中国针对南海仲裁案的立场可以概述为：不接受、不参与、不承认（以下简称“南海仲裁案策略”）。该策略是中国在权衡了多种因素后，作出的一个政治判断，也是基于国际法的深思熟虑。然而，国际上也有知名学者对我国不出庭抗辩表示不解和惋惜，认为中国应当积极地应诉[6]，有的学者指出中方即使不出庭参加实体阶段的审理，也至少应当效仿当年美国在“尼加拉瓜境内和针对尼加拉瓜的军事和准军事行动案”（以下简称“尼加拉瓜案”）中采用的策略（以下简称“尼加拉瓜不参加策略”），先出庭抗辩管辖权和可受理性问题，如若失败再考虑不参加之后的实体问题的审理。[7] 本文着重从国际法的角度，梳理中国采取“南海仲裁案策略”考虑的主要因素，分析策略实施的效果，并探讨该策略对中国未来和平解决类似海洋争端的启示。

一、采取“南海仲裁案策略”考虑的因素

（一）贯彻以“谈判和协商”和平解决领土主权和海洋争端的方针

中国政府一向主张和平解决海上争端最有效的途径是由直接相关的当事国在尊重历史事实和国际法的基础上进行谈判和协商。一方面，中国从以往的谈判和协商中积累了充足的和平解决领土和海洋争端的经验。自中国提出根据和平共处五项原则协商解决历史遗留的边界问题以来，中国已与 12 个邻国通过谈判的方式解决了陆地边界问题，并同越南谈判划定了两国在北部湾的海洋边界。另一方面，中国没有通过国际诉讼或仲裁的方式解决领土和海洋争端的先例，在选择解决争端的方式时存在一定“路径依赖”的

[3] The South China Sea Arbitration, Award on Jurisdiction and Admissibility, 29 October 2015.

[4] 《7 月 12 日裁决》第 1203 段。

[5] http://www.fmprc.gov.cn/web/wjdt_674879/fyrbt_674889/t1380001.shtml; http://www.fmprc.gov.cn/web/wjdt_674879/fyrbt_674889/t1380134.shtml; http://www.fmprc.gov.cn/web/wjdt_674879/fyrbt_674889/t1380372.shtml; http://www.fmprc.gov.cn/web/wjdt_674879/fyrbt_674889/t1385098.shtml.

[6] Thomas J. Schoenbaum, The South China Sea Arbitration Decision and a Plan for Peaceful Resolution of the Disputes, *Journal of Maritime Law & Commerce*, Vol. 47, No. 4, October, 2016, p. 454.

[7] 凌兵：《为什么中国拒绝南海仲裁有损中国的权益?》，引自国际法促进中心微信公众号。本文根据凌兵教授 2015 年 12 月在复旦大学和上海财经大学演讲整理。

问题。虽然近年来中国政府已经开始在协议管辖方面有条件、审慎地接受国际法院（以下简称“ICJ”）的管辖，但在涉及国家重大利益的国际争端上仍然坚持通过谈判和协商的方式解决。[8] 具体而言，在与日本的钓鱼岛问题上、与日韩专属经济区和大陆架划界问题上、在南海声索国之间有关岛礁归属和海域划界的问题上，中国都更倾向于采用谈判和协商的方式解决，而非诉诸国际诉讼或仲裁。究其原因，与中国近代落后的政治、经济、文化环境以及国际法长期对中国的负反馈导致中国政府官员对国际法持有疑虑这一问题息息相关。[9]

无论菲律宾如何包装其在南海仲裁案中的诉求，其实质上是南沙群岛部分岛礁和中沙群岛黄岩岛的领土主权归属问题，以及中菲在南海划界的问题，而这些问题均包括在中国政府于 2006 年根据《公约》第 298 条规定提交的排除声明中。该声明已将涉及海洋划界等争端排除在包括仲裁在内的强制争端解决程序之外。[10] 中国政府认为仲裁庭对菲律宾的诉求没有管辖权，坚持由直接相关国家通过友好磋商和谈判的方式和平解决争端，这也是中国政府在菲律宾提起仲裁之初即不接受仲裁的重要原因。

中国采取“南海仲裁案策略”也是为了避免其他南海声索国效仿菲律宾通过仲裁的方式与中国解决海洋争端。近年来，中国在南海的部分岛礁被越南、菲律宾、马来西亚和文莱非法侵占，中国主张的南海断续线与越南、菲律宾、马来西亚、文莱和印度尼西亚主张的专属经济区重叠，而中菲在南海的争端与中国和其他南海声索国的争端类似，核心都是部分岛礁的领土主权问题。南海仲裁案让其他南海声索国持观望的态度。如果中国接受、参与、承认中菲南海仲裁，那么中国可能会面临其他多个国际仲裁，这将导致中国与所主张的以谈判和协商的方式和平解决领土和海洋争端的方针渐行渐远。

（二）中方采用出庭抗辩管辖权和可受理性问题不能保证实现期待的目的

虽然中方认为仲裁庭对菲律宾的诉求没有管辖权，但根据《公约》第 288 条第 4 款的规定，争议双方在对裁判机构是否具有管辖权这一问题发生争议时，应由该裁判机构来裁决。基于此，有学者提出效仿美国在“尼加拉瓜不参加策略”中的做法，先出庭抗辩管辖和可受理性问题，如若抗辩失败再考虑不参加之后的实体问题的审理。[11] 持此种观点的主要理由在于参与管辖权阶段的庭审虽然不能保证实体阶段的胜诉，但至少可以在任命仲裁员、参与制定仲裁规则、使仲裁庭系统地知晓中方的观点等方面减少不利影响。

然而，“尼加拉瓜不参加策略”并不适用于南海仲裁案。出庭抗辩管辖权和可受

---

〔8〕 赵海峰：《中国与国际司法机构关系的演进》，《法学评论》2008 年第 6 期，第 7 页。

〔9〕 何志鹏：《论中国国际法心态的构成因素》，《法学评论》2014 年第 1 期。

〔10〕 中国国际法学会：《南海仲裁案裁决之批判》，外文出版社 2018 年版，第 81—109 段。

〔11〕 凌兵：《为什么中国拒绝南海仲裁有损中国的权益?》，引自国际法促进中心微信公众号。本文根据凌兵教授 2015 年 12 月在复旦大学和上海财经大学演讲整理。

理性问题并不能保证仲裁庭将管辖权和可受理性问题与实体问题的审理程序分立。“尼加拉瓜不参加策略”得以实现的法律依据在于《国际法院法庭规则》第 79 条，该条规定，ICJ 书记处在收到一方对管辖权和可受理性提交的正式书面抗辩时，ICJ 应当中止实体问题审理，并另立先决问题审理程序。[12] 虽然事实上在美国提出管辖权和可受理性抗辩之前，法院就已经基于自由裁量权将管辖权和可受理性问题单立程序审理，但如若法院在还未自由裁量前就收到美国对管辖权和可受理性问题提交的正式抗辩书，法院也应将先决问题单立程序审理，这是美国基于《国际法院法庭规则》所享有的权利。

根据《公约》第 287 条规定，由于中国政府和菲律宾政府在签署、批准《公约》时或之后都没有通过书面声明或协议选择的方式选择第 1 款中列举的争端解决方法，包括诉诸国际海洋法法庭（以下简称“ITLOS”）、ICJ、按照附件七组成的仲裁法庭（以下简称“附件七仲裁庭”）、按照附件八组成的特别仲裁法庭，视为接受附件七所规定的仲裁程序。[13] 不同于 ICJ 和 ITLOS 这类有预设法庭规则的常设国际司法机构，根据《公约》附件七第 5 条，除非争端各方另有协议，由附件七仲裁庭根据个案制定仲裁规则。[14] 鉴于菲律宾从未就所提仲裁事项与中方进行过谈判，并背弃了双方曾通过双边、多边协议所选择的通过谈判方式解决有关争端的合意[15]，中方在接到仲裁通知时很难指望通过与菲方协议制定仲裁规则就仲裁程序达成妥协。在对 1994 年《公约》生效后、南海仲裁案之前双方都出庭的附件七仲裁案进行梳理后得出，在事后制定的个案仲裁规则中，在一方提出对管辖权和可受理性抗辩时，仲裁庭并不会当然中止实体问题的审理、单立先决问题审理程序，而是自由裁量是否将管辖权和可受理性抗辩这类先决问题与实体问题合并审理。在实际操作中，除非争议双方能够达成协议单立先决问题的审理程序，例如南方金枪鱼案，否则附件七仲裁庭将不当然将先决问题与实体问题分开审理，即使被告提出的管辖权或可受理性抗辩具有实质意义且理由合理。[16] 由此可见，南海仲裁案中若中方出庭抗辩仲裁庭的管辖权和争端的可受理性并不能排除仲裁庭合并审理本案实体问题的可能性，因此无法确保实现与“尼加拉瓜不参加策略”同样的抗辩效果。

那么，中方不出庭对本案的审理程序有何影响？《公约》附件七第 9 条规定了争端一方不出庭并不影响仲裁程序的进行，即便如此，仲裁庭在缺席审理前仍必须首先查明

---

〔12〕 Art. 79（1），（4）-（7）of Rules of Court，ICJ.

〔13〕 Art. 287（1）（3） of UNCLOS.

〔14〕 Article 5 of UNCLOS Annex VII.

〔15〕《中方立场文件》第 41—45 段。

〔16〕 张新军：《裁判条约中一方不出庭下的“查明管辖权”条款的意义——程序分立视角下对不出庭应对及其法律效果的再考察》，《清华法学》2017 年第 2 期，第 182—186 页；另参见 Southern Bluefin Tuna（New Zealand v. Japan；Australia v. Japan），Award on Jurisdiction and Admissibility，4 August 2000，RIAA，Vol. XXIII，p. 5，para. 7。

自身的管辖权。由于《公约》并没有规定仲裁庭对管辖权和可受理性问题是否单立先决程序进行审理，而且在南海仲裁案之前，《公约》附件七仲裁并无不出庭的情形，因此中方只能参考 ICJ 和 ITLOS 对缺席审理的实践来评估不出庭潜在的影响，并据以采取自己的策略。

根据《国际法院规约》第 53 条规定，ICJ 在缺席审理前必须查明其是否对该案拥有管辖权。《国际法院法庭规则》并未规定在争端一方缺席审理的情况下，ICJ 是否应当在收到程序外管辖权异议时中止实体问题的审理，而单立先决程序审理管辖权和可受理性问题。但在 ICJ 的缺席审判实践中，不出庭一方在有效抗辩期内以程序外通告的方式抗辩管辖权的做法通常被 ICJ 视为初步反对意见，从而分立程序审理管辖权抗辩这类先决问题。[17] 而在德黑兰人质案中，ICJ 将管辖权异议与实体问题合并审理，其原因在于 ICJ 在先前作出的临时措施命令中已经考虑了伊朗的程序外管辖权异议并确认了其对本案的管辖权存在明显的基础。[18]

与《国际法院规约》类似，《国际海洋法法庭规约》第 28 条同样规定了 ITLOS 在一方缺席审理时必须先查明自身管辖权。《国际海洋法法庭法庭规则》第 97 条规定，在书记处收到对管辖权和可受理性的初步反对的书状时，应当中止实体问题的审理，并单立先决程序。但《国际海洋法法庭法庭规则》并未明确规定在一方缺席审理并提交程序外管辖权异议时，是否单立先决程序。ITLOS 迄今为止只有一个缺席审判的案件，即在极地曙光号一案中，被告俄罗斯没有出庭并提出了程序外管辖权异议。该案中原告荷兰依据《公约》附件七的规定对俄罗斯提起了强制仲裁，而在附件七仲裁庭成立之前，荷兰根据《公约》第 290 条第 5 款的规定，请求 ITLOS 作出临时措施的裁决，要求俄罗斯迅速释放被扣押的船只和人员。该案的特殊性在于，俄罗斯不参加在 ITLOS 的临时措施审理程序是因为不接受附件七仲裁庭的管辖。[19] 因此，ITLOS 在该案中需要判断即将成立的附件七仲裁庭是否存在管辖权基础。[20] 值得注意的是，ITLOS 特别指出，其对该案中附件七仲裁庭是否存在明显的管辖基础的判断并不影响之后附件七仲裁庭自己的判断。[21]

中方接到仲裁通知后，若决定从一开始就参加仲裁，除非与菲方达成协议，否则附件七仲裁庭将不会单立先决问题审理程序。若中方不参与仲裁，并在程序抗辩期内提出

---

〔17〕 余民才、李博伟：《中国与南海仲裁庭的非正式合作及其效果》，《现代国际关系》2015 年第 2 期，第 48—50 页。

〔18〕 United States Diplomatic and Consular Staff in Tehran (United States of America v. Iran), Judgement, I. C. J. Reports 1980, p. 24, para. 45; United State Diplomatic and Consular Staff in Tehran, Provisional Measures, I. C. J. Reports 1979, p. 20, para. 18.

〔19〕 https://www.itlos.org/cases/list-of-cases/case-no-22/.

〔20〕 Arctic Sunrise Case (Kingdom of the Netherlands v. Russian Federation), Provisional Measures, Order of 22 November 2013, ITLOS reports 2013, paras. 71-72.

〔21〕 Arctic Sunrise Case (Kingdom of the Netherlands v. Russian Federation), Provisional Measures, Order of 22 November 2013, ITLOS reports 2013, para. 100.

程序外管辖权异议，附件七仲裁庭很可能会参考ICJ的做法，将中方的程序外管辖权异议视为初步反对意见。为避免被直接拖入本案实体审理程序，中方采取了自始至终不参与仲裁程序的策略。诚然，不参与仲裁并不代表中方拒绝与仲裁庭的一切合作。中方虽然并没有在附件七仲裁庭规定的2014年12月15日前提交有关管辖权的正式书面抗辩书[22]，却在2014年12月7日发布了《中方立场文件》，并通过中国驻荷兰大使馆致函常设仲裁法院，由其转交给Thomas A. Mensah，Jean-Pierre Cot，Stanislaw Pawlak，Alfred H. Soons及Rüdiger Wolfrum几位仲裁员。2015年2月6日，中国驻荷兰大使致信上述几位仲裁员，表示《中方立场文件》全面阐释了仲裁庭为何对此案没有管辖权，并重申了中方不接受、不参与仲裁的立场。[23] 此举实际上是对常设仲裁法院代表南海仲裁庭于2014年12月16日就管辖权问题邀请争端双方作出评论这一行动的回应。中方的举动是被诉国不参与争端解决程序的国际通行做法，以“不参与”仲裁的方式告知仲裁庭就裁定管辖权异议所需要的事实。

（三）仲裁庭的构成

主张中国应当积极参与和应对南海仲裁案的学者认为，根据《公约》附件七第3条（c）款的规定，中国可以指派一名仲裁员，并且还可以是中国国民，所以中国应当积极参与仲裁案，并尽力影响仲裁庭的组成。[24] 然而，即使中方选派了一名自己的仲裁员，根据《公约》附件七第3条的规定，剩余三名仲裁员首先由中菲双方协议制定，如果在收到仲裁通知之日起60日内，中菲双方未就剩余三名仲裁员达成一致，那么就由ITLOS的时任庭长日本籍法官柳井俊二先生决定，并且仲裁庭庭长也从这三人中选派。[25] 就当时情况来看，若中国参与仲裁，则难逃由日本籍法官指定仲裁员的命运。众所周知，中日在东海存在钓鱼岛归属争议、东海专属经济区和大陆架划界争议，近十年来日本多次通过其外务省的《防卫白皮书》借助海洋安全问题鼓吹“中国威胁周边安全、破坏国际法”的言论[26]，因此由日本籍法官来指定类似海洋争议的仲裁员难免让中方对仲裁员的公正性产生合理怀疑。即便中国可以指定一名中国籍仲裁员，中方却很可能在最开始的仲裁庭的构成上处于劣势。故中方一开始便不参与仲裁的立场情有可原。

（四）如何化解可能面临的败诉对中国的消极影响

虽然《公约》附件七第9条规定，在争端一方缺席仲裁的情况下，仲裁法庭在作出裁决前，必须不但查明对该争端确有管辖权，还要查明申请方所提的诉求在事实上和法律上均有根据，然而在缺席仲裁的情况下，仲裁庭可能无法系统地了解中方持有

〔22〕 https：//pcacases. com/web/ sendAttach/1805.

〔23〕 https：//pcacases. com/web/ sendAttach/1807.

〔24〕 凌兵：《为什么中国拒绝南海仲裁有损中国的权益?》，引自国际法促进中心微信公众号。本文根据凌兵教授2015年12月在复旦大学和上海财经大学演讲整理。

〔25〕 Article 3（d）（e），Annex VII of UNCLOS.

〔26〕 http：//www. mod. go. jp/e/publ/w_ paper/index. html.

的所有反对事实和法律依据。加上中方已在仲裁庭的构成上处于劣势，中方败诉是在意料之中的。既然决定不接受、不参与仲裁，那么不执行也是必然的结果。而中国作为一个负责任的大国，不执行一份生效的国际仲裁裁决，将对中国的国际声誉和形象造成消极影响。因此如何化解败诉对中国的消极影响是仲裁之后需要重点关注的问题。

首先，在收到仲裁庭最终的裁决文书后，找出其中的错误并对其进行批判。可以效仿美国在“尼加拉瓜案”中的做法，说明菲律宾提交的事实不全面，导致仲裁裁决错误，采取不执行的立场。〔27〕其次，需要提防菲律宾效仿尼加拉瓜根据《联合国宪章》诉诸安理会或联合国大会要求执行仲裁裁决。当然，中国也可以效仿美国在“尼加拉瓜案”中的做法，通过行使常任理事国的一票否决权对其可能提起的执行要求进行否决。〔28〕即使联合国大会通过决议要求中国执行附件七仲裁庭的裁决，由于联合国大会决议本身缺乏强制力，也可能如同“尼加拉瓜案”中联合国要求美国执行 ICJ 判决的决议一般最后不了了之。〔29〕然而，中国必然承担由此带来的在国际社会上国际形象的暂时滑落，这需要中国积极展开外交获取国际舆论支持。最后，解铃还须系铃人，中国应当积极与菲律宾谈判，达成政治合意，期待由菲方撤诉或放弃请求，才能从根本上消除南海仲裁案给中国带来的负面影响。〔30〕

二、“南海仲裁案策略”的实施效果评价

（一）仲裁庭对程序外管辖权异议的处理符合中方预期

南海仲裁案中，仲裁庭针对中方不出庭量身定做了《仲裁规则》，其中第 20 条规定：“仲裁庭应将任何有关其管辖权的抗辩（plea）作为先决问题进行裁定，除非仲裁庭在征询了争端各方的意见之后认为管辖权异议并不完全地具备先决性，在这种情形下，仲裁庭应当将此抗辩与实体问题合并审理。”〔31〕虽然中方没有提交任何有关管辖权的正式抗辩书，但中国驻荷兰大使馆致函常设仲裁法院，转交《中方立场文件》给几位仲裁员，此外，中国驻荷兰大使致信几位仲裁员，表示《中方立场文件》全面阐释了仲裁庭为什么对此案没有管辖权，并重申了中方不接受、不参与仲裁的立场。

附件七仲裁庭在参考了国际法庭和仲裁庭处理一方缺席时程序外管辖异议的审判实践后，认可了以下通常做法：一、重视不出庭一方作出的有关管辖权异议的公开声

〔27〕 张晏瑲：《由“极地曙光”号案和中菲南海仲裁案看国际争端解决机构对于不到庭之态度》，《亚太安全与海洋研究》2016 年第 4 期，第 56 页。

〔28〕 https://documents-dds-ny.un.org/doc/UNDOC/PRO/N86/609/37/PDF/N8660937.pdf?OpenElement.

〔29〕 United Nations General Assembly Session 41 Resolution 31，A/RES/41/31，Nov. 3，1986.

〔30〕 王徽：《论“尼加拉瓜诉美国案”对南海仲裁案的启示》，《太平洋学报》2016 年第 6 期，第 18 页。

〔31〕 https://pca-cpa.org/en/cases/7/.

明或非正式的书信往来；二、将这些公开声明和非正式的书信往来等同于构成对管辖权的初步反对意见；三、分立先决程序审理个别或全部初步异议问题。[32] 虽然中方多次明确表示“转交立场文件和照会不得被解释为中国接受或参与仲裁”，仲裁庭仍然将《中方立场文件》与2015年2月6日中国驻荷兰大使的信件等同于对管辖权的初步反对意见。

将针对管辖权的初步反对意见分立先决程序审理的关键在于这项初步反对意见“完全地具备先决性”。南海仲裁案《仲裁规则》第20条中有关“完全地具备先决性”的检验标准实际上模仿了《国际法院法庭规则》第79条第9款与《国际海洋法法庭规则》第97条第6款。ICJ在适用这一规则的时候，是否认定初步反对意见“完全地具备先决性”基于以下审查：首先，法庭是否有机会掌握和审查初步反对意见所需要的所有事实；其次，初步反对意见是否需要对争端或其中某些要素的实体问题作出裁决。[33] 仲裁庭认为，《中方立场文件》明确和有意地仅对管辖权问题发表观点，而不对菲律宾提请仲裁事项所涉及的实体问题发表意见，中方就该争端的定性以及菲律宾遵守《公约》第十五部分第一节的情况对管辖权提出的异议具有完全先决的性质，仲裁庭作出了分立先决程序审理的决定。[34] 菲律宾曾经就程序分立的可能性表示反对，认为程序分立既不适当也不可取，对仲裁程序造成了不必要的拖延并增加了费用，但仲裁庭仍然认为基于该案《仲裁规则》第20条以及仲裁庭有让争端各方充分表达观点的义务，作出了分立先决程序审理管辖权与可受理性问题的决定。[35] 由此可见，是否分立先决程序取决于对管辖权的初步反对意见是否满足“完全地具备先决性”这个条件。

值得注意的是，在菲律宾于2015年3月16日提交的补充书状中提到，由于中国大使信称《中国立场文件》已经全面地说明了对管辖权的异议，因此菲律宾认为“仲裁庭在考虑是否拥有管辖权的时候也没有必要考虑《中国立场文件》以外的观点”[36]。菲律宾的要求并没有得到仲裁庭的同意，仲裁庭认为根据附件七第9条查明管辖权的义务，仲裁庭不会局限于《中国立场文件》，还要考虑其他有关管辖权和可受理

[32] https：//pcacases. com/web/ sendAttach/1807. 附件七仲裁庭参考的案件如下：Arctic Sunrise Case（Kingdom of the Netherlands v. Russian Federation），Provisional Measures，Order of 22 November 2013，ITLOS reports 2013，para. 54；Arctic Sunrise Arbitration（Kingdom of the Netherlands v. Russian Federation），Procedural Order No. 4，21 November 2004，（as cited at para. 44 of Award on Jurisdiction，26 November 2014；and decisions of the International Court of Justice including，Fisheries Jurisdiction Cases；Nuclear Tests cases；Aegean Sea Continental Shelf（Greece v. Turkey）.

[33] Territorial and Maritime Dispute（Nicaragua v. Colombia），Preliminary Objections，Judgment，ICJ Reports 2007，p. 832 at p. 850，para. 51；Obligation to Negotiate Access to the Pacific Ocean（Bolivia v. Chile），Preliminary Objections，Judgment，24 September 2015，para. 53.

[34] https：//pcacases. com/web/sendAttach/1506.

[35] https：//pcacases. com/web/sendAttach/1807.

[36] https：//files. pca-cpa. org/pcadocs/Supplemental%20Written%20Submission%20Volume%20I. pdf.

性问题。[37]

附件七仲裁庭的上述观点进一步体现在与南海仲裁案几乎同时发生的极地曙光号一案之中。俄罗斯在此案中也没出庭，并通过外交照会的形式表达了对仲裁庭管辖权的异议。[38] 该案的《仲裁规则》也是在一方缺席的情况下由仲裁庭量身定做，有关初步反对意见的规定与南海仲裁案如出一辙。[39] 这可能和两案的仲裁庭庭长都是 Thomas A. Mensah 仲裁员有关。该案仲裁庭也认可俄罗斯在外交照会中“不接受仲裁”的表示构成该案《仲裁规则》第 20 条中的初步反对意见，并且此初步反对意见完全具备先决性。[40] 与南海仲裁案类似，极地曙光号仲裁庭也征询了争端双方对于是否分立先决程序的看法。两案中被告因为不接受仲裁的程序，都没有对此作出任何表示。而虽然同为原告，极地曙光号案中荷兰的做法却与菲律宾大相径庭。荷兰为了让俄罗斯重新考虑参加仲裁，认为俄罗斯 2013 年 10 月 22 日与 2014 年 2 月 27 日作出的外交照会都构成《仲裁规则》第 20 条规定的初步反对意见，从而主动要求仲裁庭分立先决异议程序。[41] 由此可见，菲律宾对分立先决程序的反对以及要求仲裁庭不考虑《中方立场文件》以外的管辖权和可受理性问题的态度都应验了中方在案件初期的预判，即中方很难在诉讼中就程序问题与菲方达成妥协。

南海仲裁案仲裁庭对中方程序外管辖权异议的处理与中方在仲裁提起之初的预期相符，而之后的极地曙光号案中附件七仲裁庭也采用了类似的方式，两案为我们研究《公约》附件七仲裁程序中仲裁庭缺席审理案外管辖权异议提供了素材。

（二）仲裁庭的组成是作出对中国不利裁决的根本原因

基于前文所述的原因，中方并没有选派仲裁员，也没有与菲方协议选派其余三名仲裁员，时任 ITLOS 庭长的日本籍法官柳井俊二根据《公约》附件七第 3 条的规定，指定了四名仲裁员。最终仲裁庭由四个欧洲籍和一个非洲籍仲裁员组成，而没有参考 ICJ、ITLOS 等常设国际司法机构考虑仲裁员在地区及法系的代表性。即使裁判者内心恪守公正和中立的思想，拥有不同文化背景、接受不同法律传统和理念的裁判者对特定问题也存在个人倾向[42]，比如长居欧洲的仲裁员就很难了解中国和南海的历史，才会割裂南沙群岛的整体性，裁定南沙群岛中没有一处岛礁具有完全岛屿的法律地位。这样的裁决其实对所有占领南海岛礁的南海声索国不利，而最大限度地体现了“航行自由”的理念。众所周知，作为现代海洋法基础的“海洋自由论”是在欧洲产生、发展并逐渐获得

---

〔37〕 https://pcacases.com/web/sendAttach/1807.

〔38〕 https://www.itlos.org/cases/list-of-cases/case-no-22/.

〔39〕 https://pcacases.com/web/sendAttach/1317.

〔40〕 https://pca-cpa.org/en/cases/21/.

〔41〕 https://pcacases.com/web/sendAttach/1406.

〔42〕 何志鹏、魏晓旭：《“南海仲裁案”与国际裁判的公正性——兼论中国相应立场和对策》，《边界与海洋研究》2016 年第 4 期，第 28—50 页。

广泛认同的，体现战时航行自由的“自由船自由货”原则也是起源于欧洲，之后才逐渐被普遍采用成为国际习惯。[43]《公约》的制定和产生的发展史，充分体现了海洋强国主张的“航行自由”与发展中国家主张的“尊重沿海国家主权”之间的博弈。然而，南海仲裁案的仲裁庭却没有彰显这种法律理念上的平衡，在仲裁庭组成上就具有偏向性，进一步验证了中国最初对仲裁庭组成的预判。

（三）南海争端逐渐处于可管控范围之内

自《7月12日裁决》作出后，各国发出了不同的声音。以美国、日本、澳大利亚为代表的南海域外国家于2016年7月12日同时发表声明，试图用舆论攻势逼迫中国接受和执行仲裁裁决。美国国务院发言人科比说：“对中国和菲律宾而言，仲裁裁决是终局且具有约束力的，美国希望双方能够遵守他们在《公约》项下的义务。”[44]日本外务大臣岸田文雄则声明：“由于《公约》规定项下的仲裁裁决具有终局性，对争端当事国具有法律约束力，因而争端双方必须遵守本仲裁裁决。日本强烈期待争端双方遵守该裁决，以实现今后南海争端的和平解决。”[45]澳大利亚外交部发表声明：“澳大利亚政府呼吁菲律宾和中国遵守终局且对双方有约束力的南海仲裁裁决。南海仲裁案的仲裁庭是依据《公约》建立起来的，仲裁裁决与主权问题无关，而与海洋权利有关。”[46]

同为南海声索国的越南似乎对未来向中国提起同样的仲裁看到了希望，越南外交部发言人强调：“越南欢迎仲裁庭就中菲南海问题作出的仲裁裁决。作为南海争端直接相关国家，越南的一贯立场是支持通过符合包括《公约》在内的国际法的和平方式解决南海争端。对此，越南再次确认其对……的主权权利……”[47] 而马来西亚和印度尼西亚则表态支持了中方一直以来倡导的《南海各方行为宣言》，并赞同以谈判与协商的方式解决南海问题。马来西亚发表外交声明称：“马来西亚要求各方充分、有效地实施《南海各方行为宣言》中中国和东盟十国达成的合意，相信各方能够在充分尊重法律与外交手段的基础上解决争端，同时希望中国和所有相关国家可以在拥护地区和平、安全的法律规则的同时找到开展良性对话、谈判和磋商的建设性方式。”[48] 印度尼西亚则发表声明：“鼓励各南海声索国依据国际法就主权权利请求重叠这一问题继续进行和平谈

---

〔43〕 张磊：《论国家主权对航行自由的合理限制——以“海洋自由论”的历史演进为视角》，《法商研究》2015年第5期，第175—183页。

〔44〕 https：//2009-2017. state. gov/r/pa/prs/ps/2016/07/259587. htm.

〔45〕 https：//www. mofa. go. jp/press/release/press4e_ 001204. html.

〔46〕 https：//foreignminister. gov. au/releases/Pages/2016/jb_ mr_ 160712a. aspx.

〔47〕 http：//www. mofa. gov. vn/ en/tt_ baochi/pbnfn/ns160712211059/view.

〔48〕 http：//www. kln. gov. my/web/are_ dubai/ n2016/-/asset_ publisher/ME2g/blog/press-release-：-statement-by-malaysia-on-scs-arbitration-tribunal？ redirect = %2Fweb%2Fare_ dubai%2Fn2016.

判。"[49]

《7月12日裁决》作出两年来，随着各方的努力，南海争端局势逐渐得到了控制。一方面，仲裁裁决出炉前，中国开展了密集的外交活动，已争取到60多个国家对中国不接受、不参与、不承认仲裁裁决的理解和支持，成功瓦解了美、日、澳、菲的舆论攻势。[50] 在仲裁裁决公布后，中国又积极发展与东盟的外交关系，使南海问题逐渐冷却下来。2016年9月，中国-东盟对话关系25周年纪念峰会发表联合声明，强调"由直接相关的主权国家通过友好磋商和谈判，以和平方式解决它们的领土和管辖权争议，而不诉诸武力或以武力相威胁"。作为中国和东盟十国集体协商一致的共识，这份声明充分表达了由直接相关的主权国家通过友好协商和谈判而非第三方强制仲裁来解决争端的意愿，对于后续南海争端的解决异常重要。2017年8月5日，在菲律宾首都马尼拉召开的第50届东盟外长会正式通过了"南海行为准则"框架。2018年6月25日至27日，中国与东盟十国在中国湖南省长沙市举行落实《行为宣言》第15次高官会和第24次联合工作组会。与会各方表示，将继续坚持通过谈判协商和平解决南海争议，坚持通过地区规则框架管控分歧，坚持通过合作增进信任、防止海上意外事件，共同维护南海和平稳定，努力将南海建设成为和平之海、友谊之海、合作之海。另一方面，菲律宾外交政策的转变与南海局势的缓和有着密切关系。《7月12日裁决》公布时，菲律宾总统已经由提请仲裁时的阿基诺三世转变为杜特尔特。杜特尔特上任后，开始奉行独立外交政策。2016年9月12日，菲律宾总统杜特尔特向驻扎在菲南部棉兰老岛的美军特种部队下逐客令。9月13日，杜特尔特宣布，菲律宾将不再参加对南海争议海域的多国联合巡航，他还表示打算终止菲美两国每年举行的28场联合军演。同年10月，菲律宾发表声明称，杜特尔特总统对外交政策进行了调整，将带领菲律宾走上追寻国家利益的独立外交之路。与此同时，菲律宾还在私下通过外交渠道为与中国举行无条件双边会谈进行安排，以便探讨两国在南海上相互抵触的主权主张。[51] 因此，菲律宾外交政策的转变和对中国友好的态度无疑对南海局势的稳定起到了积极的作用。

在南海局势逐渐得到控制的同时，需要看到其中仍然有一些不和谐的声音。近年来，美国海军多次进入南海实施所谓的"航行自由行动"。日本则多次指责中国不顾国际法与仲裁裁决，依靠实力改变现状、稳步推进既成事实化，尤其是仲裁裁决认定中国在南沙群岛的填埋等活动违法，中国还继续推进可用于军事目的的各种基础设施的建设，如飞机跑道、直升机停机坪、港口、雷达等，并向其他国家的渔船和船舶发射警告

---

〔49〕 https://www.kemlu.go.id/en/berita/Pages/Indonesia-Calls-On-All-Parties-To-Respect-International-Law-Including-UNCLOS-1982.aspx.

〔50〕 李金明：《当前南海局势与越南的南海政策》，《人民论坛·学术前沿》2016年第23期，第68页。

〔51〕 http://www.cankaoxiaoxi.com/china/20160919/1308479.shtml.

弹和水弹阻碍其接近这些设施。[52] 在澳大利亚《2017 外交政策白皮书》中，澳大利亚重申了南海仲裁案中仲裁庭作出的仲裁裁决对中菲来说是终局且有约束力的立场。[53] 而越南正加紧在侵占中国的岛礁上填海造陆，并加强对这些岛屿的防御力度，同时发展与美国的全面伙伴关系。[54]

三、“南海仲裁案策略”对和平解决海洋争端的启示

由于南海形势复杂，中国与周边国家围绕主权、海洋划界的争端较多，谈判和协商是解决此类纠纷的最好办法。中国在外交谈判方面经过多年的努力，颇有成效，也积累了丰富的经验。此次南海仲裁案的风波暂时平息，中国的密集外交功不可没，使中国在短时期内争取到众多国家对中国“不接受、不参与、不承认”仲裁裁决的理解和支持。中国积极发展与东盟的外交关系和菲律宾外交政策的转变，使得中菲关系显著改善，南海争端逐渐处于可控的范围。然而，在国际法上，南海仲裁案的裁决仍然是一份已经生效的法律文书。虽然目前因为菲律宾政权更迭，中菲可以重新回到谈判桌上，但将来也可能因为菲律宾再次政权更迭或中菲关系交恶，菲律宾诉诸安理会或联合国大会要求执行仲裁裁决。届时即使中国“不接受、不参与、不承认”南海仲裁有理有据，也必然会在国际舆论上又一次引起轩然大波，影响中国的国际形象。因此，要想最终化解南海仲裁案对中国的负面影响，中国仍然需要积极与菲方谈判，加强双方的经济交流合作，以期菲方将来能主动放弃请求、终止案件。

从南海仲裁案的后续影响可以看出，美、日、澳等国家仍然对南海虎视眈眈，同为南海声索国的越南也正在紧锣密鼓地为巩固其在西沙群岛和南沙群岛的“主权声索”而行动。未来中国仍有可能被动地卷入涉及主权或海洋划界的国际诉讼或仲裁中，唯有积极探索应对策略，才能化解危机。“南海仲裁案策略”是基于个案作出的判断，其实施效果基本符合中方预期。菲方提起南海仲裁案的时机正好是日本籍法官担任 ITLOS 庭长的时间，目前 ITLOS 庭长已经换届，鉴于附件七仲裁庭的构成与 ICJ、ITLOS 等常设国际司法机构相比人为操控因素更多，难以保证地区及法系的平衡，将来如牵涉进类似仲裁还要具体情况具体分析。虽然中方没有正式参加南海仲裁案的仲裁程序，但是积极提起程序外管辖权异议，成功分立先决程序审理，为作出进一步回应赢得了时机。在这个过程中，中方积累了应对《公约》附件七仲裁的经验，锻炼了人才，培养了国际法队伍。如果未来面对类似仲裁仍然要沿用“不接受、不参与”的策略，那么中方在不出庭的同时需要积极与仲裁庭进行非正式的沟通，以便仲裁庭获取处理初步反对意见所需的事实。如果说不参与仲裁是一个国家的权利，那么不执行生效的国际裁判文书则可能被质

---

〔52〕 http：//www. mod. go. jp/e/publ/w_ paper/index. html.

〔53〕 https：//www. fpwhitepaper. gov. au/.

〔54〕 李金明：《当前南海局势与越南的南海政策》，《人民论坛·学术前沿》2016 年第 23 期，第 72—73 页。

疑不遵守国际法。由于与该国家诉诸国际争端解决问题的预期收益过于不确定，很多国家会不愿意与之合作。[55]

此次南海仲裁案的裁决最大限度地体现了“航行自由”理念，削弱了沿海国的主权主张。虽然仲裁裁决并不约束其他的南海声索国，但仲裁庭割裂南沙群岛的整体性，裁定南沙群岛中没有一处岛礁具有完全岛屿的法律地位，对相关声索国都是不利的。鉴于《公约》作为三十多年前的产物，已经不能够满足当前国际社会的需求，中国以及南海各国应当借此机会参与到《公约》的解释和适用中来，用国家实践推动国际习惯法的形成，同时积极进行区域性的海洋立法。如果各方达成合意，不仅能改变南海仲裁案引起的负面效果，还能共创符合各方预期的南海新秩序。

〔55〕 何志鹏：《国际法在新时代中国的重要性探究》，《清华法学》2018 年第 1 期，第 28 页。

从"东帝汶/澳大利亚调解案"看《海洋法公约》下的强制调解

■ 黄　瑶*　　杨文澜**

【内容摘要】强制调解是1982年《联合国海洋法公约》第十五部分规定的第三方争端解决机制之一，"东帝汶/澳大利亚调解案"开启了《联合国海洋法公约》下强制调解的第一次实践。本文结合该案和《联合国海洋法公约》的有关规定，阐明强制调解方法的强制性和灵活性特征：强制性体现在程序启动、强制管辖以及争端方的程序性义务等方面；与此同时，调解委员会和争端方又享有极大的灵活性。调解委员会关于争端的结论和建议应以使争端方主动接受为目的，而非以法律正确性为标准。虽然委员会的结论和建议对争端方没有法律拘束力，但会相应地影响争端方的后续谈判和国际舆论走向，故而争端方应予以足够重视。

【关键词】《联合国海洋法公约》　争端解决　强制调解　海洋划界

一、引　言

帝汶海位于帝汶岛与澳大利亚大陆西北部之间，西接印度洋，东接阿拉弗拉海（Arafura Sea），南北宽约550千米，面积约61万平方千米。帝汶海蕴藏着丰富的油气资源，因此其对东帝汶、澳大利亚两国的重要性不言而喻。早在东帝汶独立之前，帝汶海划界争端就已出现。东帝汶的前殖民者葡萄牙以及曾经占领并统治东帝汶的印度尼西亚都与澳大利亚就帝汶海划界问题存有争端。东帝汶于2002年5月正式建国，并继续与澳大利亚进行划界谈判。然而，此后的十余年间，双方谈判并没有取得显著进展，因而只能就帝汶海合作方面的事项达成部分协议。东帝汶认为它并没有获得公正合理的利益，加上后来东帝汶发现澳大利亚窃听了其关于帝汶海问题的内部讨论，因此主张双方之间有关协议无效，并试图重启与澳大利亚的划界谈判。

自2015年来，东帝汶高度依赖石油的经济受到油价波动的影响，开发新的油气资源成为东帝汶政府的当务之急。[1]蕴藏有大量油气资源的帝汶海，尤其是藏有数百亿美元的"大日升油气田"（Greater Sunrise Fields）吸引了东帝汶的注意力。然而，澳大利亚于2002年3月作出了《联合国海洋法公约》（以下简称《公约》）第298条第1款第（a）项下的声明[2]，并修改了其依照《国际法院规约》第36条第2款作出的接受国际

---

* 中山大学法学院教授、博士生导师。

** 中山大学法学院博士研究生。

本文是国家社科基金重大招标项目"南海断续线的法理与历史依据研究"（14ZDB165）的阶段性研究成果。

〔1〕 http：//www. imf. org/ ~/media/Websites/IMF/imported-full-text-pdf/external/pubs/ft/scr/2016/_ cr16183. ashx.

〔2〕 http：//www. un. org/depts/los/convention_ agreements/convention_ declarations. htm # Australia after ratification.

法院管辖声明[3]，因而完全排除了东帝汶将双方海洋划界争端诉诸国际司法的可能。此后东澳两国之间的纷争还演变成两个仲裁案和一个国际法院的诉讼案件，但没有任何一个司法程序能够彻底解决双方的争端。

东帝汶政府认为，《公约》下的强制调解是一种“公平”“中立”的争端解决方式[4]，也是重启与澳大利亚划界谈判目前唯一可行的渠道。[5]因此，2016 年 4 月，东帝汶依照《公约》第 298 条和附件五针对帝汶海划界争端向澳大利亚提起了强制调解程序。在接下来的两年间，依照《公约》附件五组成的调解委员会先后针对澳大利亚的管辖权异议举行听证并作出了《管辖权决定》，确定了自身的管辖权；接着与争端方进行多次会面，促成东澳两国就帝汶海专属经济区和大陆架划界达成协议；在东澳两国请求下，委员会又引入已经获得帝汶海油气开采资格的企业就如何开发帝汶海大日升油气田资源的问题进行三方调解。最终，东澳两国于 2018 年 3 月签订划界条约，并表示将会就帝汶海资源开发问题进行进一步对话。委员会也于同年 5 月发布最终报告。[6]

强制调解是《公约》第十五部分规定的第三方争端解决机制之一。东澳案不仅是该程序的第一次实践，也是一起成功的海洋划界争端解决案例。学界对调解也已经有了较为丰富的讨论[7]，然而笔者注意到，有关讨论总体还比较宏观抽象，并且是建立在经验和推断上的，和调解实践存在一定的距离。然而，为何东帝汶政府认为强制调解是解决与澳大利亚划界争端唯一可行的渠道？为何强制调解取得了此前两国谈判、仲裁、诉讼都没能取得的成果？包含调解条款的条约并不少见，但为何调解的实践这么少？作为一种在调解基础上发展出来的解决争端的政治方法，强制调解有什么样的特点？对于上述问题的回答关乎着调解方法是否能得到更为有效和广泛的运用。因此，本文就将结合

---

〔3〕 http://www.icj-cij.org/en/declarations/au (Declaring "This declaration does not apply to:... (b) any dispute concerning or relating to the delimitation of maritime zones, including the territorial sea, the exclusive economic zone and the continental shelf, or arising out of, concerning, or relating to the exploitation of any disputed area of or adjacent to any such maritime zone pending its delimitation...").

〔4〕 https://www.smh.com.au/politics/federal/east-timor-takes-australia-to-un-over-sea-border-20160411-go39tl.html.

〔5〕 http://timor-leste.gov.tl/wp-content/uploads/2016/04/15398-FACTSHEET-CONCILIATION.pdf; http://www.abc.net.au/news/2016-04-11/east-timor-to-negotiate-maritime-border-with-australia-at-un/7316674.

〔6〕 关于本案详细梳理和分析，可参见杨文澜：《〈联合国海洋法公约〉下强制调解第一案——“东帝汶与澳大利亚强制调解案”述评》，《国际法研究》2018 年第 3 期，第 50—70 页。

〔7〕 See e.g. J. G. Merrills, *International Dispute Settlement*, 6th ed. (Cambridge University Press, 2017), 62-87; Jean-Pierre Cot, "Expectations Attached to Conciliation Reconsidered," in *Conciliation in International Law: The OSCE Court of Conciliation and Arbitration*, ed. Christian Tomuschat, Riccardo Pisillo Mazzeschi, and Daniel Thürer (Brill/Nijhoff, 2016), 5-11; Sienho Yee, "Conciliation and the 1982 UN Convention on the Law of the Sea," *Ocean Development & International Law* 44, no. 4 (October 2013): 315-34; 黄瑶：《论国家间调解的优越性》，载黄瑶、陈文学、李赞编：《未名飞鸿：饶戈平教授从教四十周年纪念文集》，北京大学出版社 2018 年版，第 18—35 页。

东澳调解案和《公约》的有关规定，从强制调解的特点出发，分析强制调解在程序和实体问题处理的特点。

二、调解的共性与《公约》下强制调解的特征

（一）调解的基本特征

调解是 1945 年《联合国宪章》第 33 条提出的几种常见的争端解决方法之一，本文将要讨论的强制调解是一种建立在一般调解基础之上的国际争端解决方法。强制调解指的是在争端产生前，有关国家就通过条约、协议或其他方式同意就某一类型争端接受调解。因此，强制调解本质上还是调解，不过在争端产生前，争端国要同意就未来的争端接受调解。“调解”的经典定义来自 1961 年国际法研究院的《国际调解程序规定》第 1 条，该条规定：调解是由争端当事方设立常设的或临时的调解委员会来解决国际争端的一种方法，调解委员会中立地审查争端并提出易于被争端方接受的解决方案，或者向争端方提供有助于解决争端的帮助。[8]若争端国能够就争端达成调解协议，则调解终止；若争端方无法达成调解协议，则由委员会提出的解决方案交由争端方考虑，该方案对争端方没有拘束力，除非各争端方均表示接受该方案。

在几种主要的解决争端的政治方法中，相比调停（mediation）和斡旋（goodoffices），调解是更为体系化的（institutionalized）争端解决方法。[9]这也就意味着争端方在调解中的灵活度和自由度要小一些。调解的具体程序取决于启动调解的文件和有关程序规则的规定。[10]一般来讲，调解启动文件和程序规则确定调解委员会的组成方式；争端各方可以共同确定调解程序规则；若争端各方不能达成协议，则由调解委员会确定。由于不同条约会设置不同的调解方法，不同调解案件也可能适用不同的调解规则，因此必须结合具体条约或者具体案例对调解程序进行分析。在近 100 年里，至少有 200 份条约都包含调解条款。然而，调解的实践十分有限，至今只有不到 20 起调解案为人所知。[11]因此，“东帝汶/澳大利亚调解案”不仅是适用《公约》强制调解程序的第一起案例，而且是我们进一步分析调解方法的绝佳参考。

（二）《公约》下强制调解的规定

需要注意的是，《公约》下设三种调解程序。第一，第十一部分第 161 条第 8 款 e

---

〔8〕 http：//www. idi-iil. org/app/uploads/2017/06/1961_ salz_ 02_ en. pdf.

〔9〕 Myron H. Nordquist，Shabtai Rosenne，and Louis B. Sohn，eds.，*United Nations Convention on the Law of the Sea* 1982：*A Commentary*，vol. V，United Nations Convention on the Law of the Sea，1982（Dordrecht；Boston：Hingham，MA，USA：Martinus Nijhoff Publishers，1989），310.

〔10〕 J. G. Merrills，*International Dispute Settlement*，69.

〔11〕 http：//opil. ouplaw. com/home/EPIL .

项规定了国际海底管理局理事会议事表决时为了“协商一致”而使用的调解程序[12]，不过该程序是为了作决策而使用的“纯粹的政治程序”而非争端解决程序。[13]第二，《公约》第 284 条规定了自愿调解，争端一方可以书面的方式邀请他方就任何涉及解释或适用《公约》的争端进行调解，但是启动自愿调解的前提是一方以书面方式发出邀请，其他争端方接受该邀请；如果其他争端方拒绝接受调解，调解则无法启动。[14]

与上述两种调解程序不同的是《公约》规定的强制调解，在满足一定条件的情况下，争端一方可以单方面启动调解，无须其他争端方另行同意。争端一方按照规定启动强制调解后，收到调解通知的争端方有义务接受调解，争端方不答复或不接受调解并不阻碍调解程序的进行。与自愿调解可以处理任何“有关本公约的解释或适用的争端”的情形相比，强制调解的适用范围极为有限，《公约》只在第十五部分第三节第 297 条和第 298 条规定了适用强制调解的少数情形。第 297 条第 2 款 b 项和第 3 款 b 项分别规定了有关国家可以针对沿海国不当行使专属经济区和大陆架海洋科学研究管辖权与专属经济区渔业管辖权的部分争端提交强制调解。第 298 条第 1 款 a 项 1 目规定了在满足一定条件的前提下，争端方应当就“关于划定海洋边界的第十五条、第七十四条和第八十三条在解释或适用上的争端，或涉及历史性海湾或所有权的争端”接受《公约》附件五第二节规定的强制调解。

强制调解是《公约》第十五部分的组成部分，若争端方要启动强制调解，需要满足第十五部分第一节的“一般规定”，其中就包括第 279 条用和平方法解决争端、第 281 条在争端未解决时再启动第十五部分强制解决程序、第 283 条交换意见等义务。在满足这些程序义务之后，争端缔约国才能依照第 297 条或第 298 条的规定启动强制调解。

《公约》并没有设立常设的调解委员会。争端缔约国若要启动《公约》下的调解（无论是自愿还是强制），都需要按照约定的程序规则或附件五第一节的规则专门组成调解委员会。强制调解启动后，争端各方还有机会共同确定调解方式和适用的规则。但是

---

〔12〕 该条款规定：“在一项提案向理事会提出后十四天内，理事会主席应确定对该提案的通过是否会有正式的反对意见。如果主席确定会有这种反对意见，则主席应于作出这种确定后三天内成立并召集一个其成员不超过九人的调解委员会，由他本人担任主席，以调解分歧并提出能够以协商一致方式通过的提案。委员会应迅速进行工作，并于十四天内向理事会提出报告。如果委员会无法提出能以协商一致方式通过的提案，它应于其报告中说明反对该提案所根据的理由。”

〔13〕 Myron H. Nordquist, Shabtai Rosenne, and Louis B. Sohn, *United Nations Convention on the Law of the Sea 1982: A Commentary*, V: 311.

〔14〕 参见《公约》第 284 条：“1. 作为有关本公约的解释或适用的争端一方的缔约国，可邀请他方按照附件五第一节规定的程序或另一种调解程序，将争端提交调解。2. 如争端他方接受邀请，而且争端各方已就适用的调解程序达成协议，任何一方可将争端提交该程序。3. 如争端他方未接受邀请，或争端各方未就程序达成协议，调解应视为终止。4. 除非争端各方另有协议，争端提交调解后，调解仅可按照协议的调解程序终止。”

若争端方不能达成协议，则自动适用《公约》附件五的规定。附件五分为两节，共十四条；第一节规定的是按照第284条提起的自愿调解程序，包括程序启动和终止、调解员选任、调解委员会职务职责以及费用分配等方面的内容。第二节规定的是依照第297条或第298条提起的强制调解程序，规定了强制调解的启动方式、一方不接受或不答复调解的后果、调解委员会的自裁管辖权（competence-competence）等内容。第二节的内容显然无法满足一个完整的调解程序的需要，因此依照附件五第14条，第一节关于自愿调解的规定“在第二节的限制下”适用于强制调解。

具体来说，《公约》强制调解针对不同类型争端的适用也有所不同。第297条下的调解委员会处理沿海国行使海洋科研和渔业管辖权的争端，但是委员会不得干预或质疑沿海国斟酌决定权的行使。如果争端方不能达成协议，委员会要就争端出具其结论和建议。为了增强其结论和建议的说服力，委员会一般都会在报告中说明理由，然而在《公约》三种强制调解程序中，只有依照第298条启动的针对海洋划界或历史性海湾或所有权的强制调解要求调解委员会出具说明理由的报告，并要求争端方就该报告以谈判的方式达成协议。无论是第297条还是第298条的强制调解，按照附件五的规定，调解委员会最终出具的含有委员会结论和建议的报告都要交存于联合国秘书长；唯独第297条第3款b项针对渔业管辖权的调解还需要将报告“送交有关的国际组织”。

调解具体如何进行取决于很多因素。《公约》附件五并没有给出详细规定，因此调解的程序规则、调解员风格、争端方意愿等都会对调解进程产生影响。大体上说，调解有两种模式。在第一种模式中，调解被视作“组织化的谈判”（institutionalized negotiation），调解委员会的任务就是推动争端方进行谈判，并提供便利和协助；第二种模式将调解和调查、仲裁类比，调解委员会的任务就是审查争端方的主张，提出易于争端方接受的解决方案。[15]按照《公约》附件五的框架，我们发现附件五下的调解具有上述两种模式的特点。附件五反复强调调解的最终目的是促进争端方主动达成争端的“和睦解决”，这也是委员会工作的方向[16]，这里就体现出第一种模式的特点。附件五又明确规定委员会要应听取并审查争端方的权利主张和反对意见，并提出建议；只有在争端方无法达成解决协议时，才需要对争端作出自己的结论和建议[17]，这里反映的是第二种模式的特点。然而，采用何种模式并不重要，模式只是手段，调解的最终目的是争端的和睦解决。这一点也会在下文有所涉及。

总的来说，《公约》下强制调解程序虽然复杂，但是没有偏离学界对调解程序的一般认知。不过，作为《公约》强制调解程序的第一次实践，2016年“东帝汶/澳大利亚

---

〔15〕 J. G. Merrills, *International Dispute Settlement*, pp. 69-70.

〔16〕 参见《公约》附件五第5、6、7条。

〔17〕 参见《公约》附件五第6、7条。

调解案”却体现出了一些需要引起我们重视的特点。

三、强制调解的强制性特点

关于强制调解强制性的问题，学界已经有诸多论述，但对于强制调解在程序上的强制性并没有深入讨论。笔者认为，强制调解不仅体现在程序启动上的强制性，还体现在调解过程中的强制性。程序启动上的强制性体现为争端方可以单方面启动程序和调解委员会作出的管辖权决定有拘束力两个方面；调解过程中的强制性体现在争端方的一定程序性义务。强制调解的这些特征也是东帝汶会认为强制调解可以帮助解决争端的重要原因。

（一）争端方可以单方面启动强制调解程序

《公约》谈判起草历史表明，在谈判过程中，不同国家对待如何处理海洋划界或沿海国专属管辖权这类复杂争端有着不同的看法。有的国家认为应当允许将部分类型争端从强制解决争端程序中排除，一些国家认为不能为《公约》争端解决机制这个“一揽子交易”（a package deal）设置任何例外。最终，强制调解作为各方妥协的结果被纳入《公约》的争端解决体系中。[18]强制调解的启动具有强制性，而调解委员会的报告、建议和结论对争端方没有拘束力，因而被视为平衡海洋强国和沿海国权利以及维系《公约》争端解决机制的重要内容。[19]谈判过程中各方也使用了“义务性调解”（obligatory conciliation）、“法定调解”（mandatory conciliation）这样的说法[20]，不过《公约》最后采用的是强制调解（compulsory conciliation）的提法。

回到本案，《公约》第 298 条第 1 款规定：一国可以书面声明对于部分类型的争端不接受第二节“导致有拘束力裁判的强制程序”（也即诉讼或仲裁）管辖；如果是关于海洋划界或历史性海湾或所有权的争端，在满足特定要求的情形下，声明不接受第十五部分第二节程序的国家，“经争端任何一方请求，应同意将该事项提交附件五第二节所规定的调解”。附件五第二节第 11 条第 2 款进一步明确：“收到第 1 款所指通知的争端任何一方应有义务接受调解程序。”由此可见，强制调解是“公约规定的可诉诸强制调解的那些争端的当事国唯一可选择的第三方程序”[21]，争端方有义务接受针对特定事项的强制调解。

---

〔18〕 Myron H. Nordquist, Shabtai Rosenne, and Louis B. Sohn, *United Nations Convention on the Law of the Sea 1982: A Commentary*, V: 107-41.

〔19〕 高健军：《〈联合国海洋法公约〉争端解决机制研究》（第 2 版），中国政法大学出版社 2014 年版，第 326—327 页。

〔20〕 Myron H. Nordquist, Shabtai Rosenne, and Louis B. Sohn, *United Nations Convention on the Law of the Sea 1982: A Commentary*, V: 34.

〔21〕 高健军：《〈联合国海洋法公约〉争端解决机制研究》（第 2 版），中国政法大学出版社 2014 年版，第 327 页。

澳大利亚承认，因其作出了第298条第1款a项的声明，也就接受了针对其与东帝汶海洋划界争端的强制调解。[22]然而，澳大利亚认为启动强制调解的条件并没有满足，且东帝汶启动强制调解的行为已经违反了双方此前达成的协议。其中，最为重要的一项协议就是双方于2006年达成的《帝汶海特定海上安排条约》。该条约规定了双方在帝汶海的合作和资源分享模式，同时在第4条明确规定：在条约有效期内，双方不得就帝汶海划界争端进行谈判或者启动任何争端解决程序。[23]澳大利亚据此认为双方已经排除《公约》强制争端解决程序的适用，因而提出了管辖权异议。不过，澳大利亚同时承诺，即便委员会驳回澳大利亚的异议认为自身有管辖权，澳大利亚也会秉持善意参与调解。[24]委员会于2016年8月29日至31日在海牙和平宫举行管辖权听证会，并于9月19日作出《管辖权决定》，认为双方的协议未能排除强制调解程序的适用，因此委员会有权继续调解。[25]由此可见，强制调解与《公约》第十五部分第二节其他强制程序一样，其启动是单方面的，不以其他争端缔约国另行同意为前提。

当然，争端方也有权拒绝参加强制调解。《公约》附件五第12条规定："争端一方或数方对提起程序的通知不予答复或不接受此种程序，不应阻碍程序的进行。"这一规定与《公约》附件六第28条、附件七第9条的规定类似，后两条规定了争端一方缺席或不对案件进行辩护不妨碍国际海洋法法庭和仲裁庭程序的进行。然而，调解与附件六和附件七规定的诉讼、仲裁显然不同，调解是不会产生有拘束力结果的政治方法，调解的成败与否取决于争端方能否达成解决协议；如果一方拒绝调解，则调解委员会履行其"听取争端各方的陈述，审查其权利主张和反对意见，并向争端各方提出建议"职责的难度就大大增加，那么也就不存在争端方经由调解达成解决协议的可能。因此，在《公约》谈判过程中，曾有观点认为第12条的规定没有意义，应当删去。[26]不过，对第12条应当结合附件五其他规定进行理解。即便是争端一方不参与强制调解，调解委员会仍可以"对有关争端事项的一切事实问题或法律问题的结论及其可能认为适当的和睦解决建议，报告应交存于联合国秘书长，并应由其立即分送争端各方"；争端方应当对委员会的结论和建议进行考虑，只有当"争端各方已书面通知联合国秘书长接受报告的建议或一方已通知联合国秘书长拒绝接受报告的建议，或从报告送交争端各方之日起三个月期限已经届满时"，调解才终止。因此，在本案中，若澳大利亚拒绝接受强制调解，东帝汶启动的调解程序也不必然终止，澳大利亚还可能因此丧失一个公开陈述自身立场并与东帝汶进行协商的机会；委员会也很有可能会依照东帝汶的"一面之词"而作出对澳

---

〔22〕 *Timor-Leste/Australia Conciliation*, Decision on Competence, paras. 67-68.

〔23〕 https://treaties.un.org/doc/Publication/UNTS/Volume%202483/v2483.pdf.

〔24〕 *Timor-Leste/Australia Conciliation*, Decision on Competence, para. 3.

〔25〕 See Timor-Leste/Australia Conciliation, Press Release No. 4.

〔26〕 Myron H. Nordquist, Shabtai Rosenne, and Louis B. Sohn, *United Nations Convention on the Law of the Sea 1982: A Commentary*, V: 327.

大利亚不利的报告，从而影响澳大利亚的国家形象和声誉。

也正是因为程序可以由争端一方单方面强制启动且其他争端方拒绝参与不会导致程序终止的缘故，《公约》给强制调解的管辖权范围施加了诸多限制。上文已经提到，依照第 297 条启动的强制调解不能涉及沿海国在海洋科研和渔业管辖权问题上的斟酌决定权。第 298 条第 1 款 a 项 i 目也明确规定，若划界或历史性海湾或所有权的争端“必然涉及同时审议与大陆或岛屿陆地领土的主权或其他权利有关的任何尚未解决的争端”，则不应当提交强制调解。同样地，与划界或历史性权利无关的争端也不能被提交至强制调解。本案中，东帝汶和澳大利亚的帝汶海划界争端的实质是帝汶海地区的油气资源争端，但东帝汶无法通过强制调解解决这一争端。不过，在调解后期，东澳两国已经就划界事项达成协议，又共同邀请调解委员会就帝汶海大日升油气田开发问题进行调解〔27〕，因此是在双方协议的基础上扩展了本案调解委员会的管辖权。

（二）调解委员会有权作出有拘束力的管辖权决定

在调解程序启动伊始澳大利亚就依照《公约》规定提出了管辖权异议。〔28〕就此，《公约》附件五第二节第 13 条规定：“对于按照本节行事的调解委员会是否有管辖权如有争议，应由调解委员会加以解决。”这一条款借鉴了仲裁中的自裁管辖权规则，也即第三方（仲裁庭或调解委员会）有审查、判断自身是否有管辖权的管辖权。〔29〕《联合国海洋法公约评注》（以下简称《公约评注》）指出：这一条款的目的是防止因部分争端方拒绝接受程序而使得强制调解的目的落空。〔30〕因此，在本案中，关于管辖权的争端属于调解委员会的管辖权范畴，应当由委员会解决。如果对以上结论仍有疑问的话，本案委员会在《程序规则》里再一次确认了自身有权审查并决定争端方之间的管辖权争议，并明确规定调解委员会在必要的情形下有权解释《公约》附件五和其他有关条款。〔31〕调解委员会在管辖权听证后，于 2016 年 9 月 19 日作出的《管辖权决定》就是行使这一权力的表现。澳大利亚随即也接受了调解委员会的决定并继续参与后续调解流程。

然而，《公约》并没有明确的是调解委员会的管辖权决定对争端方是否有拘束力，委员会的《管辖权决定》也并未提及该问题。不过，调解委员会在 2018 年 5 月作出的最终报告中提到：“与本案其他部分程序不同的是，委员会的［管辖权］决定有法律拘束力。”〔32〕对此，高健军教授持反对意见。他认为，管辖权决定构成调解委员会报告的一部分，因为附件五第 7 条第 2 款规定“委员会的报告，包括其结论或建议，对争端各

---

〔27〕 https：//pcacases. com/web/sendAttach/2327.

〔28〕 Timor-Leste/Australia Conciliation，Decision on Competence，para. 77.

〔29〕 Sienho Yee，“Conciliation and the 1982 UN Convention on the Law of the Sea”，325.

〔30〕 Myron H. Nordquist，Shabtai Rosenne，and Louis B. Sohn，*United Nations Convention on the Law of the Sea 1982：A Commentary*，V：327.

〔31〕 https：//pcacases. com/web/sendAttach/2336.

〔32〕 Report and Recommendations，para. 66.

方应无拘束力”，所以《管辖权决定》对争端方也无拘束力。[33]但这种观点值得商榷，理由主要有两个：

其一，调解委员会作出的管辖权决定不应当属于调解委员会报告的一部分。调解委员会的管辖权决定权来自《公约》附件五第13条。《公约》没有规定强制调解委员会判定自身没有管辖权时的情形；但是，从逻辑上讲，如果调解委员会认为自身没有管辖权，强制调解也即告终止，那么这个强制调解自始就不应当存在，也就没有依照附件五第7条第1款规定撰写并提交报告的必要了。如果调解委员会判定自身有管辖权，按照附件五第7条的规定，调解委员会应于成立后12个月内提出报告，报告应载明争端方所达成的协议；若争端方不能达成协议，“应载明委员会对有关争端事项的一切事实问题或法律问题的结论及其可能认为适当的和睦解决建议”。需要注意的是，第7条的规定位于附件五第一节，该节规范的是“按照第十五部分第一节的调解程序”，也即基于争端方自愿而依照第284条启动的、关于解释和适用《公约》的争端的自愿调解程序。依照当争端一方接受其他争端方依照第284条发出的调解邀请时，实际上就确定了自愿调解的范围和内容，也就确定了自愿调解委员会的管辖权范围。正如《公约评注》指出的那样，在第284条下的自愿调解中不存在管辖权异议的情形，因为启动自愿调解的前提是争端各方同意[34]。如果是这样，《公约》附件五第一节是建立在调解委员会有管辖权的基础之上的，也就是说，第7条所述的“对有关争端事项的一切事实问题或法律问题”是不包括管辖权内容的。

如果争端缔约国是依照第297条和第298条启动强制调解内容，按照这两条的规定，此类争端应当被提交至附件五第二节强制调解程序进行解决，委员会的管辖权决定是基于附件五第二节第13条的规定作出的，也就是说调解委员会的管辖权自裁权由第二节赋予。另外，附件五第二节第14条进一步规定：“本附件第一节第二至第十条在本节限制下适用。”也即在强制调解中，附件五第二节的内容优先适用，第一节（包括第7条）受到第二节内容的限制。因此，强制调解委员会依照第7条作出的、没有拘束力的报告不包括其管辖权决定。需指出的是，在东澳案中，调解委员会的《管辖权决定》也没有被纳入2018年的最终报告中，而是以最终报告附件的形式发布的。[35]

其二，正如上文所提及的，《公约》谈判过程中，部分国家担心如果将划界争端排除出强制争端解决程序，那么很可能导致此类争端久拖不决，影响他国权利和《公约》的有效性。因此，《公约》第298条规定，虽然缔约国可以声明方式不接受将划界争端提交至诉讼或仲裁解决，但是必须接受针对该争端的强制调解；附件五第13条进一步

---

〔33〕 Jianjun Gao, “The Timor Sea Conciliation (Timor-Leste v. Australia): A Note on the Commission’s Decision on Competence,” *Ocean Development & International Law* 49, no. 3 (July 3, 2018): 211.

〔34〕 Myron H. Nordquist, Shabtai Rosenne, and Louis B. Sohn, *United Nations Convention on the Law of the Sea 1982: A Commentary*, V: 313.

〔35〕 Report and Recommendations, para. 221.

规定，当争端方就强制调解委员会的管辖权问题产生争端时，该争端“应由调解委员会加以解决”。这两条规定实质上就是《公约》强制调解的“强制性”的主要来源。如果委员会的管辖权决定仅仅是建议性质，那么强制调解的强制性就无从而来，强制调解的有效性也会大大降低。

诚然，本文注意到，《公约》承认争端缔约国可能会不参与强制调解，但是同时规定不参与或者不接受调解不应阻碍程序的进行。这只能反映出国际法缺乏强制执行机制的缺陷，而并不意味着该管辖权决定没有拘束力。同时，这也在侧面印证了调解委员会的自裁管辖权以及调解委员会行使该权力所作出的决定具有独立性，不因争端方拒绝接受而受到影响。

需要明确的是，即便调解委员会认为《管辖权决定》是有拘束力的，这个拘束力只能及于该案争端方，且只能要求争端方接受第三方对特定事项争端的调解。这个拘束力是程序上的拘束力，争端方没有义务接受调解委员会对实体问题作出的任何判断或建议，也没有义务就超出管辖权的事项接受调解。在审查自身是否有管辖权时，本案委员会对《公约》部分条款进行了解释和适用，并作出了一个有拘束力的决定。这个决定与国际法庭或仲裁庭作出的管辖权决定或裁定很相似。国际法庭和仲裁庭的决定和裁定往往被视为有说服力的法律渊源而被其他法庭或仲裁庭引用，形成“事实上的遵循先例”（de facto stare decisis）制度。[36]那么，本案《管辖权决定》是否有可能构成此类“先例”呢？本文对此持否定观点。由于本案委员会作出的《管辖权决定》在法律论证上不够细致[37]，恐怕难以被视为是有说服力的“法律渊源”而被其他调解委员会、仲裁庭和法庭援引。在本案委员会看来，本案作为《公约》强制调解第一案会对未来适用《公约》附件五调解的争端产生影响。[38]然而，调解委员会并没有明说是何种影响。本文认为，其他调解委员会在处理类似的情形时应当会参考本案委员会对《公约》有关条款的解释和适用，并试图与本案委员会的结论保持一致，但是不应当直接适用有关结论。

（三）争端方具有一定程序性义务

在管辖权确立后，争端方与委员会正式进入了调解程序。虽然调解的内容和结果对争端方没有拘束力，但争端方依然受到了一定程度上的拘束和限制。此类拘束和限制有多重来源，包括一般国际法、《公约》和委员会制定的《程序规则》的规定等。有的国家认为，在条约中纳入调解条款既可以展现自己和平解决争端的承诺，又不用承担太多的实际义务。[39]这种观点实际上并不准确。

---

〔36〕 http://opil.ouplaw.com/epil.

〔37〕 杨文澜：《〈联合国海洋法公约〉下强制调解第一案——“东帝汶与澳大利亚强制调解案”述评》，第62页。Also see generally Peter Tzeng, “The Peaceful Non-Settlement of Disputes: Article 4 of ‘CMATS in Timor-Leste v Australia,’” *Melbourne Journal of International Law* 18, no. 2 (December 2017): 349.

〔38〕 Report and Recommendations, para. 81.

〔39〕 Jean-Pierre Cot, “Expectations Attached to Conciliation Reconsidered,” 11.

无论是在争端的何种阶段，一般国际法和《公约》有关规定都拘束着《公约》争端缔约国的行为。问题在于，这些一般性的义务以何种形式、在哪些方面拘束在调解程序中的争端缔约国（或者说调解参与方）的行为。例如，根据《联合国宪章》的有关规定，争端缔约国有真诚履行国际义务、不使用武力或武力威胁并通过和平方法解决争端的一般性义务。这项原则在《公约》中也有所体现。《公约》第 279 条规定："各缔约国应按照《联合国宪章》第二条第三项以和平方法解决它们之间有关本公约的解释或适用的任何争端，并应为此目的以《宪章》第三十三条第一项所指的方法求得解决。"参与强制调解而不是诉诸武力或武力威胁的行为自然符合通过和平方式解决争端的要求。在一般国际法下，争端方还有不激化或扩大争端的义务（obligation of non-aggravation）。1939 年常设国际法院就在"比利时诉保加利亚案"的临时措施令中指出：案件中的争端方应当避免采取任何激化或扩大争端的措施。[40]这一项规则后来也被国际法院和诸多国际仲裁庭接受。[41]1970 年联合国大会通过的《关于各国依联合国宪章建立友好关系及合作之国际法原则之宣言》重申了该规则，宣言提出："国际争端各当事国……应避免从事足使情势恶化致危及国际和平与安全之维持之任何行动……"[42]当然，这一规则十分抽象，某种行为是否会扩大或激化争端也并非由争端一方决定。不过，在本案中，澳大利亚接受了委员会管辖权决定并秉持善意参与调解的行为显然不构成扩大或激化争端；澳大利亚也在调解初期接受了委员会的建议，终止了帝汶海争议地区石油开采活动，因此没有违反这一规则。试想，如果澳大利亚继续推动争议地区石油开采，这无疑会给双方调解带来困难和压力，澳大利亚也可能违反不激化或扩大争端的国际义务。

这里需指出的一点是，《公约》第 298 条第 1 款 a 项 2 目要求"在调解委员会提出其中说明所根据的理由的报告后，争端各方应根据该报告以谈判达成协议"。不过，这一项义务仅仅要求争端方就委员会针对 1 目争端（也即有关海洋划界和历史性海湾与所有权条款解释和适用的争端）作出的报告进行谈判，因为本案中东澳两国已经就海洋划界达成协议，因此这一要求不适用于本案。更何况，结合以上条款后半句的规定，"如果谈判未能达成协议，经彼此同意，争端各方应将问题提交第二节所规定的程序之一，除非争端各方另有协议"，可以确定的是这一条款规定的是行为义务，仅仅要求争端方进行谈判，而非要求谈判必须成功。

---

〔40〕 *Electricity Company of Sofia and Bulgaria* (*Belgium v Bulgaria*), Order for Interim Measures, 5 December 1939, P. C. I. J Reports Series A/B, General List No. 75, p. 119.

〔41〕 国际法院的实践可参见 Land and Maritime Boundag between Cameroon and Nigeria (Cameroon v. Nigeria), Provisional Measures, I. C. J. Reports 1996, p. 13; Militay and Paramilitary Activities in and against Nicaragua (Nicaragua v. USA), Provisional Measures, I. C. J. Reports 1984, p. 169; 国际仲裁庭的实践可参见 Federico Campolieti, "The Rule of Non-Aggravation of the Dispute in ICSID Arbitration Practice", *ICSID Review*: *Foreign Investment Law Journal* 30, no. 1 (February 2015): 217-30。

〔42〕 联合国大会：《关于各国依联合国宪章建立友好关系及合作之国际法原则之宣言》，UNGA Res 2625 (XXV)，1970 年 10 月 24 日。

以上由一般国际法和《公约》所确立的争端方义务都是一般性义务，比较抽象。更为具体的程序性义务来自调解所使用的程序规则。《公约》附件五第 4 条规定："除非争端各方另有协议，调解委员会应确定其本身的程序。"如果争端方能够共同确定调解程序规则，争端方自然有义务遵守程序规则中规定的内容。但如果争端方无法就程序规则达成一致，调解委员会可以确定程序规则。调解委员会的这一权力其实非常大，因为委员会确定的程序规则也会给争端方施加一定的程序义务。考虑到强制调解一般是由争端一方针对其他争端方启动的，争端方之间的不和或敌意可能会因为强制程序的启动而增强，这也就容易导致争端方采取更为极端或强硬的立场。正如易显河教授所说：相比于自愿调解，在强制调解中的争端方就程序达成协议的可能性更小，也因此使得调解委员会有更大的程序决定权。[43]即便委员会对实体问题的建议和判断对争端方无拘束力，委员会就调解程序如何进行的程序性决定却能够约束调解流程和走向。[44]

本案即是如此。因为澳大利亚在程序启动伊始就提出了管辖权异议，所以委员会在启动管辖权听证前就依照 1996 年《常设仲裁法院调解任择规则》（以下简称《PCA 规则》）和1996 年《联合国国家间争端调解示范规则》（以下简称《UN 规则》）起草了适用于本案的《程序规则》并交由东澳两国进行讨论。[45]在委员会看来，《程序规则》是对《公约》附件五的补充[46]，调解应当以"灵活、非正式的方式"进行，但又要保证委员会能够自如地采取其认为有助于解决争端的方式和措施。[47]2016 年 8 月 22 日，委员会正式采纳《程序规则》。[48]最终版本的《程序规则》分为 6 节，共 26 条，分别规定了委员会委员的任命、调解流程、委员会报告、调解费用等程序性问题，这些规定也成为后续流程的重要指引。《程序规则》不仅为东澳两国施加了一定的程序性义务，还强化委员会自身在程序性问题上的话语权和决定权。

一方面，《程序规则》给争端方施加了程序性义务。例如，本案中的《程序规则》第 10 条第 3 款规定：在调解期间，争端方应当（shall）避免采取任何激化或扩大争端的措施。这显然是委员会将一般国际法下的义务明确纳入调解程序中的表现。第 10 条第 2 款规定："争端方将本着善意与委员会合作并竭力遵守（endeavour to comply with）委员会提交书面材料、提供证据或文件以及出席会议的请求。"第 2 款和第 3 款分别来自《PCA 规则》第 11 条和《UN 规则》第 27 条。可以看到，第 2 款没有采用法律语言

---

〔43〕 Sienho Yee, "Conciliation and the 1982 UN Convention on the Law of the Sea", 325.

〔44〕 Alexander Proelss, ed., *United Nations Convention on the Law of the Sea: A Commentary* (München, Germany: Oxford, United Kingdom: Baden-Baden, Germany: Beck/Hart, 2017), 2319.

〔45〕 Report and Recommendations, para. 56.

〔46〕 参见《规则》前言部分最后一段："THE CONCILIATION COMMISSION, after having sought the views of the Parties, adopts the following Rules of Procedure. These Rules of Procedure supplement those contained in Annex V to the Convention." https://pcacases.com/web/sendAttach/2336.

〔47〕 Report and Recommendations, para. 57.

〔48〕 Report and Recommendations, paras. 78, 80.

中常用的“必须”（shall 或 must），而是使用了“将”（will），下半句委员会使用了“竭力遵守”（endeavour to comply with）而非简单的“遵守”。“将”在英语中表示主语的意愿如此，“竭力遵守”似乎在暗示争端方只有尽最大努力的行为义务（obligation of conduct）而没有完成委员会请求的结果义务（obligation of result）。或许是因为委员会直接照搬常设仲裁法院和联合国两份规则的规定，因此出现两款用语不同的情形。但是，这两款前后相邻，用语上的差异更有可能是委员会有意为之。如果是后者，或许在委员会看来，第 10 条第 3 款只是对一般国际法上义务的重述，而第 2 款则是直接施加给争端方的义务，这就说明委员会意识到自身权威性的不足，并有意在《程序规则》中设置不同层次的程序性义务，以便获得争端方的承认和遵守。值得注意的是，在管辖权听证阶段，东澳两国均援引了《程序规则》，而且东帝汶代理律师迈克·伍德（Michael Wood）还引用了《程序规则》第 10 条第 3 款的内容，指出澳大利亚的一项行为违反了《程序规则》的规定。[49] 由此可见，《程序规则》不仅在名义上指引着调解程序，还切实成为争端方参与调解的依据和规范。

另一方面，委员会也通过区分《程序规则》中对自身权力设定的用语，强化自身在部分程序性问题上的决定权。本案《程序规则》规定，委员会有权决定争端方书面陈述（written submission）的范围和提交时间（第 13 条第 2 款）、会议举行地点（第 14 条）、部分事项公开（第 16 条）以及未被《公约》和《程序规则》规定的程序事项（第 1 条第 3 款），但是需要和争端方协商。然而，委员会若要公开被争端方明确规定为机密的文件或信息（第 16 条第 6 款）或延展调解的时间（第 20 条第 4 款），则需要获得争端方的同意。这两种用语上的差异体现出对争端的意思自治的不同程度的尊重以及委员会在不同程序性事项上的权力大小差异。前种程序性事项并不会直接影响争端方的权利和义务，相反，避免在这些问题上耗费时间才更有可能提升调解的效率；而后种程序性事项要么会直接影响争端方权利义务（例如保密），要么是修改《公约》附件五的有关规定（例如延展调解委员会 12 个月的期限），因此委员会没有决定权，需要取得争端方的同意。

由于委员会是在将《程序规则》交给东澳两国商讨之后才采纳的，因此我们可以推断委员会试图在自身权力和争端方权利之前达成一个平衡，目的自然是尽可能地使调解有效并取得成果。

或许，以上的分析过于理想化，毕竟调解不同于法律程序，对程序性规则的解读不应该过于教条。从委员会的角度来说，调解的最终目的是帮助争端方解决争端，因此委员会在施加程序性义务或限制时必须谨慎、充分考量。从其他争端方的角度来说，无论是否接受对实体问题的调解，在程序前期提出管辖权异议和积极参与程序规则制定是很有必要的。本文想借此说明的一个观点是，在调解程序中，争端方在小范围内受制于调

---

〔49〕 *Timor-Leste/Australia Conciliation*, Opening Session Transcript, pp. 43, 55.

解委员会的程序性权力，将承担一定的程序性义务，其意思自治受到一定程度的限制。也许正是出于上述原因，东帝汶认为强制调解在一定程度上能平衡其与澳大利亚悬殊的力量对比，才会认为《公约》强制调解不仅是“公平”“中立”的争端解决方式，也是重启与澳大利亚划界谈判目前唯一可行的方式。

四、强制调解的灵活性特点

调解方法的目的是解决争端，追求的是案结事了，程序上的灵活性是促进争端方解决争端的必然要求。《公约》附件五第5条规定：“委员会可提请争端各方注意便于和睦解决争端的任何措施。”委员会的《程序规则》进一步细化了附件五第5条，《程序规则》第18条第3款规定：“委员会可在程序的任何阶段提请争端各方注意在委员会看来有助于和睦解决争端的任何措施。”因此，调解委员会事实上有相当宽泛的“建议权”；尽管在严格意义上说，争端方并不受到委员会建议的直接拘束。有经验又负责任的调解委员应当善于利用这一“权力”，提出有利于解决争端的措施和建议。另外，附件五第4条规定，争端方可以通过协议确定、更改程序，包括《公约》中的有关程序。因此，若争端方能够就程序性事项达成一致，委员会有义务配合争端方。这也就意味着调解的程序可以灵活变通，而不必拘泥于《公约》或其他规定。

由此可见，《公约》强制调解的灵活性最主要体现在调解手段和程序两个方面上。在“东帝汶/澳大利亚调解案”中，调解委员会就发挥了调解程序灵活性的优势，通过一系列增强互信的措施和灵活的谈判调解模式促进东澳两国进行对话和协商。

（一）增强互信的措施

所谓“增强互信的措施”（confidence-building measures），顾名思义是为了增强争端方之间以及争端方和委员会之间的相互信任，为促进争端的解决创造条件，自然就是一种“有助于和睦解决争端的”措施。2016年10月13日，在作出管辖权决定不到一个月的时间，委员会认为需要消除两国进行调解和谈判的障碍并建立双方互信，因此提出一份“委员会关于增强互信措施的提议”，其中包括建议争端方终止有关条约，书面承诺（commit in writing）就划界事项进行谈判，终止东帝汶此前启动的两个仲裁案以及澳大利亚在争议地区的石油开采活动，等等。[50]虽然委员会的这些“提议”只有建议性质，并不像国际法院或国际仲裁庭作出“临时措施命令”一样对争端方有拘束力[51]，但在本案中，东澳两国都采纳并履行了委员会的“提议”。[52]

委员会的提议比较全面，首先，通过要求东澳两国终止双方间的部分条约安排和之

〔50〕 Report and Recommendations, para. 95.

〔51〕 http://opil. ouplaw. com/EPIL.

〔52〕 Report and Recommendations, paras. 96-109.

前的仲裁案，扫除了继续调解的法律上的障碍〔53〕；其次，通过要求争端方终止在争议地区的活动以固定争端状态，并通过发布共同声明和公告的方式为双方营造一个稳定的舆论环境，为继续调解扫除政治上的障碍；最后，通过要求争端方承诺积极参与划界争端的调解和谈判，并向委员会提交相关文件明晰自身立场，为委员会下一步行动提供了便利条件和空间。

（二）灵活的谈判调解模式

上文已经提到，《公约》下的强制调解具有组织化谈判的特征。〔54〕既然是有组织的谈判，那么和谁谈、怎么谈、谈什么就是需要经过精心组织安排的问题。

在仲裁或司法程序中，裁判者一般要避免和争端一方单方接触，以避免对其中立性的怀疑。调解作为一种体系化的解决争端的政治方法，却往往允许调解委员会与争端一方进行单方会面或沟通（*ex parte* meeting or communication）。例如，《PCA 规则》第 9 条第 1 款就规定：调解员可与争端方单方会面或沟通。《国际律师协会投资者—国家调解规则》第 8 条第 3 款也有类似规定。〔55〕需要注意的是，本案《程序规则》的另一重要参照规则——《UN 规则》第 20 条第 1 款允许调解委员会在程序结束且争端方无法达成完全解决的情形下与争端方单方会面，但在其他阶段中明确禁止单方会面。《UN 规则》第 11 条第 2 款规定：在第 20 条第 1 款规定的限制下，委员会在未给予一方机会派代表出席某次会议的情况下，不应让另一方的代理人或顾问出席该次会议。

在本案中，委员会在准备《程序规则》时就与东澳两国就该问题进行了讨论，争端双方一致同意委员会可以与争端方进行单方会面〔56〕，最终版的《程序规则》第 18 条第 4 款也明确规定了这项权力。委员会的最终报告显示：委员会与东澳两国的会面大多数是以单方会面的形式进行的，这一做法也取得了三方会面无法取得的成果。〔57〕单方会面安排具有如下几点好处。首先，东澳两国允许委员会进行单方会面体现出两国对于委员会公正性的信任；其次，单方会面能够允许争端方更加自由、坦诚地就己方立场、观点、主张与委员会进行沟通；最后，由于调解委员会对实体问题的判断或建议没有法律上的拘束力，争端方也不得在以后的法律程序中利用其在调解程序中获得的信息，因此即便委员会出现偏私或者不当行为，争端方的法律立场和主张也不会受到明显影响。因此，单方会面对于调解取得成功可能是十分必要的。

另外，本案调解程序还体现出极大的参与性和弹性。在东澳两国就划界问题达成协议后，双方请求委员会继续参与接下来资源合作开发的谈判。争端双方引入了已获得帝

---

〔53〕 杨文澜：《〈联合国海洋法公约〉下强制调解第一案——“东帝汶与澳大利亚强制调解案”述评》，《国际法研究》2018 年第 3 期，第 62 页。

〔54〕 J. G. Merrills, *International Dispute Settlement*, 69.

〔55〕 https://www.ibanet.org/Document/Default.aspx? DocumentUid = C74CE2C9-7E9E-4BCA-8988-2A4DF573192C.

〔56〕 Report and Recommendations, para. 57.

〔57〕 Ibid.

汶海大日升油气田资源开发许可的几家企业组成的大日升合资企业参加调解程序，并约定了一系列大日升油气田开发方案需要满足的条件。[58] 至此，东澳两国关于划界的双边争端调解转变为合作开发的三方协商。虽然在本案中，东澳两国和大日升合资企业未能就最终大日升油气田的开发方案达成一致，但是不难看出，在调解程序中，调解的管辖权范围可以基于争端方合意而改变，调解参与者的范围也可以比较容易地扩大。这样或许有助于争端方集中力量、抓住时机一揽子地解决争端。这相比于解决争端的法律方法中严苛的诉讼资格（standing）、管辖权等问题来说，可能更有助于全面解决争端。

从《公约》来看，除非争端方达成协议，调解委员会在程序性问题上有相当大的权力。然而，这项权力的行使必须服务于调解的最终目的，即促进争端方达成妥协的意愿。上文提到的《PCA 规则》《UN 规则》以及其他条约中的调解规则无不在程序性问题上给予调解委员会充分的灵活性，目的也是如此。诚然，要能在灵活的程序中促进争端方对话、妥协乃至解决争端，这不仅对调解员的素质和经验要求很高，也要求争端方冷静、全面地审视自身立场和主张，这样才能发挥调解的灵活性优势，最终达成争端的解决。

五、调解委员会结论和建议的作用和影响

虽然强制调解程序的争端方有一定的程序性义务，但强制调解的本质还是调解，调解是否能够成功解决争端取决于争端方是否能够达成调解协议；如果不能达成协议，那么调解委员会应当就解决争端作出结论和建议；该结论和建议若能被争端方接受，也可以顺利解决争端。因此，在调解过程中，委员会的结论和建议为争端方和平解决争端提供了第二次可能。

与仲裁庭或法庭要依法裁判不同的是，调解委员会针对实体问题作出结论和建议时并不以法律正确性为标准，而是以能为争端方主动接受为最终目标。这一点在附件五的诸多条款中有所体现。第 6 条规定委员会的职责是：“听取争端各方的陈述，审查其权利主张和反对意见，并向争端各方提出建议”，最终目的是“达成和睦解决”。第 7 条规定，若争端方不能达成和睦解决，委员会要出具一份“载明委员会对有关争端事项的一切事实问题或法律问题的结论及其可能认为适当的和睦解决建议”的报告。《公约》第 298 条同时规定，“在调解委员会提出其中说明所根据的理由的报告后，争端各方应根据该报告以谈判达成协议”。这意味着，委员会的一切活动都应当以促进争端方达成解决争端合意为最终目标，委员会也会依照具体情形对如何达到该目的作出判断。本案中，除了《公约》的有关规定外，委员会还在《程序规则》第 18 条第 2 款明确了其对实体

---

〔58〕 See “Annex b：approach on the greater sunrise development concept” and “Action Plan”，“Comprehensive Package Agreement of 30 August 2017”，attached to Timor-Leste/Australia Conciliation，Press Release 14.

问题的处理原则，也即委员会要坚持“客观、公平和正义的原则”，并考察包括争端方权利义务、争端背景，包括争端方之间的既有实践。由此可见，委员会认为，一份符合“客观、公平和正义的原则”的解决方案才是能够为两国所接受的方案。

事实上，争端各方也可以约定委员会作出结论和建议应当遵循的标准。本案中，东澳两国于2017年8月30日达成的划界协议中规定的大陆架界线穿过了双方均觊觎的、藏有约500亿美元油气资源的大日升油气田。双方约定共同享有对大日升地区资源的所有权，但双方争议焦点由此转变为对大日升资源开发方案和下游收益分配问题。据估计，大日升石油加工项目可以带来大量就业、知识转移、教育、基础设施建设等方面的收益，下游收益可达250亿美元。鉴于此，调解程序没有因双方达成划界协议而终止，东澳两国要求委员会继续就双方在大日升油气田开发争端进行调解，并引入了已经获得大日升开发资格的企业组成的大日升合资企业参与调解。委员会也就继续依照《公约》有关规定和《程序规则》进行调解。在大日升油气田开发问题上，东帝汶希望大日升的输油管道能够接通到本国领土，而大日升合资企业提出应将管道接通到澳大利亚达尔文。由于建设海上输油管道成本巨大，不存在折中方案。既然各方没能达成一致，委员会就此问题作出结论和建议。东澳两国一致认为，开发大日升资源的计划应当满足一系列标准，包括项目必须有商业上和技术上的可行性，必须有利于东帝汶经济可持续发展以及必须符合最佳油田开发实践。[59]委员会也依照这些标准，协同自行聘请的专家证人经审议指出，只有在提供约56亿美元的直接补助的情况下，将管道通往东帝汶才具有商业上的可行性。[60]然而，这一结论显然不利于东帝汶的主张，因此东帝汶拒绝接受。《公约》附件五第7条第2款明确规定：“委员会的报告，包括其结论或建议，对争端各方应无拘束力。”本案调解委员会还在《程序规则》第26条进一步规定，争端方不得在任何司法或仲裁程序中引用委员会的建议，无论该司法或仲裁程序是否与本案争端有关；即便争端一方接受了委员会的建议也不代表该方接受委员会对法律和事实的判断。东帝汶和澳大利亚都没有义务接受委员会的报告。

这是否就意味着调解委员会的建议和结论不重要？答案是否定的。正如上文介绍，在处理大日升油气田开发问题时，东帝汶希望大日升油气田的开发管道可以通往东帝汶；而大日升联营体主张应当将管道通往澳大利亚达尔文。委员会在聘请专家进行分析后，作出了不利于东帝汶的结论。东帝汶首席谈判官古斯芒随即在致委员会的信件中言辞激烈地表达了对澳大利亚、大日升合资企业和委员会的多重不满，他认为：委员会聘请的专家缺乏对发展中国家的了解，在一开始就没有得到东帝汶的完全认可，因此所出具的专家意见在技术方法上是错误的；此外，东帝汶也没有获得充分的反驳机会；因而委员会最终出具的“正式建议”超越了委员会应有的管辖权限，变成了为澳大利亚和大

〔59〕 See Annex B to Comprehensive Package Agreement of 30 August 2017.

〔60〕 See “Commission Paper”, p. 5.

日升合资企业背书的单方立场文件，因此东帝汶拒绝接受委员会的结论。[61]东帝汶认为委员会出具的结论对其不利，因而不予接受，这无可指摘。但是东帝汶为何要以如此严厉的措辞和口吻指责委员会的公正性和独立性呢?

英国国际法学家伊恩·辛克莱（Ian Sinclair）认为，如果调解失败，调解委员会出具的报告尽管只有建议性质，其结论和建议可能会为部分争端方的立场和主张提供初步支持（prima facie justification）。[62]对此，易显河教授认为这个观点过于重视委员会报告了，委员会报告没有支持各方立场的“功能”，且这个观点可能会阻碍争端方运用调解制度；不过他也承认，部分争端方必须面对由中立权威的第三方通过详尽调查作出的、对其不利的报告，这会给争端方带来严重的政治后果。[63]对于年轻的东帝汶而言，将大日升油气管道接到东帝汶进行加工处理的项目是其国父古斯芒为推动国内经济转型和发展而极力主张的方案，当这个方案被一个由东帝汶和澳大利亚共同选定的权威第三方拒绝时，这对东帝汶的国内政治和在国际上推动该方案的计划都是一个不小的打击。[64]也有学者认为，委员会报告具有“公正裁判”的特点，报告中所阐述的原则可以被利用在日后的谈判中，国际社会也可能会施加压力要求争端方遵从委员会的结论和建议。[65]因此，委员会的结论和建议肯定不利于东帝汶日后与澳大利亚继续谈判，也不利于其在国际社会中推广其立场，那么东帝汶必须提出强有力的理由来彻底拒绝、否定这一方案，最为直接且清晰的方案就是攻击委员会的中立性和客观性。这就在侧面说明了调解委员会报告对于争端方在实体问题上的主张是有一定影响的。

在调解之外，委员会的结论和建议影响就相对有限，也因此受到了一些批评。调解的本质是寻求妥协，但寻求妥协可能损害最终解决结果的客观性、合法性和公正性。调解也可能存在着碎片化地解释和适用国际法的危险。[66]换句话说，调解对于国际法渐进发展的作用相对有限。赫希·劳特派特（Hersh Lauterpacht）就非常不认可调解方法，

---

〔61〕 https：//assets. documentcloud. org/documents/4403251/Chief-Negotiator-Letter-28-Feb-2018. pdf.

〔62〕 需要说明的是，Ian Sinclair 讨论的是《维也纳条约法公约》下的强制调解程序。Sir Ian Sinclair，*The Vienna Convention and the Law of the Treaties*，2nd Revised edition（Manchester University Press Melland Schill Studies，1986），233。

〔63〕 Sienho Yee，“Conciliation and the 1982 UN Convention on the Law of the Sea，”318.

〔64〕 关于东帝汶推动该项目的历史背景，可参见 Rebecca Strating，“Timor-Leste's Foreign Policy Approach to the Timor Sea Disputes：Pipeline or Pipe Dream?”，*Australian Journal of International Affairs* 71，no. 3（May 4，2017）：259-83；Rebecca Strating，“Maritime Territorialization，UNCLOS and the Timor Sea Dispute”，*Contemporary Southeast Asia：A Journal of International and Strategic Affairs* 40，no. 1（May 3，2018）：101-25。

〔65〕 高健军：《〈联合国海洋法公约〉争端解决机制研究》（第 2 版），中国政法大学出版社 2014 年版，第 335、327 页。

〔66〕 黄瑶：《论国家间调解的优越性》，载黄瑶、陈文学、李赞编：《未名飞鸿：饶戈平教授从教四十周年纪念文集》，北京大学出版社 2018 年版，第 34—35 页。

认为调解方法在解决争端时会考虑法律以外的因素，因而会削弱国际法治。[67]当然，这些批评不是争端方在选择解决争端方式的时候需要主动考虑的问题。

六、结 语

"东帝汶/澳大利亚调解案" 作为第一起适用《公约》强制调解程序成功解决海洋划界争端的案件值得我们重视和研究。在本案中，调解委员会通过《管辖权决定》《程序规则》以及 2018 年 5 月最终报告，解释、适用和细化了《公约》的有关规定以及东澳两国的有关争端，本案可以成为未来《公约》强制调解案的重要参考和指引。《公约》中的强制调解具有强制性特征，争端方可以单方面启动调解，其他争端方也可以提出管辖权异议，委员会也有权就管辖权问题作出决定，诚如该案所展示的。如果争端方未能就调解程序达成一致，委员会有权决定调解程序。

此外，《公约》强制调解程序也具有灵活性特征，尤为值得注意的是调解委员会可能会提出建立互信的措施和开展灵活的非正式的谈判，最终目的是促进争端方达成协议。虽然调解的内容和结果对争端方没有拘束力，但强制调解中的争端方仍然要承担一定的程序性义务。鉴于调解委员会的结论和建议对实体问题的解决有着重要的影响，争端方应对该报告予以充分的重视。

〔67〕 Hersch Lauterpacht, *The Function of Law in the International Community*, 1st ed. (Oxford: Clarendon Press, 1933), 267.

《联合国海洋法公约》所涉争端解决机制执行比较研究

■ 罗国强* 文 鑫**

【内容摘要】《联合国海洋法公约》中规定了争端解决机制的组成、权限、审理程序等，但是在形成有强制拘束力裁决的执行问题上却鲜有涉及。目前，从对国际法院、国际海洋法法庭以及仲裁法庭的案件执行信息统计来看，三者执行情况存在一定的差异。从1994年《联合国海洋法公约》生效开始，国际法院受理案件18件，审结13件，其中6件都没有得到合理善意充分执行；国际海洋法法庭受理案件25件，审结25件，未执行3件；仲裁法庭受理案件22件，审结13件，5件没有得到执行。而产生这种执行差异的原因包括机构设置本身的权威性、案件的内容和裁决、执行保障等因素。为此，可以构建执行监督体系和创设强制执行措施来作为设想，进一步保障《联合国海洋法公约》所涉争端解决机制的合理善意充分执行。

【关键词】《联合国海洋法公约》 海洋争端解决机制 执行

《联合国海洋法公约》（以下简称《公约》）被称为“海洋宪章”，其在第十五部分的“争端的解决”中，按照一般国际争端的解决方法，提出了任择性决定的程序与有拘束力裁判的强制程序。截至2016年12月，已有60项提交到该机制，并且大多数都得到了处理和解决。相应的裁判作出之后需要有配套的执行机制。就目前来说，针对公约体系下的海洋争端解决机制的执行问题，除了国际法院的判决可以向联合国安理会申请予以执行之外，对国际海洋法法庭裁决的执行制度仅有部分分庭有专门的公约条款予以保障，其他则是依靠当事方的善意履行。这种方式有明显的弊端，依靠当事方的善意履行就意味着执行保障的单一性，如果当事方不履行裁决，那么就会削弱《公约》争端解决机制的权威性，从而对海洋新秩序的构建造成诸多阻碍。为了进一步了解《公约》体系下海洋争端解决机制的执行问题，本文通过将《公约》下争端解决机制裁决案例以及执行情况进行归纳汇总，提出构建强制执行为核心的海洋争端解决机制执行程序的意见，以实现解决海洋争端并确保争端真正能够在当事方之间进行平息，维护海洋新秩序的目的。

一、海洋争端解决的现有机制执行制度

“执行”一词在《布莱克法律大词典》中被解释为“强制服从法律”。[1]即要求在

---

* 武汉大学珞珈特聘教授，武汉大学国际法研究所博士生导师，国家“万人计划”青年拔尖人才。

** 中共中央党校（国家行政学院）教师，武汉大学国际法硕士。

本文受2016年教育部人文社科重点基地重大项目“构建人类命运共同体与中国国际法理论创新”（16JJD820011）和武汉大学青年学术团队项目的资助。

〔1〕 See Bryan A. Garner: *Black's Law Dictionary*, *Standard 10th Edition*, Thomson West, 9 May 2014, pp. 822.

有拘束力的裁决作出之后，各当事国应当强制性的遵守裁决下的相关义务，行使相应的权利。《公约》中规定了海洋争端解决机制的管辖权、初步程序、裁判程序，但是对于执行的程序规定却存在缺失。《公约》对海洋争端解决机制执行的规定中囊括了国际法院本身的执行规定，除此之外，在《公约》第十五部分第296条规定裁决的确定性和拘束力需要争端各方遵守，其他针对裁决执行问题的规定均一笔带过，寥寥无几，结合其他条约中的规定，以下将对这些机制的执行制度进行阐述。

（一）国际法院

国际法院（International Court of Justice）设于海牙和平宫，前身是常设国际法院（PCIJ）。《公约》在第287条中规定国际法院作为争端解决有拘束力裁判的强制程序之一，拥有对《公约》中海洋争端的管辖权。[2]在《公约》中并没有针对其进行具体的规定，其组成、管辖、程序、判决以《联合国宪章》中《国际法院规约》的规定为依据。而判决执行的问题主要规定了国际法院经过秘密讨论之后形成具有法律拘束力的判决，在形成判决之后，当事国应当履行遵守国际法院判决的义务。[3]在执行主体方面则是由联合国安理会作为唯一的法定执行主体，承担着将国际法院判决在当事国执行的职责。[4]国际法院在作出判决之后针对执行问题不再进行关注，如果有当事国要求执行，可以向安理会请求执行，由安理会进行决定是否接受申请以及是否采取相应的措施确保判决的执行。

（二）国际海洋法法庭

《公约》一项重要的制度就是设立了国际海洋法法庭。[5]《公约》附件六《国际海洋法法庭规约》针对国际海洋法庭组成、管辖、程序以及判决进行了规定，其同样提出要求各争端当事国需要遵守裁判，但是却对裁判的执行问题没有作出任何规定。海洋争端的复杂性以及为解决《公约》谈判过程中存在的分歧，促使国际海洋法法庭内划分为四类特别分庭：海底争端分庭、特种争端分庭、专案分庭和简易程序分庭。不同的分庭有不同的职责，已成为提高海洋争端解决效率的重要机制。特别是海底争端分庭，是依据《公约》第十一部分设立，专门处理第十一部分规定的“区域”案件，争端当事国可以将案件提交给海底争端分庭，也可以提交给海洋法法庭，但是如果提交给海底争端分庭，则其自然就获得了强制管辖的权力。在《规约》针对海底争端分庭部分的规定

---

〔2〕参见《公约》第288条第1款。

〔3〕参见《联合国宪章》第94条规定。

〔4〕See Joseph Sinde Warioba: *Monitoring Compliance with and Enforcement of Binding Decisions of International Courts*. Max Planck Yearbook of United Nations Law, Volume 5. Netherlands: Kluwer Law International, 2001, pp. 51.

〔5〕See Harry Z. G. Tzimitras: *Peaceful settlement of international disputes and the development of the law of the sea: The role of the international court of justice*, Cambridge Review of International Affairs, 2007, Vol. 10, pp. 298-312.

中，则是进行了单独的规定。[6]就是说，分庭作出的裁判要想在当事国内得到执行需要以当事国国内最高法院的执行方式为类比，采取同样的方法在该缔约国的领土内进行。结合《公约》中第十一部分的内容，在分庭判决执行的时候适用了特殊的规定，在执行分庭判决的某些方面赋予了国际海底局一些职能：首先，在代表海底局的诉讼程序中，经海底局理事会法律和技术委员会的建议，理事会可采取措施执行判决；其次，如果分庭判定某个缔约国广泛且持续地违反了有关规定，经理事会建议，海底局大会可以暂停该国会员的权利和特权的行使。[7]但是，这项规定仅在海底争端解决中得到运用，在其他国际海洋法法庭的裁判中，却没有一个类似于海底管理局的机构来监督裁判的执行。这项制度的缺失使得海洋法庭作出的诸多判决执行率较低。

（三）仲裁法庭

仲裁法庭在近几年海洋争端解决案件中适用数量不断提高，其组织机构及程序在《公约》附件七中作出了详细的规定。关于裁决的确定性问题在附件七第11条也进行了规定，并且确定了仲裁一裁终局的规则（除争端各方事前议定某种上诉程序外）。[8]而在第12条中，提出仲裁裁决的执行和解释问题的争议可以由任何一方提交仲裁庭解决，第2款提出也可以将该争议提交给其他的解决机构。仲裁裁决同样采用少数服从多数原则，不到半数弃权或缺席不影响比例。仲裁裁决同样具有确定性，具备法律拘束力，需要当事国遵守。除此之外对于仲裁裁决如何执行、执行机构以及执行时效等均没有规定。没有一个良好的执行机制，就很难保证仲裁裁决的法律拘束力具有实效作用，对于《公约》缔约国的权利保障也是极为不利的。

从上面《公约》中针对有法律拘束力的三项主要机构的裁决来说，其执行制度的规定都是不完整的。没有对执行制度作出规定，一方面是为了加快条约的通过，另一方面也是因为国际法本身没有一个强有力的权威机构去监督和执行判决。这些都导致最终《公约》中对裁决执行问题的简略化甚至“闭口不提”。这些做法都不利于争端解决机制权威的树立，也对其今后的发展产生了一定的阻碍。

二、各海洋争端解决机制的执行现状

目前在海洋争端解决机制中，以国际法院、国际海洋法法庭为首的机构是争端解决公力救济的主要组成部分，但是在实际执行过程中，得到完全执行的案件数量并不可观。下文就以对比分析的形式将三类争端解决机构的执行情况进行比较研究，以深入分析执行的现状。

---

〔6〕 参见《公约》附件六第39条。

〔7〕 参见吴晓丹：《国际司法机构判决的执行监督机制》，《哈尔滨工业大学学报》（社会科学版）2008年第5期，第50—55页。

〔8〕 参见《公约》附件七第11条。

（一）国际法院

国际法院的职能是解决国际争端，海洋争端同样包含在内。国际法院从 1948 年受理第一起案件开始，截至 2016 年 7 月 31 日，包含咨询意见、判决书、命令等提交给国际法院的争端共 214 项，其中关于海洋争端的一共受理了 38 项。在《公约》生效之后，其受理和判决的案件一共有 18 项。具体执行情况如表 1 所述。

表 1　国际法院受理海洋争端案件基本情况（1994—2018 年）

序号	案件	案由	受理日期	判决日期	执行情况
1	渔业管辖权案（西班牙诉加拿大）	公海渔业管辖权	1995 年 3 月 28 日	1998 年 12 月 4 日	法院不具有管辖权
2	卡西基利/塞杜杜岛案（博茨瓦纳诉纳米比亚）	岛屿主权及海洋划界	1996 年 5 月 15 日	1999 年 12 月 13 日	未得到执行，依然存在武装冲突
3	请求解释 1998 年 6 月 11 日对喀麦隆和尼日利亚之间陆地和海洋边界案（喀麦隆诉尼日利亚）的判决案〔9〕	解释法院有关两国陆地和海洋划界案的判决	1998 年 10 月 28 日	1999 年 3 月 25 日	喀麦隆和尼日利亚之间陆地和海洋边界案未得到执行，该项请求法院不予受理
4	对利吉丹岛和西巴丹岛的主权案（印度尼西亚/马来西亚）	岛屿主权争端	1998 年 11 月 2 日	2002 年 12 月 17 日	利吉丹岛和西巴丹岛归属马来西亚，结束争议
5	尼加拉瓜和洪都拉斯在加勒比海的领土和海洋争端案（尼加拉瓜诉洪都拉斯）	加勒比海领土及海洋划界	1999 年 12 月 8 日	2007 年 10 月 8 日	双方发表声明，表示推进划分进程的完成
6	领土和海洋争端（尼加拉瓜诉哥伦比亚）	西加勒比海领土所有权及海洋划界	2001 年 12 月 6 日	2012 年 11 月 19 日	未得到执行，哥伦比亚宣布，由于国际法院作出的“不公裁决”，它正式退出《波哥大公约》
7	申请复核 1992 年 9 月 11 日对陆地、岛屿和海洋边界争端案（萨尔瓦多诉洪都拉斯：尼加拉瓜参加）所作的判决案（萨尔瓦多诉洪都拉斯）〔10〕	请求修正法院对两国岛屿和海洋边界争端案的判决	2002 年 9 月 10 日	2003 年 12 月 18 日	复核未得到受理

〔9〕本案是因为喀麦隆和尼日利亚之间陆地和海洋边界案未得到执行而提起的请求解释案件，是基于国际法院管辖权提起的案件，与《公约》没有必然联系，在这里主要是完善案件统计。

〔10〕1992 年 9 月 11 日对陆地、岛屿和海洋边界争端案（萨尔瓦多诉洪都拉斯：尼加拉瓜参加）判决部分得到执行，但是划界问题仍然受到阻碍，一度被停止。本案与《公约》无必然联系，在这里主要是完善案件统计。

续表

序号	案件	案由	受理日期	判决日期	执行情况
8	边境争端案（贝宁、尼日尔）	边界、海洋划界、岛屿主权	2002 年 11 月 27 日	2005 年 7 月 12 日	未得到执行，两国依然存在边界冲突
9	白礁岛、中岩礁和南礁的主权归属案（马来西亚/新加坡）	岛礁主权争端	2003 年 7 月 24 日	2008 年 5 月 23 日	新加坡赢得白礁主权；中岩礁和南礁的主权则判归马来西亚。由新马两国外交部常任秘书领导的一个联合委员会负责执行法院的判决
10	黑海海洋划界案（罗马尼亚诉乌克兰）	黑海单一海洋划界	2004 年 9 月 16 日	2009 年 2 月 3 日	乌克兰对判决存在质疑，拒绝执行判决
11	海洋争端（秘鲁诉智利）	秘鲁智利两国海区划界	2008 年 1 月 16 日	2014 年 1 月 27 日	两国均表示尊重裁决，秘鲁实现领海扩张目的，智利掌握了实际经济利益
12	南极捕鲸（澳大利亚诉日本）	日本在南极地区捕鲸	2010 年 5 月 31 日	2014 年 3 月 31 日	日本认为国际法院不具有裁判权，2015 年 12 月 2 日，日本无视国际法院禁令，恢复捕鲸活动
13	出入太平洋的协谈义务（玻利维亚诉智利）	玻利维亚出入太平洋的主权问题	2013 年 4 月 24 日	2015 年 9 月 24 日（初步反对意见判决）	两国仍然因为出海口问题矛盾升级
14	尼加拉瓜海岸 200 海里以外尼加拉瓜与哥伦比亚大陆架划界问题（尼加拉瓜诉哥伦比亚）	外大陆架划界	2013 年 12 月 9 日	2015 年 10 月 5—9 日（初步反对意见判决）	—
15	加勒比海主权权利和海洋空间受侵犯的指控（尼加拉瓜诉哥伦比亚）	哥伦比亚的违法行为使尼加拉瓜主权权利和海区受侵犯	2014 年 2 月 3 日	2016 年 3 月 17 日（初步反对意见判决）	—
16	加勒比海和太平洋海洋划界（哥斯达黎加诉尼加拉瓜）	加勒比海和太平洋海洋划界	2014 年 4 月 1 日	2018 年 2 月 2 日	尚待执行〔11〕
17	印度洋海洋划界（索马里诉肯尼亚）	印度洋海洋空间划界	2014 年 8 月 28 日	—	—
18	关于锡拉拉河水域地位和使用问题的争端（智利诉玻利维亚）	锡拉拉河为国际水道性质及权利义务划分	2016 年 7 月 1 日	—	—

根据国际法院网站信息整理，统计截至时间为 2018 年 5 月 1 日

〔11〕 2018 年 2 月 2 日，国际法院通过一致裁定，解决了尼加拉瓜和哥斯达黎加西南部加勒比海的边界纠纷。国际法院所确立的边界线（两国都必须接受）将约 2 万平方千米（约争议海域的四分之三）的面积划给了尼加拉瓜。

综合上述的信息整理，可以看出虽然大部分国际法院的海洋争端判决得到当事国的承认，除了黑海海洋划界案被乌克兰完全抵制之外，很多案件中当事国都未曾公开表示反对国际法院的判决。但是在实际执行的问题上，却存在着部分国家通过执行部分判决来规避“合理、善意、充分”执行判决的义务。

根据学者 Eric Posner 的研究，其统计国际法院从 1946 年至今的案件，执行率在不断地下降。最初无论是强制管辖还是特别协议下的案件执行率都能达到 80% 以上，而到了 20 世纪 90 年代，国际法院判决的执行率下降到 20% 左右。[12]特别是随着近年来海洋权益意识的觉醒，国际法院关于海洋争端的案件执行率越来越低。对国际法院的判决拘束力大部分国家都是同意和承认的，但是在实际执行的过程中却常常出现选择性执行、不执行以及执行阻碍重重的困境。学者 Colter Paulson 也提出，1987 年至 2004 年国际法院的判决执行率呈现不断下降的趋势，这 17 年来只有 60% 的案件得到遵守和执行。[13]不执行和不完全执行的案件还是占据了相当大的比例。

在 1994 年以来国际法院受理的 18 起案件中，第 3、7、14、15 起案件都是由于之前的判决没有得到执行而产生了新的纠纷，或要求法院对判决作出解释，或要求法院对某一方不执行判决的行为进行界定。在 18 起案件中，尼加拉瓜诉哥伦比亚的领土争端以及黑海划界案中败诉方均表示对国际法院判决的质疑。其中，哥伦比亚更是直接退出《波哥大公约》，认为其无须遵守《波哥大公约》之义务。而黑海划界案中乌克兰一方直接宣告不接受国际法院的判决，直到现今乌克兰仍没有执行该判决结果。这也成为近年来公开反对且完全不遵守国际法院判决的一项重要案例。南极捕鲸案历经波折，虽然最后国际法院宣布对日本南极捕鲸活动的禁令，但是在 2015 年 12 月 2 日，日本无视禁令，继续派船在南极地区进行捕鲸，给海洋生物资源保护的进程造成了一大阻碍。

当然，也有相当一部分的判决得到了当事国的承认和执行。包括尼加拉瓜和洪都拉斯在加勒比海的领土和海洋争端案以及秘鲁和智利海洋争端中国际法院都发挥了绝对积极的作用，对于促进争端当事方进行划界和停止侵权行为都具有较大的意义。尼加拉瓜和洪都拉斯在 2008 年 4 月 11 日发表联合声明，表明承认国际法院拘束力，两方会友好协商推进划界进程的完成。秘鲁和智利海洋争端中两国均表示尊重这项裁决。秘鲁的要求多数得到满足，智利虽然损失一定的区域，但是获得了渔业丰富的地方，两方关系取得

---

〔12〕 See EA Posner: *The Decline of the International Court of Justice*, Social Science Electronic Publishing, 2004, Vol. 1, pp. 111-142.

〔13〕 See Colter Paulson: *Compliance with Final Judgments of the International Court of Justice Since* 1987, American Journal of International Law, 2004, Vol. 98, pp. 434-460.

了新的进步和发展。[14] 这些案件也证明了国际法院判决执行的重大意义。

（二）国际海洋法法庭

国际海洋法法庭（ITLOS）在《公约》生效之后成为解决海洋争端的主要机构之一。国际海洋法法庭独立参与争端的解决，从1996年成立至2017年，其一共受理了25起案件，其中咨询管辖的案件有两起，其他的为海洋划界、生物资源保护以及临时措施和迅速释放的案件。具体情况如表2所述。

表2 国际海洋法法庭受理海洋争端案件基本情况（1996—2017年）

序号	案件	案由	受理日期	裁决日期	执行情况
1	“赛加号”案（圣文森特和格林纳丁斯诉几内亚）	几内亚扣押“赛加号”及其船员	1997年11月21日	1997年12月4日	迅速释放
2	“赛加号”第2号案（圣文森特和格林纳丁斯诉几内亚）	临时措施及实质问题	1999年3月8日	1999年7月1日	临时措施
3	南方金枪鱼案（新西兰诉日本）	金枪鱼类海洋生物资源养护及管理	1999年8月16日	1999年8月27日	日本拒不执行，2000年仲裁庭在最初裁决中撤销了国际海洋法法庭的临时措施
4	南方金枪鱼案（澳大利亚诉日本）	金枪鱼类海洋生物资源养护及管理	1999年8月16日	1999年8月27日	同上
5	“卡莫柯号”案（巴拿马诉法国）	法国扣押“卡莫柯号”及其船员	2000年1月27日	2000年2月7日	迅速释放
6	“蒙特·卡夫卡号”案（塞舌尔诉法国）	几内亚扣押“赛加号”及其船员		2000年12月28日	迅速释放
7	“关于在东南太平洋养护和可持续捕捞剑鱼群”案（智利诉欧洲共同体）	剑鱼类海洋生物资源养护及管理	2000年11月20日	2009年12月16日（案件被撤销）	—
8	“大王子号”案（伯利兹诉法国）	法国扣押“大王子号”及其船员	2001年4月5日	2001年4月20日	迅速释放
9	“契斯雷·雷夫2号”案（巴拿马诉也门）	也门扣押“契斯雷·雷夫2号”及其船员	2001年7月6日	2001年7月13日	迅速释放
10	混合氧化物案（爱尔兰诉英国）	临时措施	2001年11月19日	2001年12月3日	临时措施

〔14〕 国际法院判决之后，秘鲁总统乌马拉发表电视讲话称，“秘鲁对这个和平判决结果感到满意”，秘鲁将尊重和执行法院判决，迅速采取措施落实判决。智利总统皮涅拉在总统府发表讲话，解释国际法院的判决结果，提出智利阿里卡地区12海里的领海主权和捕鱼权利得到完全承认和保护，这让人深感安慰。http：//www. chinavalue. net/BlogFeeds/725489_ 531478. aspx.

续表

序号	案件	案由	受理日期	裁决日期	执行情况
11	“沃尔加号”案（俄罗斯诉澳大利亚）	澳大利亚扣押“沃尔加号”及其船员	2002年12月12日	2002年12月23日	迅速释放
12	“关于新加坡在柔佛海峡和周围地区填海造地”案（马来西亚诉新加坡）	临时措施	2003年9月25日	2003年10月8日	临时措施
13	“尤诺·贸易者号”案（圣文森特及格林纳丁诉几内亚比绍）	几内亚比绍扣押“尤诺·贸易者号”及其船员	2004年12月1日	2004年12月18日	迅速释放
14	“丰进丸号”案（日本诉俄罗斯）	俄罗斯扣押“丰进丸号”及其船员	2007年7月19日	2007年8月6日	日本支付1000万卢布，俄罗斯释放船只及船员
15	“富丸号”案（日本诉俄罗斯）	俄罗斯扣押“富丸号”及其船员	2007年7月21日	2007年8月6日	失去标的物，无判决
16	关于孟加拉和缅甸之间在孟加拉湾的海洋划界争端案（孟加拉诉缅甸）	孟加拉湾海洋划界争端	2010年1月28日	2012年3月14日	两国表示接受裁决
17	为该地区活动提供赞助的国家和实体的责任和义务（请求提交海底争端分庭的咨询意见）	咨询管辖	—	2011年2月1日	—
18	“路易莎号”案（圣文森特和格林纳丁斯诉西班牙）	西班牙扣押“路易莎号”及其船员	2011年1月12日	2013年5月28日	迅速释放
19	“弗吉尼亚号”案（巴拿马诉几内亚比绍）	几内亚比绍扣押“弗吉尼亚号”及其船员	2011年8月18日	2014年4月13日	迅速释放
20	“ARA自由号”案（阿根廷诉加纳）	加纳扣押“赛加号”及其船员	2012年11月29日	2012年12月15日	法庭命令迅速释放
21	对次区域渔业委员会提交咨询意见请求	向法庭提交咨询意见的请求	2013年5月24日	2015年4月2日	—
22	“极地曙光号”案（荷兰诉俄罗斯）	俄罗斯扣押“极地曙光号”及其船员	2013年10月4日	2013年11月22日	俄罗斯不接受、不出庭、不执行
23	关于加纳和科特迪瓦大西洋洋之间的海域划界争端（加纳/科特迪瓦）	大西洋海洋划界争端	2015年1月12日	2017年9月23日	尚待执行

续表

序号	案件	案由	受理日期	裁决日期	执行情况
24	关于“恩瑞卡·雷克斯号”事件（意大利诉印度）	印度扣押“恩瑞卡·雷克斯号”及其船员	2015年7月21日	2015年8月24日	迅速释放
25	“诺斯塔号”案（巴拿马诉意大利）	意大利扣押“诺斯塔号”及其船员	2016年1月3日	2016年11月4日	迅速释放

根据国际海洋法法庭网站，统计截至时间为2017年10月1日

从ITLOS的案件统计来看，截至目前登记在案的一共有25个案子，其中可以分为五个类型。第一类是关于迅速释放，主要案件有1、5、6、8、9、11、13、14、15、18、19、20、22、24、25号共计15个案子。主要是因为扣押船只以及船员产生仲裁或者提交法庭请求采取迅速释放命令。第二类是临时措施，主要涉及的案子有2、3、4、10、12号共计5个案子。主要是因为在最终裁决作出之前为确保权利人的合法权利采取的临时措施，以防止标的受损。第三类是海洋划界。主要涉及的案子是16号和23号案件。第四类是咨询管辖产生的案件，有17号和22号案。第五类则是海洋环境保护类案件，主要涉及的案件有2号和7号案。

在25起案件中，除了咨询管辖和海洋生物资源保护的类型之外，涉及执行的案件主要集中在迅速释放和临时措施两个方面。可以说，ITLOS审理的案件有80%的比例都属于程序性案件，ITLOS在海洋争端解决中的程序性问题方面发挥着无可替代的作用。同样，这也是ITLOS从速审判的特点及原因之一。[15]然而，并不是海洋法法庭审理的程序性案件得到的执行率就更高，相反其在具体的案件执行方面也遭遇着重重困难。特别是《公约》中仅在海底争端分庭中提到了一款关于分庭执行的方式，对其他程序性事务如何进行并没有一个详细的章程，因此在实际效果中，海洋法法庭更多承担的是一个确定程序规则以及赔偿额度的角色。

除了南方金枪鱼和俄罗斯极地曙光号案不执行海洋法法庭的裁决的意图较为明显之外，在案件中大部分争端当事国对于海洋法法庭的裁决都是较为愿意执行的。迅速释放和临时措施的命令一般都为各国所接受。[16]但是，在确定赔偿金额时会有部分国家对于赔偿金额存在疑问，但为了让对方释放本国船员或者停止违法行为其会进行一定程度的妥协，支付一定的金额从而推动争端解决的进程。综上分析可以看出，国际海洋法法庭在争端解决方面发挥的职能集中在程序性案件，案件处理的时间较短，涉及的实体案件较少，因此在执行上的阻碍相对于国际法院来说要小一些。

---

〔15〕 参见欧斌、毛晓磊：《论国际海洋法庭的临时措施》，《外交评论》2006年第2期，第96—100页。

〔16〕 See Rosemary Rayfuse: The Future of Compulsory Dispute Settlement under the Law of the Sea Convention, *Victoria University of Wellington Law Review*, 2005, Vol. 36, p. 683.

（三）仲裁法庭

仲裁法庭因为其程序的便利性和效率性成为近年来解决海洋争端案件的一个重要途径。综合常设仲裁法院以及国际海洋法法庭的信息，笔者整理了 1996 年至 2017 年共计 22 起案件，其中有 5 起案件的裁决最终移至 ITLOS 处理，因此经过仲裁程序终止的案件一共有 17 起。具体案件信息如表 3 所述。

表 3　以仲裁方式解决海洋争端案件的基本情况（1996—2017 年）

序号	案件	案由	提起日期	终止日期	执行情况
1	“赛加号”案（圣文森特、格林纳丁斯与几内亚）	几内亚扣押“赛加号”及其船员	1997 年 12 月 22 日	1998 年 2 月 20 日	协议移至国际海洋法法庭
2	南方金枪鱼案（新西兰、澳大利亚与日本）	金枪鱼类海洋生物资源养护及管理	1999 年 7 月 15 日	2000 年 8 月 4 日	仲裁庭裁定推翻国际海洋法法庭关于管辖权的初步裁定，撤销临时措施
3	红海岛屿案（厄立特里亚与也门）	哈尼什群岛岛屿主权归属及海洋划界	1996 年 11 月	1999 年 12 月 17 日	厄立特里亚接受裁决，撤军并将岛屿归还给也门
4	“关于在东南太平洋养护和可持续捕捞剑鱼群”案（智利与欧洲共同体）	剑鱼类海洋生物资源养护及管理	2000 年	2000 年 12 月 18 日	协议移至国际海洋法法庭
5	《保护东北大西洋海洋环境公约》（OSPAR）案（爱尔兰与英国）	爱尔兰海洋环境保护	2001 年 6 月 15 日	2003 年 7 月 2 日	仲裁庭缺乏管辖权，终止程序
6	莫克斯核燃料厂案（爱尔兰与英国）	核辐射物质跨区域，爱尔兰海洋环境保护	2001 年 10 月 25 日	2008 年 6 月 6 日	协议终止，双方就污染事项进行磋商
7	“关于新加坡在柔佛海峡和周围地区填海造地”案（马来西亚与新加坡）	海洋划界、海洋环境保护	2003 年 7 月 4 日	2005 年 9 月 1 日	达成和解，协议终止
8	专属经济区及大陆架划界仲裁案（巴巴多斯与特立尼达、多巴哥）	专属经济区和大陆架单一海洋划界	2004 年 2 月 16 日	2006 年 4 月 11 日	接受裁决并执行
9	海洋划界仲裁（圭亚那与苏里南）	领海、专属经济区和大陆架划界纠纷及争议海域的违法行为	2004 年 2 月 24 日	2007 年 9 月 20 日	接受裁决并执行
10	孟加拉湾海上边界仲裁（孟加拉与印度）	孟加拉湾海洋划界	2009 年 10 月 8 日	2014 年 7 月 7 日	两国表示接受并执行

续表

序号	案件	案由	提起日期	终止日期	执行情况
11	孟加拉湾海上边界仲裁（孟加拉与缅甸）	孟加拉湾海洋划界	2009 年 10 月 8 日	2009 年 12 月 12 日	协议移至国际海洋法法庭
12	边界与海洋划界案（克罗地亚与斯洛文尼亚）	领土及海洋划界	2009 年 11 月 4 日	—	克罗地亚宣布退出与斯洛文尼亚的边界仲裁协议，认为其仲裁受到不公正的影响
13	查戈斯群岛海洋保护区案（毛里求斯与英国）	英国在查戈斯群岛设立海洋保护区	2010 年 12 月 20 日	2015 年 3 月 18 日	仲裁庭裁定其行为违反海洋法，但是英国无视判决，海洋保护区仍然存在
14	“弗吉尼亚号”案（巴拿马与几内亚比绍）	几内亚比绍扣押“弗吉尼亚号”及其船员	2011 年 6 月 3 日	2011 年 6 月 29 日	协议移至国际海洋法法庭
15	“ARA 自由号”案（阿根廷与加纳）	加纳扣押“赛加号”及其船员	2012 年 10 月 29 日	2013 年 9 月 27 日	协议终止，加纳释放被扣留的阿根廷“自由号”军舰
16	根据《养护和管理南太平洋公海渔业资源公约》设立的审查小组	海洋渔业资源保护	2013 年 4 月 19 日	2013 年 7 月 5 日	发布调查结果和建议
17	南海仲裁案（菲律宾诉中华人民共和国）	海洋管辖权冲突	2013 年 1 月 22 日	2016 年 7 月 12 日	中方不应诉、不接受仲裁结果
18	鲱鱼案（法罗群岛与欧盟）	大西洋--斯堪的纳维亚鲱鱼配额安排	2013 年 8 月 16 日	2014 年 9 月 23 日	协议终止，WTO 仲裁，法罗群岛削减捕捞配额
19	“极地曙光号”案（荷兰与俄罗斯）	俄罗斯扣押“极地曙光号”及其船员	2013 年 10 月 4 日	2015 年 8 月 14 日	俄罗斯不应诉，拒绝接受仲裁结果
20	“都兹基特正直号”案（马其他、圣多美与普林西比）	双方有关“都兹基特正直号”的争端	2013 年 10 月 22 日	—	—
21	关于加纳和科特迪瓦大西洋之间的海域划界争端（加纳与科特迪瓦）	大西洋海洋划界争端	2014 年	—	协议移至国际海洋法法庭
22	帝汶海条约仲裁（东帝汶与澳大利亚）	海上边界线划界争端	2015 年 9 月 15 日	—	澳大利亚称仲裁庭无司法权

根据常设仲裁法院、国际海洋法法庭网站公布资料整理，统计截至日期为 2017 年 10 月 1 日

从1997年至2017年，可以看到仲裁案件在不断增加，2013年通过仲裁解决海洋争端的案件增至5起，成为“仲裁年”。[17]在22起案件中，有依据《公约》附件七提起的仲裁案，也有在常设仲裁法院登记注册的案件。其中启动强制仲裁的案件有：OSPAR案、新加坡柔佛海峡案、巴巴多斯与特立尼达和多巴哥专属经济区案、圭亚那与苏里南海洋划界案、孟加拉湾海上边界仲裁案、查戈斯群岛海洋保护区案、南海仲裁、极地曙光号案以及帝汶海仲裁案。而案件涉及的内容也是较为广泛和多样的。涉及海洋生物资源和环境保护的案件有2、4、5、6、7、16、18号共计7起，占据整个仲裁案件数量的32%；涉及海洋划界的案件有3、7、8、9、10、11、12、13、17、21、22号共计11起，占据整个仲裁案件数量的50%。剩余的5起案件则是涉及海域管理。很多案件不是单一涉及某一项问题，而是以海域管理的诉求进行提起，实质问题则是涉及海洋划界。

从执行情况来分析，通过仲裁解决的22起案件中，有5起案件移至海洋法法庭；南方金枪鱼案件仲裁庭推翻海洋法法庭管辖权裁决，认为其没有管辖权；OSPAR案常设仲裁法院缺乏管辖权终止程序；“都兹基特正直号”案至今尚未有结果；剩余的13起案件中，3、6、7、8、9、10、15、18号都对仲裁结果表示接受并且进行了有效的执行；12、13、17、19、22号中均没有执行或者完全执行仲裁结果。也就是说，在形成裁决的13起案件中，执行的案件比例为62%，不执行的案件比例为38%，其中不执行仲裁结果的国家以英国、中国、俄罗斯和澳大利亚为代表，成为近几年来大国不执行仲裁裁决的一个趋势。

三、海洋争端解决机制执行体系比较与分析

由上述分析可以看出，目前通过仲裁方式解决海洋争端的案件中，能够得到充分善意执行的案件仅占三分之一的比例。部分案件当事国拒绝执行，尤以近几年的大国代表为例，不应诉、不承认和不执行的情况也逐渐增多，对于仲裁结果的执行往往都是不了了之，依然在争端当事国之间存在着矛盾与冲突。笔者在这里针对这几项制度的执行体系进行一个对比分析。

（一）海洋争端解决机制执行对比

从上述分析可以看出，国际法院、国际海洋法法庭以及国际仲裁法庭都在海洋争端裁决方面发挥着积极的作用。根据前面数据的统计和分析，可以看出目前在三项制度的裁决执行上仍然存在着较大的差异，这也导致不同争端解决机制在海洋争端解决中所发挥的作用也存在着差距。以下对这三者进行一个对比分析，并探索它们之间存在执行差异的原因。

---

〔17〕 参见任小愚：《被打脸的国际仲裁和判决》，《新民周刊》2016年第29期，第18—21页。

表 4 《公约》各海洋争端解决机制执行对比

	国际法院	国际海洋法法庭	国际仲裁法庭
执行主体	安理会为明确执行主体，大会具有补充调整作用	海底分庭裁决可以由国际海底局执行，其他非海底区域的案件裁决没有任何有关执行主体的规定	无
执行方式	向安理会进行申诉，由安理会决定是否执行；联合国大会可以讨论该议题，并提出建议	国际海底局可以根据缔约国违反规定的情况暂停其海底局大会的权利	无
执行效果	国际法院目前审结的 13 起案件 6 件没有得到充分善意执行，且安理会没有启动任何执行程序	目前结案的 25 起案件，有 3 起被拒绝执行	由其形成拘束力裁决的 13 起案件，有 5 起没有得到执行，其中启动强制仲裁且审结的案件为 7 起，3 起得到执行，4 起没有得到执行

从上述表格以及前文的数据来看，可以明显看到虽然三者都没有完整的执行体系，但是对比起来，在执行的制度规定上国际法院相对比较完备。国际仲裁法庭相对来说则最为薄弱，几乎没有任何明确具体的机构可以实现其仲裁裁决的执行。而国际海洋法法庭则是将其内容进行了分类，仅规定海底分庭裁决可以由国际海底局来执行，而对于其他事项的裁决并没有任何的执行保障。而国际法院则明文规定了可以向安理会提出执行申请，由安理会决议是否执行。因此从理论上来看国际法院的执行保障是较为完备的，其执行范围大于海洋法法庭和仲裁法庭，执行主体的权限也大于海洋法法庭的国际海底局。仲裁法庭的执行保障是最薄弱的。但从实际效果来看，三个机构之中却是国际法院的执行效果最低。以比例计算，国际法院审结案件的未执行率为46%，国际海洋法法庭为12%，仲裁法庭为38%。也就是说，具备安理会作为执行主体的国际法院在实际执行中的案件未执行率大于没有任何执行保障的仲裁法庭，同时也远远大于审结案件较多的海洋法法庭。具体的执行对比分析可以从机制设立权威性、案件内容与裁决以及执行保障三个部分展开：

1. 机制设立权威性方面

从机构设立依据方面，国际法院是依据《联合国宪章》设立，是联合国的主要机构之一。加入联合国，接受《联合国宪章》的约束，也就自然成为《国际法院规约》之当事国。[18] 同时在《国际法院规约》中针对国际法院的各项制度进行了一个详细的规制，以安理会作为执行主体保障国际法院的裁决拘束力更是扩大了国际法院的影响力。海洋法法庭与仲裁法庭的成立主要依据的是《公约》，其属于《公约》体制内的常设性专业机构，主要是针对海洋法问题的争端来进行审理，影响范围主要局限于海洋法领

〔18〕 See Andrea K. Bjorklund: Book Review of Compliance With Decisions of the International Court of Justice, American Journal of International Law, 2007, Vol. 3, pp. 524-527.

域。因此从整个国际社会角度上看，国际法院的权威性更强一些。

在人员组成方面，虽然针对法官和仲裁员的品质能力同样都提出了公正、正直、有声望的要求，但是相对来说选举法庭法官的政治色彩比选举国际法院法官更为强烈。[19]其缘由在于两者在选举的投票规则方面存在差异。针对海洋法法庭的候选人投票时，以提名缔约国的状况为主要考虑因素。在选择法庭当选法官时，遵循一国一票原则，针对同一国两个候选人均因必要选举票当选法官时没有明确的规制，而是依据票数从高往低依次当选。而在进行国际法院法官的选举时，实行的是双重投票制，即安理会的理事国可以在安理会和大会中均行使其投票权。针对同一国民均得到必要选票以及法官选举出现空缺等情况，在《国际法院规约》第10条第3款、第12条也有明确的规定。如在《国际法院规约》第10条第3款规定了"如同一国家之国民得大会及安全理事会之绝对多数票者不止一人时，其中事最高者应认为当选"。第12条则是在程序上进行了详细的规制，包括法官候补人员的调配等都有具体的程序来进行。因此，从这个角度来说，国际法院在权威性方面较其他二者更为突出一些。而从这个角度来看，仲裁法庭的机构配置在很大程度上对裁决的公正性影响更大。仲裁组成的临时性使得仲裁员的选择至关重要。仲裁法庭的仲裁员一般为5名，从联合国编制的仲裁员名单中进行选择。缔约国有权各自选任一名仲裁员，之后双方协商选择，若达不成协议则由国际海洋法法庭庭长指派。典型的如南海仲裁案，人员组成上菲律宾方面指派国际海洋法法庭现任法官、德国人吕迪格·沃尔夫鲁姆在仲裁庭中代表菲律宾；由于中方不参与仲裁，因此剩余4人均由柳井俊二指派。[20]而案件中明显表现出来的过度倾向菲律宾的判决也侧面反映了该临时仲裁庭人员组成存在重大瑕疵，缺乏对案件公平公正的审理。目前也有诸多国家担心有些国家利用国际司法机构干预岛屿主权争议，更加排斥国际海洋法法庭和仲裁法庭。

从接收案件数量的角度分析。从纵向对比来看，自1994年以来，国际法院一共接收的案件为69起，海洋法占据了26%的比例，也就是说接近三分之一都是有关海洋争端的案件。这反映了国际法院在解决海洋争端的过程中发挥着重要作用。从横向对比来看，三种机制接收案件数量比例接近趋同，分别为18起、25起和22起。作为专门处理海洋争端机构的机制，海洋法法庭的接收案件数量最多，仲裁法庭虽然接收的案件数量不在少数，但是其后有5起案件都因为协议问题最终移交给海洋法法庭。由此可以看出三者之间在海洋争端中选择海洋法法庭的倾向性更为凸显，虽然相对来说国际法院接收的案件也比较多，但是如果涉及《公约》中的纠纷，显然是当事国选择海洋法法庭的更多，这也说明海洋法法庭的权威性和专业性为裁决的最终执行提供了支持。

海洋法法庭与仲裁法庭都是依据《公约》建立的机构，海洋法法庭是常设机制，而仲裁法庭更多是依据当事国的申请来建立的。虽然仲裁法庭在设置上相对灵活，但是从实践

---

〔19〕 参见金永明：《国际海洋法法庭与国际法院比较研究》，《中国海洋法学评论》2005年第1期，第19页。
〔20〕 http：//www. xinhuanet. com/world/2016-07/01/c_ 129107389. htm.

来看，其体制相对来说缺乏稳定性，缺乏相应的法律配套机制，其人员组成也容易受到政治因素的影响，再加上仲裁审理的案件范围有限，因此其权威性相对海洋法法庭来说更弱一些。

作为联合国的常设司法机构，国际法院从 1948 年起开始接受案件审理，到目前经历了 70 余年的发展，从成立时间、成立依据、人员组成、国际地位等多个因素综合来说，其相较海洋法法庭、仲裁法庭都更加具有权威性。

2. 案件内容与裁决方面

如前所述，权威性更高的国际法院的案件执行效果明显低于海洋法法庭与仲裁法庭，造成这一因素的原因主要集中于案件本身的性质以及审判能力问题。

首先从案件本身来看，主要差异集中在以下几个方面：从管辖权角度来看，国际法院的管辖主要分为诉讼管辖和咨询管辖，而在诉讼管辖中又分为三个部分，即自愿管辖、协定管辖以及任意强制管辖。强制管辖一直是各国在国际争端中较为抗拒的方式，因此在国际法院管辖权中，进行强制管辖的前提是要发表声明接受才可以。因此，国际法院的管辖更多以自愿接受为主，依个别案件决定是否接受国际法院的管辖权。而在《公约》体制下，提起仲裁的方式主要有三种：（1）争端一方未作出《公约》第 287 条第 1 款所提到的有效声明；（2）争端各方在有效声明中未接受同一程序；（3）争端各方自愿同意提交仲裁。[21] 强制仲裁程序给了当事国确保解决争端的法律途径，这种方式的优势在于可以有效迅速且合理地促进海洋争端的解决，但是其缺陷也显而易见，其更多地损害了缔约国的强制管辖任择性基础。从数据分析可以看出，在仲裁程序审结的 13 起案件中，启动强制仲裁的为 7 起，占了一半以上的比例，而强制仲裁案件未得到执行的有 4 起，占仲裁法庭整个未执行案件数量的 80%，即查戈斯群岛海洋保护区案、南海仲裁、极地曙光号案以及帝汶海仲裁案，都是近几年仲裁法庭受理的案件。由此可以看出目前对于强制仲裁的案件，很多国家都对其强制管辖权问题持有异议，特别是一些国家利用强制管辖程序，将真实的诉求通过包装一揽子提交给仲裁法庭，进而单边将争端对方强行拉入仲裁程序，进而影响裁决的承认与执行。根据国际法，各国在选择海洋争端解决机制的时候享有自由自主的权利，任何国际司法或者仲裁机构行使管辖权时要以当事国同意为基础，当事方自愿选择的争端解决程序，优先于第三方强制程序。[22] 在《公约》体制下，“蒙特勒公式”也确立了各国自由选择海洋争端解决机制的原则。[23] 在当今的很多案件中，一方提起仲裁，另一方则对其管辖权提出异议，但是一些临时仲裁机构出于各种目的，淡化“国家同意原则”，降低强制程序门槛。[24] 这不仅无助于解

---

〔21〕 See CE Mota：*Some Current Developments in International Maritime Arbitration*，Springer Berlin Heidelberg，2010，Vol. 16，pp. 119-175.

〔22〕 http：//china. huanqiu. com/hot/2016-07/9180265. html.

〔23〕 See S Rosenne：UNCLOS Ⅲ ：the Montreux（Riphagen）Compromise，1986，pp. 169-187.

〔24〕 http：//www. chinanews. com/ ga/2016/07-16/7941247. shtml.

决争端，也损害了《公约》的信誉，导致最终的仲裁裁决不能执行。从数据来看，仲裁庭的案件被拒绝执行的理由大多以仲裁庭不具备管辖权为主，从这个角度来看，仅是否具有管辖权这一问题就成为仲裁裁决执行率较低的一大因素。

与此同时，在案件的内容方面，国际法院管辖的范围更为广泛，有关国际争端的任何问题都可以交由国际法院来管辖。不仅包括海洋法划界的问题，针对涉及海洋权属的实质性问题，国际法院也可以一并作出审理。因此，基于国际法院管辖范围的广泛性以及管辖权基于双方自愿选择，在解决海洋争端的实体问题上，诸多国家更愿意向国际法院提起诉讼。从上述“国际法院执行现状分析”一节中可以看出，国际法院 23 年来共接受 18 起争端的审议，其中涉及领土主权的案件有 9 起，达到审理案件的半数之多，审结的案件有 7 起，而在这些案件中没有得到执行的有 4 起，占据国际法院未执行案件的 67%。不可否认的是，也正是因为国际法院管辖范围的广泛以及其可以针对一些实质性的问题作出判断，由此牵涉的利益更加广泛和深入，在最终的裁决问题上更容易遭到反对。而由于海洋法法庭和仲裁法庭都是基于《公约》建立的机制，因此如果超出《公约》的调整范围，那么两者就无权审理。以领土主权为例，如果涉及某一个岛屿的主权判定问题，那么海洋法法庭与仲裁法庭就没有管辖权。海洋法法庭的执行率之所以较高正是因为其审理的案件更多是程序上的事项，以临时措施或者迅速释放为主，涉及海洋划界问题的仅有一个案件。而仲裁虽然也在《公约》规制下，但是其多数涉及的是海洋划界问题。约有 16 起案件都需要对海域进行划分。但凡涉及海洋划界问题虽然没有领土主权的矛盾那样激烈，但是在很多海洋划界问题中牵涉的国家利益并不在少数，也基于此仲裁法庭的执行率相对于海洋法法庭也是较低的。

其次，从案件的审理来看，国际法院判决结果执行率较低的原因也在于其审理期限方面。海洋法法庭受理案件的审理期限基本在一年左右，有很多较为紧急的程序性问题更是在数日内便可完结，因此从这个角度来看，海洋法法庭的审理效率较高，与此相对的当事国承担的审理成本也较少，再加上案件本身的性质问题，所以其执行效果较好。而相对于海洋法法庭和仲裁法庭来说，国际法院审理案件的期限基本上需要两年起算，甚至可以达到十年以上。在这期间当事国双方因为案件付出的时间、金钱、人力等成本都是巨大的，更关键的是在没有一个明确的结果之前，双方为此都会付出较大的成本维护自身利益。因此裁决出来之后，相对利益受损的一方不仅需要在争端中让步，同时还需要承担长时间巨大的审理成本，基于此，很多当事国自然不愿意执行裁决。

3. 执行保障方面

从上述分析可以看出，在执行保障方面，国际法院的规定相较而言更加完备。首先，其是联合国的组成机构之一，有明确的执行规定，即由安理会作为其执行主体，在不履行判决时可以向安理会请求执行。国际法院有安理会和联合国作为其“后盾”，在执行方面相对海洋法法庭和仲裁法庭更加具有保障。但是，理论的构建不同于实践的执行，在实际中国际法院虽然有安理会作为执行主体，但是限于安理会执行决议通过的艰难性，这项执行保障也形同虚设。联合国管理事务内容的复杂性使得安理会不可能在所有的案件中都能够发挥其职能，而是在其认为“有必要”的时候，才会采取一定的措施。而安理会的“有必要”也受到自身表决机制的限制〔25〕，使之不能对所有案件，尤其是涉及常任理事国的案件发挥作用。这也就导致国际法院仅有部分当事国自愿执行国际法院判决或者在国际法院判决进入安理会决议执行阶段从而得到执行。如果判决没有得到合理充分的执行，那么当事国对于国际法院在解决争端问题中的地位和作用会有所疑虑，进而丧失信心，国际法院所代表的法的权威性就会遭受质疑和挑战。另外，即使安理会对申请执行方的提起执行申请进行了受理，但是在实际执行过程中，由于安理会并没有参与案件的审理和判决过程，因此对于如何执行、执行到什么程度、采取什么样的方式才能确保执行的充分和合理都存在着模糊地带和困难。虽然当事国依据《联合国宪章》第 94 条有向安理会关于判决执行进行申诉的权利，但是这样的程序不仅存在时间和效率上的阻碍，而且难以保证安理会合理充分地理解判决并且有效地确保其执行。从国际法院 1947 年受理第一起案件——科孚海峡案，到 2016 年的锡拉拉河水域案，70 年时间内安理会没有通过任何关于判决执行的决议，也未就国际法院的判决执行问题进行过系统性的讨论。以科孚海峡案〔26〕和尼加拉瓜诉美国军事活动案〔27〕为例，胜诉方英国和尼加拉瓜都曾经要求安理会执行国际法院的判决，然而最终因为身为常任理事国的苏联以及美国的分别反对而使得决议草案没有通过。因此，如果有涉及常任理事国的案件，很容易因为反对票而无法“作成建议或决定应采办法”来保证判决得到执行。即使没有涉及常任理事国的案件，也会因为执行程序的缺失而难以执行。在这种情况下，国际法院近年来出现了许多不执行判决的案件，也在挑战着国际司法机构的权威性，使得判决的法律拘束力被削弱。同时，在安理会的工作中，国际法院的判决执行问题只是其职能的很小一部分，本身就不受重视。作为联合国唯一有行动权的机构，在《联合国宪章》中针对安全理事会的职责进行了规制，提出其主要职责是为维护国际和平与安全。〔28〕而针对执行法律方面的职能并不具有。当有当事国向安理会请求执行法院判决时，安理会对法律的审查行为本身就存在一定的越权嫌疑。同时从联合国大会的角度看，虽然其可以将法院判决执行问题纳入讨论议程，同时就结果可以向安理会建议。但是大会更多承担的是一种建议权，而且从实际情况来看，目前尚没有一件案例能够经过大会讨论得出相关的意见。

---

〔25〕 在《联合国宪章》中规定在由 15 个理事国组成的安全理事会中，如果五个常任理事国中的任何一个常任理事国投了反对票，决议或决定就不能通过。也就是说，如果任何一个常任理事国投反对票，那么这项执行的决议就不能通过。

〔26〕 参见科孚海峡案（英国诉阿尔巴尼亚），《国际法院判决、咨询意见和命令摘要 1948—1991》1993 年，第 3—10 页。http：//www. icj-cij. org/files/summaries/summaries-1948-1991-ch. pdf.

〔27〕 http：//www. icj-cij. org/ files/annual-reports/1985-1986-en. pdf.

〔28〕 《联合国宪章》第 24 条第 1 款规定：“为保证联合国行动迅速有效起见，各会员国将维持国际和平及安全之主要责任，授予安全理事会，并同意安全理事会于履行此项责任下之职务时，即系代表各会员国。”

因此在这种情况下，执行制度根本得不到实现。同时从执行效果来看，国际法院案件执行的比例也是三种机构中最低的，其大部分案件都难以得到充分善意的执行，甚至有不少案件当事国都公开表示拒绝执行判决。再加上国际法院本身审理案件时间较长，执行的时间也比较持久，缺乏效率和保障制度使得案件执行最后不了了之。

国际海洋法法庭的海底分庭裁决有海底管理局作为执行主体，且由于海洋法法庭审理的案件多为程序性的事项，因此其执行的效果也更加良好，截至目前仅有3项案件被明确拒绝执行。但是这也反映出海洋法法庭审理案件的局限性，而且对于海洋法法庭其他裁决的执行也无保障。虽然规定海底争端分庭裁决的执行由国际海底局进行，国际海底局在执行裁决时如果发现某个缔约国违反相关规定，可以暂停其参加海底局大会的权利。然而在实际的司法实践中，却并没有典型的案例。出现这种结果的原因在于两个方面：第一，目前海洋法法庭的海底争端分庭受理的案件并不多，第17号案是目前分庭审理的第一个案件，也是法庭第一次被请求发表咨询意见。所以目前尚没有达到执行裁决的地步。第二，国际海底局的成立是发达国家与发展中国家相互妥协的结果，因此在其任何决议和执行中都必须遵循协商一致的结果，大会对于实体问题的决议需要以出席并参加表决的成员三分之二多数作出通过才可。但是，在这一环节出于国家利益考虑，很少有国家选择投通过票以暂停某国在海底局大会的权利。

对于国内仲裁来说，其执行问题由法院来进行，法院也会对其仲裁裁决进行程序上和实体上的审查，对仲裁的救济和补救都有一个比较完备的规定。相对于国内仲裁，海洋法中的国际仲裁裁决在执行过程中总会遇到一些问题。首先，很少有被执行人主动履行义务，而且即使是具有强制力的司法机构介入，其程序、时间和成本也经常会令胜诉方望而却步。其次，国际仲裁法庭主要是由临时仲裁庭组成，虽然具有临时性但是也具有相对独立性，对比于国内仲裁来说海洋法中的仲裁法庭没有法院作为执行主体，其裁决没有任何执行保障。在《公约》体系下相较于其他两项制度，仲裁法庭的效率性和便捷性更为突出，具有显著的优势，但是在执行保障上却没有一个明确的规定，执行的案件效果也并不具有显著优势。针对仲裁的执行保障需要注意两个方面的问题：一是现行的附件七条款对仲裁的规定包含仲裁庭组成、程序和仲裁裁决的最终约束力。虽然对于仲裁庭的裁决和执行问题可以向原仲裁庭提出或者向法庭和法院提出，但是此条款的规定较为抽象和模糊，缺乏实际操作细则，再加上各国法律制度的差异，对待仲裁裁决的态度及执行程序都是不一样的，所以在执行仲裁裁决时往往会出现阻碍和偏差。二是目前各国对仲裁法庭的强制管辖问题存在质疑。从上述的分析可以看出，未得到执行的案件多数是因为当事国对强制仲裁管辖的抵制。附件七下的仲裁法庭具有强制管辖权，但是这种权力的滥用使得仲裁裁决本身存在着巨大的争议性。[29]包括查戈斯群岛海洋保护

〔29〕 参见密晨曦：《〈联合国海洋法公约〉附件七仲裁评述——结合南海仲裁案的管辖权问题》，《国际法研究》2016年第3期，第55—63页。

区案、南海仲裁、极地曙光号案以及帝汶海仲裁案均对仲裁庭的管辖权提出了异议，但是却被强行拖入了强制管辖程序。在这种前提下，对仲裁庭的裁决执行更是充满了质疑。但是较之于国际法院，由于其双方的合意性以及仲裁庭组成的可选择性，其更具有效果上的优势。

（二）《公约》海洋争端解决机制的执行前景

《公约》从生效至今已经经过了23年的实践，其虽然存在着诸多争议，但不可否认的是其在解决海洋争端方面提供了一个多元化的平台，为促进争端和平解决发挥着积极的作用。当然，裁决仅是争端解决的第一步，执行是确保争端解决具有实效的关键一步。在现今海洋竞争白热化的背景下，如果海洋争端裁决得不到强有力的执行，就会使得这些机构的设置沦为形式，海洋争端依然存在，而得不到解决结果的争端也会逐渐成为历史问题，对于各国未来的发展都会埋下隐患。因此，随着国际法的发展以及国际形势的变化，为保障《公约》下争端解决体制裁决的顺利执行，必须提高相关机构在执行过程中的地位和参与度，对执行的保障制度进行丰富和完善。

结合上述分析，针对海洋争端解决机制裁决的执行体系构建可以分为两个方面：一是构建监督执行体系，在《公约》中规定的海洋争端解决机制的执行进行监督。虽然通常来说，自愿执行国际法院和法庭的裁决是承认其管辖权的必然结果。但是为了解决例外情形，有必要设立裁决执行监督机制。一方面，监督机制有助于记录和观察裁决的执行情况，为当事国申请执行或者采取强制执行措施提供良好的借鉴；另一方面，执行监督机制也是对法院裁决纠错制度的补充，与此同时执行监督还可以有效地同缔约国国内执行程序相衔接，构建完整同一的执行机制。[30]在执行主体方面，可以构建一个独立的执行机构，结合现有的执行主体形成一个多层次的执行主体制度。有学者提出，虽然强制在不同的司法机构之间建立某种形式的关系是不可能的或者在操作上是无效的，但是各个机构密切关注出现的关系并评估和影响其进程和趋势还是有可能的。[31]安理会负责国际法院海洋争端判决的执行，国际海底局则负责国际海底分庭的裁决。其他事项交由独立执行机构实施。如果出现需要动用武力的情况，可以由安理会自行决定或者由独立执行机构向安理会提请，由安理会表决。二是建立强制执行机制。WTO的DSB所确立的强制执行措施和程序也给了海洋领域一些有效的借鉴。[32]在这里可以借鉴WTO的方式建立《公约》中的争端解决机制的强制执行。强制执行包含直接执行和间接执行两个方面。在直接执行上以支付违约金和赔偿款为主，特别是在国际海洋法法庭的临时措施

---

〔30〕 See W. Michael Reisman: *The Enforcement of International Judgments*, American Journal of International Law, 1969, Vol. 63, p. 10.

〔31〕 See Sang Wook Daniel Han: *Decentralized proliferation of international judicial bodies*, J. Transnatl L. & Poly, 2006, Vol. 1, pp. 101-122.

〔32〕 WTO下的《关于争端解决规则与程序的谅解备忘录》第21条和22条规定了对DSB裁决执行的监督以及不执行时实施的强制措施。

和迅速释放方面，如果当事国不执行裁决，可以由安理会或者联合国大会授权或要求直接控制被执行当事国财产的国家或者国际经济组织代为行使其权力。同时，在没有合理理由且未执行情况下当事国可采取补偿措施，如果成员国既未履行建议或裁决，又拒绝提供补偿时，受侵害的一方可以要求进行罚金制度，以罚金的累加制度计算当事国超过合理期限的时间，以惩罚性的措施督促当事国执行判决。如果当事国仍然漠视裁决，拒绝执行则可以进行间接执行，采用制裁手段，包括经济制裁[33]、政治制裁和武力制裁。当然，强制执行机制目前在国际法中只是停留在理论阶段，但是随着国际交往的密切化，对于国际法硬性程度需求的提高也就要求在争端解决中国际司法机制能够发挥其裁决的有效拘束力，强制执行制度作为确保裁决执行的关键保障也会逐渐得到完善和发展。

在实践中《公约》体系下海洋争端解决机制对于解决海洋争端发挥着巨大的作用，它给缔约国之间和平解决纠纷提供了一个可供选择的平台，其确立的强制性程序也是确保海洋争端能够得到和平解决的最后程序。但不可忽视的是，尽管具备争端解决的途径，但是其执行难以确保的后果就是裁决沦为流程，缺乏实效，而得不到解决结果的争端也会逐渐成为历史问题，对于各国未来发展都会埋下隐患，这对于维护当事国合法的海洋权益并没有真正发挥作用。因此，面对目前执行的窘境，可以借鉴现今的 WTO 强制执行机制，建立相应的执行监督机构，增加二审纠错机制，确保裁决的公正性和权威性。

四、结　语

《公约》规定了以调解、仲裁、诉讼为核心的国际海洋争端解决机制，这些机制在设立方式、人员组成、管辖范围、处理案件等方面存在诸多差异，而且在司法实践中还存在着裁判执行不力等困境，给真正解决国际海洋争端带来了阻碍。执行是争端解决的最后一步，其关乎着《公约》宗旨的实现和解决机制权威性的提升。《公约》对争端解决机制裁决的执行规定存在疏漏，且在实践中，《公约》体系下海洋争端案例的执行情况效果不佳，总体来说得到“合理、充分、善意”执行的案件并不占多数。这其中的原因包括《公约》规定不完善、争端审理存在缺陷以及缺乏执行保障等。对此，需要适时完善《公约》规定，提高审理能力以及进行执行监督和实施强制执行制度，以此促进《公约》在处理国际海洋争端过程中的落实，改变执行“软法”窘境，实现海洋秩序的稳步运行。

---

〔33〕 依据《联合国宪章》第 41 条，经济制裁包括“经济关系、铁路、海运、航空、邮、电、无线电及其他交通工具之局部或全部停止”。

2018 年东帝汶与澳大利亚强制调解案研究

■ 梅玉婕*

【内容摘要】东帝汶与澳大利亚强制调解案是世界上首个成功根据《联合国海洋法公约》附件五完成的调解案件。东帝汶通过此次强制调解程序与澳大利亚达成了最终的海上划界协议。本文主要采用实证分析法，介绍案件的背景和此次强制调解基本情况，并分析调解中涉及的重要国际法问题，例如公平原则在大陆架划界中的适用、强制调解的启动前提、诈欺对于条约的效力影响。2018 年强制调解案对于中国在东海大陆架划界和南海争端的解决都具有借鉴意义，中国在坚定申明自身立场的同时，也应积极利用国际法争端解决机制，在坚决维护中国的海洋权益的前提下，推进和平共处、谋求互利双赢。

【关键词】澳大利亚与东帝汶强制调解案　《联合国海洋法公约》　大陆架划界

帝汶海争端是澳大利亚与东帝汶在帝汶海区域关于海洋划界和油气资源争夺的海洋争端。由于历史原因，帝汶海争端涉及的国际法主体繁杂，领土主权和资源争端以及政治演变等多重复杂的因素使该区域的海洋划界问题迟迟得不到解决。2018 年澳大利亚与东帝汶强制调解案是该争端解决的最新进展。据最新的世界银行统计数据显示，2016 年东帝汶的国内生产总值为 17.83 亿美元，人均国民生产总值为 2060 美元，按照世界银行的发展指标来综合排序，属于中低等收入国家。[1] 作为全世界极度依赖石油收入的国家之一，海洋划界的悬而未决对于东帝汶脆弱的国民经济构成了威胁。由于东帝汶在共同开发中唯一运营的部分百余-安丹气田（Bayu-Undan gas field）资源将在 2020 年枯竭，为了争取到更多巨日升区块的开发收益，充分利用国际司法资源来维护国家的稳定发展成为东帝汶的燃眉之急。另外，面临共同开发区内油气资源逐渐枯竭的困境，澳大利亚的石油自给能力已从 80% 下降到 40%[2]，巨日升区块的收益对于维系澳大利亚国内经济生活的稳定同样有着重要的现实意义。2016 年 4 月 11 日，东帝汶援引《联合国海洋法公约》（以下简称《公约》）向澳大利亚提起了附件五第二节下的强制调解程序，请求划定永久的海洋边界。

一、东帝汶与澳大利亚强制调解案的背景

东帝汶与澳大利亚的划界问题与东帝汶的主权归属有着密切的关联。历史上虽然未就双方的海洋边界达成永久的划界协议，但是两国自 1989 年以来签订的一系列关于争议区域油气资源共同开发的协议为东帝汶与澳大利亚之间最终海洋划界奠定了一定的基础。

---

* 武汉大学中国边界与海洋研究院 2017 级博士。

〔1〕 https://data.worldbank.org.cn/country/timor-leste? view = chart.

〔2〕 See Anthony Heiser, East Timor and the Joint Petroleum Development Area, 17 *Maritime Law Association of Australia and New Zealand Journal* 57 (2003).

（一）葡属东帝汶时期

1972年，澳大利亚与印度尼西亚签订了一项划定双方海洋边界的条约，这一条约（1972 Seabed Treaty）的签订过程也引出了关于划界条件的争论。澳大利亚在该划界协议签订前的五年在帝汶海区域划定了其毗邻区，这一毗邻区的划定完全遵照自然延伸原则，范围一直自然延伸到帝汶海槽的南坡区域近500米深处。据此，澳大利亚提出了“两个大陆架理论”，即“澳大利亚提出两个大陆架理论的主张完全是基于海床的地貌特征来确定的”[3]。根据这一理论，澳大利亚由此认定《大陆架公约》规定的中间线原则并不适用于两国之间的海洋划界，主张适用“自然延伸原则”（natural prolongation），将其大陆架延伸至距其250—350海里的帝汶海槽。与之持不同观念的则是印度尼西亚主张的中间线划界，印度尼西亚方面认为两国之间是隶属同一个大陆架的，澳方所提到的帝汶海槽更应该被定义为单一大陆架上的海床的一处偶然的凹陷，双方基于共帝汶海大陆架的事实，适用的划界原则应当是《大陆架公约》第6条规定的中间线原则。双方于1970年开始进行谈判，经过几轮博弈和磋商，最终于1972年签订了《海床划界协议》（1972 Seabed Treaty）。与此同时，东帝汶的宗主国葡萄牙和澳大利亚的海洋划界谈判却显得进展异常缓慢。葡萄牙在双方大陆架划界问题上也不赞同澳大利亚的自然延伸说，葡方认为东帝汶和澳大利亚共处一个大陆架这一事实是毋庸置疑的，帝汶海槽并未将大陆架割裂开来，所以应该采用中间线原则进行两国的海洋划界，但由于当时的葡、澳关系并不如印、澳关系和谐，因而葡属东帝汶和澳大利亚之间的海洋划界始终悬而未决，这便形成了历史上著名的“帝汶缺口”（Timor Gap）。

（二）印尼占领时期

1975年8月，东帝汶内部爆发战乱，葡萄牙驻当地管理机构为了躲避战乱撤离至阿陶罗岛。同年12月7日，印度尼西亚出兵东帝汶占领主要区域，对东帝汶实行了有效的控制。自印度尼西亚占领东帝汶以后，关于其与澳大利亚之间对“帝汶缺口”的划界谈判就一直在着手进行，然而不同于1972年印度尼西亚方面在谈判中的轻易妥协，封闭“帝汶缺口”的谈判进展并不顺利。印度尼西亚在这一次划界谈判中的最大条件便是希望澳大利亚在法律上承认其对东帝汶的主权合法。作为与之交换的划界条件，印度尼西亚同意放弃之前一直主张的中间线划界原则，转而采用澳大利亚一直坚持的自然延伸原则。但当时的澳大利亚官方观点认为印度尼西亚对于东帝汶实行的领土控制虽然已经成为一个事实，然而这一行为本身是非法的，并不具有国际法上占有的合法效力。这使得双方基于“主权承认”的划界谈判陷入了停滞的局面。

1984年11月，谈判出现了转机，澳、印双方开始将谈判的主要诉求从双方海洋划界转移到了帝汶海资源的共同开发上来。1989年12月，经过双方的持续磋商与共同努力，印度尼西亚时任外长阿拉塔斯与澳大利亚参议员易万思签署了《帝汶缺口条约》

---

〔3〕 Australia Yearbook of International Law, 1970-1973, pp. 145-146.

(Treaty between Australia and the Republic of Indonesia on the Zone of Cooperation in an Area between the Indonesian Province of East Timor and Northern Australia, hereinafter referred to as Timor Gap Treaty)。根据该条约的规定，澳大利亚与印度尼西亚将划界问题暂时搁置，取而代之的是在东帝汶省与澳大利亚之间建立了 A、B、C 三个合作区域，这三个区域面积达到 60500 平方千米。

根据《帝汶缺口合作条约》第二部分的规定，这三个区域实行不同的管理模式。即靠近澳大利亚北部的 B 区域由澳大利亚方负责开发与监督管理运营，相关税务机关负责对符合条约的开采活动征税，同时将税收收入的 10% 分成给印度尼西亚政府；靠近东帝汶省的 C 区域的开采监管方则是印度尼西亚，由此产生的开采税费由印度尼西亚税务机关负责征收，并将其中的 10% 分成给澳大利亚政府；而位于最中间的 A 区域则由根据条约协商成立的部长理事会下设的联合管理当局（Joint Authority）具体负责，关于这一区域的油气资源勘探所产生的税收收入，双方按照 1∶1 来分。

（三）联合国管理时期

1999 年 8 月 30 日，新上任的印度尼西亚总统哈比比决定在东帝汶进行全民公投，由东帝汶人民来自主决定是接受印度尼西亚统治下的自治还是脱离印度尼西亚的控制而独立。公投的结果显示约 80% 的民众都支持东帝汶独立。然而，东帝汶的政治环境并不稳定，公投结果公布以后，部分反对派激进分子对支持独立的群众进行了武装报复，东帝汶进入无序暴乱状态。为了协助东帝汶尽快恢复稳定和平，联合国驻东帝汶过渡行政机构（UNTAET）在 10 月 25 日正式成立。这一时期的东帝汶在联合国专门机构的协助下，进行着有序建设和稳定发展。然而，《帝汶缺口合作条约》是否继续履行，成为联合国过渡管理时期需要解决的首要问题。在过渡行政机构的协助下，东帝汶与澳大利亚签订了《帝汶缺口过渡安排法案》，并着手谈判针对帝汶缺口区域维护共同开发继续顺利进行的换文意见。2001 年 7 月，联合国过渡行政管理机关在东帝汶代表参与的情况下与澳大利亚签署了《帝汶海安排谅解备忘录》。这次备忘录的签订主要明确了双方将改变在共同开发区内部再设置子区域的前提，在后期新条约规定的共同开发区范围内，双方共享开发区内油气开采活动所产生的收益，并确保收益的 90% 归属于东帝汶。

（四）东帝汶独立至今

2002 年 5 月 20 日，东帝汶正式独立。《帝汶海条约》也在这一天正式签署生效。随后两国在进一步的谈判中，又达成了《澳大利亚与东帝汶民主共和国关于帝汶海特定海洋安排的条约》（以下简称《特定海洋安排条约》）（Treaty between Australia and the Democratic Republic of Timor-Leste on Certain Maritime Arrangements in the Timor Sea, hereinafter referred to as CMATS）和《澳大利亚与东帝汶民主共和国关于联合开发日升气田和特尔巴多浅滩的协议》（以下简称《联合开发协议》）（Agreement between the Government of Australia and The Government of the Democratic Republic of Timor-Leste relating to the Unitization of the Sunrise and Troubadour Fields, hereinafter referred to as IUA)。《帝汶海条约》的

主要内容是明确了百余-安丹区块的开发活动安排，同时该条约对于澳大利亚和东帝汶共同开发的收益分配作出进一步的调整：共同开发区内（A 区域）的油气勘探开采所产生的收益，东帝汶与澳大利亚的分配比例变更为 9：1。

《帝汶海条约》和《国际联合开发协议》对于巨日升油气田和百余-安丹区块的开发作了详尽的规定，并调整了澳大利亚与东帝汶方面的收入分配。然而，仍然有一些遗留问题尚未解决，帝汶海其他油气田的开发计划还有待明确。澳大利亚为了安抚东帝汶而签订的《特定海洋安排的条约》可以说是对《帝汶海条约》所构成的资源开发法律框架的完善与修正。《特定海洋安排条约》虽然使得东帝汶获得了更多的开发收益，但是其中关于条约有效期的多重规定，以及第 4 条“延迟条款”使得东帝汶关于帝汶海海洋权益的法律主张一直冻结到帝汶海区域油气资源开采活动殆尽之时。[4]该条约在国际社会乃至澳大利亚国内都引发了一定的讨论。其中不乏以东帝汶权益为出发点的组织和个体，认为该条约的“延迟条款”是对东帝汶合理主张海洋权益的一种“霸凌”。[5]

为了改变海洋划界权利被“延迟”的情形，确认《特定海洋安排条约》无效，东帝汶决定通过国际仲裁程序来维护自身的海洋权益，最终寻求海洋划界。东帝汶于 2013 年 4 月向国际法院常设仲裁法庭提起了仲裁，最终诉求是请求常设仲裁法院确定东帝汶与澳大利亚双方签署的《特定海洋安排条约》无效。东帝汶提起这项仲裁的原因是一起发现的窃听案件。[6]东帝汶收集到的证据显示澳大利亚在《特定海洋安排条约》谈判前夕对东帝汶的谈判官员进行了监听，东帝汶政府认为这一举动违反了《维也纳条约法公约》的诚信原则（good faith）。由此产生了对于澳大利亚的窃听行为是否导致《特定海洋安排条约》无效的仲裁程序。

仲裁庭与澳大利亚、东帝汶三方于 2013 年 12 月初在荷兰海牙的和平宫，进行了关于仲裁程序性事项的前期商讨会议。随后东帝汶与澳大利亚双方进行了多次会谈，但由于诸多原因，双方试图通过谈判解决海洋划界争端的努力最终以失败告终。2016 年 4 月 11 日，根据《公约》附件五和第 281 条、第 298 条，东帝汶向澳大利亚提起了附件五第二节下的强制调解程序。[7]同年 10 月 21 日，东帝汶和澳大利亚向仲裁庭共同致函，请求中止仲裁程序直至 2017 年 1 月 9 日。东帝汶于 2017 年 1 月 20 日通告仲裁庭关于澳、东、调解委员会三方联合发布的终止《特定海洋安排条约》的声明，并请求终止仲裁程序。同年 3 月 20 日，仲裁庭判定终止程序，新一轮关于帝汶海争端的谈判开始进入强制

---

〔4〕 See Francisco Pereira Coutinho & Francisco Briosa E. Gala, David and Goliath Revisited, *A Tale about the Timor-Leste/Australia Timor Sea Agreements*, Texas Journal of Oil, Gas, and Energy Law Vol. 10, No. 2, 2015.

〔5〕 See Clinton Fernandes, Scott Burchill, Submission to the Joint Standing Committee on Treaties, Regarding the Treaty on Certain Maritime Arrangements in the Timor Sea, February 2007, para. 7; Timor Sea Justice Campaign, Submission to the Joint Standing Committee, 14 March 2007, p. 1.

〔6〕 Arbitration under the Timor Sea Treaty (Timor- Leste v. Australia), PCA Case No. 2013- 16.

〔7〕 https://pcacases.com/web/view/132.

调解阶段。

二、东帝汶与澳大利亚强制调解案

（一）基本案情

2016 年 4 月 11 日，东帝汶单方面援引《公约》向澳大利亚提起了附件五第二节下的强制调解程序。对于东帝汶此举，澳大利亚在 2016 年 5 月 2 日发表了《澳大利亚对于调解的回应》。虽然澳大利亚在这份回应中对于调解委员会的管辖权提出了异议，但其表示尊重委员会的决定，如果委员会的管辖权得以确定，那么澳大利亚将遵守调解程序的规则，配合这一程序的进行。在随后 8 月 29 日举行的开幕听证会上，委员会听取了东帝汶和澳大利亚双方对于此调解的主张与诉求。在随后下午举行的非正式公开听证会上，委员会根据《公约》第 281 条和第 298 条的解释确定了调解委员会对于该案的管辖权。在经过了一系列密集的会谈以后，2017 年 1 月 9 日，澳大利亚、东帝汶与调解委员会发布了联合声明，声明中提及了东帝汶终止《特定海洋安排条约》的意愿，"《特定海洋安排条约》将在东帝汶政府向澳大利亚照会之日起三个月以后失去效力"〔8〕。同年 1 月 24 日，三方再次发表联合声明，声明中对三项事宜作出了公开说明。根据调解委员会的建议，东帝汶致函仲裁庭，撤回了之前提起的关于澳大利亚的仲裁案件；澳大利亚与东帝汶协商达成终止《特定海洋安排条约》的决定，同时彻底废除该条约的第 4 条避免条约再次恢复效力，《特定海洋安排条约》于 2017 年 4 月 10 日正式终止效力。在《特定海洋安排条约》终止效力以后，为了保障帝汶海区域内的油气资源开采活动正常稳定进行，双方决定在过渡时期继续适用《帝汶海条约》的相关制度，新的开采制度制定出来以后，《帝汶海条约》的相关制度将终止效力。〔9〕该案自 2016 年 9 月正式立案，历时一年半，在 2018 年 3 月 6 日正式达成双边永久划界协议，并确立了巨日升油田开发管理的新制度。

（二）双方的主张和争议点

1. 东帝汶的主张

东帝汶方面主张：第一，以中间线原则为大陆架划界的标准。因为根据部分学界观点，两国之间的大陆架是同一个大陆架，帝汶海槽是这个大陆架上的一个偶然凹陷并非断层。第二，终止《特定海洋安排条约》。首先，东帝汶提出虽然《特定海洋安排条约》确定了新的资源共享安排制度，但在后期的执行中，由于诸多客观原因，并未促使巨日升油田的开采活动更好进行。因此，《特定海洋安排条约》早已失去其缔约时本来的目的。〔10〕其次，澳大利亚间谍窃听事件违反了国际法关于条约协商友好、遵循诚信

〔8〕 https：//pca-cpa.org/en/cases/132/.

〔9〕 Ibid.

〔10〕 Ibid.

（good faith）的原则。综上所述，东帝汶提出应当终止《特定海洋安排条约》的效力。同时，过渡时期继续适用《帝汶海条约》关于油气资源开采活动所设置的相关规定。

2. 澳大利亚的主张

澳大利亚认为帝汶海槽是板块之间的断裂带，它将澳大利亚与东帝汶划分为两个完全隔开的大陆架，因此应该采用自然延伸原则划界。对于《特定海洋安排条约》的存续，澳大利亚认为它是充分合理的——它包含了无论是技术层面，还是法律层面的一整套措施，得到了联合国关于条约制定的法律建议和指导，具有一定的借鉴意义。

3. 争议焦点

本轮强制调解中，双方的主要争议点在于帝汶海槽对于大陆架划界的原则适用以及《特定海洋安排条约》的效力问题。

（三）案件最新进展

东帝汶政府和澳大利亚政府于2018年3月6日签署了新的海洋边界条约，永久确定了双方在帝汶海的海洋边界与专属权益。该条约包括了大陆架的划分与调整，开采石油资源等海底资源的权利，以及专属经济区特定权利的划分，如上覆水域渔业资源的划分等。划界条约同时也声明了巨日升油田的法律地位，建立了关于巨日升油田的专属特别制度，并且确立了资源开发的可行路径。如果巨日升油田的开采管道是通往东帝汶的，东帝汶可享有该油田约70%的油气开采收益；若开采管道是通往澳大利亚的，则东帝汶可享有该油田约80%的油气开采收益。

三、东帝汶与澳大利亚强制调解案的关键点分析

（一）帝汶海槽在海洋划界中的作用

1. 地形在海洋划界中的法律地位

大陆架划界如何实现公平，一直是国际法乃至国际社会实践中一个争论较大的议题。虽然准则具体而普遍，但是个案情形多变，如何将二者平衡并合理地结合，还需要进一步去探讨。在大陆架的划界过程中，既要追求程序的公平，也要注意最终的结果公平。《联合国海洋法公约》中对于大陆架划界所设置的规定更是单一地强调最终结果的绝对公平。与之形成鲜明对比的是1958年《大陆架公约》所确立的“等距离—特殊情形”规则，在法律的确定性与个案的灵活性之中作了一个比较恰当的平衡。其中，两大公约中对于中间线和自然延伸原则的成文性规定[11]，在后期大量相关沿岸国家的划界实践中逐渐分化出了“中间线”原则和“自然延伸”原则两大实践派。对于自然延伸原则，学者的态度不尽相同。部分学者指出，“在以往的国际法实践中尚未出现单一采用‘自然延伸’原则进行划界的例子，通过国际法院的判例，可以看出自然延伸原则并

---

〔11〕 Article 6（1），（2），1958 *Convention on the Continental Shelf*. Article 12（1），*Geneva Convention on the Territorial Sea and the Contiguous Zone.*

不被国际法院采纳为划界的一种原则，它只是作为有关国家在谈判时尊重国家主权固有于大陆架的事实”。[12] 另一部分学者认为，自然延伸原则是大陆架制度的基石，存在十分重要的意义。虽然在自然延伸原则上的态度各有差异，但诸多学者都认同其作为沿海国大陆架划界的重要原则。关于等距离中间线原则在大陆架划界中的作用，国际社会也有着不同的见解。一部分学者援引《大陆架公约》第 6 条，认为公约以文本的形式确立了该项原则，由此应该认为等距离中间线原则属于国际习惯法。[13] 而另一部分学者认为，虽然在国际实践中，该原则被广泛采纳并适用，但是这并不能成为它作为国际法上大陆架划界的唯一原则的论据。除了学界观点以外，国际法院在以往的判例中对于这两大原则的采纳也各有倚重，并未有明显的倾向性。由于上述公约皆运用了地理学的相关标准对大陆架进行限制与规定，因此在遵循地形在划界中的法律意义的同时，对于地理因素的考量更是十分必要。帝汶海槽的地理性质定义是澳大利亚与东帝汶的划界争端中一个争论十分激烈的关键点。

2.《2018 年澳大利亚与东帝汶海洋划界条约》[14]

2018 年最终签订的《澳大利亚与东帝汶关于确立帝汶海区域海洋边界的条约》（以下简称《澳大利亚与东帝汶海洋划界条约》），对于大陆架和专属经济区的划分，大致以两国之间的中间线为界，划界附图中的 TA-2 到 TA-11，划分了两国的大陆架边界。由于东帝汶与印度尼西亚之间的海洋边界尚未谈判确定，因此 TA-1 至 TA-2 之间的连线，以及 TA-11、TA-12 至 TA-13 三点之间的连线，都是暂时的边界线，待东帝汶与印度尼西亚达成正式的划界协议以后再行确定东、西侧线。

关于大陆架边界东侧线和西侧线的调整，在《澳大利亚与东帝汶海洋划界条约》第 3 条作了详细的规定。如果东帝汶和印度尼西亚最终确定的划界终点位于 1972 年《海床划界条约》所确立的 A17 点以西或者 A16 点以东的话，则根据第 3 条第 2 款和第 3 款分别调整西侧线和东侧线。关于西侧线，《澳大利亚与东帝汶海洋划界条约》第 2 条限定了两项条件，“在纳米内瑞油田（Laminaria）和卡罗林菈（Corallina）油田开采殆尽以后，如果东帝汶和印度尼西亚的边界终点确定在 A17 与 A18 之间的某一点上或者 A18 以西的某一点，那么澳大利亚与东帝汶的大陆架边界线也须随之调整，即从 TA-2 延伸至最终确定的东、印边界终点的一条测地直线，但是澳大利亚与东帝汶之间的边界西侧线调整最远点不可超过 A18”[15]。换言之，双方的西侧线可能会随着东帝汶与印度尼西亚

[12] 林正丽：《大陆架划界理论和东南亚国家的实践》，《中山大学研究生学刊社会科学版》1994 年第 3 期，第 12 页。

[13] Article 6（1），（2），1958 *Convention on the Continental Shelf*.

[14] See Treaty Between The Democratic Republic of Timor-Leste and Australia Establishing Their Maritime Boundaries in the Timor Sea.

[15] Article 3（2），*Treaty between The Democratic Republic of Timor-Leste and Australia Establishing Their Maritime Boundaries in the Timor Sea.*

的条约划界的确定而进一步西移，但西移的最远连线即为 TA-2 至 A18 之间的测地直线；东侧线的调整在第 3 条第 4 款也作了详尽的规定，“在巨日升油田开发殆尽之后且东、印双方边界条约已生效时，澳大利亚与东帝汶之间的大陆架东侧线是以 TA-11 为起点与 1972 年《海床划界条约》最终确定点之间的一条测地直线”。

关于公平原则的定义，必须结合实际的情况来进行完整的解释。在这一过程中，追求的是过程和结果的综合衡量的公平，既要考虑特殊个案中的情形，也需要斟酌其普遍适用性，达到一个具体方案与普遍原则相结合的结果。它被正式规定在《公约》第 83 条第 1 款中，明确规定了大陆架划界应遵循公平的解决方式。由于帝汶海槽的法律定性没有一个明确的概念，因此本着《公约》第 74 条和第 76 条的主旨，划界中既考虑到双方关于“中间线”概念的讨论，也衡量了密切相关的第三方主体印度尼西亚与两国的划界可能带来的影响因素，充分体现了公约关于公平划界的要求。

（二）调解委员会的管辖权

1. 强制调解程序适用的时间前提

依照《公约》第 298 条第 1 款 a 项的规定，涉及海洋划界争端，或者是历史性海湾或所有权争端的，一般情况下属于可以进行例外声明的争端。但关于这两类情况，也存在例外的限制条件。这三个限制条件是：第一，争端已经发生，但是发生的时间有限制，必须是在《公约》生效日期之后，也就是 1994 年之后，也就是说 1944 年之前是没有效力结果的；第二，各方适用了各种可能解决争端的方法，但是无法解决矛盾与争端，也没有更好的进一步方案，在一定的时间限制内看不到争端解决的可能性；第三，争端所涉及的范围不必然包括领土权益事宜。如果符合上述所说的条件，便不能适用任意声明，而可以进入《公约》附件五规定在第二节的强制调解程序。

关于要提交强制调解的第一项限制，就是时间限制，也就是相关争端必须发生在《公约》生效之后，这是首先要满足和符合的时间限制的条件，也是时间阀值的限定。澳大利亚提出与东帝汶方面的争端发生时间应该追溯到 2002 年东帝汶独立之时，与此同时，《公约》对双方生效的时间应该从 2013 年 2 月 7 日双方都属于《公约》的缔约方时算起，因此该争端在《公约》生效以前便已经发生，不符合强制调解关于时间的限制。然而，笔者认为这一生效日期的参考标准并不符合强制调解的时间限制。

一般情况下，学术界的普遍观点认为，当争端的当事国可能认识或者意识到相关的权益或利益遭受到侵犯，并且向国际社会公开明确地表示自己的态度倾向时，这一节点便可以被看作是争端的开始。若是《公约》生效的时间在这一节点之前，则不归类于强制调解的时间适用前提；反之，则符合强制调解程序启动的第一个前提。同时，《公约》中的生效时间，结合公约缔结时的目的解释，更应广义理解为 1994 年 11 月 16 日，而不是狭义的特定国家实体加入《公约》之日起来算。然而在现实实践中，由于争端当事方

---

〔16〕 Annex A，*Comprehensive Package Agreement*，2017. 8. 30.

的明确意见表达有时并不能轻易被界定，这也导致诸多的国际司法判例中，会花费相当大的精力对于争端的关键日期进行详细探究。国际海洋争端大多历史背景复杂、追溯时间相对久远，囿于时间和空间的限制，无法对其明确提出主张的时间点进行清晰界定，因而从事实行为的层面进行甄别，可以使得这一时间点得以确定。若在这一时间点以前《公约》尚未生效，那么在这之前发生的关于海洋划界的争端，便属于《公约》第 298 条所指的“例外情形”，不必适用强制调解。反之，若在这一节点之前，《公约》已经生效，便符合强制调解的时间限制要件。

2. 《公约》第 298 条第 1 款（a）项下的海洋权利争端的范围

澳大利亚认为双方关于帝汶海的海洋划界争端很明显属于《公约》第 298 条第 1 款 a 项（1）下涉及的“关于划定海洋边界的第 15 条、第 74 条和第 83 条在解释或适用上的争端”[17]，而这一类争端是不应当被提交至《公约》附件五下的调解程序，因此认为调解委员会在最终的调解任务方面扩大了其管辖范围。澳大利亚继续提出，由于《特定海洋安排条约》第 4 条“延迟条款”已经将争端的解决排除了《公约》中任何司法解决途径的适用，由此调解委员会是不符合《特定海洋安排条约》第 4 条关于排除上述争端解决机制的前提的。[18] 对于这一解释，调解委员会分析认为，调解委员会成立的依据是《公约》第 298 条以及附件五的程序设置，因此调解委员会的管辖权问题应该追溯到《公约》自身来讨论，并非限于《特定海洋安排条约》的个别条款。澳大利亚对于委员会管辖权异议的第二点是《公约》第 281 条明确了争端双方在争端未得到解决时所适用的程序，然而澳大利亚认为《特定海洋安排条约》已经设置了和平解决争端的方法，因此不适用《公约》第 281 条继续其他争端解决程序的步骤。

笔者认为，澳大利亚与东帝汶的海洋争端虽然实质上是关于大陆架和专属经济区的争端，但是条款限定中的《公约》第 74 条和第 83 条都提及了为双方解决争端的过渡时期安排的协助。因此，基于《公约》对于过渡时期安排协助的要求，调解委员会最终决定对双方在过渡时期的安排进行调解会谈符合《公约》第 298 条的规定。

四、东帝汶与澳大利亚强制调解案对中国的启示

（一）对中日东海大陆架划界的启示

1. 海槽在海洋划界之中的重要作用

澳大利亚与东帝汶的争端在一定程度上与中日之间的东海大陆架争端有着相似之处。即，双方所处的大陆架是共有的，还是各自完全分离的，这是影响双方大陆架划界的一个重要因素。中国认为，冲绳海槽是大陆架之间的断层，这一断层则将中国与日本完全分隔在两个不同的大陆架之上。东海大陆架是中国领土的自然延伸，日本则位于另

〔17〕 See *Decision On Australia's objections to Competence*, pp. 38-40.

〔18〕 Ibid. , p. 39.

一边的琉球岛架上。日方则认为，冲绳海槽不是断层，是东海大陆架上的偶然凹陷，其并未将两国分割于不同大陆架上，双方仍共处于东海大陆架上。因此，仅从双方各自的主张来看，冲绳海槽的性质决定着东海大陆架问题的走向[19]。

2. 2018 年《澳大利亚与东帝汶海洋划界条约》对东海划界的启示

在澳大利亚与东帝汶最终签订的划界条约中，公平原则得到了充分的体现。“三步划界法”便是公平原则衍生出的产物。澳大利亚与东帝汶在最终的划界谈判中并没有再就帝汶海槽的地理性质给予绝对的定性，而是遵循公平原则的指导，以相向海岸距离的中间线作为划分两国大陆架的依据，形成了第一条边界线。考虑到印度尼西亚与东帝汶之间特殊的历史情况，2018 年《澳大利亚与东帝汶海洋划界条约》第 3 条第 2 款至第 4 款充分阐释了东帝汶若与印度尼西亚之间划界可能存在的情形，据此作出了可以调整东、西侧线的备选方案。最后，应该充分考量当事国之间的海岸长度比例，用比例来衡量划界结果是否公平。公平原则不仅体现为程序上的“三步划界”公平，在实体结果上也需要保证相对的公平。东帝汶是世界上最贫穷的国家之一，此次划界所达成的中间线和东侧线，将使得巨日升油田的 70% 都归属于东帝汶，这一收益很大程度上保障了东帝汶的国家建设与发展。考虑到澳大利亚与东帝汶之间的实力悬殊，这一划界方案实际上是相对公平的体现。

公平原则是否适用于东海大陆架的划界，需要具体问题具体分析。东海大陆架是中国领土自然延伸的这一事实，是无论适用何种原则都必须首先确定的关键要素。同时，公平原则的一个具体方法——“成比例”，作为划界中的地理考量要素，它不仅在以往的大陆架划界实践中得到了肯定与支持，也将公平原则的内涵具体反馈到现实实践之中，是实现划界公平的一个重要考虑因素。因此，在东海大陆架的划界之中，若想在最终的结果上实现实体的公平，应当在实践中详细科学地测量两国相关海岸线的长度，分析其比例，作出合理估量。

（二）强制调解程序对于南海争端解决的借鉴意义

1. 强制调解在争端解决中的法律意义

就强制调解而言，其与一般调解程序最大的不同在于，一旦符合强制调解程序启动的前提，那么该程序的启动不需要征得另一方的同意即可进行。因此，强制调解的强制性只体现在程序启动的单方性，最终作出的调解结果与达成的措施对于双方都是没有法律约束力的。调解的渊源由来已久，在大量的国际实践中已经得到较为广泛的应用。

调解给参与谈判的各个国家提供了一个解决问题的平台。争端各方的意思自治在调解过程中得到了应有的尊重。即使最后调解程序以失败告终，那么任何一方在调解过程中的说辞言论都不会产生实际效果，也不会对任何一方产生任何消极影响。同理，仅以一方已接受另一方的解决方案为唯一条件也不能代表这个解决方案能够产生法律根据。

---

〔19〕 参见王秀英：《中日东海大陆架划界中的若干关键问题》，《东北亚论坛》2007 年第 6 期，第 78—79 页。

2. 强制调解对中国的启示

在本轮澳大利亚与东帝汶强制调解中，同样存在着关于调解委员会管辖权的争议。对于帝汶海争端在适用上的时间限制和事宜类型限制上，本文已在第三章作了详细阐释。澳大利亚在本轮调解中针对调解委员会的管辖权限所提出的部分主张与中国在南海仲裁案中拒绝接受仲裁的论点大抵相似，然而调解委员会援引《公约》第 74 条、第 83 条关于促成过渡性安排的条款说明了其对于帝汶海争端不仅是单一的划界管辖，而是对于《公约》所鼓励的和平解决争端的前期过渡性安排的管辖。[20]

我国与南海周边国家关于南海存在海洋划界争议。如今，中国仍在南海问题中居不利地位。南海诸岛之中，越南强占 28 个，菲律宾侵占 8 个，马来西亚占据 4 个，中国进驻的只有 8 个。[21] 南海周边国家纷纷提起对南海的主权，还时刻觊觎南海的资源，引发资源之争。我国政府虽一贯致力于维护南海主权完整，与南海周边各国签署《南海各方行动宣言》，但南海周边国家却多次违反该《宣言》的规定，多次侵扰中国南海，严重损害了我国海洋权益。在此局势之下，“搁置争议、共同开发”这一原则逐渐政策化，是和平解决国际争端的具体体现。虽然早在 20 世纪 70 年代，中国国家领导人就海洋争端提出了“主权属我、搁置争议、共同开发”原则，然而整体来看，共同开发的进程异常缓慢。[22] 因此，我国在增进与邻国友好关系，推进国与国之间的协作、共同开发的同时，对于海洋权益的维护，也应充分做好预案。澳大利亚在本次强制调解启动之初，对于调解委员会虽然提出了异议，但在后续调解程序中积极与东帝汶进行协商会谈，双方通过充分的接洽沟通，并利用联合国给予的技术指导，在相关石油公司专家的建议下，最终达成了令双方都愿意接受的一系列制度条款。本次调解不仅解决了澳大利亚与东帝汶之间长达 30 余年的海洋划界争议，同时也为共同开发适应新时期需要的石油开采制度构建了完善的法律框架。在南海问题上，我国应积极主动参与到海洋争端解决新规则的制定之中，积极谋求与海上邻国的合作，建立切实可行的合作机制。

五、结　论

2018 年澳大利亚与东帝汶强制调解案是帝汶海争端告一段落的标志性事件，也是新时期国家之间灵活运用国际法相关规则解决海洋争端的成功范例。帝汶海争端由于纷争历史时段较长、东帝汶的国际法主体地位几经更迭，使得这一区域的问题解决涉及了多方面因素，包含了海洋划界、《公约》争端解决机制运用、民族自决、国际人权等诸多当代国际法研究的重要课题。澳大利亚与东帝汶海洋划界问题的成功解决也是国际法和平解决争端的重要突破。

---

〔20〕 See *Decision On Australia' s objections to Competence*, pp. 40-41.

〔21〕 参见《中国海洋发展报告（2017）》，海洋出版社 2017 年版，第 215—218 页。

〔22〕 参见杨泽伟主编：《海上共同开发国际法问题研究》，社科文献出版社 2016 年版，第 2 页。

在亚洲，外交方法至今仍是解决国际争端的重要方式之一。如今，亚洲多数国家仍坚持以传统的“合意性”的方式解决国际争端，而避免选择“对抗性”的方式。它们认为“合意性”方式更易带来双赢的结果，而“对抗性”的方式会对双方关系造成不利影响从而阻碍两国关系的友好发展。[23]在争端问题上，亚洲国家也似乎更倾向于运用外交手段，因为外交手段更为平和，有利于维系两国友好关系，且不会带来难以控制的武装冲突及对抗，能够避免消耗大量的人力与物力。中国则是这一处事风格的代表，中国一贯推行和平、独立自主的外交政策，主张在和平共处五项原则的基础上，通过协商、谈判等和平手段解决划界争端。中国一贯认为，谈判这一只需张口不需动手的外交手段是国际法认可的、最行之有效的和平解决国际争端的方式。[24]中国政府在不同公开场合的言论均能印证此点。

在国际法日益完善的当今时代，争端的解决不应局限于单一的某一种司法解决形式，澳大利亚在本次强制调解之前作出了关于《公约》第298条的排除性声明，双方通过“调解”这一更具专业技术性、公允性、灵活性的方式充分交换意见、协商调解规则与细节，最终确定了两国的海洋边界。中国应从中吸取教训，借鉴经验，对于南海争端的解决，中国在坚定申明自身立场的同时，也应积极利用国际法争端解决的其他方法，在坚决维护中国的海洋权益的前提下，推进和平共处、谋求互利双赢。

---

〔23〕 See A. F. M. Maniruzzaman, The Problems and Challenges Facing Settlement of International Energy Disputes in Asia: The Way Forward, in China International Economic and Trade Arbitration Commission 2 Social Science Electronic Publishing , 2003.

〔24〕 http://www.en84.com/nonfiction/statements/201501/000158577.html.

辑三

维护海洋权益

中国首航北极西北航道的规则实践及其开发利用前景

■ 邓贝西*

【内容摘要】2017年9月“雪龙号”科考船在执行环北冰洋科学考察任务期间，成功完成中国船舶对北极西北航道的首次过境航行，对加拿大涉及西北航道的相关法律法规，特别是航道准入制度和过境通行申请、冰区领航员制度、航路路径规划等具体规则进行了实践，为未来中国船舶利用西北航道开展科学考察和商业航行积累了丰富经验。现阶段，受制于航行自然条件、领航和破冰服务的经济成本、航道沿线薄弱的基础设施和应急反应能力以及加拿大对于开放航道的顾虑，西北航道过境通行数量长期维持于较低水平，其未来发展将很大程度上取决于航道沿线资源开发和基础设施建设的需求。中国与西北航道主要沿线国加拿大的合作应以增进了解、建立互信为基础，以科考合作为先导，利用中国的投资意愿和技术优势在航道沿线矿产和油气资源开发、基础设施建设等领域打开合作面，通过赋予西北航道资源“溢价”带动航道的有效利用。

【关键词】西北航道　加拿大北极政策　中加北极合作

近年来，随着气候变暖和经济全球化，北极在全球经济、科研、环境、航运、资源等领域的战略价值迅速提升，以北极航道开发利用为代表的涉及北极域内外国家利益并具有全球影响的跨区域议题不断涌现。北极航道涵盖东北航道、西北航道和中央航道三条航路。作为连接东北亚、西欧和北美三大经济区块之间的海运捷径，它与传统的南部航线构成环绕欧亚大陆和北美大陆的海上运输闭环网络。当前，北冰洋海冰的快速消融存在着有利于北极航道通航发展的长期趋势，未来北极航道的常态化和规模化运营将会对全球航运和贸易格局带来局部转变。我国作为北半球贸易和航运大国，北极航道的开通有望提升我国对外贸易的时效性、经济性和安全性，打通连接北极能源供应地与我国消费市场之间的海运捷径，有助于深化与俄罗斯、北欧、美国、加拿大等航道沿线国家的双边合作关系。现阶段，北极东北航道冰情较轻，基础设施和搜救/破冰领航服务相对完善，跨欧亚的长程利用呈现增长之势。我国对东北航道考察和航行实践虽然起步较晚，分别由“雪龙号”科考船和中远集团“永盛轮”于2012年和2013年相继完成东北航道的首航和商业试航，但对航道的开发利用发展迅速。特别是在国家提出推动经北冰洋连接欧洲的“蓝色经济通道”和建设“冰上丝绸之路”构想的背景下，我国航运企业已建立起经东北航道的常态化运营，以中国-西欧散货过境运输和与俄罗斯北冰洋沿岸资源开发和基建相关的模块/装备运输为主要运输形式。相较之下，我国对于西北航道尚处于探索的起步阶段，对其适航条件、海冰情况和政策法律的认知仍有欠缺。因此，开展西北航道考察和试航并对其经济性和安全性进行初步评估，将对我国未来西北

---

* 博士，中国极地研究中心助理研究员。

本文为国家海洋局南北极环境综合考察与评估专项“极地地缘政治和安全研究”子专题（CHINARE2017-04-05-01）的研究成果。

航道的商业利用和与航道沿线国家在基建、资源开发等领域的合作有着积极的促进作用。本文将结合 2017 年 9 月“雪龙号”科考船首航西北航道的实际情况，论述航行过程中对加拿大涉及西北航道的过境准入制度、冰区领航员制度、航路路径规划等具体规则的实践，进而评估未来西北航道商业利用的前景，并提出与西北航道最主要的沿线国——加拿大开展双边合作的可行路径。

一、北极西北航道航路划分与适航趋势

西北航道主要是指北美大陆北部沿岸经加拿大北极群岛水域和美国阿拉斯加北部水域、连接北太平洋和北大西洋的海上通道，全长 2600—3200 海里。西北航道主航段位于由 36000 个岛屿组成的加拿大北极群岛水域，这些水域由众多大小不一的海峡、海湾、浅滩组成。相较于东北航道，西北航道地形更为复杂，冰情更为严重，航行窗口期更短，大部分航路测绘不充分，常常被视为畏途。因西北航道的加拿大北极群岛水域途经不同组合的海峡，北极理事会 2009 年发布的《北极海洋运输评估报告》将其分为不同航路的五条航线。（图 1）

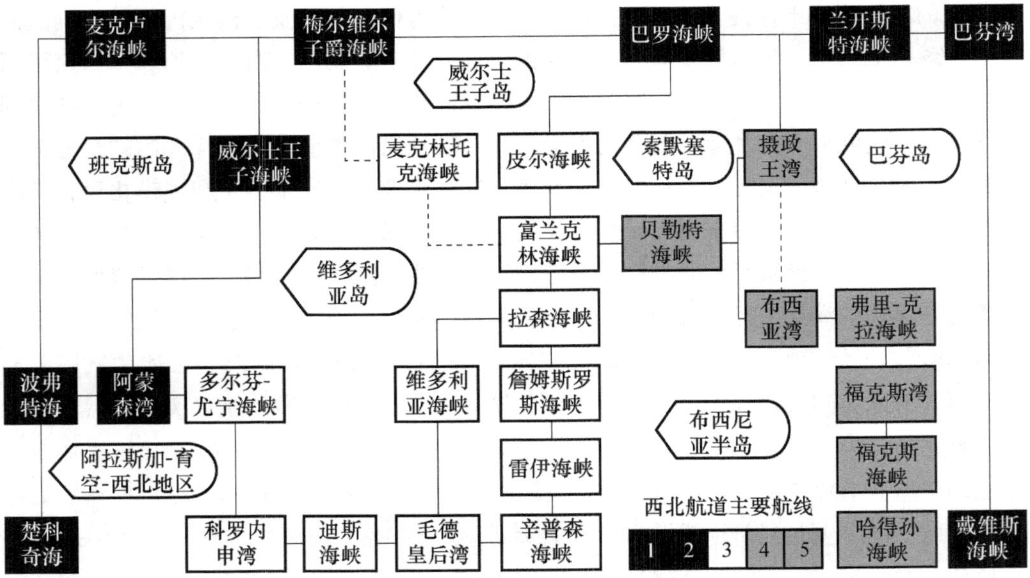

图 1　西北航道主要航线示意图

更为简便的区分方式是根据海冰轻重情况将西北航道分为北、中、南三线（分别对应图 1 所标示的编号为第 1、第 2、第 3 的航线），其中北线冰情最重，南线冰情最轻。三条航线途经航路的主要区别在于加拿大北极群岛的西侧水域。南线经维多利亚岛南部的海峡和海湾以及阿蒙森湾进入波弗特海；中线经梅尔维尔子爵海峡、威尔士王子海峡以及阿蒙森湾进入波弗特海；北线经梅尔维尔子爵海峡、麦克卢尔海峡直接进入波弗特海。

西北航道的海冰变化呈明显季节性特征，海冰最大覆盖面积出现在3月，此时太平洋一侧海冰外缘线到达白令海，大西洋一侧海冰外缘线到达戴维斯海峡以南。5月西北航道外缘水域（包括白令海、楚科奇海、阿蒙森湾、巴芬湾等）开始出现融冰过程，并一直持续到9月，此时的海冰覆盖面积降至最少。从10月起气温下降，海冰开始增长，冰外缘线向外扩展，进入下一个结冰过程。[2]每年7月下旬至10月中旬是最适合西北航道（南线）通航的时间窗口期。随着全球气候变暖，西北航道海冰覆盖面积也呈现下降趋势。加拿大冰务局的多年海冰数据显示：近三十年西北航道南线在其适航期内，平均海冰覆盖率已从30%降至10%；在西北航道冰情最优的9月上旬，2006年以来仅有三个年份的海冰覆盖率高于5%，2011年甚至出现无冰的情况。

西北航道海冰的持续消融进一步凸显其作为连接东北亚至北美东岸以及西欧至北美西岸的海上贸易通道的潜力。尽管目前西北航道尚未形成大规模的商业利用，但已有数次试验性的货运航行。2013年丹麦籍的“北欧猎户座”号（Nordic Orion）散货轮完成首个过境商业航行，装载73000吨煤从加拿大温哥华穿越西北航道抵达芬兰波里港。[3]这表明西北航道在夏季特定的时间窗口期内已具备全程通航的条件。

二、中国首航北极西北航道的规则实践

2017年9月“雪龙号”科考船在执行环北冰洋考察任务期间，选取冰情较轻的南线航路，经戴维斯海峡、巴芬湾、兰开斯特海峡、皮尔海峡、维多利亚海峡、阿蒙森湾后抵达波弗特海，完成了中国船舶对北极西北航道的首次过境航行。此次航行历时8天，航程2293海里，除了获取第一手的航道环境数据资料外，更为重要的是对加拿大涉及西北航道的法律法规，特别是过境准入制度、冰区领航员制度、航路路径规划等具体规则进行了探索和实践，为未来中国船只利用西北航道开展科学考察和商业航行积累了丰富经验。

（一）西北航道非加籍船舶的过境准入制度和通行申请

加拿大对西北航道持“历史性内水”主张，认为国际习惯法和《联合国海洋法公约》所制定的无害通过制度和国际海峡过境通行制度均不适用于西北航道。顾及国际社会可能的反应，加拿大并未将西北航道的法律地位明确写在任何法律文本之中，而是通过官方声明表明态度[4]，同时划定北极群岛直线基线，并制定如《北极水域污染防治法》《北极航运污染防治规章》等十余部国内立法对外籍船舶实施严格的航行准入和环

---

〔2〕 苏洁等：《北极加速变暖条件下西北航道的海冰分布变化特征》，《极地研究》2010年第2期，第108页。

〔3〕 http://nationalpost.com/news/canada/northwest-passage-crossed-by-first-cargo-ship-the-nordic-orion-heralding-new-era-of-arctic-commercial-activity.

〔4〕 王泽林：《北极航道法律地位研究》，上海交通大学出版社2014年版，第22—25页。

境标准，以此强化对西北航道的管辖。[5]特别要指出的是 2010 年生效的《加拿大北方船舶交通服务规章》，它规定进入航行安全控制区的船舶须进行强制性的报告，改变了过去只要船舶不靠岸，是否报告由船舶自愿决定的做法。航行安全控制区，即加拿大声称的“北极水域”，指被北纬 60°线、西经 141°线和专属经济区外部界线所包围的内水、领海和专属经济区，加拿大和格陵兰之间的国际边界自加拿大的领海基线起算不及 200 海里，由该国际边界取代专属经济区的外部界限。将海域的航行管辖权拓展至专属经济区是《联合国海洋法公约》第 234 条“冰封条款”赋予北冰洋沿岸国特有的权利。它规定，“沿岸国有权制定和执行非歧视性的法律和规章，以防治、减少和控制船舶在专属经济区范围内冰封区域对海洋的污染……这种法律和规章应适当顾及航行和以现有最可靠的科学证据为基础对海洋环境的保护和保全”。这意味着出于海洋环境保护的需要，外籍船舶在进入加拿大北极水域的专属经济区时，负有向加拿大强制报告的义务，以便于加拿大对这些船舶的构造是否符合北极水域航行标准进行监管，对可能发生的油污泄漏、污染物倾泻和航行安全事故作出尽可能及时快速的反应，这也有利于加拿大加强对北极群岛水域的边防管理和恐怖活动防范。

在实际操作中，加拿大对于西北航道过境通行的管理并没有像俄罗斯对东北航道的管理那样存在对外公示并具有可操作性的申请流程。《加拿大北方船舶交通服务规章》规定，船舶在即将进入加拿大北方船舶交通服务区（包含航行安全控制区的范围）前需向加拿大海岸警卫队指定的海上通信和交管服务中心提交航行计划报告。[6]但是具体操作细则，包括联络机构、时间节点、须填表格等事项均未列明。我方向加拿大申请西北航道过境通行许可时获悉：根据加拿大海上交通安全中心要求，过境申请须在船舶进入航行安全控制区前 96 小时，向加拿大交通部递交“预抵达信息报告”，内容包括船名、国际海事组织船舶识别号和国际船舶安全证书；另外，还须向伊卡卢伊特海上通信和交管服务中心上报以上内容，并告知航行性质。但是，加方未说明收到信息后给予反馈意见的时间期限。比如，若在 96 小时内出现未收到加方反馈意见或加方驳回过境申请的情况应如何处理，毕竟有 1985 年美国“极海号”破冰船未征得加拿大政府同意但强行穿越西北航道并引发美加外交冲突的前车之鉴。基于此，我方在航次出发前与加拿大保持密切沟通。加方也考虑到“雪龙号”科考船是用于非商业目的的公益性船舶，同时希望以此次考察为契机与中国开展北极科学合作，深化两国北极双边关系，因此对我方申请西北航道过境通行予以协助和支持。“雪龙号”科考船在航行期间，根据《加拿大北方船舶交通服务规章》，在即将进入加拿大航行安全控制区前 24 小时上报航行计划报告和冰情航路信息，并在

〔5〕 邹磊磊、付玉：《从有效管理向强化主权诉求的又一范例——论析加拿大西北航道主权诉求的有利因素及制约因素》，《太平洋学报》2014 年第 2 期，第 2 页。

〔6〕 http：//laws-lois. justice. gc. ca/eng/regulations/SOR-2010-127/FullText. html.

每日16：00（世界时）上报位置报告。

从“雪龙号”科考船申请西北航道过境通行的具体实践来看，由于西北航道过境通行量少，且自然条件（包括冰情复杂多变、航线浅滩多、水浅不适合大型船舶）构成一定的航行难度，因此，加拿大并没有制定标准化的过境申请流程，通常采取为“一船一报”的做法，根据实际情况作个案处理。航行期间，船舶须根据《加拿大北方船舶交通服务规章》的相关规定在进入航行安全控制区前后的不同时间节点进行报告。

（二）强制领航员制度和航路路径规划

相比于俄罗斯2013年颁布的《北方海航线水域航行规则》将北极东北航道的破冰船强制领航制度修订为许可证制度，冰区领航员也变为非强制性要求〔7〕，“雪龙号”科考船过境西北航道期间所执行的加拿大《北极航运污染防治规章》规定，若无符合资质的冰区领航员协助，总吨位超过100吨以上的船舶不得在航行安全控制区内航行。〔8〕该规章对冰区领航员的资质也作出界定，即能够胜任《加拿大航运法》所规定的船长或“甲板负责人”的任务，以及曾经作为船长或“甲板负责人”在船上工作至少50天，其中30天必须有船舶在北极水域遭遇冰情、需要破冰船协助或对可能损害船舶的积冰进行应对演习的工作经验。目前，具有资质的领航员多为曾在加拿大海军和海岸警卫队服役并拥有西北航道水域实际航行经验的人员。

船舶在驶入航行安全控制区之前领航员即须到位，因而此次“雪龙号”科考船自东向西过境西北航道，沿加拿大和格陵兰海上划界线的格陵兰一侧经戴维斯海峡驶入巴芬湾，在格陵兰首府努克港锚地接驳冰区领航员后方能进入加拿大航行安全控制区。同理，领航员在船舶完全驶离航行安全控制区以外方能结束领航任务。冰区领航员的登船和下船点均为交通较为便利的北方港口，如太平洋一侧多选择美国阿留申群岛的荷兰港和阿拉斯加州的诺姆，大西洋一侧多选择格陵兰首府努克和加拿大纽芬兰省的圣约翰斯。加拿大马泰科极区咨询公司（Martech Polar Consulting Ltd.）等企业提供受认证的冰区领航员服务。冰区领航员基本费用约为1000美元/天，以完全过境西北航道所需约合15天的时间计算，再加上领航员往返上下船港口的交通费用以及支付给港口船舶代理的接驳费用，冰区领航的额外支出约3万—5万美元，这在一定程度上增加了船舶的航行成本。

除了强制领航员制度以外，加拿大《北极航运污染防治规章》严格规定了不同冰级或类型的船舶在各航行安全控制区〔9〕是否允许驶入，以及航行的时间窗口。“雪龙号”

---

〔7〕 张侠等：《从破冰船强制领航到许可证制度——俄罗斯北方海航道法律新变化分析》，《极地研究》2014年第2期，第272页。

〔8〕 http：//quickscribe. bc. ca/icompass/secure/pdfs/3246. pdf.

〔9〕《航行安全控制区法令》根据冰情轻重程度将航行安全控制区划分为16个分区，其中1区冰情最为严重，16区冰情最轻，以此类推。

科考船最初设计的西北航道过境路线是西北航道中线航路，途经主要海域/海峡节点和航行安全控制区为：戴维斯海峡（15、10 区）—巴芬湾（9 区）—兰斯开特海峡（13 区）—巴罗海峡（13 区）—梅尔维尔子爵海峡（2 区）—阿蒙森湾（11 区、12 区）。根据中国船级社认证，“雪龙号”科考船为“Type A”类型的船舶，对照“航行安全控制区驶入日期表”，禁止驶入冰情较为严重的梅尔维尔子爵海峡（表 1）。因此在实际航行中，“雪龙号”科考船改走冰情较轻的南线航路，途经水域均符合航行条件（表 2）。

表 1　“Type A”类型船舶西北航道中线航行安全控制区驶入日期表

通航窗口期	航行安全控制区	主要海峡/海域节点
6. 25-12. 5	15 区	戴维斯海峡
7. 25-11. 20	10 区	
8. 1-11. 20	9 区	巴芬湾
6. 25-10. 22	13 区	兰斯开特海峡、巴罗海峡
禁驶入	2 区	梅尔维尔子爵海峡
7. 10-10. 31	11 区	阿蒙森湾
6. 15-11. 10	12 区	

表 2　“Type A”类型船舶西北航道南线航行安全控制区驶入日期表

通航窗口期	航行安全控制区	主要海峡/海域节点
6. 25-12. 5	15 区	戴维斯海峡
7. 25-11. 20	10 区	
8. 1-11. 20	9 区	巴芬湾
6. 25-10. 22	13 区	兰斯开特海峡、巴罗海峡
8. 15-10. 15	6 区	皮尔海峡、拉尔森-维多利亚海峡
8. 1-10. 25	7 区	科罗内申-毛德湾
7. 10-10. 31	11 区	阿蒙森湾
6. 15-11. 10	12 区	

加拿大西北航道在不同年份冰情变化幅度较大，且海冰整体呈减退趋势，“航行安全控制区驶入日期表”制度在具体实践操作中显得不甚灵活。比如，在冰情较轻的年份，船舶适航窗口期可能会延长，甚至在日期表规定禁止驶入的水域也能够通航。因而加拿大同步引入“北极冰情航运制度标准”（以下简称“AIRSS”）与日期表制度并行使用。在 AIRSS 制度中，冰区领航员拥有在评估冰情、设计调整航线等方面的最高决定权。领航员通过加拿大北极航行交通系统、加拿大冰务局、卫星图像、航行区内其他船舶的报告等多种渠道获取最新冰情信息，在此基础上设计一条理想的航行路线并选定其中的若干节点。然后计算每个节点的冰情指数，如果所有节点的冰情指数为

零或大于零，则向海事主管部门递交一份冰情航路信息；如果某一（些）节点的冰情指数为负数，可另选其他航线，或等待冰情好转，或请求破冰船援助。AIRSS 制度是基于一个既定区域内的实际冰情来进行航行管制，其优势和功能在于，若超出日期表制度所规定的允许航行的水域和窗口期，经计算冰情指数得出等于零或大于零的结果后，船舶也可准予驶入冰情区，这样一来，船舶航行范围可根据冰情实际情况作出灵活调整。在 AIRSS 制度下，冰区领航员的作用和职责尤为凸显，不仅建立起船舶与加拿大西北航道航行管理实务部门之间的沟通和联络渠道，而且能在航路规划中发挥一定的灵活度和自主权。即便在冰情指数为负数的区域，经验丰富者也能够预测出冰情变化趋势并判断出通过该区域的时机，在确保航行安全的情况下尽可能地满足客户对航行时效的要求。

综上，由于西北航道的过境通行申请尚未制定标准化的流程，此次“雪龙号”科考船的过境申请是否可为其他性质的航运活动（如商业航行、货运、旅游业、渔业等）提供参考和借鉴尚不得而知。但至少，加拿大对于外籍船舶过境西北航道是开放的。这需要存在需求的相关航运企业在计划开展商业试航前与加拿大航道管理部门预留充分的沟通时间，提前做好合理可行的航路设计。就具体航行实践来看，西北航道过境航行须配备具有资质的冰区领航员，确保船舶性能符合航行安全需要，遵守污染物处置和排放的环保标准，并与加拿大海事主管部门保持及时沟通和信息报备。

三、西北航道开发利用的现状与前景

新航道的开拓通常以科学探索先行，但未来能否实现常态化的商业利用则取决于航道的自然条件、经济性能以及沿岸国的政策开放度。就西北航道而言，现阶段的航运活动以北极区内运输和以北极为目的地的运输为主，包括加拿大海岸警卫队和海军的常规巡航任务、原住民社区补给和原料供应、资源勘探开发和运输、旅游业及渔业活动。从近年来的变化趋势（表 3）可以看出：进入加拿大北极水域的船舶数量呈上升趋势，主要增量来自于在巴芬湾海域不断增长的渔业活动。不过，西北航道的过境通航量长期维持较低水平。目前，国际货运企业尚未制定西北航线常态化的运营计划，但游轮产业需求旺盛，除了加拿大游轮公司经营的从加拿大东/西海岸至加拿大北极群岛剑桥湾镇的每年十余个航次外，国际游轮公司也运营着每年数个西北航道过境航次。特别是 2016 年 9 月中旬，载重 68870 吨、可搭载 1070 名游客的美国籍的“水晶宁静”号（Crystal Seren-ity）游轮借助破冰船领航，历时 32 天，从阿拉斯加安克雷奇经西北航道抵达纽约[10]，成为完成西北航道过境航行的最大船舶，此后该游轮转为每年常态运营。

---

〔10〕 http://www.telegraph.co.uk/travel/cruises/news/worlds-most-dangerous-cruise-arctic-northwest-passage.

表 3 2005—2014 年西北航道通航量统计表

	2005	2006	2007	2008	2009	2010	2011	2012	2013	2014
驶入加拿大北极海域船舶	121	135	181	209	183	254	335	322	348	302
其中										
游轮	12	15	17	20	18	18	11	10	17	11
渔船	20	26	39	52	44	78	144	114	137	119
货轮	65	66	101	105	100	124	126	124	127	108
西北航道过境通行船舶	7	6	5	5	7	7	5	8	8	7
其中										
破冰船	2	2	2	1	2	2	2	2	2	4
游轮	2	2	3	2	3	4	2	2	4	2
拖轮		1			2	1		2		
货轮				1				1	1	1
考察船	3	1		1				1	1	

西北航道之所以未能吸引大规模的国际过境通行存在着多方面因素。

其一，西北航线的航行条件不占优势。北冰洋洋流运动导致加拿大北极群岛北侧的多年冰经岛间水道向南移动至西北航道，使得冰情呈现一定的起伏变化。此外，冰情较轻的西北航道南线航路岛礁密布、浅滩多，浅滩间航道最窄处仅 2 海里，且吃水深度超过 10 米的船舶无法通行[11]，这也限制了适合西北航道通航的船舶类型。

其二，西北航道相较于经巴拿马运河连接东北亚和北美东岸的传统航线，航程仅缩短 20%。以上海至纽约为例，经巴拿马运河的传统航线航程约 10500 海里，而经西北航道的航程约 8600 海里，航程缩短近 2000 海里，可节省约 7 天的航时。然而，西北航道适航窗口期仅有夏季三个月份，航路地形和海冰条件复杂，航程缩短的时间优势易被航速降低所抵消，如果加上领航、破冰等额外费用，能否达到预期的经济效益尚是未知数。另外，巴拿马运河已于 2016 年完成扩建工程，运河拓宽可供大型油轮、矿砂船舶和重型集装箱轮通过，通航效率显著提升，这也将进一步弱化西北航道时效和经济优势。

---

〔11〕 https：//www. pame. is/images/ 03_ Projects/AMSA/AMSA_ 2009_ report/AMSA_ 2009_ Report_ 2nd_ print. pdf.

其三，西北航道沿线缺少促进航道发展的资源类项目。据美国地质调查局2008年发布的《环北极资源评估报告》[12]显示，加拿大油气资源主要集中在加拿大北极群岛以西的波弗特海海域，其储量仅占北极油气总量的5%。同时，加拿大北极油气开发政策也呈现出保护性倾向，特别是在2016年12月与美国达成联合声明，采取对北冰洋近海油气开发的管制行动，并“无限期地限制颁发在加拿大水域进行油气活动的许可”[13]。这预示着在未来相当长的一段时期内，加拿大缺少开发北极油气资源的意愿，西北航道的油气运输需求也基本不存在。矿产资源方面，加拿大北极圈以北的努纳武特地区巴芬岛和魁北克省北部蕴藏着相当储量的铁、镍、金、稀土、铀等矿产资源。其中巴芬岛北部的玛丽河（Mary River）铁矿，其矿石纯度和品质高，无须初加工，在降低环境影响的同时可保持低生产成本。该铁矿于2015年投产，2017年出口量达到410万吨，经西北航道运送至德国、英国和日本市场。[14]不过，现阶段国际矿石价格仍在低位徘徊，加上环境风险、劳动力缺乏、港口基础设施薄弱、生产成本高以及有限的运输窗口期等因素影响，加拿大北极地区矿石资源开发的整体规模受限，使得西北航道缺乏有利的资源“溢价”。

其四，相比于俄罗斯将东北航道打造为“具有竞争性、国际性和满足从原材料到集装箱运输的多种运输需求的海上交通走廊”的政治意愿[15]，加拿大现阶段对于西北航道的核心政策目标是让国际社会承认和尊重加拿大对西北航道的主权和管辖权，而非期望西北航道能够在短期内创造额外的经济价值。因此，加拿大对西北航道向国际社会开放抱有顾虑。尽管称得上地理意义上的北极大国，加拿大在北极事务中的地位和影响力较美国和俄罗斯而言却相对有限。对于加拿大而言，西北航道的管辖权和航道沿线的油气矿产资源是其未来在北极地缘政治中进行战略运筹的重要杠杆和提升国家地位的重要砝码。2007年以来，加拿大在北极地区开展名为“纳努克行动”（Nanook Operations）的例行军事演习即围绕强化西北航道的管辖权而展开。此外，2017年8月加拿大将西北航道东段面积达10.9万平方千米的兰开斯特海峡海域设为海洋保护区[16]，这意味着在该海域从事资源开发、航运、渔业等经济活动将受到限制或需符合更为严苛的环境标准。加拿大对于开放西北航道的举棋不定还出于自身保障能力的欠缺，不仅是航道沿线的港口、导航、通信等基础设施薄弱，应对突发事件的反应能力和搜救保障能力同样亟

---

〔12〕 https://pubs.usgs.gov/fs/2008/3049/fs2008-3049.pdf.

〔13〕 https://obamawhitehouse.archives.gov/ the-press-office/2016/12/20/united-states-canada-joint-arctic-leaders-statement.

〔14〕 http://www.baffinland.com/latest-news/baffinland-iron-mines- concludes-record-setting-shipping-season-with-4-1-million-tonnes-of-iron-ore-shipped-over-75-days/? lang=en.

〔15〕 http://en.kremlin.ru/events/president/news/54149.

〔16〕 https://www.canada.ca/en/parkscanada/news/2017/08/tallurutiup_ imangalancastersoundinhigharctictobecanadaslargestpr.html.

待提高。目前，加拿大海岸警卫队在役的中型及以上规格的破冰船仅有 6 艘，平均服役时间超过 30 年，已接近破冰船服役的平均年限。其中，两艘重型破冰船——“路易斯·圣劳伦号”（Louis S. St-Laurent）和“泰瑞·福克斯号”（Terry Fox）计划于 2020 年和 2022 年相继退役，而新建破冰船到 2020 年后才有望投入使用。[17]

加拿大环境部预计，随着通航期延长和海冰情况好转，到 2020 年行经西北航道的船舶将有望翻倍达到 600—700 艘。[18] 未来西北航道通航量的增长将很大程度上取决于资源开发的需求和驱动，包括波弗特海油气资源开发，巴芬岛、魁北克省北部、努纳武特等加拿大北极东部地区的矿业开发以及巴芬湾的渔业活动。所以不排除从中长期来看，在加拿大北极开发的内生需求和海冰情况转好的外在影响的双重驱动下，西北航道的经济价值会日益显现。

此外，西北航道航行的技术操作和环境标准也有向具有普遍适用性的国际规程和标准靠拢的趋势。国际海事组织通过的具有强制约束力的《国际极地水域作业规则》（以下简称《极地规则》）已于 2017 年 1 月生效。该规则针对极地水域航行船舶的构造、航行操作、船员培训、污染物排放等技术性规程作出明确的界定，同时也指明冰区领航员的资质认证将根据《海员培训、发证和值班标准国际公约》的规定执行。该公约关于冰区领航员资质认证的补充规定（将于 2018 年 7 月 1 日生效）允许国际海事组织各成员国自行培养专业领航人员。[19] 可以预期，出于对西北航道管辖权的坚持，加拿大不会用《极地规则》完全替代已有的国内立法，但加拿大在《极地规则》的制定过程中发挥了重要影响，其已有的北极水域航行安全和环境标准在《极地规则》有关危险应急处置、冰区船舶操作、污染排放限制等条款中均有所体现。因此，加拿大有望将其现行法律法规中涉及航行技术规程、环境标准、领航员资质、冰区航路规划等条款与《极地规则》对接。具有代表性的例子是加拿大 2018 年 1 月 10 日生效并实施的《北极航行安全与污染防治规章》。该规章已取代原有的《北极航运污染防治规章》，其目的是通过引入《极地规则》作为改进措施，推动加拿大实现其北极水域航行安全和污染防治制度的现代化和国际化，但同时也要确保当前适用于加拿大北极水域的制度继续保持原有的要求和水平。例如，在冰区领航制度方面，在继续推行强制领航要求的同时，新增豁免条款，规定总吨位超过 500 吨的货船或客船，若符合《国际海上人命安全公约》第一章的要求且获得认证，在航行安全控制区航行时可不用配备冰区领航员。另外，冰区领航员资质也进一步放宽，根据《海员培训、发证和值班标准国际公约》持有极地水域船舶航行高级证书的人员亦可胜任领航员的职责。[20] 总而言之，通过纳入具有普遍适用性的国

〔17〕 https：//www. thestar. com/news/canada/2016/11/17/shortage-of-canadian-coast-guard-icebreakers-tugboats-looms. html.

〔18〕 http：//www. cbc. ca/news/canada/north/arctic-shipping-corridors-1. 3521301.

〔19〕 https：//maritime-executive. com/editorials/imo-adopts-polar-code-amendments-to-stcw.

〔20〕 http：//www. gazette. gc. ca/rp-pr/p2/2018/2018-01-10/html/sor-dors286-eng. html.

际规则标准，西北航道航行的技术和制度壁垒有望进一步降低，也会有更多类型的船舶和专业技术人员（船长、冰区领航员）符合航行资质，对未来西北航道通航量的增长将会有所促进。

四、中加西北航道合作的路径与展望

尽管当前对西北航道的开发利用仍处于商业试航阶段，但在海冰加速消融的总体趋势下，西北航道作为连接东亚与北美东岸的最短航路的商业价值以及航道沿线资源开发的经济潜力有望进一步释放。我国学者张侠提出中国在北极航道开拓的战略选择中应采取“用一个、试一个、探一个”的发展策略，其中对于西北航道宜选择“试”，既包括西北航道的试航合作，也包括航道沿线资源开发的试探性合作。[21]

在西北航道合作领域，仅有美国与加拿大签署过双边合作协定。1985 年 9 月，美国“极海号”破冰船在未征得加拿大政府同意的情况下强行穿越西北航道，引发美加外交纠纷。两国在经历长达两年多的协商和谈判后，于 1988 年 1 月达成《加拿大—美国北极合作协定》。美国政府许诺，“其破冰船在被加拿大主张为内水水域的所有航行应取得加拿大政府的同意；与达成该协议相关的任何实践都不会影响美国和加拿大政府对这一海域或其他海域关于海洋法的各自立场，也不会影响两国对于第三方的立场”[22]。该协定在美国坚持的航行自由原则和加拿大对西北航道的主权主张之间达成了微妙的平衡，也为与加拿大开展西北航道相关的双边合作提供了一个参照的范例。

然而目前，中国与加拿大无论在双边还是在北极理事会等多边层面的北极合作均较为有限，也很难在短时间内像与加拿大有着深厚地缘、安全和经济联系的美国一样达成有关西北航道的全面合作协议。因此，中加两国在航道领域的合作更应以建立互信、增进了解为基础，循序渐进，其中科学考察合作无疑是最为行之有效的切入点。

事实上，加拿大对于科考性质的船舶过境西北航道持开放甚至欢迎的态度，包括《美加北极合作协定》中也特别指出，“加拿大和美国政府依据公认的国际法原则，同意通过各自破冰船的航行，发展和分享科研信息，促进对该地区海洋环境的认识”；美国破冰船如果以从事海洋科学研究为目的提出航行申请，加拿大政府应当同意。这种态度很大程度上是因为加拿大水文局并没有配置专门用于科学调查的破冰船，对西北航道开展科学调查和水文地质数据采集的工作是通常借助“机会船舶”的方式。即如遇有前往加拿大北极水域执行巡防任务的加拿大海岸警卫队或海军的舰船，可登船开展作业调查。然而以这种方式，调查区域可能并未经事先规划，或者不是优先和重点测量的航路节点。这导致加拿大北极水域的绝大部分区块，包括重要航运节点和连接加拿大北极定居点的通道，均未获详细的水文地质数据覆盖。据加拿大渔业和海洋部统计，加拿大北

〔21〕 张侠等：《我国北极航道开拓的战略选择初探》，《极地研究》2016 年第 2 期，第 275 页。
〔22〕 https：//treaties. un. org/doc/publication/unts/volume%201852/volume-1852-i-31529- english. pdf.

极水域仅有 10% 的区域进行过充分的绘制。因此，对于过境西北航道并可与之开展联合调查的科学考察航次，加拿大并不排斥。在“雪龙号”科考船过境西北航道期间，就与加拿大联合开展了巴芬湾西侧陆坡区 1400 平方千米区块的海底地形勘测，完成了 3042 千米航渡海底地形地貌数据采集〔23〕，对加拿大巴芬湾和北极群岛水域的水文地质信息提供了补充和更新，也为两国在北极科学考察和应对气候变化等领域的深入合作奠定了基础。未来，中国可以借助常态化的北冰洋科学考察航次，联合加拿大渔业和海洋部及其下属的加拿大水文局开展西北航道环境调查，系统观测航道水文、海冰、大气特征和变化，开展西北航道海图绘制，以此充实中国北冰洋科学考察的数据来源和知识储备。两国还可以在属于公海的北冰洋中心区开展联合科学考察，评估北冰洋中心区的多年冰经加拿大北极群岛的岛间水道向西北航道移动的规律和趋势，并研判西北航道的适航前景。

在商业利用方面，西北航道常态化的过境通行业务尚未建立，沿线基础设施和应急保障相对欠缺，发展政策也较为消极，这导致西北航道的货运需求有限。未来西北航道能否由试航转为有效利用取决于能否更多地释放航道沿线资源开发和经济发展的潜力，即通过航道沿线的开发活动带动航道利用。中国企业早在 2010 年就已对西北航道沿线的矿业项目进行投资，由吉林吉恩镍业有限公司完成对加拿大皇家矿业公司（Canadian Royalties Inc.）的收购。该项目重启对努纳武特地区第二大镍矿的勘探与开采。首个经由西北航道从北美抵达东北亚的货运航次即是运送该矿区出产的镍矿石抵达中国市场。2014 年夏，加拿大籍高冰级的“努纳武特”号散货轮装载 23000 吨镍精矿，历时 20 天，经哈得孙海峡穿越西北航道抵达辽宁省鲅鱼圈港，总航程约 5000 海里，比经由巴拿马运河的传统航线节省约 40% 航程，减少约 1300 吨的温室气体排放量。〔24〕该项目是中国企业在加拿大北极地区利用国际矿石的低价位对面临财务问题的西方矿业资产进行投资的尝试，其远景是利用高冰级货轮将努纳武特地区的镍、铜、铂和钯等矿石资源经由西北航道运送至欧洲和东亚市场，建立起加拿大北极资源运输的交通物流网络，进而带动加拿大北极地区原住民社区的就业、基建和社会经济发展。然而，受国际矿石产业低迷的影响，该项目在运营过程中出现融资困难，加拿大原住民社区和国内舆论对其环境影响和信息公开透明度的质疑持续发酵，并最终导致项目停产。〔25〕

2017 年 7 月中国与俄罗斯提出共建“冰上丝绸之路”的倡议，以中远海运特运常态化运营北极东北航道，中石油和丝路基金参股亚马尔液化天然气项目、保利集团投资阿尔汉格尔斯克深水港建设为代表的项目已在俄罗斯北极地区落地或投入生产，中国所展现出参与北极开发的意愿以及在资源开发和基础设施建设领域的资本储备和技术水平，

〔23〕 http://www.mlr.gov.cn/xwdt/hyxw/201710/t20171013_1626443.htm.

〔24〕 http://www.nunatsiaqonline.ca/stories/article/65674mv_nunavik_from_northern_quebec_to_china_via_the_northwest_passage/.

〔25〕 http://www.nunatsiaqonline.ca/stories/article/65674nunavik_mine_owes_72_million_to_creditors_chinese_owners_turn_project_/.

对于包括加拿大在内的其他北极国家都是一种激励。加拿大政府，特别是加拿大北极地区的努纳武特和西北行政区的地方自治政府，希望在确保生态环境安全的前提下通过加快基础设施建设、推动矿产资源开发和吸纳经贸合作，来促进原住民社区的社会经济发展[26]；同时，国际市场对能源和矿产资源的持续需求也将为加拿大北极开发注入动力。这种需求的契合或将为中加两国在西北航道沿线的矿产和油气资源开发、基础设施建设等领域打开合作面，通过赋予西北航道资源“溢价”带动航道的有效利用。

五、结　语

北极西北航道的海冰消融趋势使其在夏季特定窗口期内具备适航条件。在此情况下，“雪龙号”科考船在执行环北冰洋科学考察任务期间完成了中国船舶对西北航道的首次过境航行，不仅对加拿大涉及西北航道的相关法律法规，特别是航道准入制度和过境通行申请、冰区领航员制度、航线路径规划等具体规则进行了实践，也为未来中国船舶利用西北航道开展科学调查和商业航行积累了第一手资料和经验，更为推动北极航线的商业试航及其未来商业利用进行了积极探索和有力尝试。尽管现阶段乃至未来相当长的一段时间内，受制于复杂的自然气候条件、领航和破冰服务的经济成本、航道沿线薄弱的基础设施和应急反应能力，西北航道的经济性和安全性较传统航线并未体现出显著优势。但我们不应忽视西北航道作为连接东北亚至北美东岸以及西欧至北美西岸的海运捷径的经济潜力和战略价值。航道沿线尚未规模化开发的矿产油气资源和尚未完善的基础设施建设或可进一步带动对航道的国际投资。加拿大是开展西北航道合作的最重要的合作方。当前中加两国在北极双边和多边层面的合作均较为有限，尝试性地开展西北航道合作不失为促进两国北极关系的重要抓手。两国在航道领域的合作应以建立互信、增进了解为基础，科考合作先行，利用中国的投资意愿和技术优势在航道沿线的矿产和油气资源开发、基础设施建设等领域拓宽合作面。

---

〔26〕 潘敏、夏文佳：《近年来的加拿大北极政策——兼论中国在努那武特地区合作的可能性》，《国际观察》2011年第4期，第28页。

美国针对中国策划的海上经济战及相关法律问题

■ 牟文富*

【内容摘要】本文围绕海上经济战来澄清中国真正面临的海上风险，而经济战与海战本身是浑然一体的。在给定目前力量对比的情况下，真正能给中国造成这种风险的只有美国，而且后者的战略规划人员已经在做相关预案，其中针对中国的各种形式的封锁是关键。本文指出，封锁仅是海上经济战的一个初始环节，捕获商船、通过控制战时禁制品的方式控制贸易才是经济战的核心内容。本文勾勒了这种海上经济战的国际法背景、影响中美之间经济战的国际关系及相关地缘政治因素。本文还考察了所谓的中国马六甲困局在海上经济战中的实质，指出这种困局的本质与在那些可能的关键海战区域内中国是否有制海权相关。海上经济战中的作战手段属于交战权，这种权利反映了国际关系中由权力影响、决定的权利关系。

【关键词】海上风险　经济战　海上丝绸之路　海权　马六甲困局

引　言

本文在海上经济战（maritime economic warfare）的视角下考察中国面临的海上风险，研究的焦点集中在海上经济战的法律背景、相关国际关系（涉及交战双方、中立方、军事同盟等关系）如何影响海上经济战展开的地理空间。所谓的海上风险概念，其实深受地缘政治态势与国际法（包括海洋法和海上武装冲突法）的双重影响。问题源于海洋强国战略使中国相当部分力量、权利、利益分布在海洋空间，这使得中国越来越关注海上风险。例如，在“21世纪海上丝绸之路”构想中，中国将与有关国家一道共同建设通畅安全高效的运输大通道。[1]这意味着会产生许多有形或无形的海上资产、权利和利益，它们在和平与战争时代的安全就成了中国必须考虑的问题。

为此，本文结构安排如下：第一部分从海上经济战的视角来看待中国所面临的海上风险的实质。第二部分考察经济战的具体手段，即与封锁相关的军事行动，包括临检、拿捕商船等。海上经济战中对商船等私人财产的捕获行为反映了海战的总体战性质。第三部分分析相关中国周边国际关系对海上经济战的影响，主要是对交战方身份和中立地位的确定，以及影响战场与中立区的范围。该部分侧重分析“21世纪海上丝绸之路”所经区域的国际关系在海上经济战中的影响。第四部分在经济战的背景中来看待战时禁制品。第五部分将简要分析经济战中所体现的权力与权利关系。

---

* 四川省社会科学院法学研究所副研究员。
本文为国家社科基金项目“中美新型大国关系中的海洋法律秩序”（14XGJ014）的部分成果。

〔1〕 http：//www. sdpc. gov. cn/gzdt/201503/t20150328_ 669091. html.

一、海上风险的实质：海上经济战

（一）美国预谋中的对华海上经济战

1. 海上武装冲突背景下的海上风险

任何国家，只要对海洋运输、海上贸易有依赖，都会面临各种海上风险。中国所面临的风险主要源于一种对地缘困境的担心，即中国的能源供应等国际贸易所依赖的海上航线的脆弱性。[2]“目前中国石油进口量的80%来自中东和非洲，经印度洋和马六甲海峡等通道运至中国。印度洋地区是中国最可靠的石油进口地区，到2020年超过85%的石油进口必须通过印度洋航道，印度洋通道的安全直接影响到中国经济的可持续发展。”[3]中国所做的许多工作也被解释为来改善这种困境，例如，连接巴基斯坦瓜达尔港的中巴经济走廊、穿越缅甸到中国云南的油气管线、拟议中的伊朗—巴基斯坦—中国的油气管线。还有隔几年就被炒作的克拉地峡运河工程也是针对海上脆弱性作出的构想。“21世纪海上丝绸之路”与中国脆弱的海上航线高度重合，所以这就形成了一个政策选择上的悖论：因为中国在海上比较脆弱，就设法加大投入以期改善，这样形成的权利和利益就更多，结果目标增大、面临的风险也更大。而且中国采取的诸多措施的特点是通过陆上手段来改善海上地缘困境，到底功效如何，取决于我们所预想的风险究竟为何。当然，上述各种路上交通枢纽建设也不能完全解读为是为了规避海上风险，它们对于提高区域经济一体化、加强区域联系纽带也是不可替代的。

到底中国在海上面临何种风险？谁对中国能造成巨大的海上风险？从预期的风险到造成实际的损害，这个具体过程是如何可能发生的？和平时期的海上风险主要来自新老形式的海盗、海上武装抢劫、海上恐怖主义。[4]然而，这些威胁对中国不过是肌肤之痛，而且世界各国、国际海事组织也正在竭力促成合作共同打击对海上航行的威胁。安理会也作出了相关决议，授权各国共同打击海盗及海上武装抢劫。[5]中国也派出了军舰执行护航任务。海盗行为确实可能造成极大的麻烦，但并不能对中国安全构成致命的威胁，只不过是增加了海上贸易的总成本。真正值得我们注意的是在和平时期不大为人们关注的一种可能性：海权国家所展现的本色之一就是其海军在战争期间

---

〔2〕参见杨泽伟：《中国能源安全问题：挑战与应对》，《世界经济与政治》2008年第9期；尹力军：《21世纪中国石油安全现状及对策》，《改革与战略》2008年第7期。

〔3〕http://www.crntt.com/doc/1039/6/1/9/103961953.html?coluid=137&kindid=7930&docid=103961953&mdate=1022000404.

〔4〕参见［法］菲利普·赛比耶-洛佩兹：《石油地缘政治》，潘革平译，社会科学文献出版社2008年版，第50—52页；James Kraska and Raul Pedrozo, *International Maritime Security Law*, Martinus Nijhoff Publishers, 2013, pp. 358-359。

〔5〕IMO: “Code of Practice for the Investigation of Crimes of Piracy and Armed Robbery Against Ships”, Resolution A. 1025 (26); James Kraska, *Contemporary Maritime Piracy- International Law, Strategy, and Diplomacy at Sea*, Oxford: Preager, 2011, pp. 145-159.

截断敌方海上航线、打击对方的国际贸易[6]，这恐怕就是中国的能源供应被称为是中国的“阿奇利斯之踵”的原因，因为美国可以其东亚强大的海上力量威胁中国的石油进口通道。[7]尽管我们就海上贸易、航线面临的威胁谈论甚多，对来自美国海上力量的威胁也有警觉，但到底美国海军在战争时期如何威胁中国的海上商业、贸易活动，对此并无深究，原因即在于这在中国几乎是没有第一手经验的领域。

这一切只有放在包括海上武装冲突的背景下才可以得到充分的理解，而且一国用海军力量截断另一国航线、打击其贸易的情况一般在武装冲突、海上经济战过程中才得以充分展开。中国需要特别注意的是，在海上武装冲突中实施的这类行为有国际法上的基础。少量的国际公约对此有较明确的规定，但绝大部分规则主要由历史上为数不多的几个海上强国的国家实践塑造成型的。本文主要关注中美两国之间可能发生的冲突背景下中国海上利益面临的威胁，因为只有美国才有能力对中国造成如此广泛的威胁。[8]自然，本文内容多涉及美国所策划的海上经济战、亚太地区的国际关系及地缘政治如何有助于或妨碍美国发动针对中国的海上经济战、国际法在何种范围内成为支持或限制美国的行为。战争是双方的相互敌对行为，但中国海上力量相比于美国是属于弱小的一方，很难设想中国对美国发动海上经济战的情形。尽管中国在军事上可能也有相应的反击措施，但难以就中国如何通过军事行动保护自己的利益作出回答，因为这涉及海军战略、战术问题，这也不是本文所探讨的重点。因此，本文的主要目的是勾勒海上经济战的法律背景、影响经济战的国际关系与地缘政治因素。在给定目前中美两国海上力量对比的情况下，一些相关分析可以初步估计中国采取的陆地通道建设的方式规避海上风险的策略在何种意义上是有效的或无效的，或效果可能不如预期。

海上经济战属于大国之间的顶级大战略，海权大国善用此道，而且它们在和平时期就有针对性地进行了规划。“二战”以后几乎没有规模巨大的海战和海上经济战，但此前海洋大国塑造的海上经济战惯例仍发挥作用，构成海上经济战的蓝本。它一般按照这样的典型情形展开：宣战或发生事实上的武装冲突，同时伴之以封锁、捕获对方船舶，一般会有中立政策、战时禁制品的宣告。[9]

---

〔6〕 G. Modelski and W. Thompson, *Seapower in Global Politics*, 1494—1933, London: Macmillan, 1988, pp. 11-13.

〔7〕 Gabriel B. Collins, et al., *China's Energy Strategy*: *The Impact on Beijing's Maritime Policies*, Annapolis: Navy Institute Press, 2008, p. 13.

〔8〕 印度、日本有一定能力对中国海上航线进行阻挠，但二者对中国的海上威胁远达不到美国威胁的程度，即使印度、日本与中国发生海上冲突，但本文倾向于认为两国与中国的冲突应放在可能的中美冲突的大背景中。

〔9〕 See Christopher J. McMahon, “Maritime Trade Warfare- A Strategy for the Twenty-First Century?”, *Naval War College Review*, 2017, Summer, pp. 16-38.

2. 经济战

经济战的目标是迅速促成敌方财政崩溃、经济瓦解，导致军事上的瘫痪。这种结局的好处是以相对低廉的成本获得胜利。[10] 1939 年 7 月英国编制并在“二战”中实施的《经济战手册》这样描述经济战的目的：“……瓦解敌方的经济、阻止敌方从事战争。”“经济战是一种军事行动……与那些目标是为了击败敌人的行动一样……也是补充那些剥夺敌人赖以抵抗的物质手段的行动。”[11]“军事行动是经济战的武器，这揭示出要使用武力去阻止敌人获得发动战争所需要的物资。它可以在海上、陆上及通过空中力量实施。”[12]美国海战学院在 1967 年出版的《当代经济战》一书中这样界定经济战：“当代经济战就是物质资源战争。当代经济战争涉及对各国间物质资源的流动、使用这些资源产生价值过程的特意干扰。……传统而言，经济战涉及操纵财富去影响权力。但本书所说的操纵是通过财富中介去干扰利用资源生产财富过程。”[13]

在历史上，经济战就是西方列强所发动的海战的伴生物，海战就有针对敌方贸易的特性，目的是截断敌方贸易。[14]英国具有经济战的丰富经验[15]，这同英国长达几百年的时间里一直是海权大国有关。因为近代重商主义、产业资本主义国家的财富与海上贸易是不可分割的，在海战中，强大海军能成功地对敌方进行封锁、控制敌方贸易，所诉诸的手段就是攻击敌方航运、阻隔与其他国家的贸易联系。[16]在当代，国家财富的构成呈现多元化，因而经济战的内容、手段就更多样化，如当代的网络战、信息战有可能被纳入经济战的框架。[17]海上经济战与海战中的作战手段本质上是一体的，如捕获敌方船舶及其船载货物、封锁、直接攻击敌方港口、宣布禁制品清单等，这些都是经典的海军作战手段[18]，这正是本文所关注中国面临的海上风险的主要方面，因此本文考察的范

〔10〕 Nicholas A. Lambert, *Planning Armageddon: British Economic Warfare and the First World War*, Harvard University Press, 2012, p. 1.

〔11〕 Nicholas Tracy, ed., *Sea Power and the Control of Trade*, Aldershot: Ashgate, 2005, p. 446.

〔12〕 Nicholas Tracy, ed., *Sea Power and the Control of Trade*, 2005, p. 483.

〔13〕 Neil H. Alford, Jr. *Modern Economic Warfare*, 1967, p. 1.

〔14〕 See Hugh F. Lynch, “Strategic Imperatives: Economic Warfare at Sea”, in Richard J. Grunawalt, ed., *Targeting Enemy Merchant Shipping*, New Port: Navy War College, 1993, pp. 250-263; Marjorie M. Whiteman, *Digest of International Law*, Vol. 10, Washington: U. S. Department of State, 1968, p. 791.

〔15〕 See Nicholas A. Lambert, *Planning Armageddon: British Economic Warfare and the First World War*, Harvard University Press, 2012; Tor Egil Førland, “The History of Economic Warfare: International Law, Effectiveness, Strategies.” *Journal of Peace Research*, Vol. 30, No. 2, 1993, pp. 151-162.

〔16〕 Douglas C. Peifer, “*Maritime Commerce Warfare*: The Coercive Response of the Weak?”, *Naval War College Review*, 2013, Vol. 66, No. 2, pp. 83-109; Hugh F. Lynch, “Strategic Imperatives: Economic Warfare at Sea, pp. 250—263; Nicholas Tracy, ed., *Sea Power and the Control of Trade*, Aldershot: Ashgate, 2005, pp. xiv-xv.

〔17〕 Michael N. Schmitt ed., *Tallinn Manual on the International Law Applicable to Cyber Warfare*, Cambridge University Press, 2013, p. 200.

〔18〕 See Neil H. Alford, Jr. *Modern Economic Warfare*, 1967, pp. 317-415.

围限于通过海军实施的经济战上。

由于中国没有近现代西方海权国家所从事的那类海战的经验，对海战双方的交战权、由此产生的作战策略比较陌生。特别需要注意的是，海战中的此类经济战行为不能仅从其军事属性来看，它们属于海战的交战方行使的交战权利（belligerent rights），是一种国际法上承认的传统权利。既然是交战权利，这也意味着其经济战属性也将受到国际法的限制。海战、海上经济战展开的具体法律框架将在下文讨论。

3. 美国策划中的海上经济战

本文引言部分问到，从预期的海上风险到造成实际的损害，这个具体过程可能是如何发生的？我们能预见这种实际的损害将主要由美国发动的海上经济战造成，实际上美国也有部分战略人士在策划这类作战方案。例如，2008 年美国海战学院的柯林斯（Gabriel B. Collins）、莫瑞（William S. Murray）两位专家考虑在若干交通枢纽点对中国实施远海封锁（distant blockade），截断中国能源供给线。[19] 2011 年，美国空战学院战略系教授派弗尔（Douglas C. Peifer）撰文支持远海封锁方案，他表示，在中国发展反介入武器的情况下，近海封锁风险较大，因此远海封锁是更为可行的选择。[20] 2013 年，正值中国倡议中美两国要克服现实主义国际政治视角下为争夺权力而引起的国际冲突、尝试建立新型大国关系之际，美国一位年轻学者西恩．米尔斯基（Sean Mirski）设想了美国采取的可予以执行的海上经济战战略的全貌：在中美两国发生冲突的情况下，美国利用强大的海军力量对中国周边海域进行封锁。“在中美战争的背景下，美国可以尝试剥夺中国最大的国家力量——其出口导向、快速增长的经济模式，并将其转变为主要的军事弱点。要这样做，美国将对中国实施海军封锁，设法阻断中国的大多数海上贸易。在恰当的条件下，美国通过严重削弱中国的经济、将其拉回到谈判桌上，从而能够确保胜利。”[21] 不过，米尔斯基设想的冲突场景是有限战争而非无限战争，因为后者可能导致两大国之间的核冲突。美国的封锁战最终是一项消耗战（war of exhaustion）。[22] 具体而言，此类封锁在地理上分为两个层次：近海封锁（close blockade）和远海封锁。“近海封锁的典型是在敌方近海部署战舰搜索往来商船、扣押那些运载禁制品的船舶。”[23] “远海封锁在远处进行部署，尽管也占据敌方海上航道，但避免了靠近中国海岸所带来的军

〔19〕 Gabriel B. Collins, and William S. Murray, “No Oil for the Lamps of China?”, *Naval War College Review*, Vol. 61, No. 2, 2008, pp. 79-95.

〔20〕 Douglas C. Peifer, “China, the German Analogy, and the New AirSea Operational Concept”, *Orbis*, Vol. 55, Issue 1, 2011, pp. 114-131.

〔21〕 Sean Mirski, “Stranglehold: The Context, Conduct and Consequences of an American Naval Blockade of China”, *Journal of Strategic Studies*, 2013, p. 5.

〔22〕 Sean Mirski, “Stranglehold: The Context, Conduct and Consequences of an American Naval Blockade of China”, pp. 5-6, 7.

〔23〕 Sean Mirski, “Stranglehold: The Context, Conduct and Consequences of an American Naval Blockade of China”, p. 12.

事风险，而且与近海封锁相似的方式扼制敌方贸易。”[24]他还另外设想了内线封锁（inner ring blockade）和外线封锁（outer blockade）作为对前述两类封锁的补充。内线封锁的功能是在中国海岸附近创立一种禁止通行的禁航区（impassable exclusion zone），是以武力（潜艇、远程空中力量、水雷）为后盾禁止商船通行的禁区。美国海军可以击沉穿越禁区的船舶。[25]外线封锁指在中国近海的边缘地带建立一种过滤性检查区，如在马六甲海峡、巽他海峡、龙目海峡等海域。外线封锁的功能旨在通过检查（主要是查验海运提单）来甄别商船的最终航行地。这可能需要借助航行认证系统来实现。外线封锁甄别出船舶驶往中国、在中国注册、属于中国所有，美国则可以扣押。[26] 有了外线封锁，实施内线封锁就可以避免给美国的盟国、其他中立国带来困扰。上述封锁的目的在于隔离、捕获那些悬挂中国旗帜的船舶，阻扰中国的海上贸易。

2016 年美国兰德公司撰写了《与中国开战：不可思议之议》报告，其中也严肃地考虑是否用封锁来削弱中国的作战能力，尤其是截断石油与液化天然气的海上运输通道。但该报告认为不用诉诸正式的封锁手段，仅凭交战区效应就可以拖垮中国。[27]这其实是一种封锁的替代方案，其实具有间接封锁的功能，也是更为高级的经济战。

2018 年，具有美国海军背景的休斯顿大学的柯林斯（Gabriel Collins）在《美国海战学院评论》春季卷发文《对中国的石油封锁——战术上的诱惑及战略上的缺陷》，提出了针对中国海上经济战的改进建议，比如美国可以将缅甸转化为中立国，使中国无法利用缅甸的路上输油管。[28]

不过，美国军方的海上经济战策划人也意识到海上封锁未必能起到预期的效果，因为中国陆上交通也四通八达，与外界的经济联系不可能被切断，完全可以弥补一部分因海上封锁带来的困难。因此，对于中国这样体量的陆海兼备的国家，海上经济战并不能达到美国的战略目标。不过，海战的总体战性质在这里一览无余，这事实上也是海权国家行事的传统。无论是封锁、设立禁区，还是诉诸的过滤性检查手段，无不依赖制海权，如果中国的海军力量和美国大致相当，或者中国能够对其商船提供足够的护航，那美国就根本无力实施这样的封锁计划。

（二）海上封锁

无论美国发动战争的动机如何，在国际法的框架下，其行为应当满足诉诸战争的正

[24] Sean Mirski, “Stranglehold: The Context, Conduct and Consequences of an American Naval Blockade of China”, p. 13.

[25] Ibid., p. 14.

[26] Ibid., pp. 19-20.

[27] http://www.rand.org/pubs/research_ reports/RR1140.html.

[28] Gabriel Collins, “A Maritime Oil Blockade Against China: Tactically Tempting but Strategically Flawed”, *Naval War College Review*: Spring 2018, Vol. 71, No. 2, pp. 61-62.

当理由（*jus ad bellum*）和战争行为的合法性（*jus in bello*）要求。[29]前者主要指要符合《联合国宪章》及一般国际法下规定的使用武力的条件，后者主要指在使用武力过程中其军事行为应当符合一系列的武装冲突法、人道主义法的要求（如区分原则、必要性、合理性限制）。当然，我们无法推断美国是否一定会遵守或违背这些国际法的要求。若发生大规模的武装冲突，继而展开大规模的海上经济战，那么以下作战行为就可能是选项：（1）封锁中国海岸线；（2）拿捕中国商船及其船载货物；（3）控制美国公布的禁制品；（4）捕获中立船舶装载的中国进出口货物（主要是禁制品）；（5）直接攻击中国的港口；（6）在公海上攻击中国的航运；（7）攻击中国贸易航道上的油库码头；（8）攻击中国的储藏、生产、制造和分发中心。[30]

这是一个从事无限制性经济战的全面清单。如果美国一开始抱着有限战争的目的从事海上经济战，那么第1—4项是明显的选项，而第5项“直接攻击中国的港口”、第7项攻击中国贸易航道上的油库码头、第8项“攻击中国的储藏、生产、制造和分发中心”这些作战行为发生的可能性很小（假设美国设想的有限战争就是不去攻击中国陆上目标），但战争升级时会成为显而易见的选项。如果这些油库码头、储藏、生产、制造和分发中心位于第三方国家境内，是否成为军事目标还取决于中国、美国、第三国家之间的相互关系，例如是否直接参与战争行动，这就回到交战方地位、敌性的确定、中立等法律问题上，不过这已经远远超越了本文关注的海上经济战的范畴了。但从发动经济战的角度来看，有限战争与总体战之间的界限很难维持，因为海上经济战本身就已经构成了总体战的一部分。海上封锁本身就意味着战争状态，因为封锁的法律要求决定了战争状态/武装冲突的存在。美国想维持和平封锁（pacific blockade）对中国进行经济战而又不爆发实际的战争恐怕难以成功，双方可能有动因去使战争升级。[31]鉴于兰德公司的《与中国开战：不可思议之议》报告、西恩·米尔斯基都设想通过有限的手段压制中国的经济力量、从而削弱物质基础，那就姑且认为可能发生的海上经济战将诉诸古典的常规海战手段上，尤其是封锁、捕获、通过控制禁制品而阻止战时贸易。这是下文得以展开的前提。

---

〔29〕 See Wolff Heintschel von Heinegg, “The Current State of International Prize Law”, in Harry H. G. Post, ed., *International Economic Law and Armed Conflict*, Martinus Nijhoff Publisher, 1994, pp. 17-21; David Letts, “Beyond Hague VIII: Other Legal Limits on Naval Mine Warfare”, *International Law Studies*, Navy War College Press, 2014, pp. 440-450; “Naval Blockade”, in Michael N. Schmitt, ed., *International Law Across the Spectrum of Conflict*, Newport: Naval War College Press, 2000, p. 204.

〔30〕 这是参照1939年英国的《经济战手册》中的军事行动设想的，因为这是能够想象得到的美国实际上可能的用于海上经济战的作战手段。See Nicholas Tracy, ed., *Sea Power and the Control of Trade*, p. 483.

〔31〕 美国曾提出“和平封锁”（pacific blockade）的概念，即封锁但不存在战争状态，但这种和平封锁是单方的主张，如果另一方拒绝接受或采取反击措施，这种和平封锁就不存在了。参见 Pitman B. Potter, “Pacific Blockade or War?”, *The American Journal of International Law*, Vol. 47, No. 2, 1953, pp. 273-274; Marjorie M. Whiteman, *Digest of International Law*, Vol. 10, 1968, pp. 879-871。

海上经济战的基本措施就是封锁，这是海军强国惯常的作战手段。《圣雷莫国际海上武装冲突法手册》反映了海军大国的实践，其规则条款本身没有界定封锁，只是在解释性说明中这样定义封锁："为阻止所有国家船舶、飞机出入之目的而阻塞向敌方海岸或其中之一部分靠近。"[32]《美国海军指挥官海上军事行动手册》第 7.7.1 节将封锁定义为："封锁是一种为了防止所有国家的船舶、飞机——无论其属于敌国的还是中立国——进出敌国拥有、占有或支配下的特定港口、机场或沿海区域而实施的交战行动。尽管设计了临检、搜索的交战权以拦截禁运物品的流向，但封锁的交战权旨在阻止船舶、飞机穿越业已确立并经公布、将敌国从国际水域/国际空间隔离开来的封锁线，无论这些船舶、飞机装载的货物为何。"[33]封锁的法律标准包括由交战国政府正式宣布、通知所有受影响的国家、封锁必须有效、公正不偏、对封锁的限制性条件。[34]

米尔斯基还设想了在中国近海设立禁区（exclusive zone），此类禁区在《美国海军指挥官海上军事行动手册》中也有规定，主要是禁止中立国船只进出，或让中立国船只处于高度危险的境地，以达到截断敌国与中立国之间联系的目的。从"二战"后的战争史来看，禁区制度是在有限战争的背景发展出来的。2003 年美国入侵伊拉克过程中就实施过类似禁区制度的措施。[35]

封锁要求正式宣告，同时必须就行使捕获权的条件、中立制度、禁制品清单、对商船进行攻击的条件进行公告。实践中，等同于封锁的军事行为并非真以封锁的名义出现。一些封锁以隔离（quarantine）、禁运、制裁的名义作出。[36]

二、海上经济战的手段：临检、搜索及捕获

海战的总体战特征通过海上捕获（prize）的概念可以体现出来。捕获指战时在海上合法地拿捕船舶、货物并将其作为战利品予以褫夺。捕获法与主张战时交战者权利有关。捕获法的概念起源于有关海战中拿捕敌方海上财产的习惯国际法，这些财产包括发生国际武装冲突时的海上船舶及货物，如今也包括航空器。[37]直至今日，海战中对商船

---

〔32〕 Louise Doswald-Beck, ed., *San Remo Mannual on the International Law Applicable to Armed Conflicts at Sea*, Cambridge University Press, 1995, p. 176.

〔33〕 US Navy Department, *Commander's Handbook on the Law of Naval Operations*, NWP 1-14M (Washington DC: US GPO July 2007), §7.7.1.

〔34〕 See US Navy Department, *Commander's Handbook on the Law of Naval Operations*, §7.7.2.

〔35〕 See US Navy Department, *Commander's Handbook on the Law of Naval Operations*, §7.9, appendix B and C.

〔36〕 "隔离"也是美国海军海上作战行动的手段之一，诉诸隔离措施的情形是发生国际危机或危机国家安全的事件，它与封锁的区别在于后者是发生武装冲突时的作战行动，而前者不是。See US Navy Department, *Commander's Handbook on the Law of Naval Operations*, §4.4.8 Maritime Quarantine, NWP 1-14M, Washington DC: US GPO, 2007; Bruce A. Elleman and S. C. M. Paine, ed., *Naval Blockades and Seapower Strategies and Counter-Strategies*, 1805—2005, London and New York: Routledge, 2006, p. 4.

〔37〕 See James Kraska, "Prize Law", in R. Wolfrum (ed.) *The Max Planck Encyclopedia of Public International Law*, Vol. VIII, Oxford University Press, 2012, p. 477.

及其船载货物的拿捕仍受习惯国际法的支配。“二战”之后，捕获法在国际关系中似乎沉寂下来，在海上武装冲突中似乎也没有什么特大规模的实践。[38]然而，那些海上大国仍然制定、修订作战手册，其中就包括了捕获法规则。如英国国防部颁布的《武装冲突法手册》、美国《美国海军指挥官海上军事行动手册》和《美国法典》中也有“捕获”一编。1994年由“人道主义法国际研究院”主持召集各国专家起草的《圣雷莫国际海上武装冲突法手册》基本上是对既有国家实践的重述，传统的海上强国对它捕获法决定性的影响。在和平时期的沉寂并不意味着它是一种僵死的法律，事实上它只不过是备而不用。在战时，能够捕获敌国财产是海权的最显著标志。

捕获法的核心是战时对敌方商船的拿捕，交战方将此视为交战者古老、甚至无须解释的权利。[39]《圣雷莫国际海上武装冲突法手册》第135段规定如下：“敌国船只，不论商船或其他船只，以及在这些船只上的货物可以在中立水域外被捕获。临检和搜索不是捕获的要求。”[40]敌方军舰或政府船只，在海战中理所当然地是攻击或捕获的对象。在《圣雷莫国际海上武装冲突法手册》中，“攻击指暴力行为，不论为进攻或防御”[41]，其使用的手段（means）包含导弹、鱼雷、水雷等武器，而捕获被归于“不含攻击的措施”（measures short of attack）。[42]捕获法大部分规则都是围绕捕获敌方商船等问题而制定的。首先，捕获法属于国际法，但传统的国家实践是国内进行捕获法的立法，战时适用。其次，拿捕的敌国商船及货物要经过捕获法院审判，符合条件方可剥夺作为战利品。1907年海牙《创建立国际捕获法院公约》（第十二公约）打算设立独立的国际捕获法院，但该公约从未生效，所以习惯的做法是捕获案件都是由交战国的国内法院进行审判。

（一）海上经济战的启动与捕获法的适用

战争开始也就是捕获权产生的时间，这涉及战争状态的存在，或战争状态的开始。欧洲古老的习惯是要求正式通知。在1907年《关于战争开始》的海牙第三公约中，战争的开始必须满足特定的形式，如宣战、最后通牒。但实际的情况是只有很少战争是经过正式宣布的。“二战”之后关于战争的国际法更关注战争的事实状态，而且多用“武

---

〔38〕 See Wolff Heintschel von Heinegg, “The Current State of International Prize Law”, H. H. G. Post, ed., *International Economic Law and Armed Conflict*, Martinus Nijhoff Publishers, 1994, p. 6.

〔39〕 1939年《哈佛海战、空战中中立国权利及义务的公约草案》第49条（1）评注说：“本条陈述了一个国际法的毋容置疑的规则，应视为无须解释性讨论。”参见 See John P. Grant and G. Craig Barker, ed., *The Harvard Research in International Law: Original Materials*, Vol. 3, Buffalo and New York: William S. Hein & Co., Inco. 2008, pp. 530, 532。

〔40〕 中文译文参见《圣雷莫国际海上武装冲突法手册》，张勇译，载中国国际法学会主办：《中国国际法年刊（1996）》，法律出版社1997年版，第593页。

〔41〕 Louise Doswald-Beck, ed., *San Remo Mannual on the International Law Applicable to Armed Conflicts at Sea*, Cambridge University Press, 1995, p. 9.

〔42〕 Louise Doswald-Beck, ed., *San Remo Mannual on the International Law Applicable to Armed Conflicts at Sea*, pp. 167, 176, 187.

装冲突”这一概念。这当然也涉及武装冲突开始的时间。从捕获法实施的角度来看，宣布实施捕获法的时间至为关键。

《美国法典第十编——武装力量》第655编“捕获”（Prize）第7651节（a）规定，美国捕获法“适用于美国授权或总统同意、批准而将船舶作为战利品拿捕的所有情形”。冷战结束后，美国发动的战争都是美国总统主导的，国会没有事先授权。可以预料，美国海军今后启动捕获法的适用将由“总统同意、批准”，这可能与上文提及的美国对中国发动的封锁的时机是重合的。如果是这样，海上经济战就正式展开了。

（二）对国际贸易的影响

拿捕交战方的船舶、飞机及货物的前提是要确定它们的敌性（enemy character）。就主要国家（美国、英国、德国）的海军作战手册来看，“二战”以来的国家实践仍然遵循传统规则，没有变化。表面上根据其悬挂的国旗或外部标记来确定船舶和飞机敌性。任何由交战方拥有、支配的船舶或飞机都具有敌性，即使它是在中立国旗帜或标记下运营。至于敌船上的船载货物，若无证明其中立性质，一般推定其为敌货。为躲避交战方的捕获而进行的船舶及货物的转让不被承认。[43]

根据船舶及货物敌性的确定方法，在经济战中中国海运将受到如下威胁：首先，悬挂中国国旗的船舶、飞机及其载运货物面临被拿捕风险，这不言而喻。其次，中国政府、企业拥有、控制的船舶、飞机，即使它们不悬挂中国国旗或涂有显示中国国籍的标记，也会被拿捕。第二种情况表明，尽管在方便其注册国家注册并悬挂其国旗，只要实际所有人、实际控制人具有中国国籍，仍然符合船舶敌性的定义，战时可能会被拿捕。例如，中资船舶在巴拿马注册数量有211艘[44]，在战时会成为拿捕的对象。

中立商船免予拿捕是一项基本国际法原则，但如果中立国与交战方有贸易往来，则面临另一交战方拿捕的危险。具体而言，如果中立商船、飞机从事维持敌方作战能力活动，就可以将其拿捕；如果中立商船为敌服务或运载禁制品，则船载货物也可以被拿捕。[45]在爆发武装冲突时，若交战一方或双方宣布禁制品清单[46]，中立国商船就要考虑是否继续还是中断与交战方的贸易，而且从事海上运输的承运人也会犹豫是否继续其航程。这些都可能会导致战时贸易的中断。

（三）攻击、捕获商船的广泛性与海上经济战的总体战特性

海上战争的总体性体现在海上攻击、捕获敌方船舶的广泛性。从《圣雷莫国际海上武装冲突法手册》来看，攻击、捕获对象的确定都是通过一般原则+例外情况清单的模式来确定的。海战中攻击的目标包括所有军事目标，商船和民用飞机在满足一定的条件

〔43〕 See Wolff Heintschel von Heinegg，“The Current State of International Prize Law”，p. 9；U. S. Navy Department，*Commander' s Handbook on the Law of Naval Operations*，§7. 5.

〔44〕 http：//uzone. univs. cn/news2_ 2008_ 674240. html.

〔45〕 See Wolff Heintschel von Heinegg，“The Current State of International Prize Law”，p. 16.

〔46〕 关于战时禁制品在经济战中的功能，参见下文第四部分。

下也是军事目标，可以对其进行攻击，只有例外的情况下敌方船只才免受攻击。[47] 战时敌方商船和飞机可予以捕获，甚至包括运送平民乘客的客船，免受捕获的只有有限的情况。免予捕获船舶的性质、从事的活动与一国之经济活动无关，而且还要符合下列条件：进行正常的无害使用、对敌方没有危害行为，接受临检和搜索，无阻碍战斗活动之情形，等等。[48] 根据捕获法习惯规则，商船既可以被捕获，例外的情况下也可以被摧毁。[49]

经济资源、人民生活用品主要依靠对外贸易的国家，载运货物的船舶遭遇封锁、拦截、捕获，对其经济必然是巨大的打击。尤其需要注意的是，如果一个国家的经济主要靠石油、天然气等大宗原材料出口或者进口来支撑，在海上经济战中，这些物品极有可能被列入禁制品，阻拦装载这些禁制品的船舶驶入敌国港口成了海上经济战的重要内容。如果敌船运载的是这些货物，则当然可以将船、货作为战利品予以捕获。若中立国船只载运这些货物，则可以基于破坏封锁、运送禁制品的理由对其进行攻击、捕获。[50]

三、"21 世纪海上丝绸之路" 上的国际关系：海上中立区、交战区问题

捕获建立在对商船及其船载货物的敌性予以确定的前提之下。中美之间可能的海上武装冲突、对中国进行封锁的战略、捕获中国商船同样在敌性、中立地位的背景下展开。[51] 而敌性与中立是一对相互排斥的概念：敌性当然意味着非中立的，属于军事打击、捕获的对象，而中立意味着解除敌性，在特定条件下免受战争带来的风险。具体而言，中立问题在海上经济战中的意义在于以下三点：第一，确定船舶、货物的敌性，而一般情况下中立国的贸易不受影响；第二，确定交战区，其中双方可以在此从事海战行动、拿捕敌船；第三，与中立国贸易不受影响的规则相反，只要中立商船及船载货物涉及支持敌方战争能力，则仍可将其拿捕。[52] 在"二战"之前，中立问题可以通过交战双方的宣战、中立国的中立宣告等简单的标准来判断，"二战"之后海上经济战的国家实践倾向于遵循传统法律。[53] 不过，在《联合国宪章》框架下，中立地位的认定再也不是一个简单问题。在假设的中美海上冲突中，亚太地区的国际关系在何种程度上可以决定船舶飞机的敌性？中立地位还有存在的空间吗？中美之间会存在古典海上战争的法律关

---

〔47〕 参见《圣雷国际海上武装冲突法手册》第 40、41、47、59、60 条。

〔48〕 参见《圣雷国际海上武装冲突法手册》第 136、137 条。

〔49〕 参见《圣雷国际海上武装冲突法手册》第 139、140 条。

〔50〕 参见《圣雷国际海上武装冲突法手册》第 67、146 条。

〔51〕 Mirski, "Stranglehold: The Context, Conduct and Consequences of an American Naval Blockade of China", p. 13.

〔52〕 Maja Seršić, "Neutrality In International Armed Conflicts At Sea", in Budislav Vukas and Trpimir Sosic, ed., *International Law: New Actors, New Concepts -Continuing Dilemmas*, Koninklijke Brill NV., 2010, p. 593.

〔53〕 Maja Seršić, "Neutrality In International Armed Conflicts At Sea", 2010, p. 593.

系——任何一方都不能单方确定对方战争行为的非法性、从而保持战争中双方都是正当的敌人（just enemy）吗？这些问题对两国爆发的海上经济战有何影响？

（一）中美海上冲突时存在中立国家的可能性吗？

从传统国际法来看，国家有权自主决定是否参战还是中立，通过发布“中立宣言”来宣告其态度。中立决定是政治性质的，但产生了法律上的效果，即中立法的适用。[54]但是，《联合国宪章》及强行法已经一般地禁止使用武力，联合国安理会有权认定存在危及和平与安全的侵略行为并决定采取强制措施，其他国家有义务遵守安理会的决定，在此情况下中立到底还有多大的重要性？[55]或者，安理会依职权作出了危机国际和平与安全的情况下，一会员国维持中立地位是否与其《联合国宪章》中承担的义务不符合？这个问题需要根据安理会依职权采取的具体措施而定。

在《联合国宪章》的国际法框架中，在以下几种情形下中立状态是可能存在的。（1）安理会根据《联合国宪章》第三十九条作出的决定（是否存在和平之威胁、和平之破坏、侵略行为）本身并不迫使希望保持中立的第三国偏离其中立义务；[56]（2）在《联合国宪章》第四十一条下，安理会采取的非武力措施，会员国处于非交战状态而可以维持事实上的中立地位；[57]（3）在《联合国宪章》第四十二条下，即使安理会授权采取包含使用武力的措施，但其他会员国并没有实际采取安理会要求的行动，可能维持中立地位；[58]（4）安理会不能或没有就有关情势作出决议，此时会员国可以维持中立地位，典型的如20世纪80年代爆发的两伊战争的情形。

可以设想一下中美两国武装冲突、主要是海上经济战背景下中立地位的可能性以及实际表现。困难之处在于有关中美冲突都是基于战略规划、想象，至于实际情况会如何，则不得而知。不过，在思考那些情形之时须注意中美两国都是安理会常任理事国这个事实的影响。两国不一定能促成安理会达成决议，但要阻止达成决议只需要行使其否决权即可。因此，安理会可能无法根据《联合国宪章》第七章就有关情势作出决议，中美冲突中存在中立空间是极可能的，但这涉及更为复杂的国际关系，比如美国在东亚、亚太地区的军事同盟关系，更需要考虑冲突之际国际关系的动态变化。如果存在中立地位的可能性，那么海战区域的范围就可能受到影响。

---

〔54〕 Michael Bothe, “Neutrality, Concept and General Rules”, in R. Wolfrum, ed., *The Max Planck Encyclopedia of Public International Law*, Vol. VII, p. 620.

〔55〕 参见［英］劳特派特修订：《奥本海国际法》（下册·第二分册），王铁崖等译，商务印书馆1989年版，第142页；Louise Doswald-Beck, ed., *San Remo Mannual on the International Law Applicable to Armed Conflicts at Sea*, pp. 87—88; Michael Bothe, “Neutrality, Concept and General Rules”, p. 619; “Committee on Maritime Neutrality”, *International Law Association Reports of Conferences*, Vol. 67, 1996, p. 371。

〔56〕 See Anrea Gioia, “Neutrality and Non-Belligerency”, H. H. G. Post, ed., *International Economic Law and Armed Conflict*, Martinus Nijhoff Publishers, 1994, p. 70.

〔57〕 See Anrea Gioia, “Neutrality and Non-Belligerency”, p. 71.

〔58〕 Robert Kolb and Richard Hyde, *An Introduction to the International Law of Armed Conflicts*, p. 278.

（二）“21 世纪海上丝绸之路”上的国际关系对经济战的影响

中国的海上交通线可以简单地用西向和东向两个方向来描述，前者指沿西太平洋—东南亚—印度洋的航线，后者指沿西太平洋—中部太平洋—北美/南美的航线。东向航线经过整个太平洋，处在美国的制海权支配之下，在中国与美国—日本同盟发生冲突时，中国极有可能无法确保这些航线的安全，从策略上看属于可以放弃利用的航线。西向航线大致沿着中国黄海—东海—南海—马六甲/巽他海峡—印度洋，然后至非洲、波斯湾、红海—地中海、欧洲等地。西向航线是一条中国能源运输的最重要通道，所谓中国能源安全问题的内容之一就是处于运输中的能源面临高度的战争风险，尤其是油轮运输的情况下。这是一个大致的围绕中国的弧状海洋地带，涉及的国家众多，跨越西太平洋和印度洋，几乎与“21 世纪海上丝绸之路”经过的国家和地区重叠，其中的国际关系异常复杂，必然影响到下列事项。

1. 海战的交战区与中立水域

战争存在一个作战区/交战区（war zone）的问题，即作战行动可以在某空间里合法地发生，而在另一空间发生则为非法。传统的战争可以按照其空间位置而分为陆战、海战、空战类型，这种划分至今也没有发生太大的变化，即便网络空间形态产生后，海、陆、空战争类型仍然存在。战区的范围包括交战国的领陆、领水以及公海，而中立国的领土则不在战区之内。长期以来，海战区域包括交战国的领海和公海这两个空间区域。[59]《圣雷国际海上武装冲突法手册》将“海战区域”（area of naval warfare）限制在以下区域：（a）交战国的领海、内水、陆地领土、专属经济区、大陆架和群岛水域；（b）公海，以及（c）中立国的专属经济区和大陆架。[60]可见，当代“海战区域”的概念反映了战后海洋法的发展，尤其是 1982 年的《联合国海洋法公约》。被禁止采取敌对行动的中立水域包括中立国的内水、领海（若是群岛国的话则包括其群岛水域），但交战国可以行使通过权。[61]对于中立的国际海峡和群岛海道，非沿岸国的交战国可以行使通过权，但中立地位不因此而受到影响。[62]不过，在国际航行海峡沿岸国为交战国的情况下，海峡内水域也构成海战区域。[63]海战区域也与捕获行动发生地点有关。《圣雷国际海上武装冲突法手册》第 135 段表明捕获敌国船只的区域限于“中立水域外”。这一切表明海战区域也是捕获敌方商船的区域。

武装冲突爆发（作战行动开始）后，中立法的适用取决于有关国家是否宣称其中立

---

〔59〕［法］夏尔·卢梭：《武装冲突法》，张凝等译，中国对外翻译出版公司 1987 年版，第 159 页。

〔60〕参见《圣雷国际海上武装冲突法手册》第 10 条。

〔61〕参见《圣雷国际海上武装冲突法手册》第 10、14、15、20 条。

〔62〕参见《圣雷国际海上武装冲突法手册》第 23—25 条。

〔63〕Hugo Caminos and Vincent P. Cogliati-Bantz, *Legal Regime of Straits: Contemporary Challenges and Solutions*, Cambridge University Press, 2014, p. 20.

地位，或以其他方式表明对冲突的中立态度[64]，然而实际的情况并不总是明确表态。在可能的中美海上冲突中如何识别中立国、中立水域？发生实际的海上武装冲突之前，只能通过眼下的国际政治关系、军事关系来预测，实际上海战区域、中立水域的分布究竟如何，则以具体情形而定。下面主要从现有的军事同盟关系来考察交战国、中立国地位的情况。

2. 军事同盟与海战区、中立水域的分布

在考虑海战时中国面临的地缘政治态势之际，美国组建的军事同盟是一个必须面对的常数。目前的现实是澳大利亚、日本、韩国、泰国、菲律宾、新加坡等国家与美国存在不同程度的军事合作或军事同盟关系，它们最早合作可追溯至冷战初期。[65]从地理来看，这些国家大致位于中国周边，地理位置与前述“弧状海洋地带”基本重合。美日同盟由1954年的《防卫互助协定》及此后一系列相关协定（尤其是1960年双方签订的《相互合作与安全条约》）所建立，它是“二战”后美国在亚洲维持军事存在的基石。日本安倍政府推动正常化国家战略而出台的2015年新版《日美防卫合作指针》仍以美日同盟条约为中心为自卫队的行动做文章。[66]美国与澳大利亚的军事同盟最早可追溯至1951年的《防卫互助协定》，2008年两国还签订了美国使用澳大利亚海军基地及设施的协议，其中美国的动机无疑有针对中国的成分。美韩军事同盟基于1950年的《防卫互助协定》，最近的相关协议于2014年签订。美国—泰国之间的军事联系可追溯至1951年的《军事援助协定》，2014年还签订了关于采购与服务的补充协定。美国—新加坡之间的军事合作协定发轫于1958年的“有关马来亚购买美国军事装备、材料和服务的协议”及此后一系列的军事合作协定，尤其是1998年双方签订了“在防务和安全领域中建立密切合作伙伴之战略框架协议”，强化了双边防御和安全合作。美国—菲律宾于1951年签署了《共同防御条约》，此后双方一直在强化合作，2014年美、菲还签订了《强化防卫合作协定》。此外，美国与马来西亚、印度尼西亚、巴基斯坦、伊拉克这些国家也存在不同程度的军事合作。甚至1950年美国、伊朗签订的《防卫互助协定》在法律上仍然有效，当然由于双边关系的现状，该协定其实没有多大的现实意义。美国与巴基斯坦于1954年签署的《防卫互助协定》至今仍然有效，只是在中巴关系尚好的情况下，它可能不会发挥美国所期待的作用。

上述军事上的结盟起源于冷战初期，出于遏制社会主义国家阵营的目的，地缘政治上的构想是美国立足于亚欧大陆的边缘地带的遏制战略。[67]冷战结束后美国对这些军事

---

〔64〕 See Wolff Heintschel von Heinegg, “The Current State of International Prize Law”, pp. 8-9.

〔65〕 与这些军事同盟、军事合作相关的双边协议清单，参见 https://www.state.gov/documents/organization/264509.pdf。

〔66〕 http://www.mod.go.jp/e/d_act/anpo/pdf/shishin_20150427e.pdf.

〔67〕 参见［美］罗伯特·D. 卡普兰：《即将到来的地缘战争》，涵朴译，南方出版传媒、广东人民出版社2013年版，第112—115页。

安排并未弃之不顾，反而通过双边协议不断强化这些军事同盟、合作关系，在美国所谓“再平衡”“重返亚太”政策背景之下，这些动作格外明显，如美国着力强化与菲律宾、澳大利亚、日本的军事关系。美国同上述国家的军事关系中，大致分为两类，一类是签订“防卫互助协定”“共同防御条约”的国家，如韩国、日本、澳大利亚，它们组成了真正的军事同盟；另一类是属于武器贸易、军事技术及信息交流、人员交流一类的军事合作关系，这类军事关系在战时是否会形成典型的同一阵营的战争集团，应取决于当时的情况。构成军事同盟关系的国家，尽管根据相关条约在原则上自动成为交战一方，但一个更为适用的判断方式是看其具体的行为决定，如是否参加实际作战行为，或者虽然不参加实际的作战行动但宣布符合同盟关系的军事立场，或者宣布中立地位，但可能性不大。至于那些仅提供军事协助、服务、军事基地的国家，是否实际参加作战行动是确定其法律地位的关键。

军事同盟、军事合作关系在海战中有两方面的影响。首先决定了交战国家的身份，即哪些国家可能参与到实际的海战中，但这仅仅立足目前国际关系进行预测，与实际的情势可能不一致。(1) 从静态的军事关系来看，韩国、日本、澳大利亚极有可能成为美国战时具有交战国身份的同盟。若如此，韩国、日本、澳大利亚的领海、专属经济区将成为海战区域，在法律上中国商船在这些区域可能被捕获。(2) 伊朗、印度、越南、缅甸、巴基斯坦可能维持事实上的中立状态，它们的领海这些狭小的海域属于中立水域，美国无权在此捕获中国商船。(3) 印度尼西亚、马来西亚、新加坡的情况比较特殊，因为此三国属于马六甲海峡—新加坡海峡—南海航线的沿岸国，这个海峡是“用于国际航行的海峡”。当这个海峡的沿岸国处于中立地位，根据海上交战规则，作为交战国的中国、美国都享有过境通行权，但“交战各方在过境通行……时，不得对敌方进行攻击，也不得将中立水域用作避难处所或行动基地”〔68〕。《美国海军指挥官海上军事行动手册》第 7.3.6 段规定交战方的武装部队不得在中立海峡水域中行使“临检、搜索”的交战权利〔69〕，而临检、搜索通常是捕获敌方商船的一个步骤。但如果海峡沿岸国的印度尼西亚、马来西亚、新加坡与美国一起作为交战国，则中国船舶在马六甲海峡—新加坡海峡可能被捕获。当然，中国也可以在该水域捕获美国船舶。

其次是决定了海战区域与中立水域的分布，也影响实施海上经济战的地理空间，不过受空间范围有限。鉴于中立水域仅限于中立国的领海、具有中立地位的国际海峡和群

---

〔68〕《圣雷国际海上武装冲突法手册》第 30 条。

〔69〕 See US Navy Department, *Commander's Handbook on the Law of Naval Operations*, §7.3.6, which reads: "Belligerent forces may not use neutral straits as a place of sanctuary or as a base of operations, and belligerent warships may not exercise the belligerent right of visit and search in those waters." 另参见：Jörg Schildknecht, "Belligerent Rights and Obligations in International Straits", J. Schildknecht et al. (eds.), *Operational Law in International Straits and Current Maritime Security Challenges*, Springer, 2018.

岛水域及群岛国领海，而领海不超过 12 海里宽的范围，因此中立水域不过是中立国周边狭窄的海域，而更为宽广的专属经济区和公海都属于交战区。而且中国船舶所经过的航线的绝大部分海域并不位于这些国家的领海。至于印度尼西亚的巽他海峡、龙目海峡，鉴于印度尼西亚具有群岛国的身份，这两个海峡的内水域属于群岛水域，和平时期受群岛海道通过权支配，战时根据印度尼西亚是否为中立国或交战国，它们可能为中立水域交战区。即使印度尼西亚、马来西亚、新加坡具有中立国身份，中国商船在马六甲—新加坡海峡的中立水域中也没有任何安全可言，因为任何交战方不能利用此类中立海峡的水域作为庇护场所。〔70〕即便如此，印度尼西亚、马来西亚、新加坡以及菲律宾的中立地位的意义极为有限，因为在美国具有海上优势地位、完全掌控了制海权的情况下，在印度洋靠近马六甲海峡的安达曼海、靠近新加坡海峡南海海域、靠近印尼巽他海峡外侧的印度洋海域，除了沿岸国 12 海里的狭长领海之外，都属于关键的海战区域，中国船舶在该海域中面临捕获的风险。〔71〕从美国军事布局格局来看，美国在中东国家（巴基斯坦、阿富汗、科威特、阿曼、卡塔尔、阿联酋、沙特阿拉伯）、印度洋的迪戈加西亚、新加坡、澳大利亚、菲律宾、日本、韩国有军事基地，美国海军可以方便地在这些关键的海战区域建立米尔斯基设想的外线封锁圈。即使马六甲—新加坡海峡属于中立海峡而影响美国的军事行动，但美国完全可以在外线封锁圈所在的海域攻击中国的贸易航线（通过临检、搜索、捕获等方式），不用依赖在马六甲—新加坡海峡水域中的交战和捕获行为。因此，所谓的中国马六甲困境的本质在于位于那些可能关键的海战区域内中国是否有制海权、能否确保运输船队的安全。类似的情况也适用于中国通往太平洋至北美、南美的航线，美国只需在少数海峡出口处的太平洋建立封锁圈即可攻击中国的贸易航线，如第一岛链外侧靠近宫古海峡、巴士海峡的太平洋海域。

现在可以回过头来看看所谓马六甲困局的问题。尽管投入使用的缅甸—中国油气管道、拟议中的巴基斯坦的油气管道和泰国克拉地峡运河确实避开了马六甲—新加坡海峡，但这些油气管道在有关国家海岸的起点距离美国的军事基地非常近，完全在其海空军的作战范围之内。如中东的军事基地距离巴基斯坦的瓜达尔港非常近，而美国在印度洋上的迪戈加西亚基地的海空军力量抵达缅甸沿海、马六甲海峡的入海口附近的孟加拉湾、安达曼海海域也是极为方便〔72〕，位于新加坡、菲律宾的军事基地本身盘踞在南海周边，南海海域本身就是其加强海军活动的空间。就这种态势来看，通过

---

〔70〕《圣雷国际海上武装冲突法手册》第 17 条。

〔71〕 See Christopher J. McMahon, "Maritime Trade Warfare- A Strategy for the Twenty-First Century?", *Naval War College Review*, 2017, Summer, p. 29.

〔72〕 See Douglas C. Peifer, "China, the German Analogy, and the New AirSea Operational Concept", 2011, pp. 128-129; Andrew S. Erickson, et al, "Diego Garcia and the United States' Emerging Indian Ocean Strategy", *Asian Security*, Vol. 6, No. 3, 2010, pp. 214-237.

巴基斯坦、缅甸的通道或开凿所谓的克拉地峡运河来破解马六甲海峡困境其实是没有效果的，尤其是缅甸通道、克拉地峡运河本身严重依赖海上运输航线，而美国在孟加拉湾、安达曼海就可以轻易地截断通往缅甸、泰国克拉地峡的中国船舶。例如，米尔斯克就提到，美国可以胁迫缅甸，如果拒从，则美国可以打击中缅油气管道，甚至封锁缅甸的海港。[73]这大致就是美国拟定的"外线封锁"战略。从这些情况来看，只有中国对途经印度洋至西太平洋的海上通道的依赖程度达到最小的时候，或通过陆上替代性方案，或者中国拥有制海权并能达成控制这片海域的战术目标，这样破解马六甲困局才基本成立。

3. 所谓的"交战区效应"

2016 年美国兰德公司的《与中国开战：不可思议之议》报告设想，在可能爆发的中美战争中，尽管可以诉诸封锁、捕获等作战手段，但仅仅使用"交战区效应"（war-zone effect）就可以使中国遭受远比美国惨重的经济损失[74]，不必实际行使其捕获敌方船舶及货物的交战权。该报告没有明确"交战区效应"的具体意义，但完全可以设想。根据海战的习惯规则，交战方可以宣布特定海域为交战区、"军事行动区"（military operation zone），《圣雷国际海上武装冲突法手册》《美国海军指挥官海上军事行动手册》都反映出在发生海上武装冲突时交战方有权宣布这类区域。[75]设立这类区域的目的不是禁止中立船舶、飞机航行和飞越，但产生的实际效果是警告中立船舶和飞机远离交战区。从航运企业规避海上风险的动机来看，它们可能也会主动远离交战区，而海运保险商大概也会拒绝提供保险，这更使得海运商不情愿冒战争风险。这样，美国不用通过明确宣布封锁、诉诸捕获中国船舶、飞机的作战手段，间接达到打击中国海上贸易的效果。这应该就是所谓的"交战区效应"。那么，这种拟定的交战区最可能在何处？兰德公司报告将其设定在西太平洋地区，柯林斯、莫瑞设想的狙击中国石油供应线的关键区域是马六甲海峡、巽他海峡、龙目海峡。[76]后者不能理解为仅仅在这些海峡内部短促或狭窄的海域实施封锁，极有可能是在这些海峡外部进出口的海域。因此，如果兰德公司的交战区策略要发挥作用，同时又不会侵犯海峡水域的中立地位（如果这种中立地位在战时存在的话），那么美国宣布的交战区最可能也是在上述海峡的出入口处而非在海峡内部的水域。仅就本文所关心的海上经济战而言，孟加拉湾、安达曼海以及印度洋进出巽他海

---

〔73〕 Mirski, "Stranglehold: The Context, Conduct and Consequences of an American Naval Blockade of China", p. 10. See also Gabriel Collins, "A Maritime Oil Blockade Against China: Tactically Tempting but Strategically Flawed", *Naval War College Review*: Spring 2018, Vol. 71, No. 2, pp. 61-62.

〔74〕 David C. Gompert, et al., *War with China: Thinking Through the Unthinkable*, pp. 43-46.

〔75〕 《圣雷国际海上武装冲突法手册》第 106 条；US Navy Department, *Commander' s Handbook on the Law of Naval Operations*, §7.9 Exclusion Zones and War Zones。

〔76〕 David C. Gompert, et al., *War with China: Thinking Through the Unthinkable*, p. 31, 43; Gabriel B. Collins, and William S. Murray, "No Oil for the Lamps of China?", *Naval War College Review*, Vol. 61, No. 2, 2008, pp. 81-86.

峡和龙目海峡附近海域、南海西南部海域，西太平洋第一岛链以外的海域，就是美国可能宣布的交战区，美国期待能够起到打击中国经济作物的交战区就是这些海域。不过宣布交战区对美国而言也是“双刃剑”，因为这些海域同时也是整个东南亚、西部太平洋所有国家的交通枢纽，给海运商带来战争风险的效应固然可以打击中国经济，但美国的盟国、中立国无疑也会受到影响。另外，即便中国海上能源供应线受阻，但如果没有更进一步的限制，中国与中立的贸易可以减轻不利状况。不过战时禁制品就是专门针对这种情形的。

四、海上经济战中的战时禁制品

一般而言，中立国贸易、海上航行应予以保护。[77]然而，海战特点是总体战，要尽力阻断敌国的对外经济联系，以此打击敌国的经济。因此，除了捕获、摧毁交战国军用船舶、商船之外，力度更广的海上经济战是控制交战国与中立国之间的贸易，即对中立国船舶进行登临、搜查，看中立国是否破坏封锁、运载禁制品前往对方交战国。[78]这就是战争法中的战时禁制品法。在19世纪初的拿破仑战争、1853—1856年的克里米亚战争、20世纪的第一次世界大战和第二次世界大战中都曾公布战时禁制品清单，打击敌方的海外贸易。[79]20世纪50年代的阿拉伯国家—以色列战争、1971年的印度—巴基斯坦战争中曾宣布过禁制品清单，这两场战争规模有限，关于禁制品的战争法规则并没有发生重大改变。从一些国家现有军事手册内容来看，拦截、登临、搜查乃至拿捕运载禁制品的中立国船舶仍然被视为交战方的权利。[80]应该说这是海权国家不愿意放弃的一项优势。

（一）控制中立国贸易的禁制品概念

并没有国际条约对禁制品的概念、内容进行立法，它完全是海军大国单方在战时适用。[81]《圣雷国际海上武装冲突法手册》第148段将“禁制品”界定为“将最终被运往敌国控制的领土并可能用于武装冲突的货物”。禁制品概念主要是同中立法律相关：根据关于中立的国际法，中立国不能支持任一交战国。在以往的战争实践中，交战方宣布

---

〔77〕 See Wolff Heinstschel von Heinegg, “The Protection of Navigation in Case of Armed Conflict”, *International Journal of Marine and Coastal Law*, Vol. 18, No. 3, 2003, p. 411.

〔78〕 Maja Serssić, “Neutrality In International Armed Conflicts At Sea”, in Budislav Vukas and Trpimir Sosic, ed., *International Law: New Actors, New Concepts - Continuing Dilemmas*, Koninklijke Brill NV., 2010, pp. 586—588; Marcel Schulz, “Prize Law and Contraband in Modern Naval Warfare”, J. Schildknecht et al. (eds.), *Operational Law in International Straits and Current Maritime Security Challenges*, Springer, 2018.

〔79〕 Neil H. Alford, Jr., *Modern Economic Warfare*, 1967, pp. 368-370.

〔80〕 Wolff Heintschel von Heinegg, “Visit, Search, Diversion, and Capture in Naval Warfare: Part II, Developments since 1945”, p. 120.

〔81〕 Marjorie M. Whiteman, *Digest of International Law*, Vol. 10, Washington: U. S. Department of State, pp. 797—798.

禁制品清单，如果中立国船舶运输禁制品清单中的货物前往另一交战方，则该行为被视为破坏封锁的行为，交战方则有权攻击、捕获运送禁制品的中立商船。[82]就军事角度而言，交战方都不希望敌对一方从中立国获取战争资源，因此交战方希望控制海上（现在则包括空中）贸易交通路线，捕获可用于资敌的物品。

战时禁制品概念有两个构成要素。第一个要素是货物的性质。根据传统实践，海战交战一方在宣布封锁的同时就会宣布禁制品清单，这完全是交战方的一种单方行为，更确切地说，“战时禁制品是最强大一方规定的”[83]。宣布禁制品的目的在于从经济上打击敌方，所以交战方只要认定某些货物“最终被运往敌国控制的领土并可能用于武装冲突”，就可能被列入禁制品清单。至于哪些货物“可能用于武装冲突”，这完全是交战一方根据根据武装冲突的特殊情势来决定。如第一次巴以战争期间，埃及颁布了“搜索与巴勒斯坦战争有关之船舶与飞机及截留违禁货物之执行法令”，规定了六大类禁制品，包括军火、武器、可供化学战争之化学品、药物、各种燃料、航空器及配件、船舶及配件等。[84]甚至随着战争的技术手段的不断变化，禁制品的内容也可能不同。历史上存在绝对禁制品和有条件禁制品的区分，主要涉及军民双重用途货物问题，但国际法中并不存在禁止将某类货物列入禁制品的明确规则，哪些货物可能被纳入清单完全依据战争发生的时代背景而定，所以今天这种区分失去了重要性。[85]

第二个要素是作为禁制品的货物的敌方目的地证明，捕获国家有义务证明禁制品的目的地为敌国。《圣雷国际海上武装冲突法手册》第 148 段中“最终被运往敌国控制的领土”的措辞意味着适用了连续航程主义（doctrine of continuous voyage）。[86]根据连续航程主义，“如果禁制品货物的最终目的地是敌国领土，运载战时禁制品去敌方目的地的中立船只，尽管在途中停靠一中立港口，却从其一出发就可被拿捕”[87]。历史上一些海军强国在海战实践中常常用“连续航程主义”来确定运载禁制品的中立国船只的目的地

---

〔82〕 参见《圣雷国际海上武装冲突法手册》第 67、146 条。

〔83〕 See See Nicholas A. Lambert, *Planning Armageddon: British Economic Warfare and the First World War*, Harvard University Press, 2012, p. 65.

〔84〕 参见联合国大会文件第 S/3179 号。

〔85〕 参见［法］夏尔·卢梭：《武装冲突法》，张凝等译，中国对外翻译出版公司 1987 年版，第 358—362 页；Christian Schaller, “Contraband”, in R. Wolfrum (ed.) *The Max Planck Encyclopedia of Public International Law*, Vol. II, Oxford University Press, 2012, p. 751; James Kraska, “Prize Law”, in R. Wolfrum (ed.) *The Max Planck Encyclopedia of Public International Law*, Vol. VIII, Oxford University Press, 2012, p. 483; James Farrant, “Modern Maritime Neutrality Law”, *International Law Studies*, Newport: Navy War College, Vol. 90, 2014, p. 235.

〔86〕 Louise Doswald-Beck, ed., *San Remo Mannual on the International Law Applicable to Armed Conflicts at Sea*, 1995, p. 216。航程连续主义首次为英国采用，后来为各海军大国采用，成为海战习惯国际法。See O. H. Mootham, “The Doctrine of Continuous Voyage, 1756—1815”, *British Yearbook of International Law*, 1927, Vol. 8, p. 66; James Farrant, “Modern Maritime Neutrality Law”, 2014, pp. 236-237.

〔87〕 ［法］夏尔·卢梭：《武装冲突法》，张凝等译，中国对外翻译出版公司 1987 年版，第 376 页。

是否为另一交战方。[88]《美国海军指挥官海上军事行动手册》第7.4.1.2条规定了三种可以推定禁制品目的地为敌国的情形：（1）中立船只达到货物单证所指定的中立港口之前停靠于敌国港口；（2）货物单证指定用于向敌方转运货物的中立港口，即使该货物的受让人为中立方；（3）货物凭指示转让（consigned "to order"）或转让给不记名受让人，但目的地为与敌国领土相邻的中立国。[89]此种方法贯穿了"连续航程主义"精神。对于目的地的具体识别方法，英国在"二战"中首先发展了航行认证（navigation certificate），后来美国、加拿大、德国的海战作战手册采用了该方法。航行认证指中立国船舶在离开中立港之前就接受交战一方的检查，被证明没有运载禁制品的船舶可获得航行自由的保证。[90]

（二）经济战中的禁制品

在今天的全球经济及战争形态下，禁制品仍是一种重要的经济战手段。禁制品完全是由宣布清单的国家决定其内容，除了从军事角度考虑禁制品内容外，也在经济战背景下来考虑禁制品的内容，例如，殖民历史的早期，英国攻击西班牙高价值的目标，如其运载珍宝的船舶。[91]粮食（如1885年中法战争期间法国宣布大米为禁制品）、燃料（如煤）、棉花、橡胶等物品在第一世界大战期间就被列入禁制品，而在战争的后期，"交战国都趋向于全面禁止所有中立贸易"[92]。如果从当代及未来战争的技术层面来看，像马匹一类的军需物资不大可能成为禁制品，然而燃料、各种武器会继续留在清单上。禁制品清单可能新增加的内容或许包括各种计算机设备（含关键的计算机芯片）和软件、通信器材等。例如，1971年印度—巴基斯坦发生战争后，巴基斯坦公布的禁制品清单含有电子和通信设备、军用光学设备。[93]生产和供应这些货物当然是以美国为首的西方国家的优势，将这些物品列入禁制品清单是完全可以预料的。

当然，放在中美之间可能的海上经济战的背景中来看，中国的经济生活等方方面面依赖于能源和原材料供应，而中国在这方面的脆弱性是明显的。通过限制这方面的供应来削弱中国的战争潜力是美国军方人士的首要策略。[94]届时，各种军民两用的燃料可能会成为美国封锁的政策的目标。一方面，截断原油、天然气的海上供应通道是可预见的，若中国用自己的船舶运输原油和天然气，那就成为其捕获的对象；另一方面，油气

〔88〕 See Nicholas A. Lambert, *Planning Armageddon: British Economic Warfare and the First World War*, 2012, p. 44; James Farrant, "Modern Maritime Neutrality Law", pp. 236-237.

〔89〕 See US Navy Department, *Commander' s Handbook on the Law of Naval Operations*, §7.4.1.2.

〔90〕 James Farrant, "Modern Maritime Neutrality Law", 2014, p. 243; *British Blockade Announcement*, International Law Studies Serials, Newport: U. S. Navy War College, 1940, p. 45.

〔91〕 Nicholas Tracy, ed., *Sea Power and the Control of Trade*, p. xv.

〔92〕 [法] 夏尔·卢梭:《武装冲突法》，张凝等译，中国对外翻译出版公司1987年版，第362页。

〔93〕 "Contemporary Practice of the United States Relating to International Law", *The American Journal of International Law*, Vol. 66, No. 2, 1972, p. 386.

〔94〕 See Gabriel B. Collins and William S. Murray, "No Oil for the Lamps of China?", 2008, pp. 79-95.

资源被宣布为战时禁制品的可能性极大，若由第三方中立国商船进行运输，只要禁制品清单会约束石油、天然气，那中立国商船就会因破坏时中立而被攻击、捕获。国际法协会（International Law Association）“海上中立委员会”拟定的海上中立规则（赫尔辛基规则）对于燃料一类的物品，这样直白地规定：“可用于能源生产的燃料或其他物质，若其目的地为交战方，则构成禁制品，除非明确肯定其前往非军事目的地。”[95]尽管该规定只能算国际公法家学说，但表明能源几乎被推定为属于禁制品，被纳入清单的可能性极大。根据贸易形态及价值的变化，数据库交易也可能作为禁制品。

不过，即使石油天然气禁运对美国是一项颇具诱惑的策略，但像中国、美国两国如此大的经济总量并都深深地融入全球经济、两国经济相互依存程度如此之高，对中国这样规模的经济大国实施经济战在历史上没有先例，对中国进行能源（主要为油气资源）禁运无疑会对整个全球政治和经济产生重大影响，像兰德公司《与中国开战：不可思议之议》报告出于在战争中取胜的目的，主要考虑中美哪个国家更为脆弱、更不能接受经济损害的代价而先行退让。

（三）网络战与控制禁制品贸易

要通过控制禁制品流向的方式控制中立国与交战方贸易，一般由捕获国家来证明中立船舶货物目的地。[96]这种举证责任的方式实际上赋予捕获国家以极大的便利来确定中立船只的目的地。该规则的后果是几乎所有目的地为交战方的货物、许多目的地为中立邻国的货物，都可能被作为禁制品予以没收。禁制品原本是“自由船、自由货”规则的例外，由捕获国承担举证责任就使这种例外成为主导性规则。[97]

要严格控制禁制品被运往交战方，传统的手段是由军舰在海上对中立国船舶进行临检、搜查，要完成甄别需要大量的海上武装力量。今后像美国这样的大国可能更依赖现代网络战手段来控制禁制品贸易。例如，所有中国周边的中立国家（假设存在中立国，具体情形见上面的分析），根据持续航程主义，只要它们的港口与中国有海上贸易往来，则进入这些中立国家港口的第三方船舶就可能接受美国的临检、搜查，确保没有美国公布的禁制品（可以肯定主要是能源物质、关键原材料和设备）被运往中国。为了省力、高效率地完成这项任务，可以提前通过航运数据库系统等网络手段来确定有关船舶及货物的数据，如提单上记载的承运人、收货人、目的港等信息。调动这方面网络资源可能需要其他国家的配合，如给予美国访问数据库的权限，至于哪些国家自愿配合，这与中美冲突所涉及的国际关系有关。此外，在使用电子提单情况下，网络战可能有助于甄别运载禁制品的船舶的目的地。《塔林网络战手册》第 67 条规定了网络手段可以用于实施

---

〔95〕 “Committee on Maritime Neutrality”, 5.2.4 “Enemy destination”, *International Law Association Reports of Conferences*, Vol. 67, 1996, p. 385.

〔96〕 “Committee on Maritime Neutrality”, 5.2.4 “Enemy destination”, *International Law Association Reports of Conferences*, Vol. 67, 1996, p. 385.

〔97〕 James Farrant, “Modern Maritime Neutrality Law”, 2014, p. 240.

海上封锁。[98]

五、海上经济战中体现的权力 - 权利关系

1982 年《联合国海洋法公约》所塑造的海洋法律秩序主要体现了一种和平利用海洋的权利分配安排，如对海洋空间本身、其中的资源、航行权的分配，尽管这种分配过程中权力实际上发挥了影响，但一旦分配完成之后就呈现一种静态的权利关系。在海洋作为战场的情形下，交战国权利（合法行使武力的权利、捕获敌方商船及货物、拦截运载禁制品之中立船舶的权利）在根本上体现为一种权力关系。这在本文所设想的海上武装冲突中交战方行使捕获敌方商船的交战权利即是如此。

美国从事海上捕获、控制战时禁制品贸易的能力取决于中国的海上军事力量在多大程度上能够对美国的封锁战略进行有效的军事应对。换言之，如果中国海军能有效地完成护航任务，则美国的封锁计划不会成功。或者，如果中国远程反舰导弹能够给美国执行封锁任务的军舰造成其无法承受的损害风险，则可能导致封锁失败，这就是美国比较忌惮的中国发展的反介入战略。护航任务能否有效完成又取决于中国海军是否有能力抵御住美国军舰的攻击。这个问题又回到海战、海上经济战的起点——制海权问题。在此意义上，攻击、捕获敌国商船、运送禁制品的中立国商船的所谓交战国权利是由军事优势所带来的权力支撑的。尽管交战国权利的分配表面上是平等的，但实际的享有却是依照权力的大小来决定的。所以在海上武装冲突种体现的权力—权利关系是一种正相关关系。20 世纪初，英国海军大臣菲歇尔（John Fisher）爵士相信，阻挠国际商业乃是至关重要的国家武器。在第一次世界大战前夕，英国策划对德国的经济战，主张自己在海上战争中享有广泛的交战权利（belligerent rights），其基础就是当时英国拥有最强大的海军力量，是海上霸主。[99]

戈德史密斯（Jack Goldsmith）、波斯纳（Eric Posner）两人提出了一种国家行为变化的理论：国家的实力（capacities）与利益（interests）之间存在相关关系，在某时刻的利益分配受到国家之间实力分布的影响。在另一时刻，相关国家的实力出现了消长，实力增长的国家会要求获得与实力相应的利益，这就涉及在此后的某个时刻相关国家会调整它们之间的关系。这个过程可被描述为现状—调整过程的不稳定—稳定情势的动态变化过程。[100]

戈德史密斯、波斯纳的分析模型在一定程度上可以表明权力分布导致实际行使权利

---

〔98〕 See Michael N. Schmitt ed., *Tallinn Manual on the International Law Applicable to Cyber Warfare*, 2013, p. 200; James Farrant, "Modern Maritime Neutrality Law", 2014, p. 248.

〔99〕 See Nicholas A. Lambert, *Planning Armageddon: British Economic Warfare and the First World War*, 2012, p. 67.

〔100〕 参见［美］杰克·戈德史密斯、埃里克·波斯案：《国际法的局限性》，龚宇译，法律出版社 2010 年版，第 9 页。

方面的变化，如海上权力变化会影响实际权利的行使效果，现实中可能的情况是中国海上力量增长到一定程度可以对上船进行有效的护航，致使美国无法随意地捕获中国船舶，则可以视为美国实际能够行使的交战权的减少。又如，中国国际地位的上升、实力的提高，可以在武装冲突发生时促成国际关系的重组——让美国盟国变为事实上的中立国，或者在一些国际关系紧张的时候，与美国外交政策捆绑的国家不再随美国起舞——2016 年 7 月南海仲裁裁决出台后菲律宾外交政策的改变就不排除中国经济实力起了一定作用，这些导致各方行使权利之外部条件的改变，稍微缓解了中国在南海仲裁上的被动局面，使中国南海权益的挑战不那么十分紧迫。就此而言，中国力量的上升可能导致现状的改变，至少在权力—权利关系构建的国际现状的意义上是如此。因此，中国对海上风险的管理和控制与中国总体国家战略、能力体现的权力大小高度相关。

六、结　语

本文所描述的海上风险以及实际可能发生的海上经济战，也许有些危言耸听。但这不禁使人去思考，到底在何种情况下中美两国会发生海上武装冲突、其烈度能导致经济战的程度？一个极可能预见的情形是中国在统一台湾时被迫使用武力，而美国不管出于何种动机、目的来干涉，如果美国确信不能通过非常有限的军事手段来实现其目标，那么诉诸海上经济战的可能性就比较大。一旦发动经济战，则在何时、何地停止就不是一个可能预见的问题了。另一种情形是争霸范式所设想的，也是依据历史经验的推演，即戈德史密斯、波斯纳所提模型的一个逻辑后果：如果守成大国与新兴大国之间的权利分配是由权力关系决定的，且假定双方对于权力与权利之间的定量关系有明确的意识、特意要追求那种成比例的权利份额，那么一旦越过某个临界点，双方如何确定这种权利分配、其过程如何，到底是和平性的还是通过战争达到目的，这其中蕴藏着风险。这个时间节点，类似于莫德尔斯基（George Modelski）、汤普森（William R. Thompson）观察世界历史长周期过渡的时间节点。世界历史的长周期性与海权大国的兴衰存在相关关系，周期的过渡是通过海权争霸战争完成的[101]，如拿破仑战争、第一次世界大战和第二次世界大战中都发生了海上战争，其间海权大国都诉诸了规模巨大的海上经济战。有鉴于此，很容易将中美两国发生经济战的情景类比为霸权战争中的作战方案。

首先，第二种情形更多的是一种历史现象的移植，方法上属于类比，逻辑与现实的关联性很可能是一种心里暗示。权力分布与权利之间的关系固然是一个较好的解释和预测国家行为变化的框架，但它背后的预设是权力的此消彼长所影响的权利分配必然是一个零和游戏。这种方法的问题在于它所暗示的因权力对比变化引起战争的必然性。在权利和利益份额主要体现在殖民地多寡的时代，军事力量意味着更多殖民地的可能，为争

---

〔101〕 George Modelski and William R. Thompson, *Seapower in Global Politics*, 1494-1993, London: Macmillan Press, 1988, pp. 14-16.

夺殖民地、势力范围而发动的争霸战争也确实是零和游戏，但在当今世界为此而发动这种战争几无可能。而且，零和游戏的假定在当代世界是一种有意识的选择，而经验同样支持合作比冲突更能促进各方收益的最大化。其次，第二种情形太过简单地将权力的大小与权利的量化之间建立比例关系。虽然二者的关系表面上似乎如此，但如果我们将权利概念的内核集中在应享权（entitlement）——享有权利的资格上，那么权力与权利的关系就不是简单的比例关系。权力如何影响应享权是一个权力如何影响国际法立法的问题，如经济实力如何体现国际货币基金组织中的份额大小、进出口贸易总量如何影响国际贸易规则、海上力量如何影响海洋法规则，等等。这些过程表明权力并不能自动转化为应享权利，而是通过复杂的讨价还价，最终体现的是国际法规则，这个过程是一个和平过程。战争并不能直接将权力转化为权利，甚至在当代国际社会也没有这样做的空间。最近国际货币基金组织调整了中国的份额，上升至第三位，这就是权力（体现为中国的经济实力）如何转变为权利的较好例子，该过程就是一个充满协商、妥协的和平过程。

对于第二种情况带来的危险，其实中国已经清醒地意识到了。中国不会为了追求与所谓权力相称的利益而发动战争，也有意志与动机来协调与美国的关系。然而困境在于，在和平手段用尽后台湾仍有永久分裂危险，中国无疑会诉诸武力，如果第一种情形下因为统一台湾而使用武力导致中国与美国之间爆发海上经济战，可能触发、升级为第二种情形下的战争。中国的战略目标仅仅限于统一台湾，这应该没有问题。如果从美国方面来看，中国战略目标的完成无疑意味着权力增强了，可能就是一个权力转换的临界点，这个时候美国的政策选择极为关键，也最具有危险性。

顺着这个逻辑往下走，一个使人担心的后果是总体战性质的武装冲突的爆发，本文所述的经济战也会爆发。不过，这种不确定的前景其实体现了一种中国力量增长的辩证法。因为中国变得强大使得与中国发生战争的成本太高，才因此激发了美国诉诸封锁等经济战手段，试图不战而屈人之兵。假设中国力量弱小，反而有可能不会触发中美之间的武装冲突，因为根据力量对比的理性计算，中国使用武力无助于台湾统一，但倘若武装冲突会爆发，那么美国或许可以凭优势军事力量直接打击中国而不用诉诸经济战。因此，封锁、拿捕中国船舶、打击中国与第三国贸易这些经济战手段是中国力量增长后迫使美国寻求补充或替代手段的产物，因为单纯使用武力对美国而言代价实在太高。

论武警体制下中国海警船的属性

■ 裴兆斌* 翟姝影** 杨斯婷**

【内容摘要】中国武警体制改革后，海警队伍转隶于武警部队，属于公安现役，统归中央军委领导。在这一大背景下，中国海警承担着海上维权执法的职责，而中国海警船的属性成为争议问题。文章依据《联合国海洋法公约》《专属经济区和大陆架法》等法律法规，从本质上分析得出中国海警船属于"政府船舶"，但不属于"军舰"的结论。这对于在国际上分析中国海警船的任务使命，弄清中国海警船的海上行动本质具有现实意义。

【关键词】武警　中国海警船　《联合国海洋法公约》　军舰　政府船舶

21 世纪进入海洋时代，我国作为海洋大国，自党的十八大以来将海洋强国战略目标提升为一项国家战略。在这一战略目标中，海洋维权执法工作成为影响我国海洋事业发展的关键因素，而以前海洋执法权散落于中国海监、中国渔政、边防海警、海关缉私警察等部门，为了解决多头执法、重复执法这种"五龙闹海"的现状，十八届二中全会中通过了《国务院机构改革和职能转变方案》，提出组建中国海警局。2013 年 7 月 22 日，中国海警局正式成立，将上述四支海洋执法队伍整合为一，形成了一直海洋综合维权执法队伍，国家海洋局将以中国海警局的名义开展海上维权执法工作，接受公安部业务指导，实现了海上维权执法体制改革。中国海警局已经挂牌成立 5 年多，虽然其规定了中国海警局的机构编制和基本职责，但是缺乏具体实施办法，现役军人、公务员、警察、合同制等编制散乱并存，其他管理制度例如培训、奖惩、考核等办法也存在着不同的规定。但这次改革中，交通部等部门并没有被纳入中国海警局，中国海警未能担任全部海岸警卫的职能。在法律制度方面，中国海警局的执法权尚无法律明确授权，组成中国海警局的原公安海警、中国海监等四支执法队伍执法地位不明确、职能重叠，其执法所依据的法律条文分散于诸多部门规章之中。〔1〕同时，中国海警并没有被法律明确赋予行使海岸警卫的职能。

---

* 大连海洋大学文法学院院长，华东政法大学博士后研究人员，研究方向为行政法与行政诉讼法、中国刑法、国际刑法、海洋法与渔业法、司法鉴定制度、侦查学、治安学等。

** 大连海洋大学法学院 2017 级法律硕士，研究方向为国际法和海洋法。

** 大连海洋大学法学院 2016 级法律硕士，研究方向为国际法和海洋法。

本文为 2017 年度国家社科基金重大项目"构建中国特色境外追逃追赃国际合作法律机制研究"(17ZDA136)、教育部备案 2017 年度国别与区域研究中心项目（GQ17091）、2017 年度辽宁经济社会发展立项课题（2018lslktyb-015）的研究成果。

〔1〕 李培志：《建设海洋强国战略背景下中国海警体制改革的思考》，《武警学院学报》2016 年第 3 期。

深化中国海警体制改革是实施海洋强国战略、加强我国海洋监管、提高海上维权执法效能、构建我国海上安全战略体系的必由之路。近几年，我国在处理国际性海洋事务方面面临着诸多严峻挑战，这对海洋维权执法效能提出了更多要求。为深化中国海警的体制改革、加强我国海上维权监管效能，2018 年 3 月 21 日国务院公布《深化党和国家机构改革方案》，对武警部队的职能进行了重大调整。这次改革依据“军是军、民是民”的原则，将部分武警部队序列、国务院部门领导管理的现役力量全部退出武警，将国家海洋局领导管理的海警队伍转隶武警部队，将武警部队担负民事属性任务的黄金、森林、水电部队整体移交国家相关职能部门并改编为非现役专业队伍，同时撤收武警部队海关执勤兵力，彻底理顺武警部队领导管理和指挥使用关系。进过改革，武警部队担负着三类主要任务：维护国家政治安全和社会稳定、海上维权执法、防卫作战。从改革方案可以看出，改革后，在编制上，中国海警队伍转隶属于武警部队，成为武警部队的“新鲜血液”，其采用先移交、后整编的方式，将国家海洋局（中国海警局）领导管理的海警队伍及相关职能全部划归武警部队；在职能承担方面，海警队伍的此次改革是对前期海洋维权执法力量初步整合的进一步深化，有利于从根本上解决多头执法的局面，使得中国海警行使海洋维权执法有了更明确的执法依据，更加有利于维护我国的海洋秩序，维护国家主权。

1982 年《联合国海洋法公约》（以下简称《公约》）第 31 条规定了“军舰”和“其他用于非商业目的的政府船舶”因不遵守有关法律或公约规定时应当承担国际刑事责任。[2]以前中国海警隶属于国土资源部，而武警改制后，海警属于公安现役，接受中央军委的统一领导。在中国武警体制下，中国海警担任着全面履行海上执法的重任，被赋予军事和政府执法双重职能，在这一大背景下，中国海警船的属性存在争议，这关系到《公约》的适用以及中国海警船的法律地位，同时也关系到其在处理国际海洋事务中的法律地位与角色认定，它究竟是属于政府船舶还是属于军舰，需要深究。

一、中国船舶属性

（一）中国海警船舶是“政府船舶”吗？

1. 政府船舶的概念及法律特征

对于政府船舶，我国法律法规尚无明确定义，我国《中华法学大辞典·国际法学卷》将其解释为“政府所有或租用的除军舰以外的专门从事公共目的的船舶”[3]。我国《法学大辞典》中将其又称为“公船”，即“属于一国政府所有或经营并专用于政府非

[2] 《公约》第 31 条规定：“对于军舰或其他用于非商业目的的政府船舶不遵守沿海国有关通过领海的法律和规章或不遵守本公约的规定或其他国际法规则，而使沿海国遭受的任何损失或损害，船旗国应负国际责任。”

[3] 《中华法学大辞典·国际法学卷》对“政府船舶”的解释是：“指属于政府所有或由政府租用的除军舰以外专用于公共目的的船舶。”

商业性服务的船舶。"[4]同时规定其法律地位等同于军舰。这里虽然未明确将军舰排除在政府船舶之外，但是“法律地位等同于军舰”的说法，将政府船舶与军舰作为并列的两类，因此也意味着政府船舶不包括军舰。我国《海商法》在规定调整对象时，将用于军事、政府公务的船舶排除在外。[5]这里也说明政府船舶不包括军舰。《海商法大辞典》将“政府船舶”定义为：“属于政府所有专用于公共目的的船舶。政府船舶不包括军舰，但包括政府租用的专门用于公共目的的船舶。"[6]因此，政府船舶可以按照以下情形进行分类。

政府船舶（按所有权分类）{ 政府所有的
政府租用的

政府船舶（按用途分类）{ 用于从事商业目的
专用于从事公务（用于非商业目的）

因此，“政府船舶”的法律属性应当概括为：为政府所有或由政府租用的，用于非商业目的，专用于从事公务的船舶，同时，将军舰排除在外。《公约》第31条规定了“军舰”和“其他用于非商业目的的政府船舶”因不遵守有关法律或公约规定时应当承担国际刑事责任。说明公约也对军舰和其他用于非商业目的的政府船舶进行区分。同时,《公约》第二部分第三节B分节规定的是适用于商船和用于商业目的的政府船舶的规则，C分节规定的是适用于军舰和其他用于非商业目的的政府船舶的规则。可以看出其将政府船舶区分为两类：“用于商业目的的政府船舶”和“其他用于非商业目的的政府船舶”。

2. 中国海警船属于政府船舶

中国武警体制改制以前，经2013年组建后的中国海警归国家海洋局管辖，海洋局隶属于国土资源部，属于政府部门，因此中国海警船属于政府授权的船舶，满足第一个特征“为政府所有”。中国海警承担着维护海上维权执法的任务，中国海警船也满足第二个特征“从事公务”，因此武警改制前中国海警船属于政府船舶。

中国武警体制改制以后，中国海警转为公安现役编制，统归武警部队，由中央军委领导，承担着海上维权执法、保护国家海洋安全和维护海洋秩序等职责。《公约》第110条第5款[7]和第111条第5款[8]分别规定了国家行使登临权和紧追权时可由经政

[4] 赵伟东、彭颖：《美国海岸警卫队船艇——政府船舶还是军舰?》,《公安海警学院学报》2016年第2期。

[5] 《中华人民共和国海商法》第3条规定：“本法所称船舶，是指海船和其他海上移动式装置，但是用于军事的、政府公务的船舶和20总吨以下的小型船艇除外。”

[6] 赵伟东、彭颖：《美国海岸警卫队船艇——政府船舶还是军舰?》,《公安海警学院学报》2016年第2期。

[7] 《公约》第110条第款规定：“这些规定也适用于经正式授权并有清楚标志可以识别的为政府服务的任何其他船舶或飞机。”

[8] 《公约》第111条第5款规定：“紧追权只可由军舰、军用飞机或其他有清楚标志可以识别的为政府服务并经授权紧追的船舶或飞机行使。”

府正式授权的有清楚标志的为政府服务的船舶行使。那么，中国海警船是否为行使紧追权和登临权的适格主体呢？

第一，属于政府授权的船舶。《公约》虽然未对政府授权进行解释，但是这里所说的政府授权，应当指的是一种广义上的授权，可以理解为国家的授权。而法律授权也可以理解为国家法律的授权。我国《领海及毗连区法》规定了经政府授权的公务船可以行使紧追权。[9]1993年国务院《关于加强东海海上航行和渔业安全意见的通知》中规定："除军舰和经国家授权的公务船只外其他任何船只不得在海上行使临检、紧追等管辖权。"由此可知，这里的国家授权相当于《公约》中的政府授权。中国海警船由中央军委统一领导，因此也属于国家法律的一种授权。第二，有清楚标识可以识别。中国海警船统一采用白色船体，船体涂有红蓝相间条纹、中国海警徽章和"中国海警 CHINA COAST GUARD"标志，因此符合"有清楚标志可以识别"。第三，为政府服务。中国海警船依法承担海上维权执法任务，属于行政执法船舶，根据国务院"三定"职责，中国海警依照我国《领海与毗连区法》《专属经济区和大陆架法》《海域使用管理法》《海洋环境保护法》等法律法规在我国海域范围内进行执法，作为执行政府公务的公务船舶，完全符合"为政府服务"的特征[10]。综上，我国海警船属于政府船舶。

（二）中国海警船舶是"军舰"吗？

1. 军舰的概念及法律特征

军舰，亦称"海军舰艇"，可以提供无人舰载机的起飞和降落，是一种在海上执行战斗任务的具有军队性质的船舶。鉴于军舰法律性质的特殊性，《公约》对其进行了专门的规定，即"属于一国武装部队、具备辨别军舰国籍的外部标志、由该国政府正式委任并名列相应的现役名册或类似名册的军官指挥和配备有服从正规武装部队纪律的船员的船舶"[11]。由这一定义可知，军舰具有以下法律特征：第一，属于一国武装部队；第二，有易于识别国籍的外部标志；第三，军舰的指挥官由一国政府正式任命，且为现役军官；第四，军舰上的船员是来自正规武装部队的军人。

2. 中国海警船不属于军舰

对于中国海警而言，虽然在武警体制改制的背景下，其属于现役武装部队，海警船上也有易于识别国籍的外部标志，但其并没有像军舰一样由一国政府正式任命的指挥

[9] 《领海及毗连区法》第14条第1款规定："中华人民共和国有关主管机关有充分理由认为外国船舶违反中华人民共和国法律、法规时，可以对该外国船舶行使紧追权。"《领海及毗连区法》第14条第4款规定："本条规定的紧追权由中华人民共和国军用船舶、军用航空器或者中华人民共和国政府授权的执行政府公务的船舶、航空器行使。"

[10] 吴强、赵胜汝：《中国海监行使紧追权有关问题的思考》，《海洋开发与管理》2008年第10期。

[11] 《公约》第29条规定："为本公约的目的，"军舰"是指属于一国武装部队、具备辨别军舰国籍的外部标志、由该国政府正式委任并名列相应的现役名册或类似名册的军官指挥和配备有服从正规武装部队纪律的船员的船舶。"

官，由于海警船船体较军舰要小，因此并不需要像军舰一样正式任命指挥官，海警船的船长一般由执行任务的海警来行使。判断我国海警船是否属于军舰，不应仅依据《公约》中的定义，还应当依据中国海警的职责和海警船的船舶外观、性能进行分析。

第一，在职责方面。中国海警船的职责是海上维权执法、保护我国海洋主权完整、维护海洋安全与秩序，是一种公务船，是一种民事船只，属性是执法；而军舰承担着海上战斗任务，是一种对外作战，具有破坏性，属性是一种武装力量。海警船只是一种准军事力量，可以作为一种战备船。面对复杂变化的国际海洋纠纷，我国对高性能海上维权船只的需求越来越大，近年来我国海警船的各项性能迅速提高，一批批配备先进设备的海警船亮相。但应当清楚地认识到，海警船本质上也只是作为一种备战船只，在战时可以改造成军舰。同时，中国海警不同于海军，不具备海军的海上斗争经验，也达不到海军作战部队的专业素质，相比于美国海岸警卫队，中国海警缺乏专业的培训和具体的执法依据。

第二，从外观和性能方面。2013 年 6 月 14 日，中国第一批海警船登上了海上维权执法的舞台，首次在南海展开执法工作的两艘海警船分别为“中国海警 3210”和“中国海警 3102”。这是中国海警局成立以后的首批大吨位海警船。为了满足我国对海上维权执法的需要，应对复杂变化的国际海洋形势，我国海警船的性能在不断改进，现在中国海警船均配备自卫武器，具备优良的性能。2016 年“818 型海警船”首制船 46301 号建造出炉，这艘海警船外型和同期建造的一艘 054A 型护卫舰被人们堪称是孪生姐妹。然而，两艘船舶在外观和性能上都有明显区别。在外观上，46301 号海警船没有配备防空导弹、反舰导弹等导弹的发射装置，也没有口径舰炮和近防炮，而 054A 属于标准的军舰，当然配备上述设备；46301 号海警船上配备的雷达装置相比 054A 型护卫舰也简单了很多；46301 号海警船的烟囱罩形状也和 054A 型护卫舰不同，机库高度明显低于后者。在性能上，海警船的航速为 20 节，而 054A 型护卫舰的最大航速为 30 多节；054A 型护卫舰最大航速超过 30 节，而海警船只需要 20 节左右的航速就足够了；海警船所需的最大主机功率仅为 054A 型护卫舰所需的四分之一。由二者的烟囱罩和排烟口数量差异可知（46301 号海警船烟囱罩有一大二小共三个排烟口；054A 型护卫舰的烟囱罩上有四大四小共八个排烟口），二者的动力系统也存在明显的差距。[12]

二、中国海警船舶属性的争议及分析

中国武警改制后，海警统归公安现役部队，由中央军委统一领导，其法律属性成为学界争议的焦点。

上海交通大学邢望老师认为：船舶的属性和法律性质应当在各种情境下具体分析，

〔12〕 https：//news. qq. com/a/20160602/032897. htm.

比如结合具体隶属关系，具体使用用途，具体法律争议，以及操纵者的技能等。如渔政船若被迫执行军事行动，则可能被他国认定为军舰；商船若被海军征用运输物资，则亦可能被认定为军事用途船舶；一国武装分子若劫持军舰在公海上抢劫财产，则可被认定为海盗船。

清华大学冯旭老师认为：就政府公务船舶而言，国际法并不要求船舶必须处于政府序列之中，只要船舶在实施待评价的特定行为时完全为政府服务，又满足授权、可识别标志等条件即可评价为政府公务船舶；就“军舰”而言，国际法上的“军舰”并不要求必须是一国海军的船舶，而只要求是“一国武装部队”下的船舶，根据我国《国防法》等相关规定，武警部队显然是属于中国的武装力量，更何况此次军队和武警部队改革更明确将武警部队划归中央军委领导，因此海警船应当是国际法意义上的军舰。

美国海军战争学院副教授戈德斯坦28日在美国“国家利益”网站撰文称，中国的新型海警船可以迅速改装为解放军的护卫舰，海警力量是中国海军的预备队。戈德斯坦认为，西方现在的基本共识是，中国海警船目前已经在排水量、通信和组织方面足够优秀，可以驱赶外国渔船，利用一些手段威慑其他国家的海上执法船只。不过，中国正在精益求精。“818型海警船”首船46301号不久将交付中国海警。这艘海警船与众不同的是，它是中国海军054A导弹护卫舰的仿造版。054A导弹护卫舰的特点是武器装备和传感器多。该型护卫舰已在亚丁湾反海盗中经过实战检验，是中国海军主力护卫舰。[13]令美国及其海洋战略家感到不安的不仅仅是“818型海警船”具备的优良性能和武器配备，他们更担忧的是这种海警船可能成为中国海军预备队，因为它们可以在短时间内改造成真正的军舰。戈德斯坦认为中国海警船可在数月之内转变成一支真正的海军作战力量。这注定会引起外界对中国海洋战略的担忧。

三、中国海警船的法律地位

按照我国国内法的定义，中国海警船属于“政府授权的船舶”，因此享有我国国内法赋予的“经授权的执行政府公务的船舶”“为政府服务并经授权的船舶”的法律地位。同时，中国海警船与《公约》中规定的“其他用于非商业目的的政府船舶”也并无矛盾，可享有《公约》中所指“其他用于非商业目的的政府船舶”的国际法意义上的法律地位。同时，注意理解中国海警船的任务是海上维权执法，是对内的维护我国海洋安全和秩序的职责，目的不在于武装斗争，因此不属于军舰，不享有军舰的法律地位，也没有军舰的主权豁免，只是在紧急情况下起到一种辅助军舰作战的作用。

---

〔13〕 http：//mil. huanqiu. com/observation/2016-10/9613847. html.

四、结　论

中国武警的改革后，武警队伍转隶属于武警，目的在于进一步固化和深化前期海上维权执法力量整合的成果，从根本上解决我国海上维权执法力量的多头执法、职能混乱的局面，从而应对复杂变化的海洋争端，维护我国海洋秩序。中国海警作为承担海上维权执法任务的武警力量，其船艇属于我国法律所称的“公务船”，这与《公约》中“其他用于非商业目的的政府船舶”相印证。但我国海警船不符合《公约》和我国法律中关于“军舰”的定义，在国际上，对我国海警船不能认定为“军舰”范畴，也就是说中国海警船海上执法不应被视为是动用武力。

半闭海内的功能性国家管辖海域

——评析地中海实践及其对维护我国南海海洋权益的启示

■郑　凡*

【内容摘要】半闭海内存在着沿岸国扩展管辖海域的固有困难。面对这一困难，地中海区域长期未适用专属经济区制度。20世纪90年代末，一些地中海沿岸国主张了功能性国家管辖海域作为专属经济区的替代方式，包括西班牙的渔业保护区、法国的生态保护区、克罗地亚的渔业与生态保护区、意大利的生态保护区等。这些实践的合法性在于"能做更多者也能做更少"原则在国家管辖海域上的运用。在同为半闭海的南海，地中海实践对维护我国海洋权益有两方面的启示：一是功能性国家管辖海域具有克制性、临时性与灵活性等优势；二是可考虑以功能性国家管辖海域落实我国的历史性权利主张，具体而言可先行基于西沙群岛直线基线主张"渔业保护区"。

【关键词】国家实践　生态保护区　渔业保护区　历史性权利

1982年《联合国海洋法公约》（以下简称《公约》）为海洋法搭建了两种路径。一是海域路径（Zonal Approach），即将包括海底在内的海洋空间划分为法律地位不同的区域，其中属于国家管辖海域的包括内水、领海、毗连区、专属经济区、大陆架，以及群岛水域。二是功能路径（Functional Approach），即按海洋使用，区分出航行、海洋生物资源管理与养护、海洋环境保护、海洋科学研究等功能。[1]在海域路径上，《公约》力图以一揽子的方式结束自1945年两份杜鲁门宣言以来沿海国管辖海域主张的混乱，但在《公约》于1982年通过并于1994年生效之后，地中海区域的国家管辖海域实践呈现出特殊性。首先，地中海沿岸国长期未适用专属经济区。其次，在适用专属经济区存在困难的背景下，一些沿岸国主张《公约》规定之外的特殊管辖海域，包括西班牙1997年主张的渔业保护区（Fisheries Protection Zone）、法国2003年主张的生态保护区（Zone of Ecological Protection）、克罗地亚2003年主张的渔业与生态保护区（Ecological and Fisheries Protection Zone）、斯洛文尼亚2005年主张的生态保护区，以及意大利于2005年主张并于2011年划定界线的生态保护区等。这些特殊国家管辖海域的基本特征为，较之专属经济区制度，沿岸国主张对领海外海域内特定功能领域的管辖权，因此称为功能性国家管辖海域（zones of functional State jurisdiction）。

本文首先将探究这些功能性国家管辖海域在地中海形成的背景，评析地中海这

* 法学博士，四川大学中国西部边疆安全与发展协同创新中心助理研究员，主要从事国际公法、地缘政治学研究。

〔1〕 Cf. R. R. Churchill and A. V. Lowe, *The Law of the Sea*, 3rd Ed., Manchester University Press, 1999, p. 1.

一半闭海（由于《公约》未对“闭海”与“半闭海”进行概念区分，因此一般在实践与学术讨论中统称为“半闭海”）内沿岸国扩展国家管辖海域的实践与困难。而后将具体分析上述功能性国家管辖海域实践，探究其合法性。需指出的是，本文首要关注的是管辖海域主张，而不是由此引发的划界问题。最后，本文将继而探讨在同为半闭海的南海，地中海功能性国家管辖海域实践对于维护我国海洋权益的启发。

一、地中海功能性国家管辖海域出现的背景

西班牙于1997年以专属经济区为法律基础主张渔业保护区被认为是打破了地中海内长期未适用专属经济区制度而保留大面积公海的法律“现状”（status quo）。虽然地中海内适用专属经济区困难有地缘政治原因，但“地中海作为半闭海”这一地理—法律现实不应忽视。

（一）“闭海或半闭海”议题与专属经济区

“闭海和半闭海”在作为第三次联合国海洋法会议框架性议程的《联合国海底委员会海洋法项目和问题清单》被列为第17项议题提出，亦即其在“新”海洋法中的特殊性，可以从功能路径与海域路径两方面来理解。在功能路径上，20世纪70年代初此类海域易受污染进而危及海洋生物资源的区域性问题日益凸显。就此，波罗的海区域率先行动，沿岸国分别于1973年与1974年就生物资源养护与海洋环境保护达成区域公约。[2]在海域路径上，“半闭海和闭海”与“开放海洋”直接形成对照，此类狭窄海域的特殊性在于沿岸国不能充分扩展管辖海域，并且海域法律地位的变化会深刻影响区域内的海洋使用。虽然《公约》第九部分的规定更多体现出了闭海或半闭海在功能路径上的特殊性，但是闭海或半闭海在海域路径上的特殊性，特别是如何适用专属经济区制度成为了第三次联合国海洋法会议上相关谈判的语境。

1974年第二委员会第38期会议集中讨论了“闭海和半闭海”议题，许多半闭海沿岸国指出了适用专属经济区将导致的困难。首先，“破坏长期以来运行令人满意的历史性捕鱼模式”（丹麦）；其次，重叠主张造成划界困难（以色列），并且各国地理条件的不均衡更为凸显，以等距离方法划界无法达成公平（泰国）；最后，对航行自由构成潜在影响，特别是在连接至其他海或洋的出口处，适用无害通过还是维持不受限的航行自由（伊拉克、以色列）。在如何解决这些困难上，地中海沿岸国土耳其与以色列曾分别极端地主张专属经济区不（自动）适用于闭海或半闭海内。退一步主张的是形成区域性的适用办法，如瑞典、伊拉克以及阿尔及利亚代表赞同将“闭海和半闭海”作为一般规

---

〔2〕 在第三次海洋法会议上各国代表注意到了这些实践，1974年《保护波罗的海区域海洋环境公约》也曾作为会议文件进行传阅。

定的例外纳入《公约》，并由区域内国家达成区域性办法。[3]土耳其1974年提出的一项提案寻求在适用专属经济区之前达成区域共识或协调适用：

"本公约第……章（关于领海与经济区的章）中设立的一般规则在闭海与半闭海中应以与公平相符的方式适用。

为了本条的目，闭海与半闭海沿岸国之间可以进行磋商，决定符合该区域的适用的方式与方法。"[4]

同年伊朗的一份提案也涉及一般规则的适用问题："本公约设立的一般规则适用于闭海或半闭海时应以这些海域特殊条件及其沿海国需求与利益相符的方式。"对伊朗与土耳其提案的提炼形成了1975年《非正式单一协商案文》第134条，进而直接影响了《公约》第123条首句的形成，即"闭海或半闭海沿岸国在行使和履行本公约所规定的权利和义务时，应互相合作"[5]。第123条罗列的三个鼓励区域合作的功能领域，即生物资源管理与养护、海洋环境保护以及海洋科考，同样与沿岸国在专属经济区内的权利与义务密切相关。《公约》不仅赋予了沿海国在专属经济区内对这三个功能领域的管辖权（《公约》第56条），同时也规定了在生物资源养护（第61条至67条）、海洋环境保护与保全（第192条、第194条、第197条）以及海洋科学研究上（第246条第3—4款）的义务。[6]因此，《公约》第123条的规定既是半闭海特殊地理条件下在功能路径上的需要，也意在以功能性区域合作缓解由沿岸国在适用专属经济区上的困难。

（二）《公约》之后地中海沿岸国的管辖海域实践

在《公约》于1982年通过之后，各半闭海的海洋法实践在功能路径取得了引人瞩目的发展，但在海域路径上专属经济区制度的适用普遍滞后。如朱达（Lawrence Juda）于1988年《公约》已签署但尚未生效的特殊时期，对当时全球范围内专属经济区适用情况的考察发现，未主张专属经济区的国家集中于各半闭海内。[7]

具体就地中海而言，虽然1982年突尼斯—利比亚大陆架划界案中阿雷夏加（Jimenez de Arechaga）以及小田滋（Shigeru Oda）法官的意见标志着专属经济区制度已成为国际习惯法的一部分，但直至近20年后塞浦路斯于2003年与埃及达成专属经济区划界之前，地

〔3〕 A/CONF. 62/C. 2/SR. 38, *Official Records of the Third United Nations Conference on the Law of the Sea*, Volume II, pp. 273-277.

〔4〕 A/CONF. 62/C. 2/L. 56, *Official Records of the Third United Nations Conference on the Law of the Sea*, Volume Ⅲ, p. 230.

〔5〕 Satya N. Nandan and Shabtai Rosenne eds., *United Nations Convention on the Law of the Sea 1982: A Commentary*, Volume Ⅲ, Martinus Nijhoff Publishers, 1995, pp. 358-359.

〔6〕 Cf. M. Škrk, EEZs in Enclosed or Emi-Enclosed Seas, in Budislav Vukas eds., *The Legal Regime of Enclosed or Semi-Enclosed Seas: The Particular Case of the Mediterranean*, Zagreb, 1988, pp. 171-176.

〔7〕 当时66个未主张专属经济区的国家中有48个是半闭海沿岸国，约占73%，特别是地中海、东（中国）海、红海、波斯湾、波罗的海以及北海这6个半闭海的沿岸国普遍未主张专属经济区。Lawrence Juda, The Exclusive Economic Zone: No-Claimant States, *Ocean Development and International Law*, 1988, Vol. 19, No. 6, pp. 432-437.

中海沿岸国普遍不适用专属经济区。在这一时期，地中海沿岸国的实践可分为四类。一是法国（1976 年）与西班牙（1977 年）主张专属经济区，但明确保留在地中海适用的权利。二是埃及、摩洛哥以及克罗地亚虽然在地中海主张了专属经济区，但并没有执行。[8] 三是突尼斯（1951 年主张，1963 年修订）、马耳他（1971 年主张，1975 年修订）以及阿尔及利亚（1994 年主张）主张相对克制、未及中间线的专属渔区，学术界一般将之理解为依据一般国际法。[9] 四是其余的沿岸国，均未主张专属经济区或者专属渔区。

从海域路径与功能路径的角度看，上述局面的形成有如下原因。海域路径上的原因是区域内未就适用专属经济区达成共识，并且形成了对“现状”的默认。首先，在第三次海洋法会议上，地中海沿岸国是“闭海或半闭海”议题的积极推动者，对区域内地理条件的不平衡以及适用专属经济区的困难有更直观的认识。地中海沿岸国中意大利、阿尔及利亚、以色列以及土耳其曾明确表示反对专属经济区适用于地中海。[10] 其次，土耳其与希腊之间的爱琴海争端以《伯尔尼协议》的形式进一步固化了地中海“现状”。[11] 由于在地理条件上相对不利，土耳其一直坚持其在第三次海洋法会议上关于半闭海内扩展管辖海域的主张，即形成“公平”的区域性办法。[12] 最后，地中海不主张专属经济区的“现状”实际是不“单方面”主张专属经济区。例如，法国的策略为，如果区域内其他国家也主张的话，法国将在地中海主张专属经济区。[13] 换言之，地中海沿岸国在等待就专属经济区的适用形成区域性共识或协调。

功能路径上的原因一方面是保留公海符合主要海洋使用国的利益。首先，对于土耳其、意大利以及西班牙等区域内的捕鱼大国而言，保留公海与捕鱼自由符合自身利益。[14] 其次，保留大面积公海，在最大限度保障航行与飞越自由的同时，实际也保留了军事利用的自由。在冷战背景下，地中海是东西方两大阵营对峙的前线，美国第 6 舰队

---

〔8〕 埃及在于 1983 年批准《公约》时主张专属经济区，但没有通过立法实施。摩洛哥虽于 1980 年立法主张专属经济区，但其执行受到学术界的怀疑。克罗地亚的主张与实践见后文。Tullio Scovazzi, International Law of the sea as Applied to the Mediterranean, *Ocean & Coastal Management*, 1994, Vol. 24, No. 1, pp. 75-76.

〔9〕 Cf. Mitja Grbec, *Extension of Coastal State Jurisdiction in Enclosed and Semi-enclosed Seas: A Mediterranean and Adriatic Perspective*, Routledge, 2014, pp. 74-75.

〔10〕 Ton Ljlstra, Development of Resource Jurisdiction in the EC's Regional Seas: National EEZ Policies of EC Member States in the Northeast Atlantic, the Mediterranean Sea, and the Baltic Sea, *Ocean Development and International Law*, 1992, Vol. 23, No. 2, p. 180. 地中海沿岸国中土耳其、以色列、利比亚以及叙利亚仍未加入《公约》。

〔11〕 当前两国在地中海均只主张了 6 海里领海。关于爱琴海争端以及《伯尔尼协议》对双方进一步行为的限制，参见吴传华：《土耳其与希腊爱琴海争端解析》，《西亚非洲》2011 年第 2 期。

〔12〕 在塞浦路斯主张专属经济区引发的争端中，土耳其反复重申了这一立场。Cf. United Nations, Division for Ocean Affairs and the Law of the Sea, *Law of the Sea Bulletin*, No. 59, 2005, p. 34.

〔13〕 Ton Ljlstra, Development of Resource Jurisdiction in the EC's Regional Seas: National EEZ Policies of EC Member States in the Northeast Atlantic, the Mediterranean Sea, and the Baltic Sea, pp. 177-178.

〔14〕 Ibid., p. 178.

以及苏联地中海分舰队长期驻扎于此，北约则定期在此举行海军演习。[15]另一方面，如前文已论及的，《公约》第123条所设计的功能性区域合作路径涵盖了沿海国在专属经济区内的部分管辖权，发挥了避免“公共地悲剧”的作用。在生物资源管理与养护领域，通过1952年成立的地中海渔业总理事会以及1966年成立的大西洋金枪鱼养护国际委员会，以区域协调与合作的方式维持了生物资源管理与养护的功能。在海洋环境保护上，同样区域路径发挥了重要作用，始于1975年的地中海行动计划是联合国环境规划署“区域海洋项目”下的第一个项目，历经两个阶段的发展，形成了包括整体规划、检测与评估、法律（框架性公约及议定书），以及制度与财政支持四个部分的国际机制。[16]

自20世纪90年代末以来，地中海区域国家管辖海域“现状”开始改变，而东、西地中海的发展路径形成对照。在西班牙率先于1997年主张渔业保护区之后，西地中海的欧盟国家纷纷主张有所差异的功能性国家管辖海域，在实践中逐渐形成了扩展管辖海域方式的共识，其中西班牙的渔业保护区与法国的生态保护区已分别于2012年与2013年平稳“过渡”为专属经济区。在东地中海，2004年3月《塞浦路斯共和国与阿拉伯埃及共和国专属经济区划界协议》是地中海第一份专属经济区划界协议。黎凡特盆地油气资源的开发前景以及塞浦路斯的专属经济区实践在东地中海引起了“连锁反应”。一方面迫使周边国家以同样方式扩展管辖海域：2007年塞浦路斯与黎巴嫩达成专属经济区划界协议（尚未生效），2010年塞浦路斯与以色列达成专属经济区划界协议（2011年5月生效）。[17]另一方面“现状”的改变激化了这一次区域内的矛盾：当前塞浦路斯与土耳其之间，希腊与土耳其之间以及黎巴嫩与以色列之间的争端构成了“东地中海海洋划界争端”。[18]

前述背景以及这组对照表明，（西）地中海沿岸国的功能性国家管辖海域是作为专属经济区的替代方式提出，在管辖权主张上较为克制，其策略意义主要在于以半闭海内的功能性需求克服适用专属经济区可能引发的矛盾，以相对缓和的方式改变地中海国家管辖海域“现状”。

二、地中海沿岸国功能性国家管辖海域的法理分析

借用斯科瓦齐（Tullio Scovazzi）的评论，地中海沿岸国主张的渔业保护区或生态保

〔15〕 David Attard and Dominic Fenech, The Law of the Sea and Jurisdictional Issues in the Mediterranean, in John B. Hattendorf eds., *Naval Policy and Strategy in the Mediterranean: Past, Present and Future*, Frank Cass Publishers, 2000, pp. 230-231.

〔16〕 参见郑凡：《地中海的环境保护区域合作：发展与经验》，《中国地质大学学报（社会科学版）》2016年第1期。

〔17〕 利比亚于2005年主张自领海线起62海里的渔业保护区，随后于2009年主张专属经济区；突尼斯于2005主张专属经济区。

〔18〕 Eric R Eissler and Gözde Arasil, Maritime Bounary Delimitation in the Eastern Mediterranean, *The RUSI Journal*, 2014, Vol. 159, No. 2, pp. 74-75.

护区，“虽然《公约》并无提及，但也不被禁止”[19]。为探究这些功能性国家管辖海域的合法性，下文的法理分析将重点关注地中海沿岸国实践中的“法律确信”（opinio juris）或者说提出主张的国际法基础。据此，这些实践可分为两类。一类基于《公约》中的专属经济区制度，另一类基于包括《公约》在内的国际法。就突尼斯、马耳他、阿尔及利亚以及利比亚的沿岸专属渔区主张而言，在与专属经济区相比较的意义上属于后一类，但由于专属渔区久已存在于习惯国际法中，本文不再详细探讨。[20]

（一）以《公约》中专属经济区为基础的功能性国家管辖海域

在地中海此类特殊主张包括西班牙渔业保护区、法国生态保护区以及克罗地亚渔业与生态保护区。其共同的特点在于管辖海域主张明确基于《公约》中的专属经济区制度，同时只主张沿海国在专属经济区内的部分主权权利或管辖权。如特雷韦斯（Tullio Treves）所指出的，此类主张呈现出“临时性”，沿岸国可将之转化为专属经济区。[21]因此，可将之理解为专属经济区适用方式的发展。

1. 西班牙的渔业保护区

虽然西班牙已于 2013 年正式在地中海主张专属经济区，但 1997 年建立的渔业保护区并未因此终止，两者并存主要是基于国内法的考虑。

西班牙于 1997 年《关于在地中海建立渔业保护区的 1315/1997 号皇家法令》序言“一般规定”对渔业保护区主张的合法性与必要性进行了论证。该法令的国内法基础是 1978 年《专属经济区法案》，换言之，西班牙政府将渔业保护区作为对专属经济区制度的执行方式，使之在法理上不同于习惯国际法中的专属渔区。[22]该《法令》将主张渔业保护区的必要性诉诸地中海渔业资源特别是金枪鱼遭受过度捕捞，原因则是现有养护与管理措施在管辖权上不足：在功能性路径上，区域外国家无视大西洋金枪鱼养护国际委员会所制定的措施；在海域路径上，由于地中海国家管辖海域的现状，区域外国家在 12 海里外的渔获努力不受任何限制，同时，欧盟制定的养护措施在 12 海里外也不适用于成员国之外的渔船。由此，该《法令》第 2 条将西班牙在渔业保护区中主张的权利局限于：“在该区域中，西班牙王国应拥有以养护海洋生物资源为目的的主权权利，以及在不损及欧盟已颁布或可能颁布的资源保护与养护措施的条件下，对管理与控制渔业活动

---

〔19〕 https://www.politicheagricole.it/flex/files/4/f/7/D.bf6f65ab24705ef96358/cap7_eng.pdf.

〔20〕 Cf. D. P. O'Connell, *The International Law of the Sea*, Vol. I, Oxford University Press, 1989, pp. 510, 531-542.

〔21〕 Tullio Treves, The High Sea as Potential Exclusive Economic Zones in the Mediterranean, in Marcelo Kohen et al. eds., *Perspectives of International Law in the 21st Century*, Martinus Nijhoff Publishers, 2012, p. 181.

〔22〕 因此，笔者不赞同一些学者将西班牙渔业保护区理解为“事实上的”专属渔区的观点。Cf. Shalva Kvinikhidze, Contemporary Exclusive Fishery Zones or Why Some States Still Claim an EFZ, *The International Journal of Marine and Coastal Law*, 2008, Vol. 23, No. 2, pp. 283-284. Erik J. Molenaar, New Maritime Zones and the Law of the Sea, in Henrik Ringbom eds., *Jurisdiction over Ships: Post-UNCLOS Developments in the Law of the Sea*, Martinus Nijhoff Publishers, 2015, p. 258.

的主权权利。”[23]

不同于此前区域内突尼斯、马耳他以及阿尔及利亚的专属渔区主张，西班牙以专属经济区为基础的渔业保护区实际以200海里为最大界线，因此该法案划定的界线为与邻国的等距离线。西班牙的这一实践存在先例，即在北海这一半闭海内欧共体国家的实践。1976年11月，欧共体通过了“海牙决议”（该决议排除了地中海）：“自1977年1月1日起，成员国应通过具体行动的方式沿北海与大西洋海岸将其渔区界线扩展至200海里”，其中200海里界线的主张明确基于“第三次联合国海洋法会议上正在形成的指南”[24]。据此，北海的7个欧盟沿岸国分别主张了200海里的专属渔区。20世纪90年代，北海沿岸国再次以区域协调的方式使专属渔区过渡为专属经济区。[25]

西班牙主张渔业保护区之后，法国与意大利曾提出反对，并非反对主张本身，而是单方以等距离线的方式划定界线。[26]欧盟则一度鼓励地中海成员国效仿西班牙的先例，或者说欧盟成员国之前在北海扩展管辖海域上的先例。2002年一份欧盟委员会致欧盟理事会与欧盟议会的通信中写道：“主张自基线起200海里的渔业保护区能够对提升渔业管理有重要贡献……渔业保护区肯定会便利管控，并对打击非法、未报告且未加管制捕捞有重要贡献。然而，如果以所有相关国家之间协调的方式施行这种渔业保护区主张将会更加有效。”此外，欧盟委员会同时也强调了渔业保护区与专属经济区的不同：“需谨记的是，渔业保护区不同于专属经济区，只涉及对渔业资源的管辖权。其他的管辖权问题（矿物资源、航行权等）不受建立渔业保护区的影响。”[27]在次年11月于威尼斯召开的第三届地中海渔业可持续发展部长级会议上，欧盟委员会代表对这一方案向地中海沿岸国作了呼吁，并且也反映在了会议宣言中。在地中海沿岸国的管辖海域实践后续的发展中，虽然西地中海的欧盟成员国适用了功能性国家管辖海域，但所主张的管辖领域不尽相同，这是由于各国的海洋政策对各功能领域有不同的侧重。

2. 法国的生态保护区

虽然在2012年法国在地中海主张专属经济区之后，其2003年立法主张、2004年实施的生态保护区已废止，但由于法国的实践成为了意大利、克罗地亚以及斯洛文尼亚各自扩展管辖海域主张的先例，因此不可忽视。

在遭受了1967年托雷·卡尼翁号（Torrey Canyon）与1979年阿莫科·卡迪兹号

---

〔23〕 http：//www.un.org/Depts/los/LEGISLATIONANDTREATIES/PDFFILES/ESP_1997_Decree.pdf.

〔24〕 http：//eur-lex.europa.eu/legal-content/EN/TXT/?uri=CELEX：31981Y0507（01）.

〔25〕 1992年9月8个北海沿岸国和欧共体通过了《协调扩展北海管辖权宣言》，一致同意建立专属经济区。David Freestone, The North Sea, *International Journal of Marine and Coastal Law*, 1993, Vol.8, No.1, pp.172-175.

〔26〕 Mitja Grbec, *Extension of Coastal State Jurisdiction in Enclosed and Semi-enclosed Seas：A Mediterranean and Adriatic Perspective*, p.76.

〔27〕 http：//eur-lex.europa.eu/legal-content/en/TXT/?uri=CELEX%3A52002DC0535.

(Amoco Cadiz) 油船污染事故之后，海洋环境保护就成为了法国海洋政策中的优先领域。在1976年主张专属经济区之后，基于散布在各大洋的海外领土，法国专属经济区面积高居世界第三位，法国的渔业发展转向远洋。[28]因此，在1999年埃里卡号（Erica）油船污染事故之后，法国在地中海主张以海洋环境与生态保护为目的（主要针对船源污染）的功能性国家管辖海域而非欧盟所倡导的渔业保护区符合其一贯的海洋政策。在法国2003年的2003-346号法案第1条中，生态保护区是基于"国际关系"原因——即地中海内适用专属经济区制度的长期困难——作为（专属）"经济区"的特殊类型提出。在生态保护区内，法国的功能性主张除"国际法承认的保护与保全海洋环境的管辖权"外，还包括专属经济区制度中"对海洋科学研究、适用人工岛屿、设施和结构的管辖权"[29]。

与西班牙的渔业保护区主张相比较，法国的生态保护区主张虽然同样基于专属经济区制度，但所主张的管辖领域是一项创新性的实践。不过，此前地中海存在相关的实践，即2002年法国、意大利以及摩纳哥依据1999年《建立地中海海洋哺乳动物保护区协议》联合设立的"派拉格斯保护区"（Pelagos Sanctuary）。相关性在于：一是该协议签署于法国与意大利在地中海扩展管辖海域以前，划定的保护区范围包括三个缔约方的内水与领海以及"相邻公海"（第3条）。在保护区的公海部分，缔约国主张"在国际法规则确立的界限内"确保本协议的规定对第三方国家的船只执行（第14条）。二是在保护区内，三个缔约国实际主张的管辖权不仅是"采取一切适当的措施"养护海洋哺乳动物，还包括保护海洋环境，即保护海洋哺乳动物栖息地（第4条）以及"加强对无论陆上或海上来源的一切类型污染的打击"（第6条）。如斯科瓦齐的评论，鉴于该保护区内的公海是缔约方的潜在专属经济区，因此该保护区的法律性质可理解为功能性国家管辖海域，"能做更多者也能做更少，这一简单而合理的论证即足以得出缔约国可以在保护区界线内发现的外国船只执行适用于保护区的规则"[30]。

3. *克罗地亚的渔业与生态保护区*

克罗地亚于1994年颁布了《海洋法典》（Maritime Code），其中第4章主张了专属经济区制度，而执行则留待国会决议。2003年年初，在申请加入欧盟因而需审议欧盟共同渔业政策的背景下，克罗地亚着手扩展管辖海域的准备。在国内出于渔业利益及维护海岸风光发展旅游业的目的而热切呼吁主张专属经济区，同时在与邻国以及欧盟的外交

---

〔28〕 Marie-Christine Aquarone, French Marine Policy in the 1970s and 1980s, *Ocean Development and International Law*, 1988, Vol. 19, No. 4, pp. 268, 275.

〔29〕 https://www.legifrance.gouv.fr/affichTexte.do?cidTexte=JORFTEXT000000236767&fastPos=2&fastReqId=247613796&categorieLien=id&oldAction=rechTexte.

〔30〕 Tullio Scovazzi, The Mediterranean Marine Mammals Sanctuary, *The International Journal of Marine and Coastal Law*, 2001, Vol. 16, No. 1, p. 138.

磋商中受到明确反对的情况下[31]，2003 年 10 月克罗地亚国会出台了主张“生态与渔业保护区”的《在亚得里亚海扩展管辖权的决议》。

生态与渔业保护区明确以专属经济区为基础，所主张的“专属经济区内涵（content)”包括“以勘探和开发、养护与管理领海界限外生物资源为目的的主权权利，以及对海洋科学研究、保护和保全海洋环境的管辖权”（第 1 条）。从“生态与渔业保护区”这一名称来看，克罗地亚显然以西班牙与法国的实践为先例。《决议》序言部分对扩展管辖海域必要性的论证中，兼具了在这两个功能领域的需求，其中提及了亚得里亚海作为半闭海的特殊性，“亚得里亚海作为一个闭海或半闭海，由于其面积狭小，远比其他海易受污染”，并且特别论及了拟于 2003 年 11 月召开的第三届地中海渔业可持续发展部长级会议的主旨，以凸显主张符合欧盟的政策取向。[32]

克罗地亚作出生态与渔业保护区主张后立即遭到邻国意大利与斯洛文尼亚的反对，但焦点并不在于所主张管辖权的合法性。[33]意大利 2004 年的照会则以半闭海在海域路径上的特殊性为语境，指出《公约》第 123 条旨在通过功能性区域合作维护相关沿岸国的不同利益，认为《公约》第 123 条还设立了“合作划定功能性国家管辖海域界线的特殊义务”，因此主张相关沿岸国“协调划定功能性国家管辖海域是不可或缺的”[34]。具体而言，在克罗地亚提出主张前的磋商阶段意大利曾提出建立“联合渔区”方案。[35]意大利认为“合作”或“协调”划定功能性国家管辖海域是法律义务的立场类似于土耳其在爱琴海问题上的立场，如前文提及的，这种立场一度在地中海沿岸国管辖海域实践上形成了影响，但在法理上未被国际社会接受[36]，随后意大利在主张生态保护区时也

---

〔31〕 Davor Vidas, *The UN Convention on the law of the Sea*, *the European Union and the Rule of the Law*: *What is going on in the Adriatic Sea?*, Fridtjof Nansens Institute, 2008, pp. 10-23.

〔32〕 Decision on the Extension of the Jurisdiction of the Republic of Croatia in the Adriatic Sea, in United Nations, Division for Ocean Affairs and the Law of the Sea, *Law of the Sea Bulletin*, No. 55, 2004, p. 31.

〔33〕 斯洛文尼亚的反对牵涉边界争端、海域划界以及斯洛文尼亚出入公海的权利等问题，该争端影响了克罗地亚加入欧盟的进程。http://www.europarl.europa.eu/RegData/etudes/note/join/2008/397233/IPOL-PECH_NT（2008）397233_EN.pdf.

〔34〕 Note by Italy Concerning the Declaration of an Ecological and Fisheries Protection Zone in the Adriatic Sea by the Republic of Croatia of 3 October 2003, 16 April 2004, in United Nations, Division for Ocean Affairs and the Law of the Sea, *Law of the Sea Bulletin*, No. 54, 2004, p. 129.

〔35〕 Davor Vidas, *The UN Convention on the law of the Sea*, *the European Union and the Rule of the Law*: *What is going on in the Adriatic Sea?*, p. 12.

〔36〕 联合国秘书长在 2004 年的《海洋与海洋法》中评论道：“对于任何其地理条件允许的缔约国而言，都不存在主张专属经济区的法律障碍。” Oceans and the Law of the Sea: Report of the Sectary-General, Doc. A/59/62, p. 14. 意大利学者斯科瓦齐也对这份照会中的论证持怀疑态度：“意大利照会的含义不是十分清楚……如果它意味着闭海或半闭海沿岸国在未与邻国达成协议的情况下不可以着手建立自己的专属经济区（或其他自成一类的区域），那么这是错误的。” Tullio Scovazzi, Recent Developments as regards Maritime Delimitation in the Adriatic Sea, in Rainer Lagoni and Daniel Vignes eds., *Maritime Delimitation*, Martinus Nijhoff Publishers, 2006, pp. 195-196.

并未遵循这一路径。

（二）以包括《公约》在内的国际法为基础的功能性国家管辖海域

作为邻国扩展管辖海域的反应，斯洛文尼亚与意大利也先后主张了功能性国家管辖海域，虽然都称为“生态保护区”，但管辖领域彼此不同，亦不同于法国的生态保护区。两者被归为一类，原因在于提出主张的法律基础：两国并未主张专属经济区，其管辖海域主张基于包括《公约》在内的国际法。

1. 斯洛文尼亚的生态保护区

斯洛文尼亚扩展管辖海域的动机更多是出于避免在与克罗地亚的海域划界上处于完全被动的地位。由于在地理条件上较之海岸相邻国克罗地亚处于不利的地位，斯洛文尼亚主张的生态保护区面积很小，且与克罗地亚的主张之间存在重叠与争议。依据2005年《克罗地亚共和国生态保护区与大陆架法》第3条的规定，主张生态保护区的法律确信为“依据国际法与以及产生自欧盟既有法规（European Union acquis）的义务”。所主张的管辖领域则相对模糊：“行使关于研究与可持续利用、保全与管理海洋财富（marine wealth）的主权权利，以及对科学研究以及保全与保护生态环境的管辖权。”在第6条中则提出了对考古遗产的管辖权。[37]

2. 意大利的生态保护区

意大利于2006年颁布《建立领海界限外生态保护区的61号法》[38]，并于2011年以209号总统令《在西北地中海、利古里亚海以及第勒尼安海建立生态保护区的规章》执行。[39]意大利的生态保护区主张在空间范围上相对克制——一是未在亚得里亚海执行，二是所划定的界线未及与突尼斯之间的大陆架协议界线，也未及与其他邻国的中间线——但管辖权主张实际超出先例。2006年61号法第1条第1款虽指出“遵照《联合国海洋法公约》”授权建立“生态保护区”，但第2条第1款所主张的关于考古和历史遗产的管辖权显然超出了《公约》中的专属经济区制度：

“在依据第1条建立的生态保护区的框架内，意大利依照前述联合国海洋法公约以及2001年11月2日于巴黎通过的关于水下文化遗产的2001年联合国教科文组织公约，自该公约在意大利生效之日起，行使在保护与保全海洋环境领域，包括考古和历史遗产在内的管辖权”。

在2011年的209号总统令中，生态保护区内主张的法律确信更加强调《公约》之外的国际法。209号总统令序言部分以“顾及”（having regard to）的表述方式，对建立“生态保护区”的法律基础给出了长长的列表。除国内法基础外，全球性条约有《公

〔37〕 Ecological Protection Zone and Continental Shelf of the Republic of Slovenia Act, 22 October 2005, in United Nations, Division for Ocean Affairs and the Law of the Sea, *Law of the Sea Bulletin*, No. 60, 2006, p. 56.

〔38〕 http://www.un.org/Depts/los/LEGISLATIONANDTREATIES/PDFFILES/ITA_2006_Law.pdf.

〔39〕 http://www.un.org/Depts/los/LEGISLATIONANDTREATIES/PDFFILES/ITA_2011_Decree.pdf.

约》（特别是第五部分）、《伦敦倾倒公约》、《国际防止船舶造成污染公约》、《生物多样性公约》以及《水下文化遗产保护公约》；区域性条约有《防止地中海污染公约》，意大利、法国、摩纳哥之间关于海洋环境保护的《RAMOGE 协定》和《建立地中海海洋哺乳动物保护区协议》，以及《黑海、地中海及临近大西洋地区鲸类保护协定》。并且，相关欧盟法规也被作为特殊的一类法律基础。

依据 209 号总统令第 3 条，生态保护区内所主张的管辖权也细化为三项：一是防止与抑制各类污染；二是保护生物多样性与海洋生态系统，特别是海洋哺乳动物；三是保护海底发现的文化遗产。虽然 2006 年法令第 2 条第 3 款明确规定“本法不适用于捕鱼活动”，但依据作为主张法律基础的《生物多样性公约》对“生物多样性”的定义以及欧盟《海洋战略框架指令》等法规对以生态系统为基础的路径（ecosystem-based approach）的倚重，意大利所主张的管辖权领域理论上也涉及生物资源。因此，意大利的生态保护区主张并非一些意大利学者在 209 号总统令出台前所阐释的单纯基于专属经济区制度[40]，而是对合法权利的“混合”。[41]

3. 地中海功能性国家管辖海域实践的合法性

前文已展示了 1997 年以来西班牙、法国、克罗地亚、意大利以及斯洛文尼亚的功能性国家管辖海域实践以及相关法规文件中所体现的法律确信。在上述各国主张的形成过程中，“先例”成为了重要参考，反映出了实践的一致性。虽然上述国家主张的国家管辖海域不同于《公约》在海域路径上的规定，但合法性已为国际社会接受。邻国的反对（如意大利与法国对西班牙渔业保护区的反对，意大利与斯洛文尼亚对克罗地亚的渔业与生态保护区的反对）主要在于单边划定界线的行为方式而非主张本身的合法性。在更大范围内，前文已指出了欧盟对“渔业保护区”的赞同态度。联合国秘书长在 2004 年《海洋与海洋法》报告中的评论也具有代表性，虽然未明确所指对象，但普遍认为指涉地中海的国家管辖海域实践。报告认为“国家实践中在其他各种名称下主张事实上的专属经济区”会造成混淆或不确定性，但不否认这些海域的法律制度“可与专属经济区完全一致或者至少不违背”。[42]

在学术讨论中，学者对这些实践的合法性予以了归纳，虽然观点上略有不同，但共识在于作为一般法律原则的“能做更多者也能做更少”（in maiore stat minus）原则在国

---

[40] Angela Del Vecchio Capotosti, In Maiore Stat Minus: A Note on the EEZ and the Zones of Ecological Protection in the Mediterranean Sea, *Ocean Development and International Law*, 2008, Vol. 39, No. 4, p. 293; Tullio Treves; Irini Papanicoloupulu, The Law Applicable on the Continental Shelf and in the Exclusive Economic Zone: The Italian Perspective, *Ocean Yearbook*, 2011, Vol. 25, p. 351.

[41] Mitja Grbec, *Extension of Coastal State Jurisdiction in Enclosed and Semi-enclosed Seas: A Mediterranean and Adriatic Perspective*, p. 243.

[42] Oceans and the Law of the Sea: Report of the Sectary-General, Doc. A/59/62, p. 14. 在学术讨论中，类似的观点，即在承认地中海上述实践的合法性，但担忧可能造成不确定性，见 Maria Gavouneli, *Functional Jurisdiction in the Law of the Sea*, Martinus Nijhoff Publishers, 2007, p. 95。

家管辖海域上的运用。除前文已引述的观点外，斯科瓦齐认为上述实践中权利的碎片化符合国际法是基于“能做更多者也能做更少”原则。[43]莫勒纳尔（Erik J. Molenaar）认为克罗地亚、斯洛文尼亚以及意大利主张的合法性基于专属渔区与专属经济区的国际习惯法地位以及“能做更多者也能做更少”原则，并且相关国家在划定该区域时均是《公约》缔约国。[44]

本文如此概括地中海功能性国家管辖海域实践及其合法性基础：遵循包括《公约》规定在内的国际法义务，适用“能做更多者也能做更少”原则，在自基线量起不超过200 海里的海域内行使对特定功能领域的管辖权。

三、地中海功能性国家管辖海域实践对南海问题的启示

南海沿岸国的国家管辖海域实践尤其反映了半闭海在海域路径上的固有困难。南海沿岸国均是发展中国家，在《公约》的形成过程中支持沿海国扩展管辖的主张，大多在 20 世纪 70 年代末 80 年代初已主张专属经济区，然而“半闭海和闭海”的特殊性未得到区域内国家的充分重视。在南海断续线内，或者特定指称的“南海问题”上，南沙岛礁的主权归属是虽核心问题，但矛盾的激化在于海洋法发展带来的管辖海域扩展与划界问题。特别是在油气资源的前景下，周边国家提交南海外大陆架划界案和初步信息的做法进一步导致主张重叠、管辖海域的不确定性以及资源无序争夺。[45]

地中海功能性国家管辖海域产生的背景是沿岸国因半闭海在海域路径上的困难而普遍不适用专属经济区制度——留存作为潜在专属经济区的公海实际是管辖权不确定的另一种表现形式。在已阐明了功能性国家管辖海域符合国际法的前提下，针对南海的管辖海域不确定问题，地中海实践对我国维护南海海洋权益有两个方面的启发：一是作为较为缓和地改变管辖海域“现状”的方式，其策略意义值得借鉴；二是可考虑以功能性国家管辖海域落实我国的历史性权利主张，本文建议的具体实施路径是先行基于西沙群岛直线基线主张“渔业保护区”。

（一）地中海功能性国家管辖海域实践中体现出的策略意义

在当前南海海域划界谈判难以开展的情况下，单方面划定专属经济区界线势必激化矛盾。因此，功能性国家管辖海域作为专属经济区的替代，其策略意义值得借鉴。具体而言，包含如下几点：

一是功能性国家管辖海域突出了半闭海在功能路径上的需求。西班牙、克罗地亚等地中海沿岸国在提出功能性国家管辖主张时特别以功能性需求论证了主张的必

---

〔43〕 T. Scovazzi, Fisheries in the Mediterranean Sea: the relevant international law provisions, p. 331.

〔44〕 Erik J. Molenaar, New Maritime Zones and the Law of the Sea, pp. 262-263.

〔45〕 贾宇：《南海问题的国际法理》，《中国法学》2012 年第 6 期，第 28 页。

要性。这使得改变地中海国家管辖海域“现状”更易为邻国与国际社会所接受，如欧盟对在地中海建立渔业保护区的支持态度即以功能性需求为出发点。此外，地中海经验还表明，功能性国家管辖海域可与《公约》第123条所体现的功能性区域合作路径形成有机联系。例如，在2003年第三届地中海渔业可持续发展部长级会议上通过的《威尼斯宣言》中，呼吁考虑建立渔业保护区是为了更有效执行区域性的养护措施[46]；而在意大利的生态保护区实践中，《巴塞罗那公约》等区域性公约成为了主张的法律基础。

二是功能性国家管辖海域具有克制性。在地中海的实践中，这种克制表现在主张的管辖权范围和主张的空间范围两个方面。管辖权的克制前文已有充分论述。在界限方面，较早之前突尼斯、马耳他以及阿尔及利亚的专属渔区因远未及中间线实际避免了划界问题。而正是由于阿尔及利亚的渔业保护区主张未及中间线，意大利在第勒尼安海划定的生态保护区界线未及与突尼斯之间的大陆架协议界线，留出了一条自邻接直布罗陀海峡的阿尔沃兰海经西西里海峡至地中海中部爱奥尼亚海的公海走廊，显然这条走廊也是地中海最为重要的东西向航线。[47]

三是功能性国家管辖海域具有临时性与灵活性。临时性指沿岸国可以将功能性国家管辖海域转化为专属经济区。当前，西班牙、法国以及利比亚均在主张功能性国家管辖海域之后主张了专属经济区。灵活性则在于沿岸国可根据海洋政策的取向，合法地主张以功能性国家管辖海域的方式对优先领域提出管辖权主张。

（二）以功能性国家管辖海域落实我国的历史性权利主张

2016年7月12日外交部授权发布了《中华人民共和国政府关于在南海的领土主权和海洋权益的声明》，该声明阐明我国的南海海洋权益不仅是依据《公约》，还包括一般国际法，特别是历史性权利制度。在此基础上，如何将南海历史性权利通过国家实践落到实处，成为了维护我国南海海洋权利主张的一个重要方面。[48]

近年来，国内对历史性权利制度的学术研究重点之一是探究其权利内涵，亦即我国在断续线内可依据历史性权利对水域主张的所有权或管辖权。例如，有代表性的观点有：高之国法官与贾兵兵教授认为，断续线体现了对捕鱼、航行以及勘探与开发生物与非生物资源的历史性权利主张。[49]贾宇研究员认为，我国在南海的历史性权利包括对部分南海海域（琼州海峡以及群岛间水域）的历史性所有权、对渔业资源的传统捕鱼权以

---

〔46〕 www. eurocbc. org/declarationvenice_ en. pdf.

〔47〕 意大利的实践是有意维持地中海内的航行自由。Cf. Fabio Caffio, The Maritime Frontier between Italy and France: A Paradigm for the Delimitation of Mediterranean Maritime Spaces, *Maritime Safety and Security Law Journal*, 2016, Vol. 2, pp. 93-94.

〔48〕 马新民：《南海仲裁案庭外法理斗争：回顾与展望》，《边界与海洋研究》2017年第4期，第28页。

〔49〕 Gao Zhiguo and Jia Bingbing, The Nine-Dash Line in the South China Sea: History, Status and Implications, *The American Journal of International Law*, 2013, Vol. 107, No. 1, p. 108.

及在整个海域的历史性航行权。[50] 傅崐成教授认为，结合南海的半闭海性质我国因历史性权利而在断续线内享有的种种权利可包括：对海洋生物资源的管理、养护、探勘、开发的优先权利；保护与保全海洋环境的优先权利；科学研究的优先权利；航海、航空交通管制的权利。[51]

综合上述观点，我国的历史性权利包含对特定功能领域的管辖权。那么可以考虑以功能性国家管辖海域的方式落实我国的历史性权利，至少是落实历史性权利的部分内涵。具体而言，可采取类似于意大利 2011 年的 209 号总统令的方式，在论述管辖海域主张的国际法基础时，既提及《公约》等条约法，也提及历史性权利和一般国际法，使之成为基于“混合”权利以及“能做更多者也能做更少”原则的功能性国家管辖海域。

（三）主张“渔业保护区”的合理性

沿循上述思路，下一步是考虑功能性国家管辖海域主张的管辖权领域以及主张的空间范围。本文认为可先行基于西沙群岛的直线基线分区块主张界线相对克制的“渔业保护区”，主张对海洋生物资源养护与管理、海洋科学研究以及水下文化遗产的管辖权。理由如下：

一是符合地中海先例。从前述地中海沿岸国功能性国家管辖海域的名称来看，可分为“渔业保护区”与“生态保护区”两类。其中，具体管辖权主张表现为以海洋生物资源管理与养护或海洋环境保护为主，再辅之以考古和历史遗产保护，或者《公约》第 56 条第 1 款（b）项中规定的领域，即人工岛屿、设施和结构的建造以及使用海洋科学研究。

二是符合当前国内对历史性权利内涵的学术共识。包括前文已引述的代表性观点在内，学术界对于我国在南海的历史性权利中的海洋生物资源管理与养护内涵已形成基本共识。[52] 虽然许多学者基于历史证据认为我国的历史性权利涉及航行这一功能领域，本文认为对于商业船只的航行自由与安全的保障以及对半闭海内船源污染的规制等问题，当前应更倚重功能路径，通过国际海事组织等国际组织形成区域性办法，例如已经出现

〔50〕 贾宇：《中国在南海的历史性权利》，《中国法学》2015 年第 3 期，第 200—203 页；《历史性权利的意涵与南海断续线——对美国国务院关于南海断续线报告的批驳》，《法学评论》2016 年第 3 期，第 91—93 页。

〔51〕 傅崐成：《南（中国）海法律地位之研究》，123 资讯有限公司 1995 年版，第 120、141、210 页；傅崐成、李敬昌：《南海若干国际法律问题》，《太平洋学报》2016 年第 7 期，第 11—12 页。

〔52〕 综合而言，当前学术界认为我国在南海断续线内的历史性权利所涉及的功能领域有（依共识程度递减）：海洋生物资源养护与管理、航行、科学研究、勘探与开发非生物资源、海洋环境保护、海上执法、军事使用。本文重点参考的研究还有：邹克渊、刘昕畅：《南海仲裁案与中国在南海的历史性权利》，《东海亚研究》2017 年第 4 期，第 103—105 页；王军敏：《中国在南海的历史性权利》，《中国边疆史地研究》2014 年第 4 期，第 137—139 页；郑雷：《论我国构建南海船舶交通服务区制度的必要性与可行性》，《法学评论》2017 年第 2 期，第 129—130 页。

的在南海适用特别敏感海域制度的问题。在这一过程中，我国可以适时采取双边路径与多边路径相结合的方式，在相关谈判中依据历史性权利形成具体立场。[53]

三是存在主张管辖权的必要性或者功能性需求。首先，针对南海非法捕鱼问题的严重性，甚至一些东南亚国家采取鼓励本国渔民进入争议海域从事非法捕捞活动策略[54]，有必要通过主张界限明确的渔业保护区予以规制。鉴于我国已在南海北纬 12 度以北执行休渔制度，在相对克制的界限内主张对海洋生物资源的管辖权不会剧烈改变“现状”。其次，对海洋科学研究以及水下文化遗产的管辖权关系到我国在南海历史性权利证据的保护与整理。依据《公约》《水下文化遗产保护公约》的相关规定，在这两个功能领域实际是管辖权与合作义务并存，不会损及其他国家的合法权利。

四是划定相对克制的界线意在避免引起“连锁反应”。虽然本文认为功能性国家管辖海域以 200 海里为最大界线，但借鉴地中海实践中的策略，可先行单方面划定较为克制的界线，在一定程度上避免划界难题。并且，可借鉴意大利的实践，不主张自基线起的单一宽度，而是沿西沙群岛直线基线不同朝向结合实际需求主张不同宽度的区块。

五是“渔业保护区”不影响我国在南海的其他海洋权益主张。功能性国家管辖海域具有临时性与灵活性，因此在以“渔业保护区”的方式将我国历史性权利中的部分内涵率先落到实处的同时，不影响我国的专属经济区与大陆架主张，亦不影响我国进一步主张断续线内历史性权利的其他内涵。

---

〔53〕 马金星：《论特别敏感海域制度在南海的适用》，《太平洋学报》2016 年第 5 期，第 12 页。
〔54〕 鞠海龙：《南海渔业资源衰减相关问题研究》，《东南亚研究》2012 年第 6 期，第 53 页。

美军“航行自由行动”：执行情况及效果评价

■ 冯洁菡[*]　　邱慧心[**]

【内容摘要】美军“航行自由行动”有其内在动机与成因。实证考察美军40年来执行的“航行自由行动”，其地域分布范围广泛，近年来则聚焦亚洲，对盟国和伙伴也并不手软。美“航行自由行动”以美式“海洋自由”概念，挑战诸多所谓“过度海洋主张”，包括过度直线基线主张，领海、毗连区、专属经济区、用于国际航行海峡以及群岛海道限制性主张，等等。美军虽然以此行动展示其军事存在和为军事利益布局，但在行动效果上法律成效不大。绝大多数被挑战国并未因美国行动而改变本国立场或立法。

【关键词】“航行自由行动”　过度海洋主张　《联合国海洋法公约》

一、美军“航行自由行动”的缘起与发展

（一）美国“航行自由计划”的提出与完善

美国拥有世界范围的安全和经济利益，这些利益依赖于国际贸易中的自由货物运输和军事机动自由。美国海军认为自己的任务是“以保护美国切身利益的方式运用海权”，“促进更大的集体安全，稳定与信任”。[3]。但由于1982年《联合国海洋法公约》（以下简称《公约》）缺乏遵守和执行机制，美国认为，实施“航行自由计划”是影响各国避免提出新的过度海洋主张或放弃现有主张的最重要途径之一。[4]1948年至1979年，美国对沿海国家提出的各类海洋主张提出了约20次抗议。[5]鉴于单纯的外交行动无效，而且迫切需要展示美国反对所谓“过度海洋主张”（Excessive Maritime Claims）的决心，自1979年开始，美国经过自卡特到小布什数任政府逐渐完善了“航行自由计划”[6]，以宣示其海空军事力量在全球的机动权。

---

* 武汉大学国际法研究所教授，博士生导师。

** 武汉大学国际法研究所2016级国际公法专业博士研究生。

本文为自然资源部海洋战略规划与经济司2018年委托管理项目“我国在南海的战略利益及应对南海航行自由研究”的阶段性研究成果。

〔3〕 Dep' t of the U. S. Navy, A Cooperative Strategy for 21st Century Seapower (Oct. 2007).

〔4〕 James Kraska&Raul Pedrozo, *International Maritime Security Law*, Martinus Nijhoff Press, 2013, p. 201.

〔5〕 Ibid., p. 202.

〔6〕 包括：卡特政府于1979年3月启动的“航行自由计划”；里根政府于1982年发布的“国家安全决策指令20号”文件和“国家安全决策指令72号”文件；里根政府于1987年发布的“国家安全决策指令265号”文件；老布什政府于1990年发布的“国家安全指令49号”文件；克林顿政府于1995年发布的“总统决策指令/国家安全委员会32号”文件和“总统决策指令/国家安全委员会33号”文件；小布什政府时期，先后出台了“美国航行自由计划和敏感区域报告”“美国行使海上航行和飞越权利计划”“国家安全总统指令41号”“国家安全总统指令66号”文件。

（二）“航行自由计划”的执行方式

在1990年老布什政府颁布“国家安全指令49号”文件的同时，也制定了相应的“计划执行指南”。[7]根据该指南，美国国务院主要负责提出“外交抗议”来表达美国的不同意见，很多美国对习惯法的主张大多都是在外交照会中向有关国家表述的。此外，国务院还负责与提出“过度海洋主张”的国家展开“外交交涉与磋商”，交流美国的反对理由，以促进双边关系的稳定。[8]国防部主要负责对提出“过度海洋主张”的国家实行“军事宣示行动”，一般由美国的海军与空军在相关海域行使“航行自由”和“飞越自由”。[9]

从执行方式上来看，国防部在1995年财政年度报告中曾指出，在和平时期将美国的军事力量部署在海外重要区域仍是十分有必要的，这样不仅可以威慑可能存在的敌对行为，加强与盟国之间的关系，促进地区间的稳定，熟悉海外行动环境，推动联合演习，还能为美国及时应对危机提供初步防御。实际上，美国认为，军事宣示作为三种方式中最为重要的一种，具有十分重要的意义。首先，只有常规化的军事宣示行动才能证明美国行动的正当性。军事宣示行动体现的是贯彻国际法立场，推进国际法治的实现，而绝非偶然性的军事挑衅。[10]其次，军事宣示行动是一种武力威慑，用武力作为保障能够更好地促进美国主张的实现，仅依赖外交抗议和双边磋商根本无法达到美国预期的目标。

二、美军“航行自由行动”的总体执行情况

美国自1979年正式实施“航行自由计划”开始至1992年财政年度，共对35个国家进行了军事宣示行动，外交抗议110余次，年均在30次至40次之间。[11]此后，美国国防部在每一财政年度的报告中以列表形式说明美国海军对“航行自由计划”的军事执行情况，包括美国海军每年实施“航行自由行动”所针对的国家及实施的原因。目前，美国国防部公布了自1991年至2018年的所有财政年度报告，虽然美国国防部一直强调其行动透明度，但在迄今为止发布的28份财政年度报告中，只有1997年、1998年和2000年财政年度报告提及了美国实施行动的具体次数，只有2017—2018年财政年度报告公开了实施地点，其余报告均未公开具体时间和实施位置，也并没有详

---

〔7〕 http：//bushlibrary. tamu. edu/research/nsd. php.

〔8〕 http：//www. state. gov/e/oes/ocns/opa/maritimesecurity/.

〔9〕 https：//policy. defense. gov/Portals/11/Documents/gsa/cwmd/FON_ Report_ FY15. pdf.

〔10〕 George V. Galdorisi and Alan G. Kaufman，“Military Activities in the Exclusive Economic Zone：Preventing Uncertainty and Defusing Conflict”，*California Western International Law Journal*，Vol. 32（2000/01），at 253-302；James K. Greene，*Freedom of Navigation：New Strategy for the Navy' s FON Program*，Naval War College，Newport，Rhode Island，1992.

〔11〕 http：//www. state. gov/e/oes/ocns/opa/c16065. htm.

细载明针对某一特定国家实施的行动次数和具体类型。根据对所有财政年度报告数据的整理与分析，自 1991—2018 年，美国共对 61 个国家和 1 个地区实施了军事宣示行动。

（一）“航行自由行动”的地域分布

美国航行自由行动所涉的地域范围十分广泛，基本实现了对全球海域的覆盖。由此可以看出，美国正是利用“航行自由行动”实现海军力量对全球的辐射，以维持美国的海洋霸权。但在不同阶段，由于美国的外交政策与军事目标并不相同，因此在全球范围内的军事力量部署强度也有所变化，这也可以从美国“航行自由行动”所针对的地区分布变化中可见一斑。

1. 各时间段的“航行自由行动”所针对的地域范围

（1）20 世纪 90 年代。如表 1 所示，20 世纪 90 年代，美国执行“航行自由行动”的国家对象分布比较广泛和分散，非洲、亚洲、南美洲、北美洲及欧洲均有涉及，其中以非洲和亚洲为主。在非洲，美国集中针对的海域主要有大西洋沿岸、亚丁湾、红海及印度洋。在亚洲，美国在这一时期针对的海域主要可以分为三大块：其一，针对印度洋、孟加拉湾等海域；其二，针对阿拉伯海、亚丁湾、波斯湾和红海海域；其三，针对东南亚附近海域。在美洲，美国所针对的海域主要涉及加勒比海以及大西洋或太平洋沿岸。在欧洲，美国对“过度海洋主张”的挑战则集中于地中海沿岸、黑海沿岸以及北海沿岸国家，但是相比起其他洲来说，美国对欧洲海域的执行行动力度相对比较低。

（2）2000—2010 年。如表 2 所示，在 21 世纪的第一个十年中，美国采取“航行自由行动”所针对的国家和地区数量总体呈现下降趋势，且在 2005—2006 年度下降幅度非常大，从 1999 年的 27 国降至 2005—2006 年的 5 国，这可能与这段时期美国集中精力打击阿富汗基地组织和发动伊拉克战争有关。

根据美国国防部发布的报告，2000—2003 年，美国基本延续了 20 世纪 90 年代的战略目标分布，对非洲、亚洲、美洲及欧洲都有所覆盖，而且几乎没有新设挑战目标国。但自 2004 年开始，美国的行动重点大幅转向亚洲，尤其集中于波斯湾海域及东南亚海域。

（3）2011—2018 年。如表 3 所示，在这段时期，美国的行动主要集中于南海海域和印度洋海域周边国家，特别是随着美国重返亚太，中国自 2007 年开始就一直成为美国“航行自由行动”所针对的目标国。在美洲地区，美国行动的目标依旧是加勒比沿岸国与太平洋、大西洋沿岸国。此外，美国减少了对非洲国家的行动，2013—2018 年，美国仅对 5 个非洲国家采取了行动，其中 2013—2015 年只对利比亚一国采取过行动。

表1　20世纪90年代美国“航行自由行动”所涉国家分布表

年份	1991	1992	1993	1994	1995	1996	1997	1998	1999
非洲	·塞拉利昂 ·利比里亚 ·喀麦隆 ·贝隆 ·安哥拉 (5)	·阿尔及利亚 ·佛得角 ·刚果 ·吉布提 ·利比里亚 ·尼日利亚 ·塞拉利昂 ·索马里 ·苏丹 (9)	·吉布提 ·索马里 ·苏丹 ·埃及 ·毛里塔尼亚 (5)	·吉布提 ·埃及 ·毛里塔尼亚 ·索马里 ·苏丹 (5)	·吉布提 ·索马里 ·苏丹 (3)	·苏丹 (1)	·阿尔及利亚 ·吉布提 ·埃及 ·利比亚 ·苏丹 (5)	·阿尔及利亚 ·肯尼亚 ·利比里亚 ·利比亚 ·塞舌尔 ·塞拉利昂 ·索马里 ·苏丹 (8)	·利比里亚 ·吉布提 ·埃及 ·利比亚 ·塞舌尔 ·塞拉利昂 ·苏丹 (7)
亚洲	·叙利亚 ·缅甸 (2)	·柬埔寨 ·缅甸 ·中国 ·印度 ·伊朗 ·阿曼 ·马尔代夫 ·巴基斯坦 (8)	·缅甸 ·柬埔寨 ·中国 ·印度 ·伊朗 ·阿曼 ·马尔代夫 ·菲律宾 (8)	·缅甸 ·柬埔寨 ·中国 ·印度 ·马尔代夫 ·菲律宾 (6)	·孟加拉国 ·柬埔寨 ·伊朗 ·阿曼 ·马尔代夫 ·菲律宾 ·泰国 ·阿联酋 ·也门 (9)	·孟加拉国 ·柬埔寨 ·缅甸 ·阿曼 ·中国 ·埃及 ·印度 ·伊朗 ·马尔代夫 ·菲律宾 ·越南 ·巴基斯坦 ·也门 (13)	·孟加拉国 ·缅甸 ·柬埔寨 ·印度 ·伊朗 ·马尔代夫 ·也门 ·越南 ·阿曼 ·阿联酋 ·菲律宾 ·斯里兰卡 (12)	·孟加拉国 ·缅甸 ·柬埔寨 ·伊朗 ·马来西亚 ·马尔代夫 ·巴基斯坦 ·菲律宾 ·越南 ·也门 ·阿联酋 ·沙特阿拉伯 ·叙利 (13)	·柬埔寨 ·印度 ·伊朗 ·日本 ·马来西亚 ·马尔代夫 ·巴基斯坦 ·菲律宾 ·沙特阿拉伯 ·韩国 ·斯里兰卡 ·越南 ·也门 (13)
南美洲	·厄瓜多尔 ·秘鲁 (2)	·巴西 ·秘鲁 ·厄瓜多尔 (3)	·厄瓜多尔 ·秘鲁 (2)			·古巴 (1)	·古巴 (1)	·厄瓜多尔 ·委内瑞拉 (2)	
北美洲	·尼加拉瓜 ·海地 ·多米尼加 (3)	·尼加拉瓜 ·多米尼加 (2)	·尼加拉瓜 (1)					·萨尔瓦多共和国 ·尼加拉瓜 (2)	·萨尔瓦多共和国 ·尼加拉 (2)
欧洲	·丹麦 (1)		·瑞典 (1)	·瑞典 (1)			·马耳他 ·阿尔巴尼亚 (2)	·阿尔巴尼亚 ·克罗地亚 ·马耳他 (3)	·阿尔巴尼亚 ·马耳他 ·罗马尼亚 (3)
总计	13	22	17	12	12	15	20	28	25

表 2　2000—2010 年美国“航行自由行动”所涉国家/地区分布表〔1〕〔2〕

年份	2000	2001—2003	2004	2005	2006	2007	2008	2009	2010
非洲	·埃及 ·利比亚 (2)	·阿尔及利亚 ·埃及 (2)						·利比里亚 ·多哥 (2)	·利比里亚 (1)
亚洲	·缅甸 ·孟加拉国 ·柬埔寨 ·中国 ·叙利亚 ·马来西亚 ·越南 ·菲律宾 ·伊朗 (9)	·孟加拉国 ·缅甸 ·柬埔寨 ·印度 ·印度尼西亚 ·马来西亚 ·马尔代夫 ·菲律宾 ·斯里兰卡 ·叙利亚 ·台湾 ·越南 (12)	·缅甸 ·柬埔寨 ·菲律宾 ·印度尼西亚 ·伊朗 (5)	·柬埔寨 ·菲律宾 ·印度尼西亚 ·伊朗 ·阿曼 (5)	·菲律宾 ·印度尼西亚 ·伊朗 ·阿曼 ·台湾 (5)	·中国 ·印度 ·印度尼西亚 ·伊朗 ·马来西亚 ·马尔代夫 ·阿曼 ·菲律宾 (8)	·缅甸 ·中国 ·印度 ·印度尼西亚 ·伊朗 ·马来西亚 ·马尔代夫 ·阿曼 ·菲律宾 (9)	·中国 ·印度 ·印度尼西亚 ·伊朗 ·马来西亚 ·马尔代夫 ·阿曼 ·菲律宾 (8)	·中国 ·伊朗 ·柬埔寨 ·印度 ·印度尼西亚 ·日本 ·马来西亚 ·马尔代夫 ·阿曼 ·菲律宾 ·越南 (11)
南美洲	·厄瓜多尔 ·委内瑞拉 (2)	·厄瓜多尔 ·委内瑞拉 (2)	·秘鲁 ·厄瓜多尔 (2)					·阿根廷 (1)	
北美洲	·萨尔瓦多 (1)	·萨尔瓦多 ·巴拿马 (2)							
欧洲	·罗马尼亚 (1)	·阿尔巴尼亚 ·克罗地亚 ·马耳他 (3)							
总计	15	21	7	5	5	8	9	11	12

〔1〕 美国国防部在 2000 年发布了一次年度报告，2001 年、2002 年均没有发布报告，2003 年度的报告中将 2001—2003 年间执行的行动整合在一起发布。

〔2〕 包含中国台湾地区。

表 3 2011 年至 2018 年美国“航行自由行动”所涉国家/地区分布图〔1〕

年份	2011	2012	2013	2014	2015	2016	2017	2018
非洲			· 利比亚 （1）	· 利比亚 （1）	· 利比亚 （1）	· 突尼斯 （1）	· 阿尔及利亚 · 突尼斯 （2）	· 塞拉利昂 · 埃及 （2）
亚洲	· 缅甸 · 中国 · 柬埔寨 · 印度 · 印尼 · 伊朗 · 马来西亚 · 马尔代夫 · 阿曼 · 中国台湾 · 泰国 · 越南 （12）	· 中国 · 柬埔寨 · 印度 · 印尼 · 伊朗 · 日本 · 马来西亚 · 马尔代夫 · 阿曼 · 菲律宾 · 中国台湾 · 越南 （12）	· 中国 · 柬埔寨 · 印度 · 印尼 · 伊朗 · 马来西亚 · 马尔代夫 · 阿曼 · 菲律宾 · 中国台湾 · 越南 （11）	· 中国 · 印度 · 印尼 · 伊朗 · 马来西亚 · 马尔代夫 · 阿曼 · 菲律宾 · 韩国 · 斯里兰卡 · 中国台湾 · 越南 （12）	· 中国 · 印度 · 印尼 · 伊朗 · 马来西亚 · 马尔代夫 · 阿曼 · 菲律宾 · 中国台湾 · 越南 （10）	· 柬埔寨 · 中国 · 印度 · 印尼 · 伊朗 · 日本 · 马来西亚 · 马尔代夫 · 阿曼 · 巴基斯坦 · 菲律宾 · 韩国 · 中国台湾 · 泰国 · 越南 （15）	· 柬埔寨 · 中国 · 印度 · 印尼 · 伊朗 · 马来西亚 · 马尔代夫 · 阿曼 · 菲律宾 · 斯里兰卡 · 中国台湾 · 越南 · 也门 （13）	· 缅甸 · 柬埔寨 · 中国 · 印尼 · 伊朗 · 日本 · 马来西亚 · 马尔代夫 · 阿曼 · 巴基斯坦 · 菲律宾 · 沙特 · 斯里兰卡 · 中国台湾 · 泰国 · 阿联酋 · 越南 · 也门 （18）
美洲	· 阿根廷 · 巴西 · 厄瓜多尔 （3）			· 尼加拉瓜 · 阿根廷 · 巴西 · 厄瓜多尔 · 委内瑞拉 · 秘鲁 （6）	· 尼加拉瓜 · 阿根廷 （2）	· 巴西 · 委内瑞拉 （2）	· 厄瓜多尔 · 委内瑞拉 （2）	· 多米尼加 · 海地 · 委内瑞拉 （3）
欧洲						· 阿尔巴尼亚 · 克罗地亚 · 意大利 · 马耳他 （4）	· 阿尔巴尼亚 · 克罗地亚 · 马耳他 · 黑山 · 斯洛文尼亚 （5）	· 阿尔巴尼亚 · 克罗地亚 · 斯洛文尼亚 （3）
总计	15	12	12	19	13	22	22	26

〔1〕 包含中国台湾地区。

2. 针对亚洲地区的"航行自由行动"

亚洲地区一直是美国实施"航行自由行动"的重点区域，而且主要集中于东海、南海、印度洋和波斯湾海域。

以2000—2018年为例，有七年亚洲国家/地区都占据了美国当年行动目标总数的70%以上（分别为2004年、2005年、2009年、2010年、2011年、2013年和2015年）。其中，2010年和2013年更是高达90%以上。2006—2008年及2012年，美国则将全部目标设定为亚洲国家/地区。就每年的行动次数来说，以2014年为例，在美国进行的35次军事宣示行动中，有19次发生在美军太平洋司令部的责任区。[12]就东南亚国家而言，其平均比例也几乎都维持在了亚洲国家总数的40%以上。

此外，自2011年以来，随着美国重返亚太和"亚太再平衡"战略的推行，美国对中国及其周边海域，特别是南海海域频频采取"航行自由"行动，自2015年以来，行动愈加频繁。在同一时期，美国也将中国台湾地区单独列为行动目标之一，对台湾附近海域采取了军事宣示行动。

3. 针对盟国的"航行自由行动"

表4 1991—2018年美国针对盟国的"航行自由行动"

盟国	年次	过度海洋主张
日本	5	过度直线基线（1999，2010，2012，2016，2018）
阿根廷	4	外国军舰通过麦哲伦海峡或领海附近区域要求事先通知（2009，2011） 外国军舰进入领海要求事先通知（2014—2015）
韩国	3	过度直线基线（1999） 外国军用船舶或政府船舶进入领海要求事先通知（2014，2016）
瑞典	2	军舰进入12海里领海要求事先得到批准（1993—1994）
意大利	1	主张塔兰托湾为历史性海湾（2016）
丹麦	1	过度直线基线（1991）
泰国	2	过度直线基线（1995，2011）
菲律宾	25	过度群岛基线（1979—2006，2008—2010，2012—2013） 主张群岛水域为内水（1993—1996，2001—2007，2012—2018）

从表4可知，美国"航行自由行动"的对象不仅包括美国的战略对手，也包括其军事盟国，例如美国对其亚洲的重要盟国之一日本分别于1999年、2010年、2012年、2016年和2018年采取了"航行自由"行动，质疑日本的"过度直线基线"主张。对另一盟国韩国，美国也分别于1999年、2014年和2016年采取了"航行自由行动"，质疑韩国的"过度直线基线"和"限制军舰无害通过"主张。此外，美国行动的对象还包括美国力图发展为战略伙伴的国家，例如印度。美国时任国防部副部长办公室海洋政策

〔12〕 Mira Rapp-Hooper，"All in Good FON：Why Freedom of Navigation Is Business as Usual in the South China Sea"，参见 https：//www. foreignaffairs. com/articles/united-states/2015-10-12/all-googd-fon。

事务助理劳尔·佩德罗索就曾坦言，在2014年财政年度，美国“航行自由”行动挑战过7个盟友、7个伙伴、3个对手和敌人以及2个不结盟国家。〔13〕

（二）美国“航行自由行动”挑战的过度海洋主张

根据对美国国防部28年年度报告的整理，可以将美国对目标国家/地区实行“航行自由行动”的原因，即美国所谓的“过度海洋主张”〔14〕分为以下几类：（1）过度直线基线主张；（2）过度领海宽度主张；（3）限制军舰等船舶无害通过主张；（4）过度毗连区权利主张；（5）过度专属经济区权利主张；（6）历史性水域主张；（7）过度群岛基线及群岛水域权利主张；（8）过度国际航行海峡权利主张；（9）岛礁地位主张〔15〕。

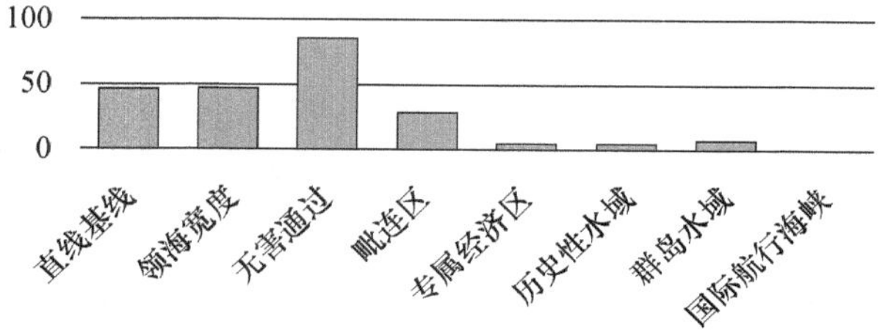

图1　1991—1999年美国挑战的“过度海洋主张”

从图1可以看出，在20世纪90年代，美国主要针对的是沿海国的限制军舰无害通过主张、过度直线基线主张和过度领海宽度（领空）主张。

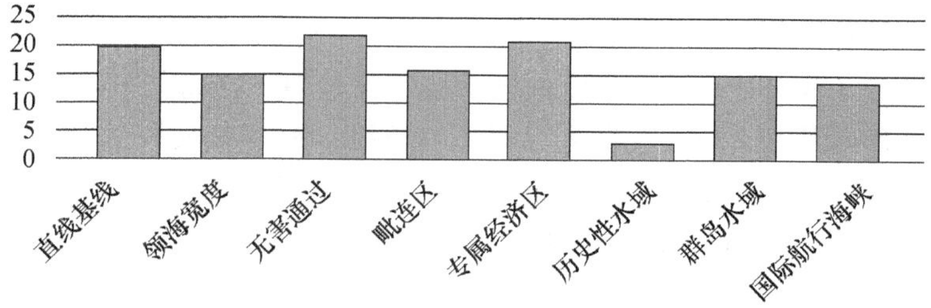

图2　2000—2010年美国挑战的“过度海洋主张”

从图2可以看出，在21世纪头10年，美国除继续关注直线基线及领海无害通过制度之外，还开始将重点集中于沿海国对专属经济区的权利主张上，例如沿海国对外国开展

〔13〕 http：//news. cnwest. com/content/2016-07/27/content_ 14000337. htm.

〔14〕 美国“航行自由行动”挑战的是过度海洋主张，想要通过该行动表明的是美国并不默许其他国家旨在单方面限制所有国家依国际法享有的对海洋和空间的权利、自由和合法利用的行为。http：//policy. defense. gov/Portals/11/FY17% 20DOD% 20FON% 20Report. pdf? ver = 2018-01-19-163418-053. 美国迄今有3份官方文件列举了何为“过度海洋主张”，分别是1982年“国家安全决策指令72号”文件，1987年“国家安全决策指令265号”文件和1990年“国家安全指令49号”文件。

〔15〕 自2017年开始，主要针对中国。

军事活动或演习的限制性规定以及沿海国对专属经济区上空的管辖权主张。除此之外，美国也提高了对毗连区、群岛水域以及国际航行海峡通行权的关注度。但总体说来，美国在21 世纪头 10 年针对“过度海洋主张”的国别行动次数较上个 10 年约减少了 50%。

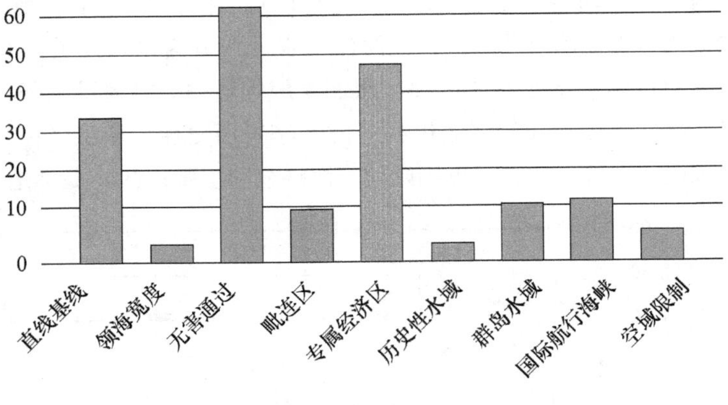

图 3　2011—2018 年美国挑战的“过度海洋主张”

从图 3 可以看出，2011—2018 年，美国主要挑战的依然是限制无害通过、过度专属经济区权利主张和过度直线基线主张。同时，美国对毗连区、群岛水域和国际航行海峡通行权也继续采取行动。值得注意的是，自 2014 年以来，美国开始对防空识别区主张（主要是中国）采取军事宣示行动。2017 年，美国开始对中国有关岛礁地位的主张采取军事宣示行动。另外，2011—2018 年，美国也加大了采取军事宣示行动的频率。

综上所述，可以发现美军“航行自由行动”具有如下特点：（1）挑战国家众多，既有对手，也有盟国；（2）具有地域广泛性，针对亚洲国家和发展中国家多采取军事宣示行动，但对欧洲国家采取军事宣示行动较少，多为外交抗议；（3）挑战范围广泛，涉及各类海洋主张，但在不同时间段有所侧重。

三、美军“航行自由行动”所涉主要海洋主张

美军“航行自由行动”涉及海洋法各具体领域的规则，包括直线基线、领海、毗连区、专属经济区、用于国际航行海峡和群岛基线、群岛海道与远洋群岛基线。

（一）直线基线

1. 美国主张：严格的“量化标准”

美国国务院海洋法律与政策办公室、海洋与国际环境及科学事务处在 1987 年第 106 号题为“海洋的界限：发展中的直线基线评估标准”的报告[16]中，对如何确定《公约》第 7 条中的“海岸线极为曲折”和“一系列岛屿”进行了严格的量化解释。

---

〔16〕 OES, U. S. State Dep't, Limits in the Seas, No. 106, Developing Standard Guidelines for Evaluating Straight Baselines, August 31, 1987.

美国认为：

（1）“海岸线极为曲折”应当满足以下三个条件：第一，在凹陷的程度上，从凹陷最深处至封口线的距离与封口线之间长度的比例应当在 60% 以上；第二，在凹陷个数上，相关海岸应当至少存在 3 个以上的凹陷；第三，在直线基线的长度上，每条直线基线的长度不应超过 48 海里。

（2）“一系列岛屿”应当满足以下五个条件：第一，最外侧的岛屿与相对海岸线间的角度应当在 20 度以内；第二，最外侧岛屿和相对陆地间的距离应当合理；第三，一系列岛屿中每个岛屿相互间的距离不应当超过 24 海里；第四，一系列岛屿应当覆盖相对海岸线的 50% 以上；第五，每条直线基线的长度不应超过 48 海里。

2. 总体执行情况

表 5　美国行动针对的“过度直线基线主张”国家/地区〔17〕

年份	国家/地区	数量
1991	丹麦，多米尼加，海地	3
1992	吉布提，多米尼加，厄瓜多尔	3
1993	柬埔寨，吉布提，毛里塔尼亚，阿曼	4
1994	柬埔寨，吉布提，毛里塔尼亚	3
1995	吉布提，阿曼，菲律宾，泰国	4
1996	孟加拉国，缅甸，柬埔寨，埃及，伊朗，马尔代夫，阿曼，越南	8
1997	孟加拉国，缅甸，柬埔寨，吉布提，埃及，伊朗，利比亚，马尔代夫，阿曼，越南	10
1998	孟加拉国，缅甸，柬埔寨，伊朗，肯尼亚，沙特阿拉伯，越南	7
1999	柬埔寨，伊朗，日本，巴基斯坦，韩国，越南	6
2000	孟加拉国，缅甸，柬埔寨，中国台湾，伊朗，越南	6
2000—2003	孟加拉国，缅甸，柬埔寨，中国台湾，越南	5
2004	缅甸，柬埔寨，伊朗	3
2005	柬埔寨	1
2008	伊朗	1
2010	柬埔寨，日本，越南	3
2011	中国，缅甸，柬埔寨，中国台湾，泰国，越南	6
2012	柬埔寨，日本，中国台湾，越南	4
2013	柬埔寨，中国，伊朗，中国台湾，越南	5
2014	中国，厄瓜多尔，伊朗，尼加拉瓜，韩国，中国台湾，越南	7
2015	中国，尼加拉瓜，越南	3
2016	阿尔巴尼亚，柬埔寨，中国，日本，韩国，泰国，突尼斯	7
2017	阿尔巴尼亚，柬埔寨，中国，马耳他，阿曼，突尼斯，越南	7
2018	阿尔巴尼亚，缅甸，柬埔寨，中国，多米尼加，埃及，海地，日本，泰国，越南	10

〔17〕 地区是指中国台湾地区。

表5是根据美国国防部报告对美国在1991—2018年间就“过度直线基线主张”采取“航行自由行动”所针对的目标国家/地区的统计数据。“过度直线基线主张”一直以来都是美国关注的重点。

从整体上来看，28年间美国共对25个国家及1个地区就其“过度直线基线主张”采取过“航行自由行动”。从地理位置分布来看，针对的亚洲国家有12个，地区有1个（中国台湾地区），非洲国家有6个，美洲国家有4个，欧洲国家有3个。

3. 行动效果

只有几内亚和德国[18]是在美国采取“航行自由”行动之后撤回了原先的直线基线主张。例如，几内亚于1964年颁布了划定本国直线基线的总统令，宣布几内亚将采用长达120海里的直线基线来划定本国领海。[19]美国认为这构成了过度海洋权利主张，对几内亚实施了外交抗议与军事宣示行动。随后，几内亚于1980年颁布了新的法令，恢复以原来的低潮线作为其领海基线。[20]而德国则是在美国的外交抗议下，于1994年撤回了其在1984年划定的直线基线。[21]

（二）领海

1. 领海宽度

（1）总体执行情况

在1982年《海洋法公约》通过以前，有26个国家主张了大于12海里的领海宽度。[22]美国自1979年以来，对16个国家大于12海里的领海宽度主张采取了军事宣示行动。根据美国国防部自1991年以来公布的年度报告，这些国家主要是：非洲国家9个，中南美洲国家6个，亚洲国家1个。美国对这一所谓的“过度海洋主张”采取军事宣示行动主要发生在20世纪90年代。21世纪以来，美国主要对中南美洲国家和叙利亚采取了军事宣示行动。自2016年以来，美国未再对这一主张采取行动。

（2）行动效果

根据对联合国统计的相关数据[23]进行分析，自1982年《海洋法公约》通过以来，有10个国家修改了自己的领海宽度主张，如表6所示，采用了公约规定的12海里领海宽度。还有6个国家（4个公约当事国，2个非公约缔约国）一直未修改自己的领海宽

[18] Proclamation concerning the extension of the breadth of the German territorial sea, Nov. 11, 1994, para. I (1) (North Sea), reprinted in UN, LOS BULL., No. 27, at 55 (1995).

[19] OES, U. S. State Dept, Limits in the Seas No. 40 (1972)，其中包含了244号法令。还参见UN, Legislative Series B/15, at 87（主张130海里领海）；Decree 426/PRG of Dec. 31, 1965（主张200海里领海），可参见UN, Legislative Series B/19, at 32-33。

[20] Article 1 of Decree No. 336/PRG/80, July 30, 1980, reprinted in UN, LOS Bull., No. 2 Dec. 1983, at 37.

[21] Proclamation concerning the extension of the breadth of the German territorial sea, Nov. 11, 1994, para. I (1) (North Sea), reprinted in UN, LOS BULL., No. 27, at 55 (1995).

[22] J. Ashley Roach and Robert W. Smith, *Excessive Maritime Claims*, pp. 139-142.

[23] http://www.un.org/Depts/los/LEGISLATIONANDTREATIES/PDFFILES/table_summary_of_claims.pdf.

度主张，如表6所示。而美国对这6个国家采取的军事宣示行动也并非连续进行，自2015年以来也未再采取行动。

表6　美国行动针对的“过度领海宽度主张”国家

国家	主张＞12nm/时间	美国军事宣示行动	主张12nm/时间
1982年《公约》当事国			
安哥拉	20/1975	1991	1992
利比里亚	200/1977	1991—1992，1998—1999，2009—2010	2008
尼加拉瓜	200/1979	1991—1993，1998—1999，2014—2015	2002
塞拉利昂	200/1971	1991—1992，1998—1999	1996
喀麦隆	50/1974	1991	1985
叙利亚	35/1981	1991，1998，2000—2003	2003
巴西	200/1970	1992	1993
尼日利亚	30/1971	1992	1998
刚果	200/1977	1992	2008
巴拿马	200/1967	2000—2003	1996
贝宁	200/1976	1991	未修改
厄瓜多尔	200/1966	1991—94，1999—2005，2011	未修改
索马里	200/1972	1992—95，1997—1998	未修改
多哥	30/1977	2009	未修改
非1982年《公约》缔约国			
秘鲁	200/1979，1993	1991—1994，2004，2014	未修改
萨尔瓦多	200/1950，1983	1998—2003	未修改

2. 军舰及核动力船舶无害通过领海的限制性主张

（1）总体执行情况。从美国总体上的主张来看，“二战”以后，随着美国海军力量的壮大以及出于全球战略的需要，美国一直坚持军舰及核动力船舶应当与普通船舶享有同等无害通过领海的权利，沿海国不得对该类船舶通过领海要求事先通知或者获得许可。

对美国国防部发布的28份报告进行统计，可以看出“领海内航行的限制性主张”一直是美国行动的重点对象。如表7所示，1991—2018年，美国共计对34个国家和1个地区提出了领海内航行限制的抗议，其中包括亚洲国家/地区17个（包含中国台湾地区），非洲国家9个，拉丁美洲国家2个和欧洲国家7个。

（2）行动效果。在国内立法中对军舰/核动力船舶进入领海规定限制措施的国家达56个。这一数量充分表明国际社会就这一问题远未达成共识。

表 7 美国对"限制领海航行"国家/地区〔24〕采取的"航行自由行动"

亚洲	年份次数	具体年份（1991—2018）
印度	14	1992—1994，1996—1997，1999，2000—2003，2004，2011—2016
马尔代夫	11	1992—1998，2000—2003，2011—2013
越南	12	1998—2000，2000—2003，2010—2013，2015—2018
马来西亚	12	2007—2018
中国	11	1992—1994，1996，2011—2013，2015—2018
印度尼西亚	8	2000—2003，2004，2011—2016
伊朗	8	1992，1993，1995—1999，2011
中国台湾	9	2006，2011—2018
柬埔寨	6	1992—1995，1999，2010
也门	7	1995—1999，2017—2018
缅甸	5	1991—1994，2011
阿曼	7	1995—1997，2015—2018
斯里兰卡	5	1997，1999，2000—2003，2017—2018
叙利亚	3	1998，2000，2000—2003
阿联酋	4	1995，1997—1998，2018
韩国	2	2014，2016
巴基斯坦	2	1992，1996
沙特	1	2018
非洲	**年份次数**	**具体年份（1991—2018）**
苏丹	7	1992—1998
埃及	8	1993—1994，1996—1997，1999—2003，2018
阿尔及利亚	6	1992，1997—1999，2000—2003，2017
索马里	3	1995，1997—1998
塞舌尔	2	1998—1999
佛得角	1	1992
利比亚	1	1997
吉布提	1	1999
塞拉利昂	1	2018
美洲	**年份次数**	**具体年份（1991—2018）**
尼加拉瓜	5	1991—1993，2014—2015
阿根廷	4	2009，2011，2014—2015
欧洲	**年份次数**	**具体年份（1991—2018）**
阿尔巴尼亚	7	1997—1999，2000—2003，2017—2018
马耳他	6	1997—1999，2016—2017
克罗地亚	5	1998，2000—2003，2016—2018
瑞典	2	1993—1994
罗马尼亚	2	1999—2000
黑山	1	2017
斯洛文尼亚	2	2017—2018

〔24〕 包含中国台湾地区。

（三）毗连区

1. 总体执行情况

根据美国国防部1991—2018年公布的报告，美国在1991—2005年主要挑战的是沿海国的“安全区”主张，2006—2009年未挑战过任何毗连区安全管辖权主张。自2010年至今，美国开始连续对沿海国的毗连区相关主张采取军事宣示行动，主要包括安全管辖权、军舰通过需事先授权/批准或事先通知，其中主张毗连区内安全管辖权占据多数，且美国的挑战对象主要为亚洲国家。

表8数据统计显示，美国在1999—2000年对越南以“军舰进入毗连区需要批准/授权”以及“军舰武器处于非行动状态”的过度海洋主张为由提出了外交抗议，并采取了军事宣示行动。2010年，美国再次以“军舰进入毗连区需要批准/授权”为由对越南采取行动，并于同年首次对柬埔寨主张的“安全管辖权”与“军舰通行限制”采取行动。2011年，美国除继续对柬埔寨和越南主张的“安全管辖权”采取行动，也以此为由开始对缅甸采取行动。2012年，美国继续对柬埔寨和越南提出抗议并采取军事宣示行动。2013年，美国又通过军事宣示行动挑战了中国和柬埔寨主张的“安全管辖权”。2014—2016年，美国则将注意力转向了加勒比海地区和印度洋地区。2014—2015年，尼加拉瓜连续两年被列入挑战对象，美国对尼加拉瓜主张的“安全管辖权”以及“军舰进入毗连区通行需要履行提前通知义务”采取了“航行自由行动”。同样，对位于印度洋的斯里兰卡和印度，美国分别于2016年，2014年及2017—2018年采取了军事宣示行动。此外，美国分别于2013年和2018年对中国在毗连区主张“安全管辖权”采取了行动。

2. 行动效果

以美国采取行动次数最多的越南为例。1980年3月17日，越南政府发布了第30号法令，规定“外国军事船舶进入越南毗连区时，必须事先通知越南政府并取得越南政府同意”〔25〕。针对上述主张，美国1983年向越南发出外交照会，指出“该法中的过度海洋主张，包括潜艇在毗连区内必须在水面航行并展示国旗，飞机不得在毗连区内作业的船只上起降，配备武器的船只进入毗连区或领海之前必须采取必要措施尽量使武器不处于操作状态等规定，严重限制了外国船舶及飞机的自由航行权。沿海国应当根据国际法的规定严格限制其在毗连区的管辖权”〔26〕。但越南并未作出回应。根据美国国防部公布的《参考手册》，美国分别于1982年与2002年对越南的“毗连区过度权利主张”提出了外交抗议，并于1983年、1985—1986年、1996—2002年、2010—2012年分别采取了数次军事宣示行动。越南2013年1月1日生效的《海洋法》中未再就毗连区安全事项

〔25〕 The March 17, 1980, decree may be found in FBIS Asia and Pacific, March 19, 1980, at K2-K8.

〔26〕 *Aide mémoire*from the U. S. Mission to the United Nations in New York to the SRV mission dated August 24, 1982. State Dep' t telegram 232901, Aug. 19, 1982; U. S. Mission to the United Nations, NewYork, telegram 03590, Nov. 23, 1982, II CUMULATIVE DIGEST 1753, 1862-1863.

作出规定[27]。根据美国《参考手册》的统计，美国挑战的上述其他国家/地区均未因美国的行动而改变毗连区安全管辖权主张。

表8 美国对“过度毗连区权利主张”采取的“航行自由行动”

主张	目标国家/地区	挑战年份
安全区	尼加拉瓜 孟加拉国 柬埔寨 缅甸 马尔代夫 越南 巴基斯坦 沙特阿拉伯 苏丹 阿联酋 也门 委内瑞拉 印度 斯里兰卡 中国台湾	1991—1993 1996—1998 1995—2005 1996—1998，2000—2004 1995 1996—2000，2011—2012 1998—1999 1998—1999 1998—1999 1998 1998—1999 1999—2003 2000—2003 2000—2003 2000—2003
安全管辖权	柬埔寨 缅甸 尼加拉瓜 中国 斯里兰卡 印度	2010—2013 2011 2014—2015 2013，2018 2014，2017—2018 2016
军舰进入需要批准/授权/通知	柬埔寨 越南 尼加拉瓜	2010 1999—2000，2010—2012 2014—2015
武器处于非运行状态	越南	1999—2000，2011—2012

（四）专属经济区

1982年《公约》作为一揽子协定，对专属经济区的规定本身存在着诸多的模糊性，例如对“和平目的”“适当顾及”“海洋科学研究”等均语焉不详，其中对外国在沿海国专属经济区内从事军事活动更是存在较大争议。

1. 相关国家的实践

据统计，有18个国家主张管制或禁止专属经济区的外国军事活动[28]，包括孟加拉国、巴西、缅甸、佛得角、中国、印度、印尼、伊朗、肯尼亚、马来西亚、马尔代夫、毛里求斯、朝鲜、巴基斯坦、菲律宾、葡萄牙、泰国、乌拉圭。

其中，一些国家在签署或批准《公约》时对专属经济区的军事活动发表了政策性声

〔27〕 http：//www. jag. navy. mil/organization/documents/mcrm/Vietnam2016. pdf.

〔28〕 Dep't of Defense，Maritime Claims Reference Manual（MCRM），DOD 2005. 1-M，June 2008. 转引自 James Kraska，Raul Pedrozo，*International Maritime Security Law*，MartinusNijhoff Press，2013。

明，例如印度[29]、厄瓜多尔[30]和马来西亚[31]。很多国家通过立法对专属经济区的军事活动进行限制，例如，缅甸限制通过专属经济区的航行自由和所有类型的交通；佛得角对其专属经济区的“非和平用途”施加限制；印度限制专属经济区内的军事活动，并且主张在运载石油、化学品、有毒液体和放射性物质等危险和危险物品的船只通过其专属经济区之前，需提前24小时通知[32]；马尔代夫要求所有船只事先获得进入其专属经济区的许可[33]；朝鲜禁止在其专属经济区进行军事测量和拍摄，而唯一限制专属经济区内军事活动的北约成员国葡萄牙，只允许在该地区无害通过[34]；巴基斯坦还要求外国飞机在经过专属经济区之前提交飞行计划。[35]

印度尼西亚和菲律宾尚未正式颁布限制专属经济区军事活动的立法或公开声明，但两国也曾多次反对该地区的外国军事活动。例如，马来西亚于2007年在马尼拉的东盟地区论坛（ARF）会议上附议了印度尼西亚的立场，反对在其各自专属经济区内将要进行的东盟军事演习。[36]

除上述国家外，越南和日本也对外国军舰在其专属经济区的军事活动权利持保留意见。此外，贝宁、刚果、厄瓜多尔、利比里亚、秘鲁和索马里六个沿海国主张200海里的领海，美国认为这也是为了否认或限制外国船舶的军事活动。[37]

2. 美军行动分析

如表9所示，根据美国国防部发布的年度报告，美国从1998年开始对主张有关目标国家采取军事宣示行动，于2004—2006年停止行动，于2007年至今每年皆对相关国家采取行动。这些国家主要分布于亚太地区，执行海域集中于太平洋、印度洋、东海和南海。具体而言，所涉亚洲国家共8个，南美洲国家3个，非洲国家1个。

---

〔29〕 印度声明，“外国在印度专属经济区内或是大陆架上开展军事活动及演习时应当提前获得印度本国的同意”。

〔30〕 厄瓜多尔对其建立的专属经济区内享有排他的主权和管辖权，“任何军舰、军事辅助舰，船舶、航空器以及核动力船舶、载有放射性、有毒有害物质的船舶、航空器等在进入该海域（maritime spaces）时需要履行提前通知义务并获得厄瓜多尔的批准”，并强调“禁止在其海域内进行一切性质的军事演习和军事活动”。

〔31〕 马来西亚声明，“除非得到沿海国的同意，否则其他国家不能在沿海国的专属经济区内进行一切军事活动和军事演习，尤其是使用武器或者爆炸物”。

〔32〕 Dep' t of Defense, Maritime Claims Reference Manual (MCRM), DOD 2005. 1-M, June 2008. 转引自 James Kraska, Raul Pedrozo, *International Maritime Security Law*, MartinusNijhoff Press, 2013。

〔33〕 Ibid.

〔34〕 Ibid.

〔35〕 Ibid.

〔36〕 Raul (Pete) Pedrozo, Military Activities In and Over the Exclusive Economic Zone, 235, 237, in *Freedom of the Seas, Passage Rights, and the* 1982 *Law of the Sea Convention* (Myron H. Nordquist, Tommy T. B. Koh, & John Norton Moore, eds. 2009).

〔37〕 Dep' t of Defense, Maritime Claims Reference Manual (MCRM), DOD 2005. 1-M, June 2008. 转引自 James Kraska, Raul Pedrozo, *International Maritime Security Law*, Martinus Nijhoff Press, 2013。

表 9　美国对“过度专属经济区权利主张”采取的“航行自由行动”

主张	国家	行动年份
对 EEZ 内军事活动的限制	马来西亚 巴基斯坦	1998—1999 1998
EEZ 内军事行动/演习须经事先允许/同意	印度 马来西亚 巴西 缅甸 伊朗 巴基斯坦 泰国	1999，2007—2017 2000—2003，2007—2018 2011，2014，2016 2011 2011—2018 2016，2018 2016
军舰/核动力船只进入 EEZ 须事先通知	埃及	2000—2003
所有外国船舶进入 EEZ 须经事先允许	马尔代夫	2007—2018
EEZ 上空管辖权 将外国主体在 EEZ 内的测量活动定为犯罪	中国	2007—2018
EEZ 内的宽泛限制	缅甸	2008
飞越 EEZ 须事先允许	委内瑞拉 厄瓜多尔	2014，2016—2018 2017

从表 9 可以看出，美军“航行自由行动”挑战的主张主要包括两个方面：一是军舰/军机/核动力船舶的航行/飞越专属经济区的自由；二是在沿海国专属经济区内从事军事活动的自由。

（五）用于国际航行的海峡

如表 10 所示，根据美国国防部 1991—2018 年发布的年度报告，美国在 28 年间共对 4 个国家的“国际航行海峡通行权利限制”采取了军事宣示行动，分别为阿曼（15 次）、伊朗（14 次）、阿根廷（2 次）以及毛里塔尼亚（1 次），针对的海峡分别为霍尔木兹海峡、麦哲伦海峡以及毛里塔尼亚划定过度直线基线的起始点布兰科海峡。从中也可以看出，美国的重点一直都放在中东地区，即波斯湾附近海域。尤其在 20 世纪以后，美国被卷入中东紧张的国际态势中，也必须在这些位于军事要冲的国际海峡部署军事力量，通过军事宣示的方式反对沿岸国家对国际海峡的“封锁”，保障石油海上通道的畅通。

（六）群岛国群岛基线和群岛海道

1. 总体执行情况

根据对美国国防部年度报告的分析，1991—2018 年，美国就与群岛相关的主张共对三个国家采取过外交抗议及军事宣示行动，分别为菲律宾（26 次）、印度尼西亚（14 次）以及马尔代夫（1 次）。这三个国家都是位于亚洲地区的群岛国家。

表 10　美国对"限制国际航行海峡通行"采取的"航行自由行动"

国家	次数	年份	过度海洋主张
阿曼	15	1993，2005—2018	军舰、潜艇、核动力船舶无害通过领海时需要提前获得允许；主张霍尔木兹海峡适用领海"无害通过制"；要求军舰等在得到批准的情况下无害通过霍尔木兹海峡
伊朗	14	2005—2018	限制《公约》非缔约国在霍尔木兹海峡享有过境通行权
阿根廷	2	2009，2011	外国军舰通过麦哲伦海峡或领海附近区域要求事先通知
毛里塔尼亚	1	1994	过度直线基线，在国际海峡只承认无害通过，不承认过境通行

表 11　美国对群岛国采取的"航行自由行动"

国家	次数	年份	原因
菲律宾	26	1993—2018（除 2011 年外）	1993—2007，2012—2018：主张群岛水域为内水 2008—2010：过度群岛基线主张
印度尼西亚	14	2000—2018	2000—2004：外国军舰进入领海要求事先通知 2005—2018：限制、歧视性指定群岛海道通行，外国军舰进入领海和群岛水域要求事先通知
马尔代夫	1	2014	外国军事飞机飞越群岛水域要求事先得到批准

2. 行动效果

（1）菲律宾。菲律宾自 1961 年以来划定领海直线基线，宣布直线基线内的水域为内水。2011 年菲律宾国会开始考虑批准一项新的海洋区域法案，并尝试赋予外国船舶在菲律宾群岛水域中以群岛海道通过权，但该法案并未获得菲律宾国会的一致通过。从美国国防部发布的财政年度报告和《参考手册》国别报告中可以看出，1993—2007 年，美国是以菲律宾"主张群岛水域为内水"为由执行的"航行自由"行动。1997 年，美国对菲律宾群岛水域执行了不下 47 次军事宣示行动。2000 年的财政年度报告也显示美国海军军舰曾 28 次例行穿越菲律宾群岛。2007 年，美国停止了对菲律宾的"航行自由"行动，但很快又于 2008 年恢复了行动。2008—2010 年，美国以菲律宾"过度群岛基线主张"为由进行军事宣示。2012—2018 年，美国仍以菲律宾主张"群岛水域为内水"为由将其列为每年度的行动对象。事实表明，尽管美国频频对菲律宾群岛水域实施军事宣示行动，但菲律宾仍未修改相关国内法。

（2）印度尼西亚。1996 年印度尼西亚通过第 6 号法案[38]，其中第 11—17 条确认了外国船舶在印度尼西亚群岛水域和领海享有无害通过权，第 18 条规定外国船

〔38〕 http：//www. un. org/Depts/los/LEGISLATIONANDTREATIES/PDFFILES/IDN_ 1996_ Act. pdf.

舶及飞机在印度尼西亚群岛水域可以行使群岛海道通过权，第 19 条规定印度尼西亚有权指定用于国际航行的海道及空中航道或实行分道通航制。〔39〕1996 年，印度尼西亚正式向国际海事组织提出了一份提议，表示将指定群岛水域中的三条南北走向的海道为通行航道。

这一提议遭到了德国、希腊、英国、墨西哥、新西兰、日本、澳大利亚、中国、法国、韩国、美国等众多海洋国家的反对。在美、澳等国联合提议下，国际海事组织于 1998 年 5 月 19 日宣布印度尼西亚的制定构成“部分指定”〔40〕，《公约》第 53 条第 12 款将继续适用。但由于印度尼西亚 1996 年第 6 号法案中只承认群岛水域的无害通过权，因而外国船舶无法利用《公约》第 53 条第 12 款，美国、澳大利亚和印度尼西亚为此再次进行磋商，并非正式地达成了印度尼西亚水域海道通行的“19 条规则”〔41〕。但在 2002 年 6 月，印度尼西亚通过了第 37 号《关于外国船舶和飞机行使海道通过权指定群岛海道的权利和义务的政府条例》，修改了 1996 年第 6 号法案，将已经过国际海事组织采纳的三条南北走向的航线纳入国内法中，并将之视为印度尼西亚指定的全部航道，并规定通行这三条南北航道之外的航线，外国船舶只享有无害通过权。〔42〕美国对该立法表示反对，认为其违背了《公约》第 53 条第 12 款规定的群岛海道通过权。

美国于 2000—2004 对印度尼西亚采取了“航行自由”行动，当时针对的是印度尼西亚要求军舰通过领海时需事先通知的限制性无害通过制度。自 2005 年开始，美国国防部正式将“限制性指定群岛海道通行”作为行动理由，并于 2005—2007 年以此为由对印度尼西亚采取了军事宣示行动。2008—2010 年，美国以“部分指定群岛海道”为由对印度尼西亚实施了军事宣示行动。2011—2018 年，美国以“部分指定群岛海道”和“外国军舰进入群岛水域要求事先通知”为由对印度尼西亚实施了军事宣示行动。

从总体上来说，在美国对印度尼西亚实行“航行自由”行动之后，印度尼西亚并没有修改其部分指定群岛海道的国内法。

（七）远洋群岛直线基线

1982 年《公约》中规定的群岛制度未将大陆国家的远洋群岛包括在内。但在实践

---

〔39〕 注：该法中关于海道、航道及分道通航制的术语表达略与《公约》不同但含义一致：“sea lanes”对应《公约》中的“sea channels”，“air routes”对应《公约》中的“flight routes”，“traffic separation scheme”对应《公约》中的“traffic dividing scheme”。

〔40〕 http://www.imo.org/blast/blastData.asp? doc_ id = 6794&filename = 72%2869%29.pdf.

〔41〕 See D. Puspitawati, The East/West Archipelagic Sea Lanes Passage Through the Indonesian Archipelago, 140 Mar. Stud. 1, 9-10 (2005).

〔42〕 http://www.un.org/Depts/los/doalos_ publications/LOSBulletins/bulletinpdf/bulletin52e.pdf.

中，加拿大[43]、丹麦[44]、厄瓜多尔[45]、葡萄牙[46]、苏丹[47]、西班牙[48]和英国[49]等国对各自的远洋群岛都主张以直线基线划定远洋群岛水域。

美国一直以来主张：群岛必须完全由岛屿组成，拥有远洋群岛的大陆国家不能主张群岛水域。尽管一些大陆国家的远洋群岛在地理上可描述为群岛，但不符合 1982 年《公约》第 46 条中规定的法律定义，因此这些国家寻求以类似于群岛基线的直线基线封闭这些岛屿不符合《公约》规定。自 1982 年《公约》通过以来，美国对加拿大、丹麦、厄瓜多尔、葡萄牙、苏丹和英国的主张提出了外交抗议，并对丹麦（1991）[50]和厄瓜多尔（2014）[51]采取了军事宣示行动。

1996 年 5 月 15 日，中国政府根据 1992 年 2 月 25 日《中华人民共和国领海及毗连区法》，宣布了中华人民共和国大陆领海的部分基线和西沙群岛的领海基线。其中，由 27 个连接各岛礁外缘的直线基线线段封闭了西沙群岛。同年，美国发布“海洋的界限”第 117 号报告“中国的直线基线主张”[52]。美国认为，无论西沙群岛主权归属如何，都不能在这一区域划设直线基线。美国于 2011 年和 2013—2018 年对中国西沙群岛直线基线主张采取了军事宣示行动。

四、结　论

由于航行自由本身涉及沿海国和海洋大国间利益的重新分配，因而《公约》的规定

---

〔43〕 1982 年，加拿大水文局公布了一张标题为“北极群岛（Arctic Archipelago）”的海图。1985 年，加拿大政府通过立法，围绕加拿大北极岛屿的外围确定了直线基线，并主张基线内的水域为内水。美国认为不能接受。2017 年 1 月，加拿大修订了 1985 年立法，对北极地区岛屿的基线基点进行了调整。参见 J. Ashley Roach and Robert W. Smith, *Excessive Maritime Claims*, MartinusNijhoff Publishers, 2012, p. 115。

〔44〕 丹麦于 1976 年 12 月 21 日颁布的第 599 号法令对法罗群岛划定了直线基线。Ordinance No. 599 of Dec. 21, 1976.

〔45〕 1951 年，厄瓜多尔对加拉帕戈斯群岛（Galapagos，又称科隆群岛，西距厄瓜多尔大陆 600 海里）宣布群岛主张。1971 年，厄瓜多尔政府通过第 959-A 号最高法令，对加拉帕戈斯群岛采用直线基线。参见陈德恭：《现代国际海洋法》，中国社会科学出版社 1988 年版，第 104 页。美国在 1972 年针对厄瓜多尔直线基线发布的《海洋的限制：第 42 号》报告中，逐段分析了这些直线基线。

〔46〕 1985 年 11 月，葡萄牙政府通过第 495/85 号法令，对亚速尔群岛采用直线基线划法，规定马德拉和亚速尔岛群之间的水域为内水。参见 Maritime Claims Reference Manual, Portugal 2016.

〔47〕 苏丹 1970 年《领水与大陆架法》第 6 条第 1 款规定了群岛直线基线划法。

〔48〕 西班牙于 1977 年通过第 2510 号法令，对地中海巴利阿里群岛（Belearic islands）中的马略卡岛、梅诺卡岛、伊比萨岛和福门特拉岛采用封闭直线基线划法。参见陈德恭：《现代国际海洋法》，中国社会科学出版社 1988 年版，第 115 页。

〔49〕 1989 年，英国通过立法对福克兰群岛（Falkland Islands）划定了直线基线。同年，英国还通过立法对特克斯和凯科斯群岛（Turks and Caicos）划定了直线基线。美国认为，这些基线与 1958 年《公约》和 1982 年《公约》极不相符，已就这些直线基线向英国表示关切。参见陈德恭：《现代国际海洋法》，中国社会科学出版社 1988 年版，第 112、115 页。

〔50〕 参见 Maritime Claims Reference Manual, Denmark Dependencies 2014。

〔51〕 参见 Maritime Claims Reference Manual, Ecuador 2017。

〔52〕 https://www.state.gov/documents/organization/57692.pdf.

存在很大的模糊性。美国利用这一模糊性，将“航行自由”等同于“海洋自由”，将“海洋自由”解释为“依国际法所有国家享有的对海洋和空间的权利、自由和利用”[53]，为其全球军事机动和战略利益布局。

美式单方“航行自由”主张有意忽略《海洋法公约》对沿海国领土主权之外主权权利的扩展，混淆不同水域的法律地位和权利边界，也有意忽略《公约》自生效以来的嗣后国家惯行。其实质也正如美国 2017 年《海上安全行动法指挥官手册》所言，是“出于行动目的”，是利用和任意解释国际法上的“海洋自由”理念，以在和平时期维持和展示美国海军的军事存在，从而维护美国的霸权利益。

通过上述实证分析可以发现，美国的单方“航行自由行动”即使对国际法上的航行自由制度有潜在影响，但也未取得太大法律成效。美军航行自由行动自 1979 年开始迄今，其挑战对象不仅包括如今美国被视为战略对手的中国，也包括美国的盟国，以及众多沿海国家，但只有极少数受到挑战的国家是出于美国的军事宣示行动而改变国内法或海洋权利主张。相反，在限制军舰无害通过领海、限制军事利用专属经济区和主张毗连区安全事项管辖权方面，越来越多的国家实践在发展着自 1982 年《海洋法公约》生效以来的相关规则。因此，美军的航行自由行动达不到阻止形成嗣后惯行和阻止发展相关海洋法习惯规则的法律效果，但作为新规则形成过程中的持续一贯反对者，美国或可主张不受新规则的约束。与此同时，美国只允许自己做一贯反对者，不允许其他国家成为形成过程中的习惯法规则的一贯反对者，这样做无疑是有意忽略创设习惯国际法规则的现实，以一家之言代替天下之言。

---

〔53〕 https://policy.defense.gov/Portals/11/Documents/gsa/cwmd/FON_Report_FY15.pdf.

美国军舰穿越台湾海峡所涉及的海洋法问题

■ 蒋　围[*]　　李明杰[**]

【内容摘要】美国军用舰船多次航经台湾海峡，对于台湾海峡水域性质及台湾海峡的法律地位，国际社会充斥着“台湾海峡是中国领海”“中国使台湾海峡内海化”“台湾海峡是公海，美国本来就有航行和飞越的自由”等种种谬论。对于这些谬论，本文首先从“台湾海峡是否为中国的内海?”“台湾海峡是否存在公海?”“台湾海峡中是否有‘国际水域’?”的角度研究台湾海峡水域的性质；接着，在研究国际海峡法律制度的立法变迁及《联合国海洋法公约》有关海峡规定的基础上，明晰台湾海峡的法律地位；最后指出美国军舰通过台湾海峡时的权利义务及列明美国军舰通过台湾海峡的实践。

【关键词】台湾海峡　法律地位　美国军舰

2018 年以来，美国军用舰船多次航经台湾海峡。在2018 年7 月到2019 年4 月期间，美国军用舰船在9 个月的时间7 次航经台湾海峡。其中，2019 年4 月28 日，美国导弹驱逐舰“斯特塞姆号”（DDG-63）和“威廉·P. 劳伦斯号”（DDG-110）从恒春西南海域进入台湾海峡向北航行，这已经是2019 年第三起美国军舰航经台湾海峡事件。[1] 2018 年6 月7 日，美国智库研究员易思安（Ian Easton）[2] 在哈德逊研究所主办的“美国支持台湾的路径”（U. S. Support of Taiwan：The Way Forward）讨论会上公开宣称：“台湾海峡是公海，美国本来就有航行和飞越的自由。中国想要营造台湾海峡是中国内海的舆论，但这是扭曲事实，台湾海峡是国际公海，如果美国派军舰通过台湾海峡，将能提醒中国和全世界这一点。”[3] 国台办新闻发言人在其2018 年6 月13 日例行新闻发布会上针对记者关于“美国智库研究员提议美国可派军舰通过台湾海峡”“美方要向中方表明‘台湾海峡’是‘公海’”的提问，未言明台湾海峡的性质，也未明确美国智库研究员的说法是否正确，而是仅从政治层面回答了台湾问题对中美关系的影响。[4] 这一回答与外交部在6 月5 日例行记者会针对“美国军方正考虑派军舰穿越台湾海峡”提问的回答

---

* 西北政法大学国际法研究中心讲师。

** 自然资源部海洋发展战略研究所研究员。

〔1〕 https：//www. jfdaily. com/news/detail? id = 148024.

〔2〕 美国2049 项目中心的研究人员，其研究领域为东亚地区国防和安全问题。易思安从伊利诺大学香槟分校（University of Illinois Urbana-Champaign）获得国际研究学士学位，从台湾政治大学获得中国研究硕士学位。他在复旦大学和台湾师范大学学习中文，有普通话高级证书。在台湾和大陆共生活了5 年。2017 年他出版了明显针对中国的著作《中国的侵略威胁：台湾的国防和美国的亚洲战略》（*The Chinese Invasion Threat：Taiwan's Defense and American Strategy in Asia*）。

〔3〕 http：//baijiahao. baidu. com/s? id = 1603038416410612446&wfr = spider&for = pc；U. S. Support of Taiwan：The Way Forward（June 7 Event），https：//www. hudson. org/events/1565-u-s-support-of-taiwan-the-way-forward62018.

〔4〕 http：//www. gwytb. gov. cn/xwfbh/201806/t20180613_ 11965156. htm.

一致[5]，均只强调台湾问题对中美关系的影响。其后，国内媒体大多引用外电说法，也认为美舰通过公海。台湾海峡是否为“公海”？台湾海峡水域是什么性质？台湾海峡的法律性质是什么？美国作为《联合国海洋法公约》（以下简称《公约》）非会员国，是否可派军舰通过台湾海峡？美国军舰通过台湾海峡享有哪些权利并应遵守哪些义务？

一、台湾海峡概况

台湾海峡位于中国台湾地区和福建省之间，自东北向西南伸展。通常以福建闽江口的黄歧半岛与台湾富贵角的连线为其北界，以广东省南澳岛和台湾南端的鹅銮鼻的连线为其南界，南北长约 162 海里；海峡北端位置在北纬 25.5 度左右，开口较小约 135 海里，与东海相连；海峡南端位置在北纬 22 度左右，开口较大约 350 海里，与南海相接；东西平均宽约为 108 海里，最窄处的福建平潭岛与新竹市相距仅 78 海里。有学者以澎湖群岛为界，将台湾海峡分为狭义台湾海峡与澎湖水道两部分。澎湖水道位于台湾岛与澎湖群岛之间，水深可达 177 米，其南端开口中间有一台湾浅滩，水深在 25 米左右。[6]

台湾海峡是连接东北亚和东南亚的通道，属于重要的国际航线，平均每日约有 600—800 艘货轮经过台湾海峡到中国、日本与韩国；民航客机方面则是每日 900—1200 架客机飞过台湾海峡区域。每三分钟就有一艘国际航线之轮船通过台湾海峡，日本进口石油 90% 依赖台湾海峡。

二、台湾海峡水域性质辨析

除前述美国智库研究员认为台湾海峡是“公海”，中国试图营造台湾海峡是中国内海的舆论外，美国国务院发言人唐纳 2017 年 1 月针对“中国航母编队过航台湾海峡”亦提及台湾海峡的“国际水域”，认为中国“辽宁号”只要符合法律并在台湾海峡的“国际水域”运行，美国认为没有问题。[8]暂且不论美国是否有资格评论中国航母编队过台湾海峡，其中提及台湾海峡的“国际水域”与台湾海峡的水域地位明确相关。因此，本部分针对“中国试图营造台湾海峡是中国内海的舆论”“台湾海峡是公海”以及“台湾海峡的国际水域”等措辞，辨析台湾海峡的水域地位。

（一）台湾海峡是否为中国的内海?

有观点认为，大陆政府对领海基线采取分批公布，截至 2006 年，尚未公布其余的

---

〔5〕 http://www.fmprc.gov.cn/web/fyrbt_673021/jzhsl_673025/t1565977.shtml.

〔6〕 姜皇池：《由国际海峡制度论台湾海峡与澎湖隧道法律定位问题》，《台大法律论坛》1999 年第 3 期，第 91—92 页。

〔7〕 https://www.pmume.com/hjbk/nnc8e.shtml.

〔8〕 http://news.haiwainet.cn/n/2017/0720/c3541737-31029145.html.

领海基线位置或基点的地理坐标图，无法得知其如何看待台湾海峡的定位。[9]因大陆历来视台湾岛为其领土的一部分，大陆虽未正式宣布完整之领海基点基线，然其企图将台湾海峡纳入其领海范围的意图相当明显。大陆领海及毗连区法规定了直线基线法。大陆领海范围涵盖了台湾海峡。[10]这一谬论认为大陆会将台湾海峡划为领海，与美国智库研究员的观点如出一辙。只不过美国智库研究员更进一步，认为中国试图营造台湾海峡是中国内海的舆论。

《公约》将海域分成内水、领海、毗连区、专属经济区、大陆架、公海和国际海底等不同法律性质的区域。根据《公约》第 8 条 1 款规定，内水是指领海基线向陆一面的水域。大陆早在 1996 年 5 月 15 日就公布了《关于中华人民共和国领海基线的声明》，宣布大陆领海的部分基线和西沙群岛的领海基线。这一声明涉及两组直线基线。第一组是从位于渤海东南的山东半岛东端的“山东高角”一直南下到海南岛西海岸。第二组是西沙群岛的直线基线。台湾海峡沿岸的基线属于已经公布的范围。因两岸分治的客观现实，台湾当局也在 1999 年划出了台湾本岛的“领海基线”。因此，从客观上说，中国在台湾海峡两侧已明确了内水的范围，即大陆沿岸和台湾本岛沿岸基线以内的海域，这部分海域仅占台湾海峡全部水域的一小部分。《公约》规定，领海是领海基线向外 12 海里的领域。《中华人民共和国领海及毗连区法》宣布中国领海的宽度从领海基线量起为 12 海里，台湾海峡仅其中的小部分是领海。易思安之流诬称“中国想要营造台湾海峡是中国内海的舆论”“大陆将台湾海峡纳入其领海范围的意图相当明显”，不但显示出其欠缺海洋法基础知识，严重忽视两岸已确定台湾海峡的内水范围这一事实，而且蓄意制造中国威胁论。

（二）台湾海峡是否存在公海?

早期国际海洋法将海洋分成领海和公海两个部分，即“领海外即是公海”。《1958 年公海公约》第 1 条将“公海”定义为“不包括在一国领海或内水内的全部海域”。1982 年《公约》在起草之时，因对公海是否包括专属经济区引发了争论，所以未明确界定公海的定义。《公约》第五部分有关专属经济区新制度，将沿海国对领海以外区域的某些与资源相关的活动的管辖权和主权权利，扩展至距沿海国基线起 200 海里。[11]

尽管《公约》未定义公海，但其第 86 条提及第 7 部分公海的规定“适用于不包括一国专属经济区、领海或内水或群岛水域内的全部海域”。由上可知，公海是指各国内水、领海或群岛水域以及专属经济区以外不受任何国家主权管辖和支配的海洋水体部分。根据《公约》的这一规定，公海的范围已大大缩小，由领海以外的部分变成沿海国

〔9〕 沈鹿枝：《台湾海峡航行制度之研究》，台湾海洋大学 2006 年硕士论文，第 111 页。

〔10〕 同上，第 112 页。

〔11〕 Reports of the United States Delegation to the Third United Nations Conference on the Law of the Sea 148-149, 174-175. (Myron H. Nordquist & Choon-ho Park eds., 1983).

管辖海域以外的水体部分。

根据《公约》，大陆和台湾岛均可享有从其领海基线测起的12海里领海、200海里专属经济区。因此，台湾海峡只有在宽度超过400海里时，才存在公海。事实上，台湾海峡宽度介于78海里至200海里，如果扣除从大陆海岸和台湾岛海岸线外推12海里领海，中间余54海里至176海里宽的专属经济区。换句话说，台湾海峡中间的水域为中国的专属经济区，根本不存在公海。

（三）台湾海峡中是否有"国际水域"？

对于台湾海峡，美国官方和军方使用的词是"国际水域"。这是《公约》里没有的概念，美国政府和学者对《公约》条款和术语采取偷换概念的策略，自创了所谓"国际水域"的概念。根据2007年版《美国海上行动法指挥官手册》（以下简称《手册》）中的描述："出于海上行动的目的，世界海域可以分为两部分。第一部分包括内水、领海和群岛水域，这些水域都处于沿海国的主权管辖之下，同时给国际社会保留了特定的航行权利。第二部分包括毗连区、专属经济区和公海，这些属于国际水域，各国都享有与公海相同的自由航行和飞越的权利。……国际水域包括所有不受任何国家主权支配的水域。领海以外所有海域都是国际水域。"〔12〕有观点提出，虽然《公约》上没有，不等于"国际海域"这个名词不符合《公约》。〔13〕

对于美国提出的这两个概念，初看它们似乎的确建立在《公约》划分世界海域的前提基础之上，是符合《公约》的，至少是与《公约》兼容的。但是"国际水域"缺乏国际法上的实在法依据。这个概念并不见于《公约》的任何条款之中，也并不隐含在《公约》的任何条款之中，因此这充其量只是一种在《公约》体系之外的人为拟制。《手册》中明确指出，将世界海域划分成国家水域和国际水域是"出于海上行动的目的"，并非依照《公约》前言所述的"在妥为顾及所有国家主权的情形下，为海洋建立一种法律秩序，以便于国际交通和促进海洋的和平用途"，而是主要出于军事目的，是基于对美国海军行动便利程度的考虑。〔14〕因此，中国作为《公约》缔约国，《公约》为海洋订立了一系列完整的概念并建立了相对完善的法律制度，中国并不需要采纳美国出于其海军行动便利而单边拟制的概念。

综上所述，中国根本没有将台湾海峡视为中国内海，台湾海峡也不是公海，台湾海峡中存在内水、领海和专属经济区。易思安之流诬称"中国想要营造台湾海峡是中国内海的舆论""台湾海峡是国际公海""大陆将台湾海峡纳入其领海范围的意图相当明显"等谬论，无非是想当然地认为，中国未来将在实际管辖中或者两岸统一后，使台湾海峡"内海化""领海化"，即将台湾海峡作为中国的内海、领海进行管理，这必将改变台湾

〔12〕包毅楠：《美国"过度海洋主张"理论及实践的批判性分析》，《国际问题研究》2017年第5期。

〔13〕https://www.thenewslens.com/article/98179。

〔14〕包毅楠：《美国"过度海洋主张"理论及实践的批判性分析》，《国际问题研究》2017年第5期。

海峡作为国际海峡的法律地位。但是，如易思安一类的学者在未研究大陆领海基线实践和弄清海洋法基础概念的基础上，就对台湾海峡水域的性质指手画脚、以偏概全、妄下定论，实为笑谈。对于美国拟制的“国际水域”一词，其目的只是“出于美军海上行动的目的”，中国作为《公约》缔约国，在《公约》为海洋订立了一系列完整的概念并建立了相对完善的法律制度的基础上，并不需要采纳美国为其海军行动自由单边拟制的概念。

三、台湾海峡的法律地位

（一）有关国际海峡法律制度的立法变迁

海峡对于航行和贸易至关重要，“二战”前，国际社会成员发现将海峡通过问题单纯地列为领海通过问题的附属问题，并不能完全处理海峡的重要性和特殊性，因而就特定海峡签署出特殊条约予以规范，如大贝尔特海峡由1857年《根本哈根条约》所规范。〔15〕但是，在1949年之前，有关国际海峡的法律，除由特殊条约规定外，仍然附属于领海，船舶在国际海峡中的通行仅限无害通过权。〔16〕

1949年国际法院就“科孚海峡案”作出判决，认为依据国际习惯法，所有国家的船舶，包括和平时期的军舰在内，有权航行通过国际海峡，只要通过为无害，则无须经沿岸国的事先允许，即便该海峡部分或全部位于沿海国的领海之内。该案确定了用于国际航行海峡的构成要件：该海峡连接公海两部分的地理状况以及用于国际航行的事实。以“科孚海峡案”的标准为框架，1958年日内瓦《领海及毗连区法》第16（4）条规定，在用于国际航行的、位于公海的一部分和另一部分之间，或公海与一外国领海之间的海峡上，不得停止外国船舶的无害通过。该定义下的海峡，不限于连接公海与公海之间，还包括连接公海与一国领海之间的海峡，且需是争议发生时该海峡确实用于国际航行。该条提到的无害通过与领海中的无害通过有所区别，对于领海中的无害通过权，沿海国为保障本国安全的必要，可暂时停止外国船舶之无害通过，而适用于国际海峡的是不得停止无害通过权。这两者性质上仍是无害通过。第三国的潜艇须浮出水面航行并展示旗帜；飞机不享有飞越权。尽管如此，因当时大部分国家领海宽度为3海里，重要的国际海峡中央仍有公海航道，这一规定在当时得以通过。〔17〕

在第三次海洋法会议上，包括美国在内的许多海洋国家，都极其担心领海扩展至12海里的提议将使100条以上宽度不足24海里的国际海峡落入海峡沿岸国扩展后的领海之中，而为领海设立的无害通过制度并不能保障畅通无阻通过这些国际海峡。〔18〕因此，

〔15〕姜皇池：《由国际海峡制度论台湾海峡与澎湖隧道法律定位问题》，《台大法律论坛》1999年第3期，第94页。

〔16〕同上。

〔17〕参见姜皇池：《由国际海峡制度论台湾海峡与澎湖隧道法律定位问题》，《台大法律论坛》1999年第3期，第95—103页。

〔18〕［美］路易斯·B. 宋恩等：《海洋法精要》，傅崐成等译，上海交通大学出版社2014年版，第229页。

《公约》建立了一套适用于海峡过境通行的综合制度，独立于领海的无害通过制度，即第三部分“用于国际航行的海峡”制度。

（二）《公约》有关海峡的法律制度

根据《公约》的规定，我们可以将海峡分成以下几类：

1. 适用过境通行制度的海峡：用于国际航行的海峡

《公约》第 37 条规定适用过境通行制度的海峡，即用于国际航行的海峡。此类海峡包括马六甲海峡。其构成要件包括两个方面：（1）地理要件：连接公海或专属经济区的一个部分和公海或专属经济区的另一部分的海峡；（2）功能要件：用于国际航行的实践。过境通行制度是“自由通过”和“无害通过权”之间的妥协。在此类海峡，所有船舶和飞机均享有不受阻碍的过境通行的权利[19]，并且允许潜水艇以其“通常方式”航行，即在水下航行。

2. 不适用过境通行制度的海峡

根据《公约》第 36 条的规定，如果穿过某一用于国际航行的海峡有在航行和水文特征方面同样方便的一条穿过公海或穿过专属经济区的航道，用于国际航行的海峡不适用于该海峡。在这种航道中，适用本公约其他有关部分，其中包括关于航行和飞越自由的规定。该条规定了适用《公约》第 3 部分的两种例外情况。包括：（1）海峡的宽度等于或小于 24 海里，但是海峡沿海国并没有主张 12 海里领海，致使海峡中央存在专属经济区或公海的航道；（2）海峡的宽度超过 24 海里，海峡中央存在专属经济区或公海的航道。[20] 在这两种情况下，海峡中的领海适用无害通过制，在专属经济区或公海适用自由通航制度。

3. 适用不得予以停止无害通过的海峡

根据《公约》第 45 条的规定，无害通过制度应适用于下列用于国际航行的海峡：（1）海峡位于一个国家的大陆与岛屿之间，且该岛向海一面有在航行和水文特征方面同样方便的一条穿过公海或穿过专属经济海域的航道；（2）在公海或专属经济区的一个部分和外国领海之间的海峡。

4. 由专门国际公约规定其法律制度的海峡

《公约》第 35 条第 C 款规定：“（本部分的任何规定不影响）某些海峡的法律制度，这种海峡的通过已全部或部分地规定在长期存在、现行有效的专门关于这种海峡的国际公约中。”由于在当时的历史条件下，相关国家已就某些海峡的航行问题达成协定或签署了国际公约，这些海域受此类公约或协定规范，而不受《公约》的约束。

---

〔19〕 Nordquist edit, United Nations Convention on the Law of the Sea, 1982: A Commentary Volume Ⅱ, *Kluwer Law International*, 1988, p. 320.

〔20〕 Nordquist edit, United Nations Convention on the Law of the Sea, 1982: A Commentary Volume Ⅱ, *Kluwer Law International*, 1988, p. 310.

除此之外，根据《公约》第311条，新近订立且与《公约》不冲突，由现行有效条约规范的海峡。[21]如以色列与埃及签署《和平协定》所规定的蒂朗海峡（Strait of Tiran）和阿卡巴湾（gulf of Aqaba）。

表1 《公约》规定的各类海峡

通行制度	《公约》条款	海峡分类	实际例子
过境通行制度	第37条	连接公海或专属经济区的一部分与公海或专属经济区另一部分，以及存在利用该海峡作为国际航行的一些惯例的海峡	马六甲海峡
无害通过制度	第45条	海峡位于一个国家的大陆与岛屿之间，且该岛向海一面有在航行和水文特征方面同样方便的一条穿过公海或穿过专属经济海域的航道；或者在公海或专属经济区的一个部分和外国领海之间的海峡	
不适用过境通行制度	第36条	海峡的宽度等于或小于24海里，海峡沿海国没有主张12海里领海，致使海峡中央存在专属经济区或公海的航道；或者海峡的宽度超过24海里，海峡中央存在专属经济区或公海的航道	台湾海峡、宗谷海峡、津轻海峡、对马海峡东水道、对马海峡西水道、大隅海峡
由专门国际公约规定其法律制度	第35（C）条、第311条	《公约》缔结之时，这种海峡的通行已全部或部分地规定在长期存在、现行有效的专门关于这种海峡的国际公约中；或者新近订立，与《公约》不冲突，由现行有效条约规范的海峡	土耳其海峡，直布罗陀海峡、麦哲伦海峡、黑海海峡等

（三）台湾海峡的法律性质

1. 关于台湾海峡法律地位的争议

对于台湾海峡的法律性质，有两种观点。一种观点认为，台湾海峡属于“用于国际航行的海峡”，适用过境通行制。另一种观点认为，台湾海峡属于《公约》第36条的海峡，排除适用“用于国际航行海峡”的制度，而是适用其他有关部分关于航行和飞越之规定。在专属经济区中，适用专属经济区航行与飞越制度，在领海适用“无害通过权”。

对于第一种观点，台湾当局在其“领海及邻接区法”第13（1）条规定：“在用于国际航行的台湾海峡非领海海域部分，[台湾当局]可就……制定关于管理外国船舶和航空器过境通行之法令。”从该条可知：（1）台湾海峡被定位为“用于国际航行之海峡”；（2）台湾海峡之非领海海域部分所适用之航行制度为“过境通行”。

但是，相较于第一种观点，第二种观点更符合《公约》的规定。持这一观点的典型学者包括宋燕辉、姜皇池、胡念祖等。

宋燕辉认为：“台湾海峡是世界上最繁忙的海峡之一，每天约有超过400艘船舶和350架飞机穿过。台湾海峡是一个国际海峡，但不是《公约》第37条规定的连接公海或专属经济区的一部分与公海或专属经济区另一部分的用于国际航行的海峡。因为，在大陆和台湾岛领海基线测起的台湾海峡重叠专属经济区中，有航行和水文特征方面同样方

[21] Ibid.，p. 317.

便的航道，《公约》第 3 部分的规则并不适用台湾海峡，包括过境通行制在内。"[22]

姜皇池认为：台湾海峡宽度，最宽处达 122. 2 海里，最窄处亦有 72. 2 海里，在两岸均主张 12 海里宽度之前提下，台湾海峡存有中央专属经济区航道，……根据《公约》第 36 条之规定，此种海峡并不适用"过境通行制度"，仅是在这种航道中，适用其他有关部分关于航行和飞越之规定。……在专属经济区水域中，乃须适用有关专属经济区之航行与飞越规定，在领海，外国船舶于此水域，原则上享有"无害通过权"。[23]

胡念祖认为：由地理形貌与位置及外籍船舶长期不断穿越的客观事实观之，台湾海峡确实是国际海洋法下之"国际航行海峡"，但是"我国"须引用第 36 条"如果穿过某一用于国际航行的海峡有在航行和水文特征方面同样方便的一条穿过公海或穿过专属经济区的航道，本部分不适用于该海峡；在这种航道中，适用本公约其他有关部分，其中包括关于航行和飞越自由的规定"，将国际航行制度排除适用台湾海峡。[24]

2. 台湾海峡属于《公约》第 36 条规定的海峡

台湾海峡的宽度介于 78 海里至 200 海里，扣除海峡两岸各自主张的 12 海里领海，中央存在专属经济区。海峡中央还存有在航行和水文特征方面同样便利的专属经济区航道。根据《公约》的规定，台湾海峡属于《公约》第 36 条规定的海峡。该条规定：

"如果穿过某一用于国际航行的海峡有在航行和水文特征方面同样方便的一条穿过公海或穿过专属经济区的航道，本部分不适用于该海峡；在这种航道中，适用本公约其他有关部分其中包括关于航行和飞越自由的规定。"

因此，台湾海峡分别适用各该水域之航行制度：

（1）台湾海峡中的内水部分：中国对台湾海峡的内水拥有完全的主权。由于两岸分治，船舶的通行分别按照两岸的规定进行。大陆一侧的内水里，由于不存在可供航行的海峡，一切外国籍军用船舶不得通过，外国非军用船舶经批准后通过。在台湾岛一侧，澎湖列岛与台湾本岛之间的澎湖水道是经由南海和东海的部分商船往来的重要海上通道。台当局划设基线后，台湾本岛与澎湖群岛之间的水域性质变为内水。根据目前台湾当局法律的规定，外国军舰或公务船舶经由该水道，应经事先许可。

（2）台湾海峡中的领海部分：适用《公约》第二部分"领海"无害通过制度。外国飞机并无飞越权，外国非军用船舶无害通过领海，潜艇通过时必须浮出水面航行并展示其旗帜，水面舰艇航行还必须符合《公约》有关"无害通过"的规定。对外国军舰，大陆要求经批准后才能进入领海，台湾当局规定外国军舰或公务船舶须先行告知。

---

〔22〕 Yann-huei Song, The Legal Status of Taiwan Strait and Potential MaritimeDisputes in China-US Relations, 2008-3-28, pp. 4-5.

〔23〕 姜皇池：《由国际海峡制度论台湾海峡与澎湖隧道法律定位问题》，《台大法律论坛》1999 年第 3 期，第 141 页。

〔24〕 胡念祖：《美舰"无害通过"用语欠妥》，《中国时报》2000 年 5 月 27 日。

（3）台湾海峡中的专属经济区部分：应适用《公约》第五部分“专属经济区”的航行制度，外国船舶、航空器在行使相当于公海的航行与飞越自由时，应适当顾及沿海国的权利和义务，并应遵守沿海国按照本公约的规定和其他国际法规则所制定的与本部分不相抵触的法律和规章。

（四）美国军舰通过台湾海峡时的权利义务及其实践

基于军舰航迹保密原因，大部分美国军舰通过台湾海峡的具体航线无法获取。2018 年 7 月，继美国海军第 7 舰队两艘宙斯盾舰于 7 月 7—8 日穿越台湾海峡后，日本三艘公务船为躲避台风“玛莉亚”，分别穿越台湾海峡西侧和东侧，在高雄外海避风后，又沿台湾海峡东侧返回。根据其卫星和近岸 AIS 航迹判断，与那国号（PL14）于 7 月 9 日早开始，沿台湾海峡台湾一侧岸外 24 海里向西南侧航行，于 7 月 10 日上午泊于台湾高雄外侧海域；秋津岛号（PLH32）于 7 月 9 日下午经台湾东侧海域向西南航行，9 日晚经巴士海峡于 10 日下午泊于高雄外侧海域；另一巡视船池间号（PL-86）航线大致与秋津岛号相同。台风“玛莉亚”影响消退后，三艘执法船均沿台湾东侧海域返航。

2018 年 11 月 28 日，美军导弹驱逐舰“斯托克代尔号”（USS Stockdale）和补给舰“佩科斯号”（USNS Pecos）自北向南经过台湾海峡。2019 年 4 月 28 日，美国导弹驱逐舰“斯特塞姆号”（DDG-63）和“威廉·P. 劳伦斯号”（DDG-110）从恒春西南海域进入台湾海峡向北航行。这两起美国军用舰船航经台湾海峡的航行轨迹可知。

尽管大部分美国军舰穿行台湾海峡的轨迹尚不可知，因日本公务船和美国军舰性质类似，美国船舶穿越台湾海峡的路径与日本公务船的轨迹并不会相差太多。美国军舰穿越台湾海峡的路径可以参考日本公务船的航行轨迹。再加上 2018 年 11 月和 2019 年 4 月美国军舰的航行轨迹，我们可知，美国军舰大致是在台湾岛岸外 24 海里航行，包括在高雄外海避台时，也位于 24 海里以外，且大体位置位于台湾海峡中线附近。

前述及台湾海峡在《公约》规定下的通行制度，只有《公约》中成为习惯国际法的通行规则才对非成员国有约束力。因此，美国军舰在台湾海峡通行享有的权利和承担义务还需要考察《公约》有关通行的规则是否成为国际习惯法。

1982 年 2 月，国际法院首次触及专属经济区的国际习惯法地位这一问题。在 1982 年“突尼斯诉利比亚大陆架案”中，法院称专属经济区的概念“可被视作现代国际法的一部分”〔25〕。在 1984 年“缅因湾案”中，国际法院指出，关于专属经济区的某些条款“可……在当前被视作与一般国际法相符”。在“尼加拉瓜诉美国”案的实质阶段，国际法院援引《公约》第 58 条“其他国家在专属经济区内的权利和义务”，指出公海航行自由适用于专属经济区。在 1985 年“利比亚诉马耳他案”中，国际法院认为，“在法院看来，……各国的实践表明……专属经济区制度已成为习惯法的一部分，这是无可置疑

〔25〕 Continental Shelf Case (Tunisia/Libya), 1982 *I. C. J.* 18, p. 100.

的”。对于领海中的航行问题，国际法院判例指出《公约》第 17 条“无害通过权”和第 18 条“通行的含义”成为习惯国际法规则。但是，外国军舰在领海是否享有无害通过权仍存在分歧。综上所述，《公约》专属经济区制度和领海无害通过权已经成为了习惯国际法，美国需要遵守。但是，外国军舰或公务船舶在领海中的无害通过并不是习惯国际法。

因此，美国军舰在通过大陆领海时，需要获得大陆的事先批准。由于两岸分治，美国军舰在通过台湾岛一侧的领海时，须事先通知台湾当局。在台湾海峡专属经济区内，美国享有《公约》规定的航行和飞越自由，但是在行使这些权利的同时，必须遵守《公约》第 58 条其他国家在专属经济区内的权利和义务，即适当顾及沿海国的权利和义务，并应遵守沿海国按照本公约的规定和其他国际法规则所制定的与本部分不相抵触的法律和规章。

根据国际法院的相关司法案例，领海中的无害通过制度、专属经济区制度已经成为习惯国际法规则。美国虽然没有批准《公约》，但必须遵守《公约》中有关军舰航行的规定。

因此，在台湾海峡专属经济区内，美国享有《公约》规定的航行和飞越自由，但是在行使这些权利的同时，必须遵守《公约》第 58 条规定的其他国家在专属经济区内的权利和义务，即适当顾及沿海国的权利和义务，并应遵守沿海国按照本公约的规定和其他国际法规则所制定的与本部分不相抵触的法律和规章。

表 2　美国军舰穿过台湾海峡事件

序号	时间	美国或他国军舰	区域或路线	事件
1	1950. 6	美第七舰队	进驻台湾基隆、高雄，并在台湾海峡巡逻和演习	1950 年 6 月 28 日，杜鲁门命令第七舰队进驻台湾海峡，阻止任何对台湾的进攻，确保台湾的中立化。在杜鲁门 28 日的命令发布前，27 日，第七舰队十余艘军舰进驻台湾基隆、高雄两港口，并在台湾海峡进行侦察巡逻和作战演习
2	1955. 2	美第七舰队	台湾海峡东北部	第一次台海危机。1955 年 1 月中旬，人民解放军解放了一江山岛。美协助大陈岛军民渡海返台。美国加紧向台湾海峡增派兵力。美军在台湾海峡东北部海域部署了第七舰队 4 艘航空母舰和 12 艘驱逐舰，另有“普林斯顿”号航空母舰和一艘巡洋舰也加入[26]
3	1958	美第七舰队	美国主要在“国际水域”为国民党军队提供护航等	第二次台海危机。美军在台湾海峡地区集结了 6 艘航空母舰，并装载了 96 架可以投掷原子弹的飞机，另有 3 艘重巡洋舰、40 艘驱逐舰、7 艘潜艇以及 20 余艘其他种类的舰只[27]
4	1995. 12. 19	美第七舰队“尼米兹号”航空母舰战斗群	穿越台湾海峡	1995 年 7 月至 11 月 23 日，解放军第一次导弹发射及军事演习。12 月 19 日，“尼米兹号”航空母舰战斗群以“海象不佳”“例行通行”为由，未从台湾东部太平洋海域通过而改行台湾海峡

〔26〕 戴超武：《敌对与危机的年代》，社会科学文献出版社 2003 年版，第 191 页。
〔27〕 http：//www. cssn. cn/sjs/sjs_ sjxds/201505/t20150504_ 1718521_ 1. shtml.

续表

序号	时间	美国或他国军舰	区域或路线	事件
5	1996. 3. 8—10	美第七舰队“独立号”航母战斗群、“尼米兹号”核动力航母战斗群	第七舰队、第五舰队	第三次台海危机。1996年3月，解放军在东海和南海进行海空实弹演习。随后，美国政府决定派航空母舰“独立号”驶至台湾附近海域，3月11日又宣布原在海湾的第五舰队航空母舰“尼米兹号”驶往台湾附近海域，与“独立号”编队会合
6	1998	“尼米兹号”航母战斗群	所航行之水域为台湾当局专属经济区	
7	1999	美国神盾巡洋舰“摩比尔湾号”	沿海峡中线穿越台湾海峡	
8	2007. 11. 29	美国航母	穿越台湾海峡	2007年11月29日，美国海军“小鹰号”航空母舰战斗群在被拒绝访问香港后，经由台湾海峡返回日本
8	2017	美军驱逐舰		辽宁号航母编队过航台湾海峡期间，美军驱逐舰也驶入台湾海峡，对中方编队进行全程跟踪〔28〕
10	2018. 7. 7	美军第七舰队驱逐舰	自南向北穿越台湾海峡	美国海军派出导弹驱逐舰“本福德号”（DDG-65）和“马斯汀号”（DDG-89）
11	2018. 10. 22	美军第七舰队驱逐舰	由南向北通过海峡	“阿利伯克”级导弹驱逐舰“柯蒂斯威尔伯号”（DDG-54）及“提康德罗加”级导弹巡洋舰“安提坦号”（CG-54）
12	2018. 11. 28	美军第七舰队驱逐舰	自北向南经过台湾海峡	导弹驱逐舰“斯托克代尔号”（USS Stockdale）和补给舰“佩科斯号”（USNS Pecos）
13	2019. 1. 24	美军第七舰队驱逐舰	由南向北航经台湾海峡	导弹驱逐舰“麦克坎贝尔号”以及补给舰“沃尔特·迪尔号”
14	2019. 2. 25	美军第七舰队驱逐舰	由南向北航经台湾海峡	“斯特瑟姆号”驱逐舰（DDG-63）和“凯撒·查韦斯号”干货补给舰（T-AKE-14）
15	2019. 3. 25	美军第七舰队驱逐舰和海岸警卫队执法船	由南向北航经台湾海峡	两艘舰艇包括美国海军的“柯蒂斯·威尔伯号”导弹驱逐舰（伯克级，DDG-54）和美国海岸警卫队的“巴索夫号”执法船（传奇级，USCGC Bertholf WMSL-750）
16	2019. 4. 28	美军驱逐舰	由南向北航经台湾海峡	导弹驱逐舰“斯特塞姆号”（DDG-63）和“威廉·P. 劳伦斯号”（DDG-110）

〔28〕 http：//news. haiwainet. cn/n/2017/0720/c3541737-31029145. html.

四、结　论

国际社会充斥着“台湾海峡是中国领海”“中国使台湾海峡内海化”“台湾海峡是公海，美国本来就有航行和飞越的自由”等种种谬论，且这些谬论仍存在一定的市场。但是，中国早在1996年就已经公布了大陆沿海的领海基线。因两岸分治的客观现实，台湾当局也在1999年划出了台湾本岛的“领海基线”。因此，从客观上说，中国在台湾海峡两侧已明确了内水的范围，中国并没有使台湾海峡内海化。台湾海峡亦不是公海，其宽度介于78海里至200海里，扣除从大陆海岸和台湾岛海岸线外推12海里领海，中间余54海里至176海里宽的专属经济区，不存在公海。

根据《公约》第36条的规定，台湾海峡属于不适用过境通行制度的国际海峡，在其内水、领海和专属经济区内，分别适用《公约》内水、领海和专属经济区中于航行和飞越自由的规定。因此，美国军舰在通过大陆领海时，需要获得大陆的事先批准。由于两岸分治，美国军舰在通过台湾岛一侧的领海时，须事先通知台湾当局。在台湾海峡专属经济区内，美国享有《公约》规定的航行和飞越自由，但是在行使这些权利的同时，必须遵守《公约》第58条其他国家在专属经济区内的权利和义务。

国台办发言人马晓光在2018年6月13日针对有关美国智库研究员发言的回答，以及外交部在同年6月5日对“美国军方正考虑派军舰穿越台湾海峡”的回答，均只从政治层面解释了美国军舰穿过台湾海峡对中美关系的影响，对美舰通过台湾海峡应遵守的国际法和海洋法规则并未提及。作为中央政府机关，国台办、外交部发言广受社会关注，在其应对“美舰穿越台湾海峡”的回答中，加入对台湾海峡水域的性质和台湾海峡的法律性质的阐释，能有效地以正视听，驳斥国际社会关于台湾海峡的种种谬论。

论北冰洋海区海洋划界形势与进展

■ 白佳玉[*]　隋佳欣[**]

【内容摘要】气候变化使北冰洋海区成为各国利益的焦点，围绕北冰洋核心海区和九个边缘海区，俄罗斯、美国、加拿大、挪威、丹麦（格陵兰）和冰岛六国在国际法项下就重叠的海洋权利主张陆续划定海洋边界。就北冰洋海区已完成的海洋划界而言，主要通过国家间协议达成，也有通过第三方争端解决机制解决的判例。其中大部分边界线均位于边缘海海区，只有少数深入北冰洋。此外，北冰洋海区还存在相当一部分未完成的海洋划界，主要涉及北冰洋沿岸国向大陆架界限委员会提交200海里外大陆架申请及批准问题。总体而言，北冰洋海区海洋划界呈现出“谈判解决”“公平原则指导划界方法”“合作”的趋势，对中国未来妥善参与北极事务、主张海洋合法权益具有重要意义。

【关键词】北冰洋海区　海洋划界　形势进展　北极利益攸关国

国际海洋法在“二战”后得到迅猛发展，尤其伴随着大陆架和200海里专属经济区概念的提出，国家主权及主权权利范围不断由陆地向海洋方向延伸。在以北冰洋为主体的北极地区，俄罗斯、美国、加拿大、丹麦（格陵兰）、挪威和冰岛六国围绕北冰洋核心海区和九个边缘海区〔1〕就重叠的海洋权利主张陆续划定海洋边界。尤为引人注目的是，近年来的气候变化已显著影响北极夏季海冰的消融情势〔2〕，北极因此从国际政治的边缘地带走向各国视域的中心。目前，北冰洋海区已完成大部分海洋划界，但整体而言还存在相当一部分未完成的海洋划界。200海里外大陆架外部界线的确定问题使各国间的海洋划界形势更加复杂。“北极利益攸关国”在北冰洋海区行使合法权利，需以明确活动范围为前提。因此，通过梳理北冰洋海区已完成划界和未完成划界情况，分析国际政治背景下北冰洋海区海洋划界趋势，可以对中国未来参与北极事务有所启示。

一、北冰洋海区已划定的海洋边界

自1957年挪威和苏联签订北冰洋海区首个海洋划界协定，北冰洋海区周边国家在海洋边界的划定方面产生了大量的国家实践和司法实践，最终划定的海洋边界包含

---

* 中国海洋大学法政学院教授，中国海洋大学海洋发展研究院高级研究员，法学博士，主要从事海洋法、海事法研究。

** 中国海洋大学法政学院法学硕士研究生，研究方向为国际法。本文为国家社科基金一般项目“中国参与北极治理的国际合作法律规则构建研究”（16BFX188）研究成果。

〔1〕九个边缘海区按顺时针方向依次为林肯海、波弗特海、楚科奇海、东西伯利亚海、拉普捷夫海、喀拉海、巴伦支海、挪威海和格陵兰海。

〔2〕根据联合国气候变化政府间专家委员会第五次评估综合报告预测，北冰洋在21世纪中叶前极有可能迎来夏季无冰期。详情参见“The IPCC Fifth Assessment Synthesis Report”，http：//ipcc. ch/report/ar5/syr/。

领海边界，但以渔区/专属经济区和大陆架边界为主。根据选择海洋划界争端解决途径的不同，可以分为第三方争端解决机制下完成的划界和双边谈判缔结条约下完成的划界。

（一）第三方争端解决机制下已完成的划界

目前，解决国际海洋划界争端的常设国际机构包括国际法院（ICJ）、海牙常设仲裁法庭（PCA）和联合国海洋法法庭（ITLOS）。[3]北冰洋海区在第三方争端解决机制下完成的海洋划界主要围绕1993年国际法院判决的“格陵兰—扬马延海洋划界案”展开。这是首个以单方申请形式提交国际法院解决海洋划界争端的案例，国际法院依据《国际法院规约》第36条第2款就双方接受强制管辖的声明受理了此案。[4]

作为划界争端主体的格陵兰和扬马延（Jan Mayen），分别于1953年和1930年归属丹麦和挪威。二者在格陵兰海区沿西北—东南方向隔海相望，从格陵兰岛东海岸到扬马延岛之间距离约为250海里。由于该海域是毛鳞鱼这一渔业资源的重要渔场，随着1980年、1981年挪威和丹麦相继宣布在扬马延岛周围和格陵兰岛东海岸划定200海里渔区，两国开始就这一区域的海洋划界问题展开谈判，但多年未能达成协议。1988年8月16日，丹麦单方面向国际法院提交了解决格陵兰和扬马延岛之间大陆架和渔区划界问题的申请。鉴于当时《联合国海洋法公约》（以下简称《公约》）尚未生效，两国又都是1958年《大陆架公约》的缔约国，因此两国均承认受《大陆架公约》的约束。双方争议主要在于：丹麦主张从格陵兰东海岸的直线基线起享有完整的200海里渔区和大陆架，并要求国际法院对大陆架和渔区进行单一划界；挪威则主张两国已形成确定的“中间线”边界，大陆架与渔区的界线应该是两条“重合但彼此独立的线”。

在单一划界问题上，考虑到两国之间缺乏有关大陆架和渔区划界的单一海洋划界协议，国际法院决定对大陆架和渔区划界予以分别考虑：大陆架划界适用《大陆架公约》第6条；渔区划界则由于《大陆架公约》无相关规定，适用习惯国际法。这种做法实际上变相肯定了挪威提出的“划界线应一条来自1958年《大陆架公约》，一条来自习惯法”[5]的主张。在划界方法方面，挪威认为，丹麦在1965年与挪威签署斯卡格拉克海峡和北海大陆架划界协议、1979年就法罗群岛渔区与挪威签署专属经济区划界协定以及第三次联合国海洋法会议表态时均支持“中间线划界”，因此格陵兰与扬马延间海洋边界已固定适用中间线方法划界。但国际法院对此未予接受，在考虑了“1977英法仲裁

---

〔3〕 国际法院（ICJ）于1946年根据《国际法院规约》设立；海牙仲裁法庭（PCA）于1990年根据《和平解决国际争端的公约》设立；国际海洋法法庭（ITLOS）于1994年根据《联合国海洋法公约》设立。

〔4〕 袁古洁：《国际海洋划界的理论与实践》，法律出版社2001年版，第127页。

〔5〕 http：//www. un. org/Depts/los/ LEGISLATIONANDTREATIES/PDFFILES/TREATIES/DNK-NOR1993MD. pdf，p. 23，para. 42.

案”[6]“1985 利比亚–马耳他案” 后[7]，其认为无论依据1958年《大陆架公约》第6条还是习惯国际法，大陆架与渔区划界均以一条临时等距离线作为第一阶段，然后考虑是否存在“特殊情况”对其加以调整，才是适当的做法。[8]而涉及调整等距离线的考虑因素主要为两点：一是格陵兰与扬马延海岸线长度比例接近于9：1[9]，构成显著不成比例的情况；二是对两国均至关重要的毛鳞鱼资源主要分布在主张重叠区的南部（也就是扬马延附近海域）。基于此，适用等距离中间线可能造成不公平，因此划界线应该向东调整以更靠近扬马延。最后，国际法院于1993年6月14日以14：1的投票比例作出判决。判决并未接受丹麦200海里划界线的主张，也并未在二者之间直接划定等距离线，而是在丹麦（格陵兰）主张的200海里线与挪威（扬马延）主张的中间线之间划定一条界线作为最终边界。为明确最终构成边界线各点的具体坐标，丹麦与挪威分别于1995年12月18日和1997年11月11日签订《丹麦和挪威关于扬马延和格陵兰间区域大陆架划界和此区域渔业区边界的协议》和《1995年12月18日〈丹麦和挪威关于扬马延和格陵兰间区域大陆架划界和此区域渔业区边界的协议〉的附加议定书》，从中可以看出最终划定的专属经济区与大陆架边界线一致重合。[10]

1993年“格陵兰—扬马延海洋划界案”是目前北冰洋海区仅有的通过国际法院解决海洋划界争端的案例，同时也是国际法院在全球范围内首次基于“任意强制管辖权”审理的海洋划界案。在当事国没有共同提出单一划界要求、此前判例也鲜少适用1958年《大陆架公约》的情况下，本案判决的产生具有重要意义。首先，国际法院指出大陆架与渔区划界的基础均为“依据《国际法院规约》第38条，实现公平解决”。虽然通常，尤其是在相向国之间，“等距离中间线”会带来公平的结果，但其并未成为固定的划界方法，再次确认了等距离中间线并非适用于所有情况，追求公平方为最终目的。其次，国际法院在本案中采取的“第一阶段先画一条临时等距离线，再在第二阶段中考虑‘特殊情况’加以调整”的划界方法，为将抽象的“公平解决”具象化、形成技术性和可预测性的划界趋势作出了贡献。最后，就考虑因素而言，地理因素（包括海岸形状、海岸线长度比例）和自然资源的公平利用对最终划界结果的影响在本案中有较好的体现。对于1958年《大陆架公约》第6条中的“特殊情况”与习惯国际法项下的“相关因素”在实践中呈现出的同化倾向，法院强调：“不能因太重视海岸线长度比例而压缩

---

〔6〕“应当着手寻找改变等距离线的方法，而不应另行采用一个完全不同的划界标准”，详见 United Nations Reports of International Arbitral Awards（RIAA），p. 116，para. 249。

〔7〕“以中间线作为暂时性界线，然后再进行调整，基于达到最终公平结果的目的考虑，是最为合理的”，详见 ICJ Reports 1985，p. 47，para. 62。

〔8〕ICJ Case 14 June1993，paras. 49，53.

〔9〕ICJ Case 14 June1993，para. 61.

〔10〕http：//www. un. org/Depts/los/LEGISLATIONANDTREATIES/ PDFFILES/ TREATIES/DNK-NOR1995CS. PDF.

其他因素被考虑的空间。"[11]同时，法院也再次表明人口、社会和经济发展等因素在海洋划界案中通常不予考虑。

（二）双边谈判缔结条约下已完成的划界

截至目前，北冰洋海区已通过双边谈判缔结条约的方式固定下来的海洋边界共5条。[12]双边谈判作为解决国际争端的传统方法，在关乎国家主权、安全等高敏感性的海洋划界问题上，往往成为当事国适用其他争端解决方式的前提。不仅因为国际法本身鼓励这种尝试，更源于国家利益的需要。按照以温特为代表的建构主义"观念利益观"的分析思路，根植于"身份认同观念"的共同国家利益在形式上可能因国家不同而有所区别，但本质为各国所共同追求[13]，因而可以指导北冰洋海区周边国家在国际法规则原则框架下，通过谈判中的妥协与博弈实现海洋划界的"公平解决"。北冰洋海区海洋划界国家实践中的法律依据主要是1958年《大陆架公约》、1982年《公约》和习惯国际法，划界方法上几乎都以不同形式的等距离线为基础，随着国家"观念"的变化，可以梳理出北冰洋海区周边国家海洋划界立场和签订条约的发展变迁。

1．苏联/俄罗斯与挪威

俄罗斯与挪威海洋划界始于1957年2月的《挪威和苏联关于划分瓦朗格尔峡湾海域边界的协定》（以下简称1957年《协定》），所涉海洋划界区域主要位于巴伦支海海区。1957年《协定》中规定，"边界线应是一条始于415号边界标记柱形浮标，终于两国领水外部界限交点处的直线。挪威和苏联任何一方都不得将其领水扩展到'两国领海外部界限的交切点'与'内麦茨基角（Cape Nemetsky）和基贝尔格内斯角（Cape Kibergnes）之间中点'的连线之外"[14]，从而以中间线形式划定了两国在位于巴伦支海海区南部区域的瓦朗格尔峡湾（Varangerfjord）相邻海域间的领水边界。按照1957年11月"苏挪边界委员会"确定的具体基点坐标，边界线大致呈东北走向，长约12.6海里。[15]联合国海洋法会议的召开使两国谈判范围扩展到大陆架和专属经济区，在挪威继续主张中间线划界时，苏联却主张适用其1926年法令中规定的"区域线"，谈判因此进展缓慢。[16]直至2007年，两国在《公约》框架下缔结《俄罗斯联邦与挪威关于瓦朗格

---

〔11〕 ICJ Case 14 June 1993, para. 69.

〔12〕 俄挪瓦朗格尔峡湾—巴伦支海边界；加丹戴维斯海峡—林肯海边界；冰岛—扬马延边界；格陵兰—冰岛边界；格陵兰—斯瓦尔巴德群岛边界。

〔13〕 刘志云：《当代国际法的发展：一种从国际关系理论视角的分析》，法律出版社2010年版，第87—89页。

〔14〕 http://www.un.org/Depts/los/LEGISLATIONANDTREATIES/PDFFILES/TREATIES/NOR-RUS1957SF.PDF.

〔15〕 http://www.un.org/Depts/los/LEGISLATIONANDTREATIES/PDFFILES/TREATIES/NOR-RUS1957DP.PDF.

〔16〕 ［挪威］英格丽·科瓦尔维克：《挪威与俄罗斯（苏联）海洋划界谈判评估》，《亚太安全与海洋研究》2015年第3期，第30页。

尔峡湾地区海洋划界的协议》，成为两国海洋划界的新起点。在仍保留先前协议确定的起始点和终点的基础上，协议继续沿东北方向选定3个基点（到达北纬70°东经32°），从瓦朗格尔峡湾的领海边界扩展至巴伦支海的部分专属经济区和大陆架边界。[17]2010年《俄罗斯联邦与挪威王国关于巴伦支海和北冰洋海洋划界与合作条约》的签订标志着两国巴伦支海划界的正式完成，整条边界线由14个基点组成[18]，最北端延伸至北冰洋。该《条约》虽未明确具体的划界原则和划界方法，但两国在2010年4月的共同声明中有提到大致将争议区域划分成面积相等的两部分。[19]从最终边界图上看，划界线大致是一条穿过挪威的斯瓦尔巴德群岛和俄罗斯的法兰士约瑟夫地群岛的中间线。[20]

冷战时期的苏联与挪威分处不同阵营，不具备身份认同条件，因此两国间的划界谈判事实上于冷战结束后才正式开启。巴伦支海的地理位置是边缘海中最得天独厚的一个[21]，渔业和能源资源都很丰富。俄挪两国在巴伦支海海区的国家利益主要涉及渔业、油气和军事安全。首先，俄挪作为北极能源大国，在能源与渔业方面都存在着巨大的需求和发展空间。但俄挪之间典型的“大国”对“小国”的地缘政治特点，使两国在巴伦支海这一重要的战略性海区中涉及重要国家安全利益。在很长一段时间内，安全利益的冲突始终占据上风：挪威身为小国呈现出既希望早日完成划界又担心俄罗斯控制、占据划界优势的矛盾心理，俄罗斯则整体持不积极态度，因此划界进程缓慢。随着北极冰融与国际环境变化，2007年两国观念出现明显分水岭。挪威2007年发布的北极战略明确指明国家北极政策的重点是要加强与俄罗斯的合作，同时“按照可持续发展原则，利用巴伦支海作为欧洲新能源区所带来的机遇”[22]。俄罗斯紧接着于2008年的北极战略中也提出要“利用俄联邦的北极地区作为俄联邦的战略资源基地，为国家社会经济的发展提供保障”[23]。可以看出，挪威与俄罗斯发展睦邻关系的意愿强烈，俄罗斯在两侧分别毗邻着挪威和美国阿拉斯加的情况下，也有意与挪威合作发展经济。尽快推进巴伦支海的渔业资源利用和石油天然气资源的勘探开发成为两国共同的观念利益导向。于是，两国在巴伦支海海区持续40余年的划界谈判得以在2007年后的短短3年时间内即宣告完成。值得注意的是，2010年的划界条约不仅完成了巴伦支海和北冰洋的专属经济区和大陆架划界，还一揽子解决了两国间在渔业资源养护和跨界油气开发领域中的共同合作

---

〔17〕 Agreement between the Russian Federation and the Kingdom of Norway on the Maritime Delimitation in the Varangerfjord area, 11 July 2007.

〔18〕 2007年协议确定6个基点，2010年协议确定8个基点。

〔19〕 https://www.regjeringen.no/globalassets/upload/ud/vedlegg/folkerett/030427_english_4.pdf.

〔20〕 丘君、张海文主编：《图说世界海洋政治边界·欧洲分册》，海洋出版社2014年版，第67页。

〔21〕 匡增军：《2010年俄挪北极海洋划界条约评析》，《东北亚论坛》2011年第5期，第47页。

〔22〕 https://www.regjeringen.no/globalassets/upload/ud/vedlegg/strategien.pdf.

〔23〕 https://assets.aspeninstitute.org/content/uploads/files/content/upload/29%20Russian%20Arctic%20Strategy%20Until%202020%20BW.pdf.

问题。

2. 加拿大与丹麦（格陵兰）

加拿大与丹麦（格陵兰）在北冰洋海区已划定的海洋边界由两段条约线构成，穿越戴维斯海峡（Davis Strait）、芭芬湾（Baffin Bay）、纳尔斯海峡（Nares Strait），一直向北延伸至林肯海海区。1973年12月17日，两国签订《丹麦王国政府和加拿大政府关于划分格陵兰和加拿大之间大陆架的协定》，协定第一条规定，“加拿大北极群岛与格陵兰岛之间区域的分界线是一条经双方协议确定并调整的中间线”[24]，从而在“等距离中间线”的基础上划定了两国间相向水域间的大陆架界线，并将两国海床分成大致相等的两部分。1973年条约线长约1450海里，可以分为北纬61°00′和北纬75°00′之间的地区（戴维斯海峡和巴芬湾）的分界线、纳勒斯海峡分界线、上述两条分界线的连接线三部分，其中，最北点位于北冰洋入口南部的罗伯森海峡（Robeson Channel）。由于早期双方均没有水文测量图，各自的沿岸低潮线尚未得到精确划定，所以明确基点坐标的进一步划界谈判在1973年协议时即已进入两国议程。但之后两国对位于纳尔斯海峡中心的汉斯岛长期存在主权争议，给两国间的划界谈判进程增添了复杂性。直到2012年，加拿大与丹麦进一步就埃尔斯米尔岛和格陵兰岛以北的林肯海海域划界签署协议，两国在北冰洋海域的海洋划界问题才得以解决。整体划界基本仍维持等距离的划界方法，只是将基点坐标更加明确，并且将大陆架划界事实上成功地扩大到渔区划界。

加拿大和丹麦历史上就不存在根本性的政治和军事利益冲突。两国同为1958年《大陆架公约》缔约国，具有非常好的身份认同基础，并且出于地理特征上的相似性——加拿大是地理大国，丹麦格陵兰是世界上最大的岛屿，两国在追求经济发展和渔业资源的利用、原住民利益和生态环境保护这些重大国家利益上是一致的。基于此，两国对于明确海洋边界，通过合作以尽可能地有效利用资源、减少冲突始终抱有审慎、长远的考虑。这在1973年协议中有明确的体现：双方不仅着力于划定海洋边界，还积极推进关于渔业资源信息资料的共享甚至是海洋环境保护方面的合作。“其就开采跨越边界的石油矿产资源达成的一致方法，使未来第三次联合国海洋法会议大陆架边界问题的解决成为可能，体现了双方在避免海洋资源开发冲突问题上的努力。”[25]汉斯岛的主权问题曾经是影响两国间划界谈判的一个主要不利因素，2009年加拿大“要积极做北极领导者”的新目标[26]与格陵兰获得高自治权之后面对的新挑战，直接使两国间的合作观念焕发出新活力。加拿大需要经济发展以及国际合作作为助力，自治后的格陵兰对于开

〔24〕 http：//www. un. org/Depts/los/LEGISLATIONANDTREATIES/PDFFILES/TREATIES/DNK-CAN1973CS. PDF.

〔25〕 J. I. Charney and L. M. Alexander （eds）, *International Maritime Boundaries*, The Hague：Martinus Nijhoff, 1993, p. 372.

〔26〕 https：//web. law. columbia. edu/sites/default/files/microsites/climate-change/files/Arctic-Resources/Arctic-Council/01_ Canadas%20northern%20strategy. pdf.

发资源发展经济的需求也不言而喻。正如丹麦在2011年北极战略中提出的，其“将继续准备新的海图，避免在格陵兰岛水域的海洋冲突，同时支持矿物资源开采活动”〔27〕。近似的观念与国家利益驱使两国在纠结于汉斯岛的主权问题与尽快解决海洋划界谋求发展中，共同作出了面向未来的积极选择。就此来看，2012年的林肯海划界协议就是一个水到渠成的结果。

3. 冰岛与挪威（扬马延）

冰岛与挪威（扬马延）之间的海洋划界主要位于挪威海海区。1980年5月28日，冰岛与挪威签订《挪威与冰岛关于渔业和大陆架问题的协议》，其在序言中明确提出“针对两国间渔区与大陆架界限的划定，要考虑特殊情况的重要性”〔28〕。在此基础上，协议肯定冰岛拥有200海里的经济区。由于两国对冰岛政府提出的其“有权拥有延伸到200海里经济区之外的大陆架区域”的主张无法达成一致，两国于协议第九条专设“调解委员会”以就两国间大陆架划界问题提出建议。〔29〕1980年8月，委员会根据科学报告认为该海域下的扬马延海脊并不属于扬马延或冰岛任何一方的自然延伸，理论上应在公平原则基础上先适用中间线或者等距离线，再考虑1980年协议中提到的相关因素（例如冰岛对渔业的经济依赖以及毛鳞鱼的洄游问题）进行划界。但由于该海域的石油和可开采碳氢化合物的储量及分布情况有待进一步详细勘探，委员会最终建议对前景可能较好的区域应该建立“海上石油共同开发区”，实施联合开发。从两国于1981年10月22日签订的《挪威与冰岛关于冰岛和扬马延间大陆架的补充协议》来看，两国完全接受了调解委员会的建议，最终划界线为一条单一分界线，距离冰岛约200海里，距离扬马延则小于100海里。同时，两国在边界线两侧建立了矩形共同合作开发区，自冰岛基线起半径200海里的圆弧将其划分成两部分，在靠近扬马延岛的北部区域（面积约32750平方千米），冰岛有机会在联合风险安排中获得25%的利益；在靠近冰岛的南部区域（面积约12720平方千米），挪威也享有同样的权利。〔30〕1997年11月11日，两国最终签订《〈冰岛与挪威关于渔业和大陆架问题的协议〉及〈挪威与冰岛关于冰岛和扬马延间大陆架的补充协议〉的附加议定书》，通过基点坐标的形式将上述结果明确固定下来。

冰岛国土面积约10.3万平方千米，人口只有32万人，在北极地缘政治中处于边缘地位；扬马延岛作为一个火山型岛屿，面积只有377平方千米，没有常住人口，虽然其属于挪威领土，但挪威本土对其进行的管理和控制极其有限。从这一角度而言，冰岛与挪威（扬马延）存在共同的角色认同：即同为北极地缘政治中的“较弱势者”。因此，两国均反对军事力量介入北极地区，重视开展渔业资源的经济性开发利用，合作与睦邻

〔27〕 https://business.esa.int/sites/default/files/ArcticStrat2Eng_0.pdf.
〔28〕 http://www.un.org/Depts/los/LEGISLATIONANDTREATIES/PDFFILES/TREATIES/isl-nor1980fcs.pdf.
〔29〕 国家海洋局政策研究室编：《国际海域划界条约集》，海洋出版社1989年版，第192页。
〔30〕 http://www.un.org/Depts/los/LEGISLATIONANDTREATIES/PDFFILES/TREATIES/ISL-NOR1981CS.PDF.

友好关系是两国在大国对弈的复杂北极地缘政治竞争中的共同追求。在渔业这一主要共同利益上，1981 年的协议突出体现了两国间“合作”的特点。例如规定“交换渔业信息”“开展科学研究”“共同制定毛鳞鱼的总可捕捞量”；考虑冰岛对渔业的依赖性，允许冰岛享有 200 海里的经济区；考虑毛鳞鱼的洄游特点，规定冰岛渔民可以到扬马延附近海域捕鱼。在大陆架划界方面，虽然有潜在的能源价值，但冰岛在技术上的可开发能力尚有不足，挪威本国具备的技术优势也不得不考虑应用于扬马延附近海域的成本与收益问题，因此在该海域联合开发对双方而言都是比较好的结果，这也是两国自 1981 年协议后再未就该海域权利发生较大变动的原因。

4. 丹麦（格陵兰）与冰岛

丹麦（格陵兰）与冰岛之间的海洋划界也主要位于挪威海海区。1997 年 11 月 11 日，丹麦与冰岛签订《丹麦及格陵兰地方自治政府和冰岛间大陆架和渔业区划界的协议》。协议第一条规定：两国之间的大陆架和渔区界限划定的基础是 1997 年 6 月 28 日丹麦（格陵兰）和冰岛谈判中划定的相关海岸线之间的中间线。[31] 边界线大致呈西北走向，由从 A 到 Q 的 17 个坐标基点组成。

丹麦（格陵兰）是半岛型国家，冰岛为岛屿型国家，二者在北冰洋海区面临着同样的窘境：对于丹麦而言，格陵兰走向自治，在北极地区的身份需要经济发展予以保障；而冰岛由于在北极圈内没有国土，保住自己北极国家的地位成为国家利益之必须。以温特为代表的建构主义“观念利益观”对于“国家利益”内涵的突出贡献就是增加了“国家自尊”的概念。[32] 按照温特的观点，一个集团对自我有着良好感觉的需要，对尊重和地位的需求。正面的自我形象来自尊重与合作，主权得到其他国家的承认尤其重要，因为这意味着，至少在形式上一个国家被他国认为具有平等的地位。从这一点上来说，对“国家自尊”的需求成为二者一致的观念利益。此外，二者同样关注原住民的生存发展，对渔业资源都具有强烈依赖性，受环境变化影响巨大，重视生态环境保护。其不仅不存在重大国家利益冲突，而且整体的国家利益几乎是一致的，因此 1997 年的海洋划界总体进展顺利。而随着 2011 年两国同年出台北极战略，其中冰岛特别点名“要加强同格陵兰的合作”的做法也可以表明两国将维持长期的良好互动关系。[33]

5. 丹麦（格陵兰）与挪威（斯瓦尔巴德）

丹麦（格陵兰）与挪威（斯瓦尔巴德）主要划界区域位于格陵兰海。格陵兰与斯瓦尔巴德群岛海岸相向，距离不足 400 海里，斯瓦尔巴德群岛的位置可将挪威的主张延伸至北冰洋。挪威早前在斯瓦尔巴德群岛问题上作出了诸多努力，直到 1920 年 2 月 9

---

〔31〕 http：//www. un. org/Depts/los/LEGISLATIONANDTREATIES/PDFFILES/TREATIES/DNK-ISL1997CS. PDF.

〔32〕 原本的国家利益主要是生存（安全）、独立（权力）、经济财富。

〔33〕 https：//web. law. columbia. edu/sites/default/files/microsites/climate-change/files/Arctic-Resources/Arctic-Council/04_ Iceland%20Arctic-Policy-Approved-by-Althingi. pdf.

日，丹麦、英国、挪威、瑞典和美国等18个国家签订《斯匹次卑尔根群岛条约》，斯瓦尔巴德群岛才归属挪威。此后，挪威和丹麦一直就划界问题有所交涉。2006年2月20日，格陵兰根据1979年丹麦的国内法，以独立身份和丹麦、挪威共同参加了位于哥本哈根的海洋划界谈判，谈判结果是签订了《挪威和丹麦及格陵兰地方自治政府关于格陵兰和斯瓦尔巴德群岛间大陆架和渔业区划界的协议》。协议第一条规定：格陵兰与斯瓦尔巴德之间的渔区和大陆架实行单一划界，边界线依据《公约》在格陵兰岛与斯瓦尔巴德群岛相关海岸线的等距离中间线基础上划定。[34]此次协议划定了两国在200海里以内的海域权利重叠区，所涉海域面积大约150000平方千米。最终边界线长约800千米，由根据世界大地测量系统（WGS84）测算的12个特定基点连接构成。值得注意的是，两国提出在200海里外大陆架外部界限确定时有意将划界线向外拓展。斯瓦尔巴德群岛作为北极唯一的非军事化区域，在《斯匹次卑尔根群岛条约》签订时已确立了平等、和平利用的原则，2006年协议的签订不仅是两国加强合作共同意愿的体现，更解决了北极地区一个大型海域的海洋划界问题。

二、北冰洋海区未划定的海洋边界

北冰洋海区未完成的海洋划界主要包括两大部分：一是终止于200海里内的海洋划界；二是200海里外未完成的海洋划界。其中，200海里外未完成的海洋划界主要涉及200海里外大陆架外部界线的确定问题。

（一）200海里内未完成海洋划界

北冰洋海区200海里内尚待解决的海洋边界主要有两处：一是美国和俄罗斯在白令海与楚科奇海海区的边界，俄罗斯对两国1990年划界协议的不予批准是主要因素；二是美国和加拿大在波弗特海的边界，包括两国的领海、专属经济区和大陆架边界。

1. 美国与俄罗斯

美国与俄罗斯作为北冰洋海区两大国家行为主体，隔白令海与楚科奇海两两相望。1867年3月30日，美国与当时的沙皇俄国签订《阿拉斯加割让协定》，以720万美元的价格获得原属俄国的阿拉斯加及沿岸岛屿，也因此获得北冰洋沿岸国家地位。[35]为明确美俄两国割让领土后在北冰洋海区的领土界线，协定在白令海和楚科奇海间划定了一条“西部边界”。但由于西部边界的划定只是出于领土划界的考虑，因此在海洋上没有规定精准的坐标。“二战”后，国际海洋法迅猛发展，美国总统杜鲁门于1945年公布《杜鲁门公告》，宣称“处于公海下且毗邻美国海岸的大陆架底土和海床的自然资源均属于美

〔34〕 D. A. Colson and R. W. Smith（eds.），International *Maritime* Boundaries，Dordrecht：Martinus Nijhoff，2011，p. 4529.

〔35〕 http：//www. conservapedia. com/Treaty_ of_ Cession_ （Alaska_ Purchase）.

国所有，受美国的管辖和控制”；并于1976年率先实施《渔业资源保护和渔业管理法》，单方面将本国渔业经济区由沿海12海里扩展至200海里。作为回应，苏联在同年也出台法律，将本国渔业经济区扩大至200海里。这样两国就出现了巨大的渔业重叠区。到1981年时，两国的海洋划界谈判已从单纯解决渔业区重叠问题，扩大到专属经济区、大陆架的划界问题。但由于之前海洋划界协定缺乏具体坐标，导致两国在采用不同地图绘制标准的情况下[36]，对协议所规定的“西部边界”产生巨大分歧，形成了面积达1.5万平方千米的争议海域。1990年，在两国1867年《阿拉斯加割让协定》中界定的阿拉斯加“西部边界”线的基础上，时任苏联外长的谢瓦尔德纳泽与美国国务卿贝克在华盛顿代表两国政府签订了《美苏海洋边界协定》，协议规定两国海上边界起始点坐标为北纬65°30′，西经168°58′37″，同时沿西经168° 58′37″一直向北延伸，穿越白令海峡和楚科奇海中部直达北冰洋中国际法允许的最大限度[37]，分配了两国从白令海、楚科奇海直到北冰洋核心海区长约1600海里海域的权利归属。此次协定明确了划界所采用的技术规范——《世界大地测量系统1984》（WGS84），还在附件中标示了边界线上87个基点的经纬度坐标。在划界方法上，两国大致适用中间线将原有争议区域等分。最为特殊的是，两国在边界线附近划出了4个特殊区域，包括3个“西部特区”（Western Special Area）和1个“东部特区”（Eastern Special Area）。然而，该海洋划界条约虽已签署，但由于俄罗斯杜马始终未予批准，因此美俄两国在该区域的海洋边界仍处于不确定状态。

美苏两国在经历从1981年至1990年长达10年的马拉松式谈判终于产生一份划界协议的情况下，直至2018年还没有确定下两国间海洋边界，背后主要原因在于国家利益和观念的对抗。作为北极区域的主要竞争因素，大国间的国家安全和军事利益始终是国家的核心利益。从1947年杜鲁门主义拉开冷战序幕开始，两国间的海洋划界就是两国国家实力和军事力量对比变化的反映。20世纪70年代勃列日涅夫执政时期，苏联在美苏争霸中处于上风，于是美国同意苏联提出的渔业补偿条件，允许苏联渔民到白令海捕鱼区捕鱼，直到苏联渔业完成每年15万吨年税额的鱼类捕捞配额。20世纪80年代至90年代初，美国由于国家实力上升态度强硬，苏联则转而向美国让与大面积大陆架争议区域。[38]1987年，里根和戈尔巴乔夫在美苏首脑会议上提出改变对抗的倡议，鼓励加强北极合作。正是在这一时期，美苏达成了1990年划界协议。而就目前的北极国家形势来看，美国虽然因阿拉斯加获得北极国家身份，但其在北极海岸没有任何大的岛屿，且由于没有批准《公约》，在向北冰洋扩展权利主张上

---

〔36〕 美国采用“圆锥投影法”，俄罗斯采用“墨卡托投影法”。

〔37〕 http：//www. un. org/Depts/los/LEGISLATIONANDTREATIES/PDFFILES/TREATIES/USA-RUS1990MB. PDF.

〔38〕 http：//www. 360doc. com/content/17/1103/13/8716899_ 700557959. shtml，2018-01-02.

处于被动地位；俄罗斯海岸紧接美国，其在北极有约33807千米的最长海岸线，且北部海岸的群岛可以使其将权利主张至北冰洋。但气候变暖导致的北极冰融直接导致俄罗斯漫长的海岸线接近处于空防状态，北极安全利益极易受到美国的挑战。因此，两国目前的观念利益仍处于对峙状态，奥巴马时期出台的北极战略还表现出敦促俄罗斯尽快批准1990年条约的要求[39]，但特朗普上台后实施的封闭政策可能将这一问题搁置下来。所以，预计未来两国还是很难就合作解决划界问题表现出积极态度。

2. 美国与加拿大

美国和加拿大关于波弗特海的争议海洋区域面积约为6180平方海里，主要分歧集中在海域分界线的走向。加拿大主张根据1825年英俄《圣彼得堡条约》规定的西经141°子午线延伸至北极点作为波弗特海地区加拿大和美国的海域分界线；而美国则认为分界线应该是从两国陆地边界点出发的中间线，沿着子午线向东北微微倾斜。[40]根据加拿大国家能源局预测，争议区域可能蕴藏能够提供全国消费20年的17亿立方米的天然气和超过10亿立方米的石油。[41]加拿大基于此认为这构成了波弗特海海区的“特殊情况”，而美国却坚持“等距离”原则。截至目前，两国间尚未就波弗特海海区达成海洋划界协议。

美国与加拿大在波弗特海的海洋划界难以完成的原因除了受早期划界技术的影响外，在划界方法上的分歧主要来自背后潜在的石油能源利益，双方均不愿作出让步。就新形势下两国发布的北极政策来看，加拿大2009年北极政策将主权利益放置于首位，在提出加强军事建设的同时，指出“在近海海域存在新的获取利益的方法，包括在波弗特海较深水域勘探石油和天然气”，表明加拿大现在对于波弗特海海域的资源的重视程度更胜从前。针对海洋划界问题，其写道：“加拿大与美国有长期有效地合作历史……将通过双边、北极理事会和其他多边机构继续加深合作。”[42]从这一点上看，加拿大有推进同美国解决海洋划界争端解决的意图。实际上，从2009年北极政策的出台到2012年，加拿大在短短3年时间内就已经解决了和丹麦的林肯海海洋划界问题。但是，从“所有这些分析都在良好的管理范围内，不构成对加拿大主权或者国防的挑战……他们并没有影响到加拿大和美国或者丹麦或其他北极邻国在处理重要现实问题方面的合作”“加拿大将继续管理这些零散的纠纷……”等表述中也可以显见，这一推进必须建立在加拿大主权和能源利益得以满足的基础上，否则其可能继续采取搁置争议的处理方式。倘若美国能效仿俄罗斯在其与挪威的巴伦支海划界案中的表现适当放低自己的姿态，可

[39] https://obamawhitehouse.archives.gov/sites/default/files/docs/nat_arctic_strategy.pdf.

[40] 贾宇：《极地周边国家海洋划界图文辑要》，社会科学文献出版社2015年版，第240页。

[41] 叶静：《加拿大北极争端的历史、现状与前景》，《武汉大学学报》2013年第2期，第116页。

[42] https://web.law.columbia.edu/sites/default/files/microsites/climate-change/files/Arctic-Resources/Arctic-Council/01_Canadas%20northern%20strategy.pdf.

能两国间的划界形势会更趋乐观。然而，根据2016年最新报道，美国海洋能源管理办公室单方面宣布开放对阿拉斯加沿岸波弗特海租借以勘探该海域的石油和天然气。对此加拿大育空司法部长布拉德·凯瑟斯已经表态，认为美国此举“侵犯了加拿大在北冰洋的主权”〔43〕。美加两国之间的海洋划界问题明显不是可以由其中某一个国家单方面决定的，但未来划界是搁置争议维持现状还是直接展开划界谈判或采取其他合作方式，美国的表态仍将发挥关键作用。

（二）200海里外大陆架外部界线的确定

2007年俄罗斯的北冰洋洋底“插旗行动”〔44〕与其带来的“震波”常被认为是北极竞争升温的标志性事件，而这一事件的主要针对对象实际就是大陆架问题。根据美国地质调查局（USGS）2008年的调查结果显示，北极拥有的油气资源占世界因技术原因未能开采的总的油气资源的22%，未开采石油占13%，未开采天然气占30%。〔45〕因此，大陆架上的油气资源成为北冰洋海区周边各国争夺的核心利益。虽然大陆架的整体性质是连贯、一致的，但是《公约》在制定法律规则时对大陆架上主权权利的获取以200海里为界作了分别处理：在自然延伸基础上，沿海国至少享有从测算领海宽度的基线量起到大陆边外缘200海里距离的大陆架〔46〕；若沿海国主张超过200海里的大陆架权利，则需将相关科学和技术资料提交给依《公约》附件二组建的大陆架界限委员会，由委员会向沿海国提出划定200海里外大陆架外部界限的建议。〔47〕随着200海里内大陆架边界的陆续划定，200海里外大陆架成为各沿海国争议的焦点。虽然“200海里外大陆架划界”与“200海里外大陆架外部界线的确定”是两个相互独立的问题，但鉴于200海里外大陆架外部界线的确定对国家间重叠的外大陆架划界有着重要影响，200海里外大陆架外部界线的确定成为焦点。

目前，北冰洋沿岸国当中已向大陆架界限委员会提交过200海里外大陆架外部界线申请的为俄罗斯、挪威、丹麦和冰岛，其中涉及北冰洋海区的只有俄罗斯和挪威。作为全球最早提交200海里外大陆架外部界限提案的国家，俄罗斯在2001年提案中坚持根据“扇形原则”划分北极区域〔48〕，主张从新西伯利亚群岛穿越北极点一直延伸到格陵兰岛北岸的罗蒙诺索夫海岭和门捷列夫海岭，均是俄罗斯大陆架的自然延伸。这一主张所涉海洋区域约158万平方千米，并直接引发了罗蒙诺索夫海岭约120万平方海里的主权权

〔43〕 http：//www. chinanews. com/gj/2016/03-22/7806845. shtml，2016-03-22.

〔44〕 2007年8月，俄罗斯国家杜马副主席奇林加罗夫率领俄罗斯科考队员在4000多米深的北冰洋洋底插上一面钛合金的俄罗斯国旗。随即《俄罗斯晨报》于9月20日报道称：科考结果表明北冰洋120万平方千米的洋底归俄罗斯所有。

〔45〕 http：//www. mlr. gov. cn/xwdt/jrxw/201707/t20170714_ 1525229. htm，2017-07-14.

〔46〕 《公约》第76条第1款。

〔47〕 《公约》第76条第7、8款。

〔48〕 “扇形原则”最早由加拿大提出，按该原则，邻近北极点的国家对其东西两端和极点连线间的所有陆地水域或冰盖拥有主权或主权权利。

利归属问题。与罗蒙诺索夫海岭存在直接利益关系的丹麦和加拿大两国针对此提案分别提出“该海岭与格陵兰岛联系密切”“其是埃尔斯米尔岛的自然延伸”，美国与挪威也向大陆架界限委员提出普通照会表示反对。同时考虑到该划界案涉及区域广泛，地质构造资料数据尚不完善，大陆架界限委员会没有通过该项提案。2015 年，俄罗斯又在收集科考数据的基础上提交了北冰洋中部区域外大陆架申请修正案，但仍未申请成功。反观挪威，其于 2006 年 11 月 27 日向大陆架界限委员会提交了关于北冰洋、巴伦支海和挪威海 200 海里外大陆架划界案，针对北冰洋的西内森海盆、巴伦支海的 Loop Hole 以及挪威海的 Banana Hole 三个区域的 200 海里外大陆架外部界线进行了划定。除 Banana Hole 地区委员会认为其不属于挪威大陆架的自然延伸，建议挪威重新修订外，其余两项均被通过。

三、北冰洋海区海洋划界特征趋势

截至 2018 年，北冰洋海区已确定的海洋划界线共有 6 条。其中大多数界线都位于北冰洋边缘海海区，只有俄罗斯和挪威的划界线深入北冰洋。虽然美苏 1990 年条约线按规定在国际法项下也可最大限度延伸至北冰洋海区，但该边界尚未确定。就北冰洋海区尚未完成的划界，主要集中于北冰洋广阔的 200 海里外区域，解决 200 海里外大陆架外部界线问题是未来划界的重点内容。从整体上考察北冰洋海区海洋划界，主要揭示了以下几点：

第一，在海洋划界争端的解决方式上，除少数通过第三方争端解决机制划定外，大部分都以谈判缔结双边条约的方式完成。如果争端当事国未根据《公约》第 298 条排除适用有拘束力的争端解决方式[49]，且又长期难以通过谈判方式达成划界结果，那么通过有拘束力的争端解决方式可以较快地结束僵持状态。在上述谈到的北冰洋海区海洋划界案中，只有格陵兰/扬马延案是以提交第三方争端解决机制的方式解决海洋划界争端，意味着北冰洋海区 6 条海洋边界线中有 5 条都是通过谈判缔结条约的方式达成的。即便在格陵兰/扬马延案中，构成最终边界线各点的具体坐标仍是依赖于双边谈判加以确定的。由此可见，谈判仍是解决国际海洋划界争端的主要方式。在谈判中，只要不损害第三国或者国际社会的权利和利益，争端当事国间可以自由地就任何他们期冀的边界达成一致意见。最重要的是，争端当事国有望通过不断地博弈与妥协，最大限度地满足其政治意愿并维护国家利益。

第二，在划界方法上，北冰洋海洋划界呈现出单一划界的特点，均以“等距离中间线”为基础，但通过第三方争端解决机制解决与谈判签订条约的情况略有不同。在第三方争端解决机制下，1969 年的北海大陆架案中，国际法院首次否定“等距离划界方法”

---

〔49〕《公约》第 298 条规定：“一国在签署、批准或加入本公约时，或在其后任何时间，在不妨害根据第 1 节所产生的义务的情形下，可以书面声明对于下列各类争端的一类或一类以上，不接受第 2 节规定的一种或一种以上的程序：（a）（i）关于划定海洋边界的第 15、第 74 和第 83 条在解释或适用上的争端……”

的习惯国际法性质，强调其“只是实现公平的方法之一”[50]；到丹麦（格陵兰）与挪威（扬马延）海洋划界案时，法院已经形成“先划一条临时等距离线，再考虑相关因素加以调整”的“两阶段”划界方法；2012 年，“缅甸/孟加拉国孟加拉国湾划界案”中，出现了“先划定一条临时等距离线，再考虑相关因素加以调整，最后进行成比例性检验”的“三阶段”划界方法。但这种方法的出现本身并没有对实体法律产生影响，实现“公平解决”仍为根本准则。[51]而在双边谈判中，从俄挪的早期划界再到 2012 年加拿大和丹麦（格陵兰）划界，最终划界线通常直接采取等距离线。可见，司法实践中的直接适用等距离划界方法明显弱化，取而代之是用技术性划界方法不断具象化公平原则，而在国家双边谈判等实践中这一点则体现不明显。就划界因素而言，第三方争端解决机制下除受法律规则影响最大外，主要考虑海岸地形等地理因素，政治经济和社会因素不予考虑；双边谈判则主要受当下国际政治形势的影响，国家利益占据支配性地位。此外，最终边界一定会采用基点坐标的方式确定下来，准确的测算数据与划界技术规范（如海图、坐标系）等会越来越受到重视。

第三，合作是北冰洋海区划界未来的整体趋势，这是由各国在北极地区的共同利益所决定的。[52]海洋划界不仅是管辖范围的划分，它可以成为渔业捕捞、资源开发、环境保护、生物养护、科学研究等一系列问题的枢纽，即未来北冰洋周边国家的合作会在海洋划界基础上向多领域扩展。以北冰洋海区的油气开发问题为例，冰岛和挪威（扬马延岛）之间的跨界共同开发区是 200 海里内石油合作开发的典型案例；而 200 海里外油气开发的前置性科学研究合作似乎更具有形成趋势的合理性。一方面，北冰洋洋底大陆架始终欠缺准确的地质地貌数据，而受制于北极整体浮冰和冰层的复杂自然条件以及各国目前的单一技术水平，未来短时间内要收集洋底大陆架的准确数据非常困难；另一方面，北冰洋深海浮冰的存在也会使其难度远胜一般海洋探测，进而导致单一国家从北冰洋洋底开采石油的成本远高于从中东直接引入。此外，由于北冰洋与全球生态系统紧密相连，对北极生态环境的任何轻举妄动都不仅会影响原住民生存发展，更可能造成全球灾难性影响。基于此，很容易产生一种决策衡量：北冰洋 200 海里外大陆架油气开发前景尚处于不确定状态，而竞争成本却必然高昂。因此，各国预期会加快科学考察方面的合作，从而为未来的开发做好准备。

---

〔50〕高健军：《国际海洋划界论——有关等距离/特殊情况规则的研究》，北京大学出版社 2005 年版，第 87 页。

〔51〕正如“缅甸/孟加拉国孟加拉国划界案”中 Lucky 法官在其反对意见中所提到的，不存在固定的指导性划界方法。与 1958 年《大陆架公约》不同，《联合国海洋法公约》并未规定任何划界方法，也未包含等距离原则，只是强调公平结果。灵活性和自由裁量权还是在于各法院和法庭的法官。详见 https：//www. itlos. org/fileadmin/itlos/documents/cases/case_ no_ 16/published/C16_ AAL. pdf。

〔52〕白佳玉、王晨星：《以善治为目标的北极合作法律规则体系研究——中国有效参与的视角》，《学习与探索》2017 年第 2 期，第 13 页。

表 1　北冰洋海区海洋划界

序号	当事国	争端解决方式	划界方法	界线种类	海岸关系	特殊情况
1	丹麦（格陵兰）/挪威（扬马延）	国际法院	“两阶段”	渔区、大陆架	相向	海岸线长度比例、毛鳞鱼渔业资源
2	俄罗斯/挪威	谈判	等距离中间线	领海、专属经济区、大陆架	相邻	
3	加拿大/丹麦（格陵兰）	谈判	等距离中间线	渔区、大陆架	相向	
4	冰岛/挪威（扬马延）	谈判	等距离中间线	专属经济区、大陆架	相向	矩形共同合作开发区
5	丹麦（格陵兰）/冰岛	谈判	等距离中间线	渔区、大陆架	相向	
6	丹麦（格陵兰）/挪威（斯瓦尔巴德）	谈判	等距离中间线	渔区、大陆架	相向	

四、北冰洋海区海洋划界与中国因应

按照北冰洋海区沿岸国家整体走向合作的趋势，在内部海洋划界纠纷的对立关系趋于缓和的情况下，其基于“北极国家”的集体身份认同而作为利益集团一致对外的效果就会愈加凸显。通过分析北冰洋海区海洋划界情况，中国作为“北极利益攸关国”可获得以下经验：

首先，中国作为国际法律规则一贯的支持者和拥护者，以尊重北冰洋沿岸相关国家主权为前提在北冰洋海区开展活动，应以明确北冰洋海区海洋划界情况为首要条件。对主权的尊重主要体现在，当在北冰洋沿岸国家管辖范围内海域展开研究或开发活动时，要征得该国同意。在北冰洋沿岸国家尚未完成海洋划界的重叠海域，中国无法准确判断海域法律地位及属性并找到明确的交涉对象，因此难以有效展开活动。对于已达成海洋划界协议的海域，中国即可确定协商对象，继而明确在该海域展开活动的特定范围及具体内容。按照《公约》第 74 条第 3 款的规定，北冰洋具有海洋划界争端的沿岸国在尚未达成最终的海洋划界协议之前，可以作出临时安排，实行共同开发。〔53〕在此种情况下，虽然海洋边界未得以最终确定，但共同开发区域已经确定，中国即可与争端当事国协商，在经其同意的基础上，以第三方的身份通过提供资金、技术支持等参与共同开发

〔53〕《公约》第 74 条第 3 款规定：“在达成第 1 款规定的协议以前，有关各国应基于谅解和合作的精神，尽一切努力做出实际性的临时安排，并在此过渡期间内，不危害或阻碍最后协议的达成。这种安排应不妨碍最后界限的划定。”

区域的资源开发活动；在尚未划定200海里外大陆架外部界线的海域，200海里外的大陆架权利仍属不确定状态，性质上应归于国际海底区域，属于全人类共同继承财产，一方面，中国按《公约》规定开展勘探开发活动；另一方面，考虑《加强国际北极科学合作协定》，鼓励科研人员进行技术和信息交流，推动更多北极科学数据在北极国家间与"北极利益攸关国"间的共享，促进北极科考合作。

其次，中国应就200海里外大陆架外部界限确定的合理、合法性问题提出中国思路。与其说北极是一个眼下的问题，不如说它关乎国家未来。北极域外国家参与北极事务固然需要国家实力，但更凝聚着国家的战略眼光。目前，北冰洋海区沿岸各国在200海里外大陆架的权利主张都呈现出积极态势，且不断尝试将权利外扩到最大限度。北冰洋沿岸国家基于地缘特征，对北冰洋享有得天独厚的优势和密切联系，事实上也因此享有《公约》赋予的专属经济区和大陆架等广泛权利。但在北冰洋海区沿岸国家管辖范围之外的公海和国际海底区域，其所涉及的不再仅仅是个别国家间利益的冲突，而是要协调整个国际社会的利益。[54]要防止北冰洋沿岸国家依据协定或其他方式任意扩大200海里以外大陆架界限[55]，而由域外国家承担其"北冰洋圈地"的不利后果。无论从"北极利益攸关国"的角度考虑，还是本着"人类命运共同体"的大国理念承担相应国际责任，中国均应及时应对北冰洋沿岸国200海里外大陆架外部界限确定问题的提案，避免"公域性问题"在诸多国家尚未觉醒前被演变为单纯的"区域性问题"，对"域外国家"造成明显的不公平。

最后，北冰洋海区海洋划界对中国专属经济区和大陆架划界具有重要意义。不同国家间的划界本质上具有不可复制性，但特性中存在共性。北冰洋海区海洋划界的显著特点是主体类型广泛，纵览欧、亚、北美三块大陆，涉及两大竞争主体。而由于北冰洋海区本身所涉的复杂海岸地形、岛屿等特殊划界因素较少，在声誉参考机制下，先前条约固定下来的有关国家在划界上的态度立场不能前后矛盾、任意推翻，因此北冰洋海区海洋划界中有关国家实践和划界情况具有广泛代表性，不仅形成区域性特征，更代表一种全球性趋势，可以在我国海洋划界中予以参考和适用。从北冰洋海区海洋划界形势来看，谈判是北冰洋沿岸国海洋划界的首要选择，在谈判前不考虑第三方争端解决机制的介入已成为国家实践中的习惯做法。不仅是国家实践，条约层面也鼓励优先以协议的方式来解决海洋划界问题。[56]因此，我国在海洋划界中主张先通过谈判方式解决海洋划界

---

〔54〕 白佳玉：《中国参与北极事务的国际法战略》，《政法论坛》2017年第6期，第147页。

〔55〕 从大陆架界限委员会不予通过提案的情况来看，与其他国家权利主张发生重叠是重要因素。但随着200海里内管辖范围的逐渐确定，其难保不会达成内部协议。像俄罗斯那样主张大陆架自然延伸一国独占直接到极点的情况当然不会被同意，但彼此通过利益互换均不对大陆架主张提出异议，最大限度延伸大陆架范围、减少"区域"是可能的。

〔56〕《公约》第74条第1款规定："海岸相向或相邻国家间专属经济区的界限，应在国际法院规约第38条所指国际法的基础上以协议划定，以便得到公平解决。"第83条第1款规定"海岸相向或相邻国家间大陆架的界限，应在国际法院规约第38条所指国际法的基础上以协议划定，以便得到公平解决。"

争端的做法是合理的，在海洋划界方法的选择方面，双边谈判或第三方争端解决机制均以“公平效果”为最终目的，可作为我国选择海洋划界方法的依据。

五、结　语

气候变化是北冰洋海区海洋划界进程的“助力剂”，通过对北冰洋海区海洋划界情况的梳理可见，大部分海洋划界问题在北冰洋海区周边国家间已经通过谈判协商解决；200 海里外大陆架划界则因涉及多国重叠利益，有待自然延伸的科学证明以进一步明确。在“谈判解决”“公平原则指导划界方法”“合作”的整体海洋划界趋势下，中国尊重北冰洋周边各国在国际法规则下取得的海洋划界成果和主权、主权权利、管辖权的行使。同时，作为“北极利益攸关国”，在海洋划界基础上的北冰洋周边国家管辖范围外海域，中国也可积极参与涉及全球性问题的讨论，提出建设性的中国方案，从而使“公平”的理念不仅体现在海洋划界过程中，更融入北极地区的和平与合作进程中。

区域性国际组织与全球海洋治理

——基于公海保护区实践

■ 柴　媛[*]　黄硕琳[**]　王四维[***]

【内容摘要】“二战”后逐步建立了基于《联合国海洋法公约》的国际海洋新秩序，随着国际经济越来越依赖海洋，海洋成为国际各种利益体关注的领域，越来越多的国家和组织参与到全球海洋治理中。对于全球海洋治理，我国提出了海洋命运共同体的理念。区域组织在国际海洋治理实践中发挥着重要作用，本文通过公海保护区中区域组织的特点，得出我国在公海保护领域应该如何参与区域组织活动，然后积极倡导海洋共同体理念，实现我国在公海保护区中的战略目标。

【关键词】区域性国际组织　公海保护区　海洋治理

21世纪以来，伴随着全球化与工业化的不断扩展，全球海洋问题不断涌现且日趋严重，制约着人类社会和海洋的可持续发展。全球海洋治理至今尚未达到理想效果，究其根源在于治理主体为追求个体海洋利益，要么选择“搭便车”逃脱治理责任，要么往往采取单边行动置集体利益于不顾。全球化加速了信息流通，大大减少了信息的非对称性。尤其是全球海洋治理主体的单边行动，很快被其他治理主体知晓，从而加速并加剧了“双受损局面”的形成。

党的十八大之后，全球治理进入新常态，习近平总书记先后多次提及人类命运共同体理念。在人类命运共同体的感召下，海洋命运共同体应运而生。2017年，人类命运共同体理念相继被写入联合国社会发展委员会、安全理事会和人权理事会决议。这意味着人类命运共同体理念已逐渐成为全球共识。人类命运共同体理念国际化为海洋命运共同体理念上升为全球共识营造了良好的国际环境，也奠定了一定的基础。任何价值理念必须被广泛接受才可能形成共识，在共识的基础上，才能够引导行为体的行为。海洋命运共同体倡导治理主体将自身利益置于全球海洋利益之中，既注重个体海洋利益的实现，又注重全球海洋利益的维护，实现个体利益与全球利益的有机统一。海洋命运共同体理念要在全球海洋治理中发挥指导作用必须首先上升为全球价值共识，成为全球共识的关键路径是概念和价值的全球化。除了以人类命运共同体理念国际化推动海洋命运共同体理念成为全球共识外，还可以积极主动地在国际场合倡导构建海洋命运共同体，使其不断成为全球共识。中国可以借助区域组织平台，推介海洋命运共同体理念并尝试进行区域合作。

---

* 上海海洋大学经济管理学院硕士研究生，研究方向为海洋经济和海洋政策。

** 上海海洋大学海洋科学研究院教授，博士生导师，研究方向为海洋法、海洋政策和海洋经济。

** 上海海洋大学文化与法律学院硕士研究生，研究方向为海洋政策、海洋法和海洋文化。

区域性国际组织，是国际组织中的一类，具有正式国际组织的基本特征。这类国际组织最主要的一个特征是其成员来自某一特定的地区，具有特定的地理特征或地缘关系。区域国际组织的目的主要是加强区域协调与合作，共同维护和提升会员国的利益，管理和治理本地组织区的事务。无论过去和现在，尤其在区域问题和全球问题密不可分的当今世界，区域组织在解决区域问题和全球问题中扮演着重要角色，具有得天独厚的优势。

20 世纪末以来，受海洋生物多样性以及生态系统快速退化的影响，包括公海在内的海洋环境保护和生态系统养护面临着巨大的挑战。在此背景下，在公海建立和管理海洋保护，作为一种新的保护公海环境、生态系统和生物多样性的方式应运而生。

公海保护区制度自提出之日起就因其在公海海洋生物多样性保护上的固有优势以及自身对公海自由这一基本原则的冲击与挑战而备受国际社会的关注与讨论，对公海保护区制度合理性、可行性的探讨不断。

一、区域性组织在全球海洋治理区实践中的优势地位

1. 有丰富实践经验的多边组织

公海是位于 200 海里沿海国专属经济区以外的国家管辖权之外的海域。20 世纪末以来，海洋生物生境受到威胁，海洋环境不断恶化，促使国际社会采取新的管理措施和手段。海洋保护区作为一种替代性的海洋资源管理方式被提出来。目前，虽然有关在公海建立海洋保护区还没有成熟的法律框架，国际社会成员也还没有形成统一的认识，但是相关区域实践已经开始，并且关注度在增长。到目前为止，在全球范围内已经有几个公海区域保护区建立起来，它们是南奥克尼群岛南大陆架海洋保护区、地中海派拉格斯（Pelagos）海洋保护区和大西洋公海海洋保护区网络。

（1）南极生物资源保护委员会和南奥克尼群岛南大陆架海洋保护区。2009 年 11 月，第 28 届南极生物资源保护委员会（CCAMLR）大会在澳大利亚召开，会上通过了一项措施，在公海上设立了一个海洋保护区———南奥克尼群岛南大陆架海洋保护区。2010 年 5 月，南奥克尼海洋保护区正式建立。

（2）法国、意大利和摩洛哥三国协议和地中海派拉格斯海洋保护区。1999 年 11 月 25 日法国、意大利和摩纳哥在罗马签署了《建立地中海海洋哺乳动物保护区协议》，该条约于 2002 年生效。根据该《协议》，由法国、意大利和摩纳哥共同建立了地中海派拉格斯海洋保护区。

（3）《保护东北大西洋海洋环境公约》和大西洋公海海洋保护区网络。

（4）北极理事会对北极海域公海保护区的实践。泛北极海洋保护区网络由北极理事会下的北极海洋保护工作组提议设立，以保护海洋生物多样性与海洋生态系统的功能、保护文化、社会、经济的价值与生态服务、提高北极居民的环境保护意识、促进北极地区的协调与合作为目标，覆盖北冰洋沿岸国专属经济区水域与公海水域。

2. 更灵活、更具针对性、更有效的治理

（1）南极生物资源保护委员会和南奥克尼群岛南大陆架海洋保护区。南极海洋生物资源保护的目的在于通过南极海洋生物资源保护的管理制度，以合理利用、捕捞磷虾和其他物种如银鱼、螃蟹等。南极海洋生物资源保护的重点放在生态系统的管理和保护，海洋保护区则是通过控制活动的类型来保护重要领域以改善公海生物多样性。因此，南极海洋生物资源保护工作一直稳步地向着这一目标的实现迈进。

（2）规定的目标最初是保护海洋哺乳动物种群及其生境，但是有可能扩展到该地区鲸类的保护，以及与利古里亚海物理生物过程的生产力提升有关的更广泛的生态系统一级的保护。生态系统一级管理目标的确认，为该保护区的管理提供了切实的方向，从而有助于《执行计划》以及评估其有效性的《监测计划》的设计、调整。除了《管理计划》预想的生态学项目和社会经济研究项目外，还需要建立比上述一般的保护区目的更可量化的切实的目标。由此，使更宽泛的管理目标与现场监测计划联系起来，这些可量化的目标将有助于帮助确认那些对达到管理目标有重要意义的生境、过程和威胁。同时，这项工作将促成在更宽泛的地中海范围内的研究。因此，派拉格斯保护区《管理计划》和可量化的《监测计划》的建立对于确保该保护区的有效管理，以及利古里亚海鲸类的长期保护非常重要。这种双重措施将为保护区的长期管理，以及评估保护区有效性的指导方针提供必需的信息基础。此外，相关的海洋学、生态学和社会经济因素的大量信息也使派拉格斯保护区与区外其他鲸类和生态系统的保护形成一体，从而未来的利古里亚海长期的鲸类保护，或者说是对公海生态一级的有效管理将受益于此。换句话说，派拉格斯保护区的管理机制为公海生物资源的保护提供了一种潜在模式。

（3）《保护东北大西洋海洋环境公约》设立了东北大西洋环境保护委员会。该委员会由15个缔约国政府的代表和代表欧盟的欧盟委员会组成，它们之间进行合作以保护东北大西洋的海洋环境。在设立海洋保护区的同时，《保护东北大西洋海洋环境公约》也提出进行管理的建议，这些建议包括：提高认识；积累资料；海洋科学，包括在《保护东北大西洋海洋环境公约》海域的深海和公海适用《负责任的海洋研究行为守则》；新的事态发展，包括需要进行海洋环境影响评估和环境战略评估；第三方的参与。

3. 受区域主义影响，区域组织更有认同感和凝聚力

区域性组织在公海建立海洋保护区的实践得到了区域内国家和国际上的支持。在地中海地区，法国、意大利和摩纳哥在2002年建立了保护海洋哺乳动物的派格拉斯公海保护区（Pelagos Sanctuary），禁止在该地区开展猎杀、捕获等对海洋哺乳动物造成影响的活动。该保护区是地区合作建立的第一个覆盖公海水域的海洋保护区，其覆盖法国、意大利和摩纳哥水域及部分公海，其中约53%位于国家管辖的海域范围之外。奥斯巴委员会在东北大西洋的公海水域建立了7个公海保护区。2009年11月，南极海洋生物资

源保护委员会批准建立南奥克尼岛海洋保护区（SouthOrkneys Marine ProtectedArea），被认为是世界上第一个真正意义上的公海保护区。为推动在南极建立海洋保护区网络，自2012年以来，美国、新西兰每年都会在委员会会议上倡议在南极罗斯海建立海洋保护。美国、新西兰2015年9月的提案减少了西北部一般保护区的面积，扩展了特别科研区的范围，并致力于在海洋保护、可持续渔业活动的开展、科学研究等活动之间取得协调，美国、新西兰不断修改、完善提案，增强其合理性和科学性，逐渐取得了大部分成员国的支持。

4. 具有较为成熟的治理机制

（1）公海保护区都是依据区域性海洋公约建立的。当前已经建立的公海保护区，都是以区域性条约或国家间的协议为基础的，前者如南奥克尼群岛南大陆架海洋保护区、大西洋公海海洋保护区网络，后者如地中海派拉格斯公海保护区。其实，所谓国家间的协议也是以区域性公约为前提和基础的，是在区域性公约的倡导下缔结的。

（2）区域组织积极参与管理。现有公海保护区既有全部位于公海上的，也有部分涉及国家管辖范围内的海域或海底。对于全部位于公海的保护区，一般情况下由所依据的区域性海洋公约组织进行管理，例如，南奥克尼群岛南大陆架海洋保护区就是完全依赖于“南极生物资源养护委员会”这一区域性组织，并按照《南极海洋生物资源养护公约》赋予的职责开展管理。而涉及相关国家管辖范围的公海保护区，情况还有所不同。派拉格斯公海保护区涉及三个沿海国的水域，而南奥克尼群岛南大陆架海洋保护区则涉及公海海底的可能为葡萄牙拥有的外大陆架区域。但葡萄牙已经承诺将这些区域的海底和底土指定为海洋保护区。对于这两个海洋保护区，就需要由区域性组织与相关沿海国相互协调进行管理。

二、区域性组织面临的挑战

1. 缺乏完善的法律支持

大西洋保护区网络的七个保护区目前还处于保护管理的初始阶段，生效时间最长的保护区也不长，短期内很难获取反映该保护区成效的理论性资料。此外，深海和冷水物种尤其易受人类活动的影响，有些鱼类生长缓慢、寿命较长，甚至有与人类寿命相似或比人类更长寿的鱼类，短时期内很难看到效果。奥斯巴委员会在大西洋公海保护区网络中发挥着关键性作用。保护区的管理，均是奥斯巴委员会牵头进行的。该委员会作为一个国际组织，产生的国际组织决议只有“软法”的效力，对缔约国没有强制约束力，也很难得到执行。

2. 没有明确的法律基础

公海保护区国际法律制度存在的主要问题是在公海生物多样性保护领域。有关公海保护区的国际法律文件都还停留在一种原则性的精神导向阶段，没有对公海保护区进行直接规制的国际法。《海洋法公约》第194条第5款也只是提及采取其他措施保护所有水域中的生态环境和重要的生态系统，并未直接建立海岸和海洋保护区。因此，并没有专门针对公海保护区的全球性和地区性国际条约，只有个别条约中散见关于生物多样性保护的条款，可以将其视为规范公海保护区的直接或间接的法律依据。但是，这些国际条约缺乏专门性和针对性，个别条款也停留在原则性的指导和倡议层面，可操作性不强。

三、我国在公海保护区应该如何参与区域组织

对我国而言，在开展公海保护区事务之前，首先应以发展的眼光，从我国战略利益的高度出发确定我国建立公海保护区可获得的潜在利益，维护我国分享公海和“区域”资源的战略利益。

同时，厘清公海保护区制度本身对我国在远洋捕鱼产业“区域资源开发”国内管理体制等问题上的固有影响，总体把握我国在公海保护区制度建设中的限制因素之所在。在对建立公海保护区的潜在利益和固有挑战做出通盘考虑后，综合权衡我国建立公海保护区的利弊得失，最大限度地获得公海保护区的战略利益，降低新制度对我国现有产业、体制的消极影响。以此为基础，正确把握我国在公海保护区事务上的应有立场与谈判方向，在多边国际场合中有效维护自身利益，并进一步结合国内科研调查实际，采取相关行动，既能最大限度维护我国在公海应有的海洋权益，又能妥善应对设立公海保护区而引发的“新圈地运动”。

区域渔业管理组织中的鲨鱼养护管理问题研究

■ 褚晓琳* 唐 议**

【内容摘要】目前，鲨鱼养护管理问题已引起国际社会的高度重视，《鲨鱼养护和管理国际行动计划》和《濒危野生动植物种国际贸易公约》等国际文件从生态系统保护和贸易管控角度对鲨鱼问题作了规定。为了顺应国际社会加强鲨鱼养护管理的趋势，金枪鱼区域渔业管理组织出台了一系列鲨鱼养护管理决议和措施。对此，作为远洋渔业大国的我国应及早作好准备，通过制定《鲨鱼养护和管理国家行动计划》，一方面表明我国履约决心与付出的努力，尽量消除国际社会在鲨鱼问题上对我国的偏见，彰显我国负责任大国的姿态；另一方面，根据我国远洋渔业实际情况，在未来国际鲨鱼养护管理方向上力争更大的自由度，为我国远洋渔业持续发展预留更多的空间，实现鲨鱼养护管理和远洋渔业可持续发展的和谐状态。

【关键词】鲨鱼 区域渔业管理组织 养护管理

2017 年 8 月 13 日，我国“福远渔冷 999 号”因船舱内存有大量冷冻鲨鱼被厄瓜多尔加拉帕戈斯群岛保护区执法人员扣押，后经当地法庭仓促审理，以“破坏野生动植物种罪”判处 20 名船员 1 年至 4 年不等监禁，并处没收船只和高达 590 万美元的罚金。2018 年 1 月，厄瓜多尔向南太平洋区域渔业管理组织（SPRFMO）上交提案，要求将“福远渔冷 999 号”列入 IUU 渔船名单。事实上，该船是一艘运输冷藏船，不具有捕捞能力，且船上鲨鱼是在 SPRFMO 管辖海域之外的公海转运而来。因此，该渔船没有在 SPRFMO 的管辖海域内进行任何非法捕捞或转运活动。但该事件却引发了国际社会对我国远洋渔船“捕杀鲨鱼”问题的热议。本文将从该事件出发，在梳理国际社会和区域渔业管理组织有关鲨鱼养护管理规定的基础上，分析我国远洋渔业对这些要求的执行情况和对未来鲨鱼管理趋势的应对策略。

一、鲨鱼资源捕捞状况

鲨鱼种群起源较早，几乎与恐龙同期，是一种古老的物种。全球鲨鱼种类多达 465 种，主要分布于温带和热带海域。其中商业性捕捞鲨鱼种类约 100 种[1]，濒危鲨鱼种类有 10 种。由于鲨鱼处于海洋食物链顶端，具有繁殖率低、生长发育缓慢等特点，资源一旦遭受破坏，恢复期长且十分困难，而且会严重影响海洋生态系统平衡。因而鲨鱼资源需要加以合理的养护管理，才能实现可持续利用。

鲨鱼是金枪鱼渔业中的重要兼捕物种，21 世纪以来，全球鲨鱼产量在 70 万—90

---

* 上海海洋大学文法学院副教授，法学博士，主要从事国际海洋法基本理论、国内外海洋生物资源养护管理法规政策研究。

** 上海海洋大学海洋文化与法律学院院长、教授，中国太平洋学会海洋资源管理分会副会长。

〔1〕 肖乐、郝向举：《鱼翅消费的是与非》，《中国水产》2013 年第 7 期，第 21—25 页。

万吨，与其他经济鱼类的产量变化趋势相似。据联合国粮农组织（FAO）统计，全球共有151个国家和地区兼捕鲨鱼，其中前15位包括印度尼西亚、西班牙、中国台湾地区、阿根廷、美国和日本等，它们捕鲨产量占全球鲨鱼总产量的近3/4。这些鲨鱼主捕国家或地区将鲨鱼制药或食用，也是鲨鱼的主要消费区和受益区。我国大陆鲨鱼产量不足全球的1/50，远在15名之外，且以鱼翅加工产业为主，鲨鱼鳍进出口贸易量仅占全球鲨鱼产品总贸易量的不足10%〔2〕，因而我国不是鲨鱼主要的捕捞国和消费国。

因过度捕捞以及栖息地破坏等，某些鲨鱼种类资源量不断衰减，引起了国际社会的广泛关注和高度重视。金枪鱼渔业是我国远洋渔业的重要组成部分，目前我国加入了数个金枪鱼区域渔业管理组织（RFMOs）。因而，尽管我国不是鲨鱼的主要捕捞国，但是国际鲨鱼养护管理法规与RFMOs鲨鱼养护管理措施均会对我国远洋渔业发展产生深远影响。

二、鲨鱼养护管理国际法规

目前，有关鲨鱼养护管理的国际法规主要包括：《联合国海洋法公约》《联合国鱼类种群协定》《负责任渔业行为守则》《鲨鱼养护和管理国际行动计划》《濒危野生动植物种国际贸易公约》《保护迁徙野生动物物种公约》。

1.《联合国海洋法公约》和《联合国鱼类种群协定》

1982年《联合国海洋法公约》（UNCLOS）和1995年《联合国鱼类种群协定》（FSA）均未直接涉及鲨鱼问题，但这两个公约都从生态系统角度提及应顾及“与目标鱼种有关联或依赖该鱼种生存的鱼种所受影响，以便使这些有关联或依赖的鱼种数量维持在或恢复到其繁殖不会受到严重威胁的水平以上”（UNCLOS第61条和119条；FSA第5条）。FSA第5（f）条还特别提及：发展和使用有选择性的、对环境无害和成本效益高的渔具和捕鱼技术，以尽量减少污染、废物、丢弃物、遗弃渔具所致的资源损耗，非目标物种捕获及对相关或依附物种特别是濒临灭绝物种的影响。

以上规定采用了基于生态系统的海洋渔业管理理念，要求减少兼捕，促进海洋生态系统持续发展。当然，它们并没有直接表明鲨鱼养护管理问题，但是却为鲨鱼资源保护奠定了基本法律基础。

2.《负责任渔业行为守则》和《鲨鱼养护和管理国际行动计划》

1995年FAO《负责任渔业行为守则》（以下简称《守则》）也注重从生态系统角度加强渔业管理，指出：“渔业管理措施不应局限于养护目标物种，还应养护属于相同生

〔2〕 中国水产流通与加工协会组：《中国鲨鱼产业白皮书》，中国农业出版社2013年版，第1—5页。

态系统、某个目标物种的从属或相关物种。”（第6.2条）

1999年《鲨鱼养护和管理国际行动计划》（IPOA－Sharks）的目标是确保鲨鱼资源可持续利用，要求主捕鲨鱼或兼捕鲨鱼的国家应通过《鲨鱼种群养护和管理国家行动计划》（NPOA－Sharks），并定期评估所捕捞的鲨鱼种群状况。各国还应通过区域和分区域渔业组织或安排以及其他形式进行合作，确保鲨鱼种群的可持续性。

《守则》和IPOA－Sharks都是自愿性的，但是它们对国际渔业管理的影响不容小觑。《守则》为现代渔业治理提供了重要指导，引领全球渔业走上以养护为重的发展之路。IPOA－Sharks是《守则》具体实施的重要组成部分。其通过后，印度洋金枪鱼委员会（IOTC）、中西太平洋渔业委员会（WCPFC）、养护大西洋金枪鱼国际委员会（ICCAT）等RFMOs将鲨鱼问题作为重点关注议题之一，而且它们还陆续制定了一些养护管理措施，加强鲨鱼资源监管。此外，美国、加拿大、澳大利亚和欧盟也相继出台了NPOA－Sharks。可以说，IPOA－Sharks引起了国际社会对鲨鱼资源的重视，对全球鲨鱼管理产生了深远影响。

3.《濒危野生动植物种国际贸易公约》和《保护迁徙野生动物物种公约》

1973年《濒危野生动植物种国际贸易公约》（CITES）主要通过严格管控附录中野生动植物种的国际贸易，促进各国合理开发利用野生动植物资源。CITES将物种分为三类，分别列入三个附录，并采取不同的管理办法。其中附录Ⅰ包括所有受到或可能受到贸易影响而有灭绝危险的物种，通常禁止国际贸易；附录Ⅱ包括所有虽未濒临灭绝，但不严加管理相关贸易，就可能变成有灭绝危险的物种，一般限制国际贸易；附录Ⅲ包括成员国认为属其管辖范围，但需要其他成员国合作控制的物种，实行区域性贸易管制。

自1994年CITES缔约国大会第9次会议（CoP9）美国建议关注鲨鱼问题起，CITES开始逐步将多种鲨鱼列入附录，包括：2003年姥鲨、鲸鲨列入附录Ⅱ；2005年大白鲨列入附录Ⅱ；2007年锯鳐目7种鲨鱼列入附录Ⅰ；2014年长鳍真鲨、鼠鲨、路氏双髻鲨、无沟双髻鲨、锤头双髻鲨列入附录Ⅱ；2017年镰状真鲨和3种长尾鲨（浅海长尾鲨、深海长尾鲨、弧形长尾鲨）列入附录Ⅱ。[3]

《保护迁徙野生动物物种公约》（CMS）目标是保护海、陆、空所有野生迁徙物种及其迁徙路线和栖息地。CMS将管辖物种分列于两个附录中，附录Ⅰ列举了濒危的迁徙物种，附录Ⅱ列举了处于不利保护状况且需要国际协定管理的迁徙物种。

目前多种迁徙鲨鱼被列入CMS附录。如鲸鲨被列入附录Ⅰ，长鳍鲭鲨、尖吻鲭鲨、鼠鲨和白斑角鲨被列入附录Ⅱ，大白鲨和姥鲨被同时列入附录Ⅰ和附录Ⅱ。

CITES和CMS都是通过将相关物种列入附录的做法对野生物种进行管理的，因而它们所列物种之间的协调十分重要，以方便相同缔约国的共同执行，从而实现野生物种保

---

〔3〕 http://www.sohu.com/a/196462712_726570.

护效果的最大化。CITES 和 CMS 对于鲨鱼物种的保护都依赖于 RFMOs 相关决议和措施，因为它们所列的很多鲨鱼物种都位于 RFMOs 管辖海域内，所以需要依赖 RFMOs 相应措施的跟进，才能真正实现管理目标。

三、RFMOs 鲨鱼养护管理举措

在 IPOA – Sharks 出台后，5 个金枪鱼 RFMOs 推出了一系列鲨鱼养护管理决议和措施（详见表 1）。这些举措主要是对 UNCLOS 和 FSA 基于生态系统的非目标鱼种保护理念的贯彻，特别是响应 IPOA – Sharks 相关要求。例如，RFMOs 一般要求成员方与合作非成员方（CPCs）制定 NPOA – Sharks，这与 IPOA – Sharks 的要求基本一致。此外，RFMOs 重点保护的鲨鱼种类与 CTIES 和 CMS 附录鲨鱼种类基本一致。

可以说，一方面 RFMOs 响应了有关鲨鱼养护管理的国际法规；另一方面 RFMOs 也影响了国际鲨鱼保护方向。如 RFMOs 一般会要求 CPCs 收集并汇报鲨鱼兼捕、放生、上岸或贸易等方面的数据，这些数据对于全面了解鲨鱼种群状况、确定重点保护的鲨鱼种类、制定更为合理的管理措施都十分重要。因而，很多鲨鱼物种是在 RFMOs 列举并加强管理之后，才为 CITES 或 CMS 所借鉴并列入附录的。

总之，在鲨鱼养护管理方面，RFMOs 与相关国际法规之间形成了一种互动关系，这种关系会进一步推动全球鲨鱼保护趋势，而这一趋势也是国际渔业管理的重要方向之一。作为远洋渔业大国，我国应明确该形势，在立足本国实际情况的基础上，分析 RFMOs 哪些决策应予以反对或保留，而哪些事项是我国可以做到以顺应鲨鱼保护趋势的，以便适时作出反应，变被动接受为主动迎击，合理维护我国远洋渔业的发展空间。

四、我国对 RFMOs 鲨鱼养护管理要求的履行情况和未来应对策略

我国是除 CCSBT 之外 4 个金枪鱼 RFMOs 的成员国，并在它们管辖海域拥有重要远洋渔业利益。我国一直在认真遵守 RFMOs 有关鲨鱼养护管理规定，并为此做出了较大努力。如我国渔业主管部门对数百艘可能兼捕鲨鱼的远洋渔船实施了一系列管理措施，包括要求在捕捞日志中如实记录兼捕数据和信息、严禁割鳍抛体、释放活鲨鱼等。此外，还定期组织远洋渔业公司培训，内容包括识别不同种类的鲨鱼。而且印制禁止在船上留存的鲨鱼图片，向每艘远洋渔船分发。

此外，我国制定了《野生动物保护法》《水生野生动植物保护实施条例》《濒危野生动植物进出口管理条例》等法规以执行国际法规相关要求。《野生动物保护法》第 10 条规定："国家对珍贵、濒危的野生动物实行重点保护。国家重点保护的野生动物分为一级保护野生动物和二级保护野生动物。"第 35 条规定："中华人民共和国缔结或者参加的国际公约禁止或者限制贸易的野生动物或者其制品名录，由国家濒危物

种进出口管理机构制定、调整并公布……列入本条第一款名录的野生动物，经国务院野生动物保护主管部门核准，在本法适用范围内可以按照国家重点保护的野生动物管理。”

1993 年林业部发布了《关于核准部分濒危野生动物为国家重点保护野生动物的通知》，指出：“现决定将 CITES 附录Ⅰ和附录Ⅱ所列非原产我国的所有野生动物，分别核准为国家一级和国家二级保护野生动物。对这些野生动物及其产品的管理，同原产我国的国家一级和国家二级保护野生动物一样，按照国家现行法律、法规和规章的规定实施管理。”根据这些规定，CITES 附录中的鲨鱼物种及产品按照我国一级、二级野生保护动物进行管理，也受到我国《野生动物保护法》等法规的保护。

在全球强调基于生态系统的渔业管理背景下，预计 RFMOs 将进一步加强对鲨鱼等兼捕物种的保护，受特别保护的鲨鱼种类也将不断增加。而这一趋势也会进一步加大我国远洋渔业的履约压力。

对此，我国可以制订“鲨鱼养护管理国家行动计划”，通过该计划一方面，我国可向国际社会表明我国愿意遵守鲨鱼养护管理规定的态度，并说明我国事实上为执行这些要求所付出的努力，让国际社会更多地了解我国情况，减少或消除固有偏见；另一方面，我国可以根据自身实际情况制定未来在鲨鱼养护管理方面能够做到的事项，如加强鲨鱼资源研究、进行鲨鱼种群评估等。特别是在鲨鱼种群评估方面，我国应加强参与度，因为鲨鱼种群评估的科学建议将在很大程度上影响鲨鱼养护管理措施的制定，以及受特别保护鲨鱼种类的确定。

当然，制定 NPOA - Sharks 并不具强制力。但即便我国不制订该计划，也需执行 RFMOs 鲨鱼养护管理要求，如搜集并汇报鲨鱼兼捕数据、禁止割鳍抛体、翅肉比例等。如果制定了该计划，我国可以在未来养护方向上获得更多的自由度，并可以进一步表明我国作为远洋渔业大国的负责任态度。

五、结　论

随着生态系统理念在国际渔业管理中的深入，以及某些鲨鱼种类资源不断衰退，鲨鱼养护管理问题引起了国际社会的高度关注。UNCLOS、FSA、IPOA - Sharks、CITES 和 CMS 等国际文件都对鲨鱼问题作了相应规定。为了响应这些国际法规的要求，RFMOs 也陆续出台了一系列鲨鱼养护管理措施，包括鲨鱼资源充分利用、国家鲨鱼计划的制订、数据搜集上报、科学研究和渔具渔船管理等。作为远洋渔业大国的我国应及早做好准备，通过制定 NPOA - Sharks 向国际社会表明我国已作出的努力和履约的决心，尽量减少国际社会在鲨鱼问题上对我国的偏见，最大限度维护我国远洋渔业权益。

表1 RFMOs 有关鲨鱼养护管理的决议和措施

序号	RFMOs 名称	基本情况（成员国、管辖区域和设立公约）	有关鲨鱼养护管理的决议或建议	有关鲨鱼养护管理的措施	重点关注的鲨鱼鱼种
1	美洲间热带金枪鱼委员会（IATTC）	1. 成员国：1949 年成立，秘书处设在美国加州圣迭戈，现有会员 21 个，合作非缔约方 5 个，我国是其成员国之一 2. 管辖范围：管理太平洋 150° W 以东海域的金枪鱼渔业 3. 设立公约：《安提瓜公约》于 2010 年生效，替代 1949 年的《设立美洲间热带金枪鱼委员会公约》	目前 IATTC 共通过了 5 个相关决议，主要包括： 1. 2005 年《有关东太平洋渔业中所捕获鲨鱼养护的决议》（Resolution C-05-03）〔3〕 2. 2011 年《有关〈安提瓜公约〉区域内渔业所捕获长鳍真鲨养护的决议》（Resolution C-11-10，2012 年 1 月 1 日生效）〔4〕 3. 2016 年《第 C-05-03 号〈有关东太平洋渔业中所捕获鲨鱼养护决议〉的修订案》（Resolution C-16-04）〔5〕 4. 2016 年《鲨鱼种群管理的决议》（Resolution C-16-05，2018 年 1 月 1 日生效）〔6〕 5. 2016 年《2017、2018 和 2019 年鲨鱼种群养护措施——特别关注镰状真鲨》（Resolution C-16-06，2017 年1 月 1 日生效）〔7〕	鲨鱼资源充分利用：所有 CPCs 渔船上的鲨鱼翅肉比不应超过 5%；禁止 CPCs 渔船违反相关决议在船上留存、转载、上岸或交易鲨鱼鱼鳍 国家鲨鱼计划制定：CPCs 应制定并执行 NPOA-Sharks 数据搜集：CPCs 应每年按种群汇报鲨鱼的捕捞、努力量、上岸和贸易数据 科学研究：CPCs 应进行相关研究，包括：选择性渔具、更新有关重点鲨鱼种群的关键生物参数、生命史、行为轨迹和迁徙路线，以及交配、繁殖区域 特别保护鲨鱼物种：发展工作计划以评估镰状真鲨和双髻鲨的种群 渔具或渔船管理：围网渔船应遵守下列安全释放鲨鱼的要求：禁止使用牵引绳将鲸鲨拖出围网；禁止目标鱼种为金枪鱼和剑鱼的延绳钓渔船使用“钓鲨绳”	长鳍真鲨、镰状真鲨、双髻鲨（包括路氏双髻鲨、无沟双髻鲨和锤头双髻鲨）、鲸鲨等

〔3〕 Resolution on the conservation of sharks caught in association with fisheries in the eastern pacific ocean (Resolution C-05-03), Inter-American Tropical Tuna Commission 73rdmeeting, Lanzarote (Spain), 20-24 June 2005.

〔4〕 Resolution on the conservation of oceanic whitetip sharks caught in association with fisheries in the Antigua Convention Area (Resolution C-11-10), Inter-American Tropical Tuna Commission 82nd meeting, La Jolla, California (USA), 4-8 July 2011.

〔5〕 Amendment to Resolution C-05-03 on the conservation of sharks caught in association with fisheries in the eastern pacific ocean (Resolution C-16-04), Inter-American Tropical Tuna Commission 90th meeting, La Jolla, California (USA), 26 June-1 July 2016.

〔6〕 Resolution on the management of sharks species, Inter-American Tropical Tuna Commission 90th meeting (Resolution C-16-05), La Jolla, California (USA), 26 June-1 July 2016.

〔7〕 Conservation measures for sharks species, with special emphasis on the silky shark (Carcharhinusfalciformis), for the years 2017, 2018, and 2019 (Resolution C-16-06). Inter-American Tropical Tuna Commission 90th meeting, La Jolla, California (USA), 26 June-1 July 2016.

续表

序号	RFMOs 名称	基本情况（成员国、管辖区域和设立公约）	有关鲨鱼养护管理的决议或建议	有关鲨鱼养护管理的措施	重点关注的鲨鱼鱼种
2	养护大西洋金枪鱼国际委员会（ICCAT）	1. 成员国：1969 年成立，秘书处设在西班牙马德里，现有会员 51 个，合作非缔约方 5 个，我国是其成员国之一 2. 管辖范围：管理大西洋、地中海金枪鱼渔业 3. 设立公约：1966 年的《养护大西洋金枪鱼国际公约》（2012 年 ICCAT 第 12-10 号建议，决定成立公约修订工作组（WGCA），启动 ICCAT 公约修订工作）	目前 ICCAT 共通过了 16 个相关决议或建议（其中决议 2 项），主要包括： 1. 1995 年《ICCAT 在鲨鱼附带捕捞和种群地位研究方面与 FAO 合作的决议》（Res-95-02，1995 年 12 月 21 日生效）〔8〕 2. 2011 年《ICCAT 渔业中附带捕捞和丢弃数据收集和协调的建议》（Rec-11-10，2012 年 7 月 7 日生效）〔9〕 3. 2014 年《有关 ICCAT 渔业中所捕获灰鲭鲨的建议》（Rec-14-06，2015 年 6 月 3 日生效）〔10〕 4. 2015 年《有关 ICCAT 渔业中所捕获鼠鲨的建议》（Rec-15-06，2016 年 6 月 4 日生效）〔11〕	鲨鱼资源充分利用：CPCs 应要求其渔船上的鲨鱼鱼鳍不应超过鲨鱼总重的 5%，直到首次上岸点；不要求鱼鳍和鱼体在首次上岸点一起卸载的 CCMs 应通过确认、观察员监控或其他适当措施确保满足 5% 比例的要求 国家鲨鱼计划的制订：CPCs 应制定并充分执行 NPOA-Sharks 数据搜集：ICCAT 向 FAO 提供有关鲨鱼的兼捕和贸易数据，以回应 CITES 的相关要求；CPCs 应提交鲨鱼捕捞、渔具努力量、上岸和贸易数据 科学研究：鼓励 CPCs 进行相关研究，以提供有关灰鲭鲨和大青鲨的关键生物参数、生命史、行为轨迹，以及交配、繁殖区域的信息 特别保护鲨鱼物种：CPCs 应最大限度释放未受伤害的鼠鲨；设定大青鲨的捕捞限额	灰鲭鲨、鼠鲨、大西洋大青鲨等
3	南方蓝鳍金枪鱼养护委员会（CCSBT）	1. 成员国：1994 年成立，秘书处设在澳大利亚堪培拉，扩大委员会有成员 8 个，合作非缔约方 1 个，我国尚未加入	目前 CCSBT 共通过了 1 个相关建议：《减少对南方蓝鳍金枪鱼渔业中生态相关种群影响的建议》〔12〕	CPCs 应遵守 IOTC、WCPFC、ICCAT 采纳的旨在保护相关生态种群，包括海鸟、海龟和鲨鱼的所有强制性和建议性措施	与 IOTC、WCPFC 和 ICCAT 重点关注的鲨鱼鱼种一致

〔8〕 Resolution by ICCAT on cooperation with the Food and Agriculture Organization of the United States（FAO）with regard to study on the status of stocks and by-catches of shark species（Res-95-02）. Transmitted to contracting parties: December 21, 1995.

〔9〕 Recommendation by ICCAT on information collection and harmonization of data on by-catch and discards in ICCAT fisheries（Rec-11-10）. Entered into force: June 7, 2012.

〔10〕 Recommendation by ICCAT on shortfinmako caught in association with ICCAT fisheries（Rec-14-06）. Entered into force: June 3, 2015.

〔11〕 Recommendation by ICCAT on porbeagle caught in association with ICCAT fisheries（Rec-15-06）. Entered into force: June 4, 2016.

〔12〕 Recommendation to mitigate the impact on ecologically related species of fishing for southern bluefin tuna, updated at the eighteenth annual meeting, 10-13 October, 2011.

续表

序号	RFMOs 名称	基本情况（成员国、管辖区域和设立公约）	有关鲨鱼养护管理的决议或建议	有关鲨鱼养护管理的措施	重点关注的鲨鱼鱼种
		2. 管辖范围：南半球南方蓝鳍金枪鱼洄游水域及印度洋南方蓝鳍金枪鱼产卵水域 3. 设立公约：1994 年《南方蓝鳍金枪鱼养护公约》		CPCs 应搜集并向扩大委员会汇报相关生态种群的数据 CPCs 应向扩大委员会的执行委员会每年汇报执行行动情况	
4	印度洋金枪鱼委员会（IOTC）	1. 成员国：1996 年成立，秘书处设在塞舌尔，现有会员 31 个，合作非缔约方 3 个，我国是其成员国之一 2. 管辖范围：管理印度洋金枪鱼渔业 3. 设立公约：《建立印度洋金枪鱼委员会协定》	目前 IOTC 共通过了 6 个相关决议，主要包括： 1. 2012 年《有关 IOTC 管辖区域内渔业所捕获的长尾鲨养护的决议》（Res 12-09）〔13〕 2. 2012 年《禁止在 IOTC 管辖区域的公海上使用大型流网的决议》（Res-12-12）〔14〕 3. 2013 年《有关 IOTC 管理渔业中所捕获鲨鱼种群养护的科学和管理框架》（Res-13-06，2013 年 9 月 14 日生效）〔15〕 4. 2013 年《有关鲸鲨养护的决议》（Res-13-05，2013 年 9 月 14 日生效）〔16〕 5. 2017 年《有关 IOTC 管理渔业中所捕获鲨鱼养护的决议》（Res-17-05）〔17〕	1. 鲨鱼资源充分利用：对于新鲜的上岸鲨鱼，CPCs 应禁止在船上割鳍，禁止上岸、留存和转运与鱼体非自然连接的鲨鱼鱼鳍，直到首次上岸点；对于冷冻的上岸鲨鱼，CPCs 应要求其渔船船上的鱼鳍不超过鲨鱼总重的5%，直到首次上岸点 2. 数据搜集：CPCs 应鼓励渔民记录鲨鱼意外捕捞以及活体释放数据；CPCs 应提交鲨鱼的捕捞、释放和贸易等相关数据 3. 科学研究：CPCs 应进行相关研究，包括：确定令渔具更具选择性的方法、更新有关重点鲨鱼种群的关键生物参数、生命史、行为轨迹和迁徙路线等 4. 特别保护鲨鱼物种：禁止 CPCs 渔船在船上留存、转载、上岸、贮存或交易长尾鲨及其部分；禁止在 IOTC 管辖区内的鲸鲨周围设定围网	长尾鲨、鲸鲨、长鳍真鲨等

〔13〕 On the conservation of thresher sharks（family alopiidae）caught in association with fisheries in the IOTC area of competence（Res-12-09）.

〔14〕 To prohibit the use of large-scale driftnets on the high seas in the IOTC area（Res-12-12）.

〔15〕 On a scientific and management framework on the conservation of shark species caught in association with IOTC managed fisheries（Res-13-06）, will enter into force on 14 September 2013.

〔16〕 On the conservation of whale sharks（ Rhincodontypus）（Res-13-05）. Will enter into force on 14 September 2013.

〔17〕 On the conservation of sharks caught in association with fisheries managed by IOTC（Res-17-05）.

续表

序号	RFMOs 名称	基本情况（成员国、管辖区域和设立公约）	有关鲨鱼养护管理的决议或建议	有关鲨鱼养护管理的措施	重点关注的鲨鱼鱼种
			6. 2017 年《禁止在 IOTC 管辖区域内使用大型流网的决议》（Res-17-07，2017 年 12 月 2 日）〔18〕	5. 渔具或渔船：CPCS 应采取必要措施禁止其渔船在 IOTC 管辖区域内的公海上使用大型流网	
5	中西太平洋渔业委员会（WCPFC）	1. 成员国：2004 年成立，秘书处设在密克罗尼西亚波那佩，现有成员 26 个，合作非成员 7 个，我国是其成员国之一，法、美和新西兰共 7 个领地和属地无表决权 2. 管辖区域：太平洋 150°W 以西海域金枪鱼渔业（4 °S 以南东界为 130°W），不包括我国南海 3. 设立公约：2000 年《中西太平洋高度洄游鱼类种群养护和管理公约》	目前 WCPFC 共通过了 5 个相关养护管理措施，主要包括： 1.《在公约海域内的公海上禁止使用大型流网的养护管理措施》（CMM 2008-04）〔19〕 2.《长鳍真鲨养护管理措施》（CMM 2011-04，2013 年 1 月 1 日生效）〔20〕 3.《保护鲸鲨免受围网渔业伤害的养护管理措施》（CMM 2012-04，2014 年 1 月 1 日生效）〔21〕 4.《镰状真鲨的养护管理措施》（CMM 2013 －08，2014 年 7 月 1 日生效）〔22〕 5.《鲨鱼养护管理措施》（CMM 2014-05，2015 年 7 月 1 日生效）〔23〕	1. 鲨鱼资源充分利用：CCMs 应要求其渔船船上的鲨鱼鱼鳍不超过鲨鱼总重的 5%，直到首次上岸点。充分利用指渔船应保留鲨鱼除头部、内脏和皮肤之外的全部，直到首次上岸点或转运 2. 制订国家鲨鱼计划：CCMs 应适当执行 IPOA-Sharks 3. 数据搜集：CCMS 应在其年报中提交重点鲨鱼种群的数据和信息 4. 特别保护鲨鱼物种：CCMs 应禁止其渔船留存、转运、储存或上岸任何长鳍真鲨和镰状真鲨；CCMs 在鲸鲨非故意被缠入围网时应要求船长采取以下措施：确保采取合理步骤安全放生鲸鲨；并将该情况报告船旗国相关管理部门 5. 渔具或渔船：禁止在公约区域内的公海上使用大型流网	长鳍真鲨、鲸鲨、镰状真鲨、大青鲨、鲭鲨、鼠鲨等

〔18〕 Resolution 17/07 on the prohibition to use large-scale driftnets in the IOTC area (Res-17-07). Will enter into force on 02 December, 2017.

〔19〕 Conservation and management measure to prohibit the use of large scale driftnets on the high seas in the convention area (CMM 2008-04). WCPFC fifth regular session, Busan, Republic of Korea, 8-12 December, 2008.

〔20〕 Conservation and management measure for oceanic whitetip shark (CMM 2011-04). WCPFC eighth regular session, Tumon, Guam, USA. 26-30 March, 2012.

〔21〕 Conservation and management measure for protection of whale sharks from purse seine fishing operations (CMM 2012-04). WCPFC ninth regular session. Manila, Philippines. 2-6 December, 2012.

〔22〕 Conservation and management measure for silky sharks (CMM 2013-08). WCPFC tenth regular session. Cairns, Australia. 2-6 December, 2013.

〔23〕 Conservation and management measure for sharks (CMM 2014-05). WCPFC eleventh regular session. Faleata Sports Complex, Apia, SAMOA. 1-5 December, 2014.

BBNJ 环境影响评价阈值及相关问题探讨

■ 郭雨晨*

【内容摘要】本文关注国家管辖范围外区域海洋生物多样性的养护和可持续利用（BBNJ）国际协定中环境影响评估的相关问题，主要探究相关国际公约和欧盟法规中关于环境评价阈值的规定和在实践过程中阈值问题可能引发的纠纷，目的在于为 BBNJ 国际协定中环境评价阈值的确定提供参考。本文认为 BBNJ 国际协定中的环境评价阈值设定不宜过高，并且建议在协定中配合国际环境法中的相关原则（如预防性原则）加以适用，以采取更谨慎的态度来面对国家管辖范围外区域海洋生物多样性的养护和可持续利用以及累积影响。

【关键词】BBNJ　环境影响评价　阈值

国家管辖范围外区域海洋生物多样性的养护和可持续利用（Marine Biological Diversity beyond Areas of National Jurisdiction，BBNJ）国际协定是《联合国海洋法公约》框架下的第三份执行协定，从 2018 年 9 月正式开启政府间会议讨论。BBNJ 谈判是目前海洋法领域最为重要的立法进程，其制定和今后的实施必将对国际海洋秩序产生重要影响。在 2017 年 7 月 21 日筹备委员会第 47 次会议上，筹备委员会以协商一致方式通过了就国家管辖范围以外区域海洋生物多样性的养护和可持续发展利用问题拟定的具有法律约束力的国际文书（以下简称《文书》）。[1]《文书》初步罗列了 BBNJ 国际协议的基本框架，也明确了 BBNJ 的总体目标、一般原则和方法、适用的范围和与现存国际法律框架及相关机构的关系，但仍遗留了很多争议问题有待在政府谈判期间加以解决。[2]本文第一部分关注 BBNJ 国际协定中环境影响评估（以下简称环评）的问题，重点是结合《文书》的第三部分第五条的相关建议探究其他国际和区域法律中对环评阈值的规定和实践中可能引发的问题，旨在为 BBNJ 国际协定中环评阈值的确定提供参考[3]；第二部分是对目前 BBNJ 协定中关于环评存在的两个主要争议问题的看法；第三部分为结论部分。

---

* 中山大学法学院博士后、副研究员。

〔1〕 联合国大会“关于根据《联合国海洋法公约》的规定就国家管辖范围以外区域海洋生物多样性的养护和可持续利用问题拟订一份具有法律约束力的国际文书的第 69/292 号决议所设筹备委员会的报告”（2017 年 7 月 31 日）A/AC. 287/2017/PC. 4/2。

〔2〕 《文书》A 节包含多数国家意见一致的非排他性要点，B 节是存在意见分歧的争议问题。

〔3〕 本文探讨的“环评阈值”是指启动环评的一般性门槛或起点。

一、BBNJ 环境影响评估的阈值问题

（一）相关国际公约和欧盟法规中的环评阈值规定

尽管对 BBNJ 环评的阈值和标准在《文书》第三部分第 5 条第 3 款才有所讨论，但是第 5 条第 1 款阐述进行环评的义务时也涉及了环评阈值问题。关于 BBNJ 协议中环评要求可以追溯到《联合国海洋法公约》（以下简称《公约》）第 206 条。《文件》第 5 条第 1 款的环评义务条款明确写道："根据《公约》第二百零六条和习惯国际法，案文将规定各国有义务评估在其管辖或控制下计划开展的活动对国家范围以外区域的潜在影响。"因此，BBNJ 协定下的环评义务条款很有可能会直接引用《公约》第 206 条全部或部分条款。《公约》第 206 条规定："各国如有合理根据认为在其管辖或控制下的计划中的活动可能对海洋环境造成重大污染或重大和有害的变化，应在实际可行范围内就这种活动对海洋环境的可能影响作出评价，并应依照第二百零五规定的方式提送这些评价结果的报告。"〔4〕以上条款中"活动""可能""海洋环境""重大污染""重大和有害""实际可行"的含义和范围都值得进一步思考和推敲，以下主要对"重大有害"这一限定词进行探讨。

对于环评的要求，目前已经落实在了许多国际条约和区域性法律文件中。1992 年《生物多样性公约》第 14 条第 1 款要求缔约国"应尽可能并酌情采取适当程序，要求就其可能对生物多样性产生严重不利影响的拟议项目进行环境影响评估，以期避免或尽量减轻这种影响"〔5〕。但是《公约》并没有对"严重不利影响"进行解释或定义，这使一些学者对此环评要求产生了质疑，认为此条款将保护生物多样性的开展环评的门槛设定过高。〔6〕并且，由于缺乏对"严重不利影响"的解释和定义而给予了缔约国在将其转化为国内法时确定环评阈值上较大的自由裁量权，从而可能导致影响生物多样性相关的项目会逃避执行环评的要求。

1991 年《跨界背景下的环境影响评价公约》（以下简称《埃斯波公约》）是目前唯

〔4〕英文原文为："When States have reasonable grounds for believing that planned activities under their jurisdiction or control may cause substantial pollution of or significant and harmful changes to the marine environment, they shall, as far as practicable, assess the potential effects of such activities on the marine environment and shall communicate reports of the results of such assessments in the manner provided in article 205."

〔5〕The Convention on Biological Diversity, 1992, UNTS, vol 1760, 79 (CBD Convention), article 14.1 (a) "Each Contracting Party, as far as possible and as appropriate, shall: (a) Introduce appropriate procedures requiring environmental impact assessment of its proposed projects that are likely to have significant adverse effects on biological diversity with a view to avoiding or minimizing such effects and, where appropriate, allow for public participation in such procedures".

〔6〕Catherine Redgwell, "The International Law of Public Participation: Protected Areas, Endangered Species, and Biological Diversity" in Donald M Zillman, Alastair Lucas and George (Rock) Pring (eds), *Human Rights in Natural Resource DevelopmentPublic Participation in the Sustainable Development of Mining and Energy Resources* (Oxford University Press 2002) 124-125.

一规范环境影响评价的国际条约，其建立起了欧洲跨界环境影响评价的法律制度。[7]与《生物多样性公约》的问题一样，依据《埃斯波公约》第2条，当拟建项目“有可能造成严重的跨界损害影响”时才会启动环评程序。[8]但是，比《生物多样性公约》环评条款完善的地方在于《埃斯波公约》附件三提供了判断“严重不利的跨界影响”的参考标准。尽管附件三是为了《埃斯波公约》第2条第5款规定的缔约国讨论判断未列入附件一的项目是否需要环评而设定，但仍对理解《埃斯波公约》下“严重不利的跨界影响”的概念具有参考价值。

《环境评价影响指令》（以下简称《指令》）是目前世界上规范环评比较细致和全面的法律文件。《指令》最初颁布于1985年，在1997年、2003年和2009年经过了三次修订。1985年的《指令》和之后的三次修订合并成为了2011年《指令》，2011年《指令》在2014年时又进行了新一轮修改以适应环境领域出现的新问题，如气候变化和灾难预防。[9]在环评过程中对生物多样性问题的考虑也被纳入了2014年《指令》的修订中。[10]从新增的环评内容和过程、对环评报告质量的管控和加强环评报告对决策产生的影响来看，2014年《指令》的修订已经让环评的相关法律规定达到了非常细致的程度，可以为BBNJ协定即将建立的环评体制提供很多借鉴和参考。相比《生物多样性公约》和《埃斯波公约》，《指令》中规定的启动环评的阈值是对环境“有可能产生严重影响”而非严重的“不利”影响。[11]这样细微的差别单在法条中看起来可能并不明显，但确有可能成为环评实践和之后引发的法律纠纷的争议问题。下文就以1992年《东北大西洋海洋环境保护公约》（以下简称《奥斯巴公约》）下爱尔兰诉英国MOX工厂案其中的一个争议点来说明这个细微差别可能引发的问题。尽管该案例与环评没有直接关系，但是引起争议的条款涉及了海洋环境信息公开阈值的问题，所以同样值得借鉴。

（二）爱尔兰诉英国MOX工厂案对环评阈值设定的启示

《奥斯巴公约》是规范东北大西洋海洋环境保护国际合作的主要公约，目的在于减

---

[7] Convention on Environmental Impact Assessment in a Transboundary Context 1991 (Espoo Convention)（简称《埃斯波公约》）。

[8] Espoo Convention, Article 2.3 "The Party of origin shall ensure that in accordance with the provisions of this Convention an environmental impact assessment is undertaken prior to a decision to authorize or undertake a proposed activity listed in Appendix I that is likely to cause a significant adverse transboundary impact."

[9] Annex Ⅲ of the Directive 2014/53/EU of the European Parliament and of the Council of 16 April 2014 amending Directive 2011/92/EU on the assessment of the effects of certain public and private projects on the environment [2014] OJ L124/1.

[10] Ibid., Article 3.1 (b).

[11] Directive 2011/92/EU of the European Parliament and of the Council of 13 December 2011 on the assessment of the effects of certain public and private projects on the environment [2011] OJ L26/1, art 1: "This Directive shall apply to the assessment of the environmental effects of those public and private projects which are likely to have significant effects on the environment."

少海洋污染排放和有害物质泄漏以保护海洋环境。《奥斯巴公约》第9条第1款是关于公开涉海环境信息的要求。[12]第9条第2款规范了应该公开的环境信息范围。[13]案件的背景是英国政府在其西北部塞拉菲尔德建造了一个生产混氧核燃料的工厂。在工厂正式运营前，英国政府需要论证工厂运营将会带来的经济、社会和其他福利会大于它可能会带来的环境隐患和损害。[14]因此，英国政府举办了多次公共咨询活动并出台了两部报告来进行论证。但是，公开版本的报告被删去了一些信息。爱尔兰政府在向英国政府要求披露这些信息遭拒后于2001年依据《奥斯巴公约》第9条信息公开的规定向仲裁庭提起诉讼。其中一个争议问题是为证明一项"有可能对海洋造成不利影响"的活动（an activity is likely to adversely affect the marine area）需要较高还是较低的信息公开阈值和相应的举证门槛。仲裁庭中大多数的观点认为：《奥斯巴公约》第9条第2款中"有可能的"和"不利的"这两个词的设定就是为了排除那些对海洋有影响，但并非是对海洋造成不利影响活动的信息公开。因此，这两个词语提高了环境信息公开的阈值，相应的举证阈值也随之变高。[15]而仲裁庭中另外一种观点是，此条款中的重点限定词是"有可能的"，是一种潜在的可能性而并非确定发生的事实。因此，环境信息公开和举证的阈值应该是较低而非较高。[16]显而易见，这两种观点的出现是因为前一种观点更加关注解释"不利的"这个限定词在《奥斯巴公约》第9条中的作用，而后一种观点则更注重"有可能的"限定词。笔者认为，在不同解释出现时应该跳出第9条本身而根据公约的一般性原则和目的去探究这个问题更为妥当。《奥斯巴公约》第2条第1款（a）节和（b）节规定了缔约国应"采取一切可能的措施防止和消除污染，并采取必要的措施保护海洋

---

〔12〕 Convention for the protection of the marine environment of the North-East Atlantic 1998 (OSPAR Convention), art 9 (1): "The contracting parties shall ensure that their competent authorities are required to make available the information described in paragraph 2 of this Article to any natural or legal person, in response to any reasonable request, without that person's having to prove an interests, without unreasonable charges, as soon as possible and at the latest within two months."

〔13〕 Ibid., art 9 (2): "The information referred to in paragraph 1 of this Article is any available information in written, visual, aural or data-base form on the state of the maritime area, on activities or measures adversely affecting or likely to affect it and on activities or measures introduced in accordance with the Convention."

〔14〕 Council Directive 96/26/EURATOM of 13 May 1996 laying down basic safety standards for the protection of the health of workers and the general public against the dangers arising from ionizing radiation [1996] OJ L159/1.

〔15〕 Access to Information under Article 9 of the OSPAR Convention (Ireland v United Kingdom) (Final Award) (Permanent Court of Arbitration, 2 July 2003), para175: "The adverb 'adversely' qualifies both existing and prospective activities and measures and raises the threshold of inclusion, as does the adverb 'likely' ... By including those two adverbs the drafters have excluded from the scope of the obligations of Article 9 current activities or measures that affected or were likely to affect the maritime area, but did not affect it adversely and prospective activities that were not likely to affect adversely the maritime area."

〔16〕 Ibid., dissenting opinion Gavan Griffith QC, paras. 79-82.

免受人类活动不良影响的侵害"[17]，并且适用风险预防原则（precautionary principle）。因此，在上述案例中仲裁庭的多数意见支持信息公开采用较高的阈值似乎与公约的原则和意图背道而驰。

爱尔兰诉英国 MOX 工厂案可以给 BBNJ 下的环评制度建设带来两点启示：一是，BBNJ 所要建立的环评制度其阈值的设置不宜过高（例如必须对海洋环境或生物多样性有不利影响才会启动环评程序）。这样的建议出于两点考虑：（1）由于在《公约》下生物遗传资源的法律属性并未被明确，海洋遗传资源的性质在 BBNJ 协定中有待定位。无论是遗传资源和海洋生物的区别最终得以区分，还是适用对象定位在深海生物[18]，海洋中适用"人类共同继承财产"原则的范围都会有所扩大。为了避免在海洋上"共有地的悲剧"的发生或发达国家利用科技与资金优势掀起新一轮的资源掠夺，在法律上应该采取更谨慎的态度来面对国家管辖范围外区域海洋生物多样性的养护和可持续利用。环评的意义并非仅仅一份报告而已，它的过程意义要远超出环评报告本身。环评是一个要求拟建项目进行环境影响的调查、项目信息公开、公众参与、制作报告、最终负责机构进行评估和综合因素考虑的过程。这个过程对于拟建项目可能引起环境问题的审视、相应的弥补或替代措施、环境信息的公开和公众教育都起到了促进作用，从而可以更好地为加强国家管辖范围外区域海洋生物多样性养护和可持续发展的目的服务。（2）尽管面临技术上的挑战，不可否认的是"累积影响"（cumulative impact）已成为当前海洋开发管理的新关注点。[19]《文件》也将累积影响列为了环评报告的内容之一。[20]海洋生态环境和其他环境问题的出现都是一个鸿毳沉舟的过程。单一项目可能对海洋环境和生物多样性本身影响不大，如果 BBNJ 环评制度的阈值设置过高，那么这些项目很有可能避开环境评估的过程。但是，在同一或邻近区域一系列相关项目的叠加和相互影响可能会对海洋环境和生物多样性产生非常显著的甚至不利的影响。另外，生态系统是一个极其复杂的系统，现在的科学研究水平和技术还未能完全揭示生态系统运行的规律和生态系统组成之间的因果关系。在这种情况下，就更为国家管辖范围外的生物多样性的利用和保护措施带来了很大的不确定性。因此，采用较低的环评阈值可以在管控海洋环境和生物

---

〔17〕 OSPAR Convention, art 2. 1. (a): "The Contracting Parties shall, in accordance with the provisions of the Convention, take all possible steps to prevent and eliminate pollution and shall take the necessary measures to protect the maritime area against the adverse effects of human activities..."

〔18〕 胡学东：《海洋生物多样性国际谈判前瞻及建议》，http：//www.hellosea.net/news/pinglun/2017-12-20/46441。

〔19〕 See Christina Kelly and others, "Investigating Options on How to Address Cumulative Impacts in Marine Spatial Planning" (2014) 102 *Ocean & Coastal Management* 139; Edward A Willsteed and others, "Obligations and Aspirations: A Critical Evaluation of Offshore Wind Farm Cumulative Impact Assessments" (2018) 82 *Renewable and Sustainable Energy Reviews* 2332. 关于累积影响的概念和类型及其他问题，参见彭应登、王华东：《累积影响研究及其意义》，《环境科学》1997 年第 1 期。

〔20〕 参见《文件》第 5 条第 5 款环境影响评估报告的内容。

多样性养护的累积影响方面起到一定程度的积极作用。最后，关于环评阈值的问题值得一提的是对于海洋自然环境和生物多样性极为脆弱和敏感的区域（如北极地区），建议在 BBNJ 环评制度下建立一个特别条款，采用严格和谨慎的环评标准，以与普通环评项目区别对待。

二是，涉及阈值的条款应该尽可能地避免过于模糊或缺乏定义的限定词（如“有可能”“尽可能的”）。但是，国际条约的制定中也往往出现因均衡各方利益而不得不适用模糊条款的情况。在这种情况下，BBNJ 协定可以在将要确定的原则或目的条款中，明确和强调风险预防或可持续发展等原则的重要性。这里值得一提的是在《文件》第三部分第 1 条关于国家管辖范围以外区域海洋生物多样性的养护和可持续利用的一般原则和办法部分采用的术语是“风险预防办法”（precautionary approach）而非“风险预防原则”（precautionary principle）。很显然，法律原则是国际法的渊源之一，具有法律约束力，而“办法”的法律效力却很不确定。[21] 鉴于风险预防在保护海洋环境区域性公约中（如《赫尔辛基公约》[22]、《东北大西洋海洋环境保护公约》[23]和《巴塞罗那公约》[24]）已被作为基本原则所确立，所以，在 BBNJ 法律文书的制定过程中，风险预防原则的确立也值得关注。

二、BBNJ 环境评估的其他争议问题

目前，BBNJ 协商关于环境影响评估还存在两个争议：一是，由各国启动开展环评还是将其“国际化”；二是，是否处理战略性环境影响评估的问题。对于第一个争议，无论是由各国开展环评还是成立一个全球性环评机构，在实践中都会面临不少的挑战。建立一个全球性的环评机构会面临不少问题。机构成立和运行的经费、专家和资源的配置就会引发新一轮的争论。机构成立后的能力、办事效率和公平问题也存在很大的不确定性。因此，其可行性值得质疑。而由各国开展环评将会面临最大的问题在于各国对环评的理解、目的、定义和标准的差异性有可能造成环评缺乏一致性标准，从而导致实践差别。以《埃斯波公约》的执行状况举例：根据《埃斯波公约》2013—2015 年的执行报告[25]，尽管《埃斯波公约》第 1 条明确给出了“影响”（impact）的定义。执行报告显示在提交报告的缔约国中，只有不足一半的缔约国（16 个）采用了与《埃斯波公约》

〔21〕 参见 Miguel A Recuerda，“Dangerous Interpretations of the Precautionary Principle and the Foundational Values of European Union Food Law：Risk versus Risk”（2008）4 *Journal of Food Law & Policy* 1。

〔22〕 Article 3. 2 of the Convention on the Protection of the Marine Environment of the Baltic Sea Area 1992（Helsinki Convention）（《保护波罗的海区域海洋环境公约》简称《赫尔辛基公约》）。

〔23〕 Article 2. 2 （a） of the OSPAR Convention.

〔24〕 Article 4. 3 （a） of the Convention for the Protection of the Marine Environment and the Coastal Region of the Mediterranean 1995（Barcelona Convention）（《保护地中海免受污染公约》简称《巴塞罗那公约》）。

〔25〕 目前《埃斯波公约》有 45 个缔约国，该执行报告主要以 33 个缔约国所提交的完整的问卷为基础完成。

一样的方式来定义“影响”，大多数的缔约国（19个）在国内法中没有对“影响”作出定义或定义不同。[26] 其他公约中的关键定义，如“跨界影响”（transboundary impact）和“重大变化”（major change）也存在同样的问题，多数报告的缔约国并没有在国内法中适用或适用与《埃斯波公约》相同的定义。[27] 因此，如果环评由各国承担，如何统一各国的环评标准和实践并进行监督也会成为一个现实问题。

对于是否处理战略性环境影响评估的问题，笔者认为在BBNJ协定下建立战略性环境影响评估制度是很有必要的。首先，战略性环境影响评估制度可以强化相关国际环境项目、政策和计划制定的公开性、参与性和透明性，有利于加强更多发展中国家和小国在相关国际海洋环境决策活动中的参与机会、程度和水平。其次，战略性环境影响评估是环境影响评估原则和目的的延伸，它可以在宏观层面上制约、监督和控制具体海洋开发利用活动所产生的累积效应和促进环境和资源可持续发展目标的实现。最后，战略性环境影响评估和具体的用海活动有紧密联系，战略性环境影响评估的结果在某种程度上会直接影响具体的用海活动的种类和范围或是以什么样的形式开展。因此，开展战略性环境评估可以给具体的海洋开发利用保护活动提供指引和导向作用。综上，战略性环境评估制度的建设对于国家管辖范围以外海洋生物多样性的养护、可持续利用和环境保护具有积极的促进和保障意义。

三、结　论

《公约》第206条和《生物多样性公约》第14条是与BBNJ协定环评制度建立联系最紧密的两个条款，但是笔者认为其条款的环评阈值都偏高，而且定义模糊。结合欧盟《环境影响评价指令》中关于环评阈值的设定和爱尔兰诉英国MOX工厂案中关于环境信息公开阈值的争议问题，笔者认为BBNJ环评阈值可以设置为“有可能或对海洋环境有重要影响”而非“不利的重要影响”，而且需要在BBNJ协定中建立风险预防原则来平衡相对模糊的条款。另外，无论是将BBNJ协议下的环评问题“国际化”，还是由各国开展都会面临配套规则和机构建设的问题。目前从可操作性来看，由各国开展环评活动更具有可行性。最后，在BBNJ协议下建立战略影响评估机制不仅关乎生物养护和可持续发展问题，更重要的是它可以为发展中国家创造更多参与国际海洋管理实务的机会，以提升其参与国际事务的能力和经验。

---

〔26〕 UNECE, Implementation of the convention on Environmental Impact Assessment in a Transboundary Context (2013-2015) Fifth review, ECE/MP. EIA/2, p. 4.

〔27〕 Ibid., p. 5.

新时代中俄双边高质海上安全合作的法律保障

■ 李卫海[*]　马　天[**]

【内容摘要】近年来，全球及地区海上安全局势不容乐观，日趋呈现出一定程度上的“不稳定态势”。中国与俄罗斯同为传统海洋大国，在新时期需共同面对涉及海上安全及其法律保障的问题均较多且具复杂性。中俄间既有的海上安全合作机制主要集中于“上海合作组织”框架内外的海上联合军事演习、搜救演练等军事、半军事化协同。从总体上看，存在着诸如“双边海上安全合作质量不高”“双边海上安全合作协议较少”“法律保障框架不完善”等弊端。因此，在“一带一路”倡议稳步推进、第十八届上合组织峰会胜利召开的契机下，中俄有必要着力寻求两国间海上安全合作高质化突破及其建设路径，尤其是双边法律保障机制的架构及其践行。这既符合中俄两国国家海权的稳定、海军力量的发展与合作，也能够充分保障两国人民基于海洋经济、海洋权益方面的根本福祉。

【关键词】海上安全合作　上海合作组织　法律保障

“冷战”结束后，世界格局逐步由“两级”格局向“多级”格局转变。这一过程的外部性表现亦体现在全球海洋安全局势上。当前，全球及地区海上安全问题主要有海上武装冲突、非法越界勘测、非法越界捕捞、非法控制国际航道、非法侵占岛礁以及海上非传统安全问题，等等。中国作为现今世界上最大的发展中国家，同原“苏联”最主要的继承国俄罗斯之间有着海陆相望、相邻的地缘性关联。同时，中俄也共同面对着周边国家诸如韩国、日本等国的海上岛礁归属争议、海底资源归属划界争议以及美军在横须贺（Yokosuka）港和仁川（Inchon）港的部署驻扎，美海军在北极周边海域、白令海峡、日本海、“巴士-巴林塘”海峡区域的常规性游弋和军事存在。在现阶段激烈的“海洋博弈”大背景下，中俄两国的国家安全与利益特别是海上主权与安全均面临着“同源性”的威胁。这种“威胁”既来自外部势力、国家的干预和挑战，也起因于两国国内关于海上安全的法律保障有待完善，特别是涉及中俄海上安全合作的法律框架构建与法律协同路径探寻的缺失。虽然中国同俄罗斯早在2012年就开启了“海上联合”系列军事演习〔1〕,并逐年延续且扩大军演的相应规模。但值得注意的是，已连续举行六次的中俄海上联合军演对于中俄海上安全合作的“诠释”始终具有一定的局限性。这种局限性主要

---

* 法学博士，教授，博士研究生导师，研究方向为军事法学。

** 博士研究生，研究方向为军事法学。

本文为国家社会科学基金2017年度重大课题“全球海洋治理新态势下中国海洋安全法律保障问题研究”（项目编号17ZDA146）的阶段性成果。

〔1〕“海上联合-2012”中俄海上联合军事演习于2012年4月22日至27日在中国山东省青岛市附近海域举行，以海上联合防御和保卫海上交通线作战为主题，进行包括联合护航、联合防空、联合反潜、联合反劫持、联合搜救、联合补给和对海、对潜、对空实弹射击等内容的演练。旨在落实中俄两国、两军领导人达成的共识，发展两国全面战略协作伙伴关系，深化两军特别是两国海军之间的务实合作，是中俄双方首次举行的海上联合军事演习。

体现为三点：其一，时代的发展在无形中促使中俄海上安全问题的应对手段不应仅限于军事政策和行为，故两国间的海上安全合作亦不应当全部“聚焦”于军事合作层面。其二，新时代中俄双边的海上安全合作急需提高其质量和效果。其三，无论是何种形式或领域的中俄海上安全合作，均须有完善的法律保障予以支撑，这种法律保障与支撑既应当来自中俄两国各自的国内法，也应当源于两国间的双边协议或条约，亦可渊源于“一带一路”倡议下、“上海合作组织”框架内及其他国际公约的相关规定、法律解释或协同机制。

一、中俄海上安全的挑战与合作机遇

俄罗斯是我国重要的陆上邻国，其同中国的陆上边界涉及新疆维吾尔自治区、内蒙古自治区、黑龙江和吉林四省区，总长度达到 7800 多千米。在海上，中俄也曾“接壤”，但由于特殊的历史原因，导致了今天中俄两国领海隔朝鲜半岛相望的格局。清朝中前期，清政府在明朝奴儿干都司〔2〕行政区划内新设黑龙江将军辖地、吉林将军辖地、盛京将军辖地。其中，吉林将军辖地覆盖了库页岛（今萨哈林岛/Сахалин）与整个鄂霍茨克海域，同当时已进抵北外兴安岭、堪察加半岛与楚科奇半岛的俄罗斯帝国领海相接。但在清朝后期，伴随着 1858 年中俄《瑷珲条约》〔3〕和 1860 年中俄《北京条约》〔4〕的签订，中国先后丧失了黑龙江出海口、库页岛和自庙街（今尼古拉耶夫斯克/Николаевск-на-Амуре）至海参崴（今海参崴/Владивосток）与朝鲜最北界的旧吉林将军辖区的全部海岸线、领海及其附属港口和岛礁。从而使中国的最北海界线由黑龙江入海口急剧退缩至中朝边境线上的鸭绿江入海口处〔5〕，隔朝鲜半岛同俄罗斯海疆相望。

时至今日，虽然中俄已不再是海上邻国，但中俄均面临着来自海上安全领域的诸多挑战，这种挑战是多样性且兼具威胁性的。同时，中俄间近些年来的政治互信、科技协同、联合军演、民间交流，特别是对于一些历史遗留问题的高效解决和“破冰”为未来两国新时期的高质海上安全合作奠定了坚实的基础。

（一）中俄海上安全所面临的挑战

中国与俄罗斯在海上安全方面所面临的挑战既存在不同之处，也具有一定的相同

〔2〕 永乐七年（1409 年），明政府决定设置奴儿干都司，统辖各卫所。管辖范围西起斡难河（今鄂嫩河），北至外兴安岭，东抵大海，南接图们江，东北越海而有库页岛。《明史》载，有卫三百八十四，所二十四，站七，地面七，寨一。

〔3〕 中俄两国于 1858 年 5 月 28 日在中国黑龙江省瑷珲订立的不平等条约，条约中的第 1 条、第 2 条和第 3 条分别令中国失去了黑龙江以北、外兴安岭以南约 60 万平方千米的领土。同时，将乌苏里江以东的中国领土重置为中俄共管，且黑龙江、乌苏里江江面只准中俄两国船只航行。

〔4〕 中俄两国于 1860 年 11 月 14 日在北京签订的不平等条约，又名《中俄续增条约》。其第 1 条规定：“中俄东段边界以黑龙江、乌苏里江为界，黑龙江以北、乌苏里江以东划归俄罗斯。”

〔5〕 地理学上，中国最北海岸线应当在渤海最北部的辽宁省中南部，但此处以毗邻外国海界或海岸线作为判断中国最北端海界的标准基数。

点。不同之处主要体现在，基于中俄各自领海的地理位置相异，则具体的海上安全威胁来源和方向不同。而相同点则表现在中俄海上安全所需重点应对的领域类型、形式大体相一致。具体来说，中国同俄罗斯都面临着海洋国土安全、海洋资源和海洋经济安全、海上航行安全、海上石油运输安全、海上渔业安全及海军舰艇航行通道安全等方面的挑战和威胁。

中国海上安全所面临的挑战主要来自东北方向和东南方向，包括同朝鲜、韩国的海上渔业纠纷，同日本之间基于钓鱼岛和东海油气田归属划界的争议，同韩国关于苏岩礁〔6〕(Suyan Islet）的归属争议，以及同菲律宾、越南等国关于南海岛礁及其海底油气资源的划界纠纷。同时，美国在东亚及东南亚的军事存在及台海问题的持续存在都日益凸显了中国所需面对的严峻海上安全局势。简而言之可概括为以下四点：首先，以日本、韩国、越南等为代表侵犯中国岛礁主权的声索国持续性的侵权行为，损害了中国的国家主权和领土完整，亦威胁到东亚及东南亚的地区性和平与稳定。其次，中国同朝鲜、韩国、日本、越南、菲律宾、马来西亚、印度尼西亚和文莱八个邻国间基于渔业、油气勘探和开采、海上执法权与管辖权冲突等方面的争议始终悬而未决，无形中威胁到了中国海洋经济安全的进一步发展。再次，美国主导的“亚太再平衡”战略及其拓展，成为迟滞中国发展及危及亚太地区海上安全局势繁荣稳定的根源。最后，台海局势中台湾方面的“不作为”及部分“台独”分子的不法活动和言论，始终威胁着中国领土、领海的完整以及台湾海峡的通航安全，特别是军事舰船的通航安全。〔7〕

而俄罗斯则视主要的海上安全威胁来自西北、西南、正南和东南方向的海域。其中西北的波罗的海区域、西南的黑海区域、正南的里海区域均面临着周边邻国要求重新划界的政治诉求和相关争议。而东南方向的南千岛群岛（Южные Курильских островов），即日本称为“北方四岛”（ほっぽうよんとう）的周边海域则经常成为俄日双方进行谈判和外交交涉的重点标的，其核心在于该群岛及周边海域的主权归属问题。俄罗斯陆海军在此屯驻了一定数量的武器装备和兵员，以积极应对态势的随时变动。

此外，中俄两国亦面临着来自公海海域海上安全的挑战，主要集中在海上航行安全、海上石油运输安全等方面。中国的海上航行及海上石油运输安全所面临的挑战主要集中在马六甲海峡周围、南中国海（South China Sea）南部、曼德海峡、阿拉伯海等处。

---

〔6〕苏岩礁，位于中国江苏和上海以东约150海里处，处于中国东海大陆架上。1952年，韩国政府擅自将苏岩礁划入韩国海域，但未得到任何国家承认。2015年中韩开始海洋划界谈判，至今无明显突破。

〔7〕邢广梅：《我国面临的五大海上安全挑战及对策》，《国防参考》2015年第3期，第45—46页。

而俄罗斯则需面对靠近瑞典和挪威领海的北极航道[8]和毗邻日本的宗谷海峡[9]的海上航行安全，以及自苏伊士运河或地中海航线经博斯普鲁斯海峡直达苏呼米港和大高加索地区的海上石油运输安全。当然，中俄两国在公海海域应对的海上航行安全、海上石油运输安全等归根结底属于海上非传统威胁范畴，包括海上恐怖袭击及海盗行动等跨界新形式犯罪，严重制约着中国和俄罗斯当今及未来的海上贸易通道安全。

（二）中俄海上合作的机遇

鉴于中俄两国海上主权和利益所面临的“同质性”威胁与挑战，中国同俄罗斯之间的海上安全合作无疑具有必要性和历史性的需求和意义。世界与地区海洋安全格局的变化，中俄双方本体对于海上安全的重视与渴求以及两国间的战略共向性与利益一致性造就了中俄开启面向新时代的海上安全新机遇，主要体现在以下四点：（1）“上海合作组织”框架内由各成员国间的多边合作机制向中俄双边合作机制的过渡与促进；（2）中俄关于北极航道通行合作的进一步深化；（3）俄方对于中国“一带一路”倡议特别是对于“21 世纪海上丝绸之路”的关注度和参与度极高；（4）中俄关于恢复中方图们江口通航权的新合作。

首先，“上海合作组织”作为联系起东亚、中亚、俄罗斯（东欧与北亚）以及南亚次大陆的重要地区性组织，其内部的合作机制与协同平台已不断趋于完善。而中国与俄罗斯作为“上海合作组织”中最重要的两个成员国，彼此间的合作与协同必定会影响到整个“上海合作组织”的内部体制建设和发展，同时又势必会受到已构建完善的“上海合作组织”内部合作机制与协同平台的反作用。从影响路径上来说，“上海合作组织”成员国间的合作模式与精神可同位代换，简化成中俄双边间的合作协同机制，并借助两国自身的影响力和驱动力反馈于“上海合作组织”内部的成员关系发展。例如在军事合作层面，中国与俄罗斯都曾积极地先后参与过“上海合作组织”成员国间的数次联合军事演习。其中，第三次“上合军演”和“和平使命-2005”中俄联合军演更是以中国和俄罗斯的军事力量为主体，两国参演总兵力近万人，地点位于俄罗斯海参崴和中国山东半岛及附近海域。此次军演亦为中俄双边首次大规模的海上、陆上反恐联合军演。而在 2018 年 6 月 9 日至 10 日的“上海合作组织”第十八次峰会后，一方面，各成员国之间一致同意要为构建命运共同体加强各方面合作；另一方面，中俄两国计划于年内在中国山东省青岛附近海域举行“海上联合-2018”联合军事演习。这些举措无疑为新时期、

---

[8] 俄罗斯联邦同挪威王国、瑞典王国在北极航道和北极领海主权问题上存在诸多争议，特别是从苏联时期到俄罗斯联邦，俄方始终主张北极航道的东北航道应为其国内交通线，但周边的瑞典和挪威则坚持北极航道东北航道的国际通行权利应得到有效保障。

[9] 宗谷海峡位于俄罗斯库页岛和日本北海道岛之间，是日本通向太平洋的北方出口，也是俄罗斯太平洋舰队出入太平洋的重要通道，属于国际水道序列。《日本国领海法》规定宗谷海峡等五条水道为特定海域，为国际航道，各国的船只都可以无害通过。但俄罗斯大型船只或军用舰艇的通过均会引起日本海上自卫队的关注和跟踪。

新阶段、面向未来的中俄海上安全合作奠定了一个良好的契机。

北极航道的通行问题由来已久。北极航道主要有两条航道构成，即加拿大北部沿岸的“西北航道”和俄罗斯西伯利亚沿岸的“东北航道”，大部分的争议和纠纷主要集中在俄罗斯北部的“东北航道”。北极航道的优势主要有二：一是航程缩短，能够改变巴拿马运河长期作为联结太平洋和大西洋要道的固有局面，从而大幅降低运输成本。二是出于对安全层面的考虑，北极航道的通行能够有效规避索马里海盗和印度洋海盗的潜在性威胁。[10]但由于北极“东北航道”经过俄罗斯沿岸，所有船只途经该处都必须向俄方支付较为高昂的“过路费”，也正是由于事关高额“过路费”，数十年来，各国尤其是北极航道沿线各国对俄罗斯方面的立场和做法的争议一直很激烈。2015 年后，中俄各方面的合作力度得到了前所未有的提升，关于北极航道的通行和利用问题也在其列。包括中方可自由利用北极“东北航道”开展对北极的科学考察活动，在俄北冰洋沿岸进行联合油气资源勘探，经北极“东北航道”进行惠及中俄双边的物流运输[11]。2018 年 7 月 19 日，中国首船亚马尔液化天然气（LNG）就经北极“东北航道”运达中国江苏南通如东港，预示了未来中俄在北极航道层面的合作将会有更多的拓展空间，关乎两国的海上运输安全和海上经济安全。

自中国政府本着“亲、诚、惠、融”的精神提出“一带一路”倡议，特别是“21 世纪海上之路”建设蓝图伊始，俄罗斯就予以了高度重视，并全程参与，是该倡议重要的伙伴国。这一点从俄罗斯联邦政府积极开放布里亚特、图瓦、阿尔泰等数个自治共和国和边疆区，融入中国主导，哈萨克斯坦和蒙古国协同参与的“环阿尔泰山次区域”建设中就可见一斑。同时，俄罗斯亦渴望借助中国“一带一路”倡议特别是“21 世纪海上丝绸之路”的东风提振本国经济和海上实力。早在 2014 年，于中国吉林省延边朝鲜族自治州珲春市举行的第二届中国延边·俄罗斯远东市长合作会议上，中俄两国的一些城市负责人就表示，要积极推进“东北亚海上丝绸之路经济带建设”。此外，俄罗斯政府也提出了“冰上丝绸之路”的倡议，意在开发其北极航道及沿线海洋渔业和油气资源合作。对此，中国国务院新闻办公室于 2018 年 1 月发布《中国的北极政策》白皮书，其中提出：“中国发起共建丝绸之路经济带和 21 世纪海上丝绸之路重要合作倡议，与各方共建冰上丝绸之路，为促进北极地区互联互通和经济社会可持续发展带来合作机遇。”上述事例充分反映出了中俄双边围绕海上事务，充分运用政策导向促进双边间及各自本身海洋经济的进一步繁荣，并考虑到了双边海上合作路径优化拓展的意愿和实际状况，彰显出了未来中俄双边以海洋政策合作、海洋经济协作为背景和基础的海上安全合作亦存在极大的发展空间和潜力。

最后，中俄（及中朝）在妥善解决历史遗留问题、恢复中方在图们江口通航权的问

〔10〕 高强：《欧盟北极航道治理的政策与实践研究》，北京外国语大学 2017 年硕士学位论文。
〔11〕 李珍：《北极航道开通与中国的潜在经济利益研究》，上海海洋大学 2016 年硕士学位论文。

题上迈出了决定性的一步。图们江口是图们江汇入日本海的地方，是极具战略地位的交通要冲。以前，中国东北、内蒙古等处的商品要输往日本、韩国、美洲等地均需经由铁路运至大连、丹东或天津等处再行转运事宜。但在 1991 年联合国开发计划署的积极倡导下，中、俄、朝、韩、蒙五国共同启动了“图们江区域合作开发项目”（TRADP），后在 2005 年更名为“大图们倡议”（GTI），2016 年转变为独立的政府间合作组织。在此基础上，中俄（及中朝）对于恢复中方在图们江入海口的通航权立场开始了新一轮磋商，并以“借港出海”的战略为先导，利用俄罗斯（或朝鲜）的港口作为中国东北、内蒙古地区进出日本海的优先选项。[12]虽说目前中国尚未取得船只能够经图们江口自由进入日本海的通航权利，但“借港出海”无疑是现阶段最具承上启下意义的战略对策。相比过去，能够大大缩短中国东北及内蒙古相关商品的运送距离和承运成本，同时对未来新时期的中俄（及中朝）基于恢复中方图们江口通航权的谈判及其他进一步的涉海问题合作开启希望之门。

综上所述，中国与俄罗斯在当今错综复杂的全球海洋局势大背景下均面临着来自多领域的海上安全挑战和威胁。同时，中俄之间也存在着诸多有利于双边开展海上安全合作的历史机遇和契机，且涵盖了军事、经济、政策等相关层面的内容。

二、中俄海上安全合作历程及其经验

真正意义上的中俄海上安全合作应当源起于 2009 年 9 月 18 日开始的，由中国海军第三批护航编队与俄罗斯海军护航编队共同参与的代号为“和平蓝盾-2009”的海上联合演习。此次军事联合演习的地点位于也门共和国亚丁湾西部海区，中俄两国海军共派出 9 艘各型水面舰艇参与。此次海上军事联演，中俄双方共同完成了四个阶段的演练，向世界展示了中俄两国为维护本地区海上安全与稳定的决心和能力，也向全球表明了中俄双边为积极构建和谐海洋所作的努力和贡献。在此之后，从 2012 年起，每年中国同俄罗斯海军、海警及其他相关海事部门都会举行一次以海上安全为主体和核心的联合演习，具体情况见表 1：

表 1　2013—2017 年中俄海上军事联合演习情况表[13]

年份	主体参与方	联演主题	联演地点
2012	中俄两国海军	“海上联合-2012”军事演习	中国青岛黄海海域
2013	中俄两国海军	“海上联合-2013”军事演习	日本海彼得大帝湾海空域
2014	中俄两国海军	“海上联合-2014”军事演习	中国东海北部海空域
2015	中俄两国海军	“海上联合-2015”军事演习	地中海海空域

〔12〕张春宇、梅秀庭：《中国恢复图们江通海权的政策选择》，《国际经济合作》2017 年第 2 期，第 70 页。
〔13〕此表内容未包括“上海合作组织”框架下中俄两国海上联合军事演习的相关信息。

续表

年份	主体参与方	联演主题	联演地点
2016	中俄两国海军	“海上联合-2016”军事演习	中国湛江以东海空域
2017	中俄两国海军	“海上联合-2017”军事演习	第一阶段：波罗的海海空域；第二阶段：日本海彼得大帝湾、鄂霍次克海阿瓦尼湾

从2009年中俄两国首次开展关于海上安全合作的联合军事演习到2017年中俄海上联合军演，可以清晰地看到在近8年间，中国同俄罗斯之间的双边海上安全合作既有着横向的扩展，也有着纵向的拓深。从合作的指向性标的来说，已逐步从最传统、最初始化的海上主权、岛礁、经济利益的军事保护向着应对海上非传统威胁、国际航道联合护航等领域转化，且不断兼顾着对本国海上主权、经济权益和安全权利的维护力度。另外，中俄双边海上联合军演的实质性内容也在数年间发生了较大变化，从伊始的以海上联合防御作战为核心的联合防空、联合补给和对海、对潜、对空实弹射击等内容的演练迅速扩展到联合护航、信息化协同、应对海上非传统安全威胁，等等。

当前，中俄双边基于海上安全的协同合作已经积累了一定的经验，包括内容和实质上的建设经验以及对于法律保障在两国未来海上安全合作中的认知经验。

首先，在建设经验方面，可以扼要地概括为以下几点：第一，发展中俄两国间全面战略协作伙伴关系和双边间的海上安全保障合作是相辅相成、互为表里、辩证统一的。双边高质量的海上安全合作是建设内容的核心，深化中俄全面战略协作关系是实质的核心。第二，中俄双边海上安全合作的建设基础在于深化两军特别是两国海军之间的务实合作，尤其是要提高中俄两国海军遂行海上联合军事行动应对安全威胁和挑战的反应能力。第三，中俄两国间的海上安全合作应当是机制化、常态化的，应当将中俄海上安全合作纳入两国军事、外交事务之中，凸显其时代意义和重要地位。第四，两国海上安全合作的覆盖面应当根据国际海上安全局势和地区海上安全状况的变化而相应扩大，不能单一性地局限于海上主权、经济等安全的维护，亦当及时侧重或关注到诸如联合巡航、联合护航、联合海上搜救等实战领域。第五，“上海合作组织”、“一带一路”倡议、“冰上丝绸之路”倡议等框架或平台下的多边合作机制能够作为中俄双边海上安全合作的最好参照物，为新时代中俄双边间的海上安全合作提供路径优化和协同创新力发展等方面的借鉴。第六，注重中俄双边海上安全合作中的空中力量介入，例如在2014年的中俄海上联合军事演习中，就首次进行了“联合查证识别和联合海上防空课目”的演练。中俄海军通过对目标飞行器的航向、机型、速度和姿态等飞行要素的科学化掌握，以判断目标有无敌意，而后再决定是否采取舰载飞机空中拦截、驱离等军事行动。[14]第七，在中俄历次的海上安全合作历程中，双方海军混编越来越成为固定模式，这对于提

〔14〕《中俄“海上联合—2014”军演将呈现三大亮点》，《解放军报》2014年5月19日，第1版。

高两军的实战应对能力和适应能力，锻炼两军协同作战的战斗力无疑能够发挥出巨大的作用。

其次，在法律保障方面的认知经验上，也可以做一个简单的归纳：第一，在必要性上，法律保障已逐渐成为现代战争和军事协同必不可少的辅助力量，这一点同样适用于现阶段和未来时期的中俄双边海上安全合作。第二，中俄自2009年以来的双边海上安全合作，主要依据的法律渊源和基础来源于《联合国海洋公约》《俄罗斯联邦海军战略（草案）》《2010年前俄罗斯联邦海上军事活动的政策原则》《中华人民共和国海上交通安全法》《中华人民共和国海域使用管理法》《中华人民共和国领海和毗连区法》《中华人民共和国国际海运条例》《中华人民共和国航道管理条例》《中华人民共和国国防法》等国际、中俄两国国内公约、法律、规章、条例的内容或指导精神，但仍未能较好地实现与海上安全合作联合军事演习的各领域、全方位对接。第三，由于中俄双边的海上安全合作的参与方不存在法定第三人情形，因此所依托的各大国际组织、地区性组织或平台的内部机制和法律规则所能起到的直接性作用十分有限，更多的时候只能发挥出间接性作用。这也从侧面突出了中俄两国国内法对于两国海上安全合作的重要支撑地位。第四，国际条约作为大陆法系重要的渊源之一，在国家间的合作关系上能发挥出积极的促进作用。当前，中俄间已签署的能够规制和促进两国间、两国海军间进行海上安全合作的条约主要有2001年的《中华人民共和国和俄罗斯联邦睦邻友好合作条约》和2016年订立的《中俄联合声明》。但数量总体上偏少，内容上不够具体全面，没能发挥出应有的效力和保障性，只集中于提供政策和导向上的引领和标识。

中俄双边海上安全合作的历程不是十分悠久，但其内容和层次较为丰富，所积累的经验也是宝贵而具有建设性的。因此，对于未来建设新时期高质量的中俄双边海上安全合作，特别是其法律保障而言无疑具有积极的意义。

三、中俄海上安全合作中存在的主要法律问题

从2009年至今，中俄两国双边间的海上安全合作进展飞速，逐步走上日趋完善的康庄大道。但与此同时，也愈发暴露出相关进程中的法律保障短板，主要集中在以下几点：（1）现行的中俄双边涉及海上安全合作的法律性文件签署年代大都较为久远，对现阶段全球和地区性海上安全局势的指导、规制意义和作用均较弱。（2）缺乏具有新时代气息的全球海洋治理背景下的中俄双边条约、协议与国内法。（3）中俄两国间、两军间基于海上安全合作的相关法律文件有待于在“上海合作组织”与“一带一路”倡议等多边框架下得到进一步的精深升级。（4）中俄两国国内的海上安全执法体系与涉外海上安全合作的立法体系均亟待完善和出台。（5）中俄两国现行法律对于《联合国海洋法公约》中所提及的若干问题存有不同规定和法律解释，双边法律基础特别是涉及海上安全的法律差异较大。（6）缺乏对于中俄双边海上安全合作中的必要性事物的有效性法律规制和保障。（7）中俄海上安全合作尚未做好应对外部势力进行恶意法律战的准备。

（8）中俄双边海上安全合作追求高质量的合作形式与成果，但无论是过去还是现阶段，高质量的法律“人本”始终缺乏。

第一，中俄双边现行的涉及海上安全合作的法律性文件大都签署于 2001 年左右，这其中最具代表性的便是 2001 年 7 月 16 日在莫斯科签署的《中华人民共和国和俄罗斯联邦睦邻友好条约》，该条约的第二、四、六、七、八等多项条款规定了中俄间应当秉持睦邻、友好、合作的双边关系，开展关乎国家安全抑或是海上安全合作基础等关联性内容。[15]但基于年代久远，且大都是宏观方向上的法律导向和政策导向，这些法律性文件并不能完全或很好地适用于当前全球及地区性海上安全局势的变化与中俄双边海上安全合作的质量提高。此外，世界海洋发展已进入全球海洋治理大背景时代，寻求“海洋善治”开始成为各国和各地区拓展海洋资源、巩固海上安全的新主旋律。而中国同俄罗斯之间也缺乏附带上述主题和精神的双边涉海上安全合作的协议和条约。

第二，既有的“上海合作组织”与“一带一路”倡议内的多边框架优势和特点尚未完全“渗透于”中俄双边事务与协同之中。同时，中俄双边的海上安全合作也没有充分依靠住、利用好上述地区性组织和倡议的大平台。在中远期看来，中国同俄罗斯唯有充分发挥出两国在“上海合作组织”与“一带一路”倡议内部的核心性作用，并将其转变为进行彼此间双边合作的外部驱动力，方能带动、推进中俄海上安全合作法律保障的精细化与层次升级。

第三，我国与俄罗斯联邦国内关于海上安全的法律法规数量均较少，直接性相关的法律条款数量在两国海洋法律体系中的占比均不足百分之五，大部分都是间接性关联的法律法规。[16]且我国的海上安全相关法律大都集中在民事法律领域，而俄罗斯则基本上聚焦在军事法域内。此外，中俄两国至今未建立起有效的关于海上安全保障和涉外海上安全合作的立法体系。对于未来中俄双边打造高质量的海上安全合作而言，上述两点都是必定要跨越的难点。

第四，中俄两国现行法律和法律解释对于《联合国海洋法公约》中的若干问题的规定存在较大差异。例如，关于无害通过的问题，《联合国海洋法公约》中仅规定了所有船舶均享有无害通过领海的权利，但没有直接对“无害”作出明确性定义，而仅仅是对有害活动作出了列举性规定。因而，中国同俄罗斯在这一问题上的国内法律及其法律解释各不相同（中国同伊朗、阿拉伯联合酋长国等国家一样需要本国政府提前批准，外国船只才能“无害通过”；俄罗斯则继承了后苏联时代由《苏联国家边界法》到《美苏关于无害通过的国际法规则的共同解释》的做法，承认外国船只包括军舰在无须批准或事先通知的情况下即可“无害通过”于俄罗斯不同方位的领海，但俄罗斯联邦在黑海中的

〔15〕 林曦、米桂雄：《俄罗斯海洋政策和战略》，《世界科技研究与发展》2009 年第 2 期，第 199 页。
〔16〕 陈良武：《俄罗斯海洋安全战略探析》，《世界经济与政治论坛》2011 年第 2 期，第 92 页。

领海不适用于“无害通过”[17]），这也在一定程度上反映出两国法律基础和文化的差异性。因而，未来中俄双边高质量的海上安全合作有助于打破这种差异性，同时这种差异性的被打破也能反向助推新时代中俄双边高质量的海上安全合作发展。

第五，在 2014 年中俄海上联合军事演习中，中俄两军均加强了在海上安全保卫及作战中信息装备与系统的升级和拓展性应用。至 2017 年年末，中国同俄罗斯两国海军的信息化系统配备已日趋完善，且能够在战时发挥出辅助作用的两国领海内非军事化海上构筑物所附属的信息系统也得到了长足发展。但中俄两国国内法和双边条约均未对此作出相关的法律规制与保障。以能够在战时对海军信息化装备及系统起到辅助性作用的领海内非军事化海上构筑物信息系统为例，在世界范围内仅有日本等少数国家有出台相关立法，中俄两国在此领域均为空白。以此为例，表明中俄新阶段及未来的海上安全合作仍然缺乏对协同过程中必要性事物的法律规制和保障性覆盖。

第六，“法律战”一词最初系 2001 年美国学者邓纳普（Charles J. Dunlap）提出，意指将法律当作一种战争武器或用法律实现军事目的的一种作战方法。[18]然而，如果争端方基于特定战略需要，而在某一特定背景下刻意展开的通过法律途径解决争端，但实质在于通过法律的表象以达到其他企图的行为，则不属于通常意义上的法律战，而应被归入“恶意法律战”的范畴之中。每次中俄海上联合军事演习结束都会招致外部势力的恶意揣测和舆论攻击，曾几何时，“中俄军事结盟论”“中国威胁论”等甚嚣尘上。[19]虽说中俄海上安全合作本身尚未受到“恶意法律战”的影响和侵扰，但“御敌之策，有备为首”，中俄两国、两军应充分作好随时应对的准备。

第七，中俄双边海上安全合作要想取得高质量的成果，则必定要有高质量的法律保障为后盾和辅助。而高质量的法律保障又势必需要“外语 + 法律”的高质量复合型人才为支撑。[20]现阶段，我国和俄罗斯国内均缺乏同时通晓中俄双语及两国海洋法律与军事法律的复合型人才，这类“人本”的培养、塑造和提拔、任用对于实现新时期中俄高质量海上安全合作而言既迫在眉睫，又任重而道远。

四、中俄双边高质海上安全合作的法律保障建设与优化对策

中俄两国在新时期的海上安全合作若要实现“质的飞跃”，成为高质量的国家间海上安全协同，无疑需要对现有机制作出一个升级或转变。但中俄两国现阶段的海上安全合作重心尚居于中俄两军的海上联合军事演习范畴内，因此，所存在的相关机制主要包括混合指挥机制、沟通交流机制和法律保障机制。由于前两项机制在过去八年的数次中

---

〔17〕［俄］伊・马・卡皮塔涅茨：《冷战和未来战争中的海洋争夺战》，东方出版社 2004 年版，第 432 页。

〔18〕马得懿：《警惕南海沦为恶意法律战的重灾区》，《新南海策・说法》2018 年第 7 期，第 25 页。

〔19〕冯春梅、黄子娟：《国防部：中俄海上联合演习不针对任何国家》，《人民日报》2012 年 4 月 27 日，第 9 版。

〔20〕姜德鑫、马天：《“环阿尔泰山次区域”能源合作与法律协同》，《长白学刊》2017 年第 5 期，第 90 页。

俄海上联合军事演习中已得到较大幅度的践行和提升，故当前中俄双边海上安全合作的高质量唯有通过相应法律保障机制的建设、完善与优化才能得以实现和彰显。

针对中俄双边海上安全合作进程中所存在的七大主要法律问题，相应的建设、优化对策如下：

第一，中国同俄罗斯两国政府应当尽快订立符合现阶段全球及地区性海上安全发展格局和利益需要的法律性文件，包括自身性文件与双边性文件。具体来说，即急需签署国家层级的关于海上安全合作的中俄双边条约，并以附加双边协议的方式对各细节领域予以补充说明。同时，以此为导向和契机，完善两国国内的涉及海上安全相关问题的立法体系与法律解释，力求以两国国内法的完整来支撑两国海上安全合作条约与协议的实际落实，并通过这种落实来反作用、回馈于中俄两国国内海上安全法律法规，从而形成良性循环。

第二，在全球海洋治理大背景下，中国同俄罗斯的国内海洋法，特别是两国间的双边海上合作协议都应引入“海洋善治”和“海洋法政”的概念和逻辑思维。前者的作用在于提升国家对于海洋事务整体性的治理监管能力与高效化水平，而后者的优越性则反映在促进国家对于海洋事务的法治化管理模式的生成。[21]中国、俄罗斯各自国内的海洋事务管理与中俄海上安全合作既可被认为是宏观与微观层面的比较关系，唯有宏观层面的指引和导向正确，微观层面才能兼具理论性和实务性。因此，加快全球海洋治理背景下的新型海洋立法与海上安全合作协议的起草、订立工作刻不容缓。

第三，“上海合作组织”框架下，中俄先后参与了数次成员国间的联合军演，包括陆上作战协同、陆上反恐实训、海上联合军演等形式的陆海上安全多边协同。这其中的优势性合作模式与内部协调方式势必能适用于中俄双边的单纯性海上安全合作，从统合性角度来说，前后二者可被理解为包含与被包含的关系。但这并不意味着中俄双边海上安全合作要完全百分之百地照搬以“上海合作组织”为代表的多边组织的内部协调和管理方式，而是希冀能够依靠“上海合作组织”的既有内部法律规制体系和协同经验以辅佐中俄双边海上安全合作的法律保障完善，充分利用“上海合作组织”既有的多边大平台，来促进和完成中俄间涉及海上安全合作的双边协议和条约的“无障碍化”获批与落实。简而言之，以“多边”来提携“双边”，同时以“双边”来巩固“多边”，最终实现共赢。

第四，当前中俄两国的实质性海上安全军事合作地点基本上在彼此国家海空域内，抑或是公海水域。因此，可以理解为中俄海军现阶段的军事联合演习大部分都要在国门之外进行。但中国同俄罗斯国内法关于各种类型涉外海上安全合作的规定和解释基本属于缺位状态。俄罗斯国内仅有《俄罗斯联邦海军战略（草案）》和《2010 年前俄罗斯联邦海上军事活动的政策原则》对这一问题和情形作出了些许间接性规定。但前者只是草

〔21〕 张晏瑲：《论海洋善治的国际法律义务》，《比较法研究》2013 年第 6 期，第 77 页。

案，尚未获得正式法的地位，后者的针对年限和标的也集中于2010年之前。故在中俄双边都面对来自海上安全领域的巨大挑战和威胁的今天，中国同俄罗斯有必要以积极的姿态去调整、创新国内海洋法律体系，适时加入关于涉外海上安全合作的法律规制和调适内容，并以此作为对未来双边间海上安全合作协议的补充法律性文件。

第五，中俄作为联合国安理会的五个常任理事国之两国，在处理和协同海上安全事务时也应当以《联合国海洋法公约》为标准化参照物。但鉴于以“无害通过”国内规定及法律解释的差异为代表的中俄双边对《联合国海洋法公约》中所提及的若干问题的国内法规制存在法律基础和文化以及实际需要上的区别，中国同俄罗斯之间在加强各领域海上安全合作的同时，应当谋求消除两国在涉海洋基本法方面的隔阂，统一有关参照基数或是司法解释。当然，在某些实际性需求和国家切实利益面前，这种“统一”口径或是解释的做法兴许无法针对第三方，但有必要试行双边间的统一，或是通过附加协议和章程的形式，实现有条件或特殊情形下的统一。

第六，对于中俄海上安全联合军事演习中所涉及的必要性事物和形式亦当整体性被纳入法律保障的范围之中。以中俄两国海军联合演习时的战时信息系统和能够发挥出辅助性作用的中俄两国领海内海上构筑物信息系统为例，截至目前，中俄双方都没有以成文法形式作出相应的规制。前者的法律规制，无疑需要中俄两国军事法律专家的共同编纂和考虑。而后者的法律保障及其本体法治化则可借鉴日本的实际经验和路径，仿效《日本国海洋基本法》和《日本国海上构筑物安全水域设定法》的核心内容与具体条款，结合中俄两国的实际情况，予以创设创新。

第七，在预防外部势力进行“恶意法律战”的问题上，中俄两国、两军不应该疲于应对，而是要未雨绸缪，甚至是主动出击。中国和俄罗斯应当高度重视双边海上安全合作的地区性象征意义和对本国实际海上权益的维护作用，也应该意识到《联合国海洋法公约》第123条的相关规定：“在适当情形下，邀请其他有关国家或国际组织与其合作以推行合作义务。”虽说中国和俄罗斯所属领海及其他具体演习海域不完全属于适用于《联合国海洋法公约》第123条的半闭海类别，但在此类情形之外可以积极运用“上海合作组织”与“一带一路”倡议的框架，推动中俄所参与的地区性组织的内部准则或规制的国际法约束力形成，以占据国际道义的制高点。特别是，中国同俄罗斯都应该意识到，变国际法规则为应对“恶意法律战”国家的“金箍棒”而不是“紧箍咒”，仍是可能和值得探索的。在未来，中俄更需善于采用军事以外的经济的、政治的甚至其他手段以应对外部势力的“恶意法律战”的企图，从而提前制衡、警告肆意展开“恶意法律战”的势力和国家。〔22〕

第八，关于新时期高质量中俄海上安全合作的“人本”建设对策，简化而言，需要两国教育部门和海洋主管部门以及相关军事部门实现无缝对接，联合精密化培养。其中

〔22〕 马得懿：《警惕南海沦为恶意法律战的重灾区》，《新南海策·说法》2018年第7期，第26页。

的要点在于双语（汉语、俄语）能力和海洋、军事法律知识的熟练化掌握，并附加以相关部门的实践性教学。可以预见的是，随着新时期中俄海上安全合作逐步朝高质量方向的迈进，相关的双语法律人才缺口也势必会不断加大，因此中俄海上安全合作“人本”建设亟须被提上日程，得到有关部门的重视。

印度洋金枪鱼委员会管制 IUU 捕鱼之港口国措施研究

■ 林亚将*

【内容摘要】印度洋金枪鱼委员会（IOTC）是印度洋最重要的区域渔业管理组织，其采取的打击 IUU 捕鱼的港口国措施取得良好效果。印度洋金枪鱼委员会港口国措施在实践中已比较成熟，体现在对船舶入港前、入港后不同阶段的检查措施，检查员具体的检查步骤，船旗国的协助义务等。我国是印度洋金枪鱼委员会的缔约国，同时也是世界上重要的港口国，从港口国的角度出发打击日益严峻的 IUU 捕鱼是我国应当承担的国内和国际责任。为此，研究学习印度洋金枪鱼委员会成熟有效的港口国措施，有利于我国在未来积极主动执行港口国措施，对于打击 IUU 捕鱼，从而养护管理世界渔业资源，具有重要的价值。

【关键词】IOTC　IUU 捕鱼　FAO　港口国措施　船旗国

引　言

IUU 捕鱼是指非法的、不报告的、不管制的（Illegal，Unreported，Unregulated）捕鱼行为，目前已经成为一个影响海洋可持续发展的重大国际法律和政治问题。世界各大洋都面临着严重的 IUU 捕鱼问题，印度洋相比太平洋和大西洋同样拥有丰富的海洋渔业资源，然而对于 IUU 捕鱼的管制力度较小，形势更为严峻。从世界粮农组织关于区域渔业管理组织（Regional Fishery Management Organization，RFMO）的统计数据可知，太平洋有 21 个，大西洋有 19 个，而印度洋只有 5 个。[2]在印度洋目前存在的区域渔业管理组织当中，印度洋金枪鱼委员会（Indian Ocean Tuna Commission，IOTC）在其中扮演了最为重要的角色。IOTC 的权限区域（Area of Competence）涵盖了印度洋大部分区域，主要位于联合国粮农组织（FAO）统计区 51 区和 57 区。[3]近年来，在国际社会热烈讨论通过港口国措施（Port State Measures）打击 IUU 捕鱼的大背景下，IOTC 陆续通过了关于执行港口国措施的相关决议，并在理论和实践层面取得良好效果。文章将对 IOTC 执行港口国措施不同阶段的具体内容和程序步骤进行分析，以供借鉴。

一、IOTC 关于执行港口国措施的法律依据

港口国措施最早于 1972 年联合国斯德哥尔摩会议上首次提出讨论，最早正式提供法律基础的是 1982 年《联合国海洋法公约》（UNCLOS）第 218 条，该条鼓励港口国采

---

* 厦门大学南海研究院博士研究生，研究方向为国际渔业法。

〔1〕 http：//www. hainu. edu. cn/stm/ lawsfzc/201842/10504041. shtml.

〔2〕 http：//www. fao. org/fishery/rfb/en.

〔3〕 IOTC. 2018. Guide to IOTC Data and Information Reporting Requirements for Members and Cooperating Non-contracting Parties. *Seychelles*，*FAO*. p. 66.

取措施解决商船海上污染所引起的环境问题。[4]具有里程碑意义的，并为港口国措施进一步提供坚实的国际法律基础的是FAO批准的两个具有法律约束力的文件：一是1993年通过的《促进公海渔船遵守国际养护和管理措施协定》，该协议于2003年4月24日生效。[5]目前有12个IOTC缔约方或合作非缔约方交存了该协议的接受书。[6]二是1995年通过的《执行1982年12月10日联合国海洋法公约有关养护和管理跨界鱼类种群和高度洄游鱼类种群的规定的协定》，该协议于2001年12月生效，其第23条规定了港口国对于自愿停靠其港口的船舶应采取措施进行检查。目前，有18个IOTC缔约方或合作非缔约方交存了该协议的接受书。[7]

FAO于1995年10月通过的《粮农组织负责任渔业行为守则》和2001年《预防、制止和消除非法、不报告、不管制捕鱼国际行动计划》（International Plan of Action to Prevent，Deter and Eliminate Illegal，Unreported and Unregulated Fishing，IPOA-IUU）等自愿性文书进一步鼓励实施港口国措施。《粮农组织负责任渔业行为守则》第8.3条规定了若干港口国的职责，而IPOA-IUU则敦促加强和扩大对港口国措施的使用，呼吁各国通过单独或集体行动来落实第52—64段阐明的整套港口国措施。

2005年，FAO渔业委员会批准了《关于港口国打击非法、不报告和不管制捕鱼措施的样本计划》，其中建议港口国措施的国际最低标准，要求酌情在区域或国家一级予以实施。渔业委员会同届会议还呼吁粮农组织与成员国合作，建立港口国措施打击IUU捕鱼数据库，作为FAO港口国措施数据库的基础。《关于港口国打击非法、不报告和不管制捕鱼措施的样本计划》是一个过渡文件，旨在巩固和促进IPOA-IUU，并最终发展为2009年12月22日FAO第36届会议上通过的具有法律约束力的《港口国家预防、制止和消除非法、不管制和不报告捕鱼行为的协定》（以下简称《港口国措施协定》）。[8]《港口国措施协定》是自1982年《联合国海洋法公约》以来所有有关港口国措施的国际法律文件的总结和结晶，目前有7个IOTC缔约方或合作非缔约方交存了该协议的接受书。[9]

在FAO《港口国措施协定》的框架下，IOTC于2010年结合其权限海域的实际情况，制定了《预防、制止和消除非法、不报告、不管制捕鱼行为的港口国措施决议》，

---

〔4〕 IOTC. 2013. Procedures for the Implementation of the Indian Ocean Tuna Commission Port State Measures. *IOTC*, *Seychelles*. p. 27.

〔5〕 Article 11，Agreement to Promote Compliance with International Conservation and Management Measures by Fishing Vessels on the High Seas.

〔6〕 12个缔约方或合作非缔约方分别是：澳大利亚、欧盟、日本、阿曼、坦桑尼亚、韩国、莫桑比克、伯利兹、马达加斯加、毛里求斯、塞内加尔、塞舌尔。

〔7〕 18个缔约方或合作非缔约方分别是：印度尼西亚、莫桑比克、日本、阿曼、韩国、几内亚、伯利兹、肯尼亚、欧盟、印度、南非、澳大利亚、马尔代夫、伊朗、塞舌尔、毛里求斯、塞内加尔、斯里兰卡。

〔8〕 FAO，Resolution No. 12/2009.

〔9〕 7个缔约方或合作非缔约方分别是：澳大利亚、莫桑比克、欧盟、印度尼西亚、斯里兰卡、肯尼亚、塞拉利昂。

该决议于2011年3月1日生效。2016年9月27日，IOTC通过了新的《预防、制止和消除非法、不报告、不管制捕鱼行为的港口国措施决议》，新决议的生效取代了2010年决议。新决议相较于旧决议只有一个变化，即新决议的第三部分“适用（Application）”部分增加了一段内容，强调IOTC所有的缔约方以及合作非缔约方（Contracting Parties and Cooperating Non-contracting Parties，CPCs）要适用e-PSM来具体执行IOTC有关打击IUU捕鱼的决议。《预防、制止和消除非法、不报告、不管制捕鱼行为的港口国措施决议》适用于所有IOTC管辖区域内CPCs的所有港口，对于IOTC管辖区域外的CPCs应当尽力（shall endeavor）适用该决议[10]，该决议对IOTC所有缔约方和合作非缔约方具有约束力。

二、IOTC关于执行港口国措施的具体内容

IOTC执行港口国措施从时间上基本可分为船舶入港前港口国针对性的检查和入港后港口国针对性的检查。检查内容有三个方面：首先是对提前要求入港的船舶进行信息审查和风险评估，其次是对入港船舶的登船检查和卸货检查，最后是对检查结果的处理和信息的传送。

（一）入港前：港口国决定船舶是否入港

首先，ITOC要求所有CPCs提前规划设计用于本国或者外国船舶可以要求停靠的港口，并确保港口具备实施对船舶进行检查的软件和硬件设施。这些港口的信息名单需提交到IOTC秘书处，并公开发布于IOTC官方网站，以供在IOTC权限海域作业船舶查询，为它们提供可以停靠的港口信息。[11]

其次，船舶在入港前要做到“入港提前申请（Advanced Request to Enter Port，AREP）”，船舶应当在进入港口前至少提前24小时向港口国报告船舶信息，如果船舶行驶至港口的时间少于24小时，港口国如同意船舶入港，必须确保有足够的时间对船舶进行检查。[12]船舶“入港提前申请”是港口国措施的基石，为港口国争取检查时间和提前了解船舶信息。船舶向港口国报告的信息须包括23项内容[13]，包括：预定的停靠港、港口国、预计到达的时间和地点、入港目的、上一次停靠港的港口和日期、船舶名称、船旗国、船舶类型、国际无线电呼号、船舶联系方式、船东信息、船舶注册登记证书编号、国际海事组织船舶识别编号（如果有）、外部ID（如果有）、IOTC编号、船舶监控系统信息、船舶尺寸、船长姓名和国籍、相关捕鱼授权信息、相关转运授权信息、海上转运信息、船上总渔获量、卸货量。

---

〔10〕 IOTC. Resolution 16/11 on Port State Measures to Prevent, Deter and Eliminate Illegal, Unreported and Unregulated Fishing, para. 20.

〔11〕 Ibid., para. 5.

〔12〕 Ibid.

〔13〕 Ibid., Annex 1.

港口国对船舶“提前入港申请”提交的信息进行审查过程中需要补充资料时，可以要求船舶或者船旗国提供更多的信息。

在船舶向港口国报告了上述信息之后，港口国必须对这些信息进行初步核实，检查船舶是否从事了IUU捕鱼，或者从事了帮助其他船舶进行IUU捕鱼的行为，是否被列入IOTC的IUU船舶黑名单中，或者被列入其他合作的区域渔业管理组织IUU船舶黑名单中。

现实操作中，由于考虑到执行港口国措施协定时人力、物力、财力的有限性，港口国会优化配置人力资源，首先根据要求对入港船舶提供的信息进行一个风险评估，对具有高风险从事IUU捕鱼的船舶进行全面检查（Full Inspection），具有高风险的船舶具有的特点有：船舶不在IOTC已授权船舶名单中；船舶曾经有过IUU捕鱼的记录；船舶名称最近频繁变动；船旗登记最近频繁变动；船东最近频繁变动；与船旗国联系不上；没有船舶监控系统（VMS）记录；上一次停靠港的信息无法确认；无法查明海上转运授权；等等。相对应的，对于低风险的船舶，只进行常规检查（Routine Inspection），低风险船舶的特点有：有船旗国明确的捕鱼授权；在IOTC的白名单（Positive List）中；有捕鱼区域沿海国的授权；渔获数据得以证实；等等。

在对要求入港船舶提交信息进行核查之后，一般会得到两个结果：一是发现船舶从事IUU捕鱼的证据，这种情况的处理是拒绝船舶入港；二是没有发现船舶从事IUU捕鱼的证据，允许船舶入港以待对船舶上文件渔获作进一步检查。港口国若作出允许船舶入港，应迅速将此决定告知船长或者船舶代表，如果拒绝船舶入港，港口国应将其决定同时告知该船舶的船旗国，相关的沿岸国以及IOTC秘书处，IOTC秘书处在接到此信息后，可综合考虑后将船舶信息告知其他的区域渔业管理组织。[14]有一个特殊情况，对于船舶遭遇不可抗力因素，船员遭遇紧迫的健康和安全威胁时，出于对处于危险中的船员和船舶的救助，港口国应允许船舶入港避险。[15]

（二）入港后：港口国决定船舶是否使用港口服务

船舶进入港口后，港口国将对船舶作进一步的检查，这个阶段的检查一般由港口主管机构专业的检查团队进行。在检查的“量”上，IOTC规定了其港口国在每一个报告年度内对在其港口内至少5%的上岸或转运的渔获物进行检查。检查包括对各船舶整体卸货或转运过程的监测，对事先通知上岸的渔获物物种数量和实际上岸或转运的渔获物物种数量之间的交叉检查。当渔获物上岸或转运完成时，检查员应核查并记录留在船上的渔获物数量。在检查的过程中，不能出现故意拖延时间的情况，应确保最低程度的干扰影响船舶和最低程度的影响渔获物的质量。同时，当港口国检查的船舶船旗国也是IOTC的CPC时，港口国可邀请船旗国的专业检查员一同对船舶进行检查，以确保检查

〔14〕 Ibid., para. 7. 3.

〔15〕 Ibid., para. 8.

过程的公正性和专业性。[16]

在检查的具体程序上，IOTC 规定检查员应当做到：

（1）核实船舶上的船舶认证文件和与船东有关的信息是真实、完整和准确的，必要时可与船旗国联系或者查询船舶的国际记录；

（2）核实船舶悬挂国旗的真实性和船舶相关标识，如船舶名称、船舶尺寸、国际海事组织船舶识别编号、国际无线电呼号等；

（3）核实捕鱼及与捕鱼相关活动的授权；

（4）查阅船舶上相关的电子文件和电子记录，如来自船旗国、IOTC 秘书处或者其他有关区域渔业管理组织的船舶监控系统（VMS）数据。查阅文件的内容包括船舶日志、渔获、转运和贸易资料、船员名单、配载计划和图纸、鱼类的描述以及根据《濒危野生动植物种国际贸易公约》要求的其他内容；

（5）检查船舶捕鱼工具的使用是否与捕鱼授权的条件一致，如检查渔网和细绳的尺寸、鱼钩的尺寸和数量等；

（6）检查船上渔获物是否与捕鱼授权的条件一致。可通过采样的方法检查渔获物，确定其数量和组成。检查员可打开预先装载好渔获的集装箱，移动渔获物或集装箱以确定鱼群的完整性，检查包括检查产品类型和确定标称重量；

（7）评估是否存在明显证据证明船舶从事 IUU 捕鱼；

（8）检查结束后，向船长提供检查报告，报告中应详细记录检查的内容和检查结论以及可能采取的措施，船长有权在报告上增加任何评论或者反对意见，检查报告最终由检查员和船长签名，并向船长提供一份检查报告复印件。船长因语言问题不能理解检查报告内容的，港口国应提供一名翻译人员陪同检查员，如果船长确实难以理解检查报告的内容，可以联系船舶船旗国有关机构进行解决。[17]

实践中，港口检查员对入港船舶的具体检查步骤如表 1 所示：

表 1　IOTC 港口国检查员对入港船舶检查具体步骤

登船之前	拍摄船舶标志（船头、船尾、船舷、船旗等）
登船	向船长介绍自己，目前的专业 ID 和法律授权，简短介绍检查过程事项
工作地点	要求船长提供一个工作地点以检查相关文件
船舶文件和船旗国登记	验证船舶文件和船旗国登记信息的有效性
船东、船长、受益者	检查船东、船长、受益者的身份信息
船舶监控系统（VMS）	检查船舶监控系统（VMS）是否安装在船舶上 15 米以上的地方，防篡改密封情况，电源连接和备用电源等

〔16〕 Ibid.，para. 10.

〔17〕 Ibid.，Annex 2.

续表

船舶在区域渔业管理组织中的情况	检查船舶信息位于区域渔业管理组织的 IUU 船舶黑名单中还是白名单（Positive List）中
捕鱼授权	检查船舶来自船旗国和相关沿海国的捕鱼授权
海上转运授权	检查海上转运地点信息、被转运船只信息和其他有关文件，确认转运行为的合法性
评估卸载的渔获量	记录在卸载操作开始之前卸载的报告重量。交叉参考从监测卸载时的估算确定的估计重量
保留在船上的渔获物	要求船长分种类介绍保留在船上的渔获物的信息
捕鱼日志	检查捕鱼日志中对于渔获物的生产、加工、冷冻和管理情况，交叉参考日志中记载的捕鱼区域
捕获文件计划和交易信息	根据捕获文件计划核对船上渔获物和卸载渔获物的种类和数量
捕鱼设备	检查船上捕鱼设备，核实捕鱼设备符合捕鱼授权规定
受保护濒危鱼种	检查船上释放受保护濒危鱼种的装置，是否存在捕捞受保护濒危鱼种，如是否存在鲨鱼鳍等
检查报告	检查完成后，完成检查报告，交给船长检查报告副本
检查报告签名	检查员和船长须在检查报告上签字

IOTC 规定港口国在完成检查之后的 3 个工作日之内，应当通过电子传输途径将检查报告副本发送给被检查船舶船长、船舶船旗国和 IOTC 秘书处。如果有需要的话，还可以将检查报告副本发给在海上转运渔获给被检查船舶的船舶船旗国、相关的其他缔约国和船长的国籍国。[18] IOTC 秘书处接收到检查报告之后，应当及时将检查报告公布在 IOTC 官网上，并发送给相关的区域渔业管理组织。

对已经进入港口的船舶进行检查，若查明存在下列情形之一：

（1）船舶没有得到船旗国合法的捕鱼授权；

（2）船舶没有得到沿岸国在其管辖海域的捕鱼授权；

（3）有证据证明船舶上的渔获物的捕获违反了沿岸国在其管辖海域的管理规定；

（4）船旗国在合理的时间内没有回复港口国以确认船舶上的渔获物符合相关区域渔业管理组织的管理规定；

（5）港口国有其他合理证据怀疑船舶从事了 IUU 捕鱼的情况。

港口国应当拒绝该船舶使用港口，包括禁止船舶渔获物上岸、装箱、转运、加工，禁止港口服务如船舶的油料补给、船舶维护等。[19] 港口国在作出拒绝船舶使用港口的决定之后，应当迅速将处理结果通知船旗国、相关的沿岸国、IOTC 秘书处以及其他相关

〔18〕 Ibid., paragraph 13.

〔19〕 Ibid., paragraph 9. 1.

的国际和区域渔业管理组织。[20]港口国对船舶从事的违法行为进行调查，收集证据，最终可根据港口国国内法对船东、船长及船舶代理人等相关责任人采取制裁措施，如进行逮捕、拘留、金钱处罚，对非法捕捞的渔获物进行没收等措施，并且将该船列入 IUU 船舶黑名单中。

结合上述入港前和入港后港口国采取的措施流程，如图 1 所示：

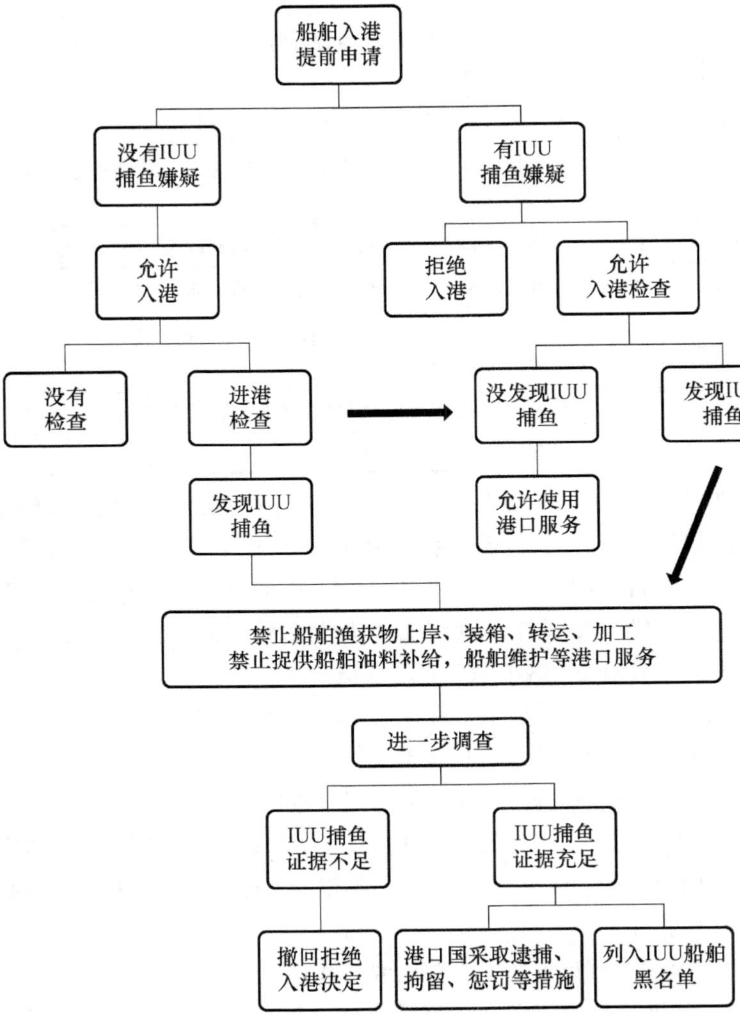

图 1　IOTC 港口国措施步骤

（三）船旗国应尽的协助义务

IOTC 要求船旗国应协助港口国执行港口国措施。船旗国应鼓励悬挂其国旗的船舶

---

〔20〕 Ibid.，paragraph 9.3.

在积极执行 IOTC 港口国措施的国家港口卸货和进行渔获加工。同时，船旗国有义务敦促悬挂其国旗的船舶配合港口国的检查工作。对于港口国在检查船旗国船舶并向船旗国要求补充信息时，船旗国应当配合。如果船旗国已经提前知道悬挂其国旗的船舶从事了 IUU 捕鱼，并打算进入某一港口国港口，船旗国有义务将其知道的情况告知港口国，并请港口国对该船舶进行检查和采取相关措施。〔21〕船旗国收到来自港口国对悬挂其国旗的船舶的检查报告之后，发现有证据证明该船舶从事 IUU 捕鱼活动，船旗国应当及时展开调查并且根据其国内法采取针对性的强制措施，并且将其处理结果告知港口国、FAO 以及相关的区域渔业管理组织和国家。〔22〕

三、IOTC 对发展中国家的特殊考虑

IOTC 的缔约国和合作非缔约国中存在许多发展中国家，特别是位于大洋中的岛国，一方面它们地理位置非常重要，具备发挥港口国功能的天然优势；另一方面它们处于国家发展阶段，国民经济和社会文化发展相对落后，社会经济条件成为这些发展中国家执行港口国措施的掣肘。因此，IOTC 对发展中国家在执行港口国措施时遇到的特殊情况进行评估，要求 CPCs 在最大限度上给予帮助。特别是在帮助发展中国家提高执行港口国措施的能力建设和国内法律体系建设，为发展中国家参与国际和区域渔业管理组织提供便利条件，向发展中国家提供技术支持等几个方面。

另外，IOTC 要求 CPCs 合作建立用于支持发展中国家执行港口国措施的基金机制，基金主要用于发展和提高发展中国家各级港口管理人员、检查员、执法人员和法律人员进行监测、控制、监督的能力培训，资助发展中国家在执行港口国措施过程中产生争端的任何诉讼过程中所涉及的费用。〔23〕IOTC 亦于 2012 年成立了专项基金用于养护管理管辖区域内渔业资源〔24〕，这些专项基金得到国际政府组织和国际非政府组织的志愿资助。欧盟在此专项基金下成立了“为 IOTC 的 CPCs 中发展中国家执行港口国措施提供技术支持”专项基金，起到了良好的促进作用。

---

〔21〕 IOTC. 2016. IOTC e-PSM Application -User Manual for the Flag State Competent Authority. *IOTC*, *Seychelles*, p. 56.

〔22〕 IOTC. Resolution 16/11 on Port State Measures to Prevent, Deter and Eliminate Illegal, Unreported and Unregulated Fishing, para. 17.

〔23〕 Ibid. , para. 18. 4.

〔24〕 IOTC. Resolution 12/10 to Promote Implementation of Conservation and Management Measures Already Adopted by IOTC.

驳“历史性权利属于一般海洋法规则之例外”说

■ 刘晨虹*

【内容摘要】“一般海洋法规则例外”说主要指历史性权利是在违背或减损一般海洋法规则的基础上产生的，其属于一种非法权利，故而需要获得一般海洋法规则的认可才能成为合法权利。从历史性权利的产生、认定及适用三个角度来看，“一般海洋法规则例外”说均无法成立，历史性权利应当受国际习惯法的调整。

【关键词】历史性权利　一般海洋法规则　国际习惯法

就历史性权利的法律属性来讲，有学者提出了“国际习惯法”说，即认为目前国际社会存在尊重历史性权利的国际习惯法。“国际习惯法”说不仅得到了国际法院的支持，也同时为诸多学者尤其是中国学者所拥护[2]，很多学者还从习惯法的构成要件这一角度，对此说法进行了论证[3]。

在“国际习惯法”说下，历史性权利属于一种合法权利，其在具备历史性巩固过程的条件下可以成立，并理应得到尊重，故而此说实际上有利于维护历史性权利在国际法体系中的地位。但“国际习惯法”说并没有得到普遍的认可，在国外学界当中，有学者提出了与“国际习惯法”说完全对立的“一般海洋法规则例外”说。

在这两种说法当中，笔者更为赞同“国际习惯法”说。但由于存在与此说完全对立的“一般海洋法规则例外”说，仅从国际习惯法的构成要件来肯定“国际习惯法”说，却鲜有专门研究并驳斥“一般海洋法规则例外”的做法，只能使历史性权利的法律属性处于争议状态，而无法从根本上肯定“国际习惯法”说。唯有从多角度全面否定“一般海洋法规则例外”说，“国际习惯法”说才更具论证的空间。况且，“一般海洋法规则例外”说的相关理论在某些国外研究当中已根深蒂固，其直接影响了“南海仲裁案”仲裁庭对中国历史性权利的裁决。因此，无论从理论还是从现实角度讲，专门驳斥“一般海洋法规则例外”说都显得极其重要。

鉴于学界有关“国际习惯法”说的论述已相当之多，本文主要探讨“一般海洋法规则例外”说，从而为“国际习惯法”说的成立排除理论障碍。

---

* 大连海事大学法学院讲师，主要研究方向为海商法和国际法理论。

〔1〕参见 Case Concerning the Continental Shelf (Tunisia v. Libya), Judgment of 24 February 1982, I. C. J. Reports, para. 100。

〔2〕参见 Keyuan Zou, Historic Rights in International Law and in China's Practice, Ocean Development and International Law, 2001, p. 152；贾兵兵：《驳美国国务院〈海洋疆界〉第143期有关南海历史性权利论述的谬误》，《法学评论》2016年第4期，第80页。当然，也有学者赞成“一般海洋法规则例外”说。参见王军敏：《国际法中的历史性权利》，中共中央党校出版社2009年版，第118页。

〔3〕参见王建廷：《历史性权利的法理基础与实证考查》，《太平洋学报》2011年第3期，第88页；付玉、黄硕琳：《历史性捕鱼权的国际习惯法效力研究》，《太平洋学报》2015年第4期，第90页。

一、"一般海洋法规则例外"说的内涵

一般海洋法规则主要指规范沿海国以其陆地领土海岸线（领海基线）为基础向外扩展形成的领海、毗连区、专属经济区和大陆架等海域的海洋法规则。[4]其早期由包含领海和公海制度的习惯法构成，并随着《领海与毗连区公约》《大陆架公约》《联合国海洋法公约》的产生而日益完善。

《领海与毗连区公约》第7条、第12条以及《海洋法公约》第10条、第15条对海湾及领海制度作出了明确的规定，但其同时指出这些制度在适用过程中若遇有历史性海湾和历史性所有权，则需作出让步。根据这些条文，如果"一般海洋法规则例外"说仅仅指历史性权利是一般海洋法规则在适用过程中的例外，那么这种观点虽未明确"国际习惯法"说，但其至少也未否定这一说法。因为我们可将这一观点具体解释为，一般海洋法规则的适用并非是绝对的，而是在遇有历史性权利时可能会对其作出让步，若历史性权利构成国际习惯法范畴，那么这种让步实际上是对历史性权利之相关国际习惯法的认可而非否定，从而体现了这种国际习惯法与一般海洋法规则之间的兼容与并存。

但就目前情况来看，"一般海洋法规则例外"说的概念却并非如此，持此说的学者似乎不满足于上述解释，而是认为历史性权利的适用和效力应由一般海洋法规则赋予。在这些学者看来，"一般海洋法规则例外"说主要指历史性权利是在违背或减损一般海洋法规则的基础上产生的，其属于一种非法权利，故而需要获得一般海洋法规则的认可才能成为合法权利。[5]由于一般海洋法规则是经国际社会合意达成的，这种"一般海洋法规则的认可"，实际上相当于"国际社会的认可"。

可见，"一般海洋法规则例外"说否定了历史性权利的合法地位，故而其不利于国家对历史性权利的主张和维护。实际上，这种说法主要是因相关学者、国家及国际组织对《领海与毗连区公约》以及《联合国海洋法公约》的上述条文作出了不同解释而形成的。

二、"一般海洋法规则例外"说的产生及发展

（一）学者的提出

学者最开始提出"一般海洋法规则例外"说时，其主要针对历史性所有权。基德尔（Gidel）认为，"按照一般海洋法规则的规定，一国享有历史性所有权的水域本应属于公海，由于公海属于国际社会共有，故而这种历史性所有权主张需获得他国的默认才能成立"。基于此说法下历史性所有权对一般海洋规则的违反或减损，基德尔提出有必要

---

〔4〕　参见刘晨虹：《驳"历史性权利属一般海洋法规则之例外"说》，《江苏大学学报》2018年第1期，第39页。

〔5〕　同上。

限制这种会使一般海洋法规则无效的主张。[6]

（二）国际组织的认可

这种认可主要体现在联合国秘书处的《历史性水域法律制度》研究报告中。上述学者提出“一般海洋法规则例外”说时，一般海洋法规则主要是以习惯法的形式调整海洋权益，联合国秘书处对当时的“一般海洋法规则例外”说持否定态度。[7]但 1958 年《领海与毗连区公约》生效后，一般海洋法规则由习惯法变成了国际条约的形式，此时联合国秘书处便认可了“一般海洋法规则例外”说。

前已述及，《领海与毗连区公约》在第 7 条规定了海湾的测量方法，该条文最后指出这种方法“不适用于所谓的‘历史性海湾’”。该公约第 12 条还规定了领海的划界方法，但其在最后指出，“如因历史性所有权或其他特殊情况而须以异于本项规定之方法划定两国领海之界限，本项规定不适用之”。

基于上述规定，联合国秘书处得出了三项结论：若《领海与毗连区公约》未予调整的海域涉及历史性所有权，则历史性所有权应受到尊重；若《领海与毗连区公约》予以调整的海域与历史性所有权相冲突，则只有当历史性所有权受到相应条款的保护时，此项权利才能继续适用；若《领海与毗连区公约》予以调整的海域与历史性所有权相冲突，而此公约未对历史性所有权予以保护，则历史性所有权应当被取代。[8]

可见，在联合国秘书处看来，《领海与毗连区公约》生效后，历史性所有权的效力及适用应以一般海洋法规则为准。只有得到一般海洋法规则的认可或者被推定得到认可，历史性所有权才属合法权利。当被推定与一般海洋规则相悖时，历史性所有权便无法适用。此结论正与“一般海洋法规则例外”说相契合。

（三）“南海仲裁案”的承继

在“南海仲裁案”中，仲裁庭对历史性权利的态度是这样的：若《联合国海洋法公约》明确尊重了历史性权利，则历史性权利应得以保留；若《联合国海洋法公约》未表示明确的尊重，则历史性权利只有在被推定与《联合国海洋法公约》相符时才能适用，否则就应被《联合国海洋法公约》取代。[9]也就是说，仲裁庭认为历史性权利的效力及适用是《联合国海洋法公约》赋予的，这种观点与前述联合国秘书处针对历史性所有权和《领海与毗连区公约》之间关系的论述如出一辙。因此，仲裁庭在裁决过程采纳了“一般海洋法规则例外”说，其简单提到的“历史性权利在大多数情况下都是一种例外的权利”[10]的说法，更加证实了这一点。

---

〔6〕 参见 Juridical Regime of Historic Waters including Historic Bays-Study Prepared by the Secretariat，UN Doc. A/CN. 4/143，1962，para. 42。

〔7〕 Ibid.，paras. 42-61.

〔8〕 Ibid.，paras. 77-78.

〔9〕 参见 The South China Sea Arbitration，Award of 12 July 2016，PCA Case，No. 2013-19，paras. 243，246。

〔10〕 Ibid.，para. 268.

当然，仲裁庭未对“一般海洋法规则例外”说进行详细论述，而是从《联合国海洋法公约》体系本身出发，认为“该公约能够包含任何海域并为这些海域确定了界线，故而其能调整所有海洋权益”[11]，进而根据《联合国海洋法公约》第309条得出公约不允许缔约国提出保留，从而将历史性权利纳入该公约调整范围内。笔者认为，这种做法有可能是为了避免因提出“一般海洋法规则例外”说而引起质疑，因为如前所述，国际法院已明确指出过历史性权利受国际习惯法的调整。但仲裁庭无法掩盖其支持“一般海洋法规则例外”说的事实。

（四）其他国家和学者的适用

美国国务院在2014年12月公布的《海洋疆界》第143期的文章当中，分析了中国在南海的海洋权益主张。在分析这些主张之前，该文指出，“在国际法中，能够用于评定一国海洋主张的法律体系，指的是《海洋法公约》规定的海洋规则”。

在论及中国南海历史性权利主张时，该文继续论证道，“有学者可能会提出，历史性权利或历史性所有权不受公约调整，而是受公约之外的一般国际法规则或者原则的规范。这种观点无法得到国际法的支持，也没有认识到公约具有全面的适用范围”，“《海洋法公约》的专属经济区、大陆架及公海制度不包含历史性主张这类例外，该公约的规定应当优先于任何在这些海域内提出的历史性主张”。该文还承认，“此结论与前述联合国秘书处有关历史性权利与《领海与毗连区公约》之间关系的结论相一致”，并对中国的断续线进行了评判，否定了中国在南海的历史性权利主张。[12]

除了美国以外，其他国家或学者反对中国南海历史性权利主张的主要法律依据，也在于《联合国海洋法公约》。菲律宾最高法院陪审法官安东尼奥·卡皮奥（Antonio T. Carpio）指出，“基于《联合国海洋法公约》，一国只能援引历史性权利而对丰塞卡湾这种凹入陆地的海湾主张内水或者领海（公约第10条）”。卡皮奥还根据《联合国海洋法公约》的专属经济区和大陆架制度否定了历史性权利主张。[13]

上述国家及学者以《联合国海洋法公约》为准，否定中国南海历史性权利主张的行为表明，其认同“一般海洋法规则例外”说。

三、“一般海洋法规则例外”说的不合理性

从“一般海洋法规则例外”说的内涵来看，在此说法下，历史性权利主要具有三个特征：第一，历史性权利是在违背一般海洋法规则的情况下产生的；第二，历史性权利

[11] Ibid.，paras. 231，245.

[12] 参见 United States Department of State，Bureau of Oceans and International Environment and Scientific Affairs，Limits in the Sea，An Analysis of Chinese Maritime Claims in the South China Sea，No. 143，2014，pp. 10，20，21。

[13] 参见 Antonio T. Carpio，The South China Sea Dispute：Philippine Sovereign Rights and Jurisdiction in the West Philippine Sea，Ronnie C. dela Cruz，2017，p. 58。

的认定需获得国际社会的认可；第三，历史性权利的适用受一般海洋法规则的规范与调整。但实际上，从如下三个方面来讲，这些特征均无法成立：

（一）历史性权利的产生

历史性权利的产生主要分为三种情况：

1. 历史性权利形成于一般海洋法规则产生之前

一般海洋法规则之相关国际习惯法形成于19世纪，其当时主要包括领海和公海制度。但是，一些历史性海湾在这种领海和公海制度产生之前便已经存在了，故而其建立未违反一般海洋法规则。

如巴尔多尼（Baldoni）提出，“在公海自由原则形成时期，康卡勒湾、沙勒尔湾、丰塞卡湾等已经置于沿海国的有效和永久主权之下了。公海自由原则不适用这些海湾”。[14]

在1910年“北大西洋渔业案”中，美国提出，只有湾口不超过6海里的海湾，才能被主张成为领土。对此，仲裁庭认为，“国际法规则并未对此问题作出规定，根据已经建立的惯例，对历史性海湾（湾口超过6海里的海湾）提出的领土主张应当是有效的”[15]。也就是说，在早期一般海洋法规则未作规定的情况下，仲裁庭采纳了之前已经存在的规则来处理历史性海湾问题。[16]

上述内容充分体现了，在一般海洋法规则产生之前，部分历史性权利便已存在，甚至与此相关的习惯法规则便已形成。

2. 历史性权利与内容模糊的一般海洋法规则同时走向成熟和完备

一般海洋法规则产生之后，若历史性权利构成此规则的例外，那么此规则一定具备较为明确、具体的内容，才能确定当时的历史性权利是在违背此规则的基础上产生的。例如，学界认为一国主张历史性所有权的水域本应属于公海，故而此项权利违反了一般海洋法规则。那么此结论的前提一定是，在历史性所有权建立过程中，领海的宽度较为明确，哪一片水域属于公海也可以确定，而历史性所有权正是一国突破了领海的界限在公海建立的。但事实却并非如此。

早期的一般海洋法规则未对领海宽度作出明确的规定。学界对领海宽度也是莫衷一是，并提出了“航程论”“大炮射程论”“海上要塞围墙论”等不同的主张。在《联合国海洋法公约》生效前，各国对领海宽度的主张也不统一。据1979年数据显示，当时主张3海里领海的国家共有19个，主张10海里的国家有2个，主张12海里的国家有70

---

〔14〕 参见 Baldoni, Les navires de guerre dans les eaux territoriales etrangeres, 65 Hague Recueil (1938), Vol. 3, pp. 221-222。

〔15〕 参见 The North Atlantic Coast Fisheries Case (Great Britain V. United States of America), Award of 7 September 1910, PCA Case, p. 25。

〔16〕 参见 Andrea Gioia, Historic Titles, Max Planck Encyclopedia of Public International Law, Oxford University Press, 2008, para. 12。

多个，还有国家主张其他不同宽度的领海。[17]即便一般海洋法规则被纳入《领海与毗连区公约》，该公约也未对领海宽度作出明确规定。由于领海制度的不明确，领海之外公海的起算也处于不确定的状态，因此在"英挪渔业案"中，国际法院才指出，无法判断挪威直线领海基线（直线基线内为历史性水域）的划定违反了一般海洋法规则。

由于早期一般海洋法规则的不稳定和不明确，一国将具有重要经济或安全利益的特定面积水域纳入本国主权管辖的方式，无法被定性为违反了一般海洋法规则。而当一般海洋法规则（主要指《联合国海洋法公约》）明确了领海的具体宽度和公海的起算点后，由于部分国家对特定海域的领土主权已成既定事实，之后的一般海洋法规则只能绕开这种既得权去调整其他海域，从而使得一般海洋法规则的领海、内水等制度与历史性所有权，构成一国取得领土主权的两种完全不同方式。可见，此类历史性权利是与一般海洋法规则一同走向清晰、成熟和完备的。

以上观点可在如下论述中得到证实。例如，吉欧雅提出，"历史性所有权的概念源于19世纪末的国家实践，在国际社会为了创建基于领海基线的一般海洋法规则而不断努力时，历史性所有权的概念是为了在这一规则之外，证明国家取得对某特定海湾或者其他海域之领土主权的合理性"[18]。这种说法体现了历史性所有权与一般海洋法规则的相互独立与并存。联合国秘书处认为，"促成历史性水域概念出现及发展的因素之一为，有关海洋划界的一般海洋法规则存在争议。在领海最大宽度和海湾最大范围等问题未被确定的情况下，针对对本国国家安全或者经济利益举足轻重的沿岸水域，自然会有一些国家提出主张并行使管辖权"[19]。由此，联合国秘书处指出，"一般海洋法规则之'一般'最多指其适用范围较为广泛，历史性权利之'特别'也最多指其适用范围较小，但这种一般海洋法规则和历史性权利均构成国际习惯法。历史性所有权的构成因素及其证明问题应当被单独考虑，而不是以历史性权利构成一般国际法的例外为前提"[20]。

3. *历史性权利源于符合一般海洋法规则的历史活动*

历史性捕鱼权和历史性航行权不是一蹴而就的。就历史性捕鱼权来说，此问题是随着沿海国专属渔区的扩展而产生的。沿海国之所以会对他国历史性捕鱼权给予尊重，主要基于他国在此海域的惯常捕鱼活动，而这种惯常捕鱼活动的建立基于早期的公海自由原则。[21]因此，从历史性捕鱼权产生的源头来看，此项权利是在符合一般海洋法规则的

---

〔17〕 参见梁西原著主编，曾令良修订主编：《国际法》（第3版），武汉大学出版社2013年版，第155页。

〔18〕 参见 Andrea Gioia, Historic Titles, Max Planck Encyclopedia of Public International Law, Oxford University Press, 2008, para. 1。

〔19〕 参见 Juridical Regime of Historic Waters including Historic Bays-Study Prepared by the Secretariat, UN Doc. A/CN. 4/143, 1962, para. 36。

〔20〕 Ibid., paras. 55, 59. 此观点是联合国秘书处针对《领海与毗连区公约》生效前的历史性权利而言的，《领海与毗连区公约》生效后，联合国秘书处更倾向于"一般海洋规则例外"说。

〔21〕 参见郭文路、黄硕琳：《传统捕鱼权与专属经济区制度》，《水产学报》2007年第6期，第794页。

前提下产生的。

就历史性航行权来说，《海洋法公约》之所以在内水、群岛水域等制度中对此项权利给予尊重〔22〕，主要是为了维护一国基于原来的公海自由原则而享有的航行自由，以及基于领海制度而享有的无害通过权。〔23〕因此，历史性航行权也是基于早期的一般海洋法规则建立的。

可见，历史性权利不是在减损一般海洋规则的基础上形成的，其或者早于一般海洋法规则产生，或者独立于一般海洋法规则产生，或者以符合一般海洋法规则的方式产生。

（二）历史性权利的认定

在“一般海洋法规则例外”说下，历史性权利认定所需的“国际社会的认可”这一形式要求无法得到证实。相反，持此说的学者在论证此形式要件时所得出的结论，并未跳出“国际习惯法”说的框架。

在“一般海洋法规则例外”说下，“国际社会的认可”是历史性权利由非法权利转变为合法权利的形式要件。例如，就历史性所有权来说，若此项权利建立在公海海域，由于公海本应由所有国家共有，故而此项权利需要获得国际社会的认可，而且在此过程中，所有国家的认可都应当发挥同等重要的作用。

但事实上，持“一般海洋法规则例外”说的学者在提出“他国默认”这一要件时，却不是这样认为的。其仅看重利害关系国的行为和态度，而非认为其他所有国家的同意或者反对，对历史性权利的形成都具有同等重要的作用。菲茨莫里斯是“一般海洋法规则例外”说的代表，但如前所述，其认为特定国家的默认在历史性权利形成过程中所占的比重，远大于其他国家。布鲁姆也是“一般海洋法规则例外”说的赞同者，但其同样认为历史性所有权的成立需获得“权利受到影响或易受影响的国家”的默认。

“利害关系国的默认”与“一般海洋法规则例外”说下“国际社会的认可”存在很大差别。前者说明，当一国的历史性权利因利害关系国的默认而得以成立时，非利害关系国的态度往往对历史性权利影响不大。〔24〕而“国际社会的认可”则说明，即便历史性权利得到了上述利害关系国的默认，除利害关系国之外的国家的反对，也可能会阻止历史性权利的生成。

在历史性权利建立过程中，地理位置邻近国或者具有特定利益的国家，其行为和态度在理论和实践上都应当发挥更为重要的作用。将这些国家的行为和态度置于与其他国家同等重要的地位，不仅没有必要，也不合理，且这一点连“一般海洋法规则例外”说

〔22〕 参见《联合国海洋法公约》第8、53条。

〔23〕 参见赵建文：《联合国海洋法公约与中国在南海的既得权利》，《法学研究》2003年第2期，第148—149页。

〔24〕 当然从目前的国家实践来看，这些非利害关系国也鲜有提出反对。

的赞同者都无法证实。

上述学者并未得出与“一般海洋法规则例外”说相契合的结论。因此，在历史性权利成立的形式要件问题上，持“一般海洋法规则例外”说的学者所得出的结论未跳出“国际习惯法”说的框架，“一般海洋法规则例外”说所包含的形式要求未得到证实。

（三）历史性权利的适用

当一般海洋法规则由习惯法转化为条约后，历史性权利的适用主要分为如下两种情况：

1. 部分历史性权利被一般海洋法规则所吸纳

一般海洋法规则在如下制度中吸收了历史性权利的内容，如：

（1）直线领海基线制度。《领海与毗连区公约》第4条以及《联合国海洋法公约》第7条均指出，“在海岸线极为曲折的地方，或者如果紧接海岸有一系列岛屿，测算领海宽度的基线的划定可采用连接各适当点的直线基线法”。这种规定与“英挪渔业案”中国际法院对挪威直线领海基线的肯定相一致，并主要是为了尊重沿海国对其沿岸群岛水域的历史性所有权，故而直线领海基线制度实际上是在吸纳这种历史性所有权的基础上建立的。〔25〕

（2）群岛水域制度。第三次海洋法会议之前，群岛国对于其岛屿间水域的主张大多基于历史性所有权。之后，对岛屿间水域地位的特殊考虑在第三次海洋法会议上达成了普遍的共识，形成了《联合国海洋法公约》的群岛水域制度。〔26〕因此，在群岛水域制度的产生过程中，历史性所有权具有重要作用。

除了直线基线和群岛水域制度以外，《联合国海洋法公约》之“群岛海道通过权”的相关规定也主要吸纳了历史性航行权的内容。在历史性权利的部分内容可转化为一般海洋法规则的情况下，我们可得出，这部分历史性权利符合而非违反一般海洋法规则。〔27〕

值得注意的是，将部分历史性权利问题转化为一般海洋法规则，并非意味着历史性权利的适用是由一般海洋法规则赋予的，因为即便部分历史性权利未被转化为一般海洋法规则，其适用也应按照国际习惯法的规定来处理。

2. 部分历史性权利按照相关国际习惯法处理

除了将部分历史性权利转化为一般海洋法规则之外，对于其他历史性权利或历史性水域问题，《领海与毗连区公约》和《联合国海洋法公约》等条约或者完全未提及，或者给予了简单地提及和尊重，如《联合国海洋法公约》第10条、第15条，但即便给予

〔25〕 参见 Andrea Gioia, Historic Titles, Max Planck Encyclopedia of Public International Law, Oxford University Press, 2008, para. 14。

〔26〕 参见雷筱璐：《历史性权利对〈海洋法公约〉相关制度和规则的促进作用》，《湖北大学学报》2014年第3期，第72—73页。

〔27〕 参见 Andrea Gioia, Historic Titles, Max Planck Encyclopedia of Public International Law, Oxford University Press, 2008, para. 14。

了尊重，这些公约也未规定历史性权利或历史性水域如何界定、如何取得以及如何证明。[28]对于公约未规定的事项，理应在公约之外寻求准据法，并由相关的习惯法解决。这一点早已体现在《联合国海洋法公约》序言之“确认本公约未予规定的事项，应继续以一般国际法的规则和原则为准据”的规定当中，并得到了很多学者的赞同。笔者对此不再赘述，而是欲进一步挖掘《联合国海洋法公约》作出此种序言规定的根本原因。

一般海洋法规则起初由领海和公海制度构成，之后随着《领海与毗连区公约》《大陆架公约》《联合国海洋法公约》等条约的出现，此规则得以确立和完善，并将海洋进一步划分为领海、毗连区、专属经济区和大陆架等。但无论一般海洋法规则如何发展，国家据此主张的海洋权益都是由业已确立的规则创设的。[29]一旦规则得以确立，所涉国家在本国相同性质的海域，统一享有相同的海洋权益。

历史性权利则不同，其不是海洋规则创设的，而是法律依据一项已经长久存在的事实，为了保持一种稳定的秩序，将其确认为一项权利。[30]随着这种国家实践的增多，国际社会日渐形成了尊重历史性权利的国际习惯法规则。

但就享有历史性权利的国家而言，由于每个国家的具体实践千差万别，其历史性权利的具体内容也不尽一致，由此国际社会难以就此问题作出统一的规范，并将其纳入《联合国海洋法公约》等条约中。[31]这一点在历届海洋法会议期间体现得尤其明显。例如，在第一次海洋法会议期间，仅是历史性海湾问题便引起了与会各国之间的诸多分歧，英国、突尼斯及乌克兰等国均认为，每一个历史性海湾都有其特殊的历史背景，而很难用单一的规则对其进行统一规定。[32]最终，此会议达成的《领海及毗邻区公约》仅简单提及了历史性海湾和历史性所有权，而未对历史性权利问题作出统一规范。在第三次海洋法会议期间，在讨论领海问题时，美国代表提出了制定历史性水域之一般规则的提议。[33]但最终，任何直接带有“历史性水域”字眼的条文都未被采纳。

可见，一般海洋法规则未对某些历史性权利作出详细规定甚至未作规定，主要是由于两者产生的根源完全不同，前者较易统一，后者难以形成统一规范，故而前者根本就

---

〔28〕 参见 Stefan Talmon, The South China Sea Arbitration: Is There a Case to Answer?, in Stefan Talmon, Jia Bing Bing, eds, The South China Sea Arbitration: a Chinese Perspective, Hart Publishing, 2014, p. 53。

〔29〕 参见袁古洁、李任远：《历史性权利对海洋权利的影响——兼及中国南海权利主张》，《中山大学法律评论》第12卷第3辑，第171页。

〔30〕 同上。

〔31〕 不仅是国家实践不一，国际社会对历史性权利的概念、性质、内涵等问题也存在争议，这种情况使得统一规范更加难以达成。

〔32〕 参见 United Nations Conference on the Law of the Sea, Official Records, Vol. 3, Summary Records of the First Committee, 1958, paras. 13, 29, 31-32; United Nations Conference on the Law of the Sea, Official Records, Vol. 2, Summary Records of the Plenary Meeting, 1958, para. 47。

〔33〕 参见 U. S. Delegation Report of Third Session, Reports of the United States Delegation to the Third United Nations Conference on the Law of the Sea, Honolulu: Law of the Sea Institute, 1983, p. 94。

无法也无意调整后者。如此一来，对此类历史性权利的调整自然落到了一般海洋法规则之外的国际习惯法身上。当事国需要根据此习惯法规则，并结合实际情况来解决。正如布鲁姆所说，“正是由于海洋法会议无法解决历史性权利问题，此问题才最终交由国家之间通过双边协定解决”[34]。厘清上述原因后，我们可知《联合国海洋法公约》为何作出上述序言的规定，以及历史性权利为何应当适用《联合国海洋法公约》之外的准据法。

四、结　论

“一般海洋法规则例外”说在国际社会具有根深蒂固的地位。但通过上述内容来看，该说法所要求的“国际社会认可”这一形式要件无法被证实。而且，历史性权利的产生和适用均未违反一般海洋法规则，对于相关公约未予规定的历史性权利问题，所涉国家应当按照习惯法来解决。

因此，历史性权利之相关国际习惯法与一般海洋法规则属于两种不同的法律体系。如果一定要从“例外”的角度探讨两者之间的关系，那么只能说一般海洋法规则的适用并非是绝对的，而是可能像《领海与毗连区公约》第7、12条以及《联合国海洋法公约》第10、15条等条文所规定的那样，在遇有历史性权利时，出现一些例外，这种所谓的“例外”不影响历史性权利之相关国际习惯法的独立地位。

〔34〕 参见Yehuda Z. Blum, Historic Titles in International Law, Martinus Nijhoff Publishers, 1965, p. 319。

美国南海“航行自由行动”法律政策调整及应对思考

■ 刘海洋*

【内容摘要】2017年10月10日美军“查菲号”导弹驱逐舰未经批准擅自进入中国西沙领海，是自5月25日美特朗普政府首次在南海执行“航行自由行动”以来的第四次行动。美高频次在南海执行“航行自由行动”表明，与前任政府相比，特朗普政府在南海的行动策略上有比较明显的调整变化。本文旨在从政策法律层面分析这种调整变化的特点规律并提出一些思考建议。

【关键词】航行自由行动　法律政策调整　应对思考

一、新政策指导下美南海“航行自由行动”趋于常态化、规律化

美国新兴网络媒体布莱特巴特新闻网7月20日发表《特朗普挑战中国南海主张的五角大楼计划》的独家报道称[1]，特朗普政府已经批准五角大楼关于常态化开展“航行自由行动”，挑战所谓中国在南海过度海洋主张的年度计划，这标志着美在南海执行“航行自由行动”政策上的一大调整变化。这一政策调整变化也体现在航行自由行动的频次变化上，奥巴马政府执政期间整个2016年一年才执行了3次，特朗普政府从5月下旬至现在已执行了4次，每次行动的时间间隔约为40天，特朗普政府南海“航行自由行动”日趋常态化、规律化。

二、程序上由逐案审批调整为“一揽子”审批，增加了美军方执行“航行自由行动”计划的灵活性和自主权

特朗普政府一揽子批准航行自由行动年度计划的做法，与奥巴马政府时期的逐案审批相比有很大不同。根据新政策，航行自由行动计划申请一般由美太平洋舰队第七舰队提出，按照太平洋舰队、太平洋总部、五角大楼、国家安全委员会的顺序逐级报批。尽管与原来相比审批的层级没有改变，但是授权和程序上有很大变化。一是审批速度加快。美官员在接受布莱特巴特新闻网采访时表示，由于白宫已经事先知道全年的计划，当申请沿着指挥链再次报批时不会让人感到吃惊，会大大加快审批速度。[2]二是审批受政治外交因素干扰明显减少。据美国官员介绍，五角大楼在向国家安全委员会递交申请的同时会抄送国务院，以免影响到正在进行的政治外交议程。而在奥巴马政府时期，申请从五角大楼递交到国家安全委员会后经常被停滞下来，以确保任何部门的政治议程都

---

* 武汉大学边界与海洋研究院博士研究生。

〔1〕 http：//www. breitbart. com/national-security/2017/07/20/trump-pentagon-south-china-sea-plan/， visited on 6 November 2017.

〔2〕 Ibid.

不会受到干扰。目前这种审批程序的调整变化，极大增加了美军方实施航行自由行动的灵活性和自主权，给予美军在战略战术层面利用航行自由行动更大的选择权。美五角大楼发言人丹娜·怀特（Dana White）告诉布莱特巴特新闻网："这是一个明显的对常态的回归。本届政府很明显将权力交还给那些能够处于最佳位置执行此项权力的人，因此这是对常态的回归。"〔3〕

三、行动频次的增加反映了美方立足于长期挑战中方南海立场、坚持南海常态化军事存在的趋势

频次增加本身即具有重要的意义。审批程序加快使美军可以在非常例行、非常规律的基础上开展常态化航行自由行动，这不同于奥巴马政府时期的"一锤子买卖"。在奥巴马政府时期，一项航行自由行动计划被申请、考虑、斟酌、审批，都是在个案基础上就事论事的讨论，长期的审批过程给外界造成的印象是每次航行自由行动都是针对某一项具体的中方情况。而按照特朗普政府的新政策，年度计划的审批和频次的增多使每一次单独的行动都成为整个大的例行性行动计划的一部分，多次例行性行动的累积，也从国家实践层面强化了美方对南海的长期政策主张，美方亦凭借常态化军事存在强化保持南海任何区域开放自由的印象。

四、与域内外国家的勾连互动或成为美方在南海挑事儿的新常态

菲律宾政府与中国改善关系后，在8月东盟系列外长会上，日本、越南等国在南海问题上依然跳得很高。这两个国家借助多边平台拿南海问题让中国难堪，有其自身国家利益的考虑，但背后离不开美方的支持。加之英国、澳大利亚等美盟国在南海问题上的表态——包括表示要派海空兵力到南海执行航行自由行动，以及美国国务卿蒂勒森印度当地时间10月18日发表演讲，表示愿与印度发展百年战略关系作为抵御中国的堡垒。可以预言，今后美国与南海域内外国家的勾连互动，包括以执行航行自由行动为名，在南海搞联合巡航或协同行动的可能性只能增加而不会减少。从另外一个方面讲，美国在南海的常态化航行自由行动也是美国向其地区盟国和伙伴国家表明其履行安全承诺的一种重要方式。

五、以南海仲裁案裁决为依据开展航行自由行动将成为美方的新借口

南海仲裁案裁决宣布以来，中菲关系大大改善。中国与东盟国家就"南海行为准则"框架达成共识，南海形势得到了很大缓和。这也使美国失去了通过仲裁案当事方菲律宾推动执行仲裁裁决的抓手，但围绕南海仲裁案的法律舆论斗争远未结束。所谓"欲

〔3〕 Ibid.

加之罪，何患无辞”，美必会通过各种平台和机会推动南海仲裁案裁决的执行，固化其通过南海仲裁案以法律形式取得的地缘战略成果。除在南海进行其一贯的海空侦察外，美国必将以南海仲裁案裁决为所谓“法律依据”，以航行自由名义挑战美方所谓的中方“过分海洋政策主张”，特别是中国对南沙岛礁的主权主张。

六、美刻意淡化“航行自由行动”影响表明美意欲将南海议题相对剥离

美在例次南海“航行自由行动”的对外表态中都强调，“航行自由行动”计划是美长期政策主张，不是专门针对中国，美在全世界范围内定期开展同样的例行行动。这表明美试图降低“航行自由行动”对中美关系大局的冲击和影响。最近一次2017年10月10日西沙海域“航行自由行动”，美破例未通过官方渠道发表正式声明，而是通过匿名官员接受媒体采访的方式对外透露消息，并强调这次行动“并非作战行动，也不构成威胁（not much an operation，not very threatening）”[4]，与以往的高调宣传做法形成鲜明对比，更加表明美刻意淡化“航行自由行动”影响，意图使南海议题从中美关系其他议题中相对剥离出来，避免因执行“航行自由行动”使中美关系受到冲击影响。事实上，在2013年南海问题升温以前，自美开始自由航行行动计划项目以来，美曾于1986、1992—1994、1996、2011—2013多个财年针对中国开展航行自由行动[5]，挑战中国领海、毗连区等各项主张，但除在国防部网站公布计划外，美方并不对外发布消息，不排除美今后又回到以前这种“只做不说”的状态。

七、美或将南海作为海军新作战概念试验场

日本外交家（The Diplomat）网站2017年10月2日发表《美海军和海军陆战队公布新战略应对反介入/区域拒止》的文章称[6]，美海军和海军陆战队刚刚公布了名为《争议环境濒海作战行动》的融合各项作战能力的新战略，旨在通过争夺和维持近海环境下的制海权来应对一系列因素给海军从岸上带来的新挑战，这些因素包括群岛和沿海地理环境以及先进传感器和机动式远程导弹系统的扩散。目前，美已经公布了这个作战概念的非保密版本，此后将通过演习检验、采购或改装武器系统等方式使该作战概念得以落实。尽管美没有点名，但文章认为这个新的作战概念明显是为了应对中国反介入/区域拒止（A2/AD）战略的影响。南海的地理环境和战场环境是典型的美新作战概念针对的

[4] http：//www.foxnews.com/world/2017/10/10/us-destroyer-sails-near-china-claimed-island-in-south-china-sea.html，visited on 5 November 2017.

[5] “CHINA2016” in the Maritime Claims Reference Manual（MCRM），which is issued by the U. S. DoD Representative for Ocean Policy Affairs（REPOPA）under the authority of DoD Instruction S-2005.01，Freedom of Navigation（FON）Program（U），October 20，2014.

[6] https：//thediplomat.com/2017/10/us-navy-marine-corps-unveil-new-strategy-to-turn-tables-on-a2ad/，visited on 5 November 2017.

对象，不排除美将来把南海作为其新作战概念的试验场。

八、思考与建议

中国共产党第十九次全国代表大会报告指出，要“坚持陆海统筹，加快建设海洋强国”，南海海域是中国实施这一战略，经略海洋、建设海洋强国的重要一环，处理好南海问题是建设海洋强国的必经之路。特朗普政府将航行自由行动计划的政策调整作为美新政府亚太战略的组成部分，本质上仍属中美南海地缘战略博弈的延续，诸多变化之中也蕴含着一些不变：美国亚太安全战略与中国经略南海的地缘战略之间存在结构性矛盾和冲突不会变，美国拿南海问题说事、遏制中国和平崛起的战略意图不会变，美通过航行自由计划挑战中国南海政策主张、推进南海仲裁案的战术目的不会变。处理好南海问题，需要在中美关系大背景下妥善把握这些变与不变所反映的南海问题矛盾运动和特点规律。

（一）客观分析美政策调整对中国和地区安全的影响

美国航行自由行动是其推动实现亚太安全战略的重要抓手，也是其向盟国履行安全保障承诺的一种重要形式，但性质上并非是对中国的战略摊牌，更不是直接从正面挑起与中国的武装冲突。这也是为什么美方还会拿本不存在任何问题的航行自由当作“遮羞布”，并强调航行自由行动是在全世界范围内开展而非仅针对中国的原因。美行动必然会在一定程度上对中国南海岛礁的主权、安全产生威胁。长期而言也会强化美对南海的非法法律主张，但几艘军舰的自由航行通过远未达到对南海岛礁主权和海洋权益产生直接重大威胁的程度。因此，一方面要对美方南海航行自由行动的战略性、长期性、危害性有清醒的认识，另一方面也需要保持战略定力，大可不必草木皆兵、随风起舞，同时做好长期、常态、综合应对的准备。

（二）将军事应对纳入常态化战备巡逻和军事训练计划

军事层面，这种“猫捉老鼠”的游戏对锻炼中国军队南海战备能力水平而言并非坏事，同时美军常态化军事存在更加凸显了加强南海岛礁建设防御的必要性和重要性。因此，一方面可把常态化应对美南海行动有机融入军方常态化战备训练计划之中，通过在例行性行动中与美军周旋锻炼提高作战能力；另外一方面，应针对美在南海军事化对中国和地区安全构成的安全威胁，加强南海岛礁自卫防御能力和南海海域战场建设，加强与南海周边各国及东盟的合作，共同维护南海和平稳定，为地区经济社会发展塑造良好的安全环境。

（三）外交层面加强战略沟通、表达安全关切

美航行自由行动并非中美关系的全部，只是中美关系大框架中存在的一个具体问题。中美战略互信层次决定了两国关系之中积极面和消极面共存的客观现实，美航行自由行动正是中美关系中一个需要抑制的消极因素。因此，既要将美航行自由行动问题与中美其他重大政治外交议程适度剥离，又要通过多平台渠道持续适度表达安全关切。一

是加强一线兵力和后方政策部门的沟通协调，针对具体行动加强对美交涉发声；二是通过新成立的中美联参对话机制以及原有机制性平台加强战略沟通和风险管控；三是加强多边平台议程设置，既要防范美利用多边平台抹黑攻击，又要主动揭批美航行自由行动的欺骗性、危害性及对地区安全稳定的威胁。

（四）有针对性地开展法理舆论斗争

美为推动强制执行仲裁裁决、通过航行自由行动挑战中国南海政策立场，在不同海域针对不同岛礁采取了不同的法理依据。按违法性、危害性的程度由低到高依次是：较轻的为挑战外国军舰须经批准方可进入中国领海行使无害通过权的制度，承认相关海域为中国领海但违反政府批准的法律程序要求；比较严重的是挑战中国领海基线制度，认为中方直线基线划设与公约不符，强行进入美不承认是领海实为中国领海的区域；最为严重的是不承认岛礁法律地位和岛礁主权进入中国岛礁邻近海域。鉴此，宜根据美行动性质、危害不同相应区别对待、分类分级应对，采取差别化应对措施。同时，配合军事、外交应对采取灵活方式做好舆论应对，灵活采用在美进入前警告性发声、匿名官员发声等多种形式，提高对外传播效果。

（五）研究推动海洋政策和立法调整

客观上讲，中美关于“航行自由行动”的诸多争议源自双方对《联合国海洋法公约》相关条款的不同理解和各自采取不同的海洋政策，特别是中国执行外国军舰进入中国领海须经政府批准的程序，这与世界上大部分海军强国的政策并不一致。中国政府于1992 年通过领海立法，相关规定符合当时的国情军情，但也有其历史局限性。美国与苏联也因为美在苏联领海执行“航行自由行动”产生多次冲突，包括 1988 年黑海撞船事件，双方经过谈判于 1989 年 9 月 23 日发表共同声明及《关于无害通过的国际法规则的联合解释》，核心是美苏都主张军舰通过外国领海既不需要事先通告也不需要经过批准。目前，中国海军实力已经有长足发展，中国军事力量“走出去”趋向常态化，建议认真研究修改中国领海立法的可行性，以我为主适时调整关于军舰无害通过领海须经政府批准的法律政策，从法律上为中美双方围绕“航行自由行动”产生的冲突解套。

人类共同继承遗产理念在全球公域的实践

——以国际海底区域开发为视角

■鲁　蒙*

【内容摘要】陆地资源的匮乏和现代科技的发展使得各国将目光转向海洋、外空等领域。这些领域是全球公域，不属于任何国家管辖，其中所有资源属全人类共同所有，任何主体都可以自由进入这些空间进行活动，这种资源共有和人类活动自由并存状态极易引发全球公域的“公地悲剧”。以“共有、共管、共享”为主要内涵的“人类共同继承遗产”理念为解决这一问题提供了方案。“人类共同继承遗产”已成为国际海底区域开发的基本原则，国际海底区域内资源由全人类共有，国际海底管理局代表全人类管理区域内矿物资源的勘探开发活动，其内的资源利益人类共享。基于《联合国海洋法公约》和《月球协定》等公约对“人类共同继承遗产”原则的明确，以及人类的主体性地位和对公平价值的追求，“人类共同继承遗产”应发展成为“全球公域”的一般法律原则。

【关键词】人类共同继承遗产　全球公域　国际海底区域　一般法律原则

人类自古以来就有探索和征服宇宙的欲望和勇气。从15世纪末的地理大发现时代开始，新航道的开辟和新大陆的发现使得世界逐渐联系起来，形成了一个整体。西方发达国家在“海洋自由”思想的指引下，在公海上攫取贸易和海洋利益。1772年英国人的“探险号”第一次驶入南极圈内，此后人类一直致力于在南极开展持续长久的居住和科考活动。“二战”后，人类获得了长久的稳定与和平，经济的繁荣与发展使人类需求和消耗的资源日益增多，陆地资源难以负荷，科技的发展指引人类将眼光放得更加长远，向纵深处的海底、高远的外空寻找资源。公海、海底、极地、外空……人类在这些超越一国管辖范围的区域内的活动因缺乏有效的管理而处于混乱之中，极易引发“公地悲剧”，因此，有必要对这些区域及其资源的法律地位和法律归属作出界定和分析。

一、问题的提出：“全球公域”的“公地悲剧”

关于“公域”这个问题，应该追溯到古罗马时代，早在那时就有法学家对“无主地”和“公有地”进行了区分，而“全球公域”的形成则和国际社会的形成密不可分。自1648年威斯特法利亚和会之后，国际社会就形成了主权国家为基本单位的国际体系。这种平权式的国际体系结构肯定了各国之间的平等地位，但也不可避免地加剧了各国之间的竞争关系。人类的趋利性导致竞争天然带有一定的残酷性，战争的爆发就体现了这一点。主权国家管辖范围内资源的匮乏和人类天生的探索精神促使各国将目光转向国家管辖范围外的资源，这些区域及其资源因权属不明而被过度开发和破坏是必然的结果，

---

* 中南财经政法大学法学院国际法2016级硕士研究生，主要研究方向为国际海洋法。

这就造成了全球公域的“公地悲剧”。

（一）全球公域的概念

全球公域（global commons），又称“全球公地”，它的概念源于国内法上的“公有地”和“无主地”。无主物的概念最早可以追溯到罗马法时代，是指没有所有人或者所有人不明的物，一般适用先占原则，即先占人可以以所有的意思通过占有的行为取得无主物的所有权。在国际法上，先占曾是重要的一种领土取得的方式，包括无人居住的荒岛、荒原，甚至有学者认为还包括没有形成“文明国家”的土著人居住的土地。[1]在国际社会的形成和交往过程中，无主地逐渐向公有地发展[2]，其公有、共有的属性日益突出，现在地球上几乎已经没有无主地可占。

对于全球公域具体的概念和内涵，目前并无统一的结论[3]，但是从其名称和概念起源来看，其至少具有以下几个特征：

第一，全球性。首先，从物理空间的角度来说，“全球公域”中的“全球”一词表明，它指的是实实在在的空间，包括陆地、海洋、外空等物理空间，而不包括自然人无法实体进入的虚拟网络空间。[4]其次，“全球”一词还表明，它超越了一国的领土限制和地区层面，具有全球性。因此，一国国内的“公域”，即使对全球环境有着重大影响，也不属于“全球公域”的范畴。

第二，非主权性。毋庸置疑，全球公域是指超越一国主权、不受任何国家管辖的区域和资源，这是由其“全球性”所决定的。

第三，非排他性。这一特征是由其“非主权性”的特征衍化而来，全球公域不是一

---

〔1〕［英］詹宁斯、瓦茨修订：《奥本海国际法》（第1卷第2分册），王铁崖等译，中国大百科全书出版社1998年版，第75页。

〔2〕例如南极地区，在早期的探险时期，各国在南极的行为带有强烈的扩张领土和掠夺资源的政治色彩，从20世纪20年代至50年代，科技发达的国家企图以先占的方式瓜分南极，但是1959年的《南极条约》的签订终结了这种局面，冻结了各国的领土主权请求。

〔3〕联合国统计局认为，“全球公域”指的是“国家管辖范围外的自然，例如海洋、外层空间和南极”，https：//unstats. un. org/unsd/environmentgl/gesform. asp？getitem＝573。有学者认为，“全球公域”指所有国家都有权利用的资源领域，包括南极、海洋、大气和外层空间。参见 Susan J. Buck，*The Global Commons：An Introduction*，Island press，1998，p. 6。美国著名的战略家巴里·博森认为：“全球公域是指公海、太空等处于国家直接控制之外但是给予国家与全球各地相联系的渠道的领域。”参见 Barry R. Posen，“Command of the Commons：The Military Foundation of U. S. Hegemony”，*International Security*，Vol. 28，No. 1（Summer 2003），p. 8。因此，美国国防部几年后在其《四年防务评估报告》中将全球公域定义为“不受单个国家控制，但是各国对其有所依赖的领域，包括海洋、大气、外层空间和网络空间”。参见 U. S. Department of Defense，*Quadrennial Defense Review Report*，February 2010，p. 8。

〔4〕从全球层面上来说，网络虚拟空间所承载的更多地体现为一国的战略安全功能，具有较强的政治色彩。就网络空间而言，它是一种服务，这种服务要么是以税收为基础的公共服务，要么是以市场规则为基础的商业服务。前者是以主权国家的存在和运作为政治前提，而全球公域不存在一国主权，后者则超出“公”域的范围。因此，网络虚拟空间不属于全球公域。

国的“私人物品”，也不是几个国家集团的“俱乐部物品”[5]，因此任何国家都有进入该区域并获取资源的权利，并且不能阻止他国的进入与获取。

第四，资源共有。虽然从中文表述上来看，“全球公域”指的是特定的区域或领域，但是从其英文词源“commons”一词可以看出，其所承载的不仅是物理空间，还包含了“资源”的含义，并且其资源是由共同所有人所共有的。

现在被公认的全球公域主要包括公海、海底、南极地区和外层空间等，对所有国家开放，没有任何国家享有特权和垄断地位，相关的国际法也对此予以明确。[6]

（二）国际法的社会基础与“公地悲剧”的产生

国际社会的基本单位是主权国家，主权国家的平等地位和竞争关系，极易导致对全球公域的过度开发，从而导致“公地悲剧”的产生。

一般认为，主权国家的产生和交往产生了国际社会，这也是国际法的社会基础。[7] 1648年，“三十年战争”之后所缔结的威斯特伐利亚和约标志着一个由众多主权国家所组成的国际社会的存在。国家主权原则也成为国际体系的基本原则。在国际社会中，被人格化的主权国家享有和自然人一样的天赋权利。在自然状态下，人最重要的权利即为生命权或称生存权，对应到国际社会，作为基本单位的主权国家的基本权利就是独立权[8]，这种独立权也是国家主权双重属性之对外权利属性的体现。[9]格劳秀斯认为，“所谓主权，就是说它的行为不受另外一个权力的限制，所以它的行为不是其他任何人类意志可以任意视为无效的”[10]，这也就揭示了各主权国家在国际社会中的平等地位。国际社会的无政府状态可以说是主权的无政府状态，国家主权之上再无更高权力，主权国家无论大小一律平等，平等主体之间的竞争与争夺又会加剧自然状态下的紧张关系。

关于“无政府社会”的描述，至少有三种代表观点：霍布斯式的“一切人对一切人的战争状态”，洛克式的“主权国家间的竞争状态”以及康德式的“各主体之间的友谊

---

〔5〕 经济学家把物品分成“私人物品”“俱乐部物品”“公共物品”“共有物品”四种类型，其中私人物品具有排他性，俱乐部物品对俱乐部之外的人具有排他性，而公共物品和共有物品不具有排他性。参见［美］小约瑟夫·奈、［加拿大］戴维·韦尔奇：《理解全球冲突与合作：理论与历史》（第9版），张小明译，上海人民出版社2012年版，第221页。

〔6〕 例如《联合国海洋法公约》第87条规定“公海对所有国家开放”，第136条规定“‘区域’及其资源是人类的共同继承财产”；《南极条约》第4条冻结了各主权国家在南极的领土诉求；《关于各国探索和利用包括月球和其他天体在内外层空间活动的原则条约》（《外层空间条约》）第1条规定“所有国家可在平等、不受任何歧视的基础上，根据国际法自由探索和利用外层空间（包括月球和其他天体），自由进入天体的一切区域”。

〔7〕 梁西原著主编，曾令良修订主编：《国际法》（第3版），武汉大学出版社2013年版，第5—7页。

〔8〕 江河：《人类主权的萌芽：现代国际法的启示与回应》，中国社会科学出版社2011年版，第28页。

〔9〕 国家主权具有对内和对外的双重属性，对内即为主权权力的至高无上性，对外表现为主权权利的独立性。参见江河：《国家主权的双重属性和大国海权的强化》，《政法论坛》2017年第1期。

〔10〕 叶立煊：《西方政治思想史》，福建人民出版社1992年版，第173页。

关系"[11]。现代国家的威斯特伐利亚体系的存在使霍布斯式“你死我活”的敌对国家关系极少出现，而康德式国家间的“友谊”在全球社会难以得到普遍实现，所以国际法的基本价值——和平与发展[12]——使得洛克式国家间的竞争关系更为普遍，“二战”后经济全球化的发展和各国间复合性相互依赖关系的加深即为体现。对于公地而言，其具有非排他性的特征，所以任何主体皆可进入和利用，并且允许通过一定的行为将其私有化，因此各主体间的竞争在所难免。在实行财产共有、共同生产、集体劳动和平均分配的原始社会，因为允许生产资料的私有化而出现了私有制，并且私有制的出现因符合按劳分配而推动了社会生产的发展，也同时开启了人类之间活得更好的竞争。[13]因为私有制的允许和存在，将公共物品私有化就成为人类竞争的重要领域。洛克认为在竞争中需自我克制，在获取公共财产的同时应留有足够多的同样的好东西给他人。[14]这种竞争关系是一种理想的竞争，竞争者尊重对手的生存和自由权利，但是在实践中却难以达成。并且在涉及全球公域时，因为其内的资源具有价值性和稀缺性，行为者很容易在利益的驱动下尽可能多地将其内资源私有化。

每一个人都是公地的所有权人，但是却没有人为公地过度使用的不利后果承担责任，理性经济人在利益的驱使下不断地向公地索取资源来增加自己的利益，公地不堪重负，从而造成公地悲剧。[15]全球公域对所有国家、所有行为者开放，任何主体都不能排除他者的进入，科技发达的国家不断地向全球公域索取资源，造成全球性的环境污染和过度开发等问题，这最终将影响整个人类的生存。

二、问题的分析与解决：全球公域的性质与“人类共同继承遗产”理念

“公地悲剧”并非不可避免。全球公域因其共有属性，任何主体都有自由进入和开发的权利，但是由于各竞争主体间资本多寡和技术能力等方面的差异，并非每一主体都平等地享有全球公域的资源利益。从法律归属上来说，全球公域的所有者应为全体人类，而非狭隘的民族主义思想下的某一主权国家或是某一独立的个体。在国际社会的交往中，早期由于部分国家的强大和技术的领先，它们将全球公域中视为“无主地”，以“先到先得”的方式宣称主权权利，而现如今，已不存在“无主地”的全球公域。从法律地位上来说，全球公域是“人类共同继承遗产”，应采用“共有、共管、共享”的原

---

〔11〕 参见［美］亚历山大·温特：《国际政治的社会理论》，秦亚青译，上海人民出版社2014年版，第255—298页。

〔12〕 作为国际法的基石，《联合国宪章》第1条之联合国的宗旨就体现了国际法的价值取向。和平价值在国际法中是最核心的，促进国际合作以增进人权之实现则体现了国际法的“发展”的价值取向。

〔13〕 参见韩东屏：《私有制的起源与意义》，《华中科技大学学报（社会科学版）》2016年第3期。

〔14〕 参见John Locke, Second Treatise on Civil Government, *Hackett Publishing Company*, 1980. Sec. 27, p. 19。转引自郑英琴：《全球公域的内涵、伦理困境与行为逻辑》，《国际展望》2017年第3期。

〔15〕 参见Garrett Hardin, “The Tragedy of the Commons”, *Science*, Vol. 162, pp. 1243-1248。

则加以治理。

（一）全球公域空间的进入：自由

公域首先作为一种具体的物理空间，具备可被进入的可能性，其进入应是自由的；其内的资源因具有公共属性，所以资源的获得与利用也应是自由的。这种形式上的“平等地对所有人开放”，反而由于个体实力的差距而造成了实质上的不平等，极易引发“公地悲剧”，因此与公域的开放性直接相关的，应是行为者在公域内的行为以“全人类的利益”为导向。

全球公域早期被视为“无主地”，任何主体都可通过自身的劳动将其私有化，这种“先到先得”的模式是有利于工业、科技发达的国家的。国内需求的增加而导致陆地资源的匮乏是各国共同面对的问题，但是由于对远洋、深海等新领域的开发利用需要投入大量的人力物力财力，工业国和农业国之间的实力差距所造成的结果就是即使全球公域对所有主体平等开放，但是国家实力差距仍然造成了实质上的不平等。此外，国家大小和强弱的不同，对全球公域就有着不同的战略需求，从而对全球公域制度所施加的影响也是不同的，这种强国主导的模式也容易导致全球公域的“自由”原则为强国的战略利益所服务。虽然全球公域是非排他、非主权性的，不属于一国主权管辖范围，但是大国却凭借自身实力对全球公域有着“隐形控制”。例如，美国的安全战略有一个明显的转变，即从原来的以地缘政治为基础的主权空间安全转变为侧重于国家主权外空间的安全，包括海洋、大气空间等的自由进入和利用。〔16〕所以全球公域的“公地悲剧”不仅是对资源环境的破坏，还隐含着军事利用的和平隐患。〔17〕因而，国际海底区域、极地、外空等国际条约中都规定了“和平目的”的相关条款。〔18〕

格劳秀斯的海洋自由论立足于“为了所有人的利益而保持海洋的自由进入”。海洋自由是形式，实质目的在于“为了所有人的利益”而自由地利用海洋。为了避免全球公域的“公地悲剧”，各行为者在开发利用全球公域的时候应保持自我克制，以“全人类的共同利益”之目的利用。例如公海捕鱼，国际社会本是采放任主义，但是在1974年的英国、德国和冰岛的渔业管辖权案中，国际法院就承认了“对其他国家权利关切的义

〔16〕 参见Mika Aaltola, Juha Kapyla and Valtteri Vuorisalo, *The Challenge of Global Commons and Flows for US Power: The Perils of Missing the Human Domain*, Ashgate, 2014, pp. 1-12。美国所提倡的全球公域自由为的只是自身军事、民用设备等能自由进入这些空间，确保自己权力触角可以涉及全球更广的范围和领域。这一点可以从其在第三次海洋法会议上赞成短距离的领海宽度“大炮射程说”、在全球海域内开展航行自由行动反对沿海国的“过度海洋主张”等行动中看出来。

〔17〕 参见John Vogler, “Global Commons Revisited”, *Global Policy*, Vol. 3, Issue 1, February 2012, pp. 61-71。

〔18〕 例如《联合国海洋法公约》第138条规定“各国对于‘区域’的一般行为，应按照本部分的规定、《联合国宪章》所载原则，以及其他国际法规则，以利维持和平与安全，促进国际合作和相互了解”；《南极条约》第1条就规定“南极洲应仅用于和平目的”；《外空条约》第3条规定“各缔约国在进行探索和利用外层空间（包括月球和其他天体）的各种活动方面，应遵守国际法和联合国宪章，以维护国际和平与安全，促进国际合作和了解”；《月球协定》第3条规定：“月球应供全体缔约国专为和平目的而加以利用”等。

务和保存全人类利益的需要”。[19]

（二）全球公域资源的主体：人类

承前所述，全球公域的概念从国内法中的“无主地”和“公有地”发展而来，无主地和公有地即无主物和公有物，两者所区分的关键在于产权所有者的确定。无主物不存在所有权人或者所有权人不明，而一旦有人以先占的方式取得了该物，那么其产权状态就发生了变更，由任何人皆可获得的“公有”状态变成了“私有”状态，而公有物一直是公有的，其所有权人一直不是特定的主体。在现行的国际法下，全球公域不可被任何国家、任何人以任何方式变为私有财产。

同时，明确“公有物”和“共有物”的概念也十分必要。公有物和共有物虽然从所有权的权属上来说并无太大区别，两者都不具有排他性，但是两者的物品性质却有着本质的不同。[20]公有物，如空气、安全、政策等，一者对其消费和使用并不会对他人的利益有所减损；而共有物，如社区成员共有的池塘里的鱼，一者将其捕获后他人就无法再获得这条鱼。一言以蔽之，一方对公有物的获得不会对他人的获得造成减损，而一方对共有物的获得会使他人所享有的权益受损。因此，共有物具有资源的稀缺性和价值性，能够为人类所进入和利用，并且一者对资源的获得会减少他人对资源的利用。全球公域兼具空间和资源的双重属性，其作为人类活动的空间时，具有可再生性，因而不存在“公地悲剧”，但是作为能够为人类所利用的资源时，其具有不可再生和可用竭性，会产生“公地悲剧”，所以从资源的性质上来说，海底、外空等应该被视为“共有物”，而非“公有物”。

共有物不具有特定的产权所有人，是由共同所有人所共有的。对于资源丰富、竞争激烈的海底、外空等全球公域来说，确定共有物的“共同所有人”具有十分重要的意义。在古代英格兰法和荷兰法中，“commons”公域一词表示共同所有、共同开发的财产或资源，不能被某一个或某一部分人所独有。[21]古罗马法学家马尔西安首次提出“一切人共有的物”的概念，这里的“一切人”不仅包括罗马市民，还包括外邦人，体现了古典时期罗马法世界主义的思想。[22]但是，在历史的发展过程中，主权国家的圈地运动和以掠夺生产资料为目的的私有化活动使“一切人共有的物”范围逐渐缩小，世界主义式微，民族主义一度发展成为世界主流。各国也在民法、行政法等法律中对“公产”作出

---

〔19〕 http://www.icj-cij.org/files/case-related/55/055-19740725-JUD-01-00-EN.pdf, para. 72.

〔20〕 其实公有物和公有物的区别从其英文表达上也可见一斑。公有物强调物品的“public”属性，在国内法中通常与public domain相关，如知识产权法中的公共领域，更多的倾向于强调一种空间性；而共有物强调物品“common”的属性，如社区、群体等集体所共同所有的资源。

〔21〕 Nico Schrijver, “Managing the Global Commons: Common Good or Common Sink?”, *Third World Quarterly*, 2016. Vol. 37, No. 7, pp. 1252-1267.

〔22〕 徐国栋：《“一切人共有的物”概念的沉浮——“英特纳雄耐尔”一定会实现》，《法商研究》2006年第6期。

相应的规定。而全球公域从国内法中的“公域”一词演化而来，其自然具有资源的“无人独有”和“全体共有”之内涵。[23]在国内法中，公域的所有权人为其境内的所有人，对应到国际社会，全球公域的所有权人则应是全体人类，而非某一特定的主权国家或某一特定的公司或个人。

主权国家构成了威斯特伐利亚体系的基本组成单位，最终的利益享有者和义务承担者则是将权力让渡给主权国家的自然人。国际法的发展史在某种程度上是国际法主体的发展史，而人类统一的法律秩序最终必然通过自然人的主体性和人类的主体性的互动来建构。[24]国际法的主体论的发展也表明，随着主权国家间的交往和复合性相互依赖[25]逐渐加深，跨国公司等法律拟制的主体和自然人在国际社会中发挥着作用，主权国家作为国际法唯一主体的合法性也逐渐被质疑。亚里士多德对哲学实体分为三类：第一类实体是个体；第二类实体是具有普遍性的“种或属”，可以被理解为民族国家、人类等个人的集合；第三类实体则是神。[26]第一类实体是第二类实体的实践基础，人是社会的动物，“哪里有社会，哪里就有法”，人与人之间的交往产生的社会关系使得人的主体地位得以强化，在国际交往中具有普遍性的“种或属”之个人集合的主体性也会凸显。虽然就国际社会而言，基于文化的差异等原因，人类的主体性地位难以在全球范围内得到国际法的确认[27]，只能在特定的领域和历史时期发挥作用[28]，但是国际法发展的方向会是人类法律共同体，人类主体性地位的普遍性将是最终结果。对于涉及全人类共同利益的议题，人类的主体性地位更是无须多疑的，可以说人类的主体性地位决定了全球公域的所有者应是自然人的集合——人类。

（三）人类共同继承遗产原则的提出

关于全球公域的法律地位问题，主要有三种理论：人类共同财产、人类共同继承遗产和人类共同关切事项。这三种理论都同样的定语——“人类共同”，揭示出全球公域

---

〔23〕孙灿、郑普建：《国内学界“全球公域”研究综述》，《战略决策研究》2014年第3期。

〔24〕江河：《国际法的基本范畴与中国的实践传统》，中国政法大学出版社2014年版，第13页。

〔25〕复合性相互依赖是新现实主义的重要概念，意为随着跨国商品、货币、人员和信息自由流动的迅速发展，各国之间形成了错综复杂的相互依赖关系和一荣俱荣、一损俱损的局面。复合相互依赖的主要假定是“非国家的行为体直接参与世界政治，世界政治中的问题无法明确地划分等级，武力是一种无效的政策工具”。参见［美］罗伯特·基欧汉、约瑟夫·奈：《权力与相互依赖》（第4版），北京大学出版社2012年版，第23—28页。

〔26〕参见江河：《国际法的基本范畴与中国的实践传统》，中国政法大学出版社2014年版，第13—14、72页。

〔27〕例如，《国际法院规约》第38条通常被视为是对国际法渊源的权威解读，但是其第1款第3项将一般法律原则限定为“为文明各国所承认者”，这里的“文明各国”就排除了非基督教国家，只承认西方基督教国家具有主体地位，非基督教国家只能是其行为的对象和客体，否认了人类的主体性。又如，在早期国际法中，西方国家认为对“未经教化的、有土著人居住”的地区可以采取先占的方式获得领土，否认土著居民的主体地位。

〔28〕例如，第二次世界大战后，新自然法的复兴和国际人权法的发展便体现了人类的主体性地位，强调权利享有的普遍性，冷战后的经济全球化也促进了人类主体性观念的形成。

所关乎的是全人类的利益的本质，但是中心词却有所不同。人类共同财产理论来源于格劳秀斯的“海洋自由论”，起初被用于公海的自由开发和利用，如今仍然适用，并且在公海渔业资源的开发利用中发展出合理顾及他国的利益、注重海洋生态的可持续性等新内容；人类共同关切事项是国际环境法的新发展，所涉及的是全部或部分处于一国管辖权下的事项对全人类的利益有所影响，而成为人类共同关切事项。人类共同继承遗产的具体内涵学界并无统一定论，但是有学者根据此项原则在国际海底区域中的运用而总结出人类共同遗产区别于人类共同继承财产的特点：一是人类共同继承遗产的获取必须接受有关国际机构的管理；二是人类共同继承遗产的利益归属不全归开发者所有，而应建立在服务全人类的共同利益的基础上。[29]

显然，人类共同关切事项理论应涉及一国主权管辖事项而超越全球公域的范围，所以不应适用。因此，有学者认为，全球公域的法律地位可以二分为人类共同财产和人类共同继承遗产。[30]也有学者将人类共同财产和人类共同继承遗产两相结合，提出“人类共同继承财产”理论。[31]这些看法都存在一定的瑕疵。从人类共同财产理论的起源来看，这是格劳秀斯“海洋自由论”的重要组成部分之一，这里的“海洋”特指公海，并且该理论提出有着特定的政治目的。[32]格劳秀斯认为海洋是用之不竭的，但是科技的发展表明，人类的过度捕捞和开发会破坏海洋的生态平衡和可持续发展。[33]此外，一行为者对公海资源的获得，即是将人类的“共同财产”变成自身的“私有财产”，这会减少他国对公海资源的获取。因此，对于全人类共同所有的全球公域来说，其法律地位应以“人类共同继承遗产”较为合理。

人类共同继承遗产原则至少包含三个方面的内涵：资源共有、行为共管和利益共享。资源共有是根本，由此而衍生出施加于所有由人类共同所有的物品和资源的行为应该由人类共同管理，以及由此而产生的利益由人类不分国籍和代际地共享。这也就不难理解人类共同继承遗产是由发展中国家提出的，这项原则的提出有两个原因：其一是地

---

〔29〕 参见孙灿、郑普建：《国内学界“全球公域”研究综述》，《战略决策研究》2014年第3期。但是，这种由实践倒推理论内涵的做法之合理性是存疑的，例如“人类共同继承遗产”的开发是否必须接受国际机构的监管，是否有其他有同等效用的替代方式可以利用。

〔30〕 参见刘惠荣、纪晓昕：《论公海生物多样性的人类共同遗产属性》，《法治研究》2011年第7期。

〔31〕 参见许健：《论国际法之“人类共同利益”原则》，《北京理工大学学报（社会科学版）》2011年第5期。

〔32〕 1581年荷兰从西班牙的统治下独立起来，从事海上运输贸易，享有“海上马车夫”的美誉，但是中世纪后半叶开始葡萄牙、西班牙等国家对公海的某些部分主张主权。于是1609年格劳秀斯发表了著名的《海上自由论》，以古罗马法论证了公海自由原则：公海无法有效占领所以不能处于任何国家的实际控制之下，且公海是用之不竭的。参见马忠法：《格老秀斯〈海洋自由论〉与17世纪初关于海洋法律地位的争论》，《比较法研究》2006年第4期。

〔33〕 例如，WTO的上诉机构在1997年印度、泰国等诉美国海虾-海龟案中认为，“有生命的物种虽然原则上能够再生产，但在一定环境下常常因为人类活动确实是可耗尽和灭绝的”。参见 http：//sms. mofcom. gov. cn/aarticle/wangzhanjianjie/tansuosikao/200406/ 200406002361 82. html。

球上的自然资源储量几乎竭尽，发展中国家迫切地需要保证他们的资源需求有所保障，这项原则给发达国家施加了道德压力；其二是在一些特定的领域，比如深海探矿，“先到先得”的原则对发展中国家极其不利，人类共同继承财产原则支持了他们要求参与共同开发和获得援助的主张。[34]于是，1958年，时任海洋法会议主席的泰国万·瓦拉旺亲王提倡将海洋视为“人类共同继承遗产”，“为了所有人的利益保护海洋遗产”。[35]在1969年，马耳他大使帕多提出，将深海海底及其资源视为人类共同继承遗产。[36]联大随后在1970年的2749（XXV）号决议中宣布国际海底区域为全人类共有，尽管该决议遭到西方国家强烈反对，但在77国集团的支持下仍获通过。1982年《联合国海洋法公约》（以下简称《公约》）第136条规定：“‘区域’及其资源是人类的共同继承遗产。”

三、理念的运用：国际海底区域开发中的“人类共同继承遗产”

“人类共同继承遗产”原则首先在国际海底区域矿物资源的开发利用中得以运用，《公约》第1条规定“‘区域’是指国家管辖范围以外的海床和洋底及其底土”，第136条规定“‘区域’及其资源是人类的共同继承遗产”，第133条规定“（a）‘资源’是指‘区域’内在海床及其下原来位置的一切固体、液体或气体矿物资源，其中包括多金属结核；（b）从‘区域’回收的资源称为‘矿物’”，由此可以总结出“国家管辖阀内以外的海床和洋底及其底土中的矿物资源是人类共同继承遗产”，并且1994年缔结的《关于执行联合国海洋法公约第一部分的协定》对此原则作出了具体的措施安排，体现了“人类共同继承遗产”原则的“共有、共管、共享”内涵。

（一）国际海底区域的“共有”：全人类共有

有学者指出，由于目前国际法的主体仅限于主权国家，且“全人类”这一表述也明确和严谨，所以“人类共同继承遗产”原则的主体应为“国家集合”。[37]但是国家集合这个概念并不能涵盖所有的人类，土著居民、未来人类等的主体地位并未得以体现，所以国际海底区域的主体应为“全人类”。

无论是公有地还是共有地，由于产权属不具有排他性，当其被视为无主地时，便存在着被私有化的可能。[38]对于国际海底区域来说，先到先得的原则不利于海底环境[39]

---

〔34〕参见 Susan J. Buck, *The Global Commons: An Introduction*, Island Press, 1998, p. 29。

〔35〕参见 Nico Schrijver. “Managing the Global Commons: Common Good or Common Sink?”, *Third World Quarterly*, 2016. Vol. 37, No. 7, pp. 1252-1267。

〔36〕Ibid.

〔37〕参见李志文：《国际海底资源之人类共同继承财产的证成》，《社会科学》2017年第6期。

〔38〕参见郑英琴：《全球公域的内涵、伦理困境与行为逻辑》，《国际展望》2017年第3期。

〔39〕从生态学的角度理解，资源就是环境的一个组成部分，尽管这一部分对人类的经济价值更大，但是从自然中心主义出发，环境的概念涵盖了资源的概念，环境资源可以简称为环境。参见吕忠梅、高利红、余耀军：《环境资源法学》，科学出版社2004年版，第2页。

的保存与保护，并且有被强国圈地自用的危害后果，所以《公约》第 137 条规定：“1. 任何国家不应对区域的任何部分或其资源主张或行使主权或主权权利，任何国家或自然人或法人，也不应将区域或其资源的任何部分据为己有。任何这种主权和主权权利的主张或行使，或这种据为己有的行为，均应不予承认。2. 对区域内资源的一切权利属于全人类，由管理局代表全人类行使。这种资源不得让渡。但从区域内回收的矿物，只可按照本部分和管理局的规则、规章和程序予以让渡。3. 任何国家或自然人或法人，除按照本部分外，不应对区域矿物主张、取得或行使权利。否则，对于任何这种权利的主张、取得或行使，应不予承认。”由是国际海底区域内的矿物资源是全人类共有的，其利用应为“全人类的利益”为目的。

（二）国际海底区域的“共管”：国际海底管理局

为避免“公地悲剧”的发生，对国际海底区域的探勘开发行为必须予以管理。从共有物的概念起源来看，其本身就包含了“共同开发、共同管理”之义。与其他领域的国际条约的缔结由主权国家所主导不同，国际海底区域的相关条款、规定的成形，在其中发挥重要作用的不是各主权国家国的政府，而是国际非政府组织、矿物勘探公司等，“谁行动谁就有发言权”，国际非政府组织代表着人类的环境、发展等利益，矿物勘探公司是真正的国际海底区域勘探开发的行为者，也是海底勘探规章的直接规制对象，所以这些主体在国际海底区域的勘探管理规章的制定中发挥着重要作用。全人类作为国际海底区域资源的主体，无法直接参与人类活动的规制，因此成立一个代表机构十分重要。根据《公约》第 137 条和第 140 条的规定，“区域”内的活动应为全人类的利益的进行，对“区域”内资源权利由管理局代表全人类行使。每一个缔约国都是管理局的成员，共同管理并联合使用国际海底资源。

和平利用也是“共管”的应有之义。《公约》第 141 条规定，区域专为和平目的利用。和平是人类在国际海底区域活动的基础，只有在和平的基础上才能使区域的开发活动最大限度地惠及全人类。

（三）国际海底区域的“共享”：“惠益分享”制度

虽然由于地理条件、资金能力和技术水平的差异，进入国际海底区域进行资源开发活动的国家和公司有先后、强弱之分，但是国际海底区域资源的利益应当不分国籍、不分代际地为全人类所共享，这也是“共有”所必然的导向。

根据《公约》第 140 条的规定，管理局应该在无歧视的基础上公平分配从“区域”内活动取得的财政及其他经济利益；第 144 条规定，管理局和各缔约国应进行合作，促进区域内活动的技术和科学知识的转让，使企业部和缔约国都能从中得到利益。为了促进公平，还应当促进发展中国家有效参与区域内的活动，并适当顾及其特殊利益和需要，尤其是其中的内陆国和地理不利国在克服因不利位置而产生的障碍方面的特殊需要。

同时，除了促进国际海底区域活动利益的当代分享外，《公约》还规定了“保留区”制度，来促进海底区域资源利益的代际共享。根据《公约》附件三第8条规定，除企业部外，任何国家或实体任何国家或实体向国际海底管理局提出勘探申请（就保留区提出的申请除外）时，需提出两块具有同等估计商业价值的矿区，国际海底管理局指定其中一块矿区作为国际海底管理局的保留区，企业部对保留区的勘探开发拥有优先权；另一块矿区则作为合同区，分配给申请者，由申请者与国际海底管理局签订合同后自行开发。[40] 保留区由管理局代表全人类的利益进行开发和管理。

四、人类共同继承遗产理念的发展：一般法律原则的证成

法律原则在法律体系中具有重要的地位，而一般法律原则甚至被认为是国际法的渊源之一。一般法律原则可以从众多实证法规则中提炼出来，也可以来源于整个法律体系的价值取向。法律原则体现着法律的价值，可以转化为具体的法律规则，是动态的发展过程。人类共同继承遗产理念已被写入《联合国海洋法公约》《月球协定》等国际公约，一些国家也在自己的国内法中作出相关规定。此外，人类的主体性地位和对公平、可持续发展等价值的追求，也决定了人类共同继承遗产理念是全球公域治理中的必然选择。因此，人类共同继承遗产应成为全球公域治理的基本原则。

（一）法律体系的同心圆结构

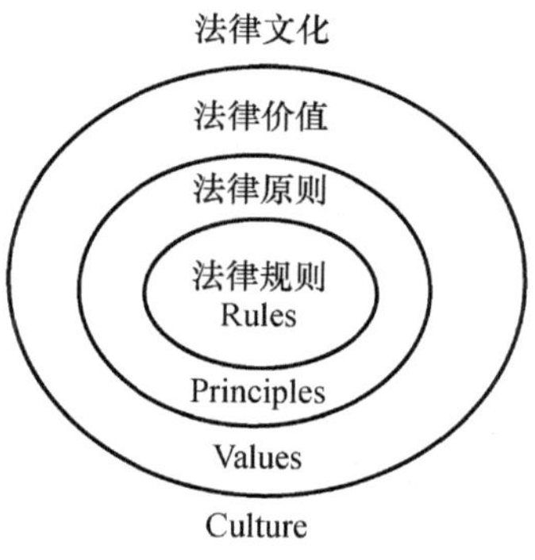

在国内法的语境下，各国的法律体系有着一个同心圆结构：由国家权力机关所制定的法律规则代表国家的最高权力，是公民的最高行为规范，也是一国法律体系中最为坚实的内核；在这层最坚实的内核外，是指导规则的制定、体现法律原理的法律原则；在法律原则之外，是法律主体的价值追求；而在最外面的，对法律价值的形成起着重要作用的是一国的法律文化。法律文化是一个宽阔的、开放性的概念，一国的历史传统、政治体制等因素都会对法律文化的形成和发展产生作用，因此最外面的法律文化是没有边界限制的。最内核的法律规则由国家的权力机关所制定，是“权力”的体现，而外层的法律价值和法律文化体现的是作为法律主体的“权利”，权利和权力的互动就体现在法律原则中。

而在国际法体系中，即使缺乏同质性的文化传统和最高的权力机关，法律规则、法律原则和法律价值的同心圆仍是存在的。国际条约作为缔约国合意的集合，是缔约国国家权力的体现，其中规定的条款是国家间交往的重要根据。即使缺乏像国内法那样同质的法律传统和法律文化，但是在国际社会中，至少存在最低限度的对法律价值的共同追

〔40〕参见张丹：《关于国际海底区域法律制度的研究——以保留区及平行开发制为中心》，《太平洋学报》2014年第3期。

求，如和平与安全等。这样就使得在一定限度内国际法同心圆是存在的。

（二）作为一般法律原则的“人类共同继承遗产”

在法律体系的同心圆中，法律规则、法律原则、法律价值之间存在着一定的互动关系。法律原则的发展会导致法律规则的确立，换言之，不同法律规则的共同规定体现了一定的法律原则；而法律价值的取向会决定形成什么样的法律原则。人类共同继承遗产作为全球公域治理的一般法律原则可以从这两个方面进行证成。

国际条约作为国家合意的集合，具有当然的国际法渊源地位。总结海底、外空等全球公域的国际条约的规定对于人类共同继承遗产原则的证成具有举足轻重的地位。多项国际条约对人类共同继承遗产原则都有所规定。《联合国海洋法公约》第 136 条明确规定“‘区域’及其资源是人类的共同继承财产”，并且还建立了相应的配套机制来贯彻人类共同继承遗产理念，如建立国际海底管理局代表全人类的利益对国际海底区域的活动进行管理和利益分配。《月球协定》第 4 条第 1 款规定：“月球的探索和利用应是全体人类的事情并应为一切国家谋福利，不问它们的经济或科学发展程度如何。应依照联合国宪章规定，充分注意今世与后代人类的利益、以及提高生活水平与促进经济和社会进步和发展的需要。”而南极地区则是一个特殊的全球公域，因为有部分国家对南极提出了领土主张，所以其作为一个完全的全球公域还是存疑的。但是，《南极条约》的有关规定也体现了人类共同继承遗产的理念，如南极应仅用于和平目的，鼓励缔约国间以及和国际组织的科考合作等。

《国际法院规约》第 38 条将“一般法律原则为文明各国所承认者”视为国际法的渊源之一，这里的“文明各国”之规定一直饱受诟病，但是将各国承认视为一般法律原则的要件之一似乎并无多大争议。人类共同继承遗产理念虽然涉及的是国家管辖范围外的全球公域资源，但是由于参与全球公域资源开发活动的多为各国的公司等私人主体，所以为了保存全球公域内的资源和实现可持续发展，各国在国内法中也会对人类共同继承遗产理念作出一些规定。例如，我国《深海海底区域资源勘探开发法》第 1 条就规定：“为了……维护人类共同利益，制定本法。”

由于文化的异质性，各国对正义内涵的理解存在差异，在某些议题上难以达成合意，但是人类的终级主体性地位决定了国际法的价值追求。和平作为国际法的核心和基本价值，人类对全球公域资源的利用应基于和平目的；而人类的平等地位也要求全球公域资源利益应该不分国籍、不分代际地由全人类共享。

五、结　语

地球之大，国家管辖范围仅占了很小的一部分，而国家管辖范围以外的区域是全球公域。在海洋领域，国家的权利向海洋方向延伸出现了反向增长的现象，国家对其内水和领海享有完全的主权，而公海和国家管辖范围以外的海床和洋底及其底土（区域）则是人类的共有区域；在外空领域，垂直于地面向外延伸，国家的权利也呈现出类似的减弱，国家对其领空享有完全主权，大气空间和外空则是人类的共有区域。这种所有权属由私到公的逐渐变化和主权国家的平等竞争地位导致了“公地悲剧”的产生，也使全球公域的治理变得矛盾重重。“人类共同继承遗产”原则不仅包含有全球公域为人类“共有”之义，保证公域的进入和利用对所有主体开放，还从可持续发展和公平的角度出发，实行人类活动的“共管”和资源开发的“共享”。作为“海洋大宪章”的《联合国海洋法公约》规定，“区域及其资源是人类共同继承遗产”，并且建立了国际海底管理局代表全人类监管国际海底区域的矿物资源的探矿、勘探和开发活动，实行“惠益分享”是“人类共同继承遗产”原则的第一次实践，为外空等其他全球公域的治理提供了重要的实践基础。全球公域是人类继续发展和生存的重要空间，关乎着人类的共同命运，其治理应具备统一的伦理和法律基础，“人类共同继承遗产”原则在国际海底区域的有效实践表明，“共有、共管、共享”是国际社会的最佳选择。《联合国海洋法公约》和《月球协定》等国际条约中也有相类似的表述，人类的主体性地位和对公平价值的追求也证成了“人类共同继承遗产”应发展成为全球公域治理的基本原则。

南海争端背景下印度尼西亚对华政策的变化及成因

■ 罗婷婷[*] 毕文璐[**]

【内容摘要】印度尼西亚在南海争端中虽以“调停者”自居，但实际上只是一个无法置身事外的温和“争端方”。近年来，印度尼西亚自我定位角色和实际角色的冲突集中体现为对华政策的强硬化。这种变化是印度尼西亚内部战略考虑和外部环境因素共同作用的结果，并使得南海各方力量的博弈结构更加复杂，中国的南海维权形势更加严峻。中国应该重视这种变化，通过运筹印度尼西亚对南海争端的特殊角色来“撬动”其东盟领导者的角色发挥，并借助南海周边安全关系的强化来推动南海争端的解决。

【关键词】南海争端　印度尼西亚　角色冲突　强硬化

在南海争端中，没有岛礁主权声索的印度尼西亚一直以“调停者”自居。但是在笔者看来，印度尼西亚虽非南海岛礁主权的争端方，却在南海有着重要的国家利益。印度尼西亚在南海的安全、航道、资源利益及其海域权利的主权声索导致它不可能是纯粹意义上的“调停者”，最多只能是温和的“争端方”。近年来，随着南海地区形势复杂化和印度尼西亚自身国力的增长，印度尼西亚自我角色定位和实际角色之间的冲突越来越明显。而由于与越南和马来西亚的划界问题已经得到解决，目前仅与中国存在管辖海域的重叠，这种冲突集中体现在了对华政策的变化上。在固有的角色冲突之下，印度尼西亚对华政策的这种变化是内外因素共同作用的产物，不但进一步影响了南海问题的博弈结构，还使中国在南海维权所面临的形势更加复杂严峻。以印度尼西亚南海争端中的角色冲突为切入点，探究南海争端背景下其对华政策的变化及成因，有助于我们妥善处理与印度尼西亚之间的南海争端，维护南海权益，共同打造良好的中印关系。

一、南海争端中印度尼西亚自我角色定位与实际角色的冲突

一个国家在国际社会中身份的界定，既是其制定对外战略的基本出发点，也是理解和分析其行为逻辑的参照系。[1]对于东盟最大的国家印度尼西亚而言，冷战以后，印度尼西亚南海外交政策的一个重要表现就是，在南海争端中扮演“调停者”的角色。

（一）印度尼西亚在南海争端中的自我角色定位——“调停者”

对于南海争端，印度尼西亚很早就表明了其恪守中立的态度。早在1990年，印度尼西亚就开始通过主办“处理南海潜在冲突研讨会”扮演中立“调停者”的角色。在第二届“处理南海潜在冲突研讨会”上，印度尼西亚外长阿拉塔斯将这一立场予以清晰

* 国家海洋信息中心副研究员。

** 国家海洋信息中心助理研究员。

〔1〕 鲁鹏：《在理想与现实之间——从澳大利亚外交战略看澳大利亚南海政策》，《亚太安全与海洋研究》2015年第2期，第13页。

表达："印度尼西亚在谋求南中国海可接受的合作方式所作出的努力是基于它的中立立场，不想判定争端谁是谁非。在这一点上，印度尼西亚作为'诚实掮客'的作用可望促进将来这一地区的合作。"[2] 迄今为止，该研讨会已经举办了二十余届。虽然该研讨会是非正式的"第二轨道"，但对印度尼西亚而言确实是一个有效的外交工具，体现了对东盟规则的继承及维护，且直接影响到了东盟"第二轨道"和东盟地区论坛（ARF）的运行。[3] 印度尼西亚也一直尝试着从"二轨"走向"一轨"，更多地参与到对中国、菲律宾、越南等国的南海争端"调停"中。

苏西洛政府时期，印度尼西亚始终坚持以"非南海争端声索国"的身份游走于南海各国之间。在2010年7月8日向联合国提交的照会中，印度尼西亚再次明确了其"调停者"的立场："印度尼西亚并不是南海主权争端的声索国。正因如此，印度尼西亚积极公正地促成声索国间建立信任措施，并自1990年起通过举办一系列南海地区研讨会来营造和平气氛。这些努力最终为2002年《南海各方行为宣言》的形成铺平了道路。"[4] 2012年7月，东盟外长会议结束后，为了弥合东盟内部在南海问题上的分歧；按照苏西洛的指示，扮演调停者角色的印度尼西亚外长马蒂启程，先后与菲律宾、越南、马来西亚、新加坡和柬埔寨五国外长举行会谈，向他们转达印度尼西亚提出的东盟关于南海争端的6项基本原则性共识，挽救了东盟"分裂"的危机。[5]

现任总统佐科基本上延续了之前印度尼西亚在南海外交上的立场，在2015年访日期间他明确表示："印度尼西亚并非南海声索国，不会站在争端的任何一方一边。如有必要，印度尼西亚愿成为良好的调停者"[6]。而目前，鉴于南海问题早已经超越了区域性主权争端的范畴，上升为国际政治、经济、军事、外交关系链上的重要一环，印度尼西亚在该问题上能够继续充当"调停者"的角色，必然有助于其国际影响力的提升。

（二）印度尼西亚在南海争端中的实际角色——温和的"争端方"

虽然以"调停者"自居是印度尼西亚在南海争端中的长期定位，但笔者认为，在南海争端中，印度尼西亚并不是也不可能是一个纯粹的"调停者"。因为根据1899年和1907年各海牙公约对斡旋和调停作出的详细规定，斡旋和调停，是指争端当事方不能通过谈判或协商解决争端时，第三方（不论某个人还是某些人，某个国家还是某些国家或者某个国际组织）来促使争端当事方来解决问题。相对于斡旋，调停者有着更加积极和

[2] ［印度尼西亚］里扎尔·苏克马：《印度尼西亚与南中国海：利益与政策》，《南海资料译丛》1993年第4期，第50页。

[3] 李峰、郑先武：《区域大国与区域秩序建构——东南亚区域主义进程中的印度尼西亚大国角色分析》，《当代亚太》2015年第3期，第81页。

[4] http://www.un.org/Depts/los/clcs_new/submissions_files/mysvnm33_09/idn_2010re_mys_vnm_e.pdf.

[5] http://news.cri.cn/gb/27824/2012/07/20/3365s3777477.htm.

[6] http://jakartaglobe.id/news/jokowi-clarifies-indonesia-still-neutral-s-china-sea-dispute/.

重要的作用。[7]可见，调停者必须是争端方之外的第三方。而印度尼西亚自始至终都不可能是一个可以置身南海争端之外的第三方。因为其虽未就南海岛礁提出主权要求，但却在南海有着重要的利益诉求，这导致它必然成为南海争端不可或缺的参与者；只是由于印度尼西亚自身所涉及的南海争端烈度低，且对于南海地区冲突爆发的可接受性低，导致其在各争端方中最为“温和”。这种角色背后的原因集中在以下三个方面：

首先，印度尼西亚在南海有着重要的国家利益。众所周知，国家对外政策的出发点是国家利益。在国家的对外政策行为中，确保自身的安全、经济繁荣和独立自主始终是第一位的。印度尼西亚对于南海问题的关注和重视与其在南海的重要利益是分不开的，主要表现为安全、航道和资源利益。安全方面，随着亚太地区经济的发展，南海地区在政治、军事安全方面具有了更多的战略价值，成为海权和陆权对抗的前沿。南海是印度尼西亚与亚洲国家交往的重要通道，是其北面国防线的重要缓冲区，南海地缘政治与印度尼西亚的国防安全具有紧密的关联。除传统安全之外，南海的非传统安全问题（尤其是海上恐怖主义、海盗和有组织犯罪问题）也是印度尼西亚关注的重点。航道方面，南海是印度洋与太平洋之间的海上交通枢纽，占有相当重要的战略位置。印度尼西亚有七个以上港口经由南海的航道支线与日本、韩国、中国台湾和香港以及美国的港口相连。印度尼西亚与上述国家和地区的进出口基本都要经过南海航道，出口货物大多发自苏门答腊的海港，印度尼西亚的国家收入也严重依赖于其石油、石油产品和天然气对日本、美国、中国台湾和韩国的出口。[8]资源方面，南海是印度尼西亚开发利用渔业和油气资源的重要场所。南海海域的纳土纳气田，位于纳土纳岛东北 225 千米，估计储量 $1.3 \times 1012m^3$。[9]为了应对国内日益增长的天然气需求，印度尼西亚政府设立了到 2020 年在东纳土纳海域区块每天开采 10 亿立方英尺天然气的发展目标。[10]南海具有丰富的渔业资源，占据了印度尼西亚海上渔业捕捞总产量的重要部分。[11]尤其是纳土纳渔场地处赤道附近，盛产各种经济鱼类，海面风平浪静，常年没有台风等自然灾害，渔场水深、底质、海况等适合围、拖、刺网、钓捕作业。[12]

其次，印度尼西亚在南海有着明确的权利声索。在南海周边的东南亚国家中，印度尼西亚是唯一未对南沙岛礁提出主权要求的国家，但根据印度尼西亚的专属经济区和大陆架的立法，其在南海与中国、越南、马来西亚存在海域划界争端。在 1969 年

---

〔7〕［英］马尔科姆·N. 肖：《国际法》（第 6 版·下），白桂梅等译，北京大学出版社 2011 年版，第 801—802 页。

〔8〕［印度尼西亚］里扎尔·苏克马：《印度尼西亚与南中国海：利益与政策》，《南海资料译丛》1993 年第 4 期，第 48 页。

〔9〕童晓光、杨福忠：《印度尼西亚油气资源及中国石油合作区块现状》，《中国石油勘探》2005 年第 2 期，第 60 页。

〔10〕https：//en. antaranews. com/news/83168/natuna- block-to-produce-1000-mmscfd-of-gas-in-2020.

〔11〕郭文路、黄硕琳：《南海争端与南海渔业资源区域合作管理研究》，海洋出版社 2007 年版，第 94 页。

〔12〕吴瑞荣：《印度尼西亚远洋渔业状况》，载《中国渔业经济》2003 年第 1 期，第 51 页。

和2003年，印度尼西亚分别与马来西亚和越南分别签订了划界协议，解决了与这两个国家的大陆架划界争端。[13]目前，印度尼西亚纳土纳海域的专属经济区和大陆架范围与中国南海“断续国界线”内的水域还存在交叉。纳土纳群岛距曾母暗沙约400千米，与曾母暗沙纬度略同，距中国大陆陆地约1900千米。纳土纳群岛及周边海域石油及渔业资源丰富，有重要的国际航道经过，经济和战略价值重大。为此，印度尼西亚多次向中国表达了对南海“断续国界线”的关切和质疑。可见，虽然印度尼西亚声称自己不涉及南海岛礁主权，但实际已逐渐承认印度尼西亚的部分利益可能和中国产生冲突。

最后，印度尼西亚积极致力于使本国南海权益免受战争威胁。与其他东南亚的南海周边国家不同的是，南海印度尼西亚虽然与周边国家存在领土主权和管辖权的纠纷，但并没有岛礁主权冲突，也没有尖锐到影响印度尼西亚国家安全的程度。[14]南海是印度尼西亚重要的贸易和航运通道，南海地区若爆发冲突，将对印度尼西亚产生严重影响。因此，印度尼西亚致力于和平解决争端，是它履行保护本国利益免受可能发生的战争威胁的义务合乎逻辑的结果。[15]纳土纳海域涉及中国、越南、菲律宾、马来西亚、印度尼西亚和文莱六个国家。若南海局势没有得到有效的控制而引发战争，将会威胁到印度尼西亚“紧急的战略利益”。[16]可见，作为南海问题中温和的“争端方”，避免南海地区冲突影响到自身主权权利是印度尼西亚在南海争端中的基本定位。

需要说明的是，在国家利益诉求和主权声索的主导下，近年来受到南海地区形势、国际安全环境、国家发展战略调整等因素影响，印度尼西亚在南海争端中的自我角色定位和实际角色之间的矛盾日益突出。而鉴于目前中国与印度尼西亚的南海的划界争端尚未解决，这一冲突集中体现在其对华政策的调整上。

二、角色冲突下印度尼西亚南海对华政策的强硬化

随着南海地区形势的变化，印度尼西亚对于自身南海权益的维护产生了焦虑，由此引发了一系列新的举措，尤其是近年来印度尼西亚在南海问题上对华政策的变化，更加彰显了其“争端方”的色彩。

（一）对华争端交涉由双边低调转向公开高调

印度尼西亚曾多次就纳土纳的主权问题与中国进行交涉，多是采取单方面照会中国或非正式场合交涉的方式，但以2009年向联合国大陆架界限委员会表达官方立场为节点，印度尼西亚开始刻意地将其与中国在南海的分歧公开化、国际化，并试图引起国际

〔13〕 常书：《印度尼西亚南海政策的演变》载《国际资料信息》2011年第10期，第25页。
〔14〕 冯梁主编：《亚太主要国家海洋安全战略研究》，世界知识产权出版社2012年版，第197页。
〔15〕 ［印度尼西亚］里扎尔·苏克马：《印度尼西亚与南中国海：利益与政策》，《南海资料译丛》1993年第4期，第49页。
〔16〕 王光厚、田立加：《印度尼西亚南海政策论析》，《社会主义研究》2017年第4期，第150页。

社会的关注。[17]

2009 年 5 月 6 日，马来西亚和越南联合向大陆架界限委员会提交了 200 海里外大陆架划界案，次日中国向联合国提交照会，表示："中国对南海诸岛及其附件海域拥有无可争辩的主权，并对相关海域及其海床和底土享有主权权利和管辖权"，照会后附带了一张绘有南海"断续国界线"的附图。[18] 对此，印度尼西亚于 2009 年和 2010 年两次向联合国大陆架界限委员会表达立场，并提交照会针对中国南海"断续国界线"及线内水域的法律地位均提出质疑。照会中印度尼西亚指出："这些分隔断续线的法律依据、绘制方法以及位置都缺乏明确的解释"，"南海中那些距离遥远且面积小的地形不能拥有自己的专属经济区和大陆架。将不能维持人类居住的、远离大陆或在公海中间的岩石、暗礁和环礁作为主张海域的基点，违背了《联合国海洋法公约》（以下简称《公约》）最基本的原则并侵犯了国际社会的正当利益"，并认为中国照会中的附图"明显缺乏法律依据，等于颠覆了 1982 年《公约》"[19]。在 2009 年、2010 年和 2013 年印度尼西亚外长马蒂向国际媒体《金融时报》公然表示印度尼西亚对新版中国护照的立场，"印度尼西亚在中国启用新版护照的几周之后曾提出抗议，向中国驻雅加达大使馆递交了外交照会。我们当时指出，使用这个护照不应被推断为承认那种领土主权要求"[20]。2014 年，印度尼西亚外长马蒂两次公开发话质疑中国"南海断续国界线"，此后，在东盟峰会等外交场合，印度尼西亚总统、外长等多位领导人均多次指出中国的"南海断续国界线"与《公约》规定不符，侵犯了印度尼西亚的权利。

（二）对华维权宣示由温和谨慎转向明确强硬

除了领导人的频繁表态外，近年来印度尼西亚还通过大规模军演、追加预算扩建纳土纳群岛军事设施、增派驻军、加大资源开采和护渔力度、将南海西南部海域更名为"北纳土纳海"等措施高调宣扬其对于纳土纳海域的主权权利，对华态度强硬。

中国渔民在纳土纳海域的捕鱼活动在长时间内并未得到印度尼西亚政府的强制驱离，双方甚至形成了一定程度的默契。然而，印度尼西亚新任总统佐科对南海问题采取"休克疗法"，高调扣留甚至击沉在纳土纳群岛附近作业的外国渔船，并于 2015 年单方面废止与中国签署的渔业协议。2016 年 6 月，佐科率团到纳土纳群岛视察，而此前被印度尼西亚扣押的中国渔船也在该军事基地内，印度尼西亚政治、法律和安全部长称，此举旨在向中国发出强烈信号："我们在保护主权上是认真的，想在纳土纳再次强调印度

---

〔17〕 张会叶、韦健锋：《近年来印度尼西亚南海政策的新变化及影响》，《东南亚南亚研究》2016 年第 2 期，第 1 页。

〔18〕 http：//www. un. org/Depts/los/clcs_ new/submissions_ files/mysvnm33_ 09/chn_ 2011_ re_ phl. pdf.

〔19〕 http：//www. un. org/Depts/los/clcs_ new/submissions_ files/mysvnm33_ 09/idn_ 2010re_ mys_ vnm_ e. pdf.

〔20〕 http：//www. crntt. com/doc/1024/8/7/7/102487713. html.

尼西亚的立场，不承认中国的‘九段线’和传统捕鱼区的主张。”[21]

2017 年 7 月 14 日，印度尼西亚政府通过发布 2017 年“印度尼西亚共和国地图”的方式，单方面将南海西南部有关海域更名为“北纳土纳海”。印度尼西亚的此次更名意在宣示中国的南海断续线内相关水域属于其“专属经济区”。印度尼西亚还拟将新的海域名称提交国际海道测量组织注册，以使其更名行为合法化。[22]此举与 2011 年菲律宾将南海部分海域更名为“西菲律宾海”有异曲同工之处。虽然一国单方面的更名行为并不能产生国际法上的权利，但含有本国地理特征的命名却能制造命名区域与命名国有紧密联系的印象，形成一定的国际影响力。

（三）对域外国家制衡中国由有限引入转向积极欢迎

之前，印度尼西亚倾向于在南海区域和东盟内部解决南海争端，不太赞成区域外大国介入南海地区争端。这和我国的立场比较一致。1992 年召开的第 3 届南海潜在冲突研讨会，印度尼西亚虽向美国、日本提出了邀请，但主要是为了吸引他们参与到南海共同开发议程而非争端解决事宜，唯恐中国作为地区强国独占南海资源利益。

但是近年来，印度尼西亚却有将南海问题国际化、推行大国平衡外交制衡中国的倾向。

这种转变的原因在于——一开始印度尼西亚并不希望域外国家过多地插手南海争端，以免冲淡印度尼西亚的领导作用，故对域外势力的欢迎主要限于邀请其共同开发南海资源。但是经过多年实践后，由于印度尼西亚并未从实质上提升调解能力，加之主观上对中国崛起的疑惧及客观上域外势力的主动介入，印度尼西亚逐渐认识到只有积极引入外部势力介入南海问题，才能实现南海局势的“动态平衡”。在印度尼西亚看来，“没人能够保证，未来的一个经济、军事实力更强大的中国还会维持现状”[23]，获得大国势力的支持也更有助于印度尼西亚与中国争夺南海重叠海域的权益。[24]因此，印度尼西亚开始引入美国、日本、印度等域外大国加入南海问题的地区论坛，企图通过大国的参与，在中国与其他域外大国之间寻找平衡。

2014 年 2 月，印度尼西亚邀请美国国务卿克里访问印度尼西亚，并和印度尼西亚外长马蒂讨论南海问题的紧张局势。[25]2015 年，佐科总统访日期间接受日本《读卖新闻》专访表示：“我们支持‘南海行为准则’，并支持中国与日本、东盟之间的对话。”可见，印度尼西亚开始积极欢迎美、日等域外势力加入南海地区论坛，在印度尼西亚政府

〔21〕 http：//mil. sohu. com/20160624/n456006181. shtml.

〔22〕 http：//news. 163. com/17/0721/14/CPSG8QC400014AED. html.

〔23〕［印度尼西亚］里查·苏库玛：《印度尼西亚与中国：复交后两国政治关系》，《南洋资料译丛》2010 年第 3 期，第 29 页。

〔24〕 张会叶、韦健锋：《近年来印度尼西亚南海政策的新变化及影响》，《东南亚南亚研究》2016 年第 2 期，第 3、5 页。

〔25〕 http：//thediplomat. com/2014/07/Indonesia-a-bigger- role-in-the-south-china-sea/.

看来，有外国的参与才可能维持论坛的平衡，避免任何单一国家（中国）主导。[26]

（四）对域内国家牵制中国由共同参与转向制度主导

对于南海争议，中国与东盟有关国家都意识到，在相当长的一段时间内难以得到彻底解决。但是，各国都有维持该地区和平稳定的共同愿望，以便能集中精力发展经济。[27]因此，为维护南海地区的和平稳定，各国致力于发布一些涉及制度安排的共同宣言，如 1995 年《东盟南海宣言》和 2002 年《南海各方行为宣言》等。这种宣言达成的主要目的，是将中国约束起来，促使中国在南海地区扮演一个负责任的角色。在上述宣言的达成过程中，印度尼西亚和菲律宾、马来西亚等东盟国家一道，积极参与制度的安排和设计。

2009 年以来，随着南海形势的发展，东南亚各国纷纷加强了对华制衡措施，各国对华实施制衡战略主要表现为三种方式：军事制衡、安全合作和制度制衡。相较于前两者，制度制衡并不依赖于军事和经济实力的运用，而是需要社会化的关系网络来提供价值理念和制度设计，这就可以很大程度上避免与中国的直接对抗。作为东盟最大的国家，多边外交偏好、强烈的领导权诉求使得印度尼西亚选择主导制度制衡来干预南海事务，并反过来借助制度制衡来巩固自身在东盟政治和安全事务中的领导地位。[28]

印度尼西亚在这方面的突出表现为主导约束中国南海行为的“南海各方行为准则”的达成。除了在东盟的制度框架内推动各方形成一致立场约束中国的南海权益外，2012 年印度尼西亚还主动提出了内容十分不利于中国的《南海区域性行为准则零号方案》。该方案从四个方面对中国的权利声索和维权行动进行了限制：第一，强调国际条约，弱化国际惯例，不利于中国主张“南海断续线”内的历史性权利；第二，要求避免在南海开展岛礁建设和军事行动，以限制中国的南海维权活动；第三，鼓励其他的国家尊重“南海地区行为准则”，从客观上鼓励了域外大国对南海事务的干涉；第四，将国际仲裁纳入南海争端解决机制，与中国通过“双轨思路”解决争端的立场相抵触。[29]

三、印度尼西亚对华政策强硬化的内外动因及战略考虑

在国际关系中，不同国家不同的外交政策往往是不同的外部环境和内部环境所致。影响国家对外政策的外部环境，包括地理因素、国际互动因素以及国际体系因素等，而

---

〔26〕 孙国祥：《马来西亚、印度尼西亚、文莱的南海政策作为》，载刘复国、吴士存主编：《2013 年度南海地区形势评估报告》，台湾政治大学安全研究中心，2013 年，第 113 页。

〔27〕 李金明：《南海波涛——东南亚国家与南海问题》，江西高校出版社 2005 年版，第 126 页。

〔28〕 李大陆：《南海争端那种越、马、印度尼西亚三国对华制衡战略的差异性分析》，《当代亚太》2017 年第 2 期，第 38—39、62 页。

〔29〕 罗国强：《东盟及其成员国关于〈南海行为准则〉之议案评析》，《世界经济与政治》2014 年第 7 期，第 96—99 页。

影响国家对外政策的内部因素，通常包括经济现状、军事能力以及国内政治的影响。[30]除此之外，意识形态、国内形势和领导人的外交理念也共同影响了印度尼西亚的南海政策和对华态度。[31]印度尼西亚在南海争端中对华政策的强硬化是其内部战略考虑和外部环境因素共同作用的结果。

（一）内部战略考虑

1. 印度尼西亚“区域大国”向“全球大国”外交战略提升的必然结果

2004年苏西洛担任印度尼西亚总统后，印度尼西亚经济持续增长，社会与政治总体稳定。在这种背景下，印度尼西亚不失时机地提出了“自信”外交。[32]苏西洛政府根据区域、区域之间和全球体系的层级差别，确定了“东盟”“东盟+”“全球多边”的“三环”外交，并为印度尼西亚确立了“2015—2019”年提升地区领导者角色的外交目标，以期重新确立东南亚大国的地位。[33]

新任总统佐科上台以后，出于平衡、弥补印度尼西亚的区域大国和中等强国身份承诺与有限实力之间的差距、发展国家软实力等现实需求，使得印度尼西亚基本延续了之前的外交战略。[34]佐科提出了“海洋强国战略”，其外交身份的自我认知中包含了区域大国、中等强国和海洋强国（群岛国家）三种身份。[35]海洋强国作为一项战略被重新强调并体现在印度尼西亚一系列的外交实践中，这其中就包括对于南海事务的态度调整。2016年6月23日，印度尼西亚总统发言人的表态较为清晰地展示了印度尼西亚的立场“总统想把印度尼西亚变成全球海洋的轴心，纳土纳地区的海洋开发可以给当地人民带来福祉”，“我们要展示印度尼西亚是个大国，我们必须具体展示出来。”[36]可见，印度尼西亚外交战略和海洋战略的提升，促使其在南海外交及对华态度上采取了更为主动和强硬的姿态。

2. 南海局势复杂化引发印度尼西亚对自身国防安全的焦虑

国家安全政策是以维护国家的领土完整和政治独立为核心。基辛格说过：“对外政策必须以安全为出发点。”一个国家的外交政策主要关注的是国际和平及稳定，以为自身创造出一个最适宜的国际环境。[37]印度尼西亚海上安全政策覆盖了本土外岛、马六

---

〔30〕李少军：《国际政治学概论》，上海人民出版社2014年版，第239—240页。

〔31〕Aarona Connelly, “Sovereignty and the Sea: President Joko Widdo’s Foreign Policy Challenges”, *Contemporary Southeast Asia*, Vol. 37, No. 1, 2015, pp. 1-8.

〔32〕姜志达：《印度尼西亚苏西洛政府的“自信”外交》，《国际问题研究》2012年第6期，第118页。

〔33〕李峰、郑先武：《历史承继、战略互构与南海政策——印度尼西亚佐科政府海洋强国战略探析》，《太平洋学报》2016年第1期，第65页。

〔34〕吴崇伯：《挑战与希望并存：印度尼西亚新政府的内外政策走向》，《当代世界》2014年第10期，第50—52页。

〔35〕李峰、郑先武：《历史承继、战略互构与南海政策——印度尼西亚佐科政府海洋强国战略探析》，《太平洋学报》2016年第1期，第65页。

〔36〕http://mil.sohu.com/20160624/n456006181.shtml.

〔37〕李少军：《国际政治学概论》，上海人民出版社2014年版，第238页。

甲海峡及更大范围的“泛南海地区”，寻求海上安全是印度尼西亚南海政策的首要目标。[38]

近年来，南海地缘政治形势发生了重大变化。中国的南海行动更加积极进取，美国及同盟国全面介入南海事务，南海其他主权声索国与域外大国联动制华倾向明显。南海争端由以岛礁主权归属和海域纠纷为核心的地区性领土争端，向着以中美两个区域内外大国博弈为主线的多维度争端方向转变。尤其是 2015 年以来，中国南海岛礁建设和菲律宾所提“南海仲裁案”引起了广泛的国际关注，南海局势一度变得紧张。海洋争端尤其是南海局势的紧张，是影响印度尼西亚外交战略出现新变化的重要因素。[39] 在印度尼西亚看来，如果南海冲突继续升温且找不到解决方案，则最终可能引发公开的军事冲突，给区域造成不利影响，也必将冲击印度尼西亚的国防安全。印度尼西亚迟早会自觉或不自觉地卷入与中国的纠纷中。此外，这其中还关系到两个与国防相关的层面：领土与自然资源。[40] 因此，受到外交理念、国家战略、对地区安全角势判断等因素的影响，印度尼西亚积极发展与美国等域外大国的安全合作，以维护“动态平衡”，并力图在重新调整印度尼西亚地区领导力的基础上，通过制度和规范构建来减轻地区安全不确定所带来的冲击。[41]

3. 近年来军方的强硬立场与印度尼西亚新海洋战略高度契合

长期以来，印度尼西亚的外交部门和军方在处理与中国的南海争端问题上表现出截然相反的态度。外交部门倾向于以接纳和外交接触的方式与中国交涉，而军方则认为应切断和终止与中国的外交联系。印度尼西亚前任总统苏西诺时期，出于对外交政策的新认知，印度尼西亚竭力增强其作为南海稳定者和和平构建者的角色作用。[42] 因此，印度尼西亚在南海争端中争议方的强硬姿态并不明显。自 2014 年佐科执政以来，印度尼西亚的国家发展重心逐步由陆地转向海洋，维护印度尼西亚的海洋安全和权益是新提出的“海洋强国”战略的重要组成部分。[43] 佐科宣扬的“呼吁全民把握历史机遇，共同将印度尼西亚重建成海洋大国”战略目标，使得印度尼西亚军方强硬捍卫主权的立场有了展示的空间，军方的立场也获得了越来越多的民众支持和国内认同。

近年来，军方强硬的对华态度呈现出明显升级的趋势。自 2014 年起，军方开始指向鲜明地加强在纳土纳周边的军事存在。印度尼西亚国防军司令穆尔多科表示，由于纳

---

〔38〕 曹云华、鞠海龙主编：《南海地区形势报告（2012—2013）》，时事出版社 2013 年版，第 217 页。

〔39〕 刘艳峰、邢瑞利：《印度尼西亚外交战略演进及南海利益诉求》，《南洋问题研究》2016 年第 2 期，第 61 页。

〔40〕 [印度尼西亚] 尔敏 · 苏哈尔那：《南海冲突和解决方案及其对印度尼西亚国防安全之影响》，《南海资料译丛》2015 年第 1 期，第 6 页。

〔41〕 李益波：《奥巴马政府时期美国与印度尼西亚的军事安全合作》，《美国研究》2016 年第 1 期，第 80 页。

〔42〕 [印度尼西亚] 德里 · 阿普瑞安塔：《印度尼西亚在南海争端中的反应：苏哈托与后苏哈托时代的比较分析》，《南洋资料译丛》2015 年第 4 期，第 19、23 页。

〔43〕 http：//www. thejakartapost. com/news/2014/11/14/presenting-maritime- doctrine. html.

土纳群岛是战略要地，因此增加印度尼西亚海陆空力量的计划必须考虑到南海的任何动荡局面，增加的军事力量将为印度尼西亚和印度尼西亚国民军提供早期预警。[44]2015 年 1 月，穆尔多科进一步指出，印度尼西亚正在扩大空军在南海的军事存在，以此发出新任总统佐科和军方高级将领决心抗衡中国、维护纳土纳群岛主权的最新信号。印度尼西亚“有决心在南海挫败任何中国威胁印度尼西亚领土的企图”。他还表示印度尼西亚将加强与日本、越南和菲律宾的双边安全关系，寻求提高与地区其他国家的安全关系。[45]

（二）外部环境因素

在南海问题上，无论是以美国、日本为代表的域外国家，还是越南、菲律宾等南海的主权声索国，都希望印度尼西亚成为制衡和对抗中国的力量之一，特别是近年来中国在南海奉行更为主动积极的维权政策，印度尼西亚在南海问题上的制华作用受到了更大的重视。

1. 域外大国拉拢印度尼西亚加入制华阵营

稳定东南亚，制衡中国，是美国、日本等南海域外大国发展与印度尼西亚关系的一个重要的考虑。[46]

近年来，印度尼西亚对美国亚太战略的意义愈发明显。美国希望抓住印度尼西亚这个处于战略要道的“摇摆国家”，推动亚太再平衡战略通过加强与印度尼西亚的全方位合作（尤其是军事防务合作），拉拢印度尼西亚加入制衡中国的阵营，甚至离间印度尼西亚与中国之间的关系。[47]因为防止亚太地区出现大国或大国同盟以取得支配地位是美国的重要利益，一个经济等各方面都迅速发展的中国最有可能成为这样的国家。像印度尼西亚这样的国家崛起能够发挥平衡中国的作用，且“印度尼西亚是亚太地区唯一有可信度及能力不被迫迎合中国的国家，一个独立、强大的印度尼西亚符合美国的利益”[48]。特朗普政府希望印度尼西亚在亚太地区海洋安全中扮演“海上支点”的角色。2018 年 1 月，美国防长马蒂斯在与印度尼西亚防长亚扎米得会谈后表示：“印度尼西亚是印度太平洋地区海上安全的支点，我们能够帮助印度尼西亚在南中国海、北纳土纳群岛海域维持海上安全，我们期盼就此与印度尼西亚合作。”[49]从 2015 年开始，印度尼西亚开始寻求与美国海军在纳土纳群岛定期开展军事演习。其中，2016 年的演习为该水域史上最大规模，印度尼西亚在这片油气资源丰富的地区上演一场主权秀，该区域位于中国主权声

---

〔44〕 https：//www. lowyinstitute. org/the-interpreter/indonesia-shifting-its-south-china-sea-policy.

〔45〕 尹鸿伟：《印度尼西亚：南海上的中国新对手?》，《凤凰周刊》2015 年 2 月，总第 535 期。

〔46〕 仇朝兵：《九一一事件后美国对印度尼西亚的公共外交》，《美国研究》2007 年第 2 期，第 93 页。

〔47〕 李益波：《奥巴马政府时期美国与印度尼西亚的军事安全合作》，《美国研究》2016 年第 1 期，第 75 页。

〔48〕 Amitava Achaya，*Indonesia Matters*：*Asia's emerging Democratic Power*，World Scientific Publishing Company，2004，p. 90.

〔49〕 http：//news. stnn. cc/guoji/2018/0124/519345. shtml.

索区边缘。[50]

长期以来，日本都将印度尼西亚视为海上生命线的咽喉。近年来，日本利用自身的技术和资金优势，在基础设施和安全防务方面全面参与印度尼西亚的“全球海洋支点”战略建设。[51]2017年日本和印度尼西亚签署协议，加强纳土纳群岛等6个边境海域的海上安全与开发。双方确认于2018年起在纳土纳群岛建设渔港和鱼市、联合打造巡逻船艇与多用途舰船。日本还提供补助金，帮助印度尼西亚发展海岸雷达系统与卫星，防止中国等外国渔船进入纳土纳海域捕鱼。[52]

而对印度尼西亚而言，在不过分激怒中国的前提下，也乐于接受域外大国的拉拢。毕竟大国平衡外交是印度尼西亚作为中等国家的务实选择。然而，无论是安全防务还是经济贸易领域，在印度尼西亚“全球支点”战略下的国际合作关系中，中国与南海域外大国尤其是美国、日本之间存在着竞争甚至矛盾，这必将直接影响中国和印度尼西亚的战略对接。

2. 作为领导者受到其他东盟国家抗衡中国影响

作为中国与东盟之间的主要负面议题，南海问题在两者关系中的“地位”基本是其他议题难以企及的。[53]近年来，南海问题引发了越来越多的国际关注，而东盟内部在该问题上并没有形成统一的立场。对此，国外的部分官员学者指责中国分裂东盟，导致东盟各国在南海问题上出现意见分歧。加之美、日等域外大国对南海问题的介入，“中国分裂东盟”的观点一度甚嚣尘上。[54]此外，受到2015年以来中国南海岛礁建设及菲律宾南海仲裁案等事件的影响，东盟国家对中国的疑虑增加，从“经济上依赖中国、安全上依赖美国”向“经济和安全均加重对美依赖”转变，在南海问题上抱团取暖，抗衡中国的倾向明显。

作为声称对整个西沙和南沙群岛拥有主权的国家，近年来越南在南海问题上的外交策略是一方面推进东盟就南海问题形成统一立场，实现南海问题东盟化；另一方面通过防务合作、学术交流、法律手段等不断制造舆论，拉拢域外大国介入南海问题，推动南海问题国际化。[55]无论是东盟化还是国际化，其背后都存在防范和制约中国的战略考虑。2015—2018年，新加坡担任“东盟对华关系协调国”，在东盟与中国之间斡旋南海问题，与此同时，新加坡对“南海仲裁案”表示了公开的支持，并多次为其

---

〔50〕 http：//mil. sohu. com/20161007/n469652205. shtml.

〔51〕 黄永弟：《“21世纪丝绸之路”与印度尼西亚“全球海洋支点”战略对接的思考》，《宏观经济管理》2017年第3期，第64页。

〔52〕 http：//mil. news. sina. com. cn/jssd/2017-09-08/ doc-ifykuffc4396002. shtml.

〔53〕 张明亮：《斡旋中“背书”——“东盟对华关系协调国”新加坡与南海问题》，《东南亚研究》2017年第4期，第32页。

〔54〕 邵建平：《中国的东盟政策：误解与正解》，《外交评论》2017年第1期，第85、98页。

〔55〕 李春霞：《大国博弈下的越南南海政策调整：东盟化与国际化》，《太平洋学报》2017年第2期，第88页。

“背书”。[56]

作为东盟的领导者，在南海外交上，印度尼西亚一方面坚称其“调停人”的身份；另一方面，为了克服东盟内部的离心倾向，对其他国家的制华行动予以了一定的响应和支持。如在菲律宾提起南海仲裁案后，印度尼西亚首席安全部长卢虎特就曾表示，若中国对南海的领土主张无法通过对话解决，可能将中国告上国际法院。[57]

四、印度尼西亚对华政策变化对南海争端可能产生的影响

目前，南海问题的博弈结构主要呈现三个层次。第一是中国与部分东盟国家间的岛礁主权和海域划界问题；第二是中国与东盟之间为管控分歧和扩大共识所产生的互动；第三是中国和域外大国围绕南海地区主导权和话语权的博弈。[58]在南海争端中，印度尼西亚一开始只是单一地扮演中间人，然而，本来就不可能置身事外的印度尼西亚近年来的“调停者”角色逐渐淡化，越来越多地直接参与到南海争端本身，这种变化集中体现在对华态度的转变上。印度尼西亚的政策调整导致了南海问题博弈结构的复杂化，进而对南海争端产生一系列的影响。

第一，降低了中印度尼西亚之间的政治互信，加大了中印度尼西亚纳土纳划界争端的解决难度。近年来，印度尼西亚对中国南海维权行为的误判和自身主权权利的担忧降低了双方在南海问题上的政治互信。印度尼西亚对于中国在南海的历史性权利主张持质疑态度，多次否定中国南海“断续国界线”的合法性，并越来越担心中国会侵害印度尼西亚在纳土纳附近海域的海洋权益。2009年后印度尼西亚制衡中国的战略倾向明显，多次要求中国澄清南海“断续国界线”的法理基础，在加强南海军事存在的同时，对中方在“争议海域”的捕鱼活动开始强势打压。[59]印度尼西亚政府智囊曾提议，鉴于中国和东盟声索国关系的日益紧张，印度尼西亚需要在有争议的海域采取防御措施预防“战略意外”。因为南海争端好比切腊肠，“每一刀虽不足以成为开战的理由，但随着时间的推移，每一刀的积累就会使一个重大的战略转变”[60]。海洋划界是世界范围内的难题，争议方之间需要具有良好的政治互信和友好的协商意愿，而从印度尼西亚对中国权利主张的一贯态度及其南海问题上对华政策的转变来看，中印之间通过划界谈判解决纳土纳争端的难度明显增大。

第二，增加了东盟与中国之间的直接对抗，加速了南海争端的“东盟化”进程。作

〔56〕张明亮：《斡旋中“背书”——“东盟对华关系协调国”新加坡与南海问题》，《东南亚研究》2017年第4期，第19页。

〔57〕http：//news. ifeng. com/a/20151112/46212700_ 0. shtml.

〔58〕李忠林：《中国对南海战略态势的塑造及启示》，《现代国际关系》2017年第2期，第28页。

〔59〕韦健峰、张会叶：《论冷战后印度尼西亚的南海政策及利益考虑》，《和平与发展》2016年第1期，第111页。

〔60〕http：//www. rsis. edu. sg/wp-content/ uploads/2015/07/CO15158. pdf.

为东盟的领导者，印度尼西亚试图在东盟内部形成统一的南海争端立场后再与中国谈判，以防止东盟内部不一致为中国所用。在印度尼西亚看来，通过其自身的努力，在 2011 年印度尼西亚担任轮值主席国期间，东盟内部对南海争端的态度较为一致。但是 2012 年柬埔寨担任主席国时，东盟国家间出现了根本的意见分歧，柬埔寨被认为在南海问题上对中国有所偏向。印度尼西亚还一直致力在东盟内部形成一个共同的安全政策，并利用东盟的内部工作机制如东盟海上防御会议、东盟海事论坛等对现场海域进行落实。[61] 可见，印度尼西亚主导的东盟在处理南海争端问题上倾向于“抱团取暖”对抗中国，并传递出以我为主介入南海的战略意图，呈现出强烈的集体单边主义倾向。[62] 这与中国通过与争端国进行双边谈判以解决争端的思路相悖，使得中国可能面对来自东盟整体的压力。

第三，推动南海问题的进一步国际化，使得中国的维权形势更加严峻。虽然印度尼西亚清楚地认识到无法忽视中国巨大的经济潜力，这也是其他国家渴望抓住和利用的机会。但印度尼西亚也像很多东盟邻国一样在寻求多重政策，和中国建立亲密关系的同时也与域外大国建立关系来平衡各方力量，以警惕中国在整个东亚地区太过主导。[63] 在引入方式上，除了欢迎美、日、印、澳等大国加入以东盟为主导的地区机制外，印度尼西亚还在南海问题上与它们发展了较为密切的双边政策协调和军事合作。[64] 随着加入南海问题中的力量不断增加，各方博弈的内容也超越了最初的主权权利范畴。美国主导下的域外因素对南海争端产生的影响仍不容小觑。南海问题国际化是导致地区安全形势趋向紧张、中国维权形势严峻的重要原因。

可见，南海形势的变化引发了印度尼西亚对华政策的转变，而这种转变反过来又作用于各方力量的博弈结构，使得南海形势更加复杂。

五、结　语

从历史上看，印度尼西亚和中国的国家关系呈现过友好、紧张、破裂、复交等起伏不定的状态，进入 21 世纪后，双边关系总体向好发展。总体而言，印度尼西亚对中国的关系认知经历了由“中国威胁论”到“中国机遇论”的发展演变。[65]

在南海争端问题上，伴随印度尼西亚追求东盟主导权和海洋强国利益诉求的提升，

---

〔61〕［印度尼西亚］喀尔敏·苏哈尔那：《南海冲突和解决方案及其对印度尼西亚国防安全之影响》，《南海资料译丛》2015 年第 1 期，第 5 页。

〔62〕侯强、周兰珍：《论印度尼西亚南海争端问题上的立场及其对中国的影响》，《海南师范大学学报（社会科学版）》2017 年第 5 期，第 140 页。

〔63〕［印度尼西亚］戴维·福耳图那·安瓦尔：《国内及亚洲区域变化对印度尼西亚对外政策的影响》，《南洋资料译丛》2011 年第 1 期，第 30—31 页。

〔64〕王光厚、田立加：《印度尼西亚南海政策论析》，《社会主义研究》2017 年第 4 期，第 155 页。

〔65〕许利平：《当代印度尼西亚的中国观演变》，《南洋问题研究》2013 年第 2 期，第 13 页。

加之中国在南海更为积极的维权姿态，一定程度上加剧了印度尼西亚对中国的疑虑。好在目前中印度尼西亚管控南海争端的立场未发生根本变化。印度尼西亚虽然有强化自身海洋权利的需求，但是却尽量避免激化矛盾，制衡强度也远未突破冲突的底线。印度尼西亚官方目前对纳土纳涉渔事件定性是经济上的“海洋资源之争”，并未上升到政治上的“领土主权纠纷”[66]。此外，中印度尼西亚经贸合作关系的发展有助于双方南海分歧的弥合。从两国关系的发展趋势上看，印度尼西亚的海洋强国战略与我国的“海上丝绸之路”倡议不谋而合，印度尼西亚的外交政策虽然竭力拒绝中国在南海的军事存在，却欢迎中国通过基础设施建设参与地区事务。在很长一段时间，纳土纳争端应该会被控制在“斗而不破”的范围。

从长远看，印度尼西亚对华政策的转变必然影响到中国和印度尼西亚之间的政治互信，加剧南海局势的复杂化。对中国而言，应该以印度尼西亚“一带一路”倡议支点国家的角色为基础，通过运筹印度尼西亚对南海争端的特殊角色来“撬动”其东盟领导者的角色发挥，并借助南海周边安全关系的强化来推动南海争端的解决。[67]

---

〔66〕 潘玥：《“一带一路”背景下中印度尼西亚合作：成果、问题与对策》，《战略决策研究》2018 年第 1 期，第 73 页。

〔67〕 李峰、郑先武：《历程承继、战略互构与南海政策——印度尼西亚佐科政府海洋强国战略探析》，《太平洋学报》2016 年第 1 期，第 72 页。

全球治理转型视域下的国际海洋法：挑战与变革

■ 马偲雨[*]

【内容摘要】全球治理理论已经发展成为最具活力的国际法与国际关系理论之一。以规范与机制为基础探讨全球治理的构成紧紧围绕善治、民主化、多元化特征为论点展开论争，提出并阐释了多种对国际法治建设发展颇具影响力的理论观点。然而，随着全球治理向纵深方向发展，全球治理实践却陷入了进退失据的窘境，引发了对全球治理转型的讨论。全球治理转型为国际海洋法的变革提供了机遇与挑战，在旧有国际秩序框架下建构的国际海洋法体系尽管在治理海洋、稳定海洋秩序中发挥了重要作用，却在日益复杂的全球海洋问题弊端凸显，亟待变革。全球治理理论为国际海洋法的研究进路提供了新视角，同时国际海洋法规范亦可扭转异质化的全球海洋治理模式，引领全球治理路径转变。

【关键词】全球治理　全球治理转型　国际海洋法　海洋秩序

随着全球治理在全球范围内的普遍兴起，在近年来，这一用语大规模涌现，正发展成为学界关注的焦点，并得到了相当程度的运用，为全球治理提供制度依据的国际法规范也日益呈现出多样化的发展趋势。关于全球治理的研究，目前主要存在两种分析视角：一种分析视角偏重对国际法律规范的研究，认为全球治理是由国际规则组建而成的集合体，全球治理的实现仰赖于国际体系内部对法律规范的严格遵守，故此法律规范在全球治理语境中尤为重要；另一种分析视角则聚焦于对国际行为体之间的关系、作用、运转方式等国际权力格局的研究，主张全球治理脱胎于行为体间全球性质的的合作、协调和国际领导。这些分析视角为全球治理中国际海洋法的研究提供了先决条件，即国际规范与权力政治是治理海洋的关键因素。不过两者之间并非二元对立，而是耦合共生的关系。海洋同人类历史发展命运之间有密切的关系，正如学者所言“21 世纪将是海洋世纪”，海洋是今后可持续发展的最后空间，有关海洋的治理具有全球性质。在 21 世纪，我国的发展战略将由陆地转向海洋，中国是世界人口大国，陆地资源有限，实施海洋战略具有现实必要性和可行性。随着建设海洋强国战略的兴起，中国在深度参与海洋治理的同时也更加依赖国际海洋法在解决海洋争端和维护海洋利益的作用。全球治理理论强调治理、治理机制之间的互动的有益性，因应了国际海洋法的发展需要。本文试图对全球治理与全球治理转型的内涵与特征展开研究，借此反思国际海洋法中相关问题的实践和理论研究的不足之处，以期对当代国际海洋法的革新有所帮助。

一、全球治理与全球治理转型：概念厘定与启示

全球治理是与全球化、全球问题相伴生的概念，三者之间具有无法分割的联系。这

* 中国海洋大学法政学院国际法专业 2018 级博士研究生，研究方向为全球治理和全球海洋治理。

一用语缘起于新自由主义学者罗西瑙在《没有政府的治理》一书中所阐述的观点：在不存在世界政府的情况下，国际社会应该怎样并如何应对全球问题，是否需要建立超越政府权威的治理机构或者世界应当由谁来进行治理。[1]罗西瑙对统治与治理作出了明确的界分，不过没有对这一核心概念作出完整、清晰的界定。依据我国学者的观点，全球治理是“以人类整体论和共同利益论为价值导向的，多元行为体平等对话、协商合作，共同应对全球变革与全球问题挑战的一种新的管理人类公共事务的规则、机制、方法和活动”[2]。全球治理尚处于发展阶段，在全球化与全球治理转型的语境下其内涵和外延仍然在不断扩展。学界对全球治理的主体、客体、目标、手段等要素展开了激烈的论争，提出了许多富有洞见的理论观点，在不同学科领域内已有诸多论述，全球治理正逐渐发展成一门“显学”。虽然全球治理的理论勃兴加速了学界对这一领域的研究，但是全球治理在实践中却走向衰落，全球治理实践严重背离了全球治理理论蕴含的基本价值。严格来说，在既有的国际体系仍然存在的情况下，真正的全球治理其实并不存在，只存在国际治理，然而从国际治理转向全球治理并非易事。[3]

在展开对全球治理转型的探讨前，需要厘清另一前提性问题：即全球治理这一概念因何而起。在历史上，全球化最早可溯源至人类的全球性活动，从最初的地区间、洲际间的人类迁徙，到国家间的文化交流与碰撞，再到近现代国际性的冲突与战争、跨国资本流动与交换，全球化不断向纵深方向拓展，在促进国家乃至个体之间的交流沟通、提升人类福利方面收效斐然。全球化促使不同意识形态的国家间高度的相互依存，呈现出“地球村”的全球景观。不过，全球化现象也催生了国内、地区性问题向全球范围延伸：全球资本的转移诱发社会财富的不平等分配、跨国公司的兴起加速了全球环境的恶化、人口增长导致全球资源趋紧、南北方差距不断扩大等，这些不断涌现的全球问题同时具有一定程度上的关联性与依附性。全球问题急需从全球层面加以控制与解决，仰赖于全球性质的集体行动，即强调适当让渡国家主权与国家利益的全球主义，多元化（pluralism）与多边主义成为可能，各个主权国家之间的合作与协调，严格遵守并执行国际规范、国际制度构成各个国家的基本遵循。

虽然全球化一度被西方国家奉为圭臬，然而在全球化飞速发展与全球问题日益凸显的背景下，西方国家对待全球化的态度却急转直下。1945 年联合国的成立标志着“二战”后国际新秩序的建立，联合国框架下衍生的国际机构，如国际法院、国际货币基金组织、国际海事组织、联合国环境规划署与国际法等国际机制承担着全球治理的主要角色。不过不容忽视的是，在国际机制的创立与谈判等各个阶段，发达的工业化国家几乎垄断话语权，而一些发展中国家与弱小国家话语权不足或被边缘化。虽然在“二战”后

---

〔1〕 参见［美］詹姆斯·N. 罗西瑙：《没有政府的治理》，江西人民出版社 2002 年版。
〔2〕 蔡拓：《全球治理的中国视角与实践》，《中国社会科学》2004 年第 1 期，第 95—96 页。
〔3〕 庞中英：《全球治理的中国角色》，人民出版社 2016 年版，第 43 页。

非国家行为体大量涌现不断挑战着主权国家地位，但主权国家依然位居全球治理的中心地带，全球治理运行过程中公平性、民主性的欠缺广泛遭受批判，因而有学者将国际社会中的这种现象称为"民主赤字"，即代表性民主、参与性民主与审议性民主严重短缺。[4]进入21世纪，奉行自由主义的西方国家再一次选择固守狭隘的国家利益，在国内外掀起了反全球化、逆全球化运动，民族主义、民粹主义浪潮迭起并席卷全球，为全球增添了许多不必要的消极外部性。在西方国家发起、制定并主导的全球治理领域，如全球性的海洋治理、气候变化治理、核安全、难民保护、自由贸易等领域，一些西方国家拒绝加入或者屡次退出集体行动，而是采取单边主义或者孤立主义抵制全球化，这些现象加剧了全球秩序的无序与混乱。因而全球治理也曾经受到不具有合法性（legitimacy）与合理性的批评与指责，甚至还被贴上侵蚀国际法治与国家主权的黑标签。有观点指出，全球化已经出现了死亡（demise）、停滞（stagnation）或后退（retreat），其进一步发展步履艰难。西方国家主导的全球化的逆向发展引起了对全球治理进路的忧虑，紧随逆全球化与反全球化之后的，即是全球治理的碎片化、分裂化与离散化。[5]

概言之，全球治理与国际治理边界的模糊性促发了全球治理的衰微，同时也加重了世界的不确定性和风险。20世纪70年代以来，全球化进入了新的历史时段——当代全球化时期，也可称为全球化的提升与变革时期，世界面临的共同问题更加突出、世界的相互相关性和整体性日益鲜明。到了20世纪90年代，冷战结束后世界向多极化发展，美国霸权地位的相对衰落[6]，为全球治理带来了新契机，全球治理也因此步入了变革与转型的新时期。处于转型期的全球治理应当至少包含以下几个要素：

第一，国家角色的演化，意味着全球治理从国家管理到良性治理的改观。大致来说，目前全球治理的主体建构主要有三种理论模型：一是由主权国家主导的自上而下的单一管理模式。主权国家是唯一的管理全球事务的主体，实行闭塞式和单一维度的国家管理模式，国家承担管理全球性事务的主要责任，类似于国内公共治理语境中的"全能国家"。目前的全球治理趋近于此种模式。这种国家中心主义的管理模式看似尽善尽美，实则难以为继，理性自利的主权国家往往将国家利益置于首位，全球治理即具有零和性质而不是互利共赢。僵化的国家管理时常阻滞全球治理进程并导致全球治理目标的落空，暴露出国家管理的失灵。[7]二是由国家行为体与超国家行为体、非政府组织、跨国公司、全球公民社会等非国家行为体的合作型治理。当前，陈旧的主权国家主导的全球治理模式失灵，良性治理理念应运而生。这一全球治理新模式通过拓宽多元行为体的参与度，开放治理过程与决策形式，形成多样、包容的治理空间，逐渐发展成为一种替代

〔4〕 Magdalena Bexell, Jonas Tallberg, and Anders Uhlin. Democracy in Global Governance: The Promises and Pitfalls of Transnational Actors, January-March 2010, Vol. 16, No. 1, pp. 81-84.

〔5〕 Nathalie Grun, The Crisis of Global Governance, *Law & Social Inquiry* (2007—2008), p. 45.

〔6〕 蔡拓：《全球学导论》，北京大学出版社2015年版，第38—39页。

〔7〕 罗豪才等：《软法与公共治理》（第2版），北京大学出版社2007年，第13—14页。

性治理模式。这种模式具有半开放性与单一维度特征，强调国际法治，兼顾公益与私益、效率与公平、秩序与自由、公共权威，主权国家则位居全球治理的边缘地带。依照吉登斯的观点，国家应蜕变至保障性国家的角色，它的主要作用是起到一种催化剂、协调员的作用。[8]这一治理模式为多数学者所主张。三是由非国家行为体为主要构成的全球多维度、双向的治理，是一种完全自下而上的自主治理模式。这一模式完全摒弃国家中心主义，主权国家被排除在全球治理主体之外；也完全剥夺了民族国家的国家主权，试图颠覆现有的国际秩序，在当代全球化进程中不具有任何现实意义。

第二，国际权力格局的演进，标志着全球治理从集权式治理向民主式治理过渡。全球治理的有效性与合法性不仅由治理主体的参与度与组合架构、排列次序所决定，国际权力结构中的主次地位、权力的强弱力量的对比，或者说是否存在全球性事务的集权性治理，抑或多种权力并存或复合的多权分立的民主式治理，是实现全球治理的另一重要因素。冷战结束后，以两极格局为特征的雅尔塔体系瓦解，取而代之的是美国等国家成为全球性的领导者，一直发挥着“世界政府”的角色。这些国家凭借强大的软、硬实力提供了全球所需的公共产品。在学理上，西方学界则形成了以“霸权稳定论”为中心的理论观点，认为目前的国际规范、国际组织等创设，主要是在霸权国家的领导下完成的。但是在国际权力流转（权力扩散与权力转移）与世界多极化背景下，西方国家的霸权地位逐渐削弱，提供国际公共产品的能力和意愿已然不足。有观点认为国际规范与国际组织等国际机制的建设就成为霸权衰落之后合作与和平能否维持的关键因素。[9]长期以来的霸权与强权逻辑操控下的异质化的集权式治理观念被广泛诟病。发展中国家、国际组织、公民社会等多元行为体治理意识与愿望的觉醒，与强权国家分享全球治理的权力，构建起新型的全球民主治理。欧盟、东盟（ASEAN）等区域一体化组织与G20、亚洲基础设施投资银行（AIIB）等新兴的跨国家行为体成为推动民主治理的中坚力量。值得注意的是，20世纪70年代末以来，拉美国家的一体化呈现出一个越来越清晰的特点，那就是一体化与民主化的结合。[10]

第三，治理视角的转变，标志着全球治理方案与路径的革新。全球治理不仅意指治理行为体的全球维度或者治理产生的效益惠及全球，另外，这一概念还意指治理“全球”，即对全球公共性事务的治理。在全球治理的早期阶段，全球治理的客体紧紧围绕与传统人类安全领域展开，区域间、民族国家间、种族间的战争始终伴随人类的发展，是全球治理诞生的基本动因。直到20世纪中叶，国际局势缓和与世界经济的复苏，经济层面的全球化率先发展，愈发彰显国家间的相互依存。在全球治理的晚近时期，金融危机爆发使全球经

---

〔8〕［英］安东尼·吉登斯：《气候变化的政治》，社会科学文献出版社2009年版，第103页。

〔9〕［美］罗伯特·基欧汉：《霸权之后：世界政治经济中的合作与纷争》，上海人民出版社2016年版，第7页。

〔10〕杨建民：《拉美国家的一体化与民主化——从巴拉圭政局突变和委内瑞拉加入南共市谈起》，《拉丁美洲研究》2012年第6期，第32页。

济遭受重创，世界经济的周期性变动与结构性变化依然难以调控。虽然危机重重，但国际秩序的和平、安宁与全球经济复苏已经成为必然。然而，全球治理前景并不容乐观，新型全球安全问题渐渐浮现，主权国家将国家权力的触角转向新领域——国家主权管辖之外为全人类利益所系的公共空间，如公海、国际空域、外层空间、极地、网络空间等全球公域。[11] 主权国家在全球公域治理责任、开发权、所有权与使用权方面纵横捭阖，展开了新一轮的角力，争夺"人类共同的遗产"，导致传统安全问题与新的安全问题交错混杂。与全球公域相关的全球性问题如此棘手，凸显了富有创造性与开放性地重新思考全球治理相关战略的重要性，建立符合全球公域治理需要的新型机制尤显必要和迫切。

全球治理进程必然不是线性的，而是伴随着全球化与全球问题的复杂化呈渐进式、曲折式的发展。随着全球治理范围的延展、治理径路的深化，一些与全球治理相关的新话语初现雏形：在全球治理客体方面，全球人权治理、全球气候治理、全球海洋治理等词语有增无已；在全球治理方案方面，学者们则呼吁善治与全球法治、国际规则、国际法律规范的履约与遵守。正如学者所言，法治在全球治理中处于核心地位、发挥着极其重要且不可或缺的作用，全球问题的不断蔓延加剧着国际社会的无序状态，需要构建全球法治之路。[12] 尽管国际社会素来缺少全球治理的传统，但法治传统可谓源远流长，尤其是海洋治理中的国际海洋法规范的普遍存在，长期以来发挥的重要作用不容小觑。近几个世纪以来，国际社会通过持续不断立法活动与实践创设了大量的调整开发利用与保护海洋的国际习惯法、成文法，从无到有地构建起以规范为主体结构的海洋法治体系，同时也形成了一个普遍存在、无处不及的海洋法律体系。全球海洋治理对国际海洋法的倚重引发了人们对海洋法价值与意义的思考。在全球治理转型的时代背景下，国际海洋法是否依然存在同样的价值，能否发挥相类似的作用，是否需要作出与全球治理相一致的转型或者其转型方向如何等问题仍然需要展开探讨。

二、全球治理中的国际海洋法：现实与困境

世界自然基金会（WWF）曾经指出："地球上所有的生命都离不开健康海洋的哺育，离不开海洋所提供的生存所必需的资源与服务。健康的海洋意味着人类的健康发展、食物安全、地区稳定和蓝色经济欣欣向荣"[13]，由此阐明了治理海洋的必要性，同时也表明全球海洋治理的潜隐性特征，即对海洋的治理蕴含地区安全治理、经济治理、能源治理等多个领域，各个领域之间具有千丝万缕的联系，错综复杂，加重了全球海洋治理问题的复杂性与敏感性。伴随着科技的迅猛发展与人口爆炸式增长，人类开发与利

---

〔11〕 韩雪晴、王义桅：《全球公域：思想渊源、概念谱系与学术反思》，《中国社会科学》2014 年第 6 期，第 188 页。

〔12〕 蔡拓：《全球学导论》，北京大学出版社 2015 年版，第 207 页。

〔13〕 http：//wwf. panda. org/our_ work/oceans/.

用海洋的步伐从未停歇。人类对待海洋的态度从对海洋的敬畏与依赖，逐渐演化为掠夺海洋与争夺海洋的控制权，海洋已经成为当代国际争端的主要发源地之一。

全球化与全球治理的核心含义都包含了不同权力之间相互依存的关系。一些自由主义者曾经认为，权力之间的相互依存意味着和平与合作，但实际情况并非如此简单，即便在全球化的世界中，对权力的争夺依然在继续。〔14〕17 世纪欧洲历经“三十年战争”之后建立的威斯特伐利亚体系和《战争和平法》的通过，不仅确立了民族国家的国家主权，也标志着近代国际法的最终形成。威斯特伐利亚体系最显著的特征是确立了国际体系中的无政府状态。尽管这种无政府状态一直延续，欧洲却在 19 世纪迎来了百年和平时期，这一时期主权国家间的和平与合作成为常态，有学者对这一时期的欧洲展开研究，认为欧洲长时间的和平不仅可归因于各个国家整体实力对比的均衡，同时也可归因于国际规范在制约国家行为、调整国家内外政策中不可估量的作用。〔15〕法律在本质上是对专制权力行使的一种限制，因此它同无政府状态以及专制政治是敌对的。为了防止具有为数众多而又互相抵触的意志的无政府状态，法律限制了私人权力。为了防止一个专制政府的暴政，法律控制了统治当局的权力。〔16〕

海洋治理作为全球治理的重要分支，承担着维系海洋和平与安全、处理与应对海洋争端的主要责任。全球海洋治理是由目标、规制、主体、客体四种要素构成的有机整体〔17〕，对于海洋的规制则需要国际海洋法这一稳定海洋秩序的规范性要素。一个能获得普遍认同的国际海洋法体系必然要由多样化的制度资源构成，之所以如此，盖因于其需要兼顾多元的利益诉求所致，以此才能够在广泛的范围内赢得共识。而无政府状态下的海洋治理则需要海洋法规范的指引、教化、评价、预测和制约，在一个奉行法治的国际社会，海洋治理无疑需要依国际法进行。由于海洋治理的运作机制依靠众多治理海洋的有关行为体共同组建形成和合作网络形成的权威，这就要求国际海洋法设定治理行为体的权力边界与运作模式，界定行为体间关系与明晰海洋治理方案，依靠国际海洋法建构一个由治理行为体、治理方案、治理范畴和共同构成的混合多样的治理结构。然而，当代的全球治理存在海洋治理价值取向、海洋治理利益导向、治理行为体关系的内在矛盾，造成国际海洋法的制度基础出现内生缺陷，进而影响全球海洋法治的张力与作用力。这些影响性因素主要可以概括为以下几点：

（一）“海洋自由论”异化与“闭海论”的重启

在海洋治理史上，关于海洋的治理观曾经存在“海洋自由论”与“闭海论”之争。

---

〔14〕［美］小约瑟夫·奈、［加］戴维·韦尔奇：《理解全球冲突与合作：理论与历史》，张小明译，上海人民出版社 2012 年版，第 297 页。

〔15〕Martti Koskenniemi，*The Politics of International Law*，Hart Publishing，2011，pp. 4-7.

〔16〕［美］E. 博登海默：《法理学：法律哲学与法律方法》，邓正来译，华夏出版社 1987 年版，第 224 页。

〔17〕王琪、崔野：《将全球治理引入海洋领域——论全球海洋治理的基本问题与我国的应对策略》，《太平洋学报》2015 年第 6 期，第 17 页。

海洋自由论来源于格劳秀斯于1609年出版的《海洋自由论》，目的在于平息殖民帝国间关于海洋主权与管辖权的纷争，在文中作者多处使用“共同”“共同使用”这些词，试图厘清海洋权利与领土主权、管辖权的差异性。他从国际法的法律措辞上说，海洋应被称为“无主财产”，或“共同财产”，或“公共财产”。[18]格老秀斯认为海洋不被任何国家或者私人团体占有，这一观点为之后的航行权、捕鱼权等有限的公海自由权利等国际海洋法规范奠定了理论基础。与格劳秀斯相对立的观点是塞尔登提出的闭海论，该观点主张海洋并不为所有人共有，但可与陆地一样为国家或私人占有与使用，这一观点映射出当时的殖民主义国家企图侵吞海洋的政治野心。在海洋治理的两种截然不同的理论交锋中，海洋自由论逐渐占据上风，成为国际海洋法的理论内核，而闭海论广泛地受到摒弃和孤立。在海洋自由论的基础上，联合国海洋法大会于1968年将“人类共同的遗产”确立为国际海床管理的基本原则，这一原则内在的囊括国际海床管理应当遵循的五项要求——不划分主权、公共管理、共同受益、和平利用、代际公平，以此进一步制约海洋自由权利的主张。

目前，海洋自由论已经深深嵌入海洋国家法律规范，尤其是海洋强国的习惯法与国内法。海洋争端解决往往诉诸海洋自由论所推演而成的国内、区域性的法律规范。《联合国海洋法公约》确立的有限的海洋自由与“人类共同继承遗产”理论与海洋自由论产生冲突，从而诱发了国际海洋法与海洋习惯法、国内法相互抵牾。美国作为海洋强国与霸权国一向规避国际海洋法的约束，自“一战”结束后推行“十四点计划”，率先规定了“平时和战时海上航行绝对自由”的海洋指导性规范，企图肆意侵犯他国海洋主权，彰显了美国海洋霸权的野心。1979年卡特政府依据美国海洋霸权战略出台“自由航行计划”（FON计划），在内水、领海、专属经济区、公海划界与管辖权上持有的观点与《联合国海洋法公约》迥然有异。美国又于近期开始推行“主宰海洋战略”，预示美国作为海洋大国将与其他海洋国家之间在利用、管理海洋上产生更加激烈的冲突，在海洋管理上采用干涉别国主权的介入式治理。美国海洋霸权主义下的海洋主权理念与格劳秀斯指称的“海洋为人类的共有财产”貌合神离，隐含着对闭海权理论的重启。美国试图在两种理论之间寻求平衡，这对于国际海洋法的挑战无疑是巨大的，甚至可能是颠覆性的。

（二）国家海洋利益是阻碍全球海洋法治的根本诱因

如今的世界是“权力”与“规则”并行的世界[19]，因而治理世界既包含权力政治，也包含权力政治必须严格服从的法律规范，“权力”与“规则”之间表面上是看似毫无联系的共生关系，但实际上二者唇齿相依，而利益即是将二者联系起来的纽带。所谓利益，即国家利益或全球利益，是行为体追求的物质上的积累或积极的声誉评价。国家作

〔18〕马忠法：《〈海洋自由论〉及其国际法思想》，《复旦学报（社会科学版）》2003年第5期，第124页。
〔19〕刘志云：《论全球治理与国际法》，《厦门大学学报（哲学社会科学版）》2013年第5期，第90页。

为经济学意义上的理性的“经济人”，在从事国家行为时都会在作出成本-效益分析的基础上进行判断，因而国家利益是决定国家行为与国家间交往的关键性因素。关于全球利益，康德在1795年出版的《永久和平论》中作过类似的描述，他认为民主国家之间从不或很少发生冲突，彼此也不会使用武力或以武力相威胁，因为“战争需要公民付出鲜血和财富的代价”，康德的观点论证了基于共同利益的国家间维持和平与合作的可能性。全球利益不同于各种国家利益和集团利益，而是一种国际利益，全人类的集体利益，它凸显了全球意识。[20]

从全球治理的角度，海洋法治不仅离不开海洋法规范制约与国际行为体的治理，也离不开全球海洋利益的调和。国家海洋利益与全球海洋利益的关系既统一又对立，国家海洋利益与全球海洋利益之间的矛盾不容忽视。申言之，如何调适海洋利益与维护国际体系中不同权力层级行为体的海洋权益将是全球海洋法治实现的重中之重。国家海洋利益可分为海洋核心利益、重要利益、次重要利益三类。关于海洋利益的主张，一些国家在维护海洋利益主要是依据国际法主张的合理要求，而另外一些国家追求海上主导地位作为自己的主导地位或者核心利益。[21]主权国家对待国际海洋法的态度受国内与国际环境的双重影响，持有反对意见的保守派认为《联合国海洋法公约》存在的“自然缺陷”不仅无法维护本国安全，反而在防治海洋环境污染、生物多样性保护方面起到相反的作用，将自身暴露于国际争端的中心。在一些西方国家，反对《联合国海洋法公约》的政治精英也曾认为：“《联合国海洋法公约》设立的目的是在国际层面上将占地球面积三分之二的海洋国有化，是人类历史上最大的一次财富再分配。与此同时，《联合国海洋法公约》建立的如国际海底管理局等全球海洋治理组织存在滥用权力并抵触国内宪政的可能。”[22]因此，海洋法框架下的多边合作遭遇摒弃，取而代之的是单边或双边主义。

这里还需要强调的一点是，对大多数的发达的工业化国家来说，人类关于海洋开展的活动主要是经济性质的，例如从广袤的海洋获取生存与发展的资源，开展海上贸易。而在一些小岛屿国家看来，应对全球气候变化与海洋环境恶化是符合国家利益的当务之急，这就导致发展海洋经济与海洋环境保护两种观点相持，持有不同利益和观点主张的国家在国际舞台上展开了激烈的博弈。可见，全球海洋利益应不仅指一些国家所指称的海洋政治利益与海洋经济利益的简单相加，亦指应对海洋危机与挑战的具有包容性的人类共同利益。而目前的海洋治理主体结构体系的矛盾激化了国家海洋利益的纷争，以《联合国海洋法公约》为基础的国际海洋法体系也无法从根本上界分国家海洋利益或者维护全球海洋利益。以利益为要旨的海洋治理路径正吞噬着海洋治理的法治基石，全球海洋法治的实现岌岌可危。

---

〔20〕 刘贞晔：《全球治理时代全球利益与国家利益的调适》，《社会科学》2015年第1期，第13页。

〔21〕 胡波：《论中国的重要海洋利益》，《亚太安全与海洋研究》2015年第5期，第18—28页。

〔22〕 Shen Yamei, United States: On Threshold of UNCLOS, *China International Studies*, 2015 (6), p. 107.

（三）国际海洋法的内生弊端阻却全球海洋治理的理性化

正如博登海默所言："尽管法律是一种必不可少的具有高度社会裨益的社会生活制度，它像人类创建的大多数制度一样也存在某些弊端。"[23]被誉为"海洋宪章"的《联合国海洋法公约》不仅建立了当代国际海洋秩序，也为国际社会贡献与构建了开发利用与治理海洋的基础性框架。[24]全球治理外延的拓展与海洋生物物理性特征的更替，海洋治理的行为体与治理范围的日益复杂对国际海洋法提出了新的要求与挑战。尽管国际海洋法的根本目的在于加强海洋秩序稳定与规范人类海洋活动，但由于国际海洋法具有相对稳定性，其自身存在许多尚未得到解决的旧问题，同时新问题的产生也揭示了国际海洋法不仅面临着严峻的外部危机，它的内生性弊端引致了海洋法治与全球治理的要旨出现断层和"时滞"，通过规范治理海洋的效率越来越不能令人满意。由于海洋法自身无法通过自我修正的方式来消化这些问题，缓解这种内在困境，从而处于失范的边缘。

首先，国际海洋法的内生缺陷表现为全球海洋治理制度供给不足。海洋物理特征与空间维度的多重性、全球公域概念的提出增加了对新制度供给的要求，譬如沿海居民相关的食物安全、与海洋农业相关的小型渔猎、海洋工业化、蓝色经济、公海生物多样性保护、海洋酸化、塑料污染等问题的有关制度尚付阙如，更加要求从单一分散的海洋治理转向对海洋的整体性治理。国际海洋法在历史上经历过两次大变革：一是自 1958 年起，第一届联合国海洋法大会签署的《日内瓦海洋公约》达成关于临海与毗邻区、公海渔业与生物资源保护、公海以及大陆架四项决定。二是 1970 年在牙买加召开的第三届海洋法大会在《日内瓦海洋公约》的基础上，与会各国深入讨论了海洋管理的相关战略，对《联合国海洋法公约》作出修正。从 1958 年国际社会在治理海洋问题上达成一定的共识，到目前缔约方大会已经对《联合国海洋法公约》展开了数十次探讨，在描述了这些公约与议定书的大致轮廓后，我们认识到虽然关于海洋治理的大规模谈判已逾半个多世纪，但是无法形成一套完整的、有力的制度来保证最大限度地实现治理目的，而是创设了大量的软法规范。这里面的原因主要是主观层面的，各国间展开的海洋治理的谈判是各国利益博弈的竞技场，在维持、提升自己的海洋利益以获得其他国家支持的同时，订立约定时尽量给自己留下较大的回旋余地。但是，各国有各国的实际需求，往往会出现各主体观点分歧较大、异议尖锐的情况，为了避免展开日复一日的拉锯战，各缔约方必须作出妥协和让步，达成共识。这些国际海洋软法规范有时能够得到有效实施，而有时赋予缔约国以过多的自主权与选择权去规避海洋法规范。

其次，参与主体的单一性、封闭性也是国际海洋法的内生缺陷之一。全球治理强调治理的民主化，民主化治理主体的横向维度要求治理的公平公正，国际体系中南北方国家、强弱国家在国际海洋法的编纂、实施过程中权利均等。纵向维度要求法律制定主体

---

〔23〕［美］E. 博登海默：《法理学：法律哲学与法律方法》，邓正来译，华夏出版社 1987 年版，第 307 页。
〔24〕杨泽伟：《〈联合国海洋法公约〉的主要缺陷及其完善》，《法学评论》2012 年第 5 期，第 57 页。

的多元化、法律执行程序的多样化，而非集权式的国家操控下的海洋立法权与司法权的垄断。[25]正如前文所述，国际海洋法体系是在“二战”后国际秩序中联合国框架下的产物，海洋法强调的国际合作仍然是个别国家间的或区域间的联系。目前的海洋法虽然重视国际组织的作用，如《联合国海洋法公约》附件Ⅸ规定了国际组织参加的补充规定，但是严格将“国际组织”限定为“由国家组成的政府间组织”。同传统意义上的国际法一样，除了国家、正在争取独立的民族和国家间或政府间组织之外，个人、非政府组织、跨国公司等仍不具有国际法的主体资格，所以也就不具有国际法上的权利与义务，即使这些主体履行着类似的职能，但仍不具有国际法上的合法性（legalization），同时也不负有法律责任。国际海洋法无法从根本上维护海洋秩序，许多非国家行为体游离于法律规制之外。由此可见，目前的海洋治理领域尚且缺乏一套被普遍接受的治理机制或政策方案，以促进在海洋领域全世界范围内的一致合作。[26]主权国家之间的非合作性质的治理与分散、孤立的非网络式治理依旧是海洋治理的常态。

三、全球治理转型中的国际海洋法：变迁与嬗变

在20世纪90年代，全球治理一度被简单地理解为“寻找一种行之有效并且高效的人们熟知的全球问题的解决方案”[27]。这一观点认为全球治理的目的在于提供全球问题的解决方案无疑是正确的，但是这一观点引出了两个问题：首先，全球存在的治理方案不胜枚举，不论是一国内部的，还是地区的或全球的，但是应当采用哪种方案才是行之有效的，它没有提出相应的方法论。其次，这一观点忽视了权力问题，即全球治理方案是与国际权力结构相联结的。而如今的国际法陷入了同样的困境，正如本尼迪克特·金斯伯里所言，国际法的视域一直都限缩为制定国际规则，而忽视了跨国治理中多重因素的影响。我们应避免陷入实然法与应然法之争，而应重视国际法在使用规则重塑行为体的动机，界定与重新划分权力，促使国际秩序从无序转向有序方面的作用。[28]因此，在全球治理转型语境中的国际海洋法是否需要作出变革的答案几乎是肯定的。在全球治理转型语境中，国际海洋法在界定海洋利益与海洋权力、稳定海洋秩序方面发挥形塑作用。

（一）全球海洋治理格局转型主要依赖国际海洋法规范建构

首先，通过国际海洋法确定海洋治理的“善治”目标。关于“善治”，公共行政学者曾经对“善治”有过不同角度的描述。例如，善治实际上是国家的权力向社会的回归，善治的过程就是一个还政于民的过程，善治表示国家与社会或者说政府与公民之间

〔25〕 Tullio Treves, UNCLOS at Thirty: Open Challenges, *Ocean Y. B.* (2013), p. 52.

〔26〕 张晏瑲：《论海洋善治的国际法律义务》，《比较法研究》2013年第6期，第70页。

〔27〕 K. Dingwerth and P. Pattberg, Global Governance as a Perspective on World Politics, *Global Governance*, 2006 (12): 187.

〔28〕 https://blogs.law.nyu.edu/magazine/2010/roundtable-global-governance/.

的良好合作。[29]不言而喻，海洋治理中的善治的“善”不仅是要求符合国际道义，更主要是对全球海洋治理提出的正当性要求，要求治理过程的开放性、公众参与的广泛性，在充分发挥国家行为体、非国家行为体各自优势的基础上，推动行为体之间的良性互动，实现海洋治理体系的理性化，最终实现海洋之治的目标。海洋善治与海洋法治至少应该推崇海洋法规范至上，要求行为体的权力都源于国际规范，无论是国家、公民社会还是国际组织都只能居于海洋法规范之下，而不能凌驾其上。因此，可以说二者都属于一种规则之治，都需要一个制度框架来为居于其中的权力主体或者权利主体提供行为模式和行动纲领。当代西方理论法学普遍持有这样的观点：法律制度能够发挥作用主要源于人们达成的合意，而并非出于强制力的威慑，这就是行为体自觉遵守法律义务的源泉，也是法律具有约束力和效力的保证。全球海洋治理宣扬维护人类共同利益，在确认通过协商、谈判、公众参与等方式，会产生越来越多满足公众需要、增进公共利益、维护公共秩序的国际海洋法新规则，并使这些规则真正发挥规范作用，获得广泛的遵守。善治与国际法治尤其是与实质法治息息相通。

其次，国际海洋法可以通过确定海洋善治目标来避免治理失败。全球海洋治理之所以首先需要依靠国际海洋法来确定一种善治目标，是因为全球海洋治理模式隐藏着治理失败的内在危险——目前的国际海洋治理潜伏着背离民主治理的危机。究其实质而言，善治蕴含着良法之治与权利正义[30]，全球治理的善治模式是一种权利机制综合。在全球治理转型兴起之前，不论是正式的还是非正式的非国家的国际机制都已经得到相当充分的发展，在全球海洋治理方面都曾经各自或者共同发挥重要作用，如国际海事组织（IMO）、全球海洋联盟（GPO）、联合国下设的政府间海洋学委员（IOC-UNESC）、全球北方组织（Global North）。国际海洋法应当通过界定这些参与行为体的身份和利益并建立综合机制，以期解决全球海洋治理失灵问题。但如果国际海洋法制度安排不当，那么这种综合性机制就有可能适得其反，权力有可能出现越位、错位、缺位、不到位并存，其正面效用因滥用或误用得不到充分发挥，消极性效应显露无遗，或者各个行为体之间无法产生凝聚力。有鉴于此，全球海洋治理就需要通过国际海洋法来确定善治，以免出现治理目标落空。

（二）国际海洋法应具有“全球法”的性质

全球治理转型要求我们反思、修正传统的“国际法”概念，正处于转型期的全球治理对这一传统概念提出了挑战。关于国际法的变革，学界提出了许多创新性的观点并赋予国际法以新的称谓，如“新国际法”（new international law）、“越国法”（transnational

〔29〕 俞可平：《治理与善治》，社会科学出版社 2000 年版，第 11 页。

〔30〕 戴剑波：《权利正义论：基于法哲学与社会学立场的权利制度正义理论》，法律出版社 2007 年版，第 194—197 页。

law）、“新世界法”（new world law）或者“全球法”（global law）。[31]这些冠以新名称的“国际法”是否存在理论依据，同时它们又意涵着什么？王铁崖先生曾经在著作中指出：除了国际法或万国法之外，如“超国法”“越国法”“人类法”“世界法”这些称谓出现的目的是改变国际法的性质，缺少理论根基的同时也构成对国际法的否定。[32]而有学者通过列举民间商人法、全球体育法、跨政府组织网络以及国际标准、跨国公司生产守则等规范，主张突破实证主义国际法的桎梏，运用全球法律多元主义对全球法进行解释。[33]虽然对于国际法称谓合理性的理论尚无定论，不过面对全球治理中愈发多元化的治理关系，全球治理出现了规范依据的多元化、治理主体的多元化和治理方式的多样化，这些都迫使我们重新审视和反思对“国际法”的狭隘定义，从行为体、规范结构与价值导向界定海洋法“全球法”的属性。

1. 为全球海洋治理多元行为体参与提供民主化进路

全球海洋治理中的民主化需要国际海洋法提供进路。虽然全球治理并不否认主权的合理性和合法性，但是它更加强调治理主体的多层次性。海洋治理的参与者不乏非政府组织、个人组建的自愿网络、社会运动、慈善资金会、跨国公司等私人部门，这些行为体将是全球治理中的政策制定者与参与者，也是全球治理民主化的未来。[34]但是，国家和政府间组织仍然是全球治理的主要参与者，它们仍然是海洋治理体系的主要发起者和施行者。国家只是进行全球治理的行为体中的极其微小的一部分，各种非国家行为体能够与国家合作，在地区及全球层次上就海洋问题进行磋商。尽管每个主体在海洋治理中的作用不尽相同，但这些主体的参与，均会在一定程度上克服国家、政府间国际组织以传统方式发挥作用时所产生的局限性。在海洋治理的民主化演进过程中，国际海洋法的主要目标是为这些在国际法上不具有主体地位的行为体设立一套系统的、稳定而坚固的行为框架，使这些行为体在这个框架中行事，使得海洋秩序更加具有稳定性和可预见性，同时也降低了这些行为体违反法律秩序和海洋秩序的风险。

2. 国际海洋法与多层次海洋治理规范的对接与整合

全球治理要求构建国际与国内两级法治，而在国际层面的多元行为体参与亦增加了国际法治的多元结构类型的要求。全球海洋治理中国际海洋法的重要作用已无须赘言，不过多层次行为体已经并且即将参与制定国际海洋法，并制定了大量的国内的习惯法与成文法以及双边、多边的海洋法律规范，这些规范分属于不同的海洋法规则系统，如何

---

〔31〕 Karsten Nowrot, Global Governance and International Law, Beitrage zum Transnationalen Wirtschaftsrecht, November 2004, p. 16.

〔32〕 王铁崖：《国际法》，法律出版社 1995 年版，第 5 页。

〔33〕 杜海英、王秀梅：《法律多元主义视角下的全球法：特征、界分及应对》，《甘肃社会科学》2015 年第 1 期，第 152 页。

〔34〕 Jan Aart Scholte, “Civil Society and Democratically Accountable Global Governance”, in Held and Koenig-Archibugi, Global Governance and Public Accountability, pp. 87-109.

实现对层级规范间的对接与整合，是一个亟待解决的问题。国际海洋法体系内部存在内容交叉、重叠、机构职能不清等碎片化现象。为了加强条约体系的科学性，提高条约的执行效率，对现有条约进行整合十分必要。本文认为，整合的思路是由联合国牵头制订整合计划或规划，组成专家组对整合的必要性与可行性方案进行讨论，方案经过所涉条约的缔约方会议通过，再进行具体条约的整合工作，以消除在海洋治理领域国际条约的割裂、交叉、重叠现象。当然，这是一项浩繁的工程，还有许多具体的细节有待进一步落实。

随着越来越多的多元行为体参与海洋治理，尽管通过不断创设海洋法规范，在数量上和规模上都在不断挑战国际海洋法体系，但同时也为国际海洋法的进一步发展提供了新契机。通过国际社会各方的协同努力，各个国家和主体能够充分参与国际海洋法制定程序，在民主协商的基础上制定行之有效的海洋法规范，使治理海洋法的进程能够得到切实可行的引导与管理，能够致力于缩小发达国家与发展中国家参与海洋治理的差异性，将有利于促进稳定、可持续的海洋秩序的形成。

3. 将“人类共同利益”作为国际海洋法的核心思想

全球治理宣扬国际社会形成统一的整体，注重国家利益与民族利益、全球利益的融合。国际海洋法应当以人类共同利益为基点，构建新型治理规则。我们不能否认，以国家中心主义为导向的国际秩序造成了全球问题，并且在这一体系下愈演愈烈，有增无减。全球治理的本质在于将全人类都作为一个整体，形成人类命运共同体，主张无论是弱小还是强大，这些国家、地区、国际组织，都应当坚持整体利益大于个体利益、个体利益让位于整体利益的原则。与国家利益相区别，人类存在基于社会生活的相互依存关系而产生的整体利益，超越了国家、种族、宗教、意识形态和经济发展水平，它需要国际社会在涉及人类共同利益的领域、事项方面确立新的国际合作关系。2017 年联合国海洋可持续发展大会通过的《我们的海洋、我们的未来：行动呼吁》宣言，重申了支持落实联合国 2030 年可持续发展议程中的“保护和可持续利用海洋和海洋资源以促进可持续发展”的目标。中国在“一带一路”倡议下为海洋治理提供公共产品，提出建设“21 世纪海上丝绸之路”与发展蓝色海洋经济，有力地推动了涉海国际合作的开展。面对海洋领域的问题和挑战，国际海洋法应将人类命运共同体意识作为指导思想，鼓励各方密切合作，携手应对海洋挑战，秉持共商、共建、共享原则，在国际海洋领域推进构建人类命运共同体，平衡处理海洋的保护和可持续利用，积极落实 2030 年可持续发展议程，实现海洋可持续发展。

我国海外军事基地安全防卫法律问题研究

■ 王章平[*]　邹立刚[**]

【内容摘要】2017 年我国在吉布提的军事基地遭到日本蛙人侦察。租用国在其海外军事基地具有租用权及其相应的管辖权。国际上确定蛙人侦察的性质主要有三种定性，即分别将蛙人视为战斗员、军舰的延伸、间谍。日方的侦察行为是违法行为，我国可依据国际法对此类行为进行预防和规制，并完善我国海外军事基地的防卫机制。

【关键词】海外军事基地　外国蛙人侦察　管辖权　防卫机制

引　言

我国在海外设置军事基地将是一种常态。近十余年我国货物贸易和港口吞吐量居世界第一位。自 2013 年以来，习近平主席提出的"一带一路"倡议正在迅速推进，2015 年《中国的军事战略》提出了"近海防御、远海护卫"的战略要求。

2017 年 8 月 1 日，中国人民解放军吉布提保障军事基地投入使用。[1]随后，在我国军舰靠泊吉布提港休整期间，靠泊在邻近码头的日本军舰派遣蛙人抵近我舰。[2]那么，我国海外军事基地的法律地位如何？对日方蛙人的行为如何定性？我国如何预防和规制此类行为？

一、我国在吉布提的军事基地

（一）吉布提及其外国军事基地

吉布提共和国位于非洲东北部亚丁湾西岸，国土面积 2.32 万平方千米，人口 90 余万。[3]吉布提对于租让土地给外国建设军事基地持积极态度：有助于其政治稳定和边界稳定；获得的租金占其 GDP 的 1/5；外国驻军促进了其国内消费。

法国是吉布提的前宗主国，目前在吉布提有数千人的驻军。美军很早就在吉布提建立了军事基地，2014 年美吉续签了为期 20 年的续租合同，每年美国支付 6300 万美元租金。日本、英国、西班牙等国在吉布提都有一定数量的驻军。[4]2013 年 1 月，中国招商局国际有限公司与吉布提港口管理局签订协议，以 1.85 亿美元收购吉布提港口 23.5%

---

* 海南大学国际法专业硕士研究生。

** 海南大学法学院教授，博士生导师，主要从事国际法学研究。

〔1〕 http：//news. ifeng. com/a/20170802/51547455_ 0. shtml.

〔2〕 http：//news. ifeng. com/a/20170802/51546705_ 0. shtml.

〔3〕 https：//baike. so. com/doc/1918157-2029356. html.

〔4〕 Ibid.

的股份[5]，其中包括建立我军保障军事基地。

（二）吉布提军事基地的战略地缘优势

吉布提位于曼德海峡核心地带，通过我国援建的“中吉铁路”深入东非腹地。曼德海峡是世界上最重要和最繁忙的海峡之一，每年都有两万多艘船只通过。[6]

我国吉布提军事基地的建立，对于我国“一带一路”倡议和保障国际战略航道安全，具有重大意义：（1）作为我国在非洲唯一的中转与货物安置港，对我国在非洲推进“一带一路”倡议提供了便利条件。（2）一国海外军事基地是地缘博弈中的政治存在与军事威慑。冷战时，美苏分别在其盟国、卫星国建设了大量的军事基地。[7]我国在吉布提建立军事基地，也是对潜在敌或假想敌的军事威慑。（3）现代战争中，决胜的关键在于控制海陆关键地区，在夺取战争的主动权方面有着至关重要的作用。早在 1986 年，美国就宣布要控制 16 个航道咽喉。[8]（4）在我国海外部署、执行任务以及远洋补给等多方面具有重要的功能，是我国“远海护卫”的重要基地。（5）基地具有仓储、中转等功能，能够较好地为人道救援、撤侨行动提供后勤保障。例如，2015 年 3 月也门撤侨行动中，吉布提港成为我国侨民的安置地点。

二、建立海外军事基地的法律依据

（一）海外军事基地的取得

军事基地是投射军事力量与支持军事行动的场所。[9]海外军事基地一般是指“部署在海外、支持武装力量的任何设施，包括提供住宿、膳食、保健服务、军火储存、设施维修、通信、交通”[10]。海外军事基地通常建立在他国领土上，但也有例外情况，如建立在海外领地、殖民地、托管地上。[11]也有个别临时建立在公海上，如 20 世纪 70 年代苏联在埃及境内的所有军事基地被关闭，于是苏联在地中海国际海域设立了浮动泊位。[12]

基地的租用通常是东道国与租用国之间签订相关国际协定。关塔那摩海军基地的起源可以追溯到 1898 年美西战争结束后，双方签署的和平条约。1946 年 7 月 4 日，美菲

---

〔5〕 https：//item. btime. com/m_ 2s21q2pu4d9.

〔6〕 https：//baike. so. com/doc/5355100-5590565. html.

〔7〕 Robert E Harkavy, *Great Power Competition for Overseas Bases*: *the Geopolitics of Access Diplomacy*, New York: Pergamon Press, 1982, p. 19.

〔8〕 寒放：《美国宣布要控制十六个航道咽喉》，《世界知识》1986 年第 6 期，第 9 页。

〔9〕 Roland G. Simbulan, *The Bases of Our Insecurity*: *A Study of the US Military Bases in the Philippines*, *Metro Manila*, Philippines: Balai Fellowship, 1983, p. 21.

〔10〕 SIPRI Yearbook, 1972, Stockholm: Almqvist &Wiksell, p. 247.

〔11〕 Robert Aldrich and John Connell, *Francet Overseas Frontier*: *Departements et Territoires d'outre-mer*, Cambridge and New York: Cambridge University Press, 1992, p. 292.

〔12〕 Bruce D. Porter, *The USSR in the Third World Conflict*, UK: Cambridge University Press, 1984, p. 50.

一般关系条约承认菲律宾完全独立，1947 年 3 月 14 日美菲签订军事基地协议。[13] 1951 年美日《安保条约》确认美国有权在日本维持军事基地。[14] 冷战时期，美国与苏联分别根据北约与华约军事联盟协定在西欧和东欧国家部署军事基地。1952 年美英法与西德签订协定，使盟国在西德的军事基地部署合法化。[15] 苏军临时驻扎在波兰、东德、匈牙利和捷克斯洛伐克等国的法律依据是 1955 年 5 月 14 日的《华沙条约》《双边友谊、合作和互助条约》和有关苏军法律地位的协定。[16] 然而，有些外国军事基地的建立并无合法根据，如 2003 年伊拉克战争后美国在伊拉克的军事基地，既未经联合国安理会授权，也未事先与所在国签订协定或经其同意。

虽然大多数国家的法律规定政府或议会有权决定是否允许外国部署军事基地，但有些国家明确禁止外国在其领土建立军事基地，如《伊朗伊斯兰共和国宪法》第 146 条规定：禁止伊朗建立外国军事基地。国际社会有时以条约规定某些战略要地非军事化。1888 年《君士坦丁堡公约》规定了苏伊士运河的非军事化和中立化。“一战”后，1920 年《斯瓦尔巴条约》规定挪威的斯瓦尔巴群岛维持军备废除的状态。[17] 1923 年《洛桑条约》规定“海峡地区实行非军事化”[18]。“二战”后，根据《巴黎和约》，芬兰的奥兰群岛实行非军事化。[19] 马耳他于 1980 年同意大利签订《中立协定》，不允许任何国家在马耳他建立军事基地，除非应马耳他政府的邀请或执行其自卫权。[20] 此外，受限于国际条约或国际习惯，外国不得在中立国如瑞士、奥地利、瑞典、列支敦士登、芬兰、哥斯达黎加、土库曼斯坦等国建立军事基地。

国际法一般也禁止在非国家管辖空间建立军事基地。如《联合国宪章》第 1、2.4 条以及其他相关条款的规定、《联合国海洋法公约》（以下简称《公约》）一系列条款特别是第 301 条“海洋的和平使用”的规定。《南极条约》第 1.1 条规定：“南极应只用于和平目的。一切具有军事性质的措施，例如建立军事基地，建筑要塞，进行军事演习以及任何类型武器的试验等，均予禁止。”《外空条约》第 4.2 条、《月球协定》第 3 条也有相应规定。

（二）相关国际协定的主要内容

“二战”后，美国的军事基地曾达 5000 多个（其中近半数在海外）。目前，美国海

---

〔13〕 I. Jon Woodliffe, *The Peacetime Use of Foreign Military Installations under Modern Internatonal Law*, Dordrecht Boston and London: Martinus Nijhoff Publications, 1992, p. 69.

〔14〕 UriBialer, Military Forces within Foreign Territory under Peace Arrangements, *Journal of Peace Research*, Vol. 17, No1. 1980, pp. 51-52.

〔15〕 Ibid. , p. 52.

〔16〕 ［苏］A. T. 戈尔内主编：《军事法学》，何西泉、高瓦译，解放军出版社 1987 年版，第 284—285 页。

〔17〕 https: //baike. so. com/doc/1526372-1613706. html.

〔18〕 https: //baike. so. com/doc/5994420-6207391. html.

〔19〕 https: //baike. so. com/doc/75746-79966. html.

〔20〕 孙德刚：《冷战后欧美大国在中东的军事基地研究》，世界知识出版社 2015 年版，第 111 页。

外军事基地多达 374 个，分布在 140 多个国家和地区，驻军 30 万人。[21] 关塔那摩基地是美国在海外建立最早和唯一没有归还期限的海外军事基地。1903 年美古签署相关条约，规定以每年 2000 美元的价格租借关塔那摩基地 117 平方千米的陆地和海面，1934 年美古续签永久性租用条约。[22]

相关协定的核心条款一般涉及以下内容：军事设施的种类、驻军人数和海外资产（军火的数量和种类、飞机、轮船、雷达、观测设备等）；使用军事基地设施和设备的权利、自由进出基地的权利以及在军事基地以外的飞越权等；驻军人员及其财产的法律地位，如行动自由、着装、武器携带、征税、刑事与民事司法、进出权利、驾照、登记费等；涉及主权的问题，如当地法律的适用范围、对驻军人员的司法审判程序、使用军事基地的补偿、东道国和租用国的磋商程序，等等。

三、海外军事基地的性质

（一）国际地役权

地役权概念源自罗马法。自罗马法到近现代一些重要的民法典，地役权概念始终保持了明确的内在规定性。[23] 地役权的本质在于以提高土地利用效益为目的而利用他人的土地。[24]

国际地役权是由条约固定下来对某一特定国家领土主权所作的限制，从而使其领土置于另一国家能由之得到利益的条件和限制之下。[25] 国际地役权即一国在他国领土上，以特定之目的，行其一部分领土权之国际法上关系也。[26] 国际地役权有积极地役与消极地役之分。消极地役的例子如 1815 年的《巴黎条约》为了瑞士巴塞尔州的安全，规定法国阿尔塞斯州的须宁根城不得设防。[27]

1910 年“北大西洋海岸渔业仲裁案”[28]、1932 年“上萨瓦及和节克斯自由区案”[29]、1960 年“印度领土通行权案”[30]，都有涉及国际地役权问题。其中“印度领土通行权案”的判决承认葡萄牙平民、民政官员及货物在往来达曼及若干印度领土所包围的葡萄牙属地之间有通过印度领土的权利，但军警及军火武器的经过仍需受印度当局的管制。[31]

---

〔21〕 https：//baike. so. com/doc/1980660-2096113. html.

〔22〕 http：//www. 81. cn/jfjbmap/content/2017-09/26/content_ 188877. htm.

〔23〕 朱广新：《地役权概念的体系性解读》，《法学研究》2007 年第 4 期，第 24 页。

〔24〕 耿卓：《我国地役权现代发展的体系解读》，《中国法学》2013 年第 3 期，第 85 页。

〔25〕 丘宏达：《现代国际法》，台湾三民书局 1983 年版，第 344 页。

〔26〕 ［日］岩井尊闻口述，熊元翰、熊元襄编：《国际公法》，上海人民出版社 2013 年版，第 96 页。

〔27〕 杨泽伟：《国际法》，高等教育出版社 2017 年版，第 134 页。

〔28〕 https：//wenku. baidu. com/view/09cb89c46137ee06eff918c2. html.

〔29〕 http：//www. docin. com/p-21387061. html.

〔30〕 https：//wenku. baidu. com/view/f0844df39e314332396893ff. html.

〔31〕 同上。

综上所述，国际地役权具有既定的内涵，国际法学说、国家间相关协定、国际司法判例并无海外军事基地属于国际地役权的定性。故国际地役权理论无法成为海外军事基地管辖权划分乃至存在的法理依据。[32]

（二）国家主权让渡

在国际法中，对“主权”比较一致的看法是：主权是对内的最高权力，对外独立自主的权力，是不受任何其他国家控制的。[33]传统的国际法理论认为，国家主权是一个民族国家所拥有的独立自主地处理其国内外事物的固有的最高权力，它具有独立性、自主性、排他性，以及不可分割、不可转让的属性。[34]然而，在全球化背景下，国家主权的相对性进一步凸显。如有学者认为，国家主权让渡是全球化发展背景下出现的一种新的主权理论。[35]主权的这一变革是特定历史条件下主权理论与实践动态契合的必然结果。[36]在全球化大趋势下，各主权国家为了共享经济成果，不得不在经济管理权、国家政治决策权和国家管辖权等方面让渡部分主权。[37]有学者也认为，国家主权也可以部分让渡于国际组织。[38]在实践中，主权国家通过条约，将国家的某些政治、经济、军事权力让渡给其签订的条约所约定的某特定组织行使，或者将国家之间的某些政治、领土、经济、军事争端或国家与私人之间的某些经济争端提交条约规定的国际司法或仲裁机构受理。特别典型的是欧盟，其各类组织分别行使着其成员国让渡的部分立法、司法、执法、外交和维护国家安全的权力。因此，有学者称欧盟为“超国家组织”[39]。

综观世界主要国家之间签订的相关协定，东道国均向租用国让渡部分管辖权。比如，尽管某些危害行为发生在东道国领土上，但该特定领土的使用权已经出租，该特定行为损害或侵犯的是租用国的国家安全、基地安全或其人员或其财产，而非针对东道国。因此，东道国可以将部分管辖权让渡给基地租用国。

四、海外军事基地的管辖权

（一）国家的自卫权

洛克在《政府论》中提到：“自然法没有赋予人们毁灭他人及其财产的自由。……

[32] 丘宏达：《现代国际法》，台湾三民书局1983年版，第322—346页。
[33] 邵津主编：《国际法》（第2版），北京大学出版社、高等教育出版社2005年版，第31页。
[34] 沈迎：《经济全球化时代的国家主权》，《重庆邮电学院学报（社会科学版）》2004年第4期，第83页。
[35] 杨斐：《试析国家主权让渡概念的界定》，《国际关系学院学报》2009年第2期，第13页。
[36] 刘凯：《国家主权让渡问题研究综述》，《东岳论丛》2010年第11期，第153页。
[37] 刘健、蔡高强：《全球化进程中国家主权的让渡与维护》，《湘潭大学社会科学学报》2002年第1期，第25页。
[38] 张军旗：《主权让渡的法律涵义三辨》，《现代法学》2005年第1期。
[39] ［德］于尔根·布尔迈：《欧盟及其成员国：金融危机下的德国和超国家主义》，徐苗译，《中德法学论坛》2014年第11辑，第299页。

因此，人们有权对威胁进行自卫。"[40]我国有学者评价道："国际法上的自卫权概念起源于个人之间的关系。……为国家法律所承认，成为国内法、特别是刑法的一部分。"[41]

解释国家自卫权主要有两种方式，即借助"卡罗林原则"与剥离"卡罗林原则"。前者如《国际法百科辞典》将自卫权定义为："美国与英国1841年4月24日因为卡罗林事件互换信函所表达的自卫规制。"[42]《奥本海国际法》写道："纽伦堡国际军事法庭于1946年关于在外国领土上采取预防行动问题采用了美国在'加罗林号案'中所规定的关于正当自卫行动的定义。"[43]我国学者批评道："先发制人使用武力是不为《联合国宪章》第51条所允许的。"[44]为防止武力攻击而进行的预防性自卫是没有国际法根据的。[45]剥离"卡罗林原则"是指直接对其进行解释，如将自卫权解释为"一国使用武力反抗外来非法攻击而保护自己的权利"[46]。我国有学者赞同之，认为："自卫权是国家对于任何外国的进攻，侵犯和侵略以武力予以抵抗和反击的权利。"[47]

自卫权作为国家的基本权利之一，亦是《联合国宪章》赋予国家维护领土安全的基本权利。故在本国领土范围内，国家有权对危害本国领土完整与国家安全的行为进行规制。卢梭在《社会契约论》中认为，一国的主权是基于公民让渡的权利[48]，因而国家的自卫权也是可以部分让渡的。然而，行使国家自卫权需符合国际法包括《联合国宪章》所规定的受到非法武力攻击的条件，并不适用于一般情况。

（二）海外军事基地的管辖权

实践中，海外军事基地管辖权的划分情况较为复杂。其划分主要有两种典型，即主要由东道国行使管辖权的苏联模式和主要由基地租用国行使管辖权的美国模式。

苏联模式。（1）苏联军人及其家属若违犯东道国现行法律，按照一般原则承担东道国所规定的法律责任。（2）苏联军人及其家属的违法行为侵犯了苏联或者伤害了苏军编内人员及其家属，或者在执行勤务时违法，则对其适用苏联立法并由苏联法院管辖。（3）若东道国公民犯有反对苏军及其编内人员的应受惩罚的行为，则根据东道国立法像反对东道国武装力量的行为一样承担责任。（4）当双方对苏联军人实施的犯罪或者过失案件在司法方面出现分歧时，问题可提交根据条约设在柏林、华沙、布达佩斯和布拉格的混合委员会解决；若混合委员会也不能解决时，则通过外交途径处置。（5）苏军在通

[40]［英］约翰·洛克：《政府论》（下篇），商务印书馆1964年版，第5页。

[41] 余民才：《国际法上自卫权实施机制》，中国人民大学出版社2014年版，第1页。

[42] 同上，第2页。

[43]［英］劳特帕特修订：《奥本海国际法》（下卷·第一分册），王铁崖、陈体强译，商务印书馆1972年版，第139页。

[44] 余民才：《自卫权适用的法律问题》，《法学家》2003年第3期，第148页。

[45] 辛柏春：《自卫权法律问题探析》，《学术交流》2014年第9期，第82页。

[46]［美］汉斯·凯尔森：《国际法原理》，王铁崖译，华夏出版社1989年版，第51页。

[47] 邓正来编：《王铁崖文选》，中国政法大学出版社1993年版，第463页。

[48]［法］卢梭：《社会契约论》，商务印书馆2010年版，第10页。

常驻地之外进行训练、演习和其他的调动应按照与驻在国主管机构协商的结果实施。[49]

美国模式。美国相关协定的内容可能涉及三类人员的法律地位：相关行政与技术人员的法律地位一般参照《维也纳外交关系公约》确定；基地驻军的军事人员及其财产问题；战斗人员短暂部署在外国的地位，如参加联合军演等。按照租用国拥有治权的多少，可以将《驻军地位协定》分为三种类型：类型一，租用国基本享有治外法权，尽在例外情况下允许东道国行使管辖权。类型二，区分基地区域和东道国的其余领土，以此为标准而决定在既定事项上是东道国还是租用国具有管辖权。类型三，不区分区域范围而规定东道国和租用国的并存管辖权，但依据一定的方式来确定在不同情况下是东道国还是租用国优先行使并存管辖权。[50]类型一的例子如冷战初期美国在日本、西德、韩国和格陵兰岛的军事基地；类型二的例子主要是军人和文官只在基地及其邻近地域享有治外法权，但在其他地区不享受豁免权；类型三的例子如北约在欧盟的军事基地。[51]冷战结束后，美国和东道国签订的相关协定主要是后两种类型。

五、军事蛙人的法律定性

蛙人因其使用的装备中有形似蛙脚形状的游泳和潜水工具而得名。军事蛙人是担任水下侦察、爆破和其他特殊任务的人员。国际法上对此类蛙人的定性主要分为三种，即将蛙人视为交战人员、将蛙人视为军舰的延伸、将蛙人视为间谍。[52]

将蛙人视为交战人员，主要依据是蛙人属于特种部队。但此种分类存在一定的缺陷，即在国际法上，战斗员身份认定的前提是两国处于战争状态。《奥本海国际法》对战争作了定义：战争是两个或两个以上国家通过武装部队的争斗，其目的在于彼此制服并由战胜国对他方强加以它所任意要求的和平条件。[53]对于战争的开始主要分为两种状态，即战争的正常开始（如宣战）和未经事先警告的敌对行为。[54]目前，中日之间并未处于战争状态。此外，若将蛙人视为战斗员，则需要比照俘虏对待。因此，将蛙人视为战斗员去处理，明显不符合战争法和战俘的构成要件。

将蛙人视为军舰的延伸，其主要根据是蛙人一般通过军舰包括潜艇投送到指定的任务区域。《公海公约》第 5.2 条规定了军舰的定义，《公约》第 29 条采用了这个定义。对于外国军舰在沿海国领海是否享有无害通过权，有学者认为：在平时，军舰与商船不

---

〔49〕［苏］A. T. 戈尔内主编：《军事法学》，何西泉、高瓦译，解放军出版社 1987 年版，第 285 页。

〔50〕George Stambuk, *American Military Forces Abroad: Their Impact on the Western State System*, Ohio State University Press, 1963, p. 53.

〔51〕Ibid., pp. 53-65.

〔52〕刘丹：《驱离蛙人骚扰也是场法律战》，《环球时报》2017 年 8 月 8 日，第 14 版。

〔53〕［英］劳特帕特特修订：《奥本海国际法》（下卷·第一分册），王铁崖、陈体强译，商务印书馆 1972 年版，第 145—146 页。

〔54〕［韩］柳炳华：《国际法》（下卷），朴国哲、朴永姬译，中国政法大学出版社 1997 年版，第 406—407 页。

同，并没有明确地被承认拥有在其他国家的沿岸海无害通过的权利。[55]即使军舰享有该无害通过权，《公约》第 19 条列举了 12 类有害行为，大部分与军事活动有关。因此，日本蛙人在他国领海进行侦察的行为是违反国际法的。按照《公约》第 11 条关于港口的定义，“构成海港体系组成部分的最外部永久海港工程视为海岸的一部分”，即港口属于一国领陆的组成部分。因此，日本蛙人深入港口侦察我军事基地和军舰的行为，无疑是违反国际法的间谍行为。然而，将蛙人视为军舰的延伸，尽管能够确定其侦察的非法性，但在平时法上，军舰享有豁免权，即外国一般并不能直接对其进行行政和司法管辖，虽然并不豁免军舰违法所应承担的法律责任。

将蛙人视为间谍。对于间谍及其行为的认定和惩治，世界上主要国家的相关法律如国家安全法、反间谍法和刑法，都有比较成熟的规则。《中华人民共和国刑法》第 110 条规定了间谍罪。《中华人民共和国国家安全法》第 15 条规定了“防范、制止和依法惩治境外势力的渗透、破坏、颠覆、分裂活动”。《中华人民共和国反间谍法》第 38 条规定了应受法律追究的 5 大类间谍行为。《中华人民共和国军事设施保护法》第 2 条规定了直接用于军事目的的 8 类建筑、场地和设备受本法保护。

综上，根据相关国际法、国内法和国际实践，日本蛙人的侦察行为，从侦察的主体、被侦察的客体以及蛙人的主客观要件来看，均符合有关间谍行为的构成要件，故此我国可以对此按照间谍行为予以规制。

六、完善我国海外军事基地防卫机制的建议

（一）完善相关国际协定的建议

上述事件，警示了我国加强海外军事基地防卫机制的必要性和紧迫性。然而，国家对海外军事基地的管辖权基于东道国的主权让渡，因此需要完善相关国际协定，以确立行使管辖权的法律依据。借鉴他国经验，海外军事基地的管辖权需要根据相关行为的性质、行为发生的地点、行为人的国籍、行为所针对的对象等因素而分别归属东道国和租用国。

根据国家主权原则和属地管辖原则，东道国对于外国人包括基地内外国军人、文员及其家属在东道国境内违反东道国法律的行为都享有管辖权和适用东道国法律，包括一般刑事犯罪行为和危及东道国安全和他国安全的犯罪行为的刑事管辖。然而，根据主权让渡的原理，我国可通过所签订的相关协定的规定，在几种特定情况下，行使管辖权和适用我国相关法律。

基地内我国军人、文员及其家属在基地的行为和相互之间的行为，包括一般刑事犯罪和危及我国国家安全和基地安全的犯罪行为。东道国可将其管辖权让渡给租用国的主

---

〔55〕［日］日本国际法学会编：《国际法辞典》，外交学院国际法教研室译，世界知识出版社 1985 年版，第 336 页。

要根据是：该类行为发生在我国租用的基地之内；行为人均属我国国籍；损害或侵犯的对象是我国国家安全、基地安全、国家财产或者我国人员及其财产；没有损害或侵犯东道国或者第三国国家安全、国家财产或其人员及其财产。

基地内所有受我国军事法支配的人员在东道国境内的相关行为。我国的军事法是指调整国防建设和军事活动的法律规范的总和，如《中华人民共和国国防法》规定其适用于军事活动以及与军事有关的政治、经济、外交、科技、教育等方面的活动；《中华人民共和国兵役法》《中国人民解放军现役士兵服役条例》主要规定了士兵服役制度和部队建设；《中国人民解放军现役军官服役条例》《中国人民解放军军官军衔条例》主要规定了军官队伍建设和军衔制度；《中华人民共和国军事设施保护法》主要规定了保护军事设施的安全，保障军事设施的使用效能和军事活动的正常进行；等等。尽管该类行为发生在东道国境内，但这类行为是基于履行军职而引起或导致的行为；行为人均属我国国籍；损害或侵犯的是我国的法益；没有损害或侵犯他国法益。因此，东道国可将其管辖权让渡于租用国。

东道国之外的他国国民针对我国国家安全、基地安全、国家财产、我国人员及其财产的相关犯罪行为。这种管辖权的划分也符合国际法上保护管辖权原则。在刑法上，保护管辖权是指国家对在其领域外的外国人严重侵害该国或其公民的犯罪进行管辖的权利。其行使需要满足两个基本条件：（1）严重侵害该国或其公民的应处一定刑罚以上的犯罪。如我国刑法第 8 条规定“按本法规定的最低刑为三年以上有期徒刑的”；（2）“双重犯罪原则”或“相同原则”，即该行为按照犯罪地的法律同样应受刑罚处罚。如我国刑法第 8 条规定“按照犯罪地的法律不受处罚的除外”。此外，我国刑法第 10 条还规定，“在外国已经受过刑罚处罚的，可以免除或者减轻处罚”。当然，保护管辖权的实现存在困难：因为犯罪地不在我国领域内而是在域外；犯罪人是外国人，受本国法管辖，因此存在保护管辖权与属地管辖权和属人管辖权的冲突。一般而言，保护管辖权的实现有两种方式：犯罪行为人进入该国境内；通过国家间对犯罪行为人进行引渡。

还有必要签订对相关未尽事宜的协商条款，通过外交协商妥善处理相关管辖权的争议和具体划分未尽事宜的管辖权。此外，在实现相关管辖权方面也有必要签订相互协助条款等相关条款，包括通知相关事态，调查协助、证据搜集协助以及移交，抓捕或逮捕嫌疑人并移交，通知相关处置措施和结果。

（二）完善相关防卫措施的建议

我国应加强对海外军事基地的安全防卫措施，预防相关行为的发生，如对基地陆地和水下采用全封闭围墙或围网防卫，安装触发传感和红外传感等防卫设备，加强日常巡逻巡查等。当侵害行为发生后，可依法采取既定的措施。特别重要的是搜集和固化相关证据以备后用，为我方所采取的措施奠定合法性基础，并可应用于外交途径，如与侵害行为人所属国进行交涉或提出抗议；向东道国进行通报和进行沟通；等等。

当侵害行为发生时，我国基地当局可采取的措施主要有：

制止相关行为。如《军事设施保护法》第 41 条规定了军事设施管理单位的执勤人员对 3 类违法行为的制止权。

采取强制措施。《军事设施保护法》第 42 条规定有本法第 41 条所列情形之一不听制止的，有关执勤人员可：依法强制带离或扣留人员移送有关机关；立即制止信息传输等行为，扣押相关器物品移送有关机关；清除障碍物；在“紧急情况下”使用武器。

治安管理处罚。《军事设施保护法》第 43—45 条规定了对一些行为适用《中华人民共和国治安管理处罚法》第 23 条、第 28 条、第 33 条的处罚规定，包括警告、一定数额的罚款、一定天数的拘留。虽然其第 4 条规定本法适用于我国领域内，但是根据主权让渡的原理，我国可以行使管辖权和适用我国相关法律。

追究刑事责任。《军事设施保护法》第 46 条规定 5 类情形下追究刑事责任，包括窃取、刺探军事设施秘密的，严重扰乱军事禁区、军事管理区管理秩序和危害军事设施安全的行为。

进行民事索赔。《军事设施保护法》第 49 条规定，造成军事设施损失的，依法承担赔偿责任。

半闭海视野下的海洋治理与维护海洋权益

■ 魏德才*

【内容摘要】海洋法上半闭海的名称来自于地理学概念，内容上闭海论是对海洋自由论的局部反击。半闭海体现的是区域海洋治理，而非全球治理；半闭海要求进行区域多边治理，而非双边治理；半闭海制度倡导区域全面治理，与海洋自由论存在制度冲突。尽管《联合国海洋法公约》中的半闭海条款呈现定位高、制度新的特征，仍属于倡导条款。从地中海、加勒比海的实践来说，半闭海的区域治理是专业化海洋治理的配角，区域渔业管理组织正在主导半闭海生物资源的养护与管理，海上共同开发正在分化半闭海所追求的区域治理。从中国的立场出发，我国应倡导并参与半闭海国际合作，反对域外大国滥用海洋自由，以双边共同开发促进半闭海合作，警惕邻国间的不当开发。

【关键词】半闭海　海洋自由论　闭海论　共同开发　海洋治理

党的十八大提出建设海洋强国，党的十九大进一步要求："坚持陆海统筹，加快建设海洋强国。"这要求从我国海域的地理状况出发，研究并解决海洋法问题。依据1982年签订的《联合国海洋法公约》（以下简称《海洋法公约》），我国的黄海、东海、南海三大海域均属于半闭海。从半闭海的角度来研究海洋治理，对我国加快建设海洋强国，有着现实而紧迫的意义。

一、从地理学到海洋法的半闭海

在范围上，海洋法意义的大陆架远大于地理学的大陆架，海洋法上的群岛水域由群岛国专属，大陆国家的洋中群岛不具有这样的地位。同海洋法的这些制度一样，半闭海的名称也来源于地理学，但内容不同于其地理学概念本身。

（一）地理学的闭海或半闭海没有统一的概念但可列举

地理学上的闭海或者半闭海，属于边缘海的一种。现代汉语将比较小的半闭海被称为海湾，如波斯湾、泰国湾等。由于闭海或者半闭海并不能通过百分比之类的数学、测量学来确定内涵和外延的概念，地理学或者海洋生物学并没有一致而准确的闭海或者半闭海概念。但对闭海或者半闭海的理解可以通过举例来完成。黑海属于典型的闭海，由俄罗斯、乌克兰、土耳其等国领土所包围，只有伊斯坦布尔海峡与地中海沟通。地理学学者多将部分边缘海视为半闭海。就全球而言，大西洋两侧的半闭海主要有加勒比海、巴芬湾、哈德逊湾、墨西哥湾、比斯开湾、波罗的海、黑海、北海、地中海等。在太平洋沿岸也有许多半闭海，如加利福尼亚湾、日本海、鄂霍次克海、苏拉威西海等。印度

---

* 法学博士，海南大学法学院副教授。海南省南海政策与法律研究中心研究人员，研究方向为国际法和海洋法律制度。

本文为司法部研究项目"海洋渔业资源养护的国际法规制研究"（14SFB30041）的研究成果。

洋上，孟加拉国湾、阿拉伯湾、红海、波斯湾也是知名的半闭海。

在闭海和半闭海之间，也并没有泾渭分明的界限。例如地中海，有学者将其作为半闭海的典型案例来分析，也有学者将其作为闭海来研究。除了黑海外，大部分此类海域属于半闭海，为行文方便，这里以半闭海的提法来研究相关问题。由于半闭海距离陆地近，是人类早期海洋活动的重要场所。“二战”后，海洋科技进步对传统海洋资源分配机制构成严重挑战。1958 年的第一次联合国海洋法会议上，乌克兰和罗马尼亚曾建议，在《公海公约》第 1 条上加一段话，“对某些海域，为了历史原因或由于国际协定设立一种特别的制度”。美、英和其他一些国家表示反对。[1]美国罗德艾兰大学的亚历山大曾专门论述了半闭海的定义和有关制度。他认为，半闭海的面积不得少于 5 万平方海里，必须是一个“基本的”海，而不是一个较大面积的半闭水体的海湾。在半闭海的周围至少要有 50% 是陆地，在半闭海与开阔海之间连接处的宽度不得超过该半闭海全部范围的 20%。依据这个定义，亚丁湾、安达曼海、俾斯麦海、加勒比海以及我国附近的东海、黄海、南海均属于半闭海。[2]

（二）海洋法的半闭海是闭海论对海洋自由论的局部反击

海洋规范的形成与发展需要经过较长时间的酝酿，并以各国实践与遵守为保障。纵观海洋法的发展历史，1493 年教皇亚历山大六世将地球的三分之一授予西班牙、葡萄牙。[3]与之紧密关联，1580 年西班牙大使门多萨因为德雷克在太平洋所作有名的航行向英国女王伊丽莎白一世提出抗议，伊丽莎白一世答复说：一切国家的船舶都可在太平洋上航行，因为海洋和空气一样，是大家共同使用的。海洋不能属于任何国家所有，因为自然和公共使用的原因都不允许对海洋加以占有。伊丽莎白一世的态度是现代公海自由逐渐产生的胚胎。[4]在她答复门多萨后的第 29 年，即 1609 年，格劳秀斯发表短篇论着《海洋自由论》，认为：教皇的王国并不是这个世界，教皇应放弃管理世俗事务的权利，从而主张葡萄牙人无权禁止荷兰的东印度贸易活动。[5]

国际法历史上，海洋自由论与闭海论之间的争论长达两百年以上。自 19 世纪 20 年代以来，尤其是 1893 年白令海海豹仲裁案以后，海洋自由论逐步成为主流。[6]但在理

---

〔1〕 刘楠来、周子亚、王可菊等：《国际海洋法》，海洋出版社 1986 年版，第 261 页。

〔2〕 M. Alexander, Regionalism and the Law of the Sea; The Case of Semi-enclosed Seas, *Ocean Development and International Law Journal*, 1974.

〔3〕 1493 年 5 月 14 日罗马天主教教皇诏书，确认了《托德西利亚斯条约（修正案）》的内容。《剑桥当代史》I，第 23—24 页。转引自［荷］雨果·格劳秀斯：《论海洋自由或荷兰参与东印度贸易的权利》（第 2 版），马忠法译，上海人民出版社 2013 年版，第 17 页。

〔4〕 ［英］詹宁斯、瓦茨修订：《奥本海国际法》（第一卷·第二分册），王铁崖等译，中国大百科全书出版社 1998 年版，第 154 页。

〔5〕 ［荷］雨果·格劳秀斯：《论海洋自由或荷兰参与东印度贸易的权利》（第 2 版），上海人民出版社 2013 年版，第 18、68、69 页。

〔6〕 ［英］詹宁斯、瓦茨修订：《奥本海国际法》（第一卷·第二分册），王铁崖等译，中国大百科全书出版社 1998 年版，第 156 页。

论上和实践中，闭海论并没有消失，正在不断以新的形式发出声音，影响着人类的海洋治理。半闭海正是闭海论对海洋自由论的局部反击。半闭海在制度设计方面有三个方面的特征：（1）半闭海制度体现区域主义的海洋治理，而非全球治理；（2）半闭海制度是对海洋自由论的限制，半闭海在某种程度上会排斥外来者在该海域从事某种活动；（3）半闭海体现的是多边主义治理，而非双边治理，这是半闭海与共同开发的重要区别之一。

（三）由地理特殊性带来的规则特殊性需求实现受阻

为筹备第三次联合国海洋法会议，1972 年 3 月海底委员会通过了部分发展中国家提出的“海洋法议题和问题综合清单”，建议第三次海洋法会议讨论 25 项议题，第 17 项为“闭海或半闭海”。第三次联合国海洋法会议期间，曾经有许多关于半闭海制度内容的构想与建议。土耳其曾提出了闭海或半闭海不同于大洋深处，有特殊的地理特征，领海宽度应由该地区各沿岸国共同决定。[7] 由于受到了科孚海峡案的影响，阿尔及利亚提出关于在半闭海航行领域的特别要求。[8] 基于自身的地理特征，伊朗提出，在半闭海进行科学研究，必须经全部沿岸国同意才能进行。[9] 这些要求反映出由于地理上的特殊性，半闭海有着独特的规则需求。以地理特殊性来掩盖闭海论的要求，这是半闭海的本质特征。期待这种特殊性能够阻止海洋自由论的适用，是半闭海的价值所在，也是部分发展中国家钟爱半闭海的理由。

在这次海洋法会议上，由于美国、苏联等海洋大国坚持主张海洋自由理论，这些制度构想并没有成为现实。经过激烈的谈判与争论，“闭海或半闭海”成为《海洋法公约》单独设立的一部分（第九部分），但共有两条内容，分别是第 122 条关于闭海或半闭海的定义、第 123 条关于闭海或半闭海的合作。《海洋法公约》中的两条内容并没有体现出规则特殊性的要求，显示出《海洋法公约》中的半闭海是闭海论对海洋自由论一次并不成功的反击。

二、《海洋法公约》中的半闭海

海洋一直处于两股劲风的影响之下，从海洋吹向陆地的自由之风，以及由陆地吹向海洋的主权之风。海洋法永远处于两股劲风撞击的中心。[10]“二战”以后，海洋自由论占据了主导地位，但闭海论仍然在以顽强的生命力寻找到了自己生存的空间，半闭海就

---

〔7〕 Document A/CONF. 62/C. 2/L. 8，15 JULY 1974.

〔8〕 Document A/CONF. 62/C. 2/L. 20，23 JULY 1974.

〔9〕 Document A/ CONF. 62/C. 2/L. 72，21 AUGUST 1974.

〔10〕 Rene-Jean Dupuy，La mer sous competence nationale，in Rene-Jean Dupuy & Daniel Vignes eds.，Traité du Nouveau Droit de La Mer 219，219（1985），cited from Bernard H. Oxman（2006），The Territorial Temptation：A Siren Song at Sea，American Journal of International Law，Vol. 100，p. 830. 转引自郑志华：《中国崛起与海洋秩序的建构——包容性海洋秩序论纲》，《上海行政学院学报》2015 年第 3 期，第 96 页。

是一个很好的例子。

（一）宽泛的半闭海概念体现闭海论的海洋治理要求

作为《海洋法公约》取得的成绩之一，“闭海或半闭海”有了明确的国际法定义，指两个或两个以上国家所环绕并由一个狭窄的出口连接到另一个海或洋，或全部或主要由两个或两个以上沿海国的领海和专属经济区构成的海湾、海盆或海域。[11]这个定义较为宽泛，根据这个定义，除了主体部分为公海外，太平洋、印度洋、大西洋不是半闭海；世界上许多海湾、海盆或海域，包括了最大的海湾——孟加拉国湾都属于半闭海。由于北冰洋在面积存在一定比例（约1/4）的公海，北冰洋是否属于半闭海，引起了学者的关注和争议；总体而言，北冰洋由于面积过大，超出了半闭海的制度设计，并不属于半闭海的范畴，但是在许多方面需要考虑半闭海制度的设计来推进北极治理体系的完善。[12]

《海洋法公约》没有对闭海与半闭海进行分别定义。这符合地理现实，也符合海洋法制度需要。在制度设计上为闭海与半闭海设定一个概念，创立二者之间概念的可替代性，这是十分必要的。假如二者定义不同，同是某海域的沿岸国，一国主张是闭海，另一些国家主张是半闭海，尽管这种争议没有地理意义和环境意义，如果同时存在两套制度，就会产生制度适用上的争议。联合国部门的研究报告曾指出，根据《海洋法公约》中的半闭海定义，结合周长的75%被大陆或者岛屿所切割的自然状况，加勒比海是典型的半闭海。[13]这里的75%并不精确，是相对的数字，只是对自然状况的大体描述，与是否构成半闭海的定义没有关系。有研究者曾提出，闭海是陆地占四周95%的海，半闭海是陆地占四周50%的海。[14]《海洋法公约》并没有支持这样的主张。《海洋法公约》的立法者很早就注意到闭海或半闭海认定方面存在着较大的主观性，避免使用数字标准，避免将二者相区分。这与《海洋法公约》中的岛礁定义并不明确密切相关。[15]

（二）鼓励合作的倡导条款为区域治理创造了条件

除了半闭海的定义外，《海洋法公约》中关于半闭海的另外一条是鼓励合作的倡导条款，缺乏强制性。依据这一规定，半闭海沿岸国在行使和履行本公约所规定的权利和义务时，应尽力直接或通过适当区域组织互相合作。理论上可以适用于所有的涉海领

---

〔11〕《海洋法公约》第122条。

〔12〕［美］Joshua Owens：《闭海和半闭海制度——北冰洋是半闭海吗?》，郭玉兰译，《中国海洋法学评论》2013年卷第2期，第203页。

〔13〕http：//repositorio. cepal. org/bitstream/handle/11362/38828/1/LCCARL024_ en. pdf accessed 6 November，2016.

〔14〕郑凡：《半闭海视角下的南海海洋问题》，《太平洋学报》2015年第6期，第51—52页。

〔15〕邹克渊：《岛礁建设对南海领土争端的影响：国际法上的挑战》，《亚太安全与海洋研究》2015年第5期，第3页。

域，但《海洋法公约》的半闭海条款强调了四个领域作为半闭海制度的核心内容：（a）协调海洋生物资源的管理、养护、勘探和开发；（b）协调行使和履行其在保护和保全海洋环境方面的权利和义务；（c）协调其科学研究政策，并在适当情形下在该地区进行联合的科学研究方案；（d）在适当情形下，邀请其他有关国家或国际组织与其合作以推行本条的规定。[16]

作为鼓励合作的条款，《海洋法公约》的半闭海为沿岸国合作设计了初步框架。除了传统的国际直接合作外，区域国际组织成为重要的合作方式。随着区域国际组织的设立和运行，以半闭海为名的区域治理将会得以逐步发展。《海洋法公约》的“闭海或半闭海”在制度设计上呈现如下特征：第一，定位高。制定者将“闭海或半闭海”设置在与领海、公海、岛屿制度等同等地位，作为公约的一级组成部分，是有着较高期待的。第二，制度新。“闭海或半闭海”与专属经济区、大陆架、“区域”等新设立的制度并列起来作为海洋新秩序的组成。

《海洋法公约》的制定者希望通过一次会议将海洋法规范全部解决，这并不现实。半闭海本质上是一个涉及海洋划界、航行权利、多种资源分配问题等反映国家海洋权益的高度敏感性综合议题。《海洋法公约》将半闭海引入国际法，并没有给出确切的国际法规则，这是由国际政治状况和议题本身过于综合性的特征所决定的。目前，半闭海并不是作为一种国际法规则存在，更多地被认可为半闭海合作。

三、半闭海合作在海洋治理实践中具有独特功能

长期以来，由于国际社会不存在地球政府而呈现出总体上的“无政府”或者“多政府”状态，海洋治理总体上按照国际法的要求，是有规律可循的，也是总体上处于人类管理和控制之下的。当前海洋治理的基础是以《海洋法公约》为代表的国际法。1982年《海洋法公约》签订以后，半闭海进入国际法领域，并没有因地理特殊性而获得规则特殊性。到2017年联合国海洋会议召开，35年间半闭海合作在海洋治理中发挥了重要的辅助功能。在倡导条款要求进行合作的领域（渔业、环保、科研等），半闭海合作参与海洋治理的功能独特，正在获得国际实践的认可与支持。

（一）半闭海合作的区域治理是专业化海洋治理的有益补充

人类当前的海洋治理机制，专业化呈现主流，这也是未来治理的趋势，但这种趋势本身并非没有问题。半闭海合作是人类海洋治理区域化的重要形式，就过去35年的实践而言，尽管遭遇到《海洋法公约》相关条款成为倡导条款的不成功，这种区域化的特殊性没有褪去，全球治理的一般性并没有替代区域治理。半闭海合作有其独特价值和生命力，不但没有消失，还会会弥补当前海洋治理过度专业化的不足。半闭海合作在海洋

〔16〕《海洋法公约》第123条。

治理中的定位如图 1 所示。

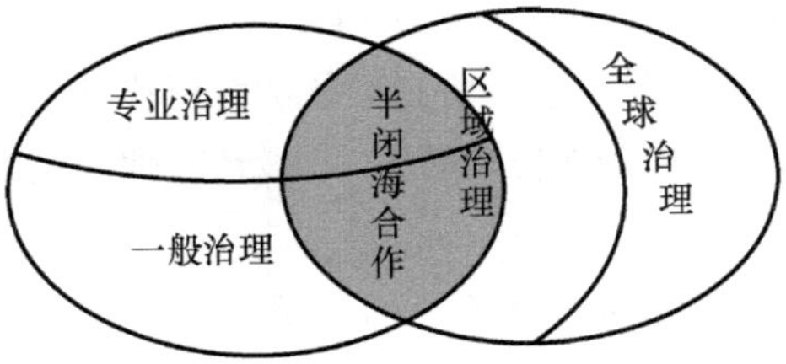

图 1　半闭海合作在海洋治理中的定位图

半闭海合作的本质要求是区域海洋治理机制的一体化。由于过去 35 年间，经济全球化的迅速发展，建立区域海洋治理机制的努力已经被专业化全球国际组织的成功所替代，尤其是联合国专门机构的发展已经将半闭海的特殊性降低。联合国环境计划署、粮农组织、国际海事组织分别在海洋环境、海洋渔业、海洋航运等领域发挥了至关重要的作用，这些让区域专业化治理机制成为全球海洋治理机制的组成部分。

半闭海合作是解决国际法碎片化问题的方法。专业化的海洋治理存在着显著问题。例如，海洋生物多样性属于海洋环境领域，由联合国环境计划署负责养护，海洋渔业资源属于农业生产领域，主要由粮农组织负责协调，海洋哺乳动物资源属于环境保护领域，由海洋环境保护的国际条约约束或者由政府间国际组织负责制定保护规范。这是三个紧密联系而又相互独立的国际法领域，三者间的国际法规范没有效力等级差别，并不能确定保护海洋哺乳动物的国际条约具有优先地位。海洋治理领域面临着显著的国际法碎片化问题，这一问题涉及国际法的本质所在，依据现有的专业化路径无法解决。

半闭海是将海洋治理的各种问题区域化后综合解决。半闭海提供的解决方案不会是零碎的，而是一体化的，这是人类真正需要的。半闭海所代表的区域化路径充分尊重各沿海国的主权，将海洋利益的短期、中期、长期目标相协调，能够有效解决专业化治理领域无法穷尽、领域间缺乏衔接的问题。半闭海在海洋治理中具有强大的功能，能否发挥这种功能主要看沿海国的政治意愿。由于半闭海沿海国的数量显著少于全球海洋国家的数量，半闭海带来的区域化路径更容易获得成功。

（二）区域渔业管理组织正在主导半闭海的海洋生物资源养护与开发

随着专属经济区制度的普遍建立，半闭海水域的大部分已经成为沿海国的专属经济区。突出的问题是，半闭海沿海国主张的专属经济区范围存在重叠。由于半闭海沿海国在政治、经济、文化方面存在较大差异，会采取不同的治理措施，造成了基于各自主权权利的半闭海治理状况。这种状况的直接结果是治理目标落空，海洋资源状况恶化。海洋生物资源有着不同于陆地生物资源的特征，半闭海区域合作成为解决问题的途径。

半闭海生物资源养护与开发的过程中，以区域专业组织形式的合作实践远早于 1982 年《海洋法公约》。1882 年签订的《北海渔业公约》已为渔业合作制定了基本的框架，渔业资源养护与开发制度的许多方面，主要由沿海国组成的渔业管理组织决定，与远洋捕鱼国关系不大，这是对公海捕鱼自由的重要挑战。依据《海洋法公约》，半闭海的治理目标主要通过两种国际合作方式来实现：一是国家间直接合作，二是各国通过区域管理组织来共同管理资源。在国际合作实践中，专业化区域管理组织有着显著的优势，例如，区域渔业管理组织（RFMOs）是渔业资源养护与开发规范发展、管理机制运行的主要推动力量。

地中海位于欧、亚、非三洲之间，是世界上沿岸国最多的半闭海。1949 年粮农组织通过会议建立的“地中海渔业总理事会”负责养护与管理地中海、黑海及其连接水域的渔业资源。2007 年更名为“地中海渔业总委员会”。该组织目前有包括欧盟在内的 25 个缔约方。这些国家在政治、经济、宗教、文化等领域有着显著的差异，部分国家间存在着较大的陆地、海洋争端，但地中海渔业总委员会的设立和运行对于该区域渔业资源养护与管理仍发挥了重要的作用。地中海渔业资源养护的形势目前仍然十分严峻，97% 的鱼类种群正在遭受过度捕捞。〔17〕半闭海制度的内容在实践中被不断丰富，该组织 2016 年报告显示，划定渔业活动限制区域已经成为该渔业管理组织必须采取的养护措施。〔18〕

加勒比海是一个由 21 个国家组成的封闭海湾，加勒比海地区的渔业资源的养护与管理主要由两大渔业水产组织，分别为加勒比区域渔业组织（CRFM）和中美洲渔业水产组织（OSPESCA）。中美洲渔业水产组织（OSPESCA）主要由中美洲的洪都拉斯、尼加拉瓜、巴拿马等 8 个国家组成，管辖的水域范围不仅包括了成员国的专属经济区，还有领海、内水等。加勒比区域渔业组织（CRFM）是加勒比海东部沿岸国（或岛屿国）组成的区域渔业协调机制，目前有 16 个成员，大部分是加勒比海岛国。加勒比区域渔业组织的管辖范围包括成员国的内水、领海、专属经济区和大陆架的渔业资源；在符合《海洋法公约》的条件下，加勒比区域渔业组织也负责国家管辖权之外关于跨界鱼类种群和高度洄游鱼类种群的养护与管理。由于共处于加勒比海，两个渔业水产组织之间较多的合作，已经涉及加勒比海域生物资源养护与开发的大部分领域。

（三）海上共同开发正在分化半闭海合作所追求的区域治理

海上共同开发是海洋开发中的国际合作现象，不仅发生在争议海域，而且发生于跨界海域、国家专属管辖海域、200 海里以外大陆架、国家管辖范围以外（含“区域”）等。〔19〕当半闭海的沿海国只有两个国家的情况下，海上共同开发是十分有效的治理方

〔17〕 Source：Report of the 18th session of the Scientific Advisory Committee on Fisheries（SAC）-Nicosia，Cyprus，21-23 March 2016.

〔18〕 http：//eu. oceana. org/sites/default/files/oceana_ factsheet_ gfcm_ efh_ eng. pdf Accessed 12 November，2016.

〔19〕 杨泽伟：《论海上共同开发区的法律适用问题》，《广西大学学报》（哲学社会科学版）2015 年第 4 期，第 72 页。

式。比斯开湾属于半闭海，根据法国和西班牙 1974 年签订的《比斯开湾大陆架划界协定》（the French-Spanish Convention on the Delimitation of the Continental Shelves of the Two States in the Bay of Biscay）第 4 条的要求，如果海底自然资源被两国大陆架边界所分割，并且，如果位于一国大陆架上的自然资源，全部或部分地，被位于另一国大陆架上的设备所开发，为了确保此项开发获得最大利益，并且保护两国大陆架自然资源的全部合法权利，缔约方应与该施工单位一起竭尽全力针对此种开发情况达成协议。特别是，如果开发将影响另一国大陆架自然资源时，需进行申请；如果边界两侧任何一侧大陆架自然资源被开发，缔约方应与施工单位一起竭尽全力与资源受损方达成补偿协议。红海是典型的半闭海，根据 1974 年《苏丹和沙特阿拉伯关于共同开采共有区域内的红海海床和底土的自然资源的协定》（Agreement between Sudan and Saudi Arabia Relating to the Joint Exploitation of the Natural Resources of the Seabed and Subsoil of the Red Sea in the Common Zone）的要求，两国间进行海上共同开发。

由于半闭海的共同开发一般是双边行为，当半闭海的沿海国是 3 个或者 3 个以上国家的时候，海上共同开发是对半闭海所追求的区域治理构成挑战。泰国湾海域迄今已经达成了数个共同开发协定，1979 年泰国和马来西亚《关于为开发泰国湾两国大陆架划定区域海底资源而建立联合管理署的谅解备忘录》、1982 年越南和柬埔寨《关于历史性水域的协议》（后归于无效），以及 1992 年越南和马来西亚《关于涉及两国大陆架的划定区域勘探和开发石油的谅解备忘录》。这些共同开发协议并没有解决问题，却加剧了各方的利益冲突。[20]

四、半闭海议题中的中国应有立场与策略选择

中国的海洋地理状况决定了半闭海对我国建设海洋强国有着重要的意义。针对半闭海议题中我国应有的立场与策略选择，这里提出三点思考，供相关机构考虑。

（一）倡导和参与半闭海国际合作并反对域外大国滥用海洋自由

半闭海的国际合作目前呈现出两种不同的趋势：一是水平扩展，指半闭海下各沿海国合作的领域在不断增加，从最初的海洋渔业、环境保护、科学研究三个基本方面扩展到了渔业资源养护、海洋油污预防及处理、海洋搜救、水下文化遗产保护、海洋保护区合作等诸多领域。[21]二是纵向延伸，指在地中海、加勒比海、红海等半闭海区域，半闭海制度下各沿海国合作的程度不断增加，已经在一些领域取得较多成果。这种现象与全球发展不平衡有关，也符合国际社会多样化发展的要求。由此带来的问题是，于全球范围而言，半闭海制度的不统一，很难确定半闭海制度在水平方向上的范围，也很难给出

〔20〕 Zou Keyuan, Implementing the United Nations Convention on the Law of the Sea in East Asia: Issues and Trends, *Singapore Year Book of International Law*, 2005, pp. 7-8.

〔21〕 王秀卫：《南海低敏感领域合作机制初探》，《河南财经政法大学学报》2013 年第 3 期，第 152—154 页。

半闭海在纵向上对国家主权的约束程度。国际法意义上的半闭海国际合作，对于不同的国家、不同的海域，有着不同的含义。

捍卫海洋自由被美国视为“立国传统”。美国建国之初发布的《1776 年条约计划》就提出海洋自由的思想。“南海航行自由”是美国“海洋自由”传统与“航行自由计划”的延续。美国认为中国是超出国际法授权过度的主张海洋权利的国家。从国际法的视角看，中美两国对中国南海 U 形线性质存在法律认定的分歧，美国以航行自由之名行挑战中国国家主权之实。[22]在反对域外大国海上霸权的过程中，中方曾多次表示愿同东盟国家一道努力，将南海建设成为和平之海、友谊之海、合作之海。国际法的半闭海源于闭海论对海洋自由论的反击。我国应注重与半闭海沿海国之间的国际合作，以国际合作来化解分歧并最终解决问题。

在南海，我国面临着五国六方（文莱、菲律宾、马来西亚、印度尼西亚、越南、中国台湾）的压力。在东海，沿海国有中国、日本、韩国三个国家。在黄海，沿海国有中国、朝鲜、韩国三个国家。尽管这些半闭海存在着不同的地理状况、国际政治与经济关系，我国进行国际合作的情况不同，不应一概而论，但我国坚持区域内国家之间直接对话与合作解决问题的方针是正确的，不仅有利于阻止域外大国的干预，也符合半闭海国际合作的倡议。

（二）重视地理特殊性带来的规则特殊性要求并加强区域治理实践

纵观海洋法的形成与发展，脱离对地理状况的考察而盲目设计的机制并不能持久存在。例如，教皇对于海洋的笼统划分被格劳秀斯证明为违法；英国挪威渔业权案之前，正常基线被认为是唯一正确的领海基线划法，挪威海岸线的特殊性与长期实践确立了直线基线的合法性；北海大陆架案肯定了大陆架自然延伸原则的意义，在一定程度上否定了脱离自然的等距离原则。即使在陆地领土的划界、国际治理过程中，地理因素（如山脉、河流、季风等）也有着重要意义。

《海洋法公约》的制定过程中，受到美苏两大国的影响，半闭海的条款仅仅要求合作，成为倡导条款，这是政治力量对地理特殊性的压制，忽视了现实的治理需求。长期的国际治理实践证明：这样的条款会随着技术的发展而改变，逐渐形成适应地理需求的国际法规则。我国在建设海洋强国的过程中，应重视治理话语权的获得，半闭海正是重要的切入点。

黄海、东海、南海均属于半闭海，地理特殊性对海洋治理的要求迫切而现实。有论著提出应从半闭海国际合作的角度来分析南海问题，应从南海各沿岸国的共同关切和共同需求出发，以渔业合作和海洋环境保护合作为重点，逐步开拓并完善在海洋旅游、海洋搜救、海难救助等领域的合作，并在遵守国际法规则的前提下适时开展海上能源的共

---

〔22〕 黄凤志、刘瑞：《应对中美关系南海困局的思考》，《东北亚论坛》2017 年第 2 期，第 37—38 页。

同开发。[23]多领域的发展并不是没有目标的盲目生长，半闭海国际合作本身有着成长的路径。就涉猎的领域而言，一般是首先从渔业活动开始，向海洋环境保护、海洋科学研究两个领域拓展，逐步增加研究领域的过程；而国际合作的程度也会逐步加深。半闭海在内容和程度上，受到沿海国经济、政治、文化、宗教等多方因素的影响。对于这些因素的结构，并不能一概而论，因为特定时期、特定海洋，沿海国价值评判的标准将是独特的。

（三）以双边共同开发促进半闭海合作并警惕邻国间的不当开发

与半闭海的多边国际合作对比，半闭海区域的资源开发与养护，各沿海国更倾向于灵活度高、双边机制、利益导向的共同开发，而不愿意建构一个约束力强、多边的、规则导向的半闭海国际合作。

以建构主义的眼光分析，在半闭海区域众多的共同开发为半闭海制度提供了更多的政治意愿和制度借鉴，半闭海国际合作的生成除了依靠国际组织的介入外，更多地需要本区域国家的行动，尤其是共同行动。这有些类似于国际经济法理论中，区域经济一体化、自由贸易协定（FTA）的繁荣会侵蚀多边贸易规则，尤其是世界贸易组织（WTO）规则的统一性，相反地又会促进世贸组织规则在诸多领域深层次的发展。同样的逻辑发生于国际刑法领域，在国际刑事法院（ICC）正式设立和运行之前，联合国安理会设立的前南刑庭、卢旺达刑庭等专案法庭为国际刑法学的发展提供了重要的支撑。2013 年 10 月，中国、文莱两国发表联合声明，决定一致同意支持两国相关企业开展海上共同开发，勘探和开采海上油气资源。同年，中国、越南两国在《联合声明》中同意积极研究和商谈共同开发问题，在政府边界谈判代表团框架下成立中越海上共同开发磋商工作组；本着先易后难、循序渐进的原则，稳步推进湾口外海域划界谈判并积极推进该海域的共同开发。[24]

基于国家理性选择，共同开发更受欢迎，站在国家利益的角度，这是最佳选择。但是以人类整体利益和区域利益来分析判断，这并非最佳答案，如果被不适当适用，共同开发是有害于区域国际合作的。1974 年在韩国汉城签订的日韩《共同开发两个南部大陆架协定》就区域范围而言，深入中国东海大陆架中部，严重侵害中国的大陆架权利。[25]该协定签订后，中国有 3 次强烈抗议和 7 次低层次的外交抗议。由于勘探技术、国际合作等原因，除了有害于东海大陆架的划分外，该协定没有产生任何实质成果。[26]

---

〔23〕 张颖：《半闭海制度对南海低敏感领域合作的启示》，《学术论坛》2016 年第 6 期，第 68—73 页。

〔24〕 杨泽伟：《论海上共同开发“区块”的选择问题》，《时代法学》2014 年第 3 期，第 3—4 页。

〔25〕 戈非：《我国政府对日韩共同开发东海大陆架协定持何立场?》，《海洋世界》1996 年第 7 期，第 17 页。

〔26〕 邓妮雅：《日韩共同开发东海大陆架案及其对中国的启示》，《中国海洋大学学报（社会科版）》2016 年第 2 期，第 65—73 页。

区域性公海保护区的实践与启示

■郑　雷*

【内容摘要】研究既有的区域性公海保护区实践对我国未来参与公海保护区谈判具有重要的理论和实际意义。通过对比地中海派拉格斯海洋保护区、东北大西洋海洋保护区、南奥克尼海洋保护区及罗斯海保护区的区域范围、保护对象、目标、养护手段和决策机制可以发现，区域性公海保护区模式难以成为建立公海保护区的主导模式，区域性公海保护区设立的目标、区域、管理措施和管理机构具有较大的差异性。这种差异性对于未来的公海保护区建立很难提供一个标准的范本。我国需要主动参与到公海保护区的设立之中，提出适合我国利益的公海保护区的提案。

【关键词】区域性公海保护区　养护　可持续利用

随着“国家管辖海域外生物多样性”（BBNJ）议题的持续升温，公海保护区问题被BBNJ预委会上多次讨论，如何建立公海保护区，公海保护区运行时会出现什么样的问题需要我国提前予以关注，研究既有的公海保护区实践对我国未来参与公海保护区谈判具有重要的理论和实际意义。截至2018年3月21日，世界上共有4个公海保护区，分别为：地中海派拉格斯海洋保护区、东北大西洋海洋保护区、南奥克尼海洋保护区、罗斯海保护区，其中前两个保护区既包括公海，也包括国家管辖内海域；后两个保护区是完全意义上的公海保护区。通过对比分析这四个区域性公海保护区的建立过程和实践，对于我国掌握公海保护区中的问题具有重要的启示价值。

一、地中海派拉格斯海洋保护区

（一）地中海派拉格斯海洋保护区的区域范围

地中海派拉格斯海洋保护区海洋保护区的面积超过87500平方千米，位于西北地中海，涵盖法国东南部、摩纳哥，意大利西北部和北部的撒丁岛，包括科西嘉岛和托斯卡纳群岛。

该保护区的水域包括利古里亚海和科西嘉与第勒尼安海的部分，其中法国、摩纳哥和意大利的内水占15%，领海占32%，以及邻近的公海占53%[1]。

地中海派拉格斯海洋保护区的特殊之处在于，地中海是世界上人类活动最多的海域之一，如何在不影响人类利益的情况下建立海洋保护区是一个难题。在这一区域还有一

---

* 法学博士，华东政法大学国际法学院副教授。
本文为笔者主持的国家社科基金一般项目“公海生物资源可持续利用的国际法问题研究”（18BFX206）的阶段性成果。

〔1〕 https：//www. tethys. org/activities-overview/conservation/pelagos-sanctuary/.

点比较特殊，就是地中海国家都没有宣布各自的200海里专属经济区[2]，原来可能本来依靠沿海国采取保护措施的区域，现在还处于国家管辖以外，地中海派拉格斯海洋保护区的建立创立了沿海国合作保护环境的范例。

（二）派拉格斯海保护区的保护对象和目标

派拉格斯海保护区保护的主要对象是海豚和鲸等海洋哺乳动物。派拉格斯海保护区建立的目的是保护海洋哺乳动物免受各种形式人类活动的干扰，其目标是协调社会经济活动与对海洋哺乳动物的保护。

派拉格斯海洋保护区建立的具体目标有四：（1）保护长须鲸种群（Balaenoptera physalus）和其他在地中海生活的鲸类物种；（2）保护条纹原海豚（Stenella coeruleoalba）和其他海豚；（3）为海洋哺乳动物创设区域性的法律保护机制；（4）保护地中海海洋哺乳动物物种的栖息地和繁殖地。派拉格斯海是鲸类物种和海洋哺乳动物最重要的栖息地和繁殖地，其中长须鲸和条纹原海豚是两个较为重要的物种，而派拉格斯海洋保护区生活了地中海近60%以上的海洋哺乳动物，建立保护区可以让海洋哺乳动物在数量上恢复增长。

（三）派拉格斯海洋保护区的运作和保护手段

派拉格斯海洋保护区设立之初主要依靠缔约国自主采取保护措施来进行运作。这种养护手段有助于保证缔约国实施养护措施的灵活性，但难以保证保护区目标的实现。

自2004年以后，派拉格斯海洋保护区按照管理计划运作。派拉格斯海洋保护区的管理计划遵循以下方式：（1）生态系统的管理方法。派拉格斯海洋保护区的管理计划将根据其自然环境和社会经济背景来处理变量，并动态地将执行措施根据获得的结果不断评估和修改。在评估中对涉及的自然变量和生态因素进行重点评估，如光、流体动力学、静水压力、温度、盐度、底栖底质、生物体之间的相互作用以及海洋生态系统的结构和功能、公海、上涌、海岸带、流体动力学、河口、峡谷等。在管理中还应该考虑人为变量：污染物质（城市和工业化学污染），非本地物种，生态系统的开发（社会经济变量，如捕鱼、水产养殖、生物多样性的使用），沿海地区开发和水，以商业为目的的旅游，体育和赏鲸等类似活动。（2）国际合作原则。管理计划在制订和执行中还考虑到作为其他协议和国际计划的一部分而实施行动，以与其他国际组织进行合作。（3）以科学为基础的管理方法。不仅设立科学和技术管理委员会，而且相关决策要有相应的科学依据，并积极吸纳非政府组织的建议（派拉格斯海洋保护区项目的建立起源于非政府组织的提议）。[3]

尽管有管理计划，但落实这些计划仍然有赖于成员国自身，成员国是否落实这些计划没有监管机制。

---

〔2〕 http：//www. tethys. org/tethys/pelagos-sanctuary/.

〔3〕 http：//www. sanctuaire-pelagos. org/en/about-us/management-plan.

在保护手段上，根据派拉格斯海洋保护区协定，该保护区的养护手段主要通过四个方面的管理措施来进行保护：（1）缔约国保护区范围内加强监测活动，并加强对任何形式的污染的斗争；（2）控制和管理渔具和捕鱼措施，成员方应科学评价使用新的捕鱼设备，防止出现可能会导致海洋哺乳动物被间接捕获或可能危及它们生存的捕鱼法规通过，同时也考虑到丢失或故意弃置捕鱼设备的风险；（3）缔约方应该管理观光性的赏鲸活动；（4）缔约方将适时的交换意见，如有必要，在海洋保护区内禁止高速摩托艇比赛。

（四）派拉格斯海洋保护区的出台历程和决策机制

派拉格斯海洋保护区的建立经过了四个阶段：（1）第一阶段：1990—1992 年——派拉格斯海洋保护区项目理念的诞生。1990 年特提斯研究所（Tethys Research Institute）提出了“派拉格斯项目”，证明在科索-利古里亚（Corso-Ligurian）盆地建立海洋保护区能够保护地中海中鲸类活动最频繁的区域和分布最多的区域。随后得到了摩纳哥的支持，摩纳哥王子兰尼埃三世支持在法国、意大利和摩纳哥之间达成相关的保护区协议。（2）第二阶段：1993—1997 年——官方行动的第一步。1993 年，法国、意大利和摩纳哥的环保部长在布鲁塞尔发表了共同宣言，提出要建立区域组织保护地中海的海洋生物，这为后来保护区的建立奠定了基础。（3）第三阶段：1998 年——地中海鲸类保护的实质性一步。1998 年 9 月 29 日意大利政府同意建立利古里亚海鲸类保护区，并将提议转发到法国和摩纳哥，让海洋保护区的生效又进了一步。该方案包括在地中海鲸类建立跨国性的保护区，由意大利大陆海岸之间，摩纳哥和法国，科西嘉岛，撒丁岛北部构成。（4）第四阶段：1999 年至今——保护区正式建立和运行。在 1999 年 11 月 25 日，法国、意大利和摩纳哥的部长在罗马会面，签署了最终的派拉格斯海保护区协议。2001 年 11 月的巴塞罗那会议通过决定，将派拉格斯海洋保护区列入地中海特别重要保护区名单中。随着摩纳哥于 2000 年、法国于 2001 年和意大利于 2002 年分别批准了海洋保护区协定，海洋保护区协定正式于 2002 年 2 月 21 日生效。

目前，派拉格斯海洋保护区主要通过依靠以下组织机构开展工作[4]：（1）决策机构——缔约方会议，主要由法国、意大利、摩洛哥的代表组成，一起决定派拉格斯海洋保护区的重大事项。（2）科学和技术管理委员会。派拉格斯海洋保护区项目下设科学和技术管理委员会，以发布相关的技术报告，同时为决策提供科学支持。（3）特别工作组。派拉格斯海洋保护区项目下还设立一些工作组，来决定一些具体问题，目前共有 10 个工作组，分别是：人类活动工作组；渔业工作组；高速交通工具比赛工作组；海洋交通工作组；赏鲸工作组；海洋监管标准化工作组；研究和监管工作组；海洋污染工作组；沟通和警示工作组；数据库工作组。（4）常设秘书处。主要负责派拉格斯海洋保护区的行政事宜。

---

〔4〕 http：//www. sanctuaire-pelagos. org/en/.

成员国对于遵守海洋保护区的报告义务缺乏约束。自保护区成立以来，成员国是否需要向派拉格斯海洋保护区管理机构提交报告没有硬性约束。以法国为例，法国仅在2011—2014年发布了报告，而且这些报告无须派拉格斯海洋保护区管理机构审查，是否发布报告，报告的内容都由成员国自行决定。

在对外关系上，派拉格斯海洋保护区协定并不能约束第三国。由于派拉格斯海洋保护区一半以上的区域在公海，因此协定不能对缔约方之外的第三国进行约束，第三国在该区域进行活动时无须遵守协定中适用于缔约国的特殊义务，协定也承认第三国只需要遵守一般海洋法中的规定即可。对于区域协定对第三国的问题，协定认识到该协定在公海范围内只能约束缔约国，所以派拉格斯海洋保护区协定在第20条第1款中预留了第三国加入的空间，“当事国可以邀请其他感兴趣的国家或国际组织加入本协定。在本协定生效后即可开放加入”。但是该条款在实践中效果不佳，目前还没有其他国家加入。

二、东北大西洋海洋保护区

（一）东北大西洋海洋保护区的区域范围

由于人类在陆上和海上的活动，许多人造和天然的化学物质进入了东北大西洋，对东北大西洋的海洋环境造成了严重损害。1992年9月22日《保护东北大西洋海洋环境公约》（The Convention for the Protection of the Marine Environment of the North-East Atlantic, OSPAR）在奥斯陆开放签字，1998年3月25日OSPAR才生效。OSPAR旨在通过不断减少排放和泄漏有害物质，保护海域免受污染，从而最终使海洋环境中的天然物质浓度接近背景值和人造合成物质接近于零。为此，以OSPAR为基础，建立东北大西洋海洋保护区网络。东北大西洋海洋保护区的区域范围主要为东北大西洋的凯尔特海、比斯开湾和伊比利亚海岸及部分北极海域。〔5〕

在OSPAR内，海洋保护区被理解为：为保护和养护海洋物种、栖息地、生态系统或海洋环境的生态过程而实施保护、养护、恢复或预防措施的区域（Within OSPAR, MPAs are understood as areas for which protective, conservation, restorative or precautionary measures have been instituted for the purpose of protecting and conserving species, habitats, ecosystems or ecological processes of the marine environment）。〔6〕目前，OSPAR中40%的海域为国家管辖外海域。〔7〕各国在发展OSPAR海洋保护区网络方面取得了很大进展。自2010年OSPAR报告以来，该网络又增加了289个海洋保护区，使总数达到448个，其中有7个海洋保护区处于国家管辖范围以外。公海和外大陆中8.9%的海域变成了OS-

〔5〕 OSPAR Commission: 2016 Status Report on the OSPAR Network of Marine Protected Areas, p. 1.

〔6〕 https: //oap. ospar. org/en/ospar-assessments/intermediate-assessment-2017/key-messages-and-highlights/.

〔7〕 OSPAR Commission: 2016 Status Report on the OSPAR Network of Marine Protected Areas, p. 13.

PAR 海洋保护区。海洋保护区现在覆盖了 OSPAR 海域的 5.9%，而 2010 年总覆盖率仅为 1.1%。[8]

（二）东北大西洋海洋保护区的养护对象和目标

东北大西洋海洋保护区的养护对象为东北大西洋的生态系统和海洋生物，不同于派拉格斯海洋保护区，东北大西洋海洋保护区的养护对象并没有针对特定的海洋物种。

东北大西洋保护区建立的目的在于减少东北大西洋的污染物排放，其具体目标有四：（1）养护和恢复受到人类活动不利影响的海洋物种和其栖息地；（2）根据预防原则、防止物种、栖息地和生态过程的退化和破坏，保护和保存最能代表海洋物种的区域；（3）防止人类活动对东北大西洋的海洋物种、栖息地、生态过程进行有害的干扰和破坏；（4）减少流入东北大西洋的有毒、有害、难以降解的垃圾和其他物质。[9]

（三）东北大西洋海洋保护区的运作和保护手段

《东北大西洋海洋环境保护公约》（OSPAR）是目前指导东北大西洋海洋环境保护国际合作的法律工具，具体工作由 OSPAR 委员会管理。根据 2003 年在保护东北大西洋海洋环境委员会第二次部长级会议上通过的第 2003/3 号决议，各缔约国应充分重视在国家管辖范围以外海域建立保护区网络的需求，积极提出可纳入 OSPAR 海洋保护区网络加以保护的区域，也可与观察员（含非政府组织）合作共同提出提案。[10]

当前，OSPAR 的海洋保护区的建立采用由各个成员国自行申报的方式，在 OSPAR 同意建立国家管辖外海洋保护区开始后，OSPAR 委员会已经发布了一系列建议以管理这些区域。通过这些建议的目的是为成员在具体管理申报的公海保护区时提供一定的指导，以达到保护区设立的总体目的。在 2010 年 OSPAR 部长会议上通过了 6 项建议：（1）关于查理-吉布斯南部海洋保护区的管理建议（OSPAR Recommendation on the Management of the Charlie-Gibbs South MPA）；（2）关于管理米尔恩海山复杂海洋保护区的管理建议（OSPAR Recommendation on the Management of the Milne Seamount Complex MPA）；（3）关于管理亚速尔群岛公海上游以北的大西洋中脊公海保护区的建议（OSPAR Recommendation on the Management of the Mid-Atlantic Ridge North of the Azores High Seas MPA）；（4）关于阿尔泰海山公海保护区的管理建议（OSPAR Recommendation on the Management of the Altair Seamount High Seas MPA）；（5）关于安提雅公海保护区的管理建议（OSPAR Recommendation on the Management of the Antialtair High Seas MPA）；（6）关于约瑟芬海山复杂公海保护区的管理建议（OSPAR Recommendation on the Management of the Josephine Seamount Complex High Seas MPA）。在 2012 年，OSPAR 委员会又通过了一

〔8〕 Ibid., p. 1.

〔9〕 https://oap.ospar.org/en/ospar-assessments/intermediate-assessment-2017/key-messages-and-highlights/.

〔10〕 万芳芳、罗婷婷：《论国际组织决议在公海生物多样性保护中的作用》，《海洋开发与管理》2013 年第 7 期，第 46 页。

项保护区建议：关于查理-吉布斯北部公海保护区的管理建议（OSPAR Recommendation on the Management of the Charlie-Gibbs North High Seas MPA）。

根据上述建议，成员国应该在每年10月1日向OSPAR委员会报告其在公海保护区采取的执行建议后的管理措施。作为《东北大西洋海洋环境保护公约》的一部分，15个政府和欧盟合作保护东北大西洋海域的海洋环境，包括在国家管辖范围以外的海域（ABNJ）。东北大西洋海洋环境保护委员会缔约方有集体责任支持确定OSPAR海洋保护区中的保护区海洋保护区，并每年向OSPAR委员会报告为执行为这些地点确定的管理行动而采取的具体措施。但是，OSPAR的职权有限，OSPAR附件五特别排除OSPAR委员会的任务规定采取任何有关捕鱼的管理措施。它还指示有关海运的任何问题都应向国际海事组织提出。

在外部关系上，OSPAR没有发布硬性管理计划的职权，OSPAR通过的管理计划需要依赖其他国际组织和区域渔业组织来实现。因此，OSPAR委员会试图与国际海事组织（IMO）、东北大西洋渔业委员会（NEAFC）和国际海底管理局（ISA）等组织共享这些领域的相关信息。OSPAR委员会与其他国际组织合作，采取通过谅解备忘录和非正式协商会议的方式，以方便在OSPAR公海保护区进行协同管理。

OSPAR与其他国际组织通过"共同安排"来落实管理措施。例如，2014年OSPAR与东北大西洋渔业委员会同意针对海洋保护区采取共同的禁渔措施。

（四）东北大西洋海洋保护区的出台历程和决策机制

1992年9月22日《保护东北大西洋海洋环境公约》（The Convention for the Protection of the Marine Environment of the North-East Atlantic，OSPAR）在奥斯陆开放签字，1998年3月25日OSPAR才生效。在1998年辛特拉部长级会议上，OSPAR缔约方同意推动建立海洋保护区网络，筹备工作期间，2003年不来梅保护区不来梅部长级会议通过了关于海洋保护区网络的第2003/3号建议，目的是建立一个生态连贯的东北大西洋海洋保护区网络。该保护区网络在2016年全面建立。根据"程序规则"，OSPAR委员会由其16个缔约方的代表组成。截至2018年3月21日，OSPAR缔约方包括比利时、丹麦、芬兰、法国、德国、冰岛、爱尔兰、卢森堡、荷兰、挪威、葡萄牙、西班牙、瑞典、瑞士、英国和欧盟[11]，这些缔约方各自或共同提出建立东北大西洋海洋保护区的提案（各国提议建立的保护区概况可见表1）。

表1 各国提议建立的保护区概况

缔约国	OSPAR海洋保护区数量（个）	领海（km^2）	专属经济区（km^2）	国家管辖外区域（km^2）	总面积（km^2）
比利时	2	749	490	无	1239

〔11〕 https://www.ospar.org/organisation/contracting-parties.

续表

缔约国	OSPAR 海洋保护区数量（个）	领海（km^2）	专属经济区（km^2）	国家管辖外区域（km^2）	总面积（km^2）
丹麦	34	6954	5536	无	12490
法国	39	15821	6283	无	22104
德国	6	8963	7911	无	16874
冰岛	14	90	476	无	566
爱尔兰	19	1594	2542	无	4136
荷兰	5	2434	5922	无	8356
挪威	15	83120	2408	无	85528
葡萄牙	13	1556	4656	无	6212
西班牙	15	8311	19076	无	27387
瑞典	10	1114	1364	无	2487
英国	269	30607	106179	17158	153944
其他国家	7	无	无	465165	465165

东北大西洋的公海保护区共有 7 个，分别为：（1）查理-吉布斯南部海洋保护区（Charlie-Gibbs South MPA），146032 km^2；（2）米尔恩海山复杂海洋保护区（Milne Seamount Complex MPA），20914 km^2；（3）亚速尔群岛公海上游以北的大西洋中脊公海保护区（Mid-Atlantic Ridge north of the Azores High Seas MPA），93570 km^2；（4）阿尔泰海山公海保护区（Altair Seamount High Seas MPA），4384 km^2；（5）安提雅公海保护区（Anti-altair High Seas MPA），2807 km^2；（6）约瑟芬海山复杂公海保护区（Josephine Seamount Complex High Seas MPA），19363 km^2；（7）查理-吉布斯北部公海保护区（Charlie-Gibbs North High Seas MPA），178094 km^2。前六个保护区于 2010 年建立，第七个保护区于 2012 年建立。

在决策机制上，OSPAR 海洋保护区的建立主要依赖于缔约国自主提案推动，同时在 OSPAR 部长级会议上审议提案。一旦提案被通过，则保护区可以建立，保护区建立后也依赖提案国采取管理措施来落实管理计划。目前，OSPAR 海洋保护区的管理机构主要包括：（1）部长级会议，决定 OSPAR 海洋保护区的建立和审议。（2）OSPAR 委员会，发布相关管理计划和建议，与其他国际组织进行合作。（3）OSPAR 秘书处，负责行政事宜。（4）观察员，观察员既包括同类领域具有相似职权的政府间国际组织，也包括非政府组织。观察员可以列席 OSPAR 的相关会议，并为 OSPAR 提供相关建议和信息。〔12〕

东北大西洋保护区运行过程中存在的问题有：（1）东北大西洋保护区中公海的面积

〔12〕 https：//www. ospar. org/organisation/observers.

和数量在保护区整体所占的比例偏低，导致东北大西洋保护区在公海生物资源养护方面起到的作用存在疑问。（2）成员国对 OSPAR 的报告义务履行得不充分，成员国在履行义务中受能力和意愿的限制而导致保护区执行中的效力存在疑问。一些成员国不愿意向 OSPAR 提供相关信息，一些成员国没有采取实质性的行动执行 OSPAR 的建议。（3）OSPAR 受制于掌握的信息不充分，不能对保护区的实际效果进行有效的评估，目前的保护状况还需要各个成员国之间进行更加深入的合作。（4）由于缺乏有效的监管措施，OSPAR 公海保护区的管理措施和实施目标都与理想状况存在较大差距，OSPAR 2016 年报告也不确定是否完成了设定公海保护区的目标。

三、南奥克尼群岛南大陆架海洋保护区

（一）南奥克尼群岛南大陆架海洋保护区的区域范围

真正意义上的首个公海海洋保护区是南极海洋生物资源养护委员会（CCAMLR）设立的南奥克尼群岛南大陆架海洋保护区（the South Orkney Islands Southern Shelf MPA）。2009 年 11 月在澳大利亚召开的第 28 届南极生物资源养护委员会大会上通过了一项措施，设立南奥克尼群岛南大陆架海洋保护区。

该保护区位于南极半岛西部的凹形区域（Western Antarctic Peninsula South Scotia Arc domain，WAPSSA）内，面积约 94000 平方千米。这一保护区覆盖了南大洋的大片区域，是 CCAMLR 区域内第二大的保护区。[13]

（二）南奥克尼群岛南大陆架海洋保护区的对象和目标

南奥克尼群岛南大陆架海洋保护区的主要保护对象为 CCAMLR 渔业分区第 48. 2 分区内的海洋生物多样性。该保护区是信天翁、海燕、企鹅的重要觅食区，南奥克尼高地东部的海山群符合物种高富集区域的标准。[14]

建立南奥克尼群岛南大陆架海洋保护区的目标在于：（1）落实南极海洋生物资源养护委员会制定的养护措施。2002 年，南极海洋生物资源委员会就开始着手准备在南大洋建立海洋保护区，在现有的国际法框架内，根据南极海洋生物资源养护委员会的决策程序，最终于 2009 年通过了建立南奥克尼群岛海洋保护区的决议；（2）限制南奥克尼群岛南大陆架海洋保护区内过度的捕鱼活动；（3）保护南奥克尼群岛南大陆架海洋保护区内生活的海洋生物，如信天翁、海燕、企鹅、南极海狗等。

（三）南奥克尼群岛南大陆架海洋保护区的运作和保护手段

南奥克尼群岛南大陆架海洋保护区是由 CCAMLR 通过决议设立的。在设立后，CCAMLR 需要对保护区措施执行的有效性进行持续跟踪。由 CCAMLR 科学委员会依要求

---

〔13〕 Conservation Measure 91-03（2009），Protection of the South Orkney Islands Southern Shelf.

〔14〕 桂静、范晓婷、公衍芬等：《国际现有公海保护区及其管理机制概览》，《环境与可持续发展》2013 年第 5 期，第 41—42 页。

或主动向 CCAMLR 提交对实施本公约目的的措施和研究进行的评估、分析、报告和建议。据此，科学委员会每五年进行一次评估。同时，为检查依据本公约建立的保护区措施的遵守情况，CCAMLR 成员国指派观察员和检查员依委员会制定的条款和条件，在公约适用区内从事海洋生物资源科学研究或捕捞的船舶上进行观察和检查。

该保护区采取的保护措施包括：（1）禁止一切捕鱼活动。为监测或其他目的，参考科学委员会的意见，在委员会同意的前提下，与渔业有关的科研活动才能实施。同时，该科研活动必须符合规定的保护措施。（2）禁止一切渔业船只（包括渔船、对渔船进行补给的船只、渔业加工船只、渔业运输船只等）在该区进行任何形式的倾废排污，禁止实施与任何渔业船只有关的转运活动。（3）为监测保护区内的交通情况，鼓励渔业船只在途径该区前将其船旗国、船只大小、IMO 编号、途经路线等信息通知南极生物资源养护委员会秘书处。（4）涉及海上人员安全的紧急情况时，保护措施不适用。

（四）南奥克尼群岛南大陆架海洋保护区的出台历程和决策机制

南奥克尼群岛南大陆架海洋保护区的管理机构有：（1）南极海洋生物资源委员。委员会的职能应是就本议定书的执行包括议定书附件的实施向各缔约国提供咨询和建议，以供 ATCM 审议，并执行 ATCM 可能指派的其他职能。（2）科学委员会。CCAMLR 科学委员会依要求或主动向 CCAMLR 提交对实施本公约目的的措施和研究进行的评估、分析、报告和建议。据此，科学委员会每五年进行一次评估。（3）CCAMLR 成员国指派观察员和检查员依委员会制定的条款和条件，在南奥克尼群岛南大陆架海洋保护区内从事海洋生物资源科学研究或捕捞的船舶上进行观察和检查。

南奥克尼群岛南大陆架海洋保护区运行中存在的问题有：（1）南奥克尼群岛南大陆架海洋保护区虽然有一定的示范效应，但难以推广。南奥克尼群岛南大陆架海洋保护区有《南极条约》《南极海洋生物资源养护公约》作为条约基础，这两个条约规定了南极海域可以制定严格的环保标准，但是现实中其他海域缺乏这些条约作为支撑。而且南极海域具有特殊性，南极海域不是人类活动的密集区域，其建立海洋保护区对人类其他活动影响有限，但在人类活动密集的海域建立保护区则难度较大。（2）南奥克尼群岛南大陆架海洋保护区的报告制度并未得到很好的落实。虽然规定了报告制度，但报告什么、报告是否全面并未带到预期的效果。（3）南奥克尼群岛南大陆架海洋保护区的养护措施单一。南奥克尼群岛南大陆架海洋保护区的养护措施为减少甚至禁止人类活动（主要是禁渔），这种方法虽然在一定程度上有利于养护南极海洋生物，但其手段单一，成效有待观察。（4）南奥克尼群岛南大陆架海洋保护区内的执法权有限。虽然《南极海洋生物资源养护公约》规定了观察员和检查员有权进行检查，但是检查后即使发现相关船舶从事了违法活动，观察员和检察员只能通报船旗国处理，其本身并不能直接采取执法措施，这就让执法权大打折扣。

四、罗斯海保护区

（一）罗斯海保护区的区域

罗斯海（Ross Sea）是南太平洋深入南极洲的大海湾，位于罗斯陆缘冰之北，维多利亚地与玛丽伯德地之间（西经 158°—东经 170°）。罗斯海是罕有的生态环境还没有受到人类活动大规模破坏、海洋生物链保存完整的地方，因此罗斯海被称为“最后的海洋”（the Last Ocean）。目前，在罗斯海地区保存了九大迁移类掠食性动物，其中犬牙鱼是最为珍稀的物种之一。

罗斯海保护区的保护面积为 155 万平方千米，其中 112 万平方千米（72%）得到了充分保护。罗斯海保护区的生效时间为 35 年，持续到 2052 年。罗斯海保护区分为三个区域：（1）不允许商业捕鱼的一般保护区（the General Protection Zone，约占罗斯海保护区的 72%）；（2）磷虾研究区（the Krill Research Zone，约占罗斯海保护区的 21%），允许磷虾的监管捕捞；（3）特别研究区（the Special Research Zone，约占罗斯海保护区的 7%），允许有限的捕鱼活动。〔15〕

（二）罗斯海保护区的主要保护对象和目标

罗斯海保护区的主要保护对象为罗斯海独特的生态系统，重点保护物种为犬牙鱼和磷虾。

设立罗斯海保护区的主要目标为：（1）保护罗斯海地区的生物结构和生态功能，通过保护栖息地，对当地的哺乳动物、鸟类、鱼类和无脊椎动物进行必要的保护；（2）提供濒危鱼类种群的研究资料所在地，更好地研究气候变化对鱼类生态效应的影响，提供更好地研究南极海洋生物系统的机会；（3）对南极犬牙鱼的栖息地提供特殊保护；（4）保护磷虾，磷虾位于食物链的底端，是许多南极生物的食物来源。〔16〕

（三）罗斯海保护区的运作和保护手段

罗斯海保护区的保护手段主要有：（1）对罗斯海保护区进行分区管理，将罗斯海保护区分为 3 个区域，实行不同的管理措施；（2）对罗斯海保护区采取禁渔和限制捕捞的措施；（3）对罗斯海保护区的渔船进行管理，要求进出罗斯海保护区渔船进行报告，并限制渔船在罗斯海保护区进行转船。

罗斯海保护区的管理措施和保护手段体现在罗斯海保护区的管理计划中。罗斯海保护区对其 3 个子区域采取了不同的限制捕捞措施：（1）一般保护区。一般保护区内的所有研究捕捞活动应按照保护措施 24-01 进行，并应符合罗斯海保护区的具体目标。〔17〕（2）特别研究区。特别研究区的基准捕获量限制为当季统计分区 88.1 和 SSRUs 882 A-B 总捕获量的 15%。特别研究区 2020/21 捕鱼季节的捕捞量限制应等于基准捕捞量限制。在特别研究区捕捞的犬牙鱼应以每吨至少三条鱼行使进行标记和释放。标签应包括弹出

〔15〕 https://www.state.gov/e/oes/ocns/opa/ross/index.htm.

〔16〕 A proposal for the establishment of a Ross Sea Region Marine Protected Area, 2 September 2013, pp. 3-4.

〔17〕 CONSERVATION MEASURE 91-05 (2016), Ross Sea region marine protected area, Article 6.

式或植入式档案标签，应根据科学委员会的建议进行部署。[18]（3）磷虾研究区。在磷虾研究区内，除磷虾以外的所有物种的捕捞活动均应按照保护措施 24-01 进行，并应符合罗斯海保护区的具体目标。[19]

罗斯海保护区规定了较为详细的报告义务。除非委员会另有协议，否则每五年会员应向秘书处提交一份关于海洋保护区研究和监测计划有关活动的报告，包括任何初步结果的报告，由科学委员会负责审查报告。这些报告应由秘书处汇编，并在 2022 年度会议之前的 6 个月内提交给科学委员会，此后每 5 年提交给科学委员会一次。秘书处应在 CCAMLR 网站上及时向成员国提供这些报告。[20]

罗斯海保护区中加入了“日落条款”，指定保护区的生效期限为 35 年。如果 CCAML 在 2052 年的会议上未达成一致以重新确认或修改罗斯海保护区或建立新的海洋保护区，罗斯海保护区的保护措施应在 2051/52 捕鱼季节结束时到期。[21]

在罗斯海保护区内，除非经过特别的授权，捕鱼活动都是禁止的。在罗斯海保护区中从事科学研究的船舶或渔船不能违反倾倒废弃物和其他有害物质的规定，应尽量做到最小排放污水和废弃物。渔船不能在罗斯海保护区从事转船活动，除非是为了应对紧急情况，如为了海上人命安全或海上搜救。[22]

罗斯海保护区管理措施鼓励加入委员会的成员国就罗斯海保护区的所有活动和执行情况采取相应的监察和监督措施。为了监督罗斯海保护区的交通情况，根据 10-04 条措施，船旗国应该在其船舶进入罗斯海保护区前通知秘书处。鼓励对于在罗斯海保护区从事科学研究的船舶向秘书处通报它们的穿行计划，船舶的具体信息包括船名、船旗国、型号、广播呼叫波段和船舶在国际海事组织的登记号。[23]

（四）罗斯海保护区的出台历程和决策机制

罗斯海保护区的建立起源于美国和新西兰的提案，在南极海洋生物资源养护委员会通过后，2016 年 10 月 28 日，在澳大利亚霍巴特召开的南极海洋生物资源养护委员会年会上，24 个成员国以及欧盟一致通过了关于在南极罗斯海建立海洋保护区的提案，建立罗斯海海洋保护区的国际协定于 2017 年 12 月生效。

罗斯海保护区在决策机制上主要依赖于 CCAMLR、科学委员会、秘书处及成员国的协作，其中 CCAMLR 具有建立罗斯保护区的决策权，同时也有权发布相关的管理措施。科学委员会的职能主要是审查和评估相关的研究计划和活动；秘书处负责行政事宜；成员国对在海洋保护区的活动有报告义务。

〔18〕 Ibid., Article 8.
〔19〕 Ibid., Article 6.
〔20〕 Ibid., Article 15.
〔21〕 Ibid., Article 20.
〔22〕 Ibid., Articles 10, 11.
〔23〕 Ibid., Article 24.

CCAMLR 的职责包括：考虑与建立罗斯海保护区保留措施相关的评审和建议；保证未来的保留措施与第 2 段的目标相一致；与其他国际组织合作，推进建立在其他组织职权内与罗斯海保护区目标一致的相关条约或协定；对罗斯海保护区中正当的科学研究活动进行授权。[24]

科学委员会的职责包括：根据第 5 段保留措施的规定，审查和向委员会提供建议，建议的内容包括相关的研究活动是否符合附件 91-XX/C 和罗斯海保护区的设定目的；根据保留措施的规定，对研究报告中提及的研究活动进行审查，并向委员会提供解决附件 91-XX/C 有关争议的建议；对在特别研究区进行的犬牙鱼拖捞项目开展评估，并审查根据保留措施 24-01 开展的任何研究计划。[25]

秘书处的职责包括：管理相关的信息和数据；帮助成员国开展监测工作和遵守罗斯海保护区的规定；提供秘书处的网址链接到相关的管理计划、地图和与邻近南极特别保护区、南极特别管理区的合作。[26]

成员国的职责包括：在条件允许的情况下，参加和开展与罗斯海保护区规定相符的研究和监测活动；向秘书处提交报告。[27]

五、区域性公海保护区实践的启示

（1）区域性公海保护区模式难以成为建立公海保护区的主导模式。虽然目前已经有区域性公海保护区的实践，但是很难依靠区域性公海保护区模式建立全球的公海保护区网络。区域性公海保护区无法成为主导模式的原因在于：

①区域性公海保护区面临的最大挑战是合法性不足的问题。在区域性公海保护区内部，由于成员国内部缺乏有效授权，区域性公海保护区协定就不能采取硬性的执法措施和监管措施，对成员国的执行情况进行有效约束，实际上很多区域性的公海保护区协定中缺乏联合执法或执法权分配的协作，而采取一种自觉自愿的监管手段，这造成区域性公海保护区协定很多时候是“君子协定”。而且一些区域性公海保护区由于没有全球性国际组织的“认证”，面临着先天性的合法性危机，如派拉格斯海洋保护区和东北大西洋海洋保护区在建立后都需要依托于相关国际组织开展工作。

②区域性公海保护区涵盖的公海区域支离破碎，呈现出“马赛克化”的特点[28]，不能解决公海整体的养护问题。从区域组织设立的公海保护区来看，很大程度上是机遇本区域的合作进行的，但是从全球层面来看，这些养护区就呈现出“马赛克化”或“巴

---

〔24〕 A proposal for the establishment of a Ross Sea Region Marine Protected Area, 31 May 2013, p. 15.

〔25〕 Ibid., pp. 15-16.

〔26〕 Ibid., p. 16.

〔27〕 Ibid.

〔28〕 Ussif Rashid Sumaila, Dirk Zeller, Reg Watson, Jackie Alder, Daniel Pauly, Potential Costs and Benefits of Marine Reserves in the High Seas, *Mar Ecol Prog Ser* 345, 2007, p. 306.

尔干化”的特点，由于不是从全球公海的层面上设计的，这些养护区只能是全球公海养护区拼图中的一部分，而不能从更高的层面解决公海养护的问题。

③区域渔业管理组织即使能得到成员国的授权，也不能阻止“搭便车”（free riders）的行为。“搭便车”是指当成员国都采取养护措施时，但非成员国可以继续主张在公海区域行使捕鱼自由，成员国为养护所做的成果和努力为其他国家的捕鱼行为所抵消，这种“搭便车”现象在区域合作中是无法克服的法律障碍。

（2）区域性公海保护区的既有实践中都未涉及海洋生物基因资源的问题，这对于未来BBNJ谈判的开展没有提供案例支持。

（3）区域性公海保护区设立的目标、区域、管理措施和管理机构具有较大的差异性，这种差异性对于未来的公海保护区建立很难提供一个标准的范本。具体而言，派拉格斯海洋保护区的条约基础来源于《派拉格斯公海保护区协定》，东北大西洋海洋保护区的条约基础来源于《保护东北大西洋海洋环境公约》，南奥克尼群岛南大陆架海洋保护区和罗斯海保护区的条约基础源于《南极海洋生物资源养护公约》，当然这些区域性公海保护区共同的全球性的条约基础可以追溯到《联合国海洋法公约》和《生物多样性公约》（但这两个公约缺少直接的关于公海保护区的规定），这造成了不同的区域性公海保护区的模式和实践有很大的差异性。

这四个公海保护区模式中，我国可以较多地参考东北大西洋海洋保护区的建设思路。原因在于：①东北大西洋海洋保护区是一个较有代表性的海洋保护区，其处于人类活动的密集区域（不同于南极的两个海洋保护区），这与我国周边的海洋状况相似，而且东北大西洋的成员国较多（这不同于派拉格斯海洋保护区，只有3个成员国），其参与模式具有一定的代表性；②东北大西洋海洋保护区的管理机制较为弹性，有利于成员国根据各自的状况分别提出设定管理计划；③东北大西洋公海保护区模式授予成员国可以结合自己的情况，展开跨区域的保护，有利于我国可以根据自己的需要提出保护区的养护方案；④东北大西洋海洋保护区的监管和报告义务较为宽松，能够让成员国根据自己的需要采取相应的报告和监管措施。

（4）发达国家的非政府组织在公海保护区建立中起到了巨大的推动作用，它们代表了发达国家环保集团的利益，在保护区的设立上不同程度地体现了发达国家环保集团的利益和思想，这种思路偏重于养护而非可持续利用，我国需要警示相关保护区提案中反映的极端环保主义思想，以平衡可持续利用和养护之间的关系。

（5）主动参与到公海保护区的设立，提出适合我国利益的公海保护区的提案。公海保护区的建立对海洋环境保护和重要生物种群的恢复具有重要意义，但遗憾的是，由于利益的差异，各国立场并不统一，许多国际环保组织已经敦促各国政府尽快拿出方案以保护公海。作为负责任的大国，我国有必要积极参与公海保护区的建设，一方面在公海保护区建立中切实维护我国的利益；另一方面通过与其他国家的合作，了解和协调彼此的立场，共同推进公海的合理养护。在参与公海保护区建设中，我国需要提出适合自己的公海保护区提案，从现有的四个公海保护区建立的过程中来看，这四个公海保护区的提案全部由发达国家主导提出，我国只能被动参与，这不利于维护我国的国家利益。我国有必要根据在新的保护区提案中反映我国的国家利益，加强我国在公海保护区议题上的话语权和影响力，展现我国作为负责任的大国的国际形象。

在提出公海保护区的过程中，非常重要的是有海洋科学证据的支撑。加强科研调查是我国未来参与公海保护区建设的重要内容之一，也是未来公海研究的重要环节。公海保护区的建立需要有最佳的科学证据基础，这需要我国在作出相关提案时开展科学调查工作，科学调查不仅能准确把握公海生态环境的现状和重要鱼类种群的数量及恢复状况，而且能够为我国和国际组织提供相关的科学数据，准确把握公海议案的发展趋势，明确我国的立场。当然，我国在科学考察的过程中可以积极与其他国家展开合作，合理借用他国的研究力量和研究成果，分享公海保护区研究的相关成果，共同促进人类对公海的认识。

论科学技术对海洋法发展的影响

——以国际海底区域制度为例

■ 程时辉*

【内容摘要】科技进步对国际法发展的影响极大，其中之一便是对海洋法发展的影响。以国际海底区域制度为例，海洋军事科技、近海石油工业及海洋科学研究推动了“人类共同遗产原则”及国际海底区域制度的形成和确立。科技实力则在一定程度上决定了各国国际谈判的立场。科学技术作为影响海洋法发展的内在动力，推动了海洋法的诞生和发展，极大地扩大了海洋法的外延，并丰富和完善了海洋法的内涵。同时，科技进步也加剧了国际社会的海洋冲突和争端；部分国家凭借科技实力而采取单方面行动，对海洋法的发展造成了负面影响。为更好地维护我国海洋权益，应加强海洋研究、加快海洋调查，推动海洋学科的发展；在处理海洋事务的过程中注重科技与海洋法的综合运用，提升我国海洋“话语权”；重视科学技术进步对海洋法发展的影响，进一步提升我国在新的海洋法律制度形成过程中的作用。

【关键词】海洋法　科学技术　国际海底区域

海洋法是有关各种海域的法律地位和调整国与国之间在各种海域从事有关活动的原则、规则和制度的总称。[1]作为国际法的重要部门法之一，海洋法具有国际法的一般特征[2]，因此，凡是对国际法发展产生重大影响的因素，毫无疑问也对海洋法的发展产生了重要影响。当前，科学技术的突飞猛进被认为是影响国际法发展的重要因素之一。[3]科学技术对海洋法发展的影响无疑也是巨大而深远的。在此基础上，进一步深入分析、探讨科学技术对海洋法发展产生的影响，是具有重要意义和价值的。

一、科学技术的发展与海底活动的兴起

第二次世界大战（以下简称“二战”）结束后，全球经济进入快速发展阶段，世界各国探索、利用海洋的需求越来越高，海洋活动越来越多样化，这与海洋技术的发展是密切相关的。这一时期，海洋技术的发展主要表现在三个方面：海洋军事技术飞速发

---

* 武汉大学中国边界与海洋研究院博士研究生。
本文为2017年度国家社科基金项目“国家管辖范围以外海域重叠问题研究——基于公海保护区的国家实践”（17XFX005）、教育部人文社会科学重点研究基地重大项目“维护中国国家权益的国际法问题研究”（17JJD820006）的阶段性成果。

〔1〕 杨泽伟：《国际法》（第3版），高等教育出版社2017年版。

〔2〕 刘楠来、周子亚、王可菊等：《国际海洋法》，海洋出版社1986年版，第1页。

〔3〕 邓正来：《王铁崖文选》，中国政法大学出版社2003年版，第14—18页；刘楠来、周子亚、王可菊等：《国际海洋法》，海洋出版社1986年版，第5—6页；杨泽伟：《国际法析论》（第4版），中国人民大学出版社2017年版，第44—46页；潘抱存、潘宇昊：《中国国际法理论新发展》，法律出版社2010年版，第25—26页；鹿守本：《海洋法律制度》，光明日报出版社1992年版，第23页。

展，近海石油采矿工业取得长足进步，海洋科学研究和调查方兴未艾。[4]

（一）海洋军事技术发展迅速，海底空间安全受到主要国家的广泛关注

“二战”结束后，冷战的阴霾笼罩着国际社会，主要大国集团的对立愈加严重，海底军事技术的发展更加受到重视。海洋军事技术的发展——尤其是核潜艇技术的发展——使得海底军事化利用成为现实，海底空间战略意义和海底安全问题开始受到关注。尤其是潜艇的发明，使得海洋军事从海面延伸至海底，且苏、美之间展开的核潜艇军备竞赛愈演愈烈。[5]海底地理环境的隐蔽性使得核潜艇和其他军事设施能够发挥更大的作用，当在海底建设大型人工军事设施和永久性防御工事成为可能时，海底军备竞赛便在科学技术足够发达的国家之间展开。[6]由于海底空间的军事战略意义凸显，冷战军备竞赛由陆地、海面进而向海底扩展，更多国家尝试将海底用于军事目的。

上述现状在20世纪60年代末引起了国际社会的重视。由于彼时尚无明确的国际法律制度，海底或将成为新的军事设施部署基地而被瓜分占领，和平利用海底的呼声越来越高。其中，有代表性的是马耳他大使帕多向联合国提交的题为《关于保留现在处于国家管辖范围外海域的海床和洋底作为和平用途并利用其资源为人类谋福利的宣言和条约》的提案，该提案倡议“只为和平目的利用海底，并建立一个国际机构以管理、监督和控制那里的一切活动”[7]。帕多的提案回应了国际社会和平利用海底的强烈呼吁，并得到了联合国的高度重视。该提案最终也得到了美、苏两国的支持，“英、法等核国家也建议海床‘非军事化’，大多数非核国家都强烈支持和平利用海床，倡议海床完全非军事化”[8]。联合国第22届大会决定专门研究国家管辖范围外海床和洋底的和平利用问题。[9]在此背景下，1969年10月，美、苏共同向日内瓦裁军会议提交了一份名为“禁止在海床和洋底及其底土安置核武器和其他大规模杀伤性武器条约的美苏联合草案”[10]。1970年12月，《禁止在海床洋底及其底土安置核武器和其他大规模

---

〔4〕 参见 Robert W. Gehring, Legal Rules Affecting Military Uses of the Seabed, Military Law Review, Vol. 54, 1971, pp. 168-209；参见刘楠来、周子亚、王可菊等：《国际海洋法》，海洋出版社1986年版，第286—292页。

〔5〕 1954年美国研制的“鹦鹉螺号”核潜艇具备全潜航、全航速状态下在全球范围内巡航的能力。1955年，美国开始了发展海基弹道导弹计划，至1960年，美国共装备了41艘战略弹道导弹核潜艇。与此同时，苏联也不甘示弱。1959年，苏联第一艘核潜艇下水，在不到20年的时间里，苏联核潜艇数量超过美国，居世界第一，苏、美两国展开了激烈的核潜艇军备竞赛。

〔6〕 参见 Arvid Pardo, Who Will Control the Seabed ?, *Foreign Affairs*, Vol. 47, No. 1, 1968, pp. 123-137。

〔7〕 U. N. GAOR, 22th Sess., at 1-3, U. N. Doc. A/6695 (1967).

〔8〕 刘磊：《尼克松政府关于海床军备控制政策与〈海床条约〉》，《军事历史研究》2013年第4期，第114—122页。

〔9〕 See A/2340.

〔10〕 “Revised American-Soviet Draft Treaty on the Prohibition of the Emplacement of Nuclear Weapons of Mass Destruction on the Sea-Bed and the Ocean Floor and in the Subsoil thereof, October 1969”. Department of State, Foreign Relations of the United State (FRUS), Nixon-Ford Administration, Vol. E-2, Documents on Arms Control and Non-proliferation, 1969-1972.

毁灭性武器条约》（以下简称《海床条约》）在联合国获得通过，并于 1972 年 5 月生效。《海床条约》确定了“为和平目的探索和使用海床洋底”[11]的原则，并为第三次联合国海洋法会议确立的国际海底区域（以下简称“区域”）制度创造了有利条件。

（二）近海石油、采矿工业的发展，促进各国对海底矿产资源巨大经济价值的重视

近海石油工业的发展对“二战”后的海底政治产生了重要影响。[12]随着“二战”的结束，世界经济复苏，全世界的能源需求量迅速增加。按照 1945 年的石油消耗量计算，当时探明的石油资源只够 15 年的开采[13]，在此背景下，以美国为首的技术先进国家（主要是当时的发达国家）将目光投向近海海底，以便迅速而经济地开采石油，海洋石油勘探、开发技术取得飞速发展[14]，近海油、气的勘探和开发正以不可阻挡的势头向深海推进。

海洋石油工业技术的迅猛发展使人类认识到海底蕴含矿产资源的巨大经济价值。这是因为：一方面，海洋石油成功开采的巨大收益催动更多的国家进行海底油气资源的开采[15]，使得海底资源为世界各国所关注和重视；另一方面，工业技术飞速发展为海洋石油产业创造的高额利润吸引了商业资本进入海底资源的勘探、开发，资本与技术的相互促进使得海底矿产资源的开采成为可能。20 世纪 60 年代后期，开采技术迅速发展，国际社会对几乎整个海底产生了浓厚的商业兴趣。[16]深海资源开采技术的发展为海底矿产资源开采工业带来了远大前景，也引发了各种法律和政治问题，这也注定了联合国第三次海洋法会议上各国关于“区域”制度的争论和博弈会异常激烈。

（三）“二战”后世界范围内的海洋科学研究和调查方兴未艾，为国际社会确立“区域”制度提供了必要信息和科学依据

海洋科学研究和调查是人类客观认识、深入分析海底世界的重要举措和先决基础，也是制定“区域”制度的必要条件之一。人类首次发现、鉴定、分析深海底锰结核矿产

---

〔11〕 http：//disarmament. un. org/treaties/t/sea_ bed.

〔12〕［加］巴里·布赞：《海底政治》，时富鑫译，生活·读书·新知三联书店出版社 1981 年版，第 317 页。

〔13〕［美］杰拉尔德·丁·曼贡：《美国海洋政策》，张继先译，海洋出版社 1982 年版，第 242 页。

〔14〕例如，1953 年，海洋石油勘探技术只能在 70 英尺水深处挖掘勘探井，而到 1968 年这一深度已经达到 640 英尺，在 1969 年达到 1500 英尺；1953 年海洋石油开采在离海岸 25 海里以内进行，而到 1968 年，海洋石油作业离海岸距离超过 100 海里；1953 年，对海底矿床的评估只能在非常浅的水域进行，而到 1968 年，能够对水深超过 3000 英尺的海底进行足够准确的评估。参见 Arvid Pardo，Who Will Control the Seabed?，*Foreign Affairs*，Vol. 47，No. 1，1968，pp. 123-137。

〔15〕据统计，20 世纪 40 年代，进行海洋石油开采的只有以美国为首的少数几个国家，而到 1970 年，全世界大约有 22 个国家进行海洋油气资源开采，更有 75 个国家在进行陆架石油勘探，全球海洋石油年总产值高达 40 亿美元。［美］杰拉尔德·丁·曼贡：《美国海洋政策》，张继先译，海洋出版社 1982 年版，第 257—258 页。

〔16〕［加］巴里·布赞：《海底政治》，时富鑫译，生活·读书·新知三联书店出版社 1981 年版，第 317 页。

资源的海洋科学研究活动是 1872—1876 年英国“挑战号”进行的大规模环球海洋勘探活动。“挑战号”的环球之旅取得了有关海底的大量辉煌探测成果，取得的海底样品中就包含了第一批锰结核矿等。20 世纪 60 年代左右，海洋学再次进入大发展时期。1957—1958 年的“国际地球物理年”[17]，各国对深海底的兴趣再次被激发，针对深海底的科学研究和调查活动再次如火如荼地展开；1960—1964 年，联合国教科文组织发起了印度洋考察活动，并于 1965 年组织政府间海洋学委员会对赤道大西洋进行了考察。世界范围的海洋研究与调查使得国际社会对海底资源有了更客观的认识和深入的了解。

对于海底矿物资源研究具有里程碑意义的是 1965 年美国加利福尼亚大学海洋资源研究所约翰·梅罗所著的《海洋矿物资源》一书的出版。[18] 梅罗关于海底矿物资源的研究成果引起了采矿业、法律顾问和联合国的注意。[19] 梅罗在其著作中全面分析了深海底矿物资源的形成过程、分布情况，估算了主要金属的总量，详细论述了海洋采矿的方法和技术可行性，并从经济成本角度阐明深海采矿的可行性，对海底矿产资源作出了较为乐观的评价。[20]《海洋矿物资源》一书不仅在美国国际法学家、海洋学家和经济学家当中引起了一场关于国家管辖范围外海底制度的大辩论，也在世界范围内带动了其他各国研究海底矿产资源的热情。海洋科学的发展推动了海洋及其资源的新发现，同时加快了国家管辖权向海洋的延伸。[21]

国际社会对海底日渐热烈的科学研究也推动了联合国的参与。1966 年 12 月，第 21 届联合国大会上进一步通过了题为《海洋资源》的 2172 号决议，要求秘书长提交一份“概述世界范围内海洋科学技术活动和有关改进海洋科学方面国际合作……的补充报告”[22]。联合国有关海洋科学的研究和调查，为后续联合国海洋法会议上“区域”制度的制订提供了必要信息和科学依据。

总之，“二战”结束后，有关海底的军事技术、资源勘探开采技术和海洋科学研究取得了快速发展，海底活动在全世界引起了高度重视。到 20 世纪 60 年代末，各国针对海底问题分别在法律、政治、军事、技术和经济方面采取了行动，进一步促使海底问题

---

〔17〕“国际地球物理年”是全世界科学界的一项重大活动，旨在联合全世界优秀科学家对整个地球作全面的调查和研究。1957—1958 年的“国际地球物理年”联合了 60 多个国家的近一万名科学家对包括海洋（尤其是海底）在内的整个地球进行了大规模研究。参见郑志求：《谈国际地球物理年》，《世界知识》1957 年第 16 期，第 34 页；朱岗昆：《参见国际地球物理年会议纪要》，《科学通讯》1956 年第 1 期，第 62—64 页。

〔18〕Doug Bandow, Developing the Mineral Resources of the Seabed, *Cato Journal*, Vol. 2, No. 3, 1982, pp. 793-821.

〔19〕［美］杰拉尔德·丁·曼贡：《美国海洋政策》，张继先译，海洋出版社 1982 年版，第 262 页。

〔20〕John Mero, *The Mineral Resources of the Sea*, New York: Elsevier Publish Company, 1965, pp. 109-254.

〔21〕John A. Knauss, The Effects of The Law of The Sea on Future Marine Scientific Research and of Marine Scientific Research on the Future Law of the Sea, *Louisiana Law Review*, Vol. 22, 1985, pp. 203-208.

〔22〕A/2172.

出现在联合国的议事日程上。

二、科学技术对“区域”制度的影响

（一）科学技术进步推动了“人类共同遗产原则”形成和确立

随着海底开采技术的不断进步，按照《大陆架公约》规定的“可开采标准”，大陆架外部界限会逐步向深海底延伸，深海底将被技术先进的沿海国瓜分。[23]在此背景下，1967 年马耳他大使帕多提出国际海底及其资源应适用人类共同的继承遗产法律原则的提案。帕多在提案中指出：鉴于技术先进国家新技术的快速发展，担心国家管辖范围外的海床和洋底会逐步被各国竞相占有和利用，技术发达国家很可能会利用技术优势建立固定的军事设施……以采尽对世界有巨大潜在利益的资源。[24]“人类共同遗产原则”作为海洋法上新的法律制度的基石，不仅得到了发展中国家的坚决支持，也逐步为不少发达国家所接受。当然，“人类共同遗产原则”的确立和适用也并非一帆风顺。关于“区域”应当适用何种法律制度，国际社会存在着两种截然不同的观点：以“七十七国集团”为代表的发展中国家认为，传统的海洋法只反映了国际社会少数成员的利益，而“人类共同遗产原则”能使最贫穷的国际社会成员也有机会以较低的成本获得海洋技术，并以此为基础在参与管理和利用海底资源方面享有平等地位。[25]而以美、苏为首的技术先进国家则坚持主张“深海开发是一种公海自由”“海床本身应适用与公海相同的制度”[26]，“区域”及其资源应适用传统的海洋自由原则。技术先进国家提出这一主张的根本原因在于，公海自由原则下的传统海洋法规则有利于技术先进国家不受阻碍地勘探、开发深海底资源。

在绝大多数国家的坚决支持下，1970 年联合国大会通过了《关于各国管辖范围外海床洋底及其底土的原则宣言》，宣告“区域”及其资源为全人类的共同继承遗产。[27] 1982 年，《联合国海洋法公约》（以下简称《公约》）得以通过，“人类共同遗产原则”作为一项新的海洋法律制度得以正式确立。

（二）科学技术促进了“区域”制度的形成和发展

随着海底问题的凸显，国际社会（尤其是发展中国家）希望建立一项新的国际制度规范海底活动的意愿越来越强烈。其原因有以下两个方面：一是深海科学技术持续快速发展使得深海采矿日渐成为现实。20 世纪 70 年代，以海洋石油工业为主的勘探、开采活动不断取得新的水深突破。海底勘探、开采技术的发展使得技术先进国家和发展中国

〔23〕参见张晏瑲：《国际海洋法》，清华大学出版社 2015 年版，第 249 页。
〔24〕参见 A/6695。
〔25〕参见 John E. Noyes, The Common Heritage of Mankind: Past, Present, And Future, *Denver Journal of International Law and Policy*, Vol. 40, Issue 1-3, 2012, pp. 447-466。
〔26〕周忠海：《国际海洋法》，中国政法大学出版社 1987 年版，第 159 页。
〔27〕参见 A/RES/2749（XXV）。

家均希望制定一套满意的国际制度。二是开发海底所需要的一切技术几乎全部被发达国家控制。海底活动需要先进的科学技术，然而，技术先进国家与发展中国家科技实力的差距逐步扩大，这决定了两者开发、利用海底的能力有着巨大区别。[28]技术先进国家拥有先进的深海装备和技术，长期进行海洋调查和科研，掌握了较全面的海底资料，具备丰富的海底活动经验；而发展中国家则既没有充裕的资金，也缺乏先进技术来发展海底事业。因此，技术先进国家希望尽快确立一项满意的国际制度以便更快地攫取海底财富；发展中国家则希望通过国际机构来规制技术先进国家的海底活动，以免技术先进国家利用技术、资金优势垄断海底资源。深海底勘探和开采技术的迅猛发展使得获取深海资源成为可能，技术先进国家和发展中国家也达成了制定海底制度的共识。但是，两大对立国家集团关于深海底及其资源的法律地位问题也因此变得更加尖锐和突出。

从1982年“区域”制度的确立到2017年《“区域”内矿产资源开采规章草案》的公布，“区域”制度在科技进步的推动下不断发展和完善。随着深海勘探技术的发展及国际社会对“区域”矿产资源研究调查的深入，国际海底管理局（以下简称管理局）根据不同的资源类型先后制定了3个探矿和勘探规章，分别为2000年通过的《“区域”内多金属结核探矿和勘探规章》（2013年修订）、2010年通过的《“区域”内多金属硫化物探矿和勘探规章》、2012年通过的《“区域”内富钴铁锰结壳探矿和勘探规章》。深海勘探开发技术的迅猛发展推动人类对“区域”资源由探矿和勘探向着开发进步。2012年4月，管理局制定了《关于拟订“区域”内多金属结核开发规章的工作计划》[29]，标志着“区域”内矿产资源开采规章的制定工作正式开始。2017年8月，管理局审议并公布了《“区域”内矿产资源开采规章草案》（以下简称《规章草案》）[30]，并要求各国提出评论意见。2018年5月，管理局根据各国对《规章草案》的评论意见进一步拟定了修改案文[31]，“区域”制度取得进一步发展。值得注意的是，《规章草案》在一定程度上体现了“区域”制度对科技进步的依赖。《规章草案》首次将“最佳可得科学证据”原则作为基本原则之一。“最佳可得科学证据”是指在合理的技术和经济限制下，以国际公认的科学实践、标准、技术和方法为基础，在特定情况下可获取和可得到的优质、客

---

〔28〕 Douglas M. Johnston, Law, Technology and the Sea, *California Law Review*, Vol. 55, Issue 2, 1967, pp. 449-472.

〔29〕 International Seabed Authority, Workplan for the formulation of regulations for the exploitation of polymetallic nodules in the Area, ISBA/18/C/4, 25 April, 2012.

〔30〕 International Seabed Authority, Draft Regulations on Exploitation of Mineral Resources in the Area, ISBA/23/LTC/CRP. 3, August 8, 2017.

〔31〕 International Seabed Authority, Draft Regulations on Exploitation of Mineral Resources in the Area, ISBA/24/LTC/WP. 1, ISBA/24/LTC/WP. 1/Add. 1, 15 May, 2018.

观的最佳科学信息和数据。[32]此外，“最佳可得技术”[33]、“最佳环保做法”等也成为《规章草案》的重要内容。《规章草案》的另一主要内容是《环境影响报告模板草案》(以下简称《模板草案》)。[34]通览《模板草案》不难发现，《模板草案》高度依赖于物理海洋学、化学海洋学、海洋生物学等学科的进步，一国海洋科技水平决定了能否制定出符合《规章草案》技术标准的《模板草案》，进而决定了一国是否被允许在“区域”内进行开采活动。综上，海洋科学的进步和技术标准的更新，不断推动着“区域”制度的发展和完善。

(三) 科技实力的不平衡导致了“区域”制度制订过程中的主要分歧

科技实力的不平衡，导致了“区域”制度制订过程中科技实力不同的国家或国家集团坚持不同的立场。

“区域”制度和机构的性质是各国或国家集团的主要分歧之一。技术先进国家主张成立松散的注册性制度和机构，管理机构的权力应得到限制，各国应对海底开采作业享有广泛的自由权。[35]例如，英国在提案中指出已拥有海底技术的国家在（国际机构）理事会内享有特殊地位[36]；美国则主张建立一个权力仅限于颁发采矿执照的国际制度[37]。发展中国家提出在“全人类共同遗产原则”下建立完全由管理局开发、管理的强有力的国际机构[38]。不难看出，技术先进国家希望享有更大的自由权限对海底资源进行开采，以获得相应收益；发展中国家则希望建立更大权限的管理局来防止技术先进国家凭借技术优势攫取海底利益。

另一个充分体现技术先进国家和发展中国家立场分野的重要问题，是关于海底资源开发主体和开采条件的问题。代表发展中国家的七十七国集团的提案认为，“该区域的一切资源勘探、开发，包括海洋科学研究及其他一切相关活动均应有管理局进行”[39]，发展中国家一如既往地希望扩大管理局的权限，以便后续能够进一步与技术先进国家进行磋商。而技术先进国家则强调最大限度地开发、利用海底资源，更在意海底资源开发的具体规则和条件，希望尽可能快地将开采权限交由开发实体。[40]发展中国家和技术先

[32] International Seabed Authority, Draft Regulations on Exploitation of Mineral Resources in the Area, ISBA/24/LTC/WP. 1, Schedule 1.

[33] “最佳可得技术”是指设施或作业方法的最新发展阶段、最先进的流程，这种技术显示防止、减少和控制污染及保护海洋环境免受开发活动有害影响的某项措施实际上比较合适，同时考虑到适用准则规定的标准。

[34] International Seabed Authority, Draft Environmental Impact Statement Template, ISBA/24/LTC/WP. 1/ Add. 1, 21 May, 2018.

[35] 参见 A/8421。

[36] 同上。

[37] 参见 A/AC. 138/25。

[38] 参见 A/CONF. 62/C1/L. 7。

[39] C. 1/CRP. 4.

[40] 参见 C. 1/CP. 2。

进国家关于开发主体问题分歧的根源在于两者之间开发、利用海底的能力有着天壤之别。对于技术落后的发展中国家来说，开发海底资源是较为“遥远”的事；而对于技术先进国家而言，国家和私人实体都在不断积极探索海底资源的开采。发展中国家和技术先进国家在关键问题上的立场分野注定了第三次海洋法会议关于海底制度的博弈是艰难而漫长的。

此外，技术先进国家和发展中国家的立场分歧，还表现在平行开发制度、单方面开采、管理局审查制度、（管理局）大会和理事会表决制度等方面。总之，在第三次海洋法会议期间，发达国家和发展中国家因为科技水平的差距而产生的分歧和斗争是全面的，且贯穿于整个会议期间。

三、科学技术对海洋法发展的影响

近代以来，科学技术的发展极大提高了人类探索和利用海洋的能力，尤其是在更大范围内勘探、开发海洋资源的能力。通过分析科学技术对“区域”制度发展的影响，不难发现，科学技术对整个国际海洋法律制度同样有着深刻的影响。当然，科学技术是一把“双刃剑”，既对海洋法的发展产生了积极影响，也为海洋法律秩序带来了负面影响。

（一）积极影响

1. *科学技术推动了海洋法的诞生和发展*

在中世纪及以前，人类生产力水平极为有限，对海洋的利用仅限于“鱼盐之利”“舟楫之便”。彼时海洋资源取之不尽用之不竭，海洋被认为是“大家共有之物”，严格意义上的海洋法并未形成。〔41〕16 世纪以后，欧洲自然科学研究和工业水平取得长足进步，航海技术飞速发展，尤其是地理大发现后，资本主义国家争夺海洋的都正日趋激烈，海洋法律制度也随之发展。正是在这一背景下，国际法之父——雨果·格劳秀斯发表了著名的《海洋自由论》，海洋自由论所主张的海洋自由原则与当时航海、捕鱼及造船技术的发展有着密切的联系。领海制度是另一个在科学技术进步推动下而确立的海洋法律制度。领海制度的产生与主权国家沿海的渔业、盐床及军事安全利益有着密切关系〔42〕，具体体现在围绕领海宽度的不同学说和观点上。彼时关于领海制度的主要学说包括航程说、视野说、大炮射程说及 3 海里原则等。其中，尤其是大炮射程说认为“使陆地的权力扩展到炮弹爆炸的地点，陆地的权力是以武器威力的范围为范围”〔43〕，大炮射程说得到了普遍认同并在后来演变为 3 海里宽度规则〔44〕。由此可见，人类对海洋的探索和利用总是与当时的科学技术水平相适应的。

---

〔41〕 参见周忠海：《国际海洋法》，中国政法大学出版社 1987 年版，第 5 页。

〔42〕 参见刘中民：《领海制度的形成与发展的国际关系分析》，《太平洋学报》2008 年第 3 期，第 17—28 页。

〔43〕 ［英］詹宁斯、瓦茨修订：《奥本海国际法》（第一卷·第二分册），王铁崖等译，中国大百科全书出版社 1998 年版，第 30 页。

〔44〕 参见杨泽伟：《国际法》（第 3 版），高度等教育出版社 2017 年版，第 154 页。

2. 科学技术的进步扩大了海洋法的外延

科学技术对海洋法调整范围扩大的推动主要是从两个方面进行的：一是科技进步需要更全面的法律制度来规范人类在新的海洋空间的活动；二是科技进步导致人类在利用海洋的过程中造成了海洋污染和环境破坏等新问题，转而催生了海洋保护制度。

（1）科学技术的进步，极大拓展了人类在海洋的活动范围，进而扩大了海洋法的调整范围。事实上，专属经济区制度、大陆架制度及“区域”制度的形成都是以科学技术的发展为基础的。〔45〕以大陆架制度为例，在人类尚不具备探索、开发近海油气资源技术时，大陆架只是地理学、地质学上的概念〔46〕；随着“二战”的结束，勘探、开发技术快速发展，近海海底资源得以发现，1945 年《杜鲁门公告》的发表使得大陆架作为一个海洋法律概念应运而生。〔47〕1958 年，《大陆架公约》正式确立了大陆架制度，大陆架外部界限采用的是“可开采标准”〔48〕，这与当时的技术水平是相适应的。1982 年，《公约》第 76 条对大陆架外部界限作出规定：“（1）按照本条第 7 款，以最外各定点为准划定界线，每一点上沉积岩厚度至少为从该点到大陆坡脚最短距离的 1%；（2）按照本条第 7 款，以离大陆坡脚对的距离不超过 60 海里的各定点为准划定界线，……但划定大陆架对的外部界线，不应超过从测算领海宽度的基线量起 350 海里，或不应超过连接 2500 公尺深度各点的 2500 公尺等深线 100 海里。”〔49〕可见，外大陆架的划定是建立在海洋勘探、测绘技术发展到一定水平基础之上的，《公约》精确地反映了科学技术的发展。

（2）科学技术的进步推动了海洋法调整的新领域不断出现。当前，受到国际社会广泛关注的国家管辖范围外生物多样性养护和可持续利用（BBNJ）、海洋基因资源（MGR）、海洋保护区等晚近海洋法发展的新议题，均是因为科学技术进步而产生的。

科学技术进步加快了人类对海洋生物资源的利用和开发，也对 BBNJ 带来了挑战。〔50〕首先，生物技术的进步引起了国际社会对 BBNJ 的重视。20 世纪 50 年代，科学家从加勒比海绵状隐藻中首次获取了海洋生物活性化合物海绵胆碱和海绵胸腺嘧啶，随后，科学家证明了提取的物质具有抗癌和抗病毒活性。20 世纪 70 年代，海洋生物研究

〔45〕例如，有学者认为：20 世纪末海洋法领域最重要的三个新增部分都是海洋技术发展及对海洋资源利用直接导致的，这三个部分分别是：由捕鱼业发展和捕捞技术提高推动的专属经济区制度；由海洋石油勘探、开采技术进步而促成的大陆架制度；由深海底矿物资源开采现实可能性的提高而形成的“区域”制度。参见周忠海等：《国际法述评》，法律出版社 2001 年版，第 390 页。

〔46〕Milford E. Shirley，Mariculture，the Law of the Continental Shelf and Offshore Oil Recovery：A technology Affected by a Body of Law Effected by a Technology，*Resources Law*，Vol. 11，No. 4，1979，pp. 725-753.

〔47〕Ibid.

〔48〕参见 Convention on The Continental Shelf，Article 1。

〔49〕United Nations Convention on the Law of the Sea，Article 76.

〔50〕参见 Niels Jobstvogt，Nick Hanley，Stephen Hynes（eds.），Twenty Thousand Sterling Under the Sea：Estimating the Value of Protecting Deep-Sea Biodiversity，Ecological Economics，Vol. 97，2014，pp. 10-19。

加速发展并吸引了包括生物化学、生物学、生态学、有机化学和药理学等学科的参与。[51]生物技术的进步引起了国际社会对BBNJ的关注，并且，BBNJ的潜在商业价值逐渐受到重视，特别是在化妆品、药物、生物修复、遗传研究和各种工业应用领域。[52]其次，人类大量的海洋活动严重威胁BBNJ的可持续发展。近几十年来，人类从事了大量捕捞、海洋倾倒、栖息地破坏、人为水下噪声、矿物开采、海洋废弃物污染、地质工程、管道和电缆铺设、旅游、生物勘探等海洋活动。至20世纪末，人类海洋活动对BBNJ的威胁达到了危机点。[53]人类活动的介入使得国际社会不得不考虑制定相应的法律制度对国家管辖范围外生物多样性资源加以保护。最后，当前国际社会开始着手构建有关BBNJ法律制度。2004年联合国大会决定：设立不限成员名额非正式特设工作组，研究与BBNJ的相关问题。[54] 2015年，联合国大会决议：根据《公约》规定，就BBNJ问题拟定具有法律约束力的国际文书（该决议将MGR养护和利用列为核心问题之一），并设立筹备委员会，正式举行政府间谈判。[55]

值得注意的是，《生物多样性公约》科学、技术和工艺咨询附属机构（以下简称“科咨附属机构”）对推动海洋保护区制度的形成起到了重要作用。2002年，“科咨附属机构”提议《生物多样性公约》缔约国大会作为紧急事项，启动就国家管辖范围外海洋保护区问题确定适当的机制和责任事项的讨论。[56]2003年，“科咨附属机构”第9次会议就海洋保护区问题建议：一是有必要在科学信息基础上，根据国际法，在国家管辖范围以外海域设立海洋保护区；二是……探索在国家管辖范围以外海域设立海洋保护区的方式。[57]2008年，《生物多样性公约》第9次缔约国大会通过了《确定公海水域和深海生境中需要加以保护的具有重要生态或生物学意义的海域的科学准则》和《建立包括公海和深海生境在内的代表性海洋保护区网的选址的科学指导意见》两份文件，文件对确立海洋保护区的建立有着重要意义。[58]“科咨附属机构”作为缔约国大会的科学、技术咨询机构，

---

〔51〕 参见David leary, Marjo Vierros, Gwenaelle Hamon (eds.), Marine Genetic Resources: A Review of Science and Commercial Interest, Marine Policy Vol. 33, 2009, pp. 183-194。

〔52〕 参见Harriet Harden-Davies, Deep-Sea Genetic Resources: New Frontiers for Science and Stewardship in Areas Beyond National Jurisdiction, *Deep-Sea Research* Ⅱ, Vol. 137, 2107, pp. 504-513; Louise Angelique de La Fayette, A New Regime for the Conservation and Sustainable Use of Marine Biodiversity and Genetic Resources Beyond the Limits of National Jurisdiction, *the International Journal of Marine and Coastal Law*, Vol. 24, 2009, pp. 221-280。

〔53〕 参见Louise Angelique de La Fayette, A New Regime for the Conservation and Sustainable Use of Marine Biodiversity and Genetic Resources Beyond the Limits of National Jurisdiction, *the International Journal of Marine and Coastal Law*, Vol. 24, 2009, pp. 221-280。

〔54〕 参见A/59/24. p. 12。

〔55〕 参见A/69/292。

〔56〕 参见UNEP/CBD/SBSTTA/8/3。

〔57〕 参见郑苗壮、刘岩、徐靖：《〈生物多样性公约〉与国家管辖范围外海洋生物多样性问题研究》，《中国海洋大学学报》（社会科学版）2015年第2期，第40—45页。

〔58〕 参见UNEP/CBD/COP/9/20。

对海洋保护区的设立提供了理论基础，也为选择和划分海洋保护区建立了科学标准。

作为BBNJ核心问题之一的MGR，也是因为生物技术的进步而引起的。从当前关于MGR的三大国际公约文本不难看出，生物技术对MGR的养护和利用意义重大。《生物多样性公约》第2条对“生物技术”“遗传资源”等作出了明确定义〔59〕；《遗传资源获取与惠益分享的名古屋议定书》将“利用遗传资源”定义为：由生物或遗传资源的遗传表达或新陈代谢产生的、自然生成的生物化学化合物，即使其不具备遗传功能单元对遗传资源的遗传和生物化学组成进行研究和开发……〔60〕《卡塔赫纳生物安全议定书》第1条即指出：“本议定书的目标是……凭借现代生物技术获得的、可能对生物多样性的保护和可持续使用……采取充分的保护措施。”〔61〕由此可见，生物技术的进步既是人类社会利用MGR的先决条件，也是国际社会制定相关法律文本的重要基础。同时，也可以预见，落实保护MGR的具体措施将在一定程度上依赖于科学技术的发展。

从晚近海洋法发展的新趋势不难看出，科学技术进步正在推动着海洋法的调整范围不断向新领域拓展。

（3）科学技术进步引起的海洋环境问题，转而促成了海洋环境保护制度的健全。以海洋石油工业为例，近一个世纪以来，海洋石油的生产、运输造成的石油泄漏对海洋环境造成了巨大破坏〔62〕，海洋石油污染是海洋石油工业技术进步的必然结果。为保护和改善海洋环境，防止、控制和减少海洋环境污染，国际社会制定了一系列法律制度。国际社会制定的第一个全球性海洋环境保护公约是1954年的《国际防止海洋石油污染公约》，该公约提出了“禁排区”概念〔63〕，并对油轮和其他船舶作了严格区分。鉴于20

---

〔59〕参见Convention on Biological Diversity，Article 2。

〔60〕参见徐靖、郑苗壮、刘岩：《国家管辖范围外海域遗传资源获取和惠益分享机制构件建议》，《生物多样性》2016年第1期，第108—113页。

〔61〕Cartagena Protocol on Biosafety to the Convention on Biological Diversity，Article 1.

〔62〕参见G. Dudley，The Problem of Oil Pollution in a Major Oil Port，*Field Study Council*，Vol. 2，1968，p. 21；自海洋石油工业的兴起造成了大量石油污染事故，较为著名的包括：1967年，利比亚超级油轮“卡尼号”在英国康沃耳海岸附近触礁沉没，造成11.9万吨原油泄漏；1975年，超级油轮“莫图拉号”在经过麦哲伦海峡时搁浅，导致5万多吨原油泄漏入海；1978年，超级油轮“卡基思号”在途经英吉利海峡时触礁断裂，导致22.3万吨原油入海；1979年，两艘超级油轮“艾克斯普列斯号”和“凯普捷号”在加勒比海相撞，大量原油泄漏入海；1980年，法国超级油轮在爱尔兰班特里湾发生爆炸，数万吨燃烧的原油布满办理特湾；1989年，美国埃克森公司“瓦尔德斯号”油轮在阿拉斯加州威廉王子湾搁浅，共计5万吨原油泄漏，成为美国历史上最严重的海洋污染事故；1992年，希腊油轮“爱琴海号”在西班牙西北部拉科鲁尼亚港附近触礁搁浅，造成至少6万多吨原油泄漏；2002年，利比里亚油轮“威望号”在西班牙西北部海域解体沉没，至少6.3万吨原油泄漏；2011年，位于中国渤海海域中南部的蓬莱19-3油田发生溢油事故，导致该油田周边及其西北部面积约6200平方千米的海域海水严重污染。参见曲波、邓声贵：《灾难性的海洋石油污染》，《自然灾害学报》2001年第1期，第69—73页；陈维松：《国家海洋局蓬莱19-3油田漏油事故媒体通报会实录》，http：//www.china.com.cn/news/txt/2011-07/05/content_22925731.htm。

〔63〕International Convention for the Prevention of Pollution of the Sea by Oil，Annex A，Article 1.

世纪六七十年代大规模海洋石油污染事故频发，国际社会于1973年通过了《国际防止船舶造成污染公约》，这是第一个全面控制船舶造成海洋污染的国际公约。[64]该公约在1954年公约的基础上进一步将污染物的种类扩大为一切“有害物”[65]，并对船舶的技术要求和标准进行了严规定。为了适应技术发展的变化，该公约先后于1978年、1992年、1997年和2008年进行了多次修订和补充。1982年，《公约》进一步对海洋环境的保护和保全作出了全面规定。石油工业的兴起和油轮的大规模推动了海洋石油污染保护制度的形成和进步。

近年来，海洋塑料污染逐渐成为广受国际社会关注的新兴问题。据估计，2013年全球塑料产量高达3亿吨，其中未能得到有效处理的部分塑料垃圾则进入海洋，目前，全世界海洋漂浮的塑料碎片被认为超过5万亿个，重量超过25万吨。[66]2014年，首届联合国环境大会发布的《联合国环境署2014年年鉴》指出，海洋塑料垃圾对海洋生态环境、海洋生物多样性、海洋旅游业和近海渔业养殖造成严重损害，海洋生态系统的损失高达130亿美元。[67]事实上，海洋塑料污染主要的问题之一是微塑料污染。微塑料一般是指直径小于1毫米的塑料颗粒，其来源主要有两种：一种是常规塑料垃圾物理变形后形成的；另一种是产品中的微塑料，最典型的如化妆品中的塑料颗粒。[68]毫无疑问，微塑料污染是工业技术水平发展到一定程度的产物。面对日益严重的海洋塑料污染，国际社会正在不断探索建立海洋塑料污染防治的国际法律制度。近年来，联合国注意到海洋塑料污染问题，并已经展开了行动。自2011年开始，海洋塑料污染便受到联合国环境规划署的持续关注；2014年，首届联合国环境大会将海洋塑料污染列为最值得关注的十大紧迫环境问题之一；2016年，第二届联合国环境大会从国际法规和政策上进一步推动了海洋塑料污染的管理。[69]此外，已有不少国家也制定了相应的法律、政策来应对海洋塑料污染。例如，美国于2015年通过了《无微珠水域法案》；加拿大于2016年将塑料微珠认定为加国《环境保护法》规定的有毒物质。[70]尽管当前有关海洋塑料污染防治的国际法律制度十分有限，但可以预见，有关海洋塑料污染防治的建章立制将很快实现。

海洋石油污染防治制度的发展历程和海洋塑料污染的发展趋势充分说明，科学技术

---

〔64〕参见朱建庚：《海洋环境保护的国际法》，中国政法大学出版社2013年版，第43页。

〔65〕参见International Convention for the Prevention of Pollution From Ships，Article 2。

〔66〕参见刘强、徐旭丹、黄伟等：《海洋微塑料污染的生态效应研究》，《生态学报》2017年第22期，第7397—7409页。

〔67〕参见Smith J，UNEP Year Book 2014：Emerging Issues in Our Global Environment，Nairobi：UNEP，2014，pp. 48-53。

〔68〕参见Marcus Eriksen，Sherri Mason，Stiv Wilson（eds.），Microplastic Pollution in the Waters of the Laurentian Great Lakes，Marine Pollution Bulletin，Vol. 77，pp. 177-182。

〔69〕参见王莹、穆景利：《全球探索海洋微塑料治理》，《中国海洋报》2018年1月24日，第4版。

〔70〕参见李莹莹：《海洋微塑料污染防治法律问题初探》，《西安电子科技大学学报（社会科学版）》2018年第1期，第70—76页。

提高人类利用海洋的能力，同时也引起了海洋环境的破坏，国际社会为保护和保全海洋环境，制定了更加严格和完善的海洋环境保护制度。

3. *科学技术的发展丰富和完善了海洋法的内涵*

海洋自由原则是传统海洋法的基石。格劳秀斯提出的海洋自由主要强调航行自由与捕鱼自由，《公约》进一步发展了格劳秀斯的海洋自由原则，确立了公海六大自由〔71〕。公海自由吸收了海洋自由理论中符合现代国际法理念的内容，又发展了海洋自由理论。〔72〕其中，在公海建造国际法所容许的人工岛屿和其他设施需要以先进的科学技术为依托〔73〕；飞越自由是建立在近代航空器的发明和航空技术高速发展的基础上的；铺设海底管道更是一项对海洋工程技术有着较高标准的复杂工程；海洋科学研究则与海洋学的发展密切相关，相互推动。可见，科学技术的发展极大地丰富了传统海洋自由原则的内容。此外，科学技术的发展促成了“人类共同遗产原则”的形成和适用，完善了海洋法基本原则。传统的海洋自由原则是在西方发达国家主导下建立的国际海洋秩序。“二战”结束后，随着大量第三世界国家的独立和崛起，就海底区域的法律地位问题而言，第三世界国家坚持“人类共同遗产原则”，而技术先进的发达国家则强调海洋自由原则应适用于海底，双方进行了激烈的争论。最终，代表广大第三世界国家利益的“人类共同遗产原则”作为海洋法的一项新的重要基本原则在《公约》中得以确立。“人类共同遗产原则”的确立使得当前国际海洋法律制度得到了国际社会更普遍认同，丰富了海洋法的内涵。

（二）消极影响

1. *海洋科技的迅猛发展，提高了人类利用海洋的能力，导致了海洋争端和冲突*

“二战”后，主权国家之间的海洋争端问题逐渐凸显，其中相当一部分争端是由于国家管辖权的扩大导致对海洋资源的争夺而引起的。〔74〕这主要是因为：一方面，科学技术的发展提高了各国利用海洋的能力，国家管辖权逐步向海洋拓展，海洋争端由此产生；另一方面，科技进步使得人类对各种资源的需求快速增加，更多的国家将目光投向海洋，并且科技进步使得资源更具有稀缺性〔75〕，国家为了争夺海洋资源而导致了为数众多的海洋争端。

---

〔71〕参见《联合国海洋法公约》第87条。公海六大自由分别是：（a）航行自由；（b）飞越自由；（c）铺设海底电缆和管道的自由；（d）建造国际法所容许的人工岛屿和其他设施的自由；（e）捕鱼自由；（f）科学研究的自由。

〔72〕参见白佳玉：《论海洋自由理论的来源与挑战》，《东岳论丛》2017年第9期，第41—47页。

〔73〕关于这一问题的更详细论述可参见谈中正：《科技发展与法律应因：人工固岛的国际法分析》，《武大国际法评论》2014年第2期，第71—95页。

〔74〕参见Robert D. Hodgson：《国际海洋边界争端》，张相君译，载傅崐成等编译：《弗吉尼亚大学海洋法论文精选集（1977—2007）》（第1卷），厦门大学出版社2010年版，第4页。

〔75〕例如，捕捞技术和航海技术的发展使得渔业资源更加稀缺，化石能源的巨大消耗使得不少国家之间为了海底资源而引起了岛屿争端、大陆架划界争端等。

2. 技术先进国家往往利用技术优势采取单方面行动，对海洋法的发展带来负面影响

基于“人类共同遗产原则”建立起来的“区域”制度使得以美国为首的技术先进国家极为不满〔76〕，仰仗先进的深海技术，部分国家相继单方立法以便开发国际海底资源。〔77〕1982 年 9 月，美国、英国、法国和联邦德国签订了《关于深海海底多金属结核的临时措施的协议》〔78〕，该协议被称为“小条约”。凭借其先进的技术和充足的资金，技术先进国家的单方立法和签署“小条约”的行为是与基于“人类共遗产原则”为基石的深海底资源勘探开发制度相对抗的，意图将深海底的勘探开发活动置于国际海底管理局的管理之外。〔79〕技术先进国家的单方立法和行动严重违反国际法，引起了国际社会的强烈反对。正如第三次海洋法会议许通美主席所指出的：“任何国家在公约以外开采深海底资源的任何尝试，将招致国际社会的普遍谴责并将造就严重的政治和法律后果。”〔80〕尽管技术先进国家的单方面行动最终以失败告终，但将科学技术作为国际谈判的武器，引导海洋法向不良方向发展的做法值得警惕；同时，技术先进国家在参与海洋法律制度制定过程中将科技与海洋法充分结合的模式也值得思考和借鉴。当然，《公约》及其“区域”制度最终得到国际社会的广泛认可，但不可否认的是，部分国家的这些单方面行动无疑给海洋法的发展带来了负面影响。

四、启示与建议

“区域”制度作为“二战”后海洋法新发展的重要部分，也是第三次联合国海洋法会议最受关注的部分。从“区域”活动的兴起到“区域”制度的建立，不难看出科学技术对海洋法发展所产生的深刻影响，事实上，海洋法的众多制度均与科学技术的进步密切相关。并且，科学技术正在以前所未有的速度快速发展。可以预见，在不远的未来，科学技术的进步会更快、更深入地影响着海洋法的发展。因此，为应对科学技术进步带来的海洋法的变革，更好地维护中国海洋权益，我国应从以下几个方面做好应对。

（一）加强海洋研究、加快海洋调查，推动海洋学科的发展

一方面，海洋科学研究和调查是推动海洋科学技术进步，全面、深入参与海洋事务

〔76〕 参见 Myron Nordquist，Esquire：《深海探矿的习惯法地位》，江家栋译，载傅昆成等编译：《弗吉尼亚大学海洋法论文精选集（1977—2007）》（第 1 卷），厦门大学出版社 2010 年版，第 39 页。

〔77〕 1980 年 6 月，美国总统签署了《深海底固体矿物资源法》；1980 年 8 月，联邦德国制定了《深海采矿临时管理法》；1981 年 8 月，英国颁布了《深海采矿（暂行规定）法》；1981 年 12 月，法国颁布了《深海底矿物资源勘探开发法》；1982 年 7 月，日本通过了《深海海底采矿暂行措施法》；1982 年 4 月，苏联通过了《管理苏联企业勘探开发大陆架以外海底区域矿物资源活动的临时措施》；1985 年，意大利颁布了《深海底矿物资源勘探开发规则》。参见李红云：《国际海底与国际法》，现代出版社 1997 年版，第 18 页。

〔78〕 参见 James H. Breen，The 1982 Dispute Resolving Agreement：The First Step toward Unilateral Mining outside the Law of the Sea Convention，*Ocean Development & International Law*，Vol. 14，Issue 2，pp. 201-233。

〔79〕 参见陈德恭：《国际海底资源与海洋法》，海洋出版社 1986 年版，第 261—263 页。

〔80〕 A/CONF. 62/PV，p. 193.

的基础和先决条件；另一方面，海洋科学研究是《公约》赋予所有缔约国的基本权利之一，海洋科学研究和调查一般不会引起国际争端。

首先，应加强海洋基础学科的研究，主要包括物理、化学、生物、水文、地质学等学科。总体上讲，我国当前的海洋科学研究与欧美等海洋大国还存在较大差距[81]，加强海洋基础学科的研究既是当务之急更是长期任务。

其次，注重海洋热点问题研究。当前，海洋热点问题主要包括海洋环境保护、海洋生态系统、海洋资源利用、海洋生物多样性损失、深海开发等。这些热点问题既关系到人类与海洋的和谐相处，也关系着我国的重要海洋权益。

再次，应加强海洋装备研发。海洋活动在很大程度上依赖于海洋装备的发展，从传统的海洋科考船，到深海勘探开发装备，再到全球海洋观测系统都体现了海洋装备在推动人类认识和利用海洋方面的重要作用。

最后，在开展海洋研究和调查的海域选择上，可以南海和西太平洋作为重点。近年来，南海问题不断引起世界广泛关注的一大因素便是南海被认为蕴藏着大量的资源，然而，无论是南海的地理信息还是南海资源情报都缺乏权威的统计[82]，不同科研机构的调查和分析结果相差甚远。因此，加强南海科考调查有利于我国更全面、具体地掌握南海地理、地质信息和资源储量、分布情况，更好地维护我国在南海的利益。此外，西太平洋地质构造特殊，被认为是“最理想的天然科学实验室”[83]，其矿产资源储量极其丰富，且是“全球海洋生物种源中心”[84]，并在军事和安全上对中国有着重要的地缘政治意义[85]。对西太平洋的科考和调查，中国既可以单方面进行，也可以联合俄罗斯、日本、韩国等国家联合开展，以期更好地促进与周边国家的科技交流与合作。

（二）在处理海洋事务的过程中应注重科技与海洋法的综合运用，提升我国海洋“话语权”

海洋科技和海洋法作为维护我国海洋权益的两个重要方面，科技实力决定了我国开展海洋活动的实际能力，海洋法则是维护我国海洋权益的重要工具，两者缺一不可。当前，在海洋法的诸多领域，科技和法律相结合的趋势已经逐步显现。例如，大陆架界限委员会相当部分委员是具有地质学、海洋学背景的科学家；委员会作为技术性机构在审议各国提交的大陆架外部界限时也会充分考虑科学技术上的依据。又如，国际海底管理

[81] 参见吴白沽、陈振英：《世界海洋科学发展现状和热点分析——基于文献计量的视角》，《图书馆研究与工作》2017 年第 3 期，第 29—33 页。

[82] 参见杨泽伟主编：《海上共同开发国际法问题研究》，社会科学文献出版社 2016 年版，第 30—31 页。

[83] 李春峰：《中国海洋科技发展的潜力与挑战》，《人民论坛 · 学术前沿》2017 年第 18 期，第 37—43 页。

[84] 林茂、王春光、王彦国等：《西太平洋浮游动物种类多样性》，《生物多样性》2011 年第 6 期，第 646—654 页。

[85] 参见时殷弘：《关于中国的亚洲西太平洋战略和南海问题》，《东南亚研究》2016 年第 5 期，第 33—38 页；刘新华：《西太平洋地区的海洋安全形式与中国的地区性海权》，《太平洋学报》2011 年第 2 期，第 83—92 页。

局法律和技术委员会（以下简称“法技委”）成员亦有相当一部分是从事海洋勘探、开采研究的科学技术人员，且“法技委”负责与深海海域活动有关的多项职能，在国际海底管理局日常工作中扮演着重要角色。[86]近年来，为《生物多样性公约》缔约国大会提供科学技术咨询的“科咨附属机构”，对推动 BBNJ 养护和可持续利用、海洋保护区、海洋遗传资源等制度的形成更是起到了不可替代的作用。

此外，科学技术实力决定了一国参与谈判、磋商的能力。科学技术和科学家在海洋事务谈判过程中的作用越来越突出。[87]比如，在涉及“区域”制度的谈判过程中，针对七十七国集团的提案，技术先进国家提出了各种建议和问题，而这些涉及科学细节和技术规定的问题几乎完全超越了发展中国家的能力范围，技术先进国家凭借其科技实力处于优势地位。第三次海洋法会议期间，技术先进国家在探索、利用海底方面已经积累了丰富的经验，取得了大量的一手资料；而发展中国家掌握的海底资料极少，甚至是在谈判期间通过阅读技术先进国家公开的资料而获得的。在信息资料严重不对称的情况下，发展中国家的提案无疑是极容易被技术先进国家找出漏洞，其立场也就更容易被攻击。由此可见，科技实力往往决定了一国或国家集团的话语权，进而决定了该国或国家集团对国际制度的影响力。因此，加快海洋科技和海洋法的交流、推动科学技术与海洋法的综合运用，对维护我国海洋权益意义重大。

（三）重视科学技术进步对海洋法发展的影响，进一步提升中国在新的海洋法律制度形成过程中的作用

科学技术进步对海洋法的影响是深远且明显的。当前，科学技术正在加速发展，也不断催生着新的海洋法律制度和海洋议题的出现。为进一步提升中国在新的海洋法律制度形成过程中的作用，应做到以下几点：

1. 从观念上，应高度重视科学技术进步对海洋法发展的影响

针对当前与海洋制度有关的资源、环境、生态，开发利用和保护问题，新制度与旧制度问题，不同国家和国家集团之间往往分歧较大，且各国利益点错综复杂，设若单纯依靠法律制度谈判，往往事倍功半。而科学技术标准则较为客观、统一，深刻认识科学技术在海洋法发展中的意义，或能为构建海洋法律制度提供新的思路。

2. 加强研究，准确把握海洋法律秩序变革进程中的科学技术因素的影响

尽管科学技术海洋法发展的影响深刻且明显，但具体来说，科学技术对海洋法影响的“作用力”大小、影响路径、影响方式等问题都急需研究。深入研究、准确把握海洋法律秩序变革进程中的科学技术因素，能为我国参与海洋法律制度构建提供很好的

---

〔86〕“法技委”主要职能包括：审查工作计划申请，监督勘探或开采活动，评估此类活动对环境的影响，并向国际海底管理局大会提供咨询意见，以及与理事会就所有与勘探和开采非生物海洋资源有关的事项达成协议。参见 https：//www. isa. org. jm/authority/legal-and-technical-commission。

〔87〕参见 John A. Knauss，The Effects of The Law of The Sea on Future Marine Scientific Research and of Marine Scientific Research on the Future Law of the Sea，Louisiana Law Review，Vol. 22，1985，pp. 203-208。

借鉴。

3. 结合当前科学技术发展态势，积极预判未来新的海洋法律制度和海洋议题的发展趋势

从海洋法发展历程不难发现，科学技术的发展总是先于法律制度构建步伐的。这是因为，只有科学技术发展到一定水平，人类才能对海洋有更深入和全新的认识，并进一步开展相应的海洋活动，进而构建对应的海洋法律制度加以规范。因此，我国应结合当前科学技术发展的最新动态，积极探索未来海洋法发展的新动向，做好前瞻性研究，提升中国在新的海洋法律制度形成过程中的作用。

五、结　语

科学技术作为当今人类社会生产力变革的第一动力，对人类社会活动和国际社会的交往有着深刻影响。在人类探索、开发和利用海洋的过程中，科学技术因素尤为突出。深入分析国际海洋法律制度的发展进程不难发现，科学技术作为影响海洋法发展的内在动力，推动了海洋法的诞生和发展，极大地扩大了海洋法的外延，并丰富和完善了海洋法的内涵。当然，科学技术进步也加剧了国际社会的海洋冲突和争端，部分国家恶意凭借其科技实力而枉顾海洋法，对海洋法的发展造成了负面影响。可以预见，科学技术对海洋法的发展必将更加广泛而深入。当前，中国正在积极参与全球海洋治理，充分把握、积极利用国际海洋秩序变革过程中的科学技术因素，有利于进一步提升中国在国际海洋事务中的话语权，也将为海洋法的良性发展贡献中国智慧、中国力量和中国方案。

试述国家对过境通行制度之立场选择

■ 李人达*

【内容摘要】第三次联合国海洋法会议对过境通行的争论以及《联合国海洋法公约》的相关规定，使其适用对象得以明确、适用范围得以限定、沿岸国的管辖权得以限制、权威得以树立。对此，作为海洋地理相对不利国和国际社会主要的海峡使用国的中国，宜从不同视角重新审视过境通行的意义、坚定维护过境通行的权威性，并积极主张在所有符合标准的海峡中适用过境通行制度。

【关键词】《联合国海洋法公约》　过境通行　用于国际航行的海峡　立场选择

近半个世纪以来，中国对待过境通行的态度发生了根本性转变。1972 年 7 月 24 日，中国代表沈韦良在海底委员会第二小组会议上发言时主张，“属于沿海国领海范围内的海峡，……允许无害通过”〔1〕。但据公开资料显示，中国政府最早于 2006 年 12 月 7 日在国际社会公开提出：“我们希望，《联合国海洋法公约》（以下简称《公约》）确立的用于国际航行海峡的过境通行制度和群岛海道通过制度应该得到维护。任何沿岸国制定的法律和规章均应符合《公约》和有关的国际法，不应损害航行自由原则。”〔2〕这种转变体现了国家视角从近海防御到军事海洋战略以及世界海运大国的飞跃，为此有必要重思国家对过境通行制度之立场选择。

一、问题之提出

中国的地理位置决定了其不得不属于海洋地理位置相对不利国，其四大临海均属闭海或半闭海，其船舶进出太平洋、印度洋的海上通道，从东北往西南依次被系列海峡所封锁，如白令、塔纳加、吐噶喇、马六甲等海峡。中国同时是国际社会主要的海峡使用国，据联合国部门统计，2015 年中国所有航运公司的所有船舶总载重吨位为 1.57 亿吨，排名世界第三，仅次于希腊和日本。〔3〕中国的船舶通往全球务必要经过一系列重要海峡，就使得《公约》第 3 部分第 2 节规定的作为用于国际航行的海峡的主要通行制度——过境通行的意义非同小可。

然而，当前国内政界对过境通行的认识尚不充分，如不同部门的发言在对待过境通

---

* 法学博士，海南省委党校副教授，海南省南海政策与法律研究中心兼职研究员。
本文为国家社科基金重大项目“我国南海岛礁所涉重大现实问题及其对策研究”（16ZDA073）、海南省哲学社会科学规划课题“美舰巡航我国南海管辖海域的法理性质及对策研究”［HNSK（QN）18-80］的研究成果。

〔1〕参见北京大学法律系国际法教研室编：《海洋法资料汇编》，人民出版社 1974 年版，第 29 页。

〔2〕参见 http：//www. fmprc. gov. cn/ce/ceun/chn/ldhy/yw/ld61/t289496. htm。

〔3〕参见 http：//unctad. org/en/PublicationsLibrary/rmt2015_ en. pdf。

行的态度上并未实现统一，这就容易授人以柄〔4〕；国内学界对过境通行制度的研究尚不深入，现有相关著述浓墨重彩的是适用对象所应遵守的义务〔5〕，出发点为维护领海主权的近海安全观，较少考虑到我国军事海洋战略与世界海运大国的发展需要。国外学界对过境通行制度的一般性研究亦不充足，多数文献只是在研究国际海峡制度时对过境通行有所涉及，涉及的对象多数也只是部分特殊案例。其内涵何在？中国立场宜作何选择？带着上述问题，本文展开研究。

二、过境通行内涵

20 世纪 50 年代末期至 70 年代，国际社会出现了扩张领海宽度的潮流，全球主张 12 海里或更多领海宽度的沿海国，从 18% 增加到了 43%。〔6〕导致的后果就是世界上约有 116 条海峡由于宽度不足 24 海里而位于一个或几个沿岸国领海之内，此中有 31 条是用于国际航行的海峡。〔7〕时至第三次联合国海洋法会议（以下简称第三次海洋法会议）期间，不同利益集团对在此类海峡中应适用何种通行制度的分歧就成了焦点问题之一。美苏等海洋大国不接受大多数发展中国家提出和支持的在国际海峡的领海部分适用无害通过的立场。〔8〕妥协折中后，英国草案提出的过境通行得以创制于《公约》第 3 部分第 2 节中。〔9〕作为一项崭新的、独立的航行飞越制度，过境通行自 1982 年开始适用于世界范围内大多数的用于国际航行的海峡中。

（一）过境通行的适用对象得以明确

根据《公约》第 38 条的规定，“所有船舶和飞机”享有过境通行的权利。“所有船舶和飞机”的措辞，最先出自于 1974 年英国草案第 3 章第 1 条的规定〔10〕，虽说在从英

---

〔4〕 这里指的是，针对 2016 年 6 月 15 日中国军舰通过日本吐噶喇海峡这一用于国际航行的领海海峡一事，中国国防部回应称，这属于航行自由，参见 http：//www. mod. gov. cn/1dzx/2016-06/15/content_4675472. htm。外交部回应称，这属于过境通行权，参见 http：//www. fmprc. gov. cn/web/fyrbt_ 673021/t1372479. shtml。日本国家基础研究所秘书长 Seiji Kurosawa 对此撰文指责“中国的这些单方解释存在疑问”，参见 https：//en. jinf. jp/weekly/archives/4415。

〔5〕 如刘楠来、陈德恭、胡济群等先生在其著述中，阐述了适用对象在行使过境通行权时需承担的义务以及海峡沿岸国的立法管辖权。参见刘楠来等：《国际海洋法》，海洋出版社 1986 年版，第 138—140 页；陈德恭著：《现代国际海洋法》，中国社会科学出版社 1988 年版，第 88—89 页；胡济群：《论〈联合国海洋法公约〉对领土主权的某些限制》，《中外法学》1993 年第 2 期，第 36—40 页。

〔6〕 参见 Hugo Caminos，The Legal Regime of Straits in the 1982 United Nations Convention on the Law of the Sea，Recueil des cours，1987（205），p. 63。

〔7〕 参见 American Journal of International Law，January，1980，p. 77. 转引自刘楠来：《国际海洋法》，海洋出版社 1986 年版，第 131 页；亦可参见魏敏：《海洋法》，法律出版社 1987 年版，第 98 页。

〔8〕 参见 Horace B. Robertson and Jr，Passage Through International Straits：A Right Preserved in the Third United Nations Conference on the Law of the Sea，Virginia Journal of International Law，1980（4），pp. 806-808。

〔9〕 United Nations Document：A/CONF. 62/C. 2/L. 3，1974，pp. 185-186.

〔10〕 Ibid.，p. 185.

国草案到《公约》的演进过程中，根据各国建议，过境通行制度得以七次修订[11]，其中不乏较大范围的修订，如ISNT对英国草案的修订、RSNT对ISNT的修订，但每次修订均未影响此一“所有船舶和飞机”的规定，它被依次规定于ISNT第38（1）条、RSNT第37（1）条、ICNT第38（1）条、ICNT第一次修订案第38（1）条、ICNT第二次修订案第38（1）条、ICNT第三次修订案第38（1）条和《公约》第38（1）条中。

会议过程中，菲律宾代表多次提出的要求对军舰、核动力船舶及其他几款特殊类型的船舶的通行给予了更多限制的议案，均遭到了普遍反对而并未被会议所接受。[12]这就充分说明了过境通行适用对象的广泛性得到了国际社会的承认，因而此处的“所有船舶和飞机”是为包括军舰军机在内的任何船舶和飞机。[13]

（二）过境通行的适用范围得以限定

过境通行适用于用于国际航行的海峡的领海和特殊内水部分[14]，不适用于如下四类情况：

首先，《公约》第35条所指的被长期存在、现行有效的专门公约所调整的海峡，如土耳其海峡、丹麦海峡、麦哲伦海峡等，它们适用其专门的公约制度。

其次，《公约》第36条所指的中间有在航行和水文特征方面同样方便的专属经济区或公海航道的海峡，此类海峡的不同海域分别适用《公约》不同部分的规定，即其领海部分适用《公约》第2部分第3节的无害通过；其专属经济区部分适用《公约》第5部分第58（1）条的航行飞越自由；其公海部分适用《公约》第7部分第87（1）（a）（b）条的航行飞越自由。[15]

再次，《公约》第45（1）（a）条所指的属于同一国家的大陆/岛屿型海峡，且该岛在向海一面有在航行和水文特征方面同样方便的专属经济区或公海航道。

最后，《公约》第45（1）（b）条所指的在公海或专属经济区的一个部分和外国领海之间的海峡。

上述后两者情况下，其海峡的领海和特殊内水部分适用《公约》第45（2）条的不应予以停止的无害通过权；专属经济区和公海部分则适用航行飞越自由。

---

〔11〕七次修订稿即ISNT、RSNT、ICNT、ICNT第一次修订稿、ICNT第二次修订稿、ICNT第三次修订稿和《海洋法公约》。

〔12〕参见Renate Platzoder, *Third United Nations Conference on the Law of the Sea: Documents*, New York: Oceana Publications, 1982, pp. 473, 398。

〔13〕参见David Anderson, *Modern Law of the Sea: Selected Essays*, Leiden/Boston: Martinus Nijhoff Publishers, 2008, p. 139。

〔14〕为便于表述，本文将适用直线基线的效果使原来并未认为是内水的区域简称为特殊内水，其他学者对此类内水亦有类似表达，如曲波教授提出《海洋法公约》第8（2）条属于“内水特殊情况”。参见曲波：《国际法上的历史性权利》，《吉林大学社会科学学报》2015年第5期，第74页。

〔15〕根据《海洋法公约》第5部分的规定，专属经济区的与公海的航行飞越自由并非完全一致，二者在《公约》第58（3）条的适当顾及原则和第59条的剩余权利规则方面有所不同。

（三）沿岸国的管辖权得以限制

海峡沿岸国的立法管辖权范围是被《公约》第42（1）条所限定的：

首先，《公约》第42（1）（a）条。根据该项的规定，海峡沿岸国有权就“第四十一条所规定的航行安全和海上交通管理”方面，制定法律规范。另据《公约》第41条规定，海峡沿岸国有权依照第3部分规定，于“必要时”为海峡指定海道和规定分道通航制或进行替换，以促进船舶的通行安全。此处的必要条件一般是指考虑船舶与过境通行之间的安全性，包括地理水文方面的因素，如在浅水海峡处指定“富余水深”的权力。[16]但是，此类指定海道和分道通航制的权力，应符合一般接受的国际规章，即《国际海上避碰公约》和《国际海上人命安全公约》。

其次，《公约》第42（1）（b）条。根据该项的规定，海峡沿岸国有权就“使有关在海峡内排放油类、油污废物和其他有毒物质的适用的国际规章有效”而制定法律规范。该项范围并非囊括所有环保类国际规章，而仅在于“排放油类、油污废物和其他有毒物质”的国际规章。在第三次海洋法会议上，西班牙曾于1982年4月13日提出，将“油污废物”中的“油污”（oily）一词删掉，但表决时未获通过。[17]这就体现了国际社会对沿岸国管辖权范围界定之精准。

再次，《公约》第42（1）（c）条。根据该项的规定，海峡沿岸国有权“对于渔船，防止捕鱼，包括渔具的装载”方面的问题制定法律规范。

最后，《公约》第42（1）（d）条。根据该项的规定，海峡沿岸国有权就“海关、财政、移民或卫生”包括“上下任何商品、货币或人员”方面的问题制定法律规范。

上述四类范围是第三次海洋法会议期间各国激烈争论和妥协折中的产物，哪怕对于一个词汇都要百般推敲和争论不休，如ISNT对英国草案增加了“航行安全”（safety of navigation）和“海上交通管理”（the regulation of marine traffic）的措辞[18]，后被规定于《公约》第42（1）（a）条中，这就充分说明了沿岸国的立法管辖权得到了明确的授予与严格的限定。

（四）过境通行的权威得以树立

截至2018年4月3日，《公约》缔约方已达168个，其中包括167个国家（它们是164个联合国会员国以及3个观察员国巴勒斯坦、库克群岛和纽埃）和1个国际组织欧盟[19]，使其具备了应有的权威性。对国家实践与法律确信的考察可知，它在当前已形

---

〔16〕 富余水深（Under Keel Clearance，UKC）概念来自1982年第三次海洋法会议期间，马来西亚、印度尼西亚和新加坡三国提交的关于马六甲海峡和新加坡海峡的声明，声明提出，为防止触底、搁浅等事件发生，船舶在海峡浅水水域航行时船底与海底必须保留一定的水深距离，此距离即为UKC。参见王泽林：《北极航道法律地位研究》，上海交通大学出版社2014年版，第111页。

〔17〕 United Nations Document：A/CONF. 62/L. 109，1982，p. 223.

〔18〕 United Nations Document：A/CONF. 62/WP. 8/PartII，1975，pp. 157-159.

〔19〕 参见 https：//www. un. org/Depts/los/reference_ files/chronological_ lists_ of_ ratifications. htm。

成了一项习惯法规则。

首先，它具备国家实践。一方面，从条约来看，《公约》第 38 条使用的措辞是“所有”船舶和飞机，而非“缔约国”或“批准国”的船舶和飞机，这就意味着第三国的船舶和飞机亦有权享有过境通行权，沿岸国不得阻止，否则即为违反公约。此外，还有《澳大利亚与巴布亚新几内亚两国关于主权和包括托雷斯海峡在内的海洋边界区域的条约》第 7（6）条、《南太平洋无核区条约》第 5 条亦规定了过境通行。另一方面，从国际实践来看，自 1982 年以来，各国货船通过国际海峡而前往世界多地的畅通性，以及海洋强国在全球布控海上军事力量的机动性与灵活性，基本得到了海峡沿岸国的承认。如美国军机适用过境通行制度不受限制地飞越直布罗陀海峡，在 1986 年对利比亚实施了空中打击；1990 年，在伊拉克入侵科威特的数小时内，美国军机适用过境通行制度不受限制地飞越了多个国际海峡，前往沙特阿拉伯，拉开了“沙漠盾牌”行动。[20]这些所涉海峡沿岸国中有一部分在当时并非属于批准国，如直布罗陀海峡沿岸国西班牙、摩洛哥批准《公约》的时间分别为 1997 年 1 月 15 日和 2007 年 3 月 31 日；另有一些国家至今仍未批准公约，如作为霍尔木兹海峡沿岸国的伊朗和阿联酋，但它们对过境通行的义务秉持了基本遵守的立场，这就更能体现出义务的习惯法特征，这是表明国际社会承认这一条约规则得以成为习惯法规则的最具说服力的证据。Jia 就此指出，沿岸国对其海峡权利之主张的默许（acquiescence），将增强使用国主张过境通行属于习惯的效力。[21]

其次，它具备法律确信。（1）作为霍尔木兹海峡沿岸国的、至今尚未批准公约的伊朗 1982 年 12 月 10 日宣称，“缔约国有权享有……公约第 3 部分第 2 节第 38 条规定之过境通行权”；（2）作为直布罗陀海峡沿岸国的、1997 年 1 月 15 日成为公约批准国的西班牙于 1984 年 12 月 4 日宣称，“……只要不阻碍过境通行的飞越，沿岸国有权命令和适用用于国际航行的海峡上空的相关飞越规则”[22]（3）；作为多佛尔海峡沿岸国、1997 年 7 月 25 日成为公约批准国的英国和 1996 年 4 月 11 日成为公约批准国的法国于 1988 年共同宣布“将赋予其他国家通过多佛尔海峡相同于过境通行之权利”[23]；（4）作为若干地中海国际海峡沿岸国的希腊在 1995 年 7 月 21 日批准公约时宣称，“在上述替代海峡，第三国的船舶和飞机能适用过境通行制度，一方面，国际航行和飞越的需要应被满足，另一方面，过境的船舶和飞机以及沿岸国的最低安全需要应被实现”；（5）作为蒂朗海峡沿岸国的沙特阿拉伯 1996 年 4 月 24 日批准公约时宣称，“过境通行制度不仅适用于在公

---

〔20〕 参见傅昆成等编译：《弗吉尼亚大学海洋发论文三十年精选集（1977—2007）》（第 1 卷），厦门大学出版社 2010 年版，第 441 页。

〔21〕 参见 Bing Bing Jia，*The Regime of Straits in International Law*，Oxford：Clarendon Press，1998，pp. 202-203。

〔22〕 参见 http：//www. un. org/depts/los/convention_ agreements/convention_ declarations. htm#Philippines Understanding made upon signature（10 December 1982）and confirmed upon ratification。

〔23〕 参见 E. D. Brown，The International Law of the Sea：Documents，Cases and Tables. 1994，pp. 93-94. 转引自姜皇池：《国际海洋法》（上册），台湾学林文化事业有限公司 2004 年版，第 568 页。

海或专属经济区的一个部分和公海或专属经济区的另一部分之间的用于国际航行的海峡，而且也适用于与岛屿相邻或毗连的这些海峡，特别是被主管国际组织指定的位于出口或入口的海峡交通线”；（6）2011 年 5 月 15 日成为公约批准国的泰国于 1993 年宣布：“国际习惯法和国家实践所确定的有关规则已为 1982 年《公约》所确认并写入法律中，根据这些规则，所有国家的船只……在用于国际航行的海峡均享有过境通行权。”〔24〕上述国家除了泰国之外均属于重要的国际海峡沿岸国，其宣示均属于对自身义务的确认。此外，西班牙、英国、法国和泰国在成为公约批准国之前就进行了宣示，这就无不反映了它们对过境通行的遵守实际上是一种法律信念，而非公约责任，这就说明了法律确信在过境通行中的确实存在。

过境通行作为一项习惯法规则的证成，就更增其权威性，它不仅对批准国有效，而且对非批准国有效；它不仅是一项条约法权利，而且是一项习惯法权利。国际社会所有国家均应遵守《公约》第 38（1）条、第 42（2）条和第 44 条规定的不应阻碍、否定、妨碍、损害或停止过境通行的义务，不应超出其第 42（1）条规定的立法管辖权范围。

三、国家立场选择

（一）从不同视角重新审视过境通行意义

近半个世纪以来，中国对待过境通行的态度发生了根本性转变，体现了国家视角从近海防御到军事海洋战略以及世界海运大国的飞跃。

首先，捍卫过境通行是国家军事海洋战略的发展需要。过境通行有助于中国船舶和飞机冲出“岛链”。美国前国务卿 John Foster Dulles 在 1951 年首次提出了“岛链战略”的概念〔25〕，其中“第一岛链”一般是指由从堪察加半岛到马来半岛之间的千岛群岛、日本列岛、琉球群岛、台湾岛、菲律宾北部和婆罗洲组成。〔26〕上述岛链中拥有吐噶喇海峡、马六甲海峡等诸多国际海峡，过境通行就是中国船舶飞机（包括军舰军机）进出相关海峡、沟通中国临海与太平洋的主要国际法依据，它在法理上可击破 Dulles 所谓的岛链战略。中国近些年亦加大了派遣军舰赴西太平洋训练的力度〔27〕，为此，中国军舰进出吐噶喇等相关海峡所适用的航行飞越制度就是过境通行。

其次，捍卫过境通行是国家走向世界海运大国的长远需要。2015 年中国船舶总载重量世界第三，中国开展国际海上贸易必经世界诸多知名国际海峡。中欧间海上通道主要

---

〔24〕 参见张晏瑲：《国际海洋法》，清华大学出版社 2015 年版，第 137 页。

〔25〕 参见 https：//en. wikipedia. org/wiki/Island_ Chain_ Strategy；杜朝平：《岛链对中国海军的影响有多大》，《当代海军》2004 年第 5 期，第 37 页；李兵：《国际战略通道研究》，中共中央党校 2005 年博士学位论文，第 300 页。

〔26〕 参见 https：//en. wikipedia. org/wiki/First_ island_ chain。

〔27〕 如 2013 年几乎每个月都会有中国军舰穿越宫古海峡、巴士海峡等国际海峡，http：//news. ifeng. com/mil/forum/duanping/detail_ 2013_ 10/19/30473960_ 0. shtml。

为中国（台湾海峡）—南海—马六甲海峡—印度洋—曼德海峡—红海—苏伊士运河—地中海（法国、意大利等地中海沿海国家）—直布罗陀海峡—德国、挪威等非地中海沿岸国家。而中欧间绕经东北航道的试验性通航，目前尚未达到商业通航程度。仅以马六甲海峡为例，2015 年全球共有 80980 艘次船舶通过〔28〕，其中有 60% 左右是为往返中国，中国进出口物资的50% 要经过该海峡。〔29〕中美间海上通道主要为中国（台湾海峡）—东海—大隅海峡、宗谷海峡等连接东海与太平洋的海峡—太平洋—美国西海岸—巴拿马运河—美国东海岸。中国需要适用过境通行制度通过与欧洲、美国之间的国际海峡。

（二）坚定维护过境通行权威性

过境通行作为一项条约法规则和习惯法规则的现况，就昭示着其内涵应得到国际社会所有国家的普遍遵守，这些内涵主要包括沿岸国的义务［这里主要指的是《公约》第 38（1）条、第 42（2）条和第 44 条规定的不应阻碍、否定、妨碍、损害或停止过境通行之义务］；沿岸国的立法管辖权范围［即上文主要分析之《公约》第 42（1）条］；适用对象的权利［这里主要指的是《公约》第 38（2）条规定的专为继续不停和迅速过境之目的而行使的航行和飞越自由］；适用对象的义务（这里主要指的是《公约》第 39 条的相关规定，如毫不迟延地通过或飞越海峡，不对海峡沿岸国的主权、领土完整或政治独立进行任何武力威胁或使用武力，遵守相关国际公约）；等等。

条约是最具有约束力和最具严格法律意义上的法律渊源，它在现代国际法渊源中居于首要地位。〔30〕条约生效后，批准国必须予以善意履行，否则其国家形象、国际信誉将遭到严重挑战，其随之带来的后果甚至要大于违反条约所攫取的利益。这就意味着海洋强国以及主要的海峡使用国应倍加捍卫《公约》中过境通行制度的基本内涵，特别是沿岸国和使用国的各自权利义务范围，避免沿岸国扩张管辖权的举措成为习惯中过境通行内涵的组成部分，即不能认为，《公约》没有禁止，沿岸国就有权限制；而是确信，《公约》第 42（1）条没有授权，沿岸国就无权管辖。这才是第三次海洋法会议期间系列协议所体现的法治精神。

（三）积极主张在适当海峡适用过境通行权

1949 年国际法院在科孚海峡案（实质问题）的判决书中强调，用于国际航行的海峡的真正决定要件是“该海峡连接公海两个部分的地理状态，以及用于国际航行的事实”〔31〕。因而确立此类海峡的标准有二：一为地理标准，二为功能标准。地理上，它应位于公海或专属经济区的一个部分和公海或专属经济区的另一部分之间的领海；功能上，它应具备“用于国际航行的事实”。

---

〔28〕 该详细数据来自于日本海事中心（NMC）的统计，http：//www. cambiasorissoagency. com/malacca-strait-transits-grow-2-to-record-in-2015-boxships-see-dip-in-h2/。

〔29〕 参见任远喆：《克拉运河与中国的海洋安全》，《亚太安全与海洋研究》2015 年第 3 期，第 89 页。

〔30〕 参见曾令良：《国际法》，武汉大学出版社 2011 年版，第 37 页。

〔31〕 参见 http：//www. icj-cij. org/docket/index. php？ p1 = 3&p2 = 3&code = cc&case = 1&k = cd&p3 = 0。

地理标准较易判断，但功能标准很难界定。本案中，英国提出的在1936年4月1日至1937年12月31日这段时间，有2884艘各式舰船通过该海峡且认为这一数字本身已相当庞大（quite a large figure）的航行事实，得到了法院的承认。由于这一数据本身已属庞大，那么就此进行量化的话，只要每天平均拥有4.5艘次的舰船通过，或者每月平均拥有135艘次的舰船通过，或者每年平均拥有1642.5艘次的舰船通过，就应被视为超出了用于国际航行的海峡的功能标准。[32]但Martín指出，这一“用于”绝非可以量化（quantified）。[33]Caminos指出，海峡存在特殊的自然状况，少量通行并不能当然得出其不属于用于国际航行的海峡的结论，很多国际海峡过去是、目前仍然是试验性通航的。[34]姜皇池亦同样指出，当前国际法中用于国际航行的海峡的功能标准的考虑条件，在每一个案中均有不同，难以一机械答案普适全球，而唯以个案之有关事实作通盘考虑，所以其界定标准侧重于地理状态而非功能标准。[35]因此，全球范围内适用过境通行制度的海峡数量应较广泛，典型如周边之白令、塔纳加、吐噶喇、马六甲等海峡，全球范围内之直布罗陀、霍尔木兹、曼德等海峡。

四、结　语

作为一般国际法规则的过境通行，当前已建立了基本的框架体系，但国际社会就该制度的认可方面，尚存在一定的偏差。随着国际社会日渐形成地球村，各项新生问题不断驱使着各国在对待过境通行制度中秉持多元的价值追求与利益主张，但无论如何，作为海洋地理不利国与海峡主要使用国的中国，国家立场的选择应从近海防御朝着军事海洋战略和世界海运大国的方向发展和转变，以体现维护国际法治与国家利益二者之统一。为此，国家应在多边或双边场合积极捍卫过境通行制度的权威性，避免其朝着沿岸国扩大管辖权的方向发展或演进。

---

〔32〕 计算方法如下：1936年4月1日至1937年12月31日期间共有639天（365+30×5+31×4），平均每天的舰船通过艘次则为2884/639=4.5；那么每月以30天计算的话则为4.5×30=135艘次；每年以365天计算的话则为1642.5艘次。

〔33〕 Ana G. López Martín, *International Straits: Concept, Classification and Rules of Passage*, Berlin: Springer, 2010, p. 55.

〔34〕 Hugo Caminos and Vincent P. Cogliati-antz, *The Legal Regime of Straits: Contemporary Challenges and Solutions*, Cambridge: Cambridge University Press, 2014, p. 144.

〔35〕 姜皇池：《国际海洋法》（上册），台湾学林文化事业有限公司2004年版，第530—531页。

领海以外离岸养殖的法理研究

——以山东省黄海冷水团海洋牧场建设为例

■ 李　政*

【内容摘要】随着我国国民对于水产品的需求越来越高，传统的近岸养殖由于其较高的环境成本，越来越难以满足我国国民的需要，高技术、低污染的领海以外离岸养殖日益成为我国水产养殖产业的核心导向。2018 年 5 月"深蓝 1 号"的投入使用是我国离岸养殖的里程碑，同时也成为我们研究领海以外离岸养殖法律问题的契机。领海以外的离岸养殖会涉及一系列前所未有的法律问题，领海以内属于国家领土主权范围，国家拥有完整的主权；而领海以外离岸养殖则牵涉沿海国在专属经济区的权利问题，例如《联合国海洋法公约》对于专属经济区内海洋生物资源养护以及海洋设施的规定；我国与周边国家签订的相关国际条约以及海洋划界协定；网箱养殖以及工船污染等国内环境法、国际环境法规制的问题。

【关键词】海洋法　渔业法　离岸养殖　海洋牧场

离岸养殖，是一个相对于传统近岸渔业养殖的新兴概念。尽管目前国际上对于离岸养殖尚未有明确的定义，我们习惯上把近岸之外，200 海里专属经济区水域范围之内进行的水产养殖活动称为离岸养殖。受制于到岸距离的燃油成本、深海养殖的渔业养殖技术以及深海恶劣的作业环境，传统的离岸养殖在我国的推广十分缓慢，对于技术和经济成本要求更低的近岸养殖成为了我国海水养殖的主流。随着我国成为世界上海水养殖的第一大国，以近岸养殖为主体的我国海水养殖体系遭到了环境污染的强烈冲击。据测算，目前我国 10 米等深线以内已用于海水养殖开发的海域面积约 2 万平方千米，占 10 米等深线以内海域总面积的 40% 左右，已接近开发极限。另外，快速发展的水产增养殖业的自身污染问题也日趋加剧，水产品品质下降，大规模渔业污染事故和暴发性病害频繁发生。[1] 居高不下的氮排放量导致了诸如青岛浒苔问题等大规模环境事故的发生。尽管受技术、成本及风险等多种因素的影响，在我国水产品日益巨大的需求之下，离岸养殖仍具有很大的发展潜力，是未来我国海水养殖发展的主要趋势。2018 年 5 月 4 日，我国首座全潜式大型网箱"深蓝 1 号"在青岛建成、下水，这是我国离岸养殖发展的重要里程碑，标志着我国的海洋牧场建设已经走出领海，正在向远海迈进。同时，由于我国对于领海以外离岸养殖的法律规定过于模糊，这也是我们研究领海以外离岸养殖法律问题的重要契机。领海以外的离岸养殖会涉及一系列前所未有的法律问题，领海以内属于国家领土主权范围，国家拥有完整的主权；而领海以外离岸养殖则牵涉到沿海国在专属经济区的权利问题，例如《联合国海洋法公约》（以下简称《公约》）对于专属经济区内海洋生物资源养护以及海洋设施的规定；我国与周边国家签订的相关国际条约以及海

---

* 中国海洋大学法律硕士，研究方向为国际法。

〔1〕 杨正先、孟范平、朱小山等：《海水养殖业与可持续发展》，《海洋科学》2004 年第 10 期，第 63 页。

洋划界协定；网箱养殖以及工船污染等国内环境法、国际环境法规制的问题。对于领海以外离岸养殖法律问题的研究一方面可以为各级渔业部门提供规避法律风险的手段，为应对国际争端提前准备好应对措施；同时，对于领海以外离岸养殖的研究也能够及时发现当前我国《渔业法》《海域法》在海水养殖的规制措施上存在的问题，为完善我国渔业相关的法律提出自己的建议。

一、山东省海洋牧场建设的现状

一般而言，海洋牧场的理念源于20世纪60年代日本的“栽培渔场”。1977年，世界上第一座真正意义上的海洋牧场在日本四国岛南部的高知县正式设立。1970年，曾呈奎院士提出在我国近岸海域实施“海洋农牧化”，这是我国海洋牧场理念的开端。[2]基于肇始于20世纪70年代山东沿海地区的增殖放流，山东省海洋与渔业厅于2005年制定了《山东省渔业资源修复行动规划》，大规模实施近岸经济型人工鱼礁建设工程，加大了增殖放流力度。截至2016年年底，省级及以上财政扶持资金已累计投入6.73亿元，带动社会资金14.09亿元，建设投资额百万元以上的人工鱼礁区240余处，面积1.9万余公顷，投放礁体1500万空方；累计投入增殖放流资金9.5亿元，放流各类海洋水产苗种468.7亿单位，全省秋汛回捕增殖资源产量51.7万吨，实现产值165.1亿元。黄渤海域的海底荒漠化已得到初步遏制，为牧场渔业的进一步发展奠定了深厚的基础。[3]而2018年5月4日在青岛建成、下水的“深蓝1号”更可谓我国海洋牧场建设的里程碑。底面周长为180米，高约35米，重约1400吨的“深蓝1号”是中国首座、世界最大全潜式网箱。[4]不同于传统的以家庭为单位的近海渔业养殖，“深蓝1号”的主要作业区间位于我国黄海专属经济区内[5]的黄海冷水团左翼，距离陆地大约130海里，其设计年产量为1500吨，最多可以同时养殖150万条三文鱼。“深蓝一号”的建成、下水只是山东省黄海冷水团海洋牧场建设的一个开端，黄海冷水团技术团队负责人中国海洋大学董双林教授认为，黄海冷水团开发具有可观的经济效益。如果按1%的黄海冷水团水体用于养殖，则养殖面积为50亿方。根据10方水养一尾鱼的标准，养殖总量为5亿尾，以每尾鱼4千克计算，海洋水产品总产量为20亿千克，按照海洋冷水鱼的市场均价40

〔2〕于会娟、王金环：《从战略高度重视和推进我国海洋牧场建设》，《农村经济》2015年第3期，第51—52页。

〔3〕《山东省海洋牧场建设规划（2017—2020）》。

〔4〕张保淑：《加快海洋渔业装备创新——让鱼米之乡走向“深蓝”》，《人民日报·海外版》2018年5月12日，第8版。

〔5〕中韩黄海专属经济区没有正式划界，由于中韩渔业协定规定的“过渡区域”与《联合国海洋法公约》规定的专属经济区制度基本相同，且两国渔业联合委员会近年来年会纪要均将中韩“过渡水域”分别表述为“中国专属经济区管理水域”“韩国专属经济区管理水域”。参见 http：//www. moa. gov. cn/govpublic/YYJ/201712/t20171212_ 5977461. htm。为了行文流畅我们将此处和下文的“过渡水域”称为专属经济区。

元/千克计算，将获得直接经济效益为 800 亿元。[6]

黄海冷水团海洋牧场建设是我国建设领海以外海洋牧场的第一步，“深蓝 1 号”的推广应用，将推动中国养殖术与装备升级换代，极大拓展蓝色经济发展的新空间，有效推动渔业养殖从近海养殖向深海养殖转变，从网箱式养殖向大型装备式养殖转变，从传统人工式养殖向自动化、智能化养殖转变。

二、领海以外离岸养殖的国际法分析

(一)《公约》

1.《公约》的适用

黄海冷水团位于黄海中部洼地的深层和底部，濒临胶东半岛，位于我国黄海专属经济区范围内，适用《公约》关于专属经济区的规定。

《公约》第 56 条规定：“沿海国在专属经济区内的权利、管辖权和义务：1. 沿海国在专属经济区内有：（a）以勘探和开发、养护和管理海床上覆水域和海床及其底土的自然资源（无论是生物还是非生物资源）为目的的主权权利，以及关于在该区内从事经济性开发和勘探，如利用海水、海流和风力生产能等其他活动的主权权利；（b）本公约有关条款规定的对下列事项的管辖权：（1）人工岛屿、设施和结构的建造和使用；（2）海洋科学研究；（3）海洋环境的保护和保全；（c）本公约规定的其他权利和义务。2. 沿海国在专属经济区内根据本公约行使其权利和履行其义务时，应适当顾及其他国家的权利和义务，并应以符合本公约规定的方式行事。3. 本条所载的关于海床和底土的权利，应按照第六部分的规定行使。”[7]

《公约》赋予了沿海国利用管理其专属经济区内海洋生物资源的权利，我国对于黄海专属经济区内的海洋牧场建设属于对专属经济区内海洋生物资源的管理，完全符合《公约》的规定。由于沿海国对于专属经济区的主权权利是基于主权的派生，其对于专属经济区的管理存在一定的“权利瑕疵”。传统的近海渔业养殖要更多的衡量该养殖设施对于近海海域的环境影响以及其对于领陆、内陆水系的污染情况。而在专属经济区的渔业养殖不仅要考虑国内海域的污染问题，还应该考虑内陆国以及地理不利国的有关权益[8]，同时应当适当顾及其他国家的权利。在国际法的适用的过程中，我国一般采取国内立法的形式，对条约进行转化，例如根据 1969 年《国际油污损害民事责任公约》于 1999 年制定的《中华人民共和国海事诉讼特别程序法》，根据 1982 年《公约》于 2016 年制定的《中华人民共和国深海海底区域资源勘探开发法》。作为《公约》的签署国，我国 1998 年通过的

---

〔6〕 韩立民、郭永超、董双林：《开发黄海冷水团　建立国家离岸养殖试验区的研究》，《太平洋学报》2016 年第 5 期，第 82 页。

〔7〕 参见《联合国海洋法公约》第 56 条。

〔8〕 参见《联合国海洋法公约》第 69、70 条。

《专属经济区和大陆架法》，以履行中国所承担的条约义务。“深蓝 1 号”由武船集团海工院与中国海洋大学设计，中船重工武船集团建造，其船东为日照万泽丰渔业公司，作为我国公司架设在我国黄海专属经济区内的海水养殖设施，其必然要受到《公约》以及我国《专属经济区和大陆架法》的规制。

2. 以“深蓝 1 号”为代表的巨型箱网养殖设施在《公约》中的法律地位

我国的近海水产养殖已有近 50 年的历史，但是由于设备体积较小、季节流动性较强，很少有学者将水产养殖设施纳入海洋法话语系统之中。对于传统的渔业养殖设施，我们不必就纠结其法律属性，可将其视为其养殖工船的一部分。与传统的近海养殖设施不同，“深蓝 1 号”底面周长为 180 米，高约 35 米，相当于两个足球场的大小。这种大型渔业养殖设施存在阻塞航道的危险，同时若“深蓝 1 号”这样的大型养殖设施在黄海海域形成规模，其养殖、集鱼功能势必会对太平洋西岸的其他国家的海域生态环境产生一定程度的影响，会不可避免地产生法律规制的问题。在现阶段，由于“深蓝 1 号”的主要作业区间位于我国黄海专属经济区靠近我国领海的一侧，巨型网箱养殖设施的法律地位暂时不会引发国际法上的争议。但是我们要看到，在我国国民经济日益繁荣的 21 世纪，我国国民对于深海渔业资源的需求势必越来越大，海洋牧场从近海走向深海，从国内海域走向公海和外国海域是一个不可阻挡的趋势。早在“深蓝 1 号”建成、下水之前，同样由武船重工集团海工研究院进行工程设计和总包建造的深海半潜式智能养殖场“海洋渔场 1 号”于 2017 年 9 月在挪威交付并使用。作为投资方的挪威海产品养殖巨头，萨尔玛集团已将“深蓝 1 号”的姊妹号“海洋渔场 1 号”用于挪威中部的特伦德拉格地区的三文鱼养殖，已于 2018 年秋季上市。据估算，北欧及北美海域共需 500 台（套）养殖设施，价值约 300 亿美元。从国内市场看，仅考虑南海海洋资源情况，可形成约 3600 亿元渔业装备市场。[9] 由于国外市场对于养殖设施巨大的市场缺口以及国内对于深海鱼类的庞大市场，由中国企业在他国专属经济区内承包海域进行深海鱼类养殖并不是天方夜谭。在同为农产品的牛奶行业，早在 2015 年就存在中国牛奶企业在德国承包牧场生产牛奶“进口”到中国的先例。与牛奶的生产不同，在他国专属经济区内进行海水养殖需要受到《公约》专属经济区制度的调整。以“深蓝 1 号”为代表的巨型网箱养殖设施由于关乎国家的管辖权，在专属经济区制度中的法律地位尤其重要。不同于船舶在海上的航行、运输活动，巨型网箱一般在特定的海域内连续一年或者数年进行作业。从外观上来看，巨型网箱与船舶截然不同，同时，巨型网箱的自航能力十分有限，一般需要工船的拖带才可以移动。笔者认为，将专属经济区制度中针对船舶的船旗国管辖以及登临、检查、逮捕和进行司法程序等制度适用于巨型网箱在法学理论上来讲不甚妥帖。从巨型网箱的作业模式、体积大小以及外观设计来看，巨型网箱更加类似于《公约》所规定的“结构设施”。同时“海洋渔场 1 号”“深蓝 1 号”这样的巨型网箱设施

〔9〕 王欢：《中国制造智能渔场助力挪威三文鱼养殖》，《水产科技情报》2018 年第 1 期，第 55 页。

可以容纳10名左右的工作人员，在深海作业和生活，我们也可以将其视为工作平台或者人工岛屿，由于《公约》对于结构设施和人工岛屿的法律规制基本相同，笔者在这里就不进行详细区分。《公约》第60条规定：沿海国对人工岛屿、设施和结构享有专属管辖权，包括有关海关、财政、卫生、安全和移民的法律和规章方面的管辖权。[10]上述规定赋予了沿海国在专属经济区内对于设施结构、人工岛屿的专属性权利，至于如何使用人工岛屿、结构设施，是沿海国自主行使主权权利和管辖权的范畴。因此，沿海国自行开发或与外国公司以合作协议的形式开发设施结构和人工岛屿，都由沿海国政府决定。在外国公司投资参与开发的情况下，除协议另有约定外，主要适用东道国法律。在他国专属经济区内的海洋牧场建设可以在一定程度上类比在他国大陆架区域内内的石油联合开采，巨型网箱可以在一定程度上类比石油钻井平台，只不过大陆架制度更着重于海底矿产油气的开采，专属经济区制度更着重于海洋生物资源的开发。关于巨型网箱在《公约》地位的论证听起来比较荒谬，可是由于我国深海养殖技术的飞速进步和国民对于深海鱼类资源的巨大需求，此项论证迟早要提到我们的议程中来，我们现在的论证有着"摸着石头过河"的意义。

（二）《中韩渔业协定》对黄海冷水团海洋牧场建设的影响

由于我国海洋牧场建设已进入我国黄海的专属经济区，而由于我国与韩国在黄海的专属经济区并没有正式划定，我们的海洋牧场未来有可能会涉及中韩渔业冲突，我们需要对《中韩渔业协定》（以下简称《协定》）作详细的论述。

1982年，《公约》赋予了沿海国200海里专属经济区的权利。由于中韩两国隔海相望，最宽处也不足280海里，中韩两国在黄海、东海主张的专属经济区不可避免地存在了大面积的重叠。2000年，中韩两国在北京签署了《协定》，该协定是根据《公约》的有关规定，中韩两国在相向海域尚未完成专属经济区划界前，就渔业问题作出的一种非正式划界的临时性安排，也被称为两国就黄海、东海海域各自主张的专属经济区的第一次非正式划界。这次非正式划界影响深远，埋下了中韩近20年渔业冲突的伏笔，影响了黄海、东海的渔业开发格局。

《协定》明确规定双方"为过渡水域逐步实施专属经济区制度"采取措施，规定了在一个四年期限过后适用协定中关于专属经济区相关规定的条款。第8条规定了"过渡水域制度"。该条如下：

（1）在两国的"过渡水域"实行第2款到第4款的规定。

（2）为在过渡水域逐步实施专属经济区制度，缔约各方应采取适当措施，逐步调整并减少在缔约另一方一侧过渡水域作业的本国国民及渔船的渔业活动，以努力实现平衡。

（3）缔约双方在过渡水域应采取与第7条第2款和第3款相同的养护和管理措施，还可采取联合监督检查措施，包括联合乘船、勒令停船、登临检查等。

---

〔10〕 参见《联合国海洋法公约》第60条第2款。

（4）缔约双方各自对在缔约另一方一侧过渡水域作业的本国渔船发放许可证，并相互交换渔船名册。

（5）本协定生效之日起4年后，过渡水域适用第2条至第5条的规定。[11]

由于条约签署于2000年，2005年至今采取的都是第2款到第5款的措施。根据条约的表述，我们可以将《协定》规定的"过渡水域"视同为两国已确定的专属经济区[12]，"深蓝1号"所在的黄海冷水团左翼就位于我国一侧的"过渡水域"。《协定》第7条规定了"暂定水域制度"：①在"暂定水域"适用第2款及第3款的规定。②缔约双方为养护和合理利用海洋生物资源，应按照根据第13条的规定设立的中韩渔业联合委员会的决定，在暂定措施水域采取共同的养护措施和量的管理措施。③缔约各方在暂定措施水域对从事渔业活动的本国国民及渔船采取管理和其他必要措施，不对缔约另一方国民及渔船采取管理和其他措施。缔约一方发现缔约另一方国民及渔船违反中韩渔业联合委员会的决定时，可就事实提醒该国民及渔船注意，并将事实及有关情况通报缔约另一方。缔约另一方应尊重对方的通报，并在采取必要措施后，将结果通报对方。[13]我们可以将"暂定水域"理解为中韩双方暂时没有达成一致但共同托管的海域。

（1）我方"过渡水域"。《公约》第62条第2款规定了他国在沿海国专属经济区捕鱼的问题：沿海国应决定其捕捞专属经济区内生物资源的能力。沿海国在没有能力捕捞全部可捕量的情形下，应通过协定或其他安排，并根据第4款所指的条款、条件、法律和规章，准许其他国家捕捞可捕量的剩余部分，特别顾及第69条和第70条的规定，尤其是关于其中所提到的发展中国家的部分。[14]对比《协定》第8条第4款，我们可以看出，相比专属经济区，"过渡水域"所属国的权利被缩小了。沿海国准许他国在其专属经济区捕鱼的门槛更高，而在"过渡区域"捕鱼仅需办理许可证，在他国专属经济区内捕鱼相对容易。尽管我国在我方一侧"过渡区域"内的权利存在一定的"瑕疵"，但这并不影响我国在我方"过渡区域"内进行离岸养殖的合法性。

（2）"暂定水域"。"暂定水域"涉及的问题相对复杂。首先，网箱养鱼存在不可避免的海洋水体污染[15]，《协定》赋予了中韩两国在"暂定水域"平等地利用和养护海洋生物资源的权利，我国若在"暂定水域"进行大规模网箱养鱼，不可能不激起韩国的相关反应。鉴于目前中韩两国紧张的国际形势，韩国有可能针对我国在"暂定水域"内的海水养殖作出激烈措施进行应对。其次，在"暂定区域"出现过韩国海警的越界执

---

〔11〕参见《中韩渔业协定》第8条。

〔12〕参见农业部办公厅《关于2018年实施中韩渔业协定有关问题的通知》，该通知概括了《中韩渔业联合委员会第十七届年会会议纪要》，对中韩过渡水域表述为"中国专属经济区管理水域""韩国专属经济区管理水域"，http：//www. moa. gov. cn/govpublic/YYJ/201712/t20171212_ 5977461. htm。

〔13〕参见《中韩渔业协定》第7条。

〔14〕参见《联合国海洋法公约》第62条第2款。

〔15〕这个问题在第三部分详细论述。

法。2014 年 10 月，韩国海警在“暂定区域”内基于“违反韩国专属经济区法”盘查中国渔船的“执法”过程中开枪实弹射击，造成中国“鲁荣渔 50987 号”船长宋某中弹身亡。韩国海警的越界执法是对国际法的公然挑衅，但我国的大规模深海养殖归根结底属于中国公民的私人商业行为，基于成本的考虑，我国渔业企业必然会考虑在“暂定水域”进行大规模商业养殖的风险。尽管在“暂定水域”进行大规模海水养殖在实施之中存在一定的障碍，但由于我国在该海域进行海水养殖有充分的国际法依据，并且适合养殖高经济价值鱼类的黄海冷水团有大部位于“暂定水域”之内，我们仍要将“暂定水域”内的海洋牧场建设纳入我们的考虑范围之内。2018 年 3 月的大部制改革将海警划归武警部队管理〔16〕，这一举措大大提高了我国海警的职能范围，更加有效地保证了“暂定水域”内我国渔船的安全。同时，我们还要加强大型网箱的科技含量，使其更加绿色环保，细化《协定》关于“暂定水域”的规定，使得我国在该海域的海洋牧场建设更加具有法律依据。增强我国在“暂定水域”内的活动是必要的，若过多地放任韩国在该水域的实质性存在，不利于我国抓住日后中韩专属经济区划分的主动权。

（3）韩方“过渡水域”。《协定》第 8 条第 4 款规定了我国渔民进入韩方“过渡水域”捕鱼的许可证制度，在法理上赋予了我国渔民在韩方“过渡水域”进行海水养殖的依据。但笔者认为，在韩方“过渡水域”进行海洋牧场建设经济效益一般，政治因素颇为棘手，在短时间内不应该成为我国考虑的方向。韩国位于北半球的 33°06′40″N 与 43°00′39″N之间，在纬度上与山东省基本相同，相比适宜高经济价值鱼类生活的两极海域，韩国海域并没有独特的附加经济价值，在韩国海域进行海水养殖还要符合韩国的国内法，与此同时，由于我国领海以外海洋牧场建设处于起步的阶段，临海八省还有大量海域有待开发，在韩国海域进行海洋牧场的建设投资并不经济。由于中韩在渔业问题上频发冲突，加之“萨德问题”引发的国民对立，在韩方“过渡水域”进行海水养殖有太多复杂的政治考虑。根据《协定》的划分，韩国得到了大量的中国传统渔区，但由于韩国近些年在其“过渡水域”针对中国渔民的暴力执法、违规执法，中国渔业企业不会热衷于韩国“过渡水域”内海水养殖的投资，韩国国内媒体对于中国渔业威胁的过分炒作，韩国国内渔业界对于中国渔业的态度并不友好，在韩国“过渡水域”进行海洋牧场建设阻碍过大。笔者认为，对韩国渔业企业出售具有中国专利的巨型网箱有着巨大前景。韩国国内具有巨大的海产品缺口，韩国的近海养殖产量名列世界前茅，对于中国新式巨型网箱存在一定程度的市场需求。

（4）《中韩渔业协定》存在的其他法律风险。“过渡水域”毕竟不同于专属经济区，《中韩渔业协定》第 8 条所规定的“联合监督检查措施”可能会为韩国干涉我国在我方过渡水域的海洋牧场建设提供借口。《中韩渔业协定》第 8 条规定：“缔约双方在过渡水域应采取与第七条第二款和第三款相同的养护和管理措施，还可采取联合监督检查措

〔16〕 参见《国务院机构改革和职能转变方案》。

施，包括联合乘船、勒令停船、登临检查等。”〔17〕该条款在事实上赋予了韩国海警在我国过渡水域内进行登临检查的可能性，鉴于中韩在黄海海域微妙的政治博弈以及三文鱼养殖存在不可避免的污染问题，现实中存在着韩国海警基于海洋生物资源养护以及海域污染问题对于我国过渡水域内海洋牧场建设进行阻挠和抗议的法律风险。基于上述法律风险的存在，我国必须明确“深蓝 1 号”为代表的深海离岸养殖设施的法律地位，“深蓝 1 号”只能进行小范围的上下移动，不能进行长距离航行，所以不存在所谓“船舶”的法律地位。一方面，基于本文“公约”部分的详细论述，“深蓝 1 号”“设施”的法律地位有利于我国基于《公约》对其进行规制；另一方面，“设施”的法律地位能够阻却韩国海警对于我国过渡水域内的离岸养殖设施的登临检查，预防法律风险。

综上所述，我国在《协定》所涉及范围内进行海洋牧场建设完全符合国际法的规定，综合其他因素，在我国黄海专属经济区内以及“暂定水域”更值得我国渔业企业进行投资、建设。

三、领海以外离岸养殖的国内法适用

（一）许可制度

关于我国海水养殖的许可制度的规定，主要集中在《渔业法》以及《海域使用管理法》之中，由于两者都涉及海洋区划的行政审批，在规制对象上存在一定程度上的重叠。《海域使用管理法》第 4 条规定：“国家实行海洋功能区划制度。海域使用必须符合海洋功能区划。国家严格管理填海、围海等改变海域自然属性的用海活动。”〔18〕而《渔业法》第 11 条规定：“国家对水域利用进行统一规划，确定可以用于养殖业的水域和滩涂。单位和个人使用国家规划确定用于养殖业的全民所有的水域、滩涂的，使用者应当向县级以上地方人民政府渔业行政主管部门提出申请，由本级人民政府核发养殖证，许可其使用该水域、滩涂从事养殖生产。核发养殖证的具体办法由国务院规定。”〔19〕尽管存在着一定程度的反对声音〔20〕，学术界〔21〕和实务界〔22〕对于海水养殖的许可制度的适用基本达成了共识：海域使用证上所附的海域使用权是一种用益物权；而养殖证在性质上为一种行政管理机关颁发的资质证书，仅具有确权作用。对于当事人承包海域进行海水养殖的规制措施采取“事权分离”的模式，基于《海域使用管理法》由自然资源部所颁发的海域使用证赋予了当事人海域使用权（即所谓“权”），而基于《渔业法》由

〔17〕 参见《中韩渔业协定》第 8 条。
〔18〕 参见《海域使用管理法》第 4 条。
〔19〕 参见《渔业法》第 11 条。
〔20〕 清华大学法学院教授崔建远在 2004 年的论文之中对于现今“事权分离”的渔业养殖审批制度并不认同，参见崔建远：《海域使用权制度及其反思》，《政法论坛》2004 年第 6 期。
〔21〕 张洪波：《论渔业权与海域使用权的冲突及协调》，《海南大学学报》（人文社会科学版）2015 年第 1 期。
〔22〕 常忠岳、王军飞、王毓江：《浅议海域使用权证与养殖证的关系》，《河北渔业》2012 年第 10 期。

农业农村部所颁发的养殖证仅作为养殖业的行业准入资格证书（即所谓“事”），海水养殖活动需要同时具有上述两证。〔23〕作为一个新生事物，专属经济区内进行的海洋牧场建设存在某种程度上的法律缺陷，即《海域使用管理法》在适用范围上未将专属经济区内的用海活动纳入其中，《海域使用管理法》第2条规定了该法的适用范围：“本法所称海域，是指中华人民共和国内水、领海的水面、水体、海床和底土。本法所称内水，是指中华人民共和国领海基线向陆地一侧至海岸线的海域。在中华人民共和国内水、领海持续使用特定海域三个月以上的排他性用海活动，适用本法。”〔24〕由前文所述可知，我国的海水养殖需要“双证”，尤其是赋予养殖户实体性权利的海域许可证，没有实体性权利的行业许可只是“空中楼阁”〔25〕。诚然，由于我国的《专属经济区和大陆架法》于1998年通过，我们不能期待三年后通过的《海域使用管理法》能够预见到我国专属经济区内的经济建设在如今的蓬勃发展。但是我们必须看到，2001年通过的《海域使用管理法》确实存在“年久失修”的问题，通过后至今近20年没有修改过一次，已经严重滞后于如今的社会现实。在党的十九大“法治国家、法治政府、法治社会”和“建设海洋强国”的大背景下，《海域使用管理法》的修订必须提上日程。

（二）环境影响评价制度

从环境法的语境之下，海域使用论证和海洋环境影响评价都是规制海水养殖的重要制度，两者经常并提。但是由于前文所述，现今的《海域使用管理法》并不能在专属经济区内适用，笔者在这里只探讨环境影响评价制度。

作为我国环境法中一项重要的基本制度，从环境保护基本法，到环境保护单行法，再到行政法规、部门规章，对环境影响评价制度作出了详细的规定。作为我国环境保的基本法，《环境保护法》第19条规定：“编制有关开发利用规划，建设对环境有影响的项目，应当依法进行环境影响评价。未依法进行环境影响评价的开发利用规划，不得组织实施；未依法进行环境影响评价的建设项目，不得开工建设。”而作为与环境影响评价制度关系最为密切的法律文件，2002年颁布、2016年修订的《环境影响评价法》为我国的环境影响评价制度制定了一套相对完备的体系。作为规制海洋环境保护问题的专门性法律文件《海洋环境保护法》也对海洋环境影响评价制度作出了专门的规定。《海洋环境保护法》第28条规定：“国家鼓励发展生态渔业建设，推广多种生态渔业生产方式，改善海洋生态状况。新建、改建、扩建海水养殖场，应当进行环境影响评价。海水养殖应当科学确定养殖密度，并应当合理投饵、施肥，正确使用药物，防止造成海洋环境的污染。”

根据上述法律文件，再结合《建设项目环境影响评价分类管理名录》《防治海洋工

〔23〕在现实生活中存在一定程度上的无证养殖，和实务部门在进行许可证颁发过程中“双证合一”的现象。
〔24〕参见《海域使用管理法》第2条。
〔25〕《渔业法》可以适用于专属经济区，参见《渔业法》第2条。

程建设项目污染损害海洋环境管理条例》两部法规，我们可以大致梳理出我国海洋牧场环境影响评价的大致脉络。从大的方向来看，我国的环评制度分为规划项目环境影响评价与建设项目环境影响评价，这两项制度分别对于政府以及建设单位可能影响生态环境的活动进行了规制，并且规定两者应该避免重复。〔26〕海洋牧场作为山东省人民政府的规划工程〔27〕应当在规划过程中编制过程中进行环境影响评价。〔28〕同时，由于在专属经济区内的海洋牧场涉及海域范围巨大，可能会对附近海域的群众生活产生不良影响，山东省海洋与渔业厅应当在环境评价影响报告提交前应举行听证会，征求有关单位、专家和公众对环境影响报告书草案的意见。〔29〕尽管有了山东省人民政府的政策规划，在建设的过程中，环境影响评价可以简化〔30〕，海洋牧场的建设单位仍然要编制环境影响报告表、填报环境影响登记表，着重体现自然保护区、海洋特别保护区、重要湿地、野生动物重要栖息地、野生植物生长繁殖地、重要水生生物的自然产卵场、索饵场、天然渔场、封闭及半封闭海域等特别敏感的区域。〔31〕

尽管我国有完备的海洋环境影响评价制度，可是在实务中，海洋环境影响评价并不普遍。从市场经济的角度来说，目前海域环评的经费由海域使用申请人承担，经费支付一般是合同签订后先支付一部分，报告编制完成并通过专家评审后再支付余额部分。〔32〕这样的支付手段会使海洋环评流于形式。同时，海洋环境影响评价的专门机构并没有普遍建立，当今的海洋环评会出现专业性不足、对海域的累积环境影响评估不足等特点。从行政成本的视角之下，环境影响评价属于生态环境部管辖，海水养殖属于农业农村部管辖，而海域的审批问题属于自然资源部管辖，三个部门对海洋牧场的环境影响评价的管辖在职能上有一定的重合性，具有一定的行政成本。作为山东省人民政府重点扶持的海洋工程项目，针对专属经济区内海洋牧场的环境影响评价必须要符合专业标准，同时在程序上要遵守法律法规的有关规定。

（三）污染防治制度

根据 Hardy（2000）的研究，一个规模在 20 万尾的鲑鱼养殖场每年释放的氮、磷及排泄物总量分别相当于 2 万人、2.5 万人和 6.5 万人排放的未经处理的有机废物总量。每吨养殖鲑鱼平均排放 48.2 千克的氮到周边环境，鳕鱼和大菱鲆养殖的排放量分别达

---

〔26〕《环境影响评价法》第 18 条规定："建设项目的环境影响评价，应当避免与规划的环境影响评价相重复。作为一项整体建设项目的规划，按照建设项目进行环境影响评价，不进行规划的环境影响评价。已经进行了环境影响评价的规划所包含的具体建设项目，其环境影响评价内容建设单位可以简化。"

〔27〕《山东省海洋牧场建设规划（2017—2020）》。

〔28〕参见《环境影响评价法》第 7 条。

〔29〕参见《环境影响评价法》第 11 条。

〔30〕参见《环境影响评价法》第 8 条。

〔31〕参见《建设项目环境影响评价分类管理名录》。

〔32〕袁道伟、于永海、张燕等：《海域使用论证与海洋环境影响评价若干问题探析》，《海洋开发与管理》2015 年第 12 期。

到 72.3 千克和 86.9 千克。在一些高密度、大规模的养殖海域，海水养殖废水及废物的排放是地方性海洋污染物的主要来源。[33]相比传统的三文鱼养殖，“深蓝 1 号”具有重大技术进步，其设计采用了中国海洋大学发明的浮箱捕捞、网箱附着生物清除、鱼鳔补气等最新专利技术，并将由中国海洋大学首创的波浪能发电半潜平台提供绿色能源。尽管“深蓝 1 号”技术进步巨大，但是不同于传统上小规模的网箱养殖，作为一个两个足球场大小的巨型网箱，其庞大的体量以及漫长的运行周期，使我们不得不对其环境污染的潜在可能性进行评估，确保其引进的水产苗种、饵料、饲料符合《渔业法》的规定。[34]与此同时，由于“深蓝 1 号”的作业区间位于我国黄海专属经济区，靠近《中韩渔业协定》所规定的“暂定水域”，若我国在该海域的海洋牧场危害了该海域的环境，必然会引起连锁反应，造成中韩新一轮的国际争端。巨型网箱技术进步将我国的海洋牧场建设推进到了领海以外，从法律的角度来说，领海之外的巨大海水养殖设施属于国际法上的一种新生事物，作为一个负责任的大国，我们要保证海洋牧场所涉及水域的绿色、环保。领海以外海洋牧场的规制措施不仅是我国规范国内渔业法律体系的一个契机，同样也是在一个全新领域形成国际习惯、表达中国声音的契机。

四、结　语

本文从国际法和国内法两个方面论证了领海以外离岸养殖的合法性和可行性。从国际法的角度，在我国专属经济区内的离岸养殖符合《公约》以及其他国际条约的有关规定；在《协定》规定的“暂定水域”建设海洋牧场从法理上来说并不存在问题，但仍存在来自韩国外交与执法方面的政治与法律风险；在外国专属经济区内进行离岸养殖可能是未来的方向，但仍需要国际法的进一步论证和有关国际习惯的形成以及国际条约的签署。从国内法的角度，离岸养殖设施法律地位的完善需要《海域使用管理法》的修订，离岸养殖所涉海域的环境影响评价问题值得进一步深入，更多的问题需要进一步研究。

---

〔33〕 Hardy, R W. Urban Legends and Fish Nutrition. Aquaculture Magaine, 2000, 26 (6): pp. 47-50.

〔34〕 参见《中华人民共和国渔业法》第 16、17、19 条。

论公海自由的相对性

■梁　源*

【内容摘要】公海自由是海洋自由原则在公海海域的具体体现，也是现代海洋法的重要支柱之一。确定主权国家的主权范围与公海自由原则的运用，一直是海洋法律规则不断发展与国家间博弈的重要内容，并体现出趋向于限制公海自由范围与内容的发展趋势。滥用公海自由原则，将公海自由绝对化是部分国家提出过度权利声索的主要论据之一，这种建立在罗马法绝对权理论基础上的主张并不符合现代海洋法的价值追求，公海自由正体现出一种从绝对自由到相对自由的变化过程。

【关键词】自由正义　积极自由　公海自由　立法技术

公海自由不仅仅是一个国际法名词，其背后蕴含了基于西方海洋文明的精髓。有学者认为，西方文明成功的关键因素就在于个人本位与自由进取的精神，这与其发源于临近海洋的岛屿文化有关，唯有在大规模的海洋航行及与其他民族的交往中，才有可能在新的层面上理解人类文明。〔1〕从理论基础来看，西方海洋大国一直奉为圭臬的海洋自由原则根植于西方的海洋文明之中，格劳秀斯所著的《海洋自由论》从海洋强国发展的角度肯定了海洋自由；但还存在两个问题：一是不同国家对“海洋自由”利用的能力有所不同，海洋自由理论明显偏重于利用海洋能力较强的国家；二是格劳秀斯未对“海洋的自由”与“海洋使用的自由”加以区分，进而后世对于海洋自由理论的理解也产生了偏差。〔2〕从规范法学的角度看，1982年《联合国海洋法公约》的立法体例中，在海洋法制度所调整的不同区域，大部分都采用了“权利—义务”的立法模式，但是在第七部分“公海”这一章中单独采用了“自由—限制”这一立法模式，罕见的同时体现出了积极自由与消极自由并存的立法现象。这些问题存在的根本原因是对于法学理论中自由理论及其立法模式理解不深，进而造成在《联合国海洋法公约》的嗣后实践不得不通过附加限制条件的方法逐步限制各国对于公海的绝对自由使用，体现出一种相对自由使用的发展趋势。

---

* 武汉大学中国边界与海洋研究院博士研究生，国家领土主权与海洋权益协同创新中心研究人员，主要研究方向为国际法基本理论和国际海洋法。

本文为杨泽伟教授主持承担的2017年度教育部人文社会科学重点研究基地重大项目“维护中国国家权益的国际法问题研究”（项目编号：17JJD820006）的阶段性成果。

〔1〕 参见何勤华：《法律名词的起源》，北京大学出版社2009年版，第249页。

〔2〕 “海洋自由”主要是从严格意义解释上定义，指海洋自身不属于任何权利之下，亦不为任何国家之领域。有学者认为，这种视角下的“海洋自由”为后世《联合国海洋法公约》人类共同继承财产制度提供了理论依据。“海洋使用的自由”则是指各国均具有自由使用海洋的必要，在公海上的航行不受他国的妨害。参见范扬：《格劳秀斯海洋自由论》，载陈立虎编：《东吴法学先贤文录（国际法学卷）》，中国政法大学出版社2015年版，第21—22页；［荷］格劳秀斯：《论海洋自由》，马忠法译，上海人民出版社2005年版，“序言”。

一、古典自由理论与海洋法的天然连接

法理学范畴内围绕自由理论的研究，从法理学作为一门法学学科开始，就持续地受到不同时代的法理学家的关注，他们对于自由理论的内涵及其应用有着非常丰富和广泛的研究。法理学语境下的现代自由理论与公海自由及其理论基础的形成联系并不紧密，法理学家在论证其自由理论时很少选择公海自由作为其论点，自由理论与海洋法的连接更多地体现出一种天然连接的现象，或者说海洋法中的海洋自由理论与经济学中古典自由主义理论也具有密切的联系。从历史上看，保障公海生产活动的自由，是基于自由主义原理作为经济发展的原动力形成的。[3]

我们今天对“自由”一词内涵的理解主要来源于英文中的 liberty 和 freedom，前者来源于拉丁语，后者则来源于古希腊语，其意义有一定的联系，但并不完全相同。liberty 来源于拉丁语中的 liberalis，其原意更多地在于属于某一社会等级而变得自由或者高贵。freedom 则来源于古希腊语中的 prays，原指“亲爱的”，主要指家人或者自己氏族的人，与“奴隶”一词相对应。但随着不断演化，二者在法律语言中的适用也逐渐有所不同，由于公海自由原则主要指 freedom of the high seas，因而需要对“freedom”一词的内涵作进一步分析。[4]有法理学家认为对 freedom 的理解应从其两个固定搭配中入手，分别是 freedom from 与 freedom to，前者意味着法律主体不受他者控制的含义，后者则包含法律主体拥有某种能力去做或者不去做某件事情。[5]因此，从法理学的角度来看，自由包括“摆脱的自由”和“自为的自由”，或者说是独立能力与行为能力，当行为能力之间并不存在冲突时，就会产生两种法律现象：一是行为能力较强的法律主体会将自由原则作为规则体系的基石；二是自由原则在法律主体具体运用时会体现出绝对自由化的倾向。在法律规则体系形成的过程中，当某一种价值理论因为其他的价值理论并未经过充分论证而成为一种主流价值时，这种价值追求就会在不同价值位阶中居于优先地位，后续规则体系的发展也会将这种价值追求理解为一种“自然发展”的现象，而不会去怀疑价值本身。[6]这种理论解释了海洋法发展过程中对格劳秀斯所提出的“海洋自由论”的吸收及应用，而法理学家对于“自由价值”的含义及其分析，则与格劳秀斯关于“海洋

---

〔3〕 参见金永明：《国际海底区域的法律地位与资源开发制度研究》，华东政法大学 2005 年博士学位论文，第 27 页。

〔4〕 需要指出的是，荷兰国际法学家雨果·格劳秀斯（Hugo Gotius）的著作《海洋自由论中》拉丁文书名对应的是“Mare Liberum”一词，并未与“freedom”一词相联系，格劳秀斯的海洋自由论与现代海洋法中的公海自由原则是一种因果关系而非单纯的继承关系，后者扩大了格劳秀斯的理论的范围。参见 Gary Edmond，The Freedom of Histories：Reassessing Groutius on The Sea，Law Taxt Culture，Vol. 2，1995，p. 217。

〔5〕 参见何勤华：《法律名词的起源》，北京大学出版社 2009 年版，第 248 页。

〔6〕 参见 Sebastian Urbina，Reason，Democracy，Society：A Study on the Basis of Legal Thinking，Kluwer Academic Publishers，1996，p. 51。

自由论”的主要论点不谋而合。

主权国家之间的“摆脱自由”符合国际法中的国家主权平等原则，不同国家之间利用海洋存在着“机会平等”的朴素正义观，也使得自由利用海洋成为了各个海洋国家之间一种共同的价值追求。但是从“自为的自由”来看，行为能力较强的海洋国家明显能从海洋自由中获取更多的利益，海洋自由论隐含着海洋强国的利益，不纯粹是国家间的自由与平等。[7]海洋自由论中的这一现象，恰恰是准确把握了自由理论中“自为的自由”这一含义，在大航海时代借助自由理论的基础建构了国际社会和平利用公海的基石。对于公海自为自由的范围，格劳秀斯在其理论体系中雄辩地论述了公海航行是一种取之不尽用之不竭的资源，同时也论述了航道无法成为主权国家先占的对象。

格劳秀斯海洋自由论的提出及其广泛影响有其内在的深层次原因。从自由理论的发展来看，格劳秀斯之前的文艺复兴时代是罗马法发挥重要影响力、注释法学派成为法学研究主流的时代。查士丁尼在其论述中就认为公海由于不可能被占领和控制，公海属于全人类共同所有的共有物，供所有国家自由使用，但这一时期对于自由理论及其理解更多地存在于理论的层面，但其具体的实践与实现自由价值模式的实践性研究并不多。[8]从人类对于海洋利用的水平来看，对于海洋的认知大部分都是基于航行利益与捕鱼利益，利用的层次与范围并不多，而且格劳秀斯的海洋自由论更多地关注到了主权国家在公海上的利益，这种认识在当时的时代来看，并没有什么问题。劳特帕特在 20 世纪 50 年代对海底资源的属性进行研究时，就深入思考了格劳斯秀的海洋自由论。他认为：公海的绝对自由会使得公海成为烦乱无序的状态，这是因为公海自由原则的确立之初就没有考虑到海洋资源保护与海洋环境保护两个方面，从而使得公海自由成为海洋大国谋求不正当海洋利益的借口，各国公法学家不应该再固执传统的观念，而应当使其适应新时代与新环境。[9]海洋法规则的形成与自由理论的发展在格劳秀斯的时代是一种双向的必然选择，因此从海洋法发展的角度来看，自由理论天然成为了其后续规范体系的基石。但是，自由理论的发展与人类对海洋的利用都没有一直停留在 19 世纪，现代的海洋法规则体系既无法用当代的自由理论进行解释，也无法从当代自由理论的成熟发展中获得更多的启发，这就显示出在现代发展中迫切需要解决的问题之一就是重述海洋自由原则。

二、现代自由理论与海洋法的紧张关系

传统的自由主义理论将法律视为一种分界与保护的规则体系，新自由主义理论则把

---

[7] 参见白佳玉：《论海洋自由理论的来源与挑战》，《东岳论丛》2017 年第 9 期，第 45 页。

[8] 参见 Percy Thomas，Justinian and the Freedom of the Sea，*the Amerucan Journal of International Law*，Vol. 19，1979，p. 727。

[9] 参见 H. Laterpacht，Sovereignty Over Submarine Areas，*British Yearbook of International Law*，Vol. 27，1950，p. 378。

法律看作实现某种特定目的的工具。[10]主权国家基于公海自由不断寻求新的海洋利益，正是基于传统自由主义的观点，在“机会均等”的逻辑前提下，以公海自由作为全球海洋治理的分界，保护自己日益扩张的公海海洋权益。美国长时期引以为傲的“航行自由计划”以及其对于中国在美国专属经济区内进行军事性质航行的态度，都反映了传统自由主义在美国海洋法实践中的核心地位，这些问题的产生是因为现代自由理论与海洋法之间存在紧张关系。而作为新崛起的海上力量之一，中国也急需寻求对《联合国海洋法公约》有关航行规则的修改与重述，而不应当固守过去的航行规则。[11]

（一）价值中立

新自由主义理论已经不再关注自由与平等之间的关系，其更多关注的是自由与正义之间的关系。机会均等并不代表结果正义，而处理好正义与自由之间的关系首先要解决的问题就是价值中立，价值中立是实现法律正当性的前提。但是法理学视野下的国际法体现恰恰是最缺乏价值中立的，国际法规则的形成过程首先确定是某种共同的目标或者目的，在这一过程中国家通过霸权主义、超越国家因素、国际组织实现其他国家行为模式的固定化。[12]国际法的典型特点之一就是规则的制定者又同时是规则的执行者，但是实现真正体现自由主义原则的立法模式，必须使法律规则的制定者与执行者相互分离，在价值中立的基础上制定规则。[13]从数次海洋法规则形成的历史过程可以发现，现代自由主义所要求的价值中立在海洋法规则形成过程中难以形成良性引导。

具体到海洋法的形成与发展，现代自由理论与海洋法之间在价值中立问题上存在的紧张关系与复杂程度，超越了以往人类文明中所有的法律形式，主要体现在两个方面：一是《联合国海洋法公约》参与谈判国家的数量是空前的，超过了160个国家和地区先后参与了谈判，是历时最长、最复杂的国际谈判之一。而这些参与的国家中，有大国和小国、穷国和富国、新的国家和老的国家，不同社会制度的国家——资本主义国家和社会主义国家，沿海国、内陆国和地理不利国以及进行特殊划分的群岛国家，等等。[14]二是现代海洋法目标是建立一套以秩序为核心的价值理念模式，秩序是法律价值中基础价值，也是实现其他价值的前提。《海洋法公约》是建立新的海洋秩序的第一步，为了捍卫本国的正当利益，还需要不断做出努力。[15]因此，在没有解决好秩序价值的前提下，追求其他法律价值存在前提性的困难，自由的价值追求也难以实现。但是从新近海洋法

---

〔10〕参见高全喜：《法律秩序与自由正义》，北京大学出版社2003年版，第149页。

〔11〕Xinjun Zhang, The Latest Developments of the US Freedom of Navigation Programs in the South China Sea: Deregulation or Re-balance, *Journal of East Asia and International Law*, Vol. 9, 2016, p. 181.

〔12〕参见 Raymond Wacks, *Understanding Jurisprudence: A Introduction to Legal Theory*, Oxford University Press, 2005, p. 101。

〔13〕参见［英］哈耶克：《自由秩序原理》，邓正来译，生活·读书·新知三联书店1997年版，第218页。

〔14〕参见王铁崖：《新海洋法公约与海洋法的发展》，载邓正来编：《王铁崖文集》，中国政法大学出版社2003年版，第99页。

〔15〕参见张海文：《〈联合国海洋法公约〉释义集》，海洋出版社2006年版，第13页。

的发展来看，包括可持续发展在内的诸多新理念与新价值都逐渐对现代海洋法的发展提出了更高的价值要求。

（二）积极自由与消极自由

积极自由与消极自由又被称为肯定式自由与否定式自由，其建立的基础是哈耶克的自由秩序理论，并在法学界得到了广泛应用，是现代自由理论中相对成熟的理论模式。在哈耶克看来，本身并不存在积极自由的概念，积极自由实际上是权利的同义词，是权利的一种形式；但消极自由才是体现自由价值追求的法律模式。广为流传的法谚“法无明文禁止即许可”体现的就是对于自由及其限定必须采用否定式的立法模式，即规定不可为的范围。

如果将这种理论推广到《联合国海洋法公约》中公海自由的部分，就会产生一种令人值得深思的现象。缔约国通过签署《联合国海洋法公约》实现的包括航行、捕鱼、铺设海底电缆和管道、飞越、建造国际法所允许的人工岛屿和其他设施、科学研究在内的六大自由，从规则模式上来看，采用就是积极自由模式，通过肯定主权国家在公海上的自由模式来维护自由的价值追求。但是从哈耶克的自由理论观点来看，如果将缔约国的这种自由换成权利，即缔约国拥有在公海上航行、捕鱼、铺设海底电缆和管道、飞越、建造国际法所允许的人工岛屿和其他设施、科学研究的权利，就更加符合现代自由理论在立法中的实践模式了。1982 年《联合国海洋法公约》相较于 1958 年《公海公约》，大部分学者都认为其在公海部分增加了建设人工岛屿的自由以及科学研究的自由，但是从法理学的角度来看，如果一部法律以自由作为价值追求之一，在法无明文规定即自由的前提下，法律规范的增加只会减少自由范围，并不会体现出一种自由范围扩大的现象，究其原因实际上还是缔约国以条约的形式确认了各个缔约国在公海上的另外两项权利。

此外，在规定权利的立法模式中才会采用完全列举的方式，力争穷尽所有的权利形式，同时又排除未进入列举模式的权利形式，因此公海自由的内容实际上是规定缔约国在公海的权利。从现代海洋法两大基石——主权原则与海洋自由原则来看，主权原则所对立或者互补的不是自由原则，而应该是传统自由主义中的平等原则或者非主权原则，格劳秀斯的海洋自由论实际上也是优先论述了公海的非主权性特征，进而论述了公海自由，因此将海洋自由原则与主权原则理解为现代海洋法的两大基石，存在着逻辑上的不对称。

（三）法律冲突

公海自由所产生的另外一项重要原因，就是从立法技术学上避免法律冲突。由于《联合国海洋法公约》在《维也纳条约法公约》之后通过，通过立法技术学上的调整避免国际法体系中的法律冲突问题，是公海自由得以保留的重要原因。

根据《维也纳条约法公约》第 29 条规定：“除条约表示不同意思，或另经确定外，条约对每一国之拘束力及于其全部领土。”本条规定了条约的空间效力，条约的域外适用问题一直是国际条约法中悬而未决的重要问题之一，并在其后的国际法实践中各主权国家都谨慎按照《维也纳条约法公约》第 29 条的规定进行国家实践。例如，1991 年《南极条约环境保护议定书》规定，本条约适用于南极地区，但是它要求对南极考察组织在当事国领土进行监督。[16]条约的域外适用问题影响最大的就是公海、外层空间和月球的相关国际法问题，荷兰、美国、芬兰三国都曾对国际法委员会所起草的上述条文提出修改意见；但国际法委员会在讨论后认为增加一个关于条约域外适用的规定，将引起国家域外权能的困难问题且不易解决，从而放弃了这种规定，因此条约的域外适用问题是确实存在的。[17]相较于外层空间与月球的国际法问题，关于公海的国际法治理问题受条约域外适用问题的约束显然更加紧迫，但是从国际法委员会的表态来看，该问题的悬而未决影响的是主权国家在主权范围外的权利问题，并不代表在主权国家的范围外只产生自由的法律效果而无法对其进行约束，也说明了公海问题的背后实际上是主权国家在公海享有的权利问题。

如果严格按照《维也纳条约法公约》第 29 条的规定进行理解，主权国家究竟可以在哪些空间部分通过签署国际条约约定权利义务关系呢？一般认为，"全部领土"的内涵包括一国的领陆、领水和领空；结合海洋法中的规定，不能因为沿海国对大陆架享有某些权利就将其视为领土的一部分，它不属于沿海国主权所辖范围以内。[18]因此，在国际条约法的体系下，国家缔约国际条约的空间效力在涉及海洋的空间层面上仅限于主权的范围之内，不包括产生主权性权利的专属经济区与大陆架，也不包含公海的范围。

从立法技术学的角度看，由于《联合国海洋法公约》的诞生时间晚于《维也纳条约法公约》，并且与其同一时期的其他国际法文件都明确注意到了《维也纳条约法公约》对于条约适用空间范围的规定专门作出了明文规定。因此，《联合国海洋公约》保留公海自由的表述避免了与《维也纳条约法公约》第 29 条之间的法律冲突问题。虽然自由理论在 20 世纪获得了蓬勃发展，但是如果是从规避法律冲突问题的角度出发而采用公海自由的形式表述，也可以理解公海自由与现代自由理论之间实质上的冲突问题。

三、公海相对自由的产生

公海相对自由产生的原因，与在法哲学中传统自由主义所遇到的困境是息息相关的。公海自由在其诞生之初，相对于海洋闭锁论等主张迅速成为了一种海洋大国都较为认可的理论，并在其后相当长一段时间的实践中都得到很好的维护与坚持，这是一种典型的自发型社会秩序。自发型社会秩序在传统自由主义理论中如果想要得到长期的坚持

---

〔16〕 参见［英］安托尼·奥斯特：《现代条约法与实践》，江国青译，中国人民大学出版社 2005 年版，第 159 页。

〔17〕 参见李浩培：《条约法概论》，法律出版社 2003 年版，第 309 页。

〔18〕 参见万鄂湘、石磊、杨成铭等：《国际条约法》，武汉大学出版社 1998 年版，第 180 页。

与维护，其根基在于参与者的意图与预期之间的一致性。[19]

公海自由的产生极其变迁，正是由于参与者之间的意图与预期之间的产生了偏差，使得这种制度愈发地体现出难以适应社会发展的特征。但是从海洋法对公海自由的修改过程来看，一直使用“扬汤止沸”或者“打补丁”的办法，甚至存在着各国利用规则漏洞争相扩大利益范围的现象。公海自由中海上登临权的内容严格限制了他国军舰或执法船对悬挂其他主权国家旗帜的船舶进行登临检查的权利，各个主权国家有权在公海上对悬挂本国船只进行管理，但在实践中出现了大量海运船舶集中注册在对船舶疏于管理的巴拿马等国，这些船舶的航行不顾海上航行安全以及海上环境保护的责任，通过“方便旗国”（flag of convenience）的做法使得主权国家对于本国船舶管理的内容形同虚设，难以实现对于航行中船舶的管控，但是世界主要大型航运公司又无一例外地主要为海洋大国所控制。[20]公海海底铺设海底电缆和管道也存在类似的问题，同样属于公海自由的范围，如何确定率先使用公海海底的参与者与后来者之间的权利义务关系也是一种难题。公海上空的飞越自由与防空识别区的划定也存在一定的冲突，现行的《联合国海洋法公约》可以在一定程度上为国家在本国专属经济区上空划定防空识别区提供依据，但是它不能解释为什么国家有权对可能涵盖公海上空的防空识别区内的他国航空器进行管辖。[21]这些都是传统自由理论下所无法解决的一些困难，也是基于传统自由理论基础上建立起来的公海自由所必然面临的问题，造成这种公海自由的自发型秩序出现发展困境的原因主要有三个方面：

第一，从理论基础上对格劳秀斯海洋自由理论进行了选择性解读。格劳秀斯的海洋自由理论，无论是从其原文中所使用的词语来看还是对内容的解读，其主要论点在于论述公海不属于任何一国的主权范围，尤其是在从拉丁文版本的海洋自由论向英文版本的海洋自由论翻译的过程中，混淆了 liberty 和 freedom 在法律语言中的含义。在后续英文语言环境下对海洋自由论的理解与解读，都朝着 freedom 的解释方向进行发展，实际上格劳秀斯海洋自由论的本意在于论述葡萄牙人无权拥有对于东印度洋的主权权利，其立意与观点都与拉丁文中的 libervm 相一致。但是在后人的解读中则偏向于各个海洋大国间对于公海的自由使用，将《海洋自由论》在由拉丁文向英文翻译的过程中，翻译者基于怎样的考虑调换这一概念的原因不得而知，也造成了后人对于公海自由原则的误解。

第二，从国家实践上对自由理论的发展视而不见。新自由理论的巨大发展指导了 20 世纪以来在诸多法律部门中的法律运行理论，但是在国际海洋法领域却缺乏对这些理论如何应用于全球治理问题的研究。这一现象不但反映在发展中国家的国家实践上，发达

---

〔19〕 参见［英］哈耶克：《自由秩序原理》，邓正来译，生活·读书·新知三联书店 1997 年版，第 23 页。

〔20〕 参见 Ademun-Odeke，An Examination of Bareboat Charter Registries and Flag of Convenience Registries in International Law，*Ocean Development and International Law*，Vol. 26，2005，p. 352。

〔21〕 参见李居迁：《防空识别区：剩余权利原则对天空自由的限制》，《中国法学》2014 年第 2 期，第 19 页。

国家的实践上也存在这一问题。发展中国家在第三次联合国海洋法会议期间取得的重大成果固然有其国家众多，谈判与议事规则对发展中国家相对有利的因素，从自由理论的新发展来看，发展中国家在全球海洋治理等诸多问题上的诉求相比较与海洋大国的主张，更加符合对于正义的追求，也更加符合新自由理论的立法技术要求。海洋大国在第三次联合国海洋法会议期间接受了诸多发展中国家的主张，其背后也存在对于理论理解不深的问题，尤其是在对海洋自由理论的理解问题上。美国在1966年与1970年分别经过约翰逊总统和尼克松总统的确认，认为公海海床资源属于共同继承财产范围，但主张自由开发，并企图通过以公海自由作为理论根据进行对深海海底的殖民主义掠夺。[22]至此，传统自由理论基础之上建立起来的格劳秀斯海洋自由思想，已经逐渐演变成一门法律解释学，不同的利益集团基于不同的利益诉求继续沿着传统自由理论的基础论证自己主张的合法性，对新自由理论的借鉴仍然不足。

第三，从不同的利益角度出发，国家集团之间斗争不断。第三次联合国海洋法会议的会议成果之一，就是确定了公海的科学研究自由，正是基于发展中国家与发达国家之间在海洋科学研究问题上的分歧，发展中国家认为发达国家所拥有的海上科学研究技术最终的结果只会拉大发展中国家与发达国家之间发展的差距，基于公海海上科学研究自由产出的经济成果还会被昂贵地卖给发展中国家，最终在规定成果共享的基础上，发达国家与发展中国家之间就公海的科学研究自由达成了一致。[23]国家集团的不断分化与重新组合是影响海洋法规则进步的最重要因素之一，《联合国海洋法公约》生效之后三十年来的实践，对国家利益集团中“发展中国家—发达国家”的二元利益体系造成了重大的冲击，各国也开始重新更加具体化地思考本国海洋权益，这对我国来说既是机遇也是挑战。

四、公海相对自由的前景

公海相对自由是公海国际法律制度变化的一个过渡现象。目前，对于公海开发和利用所产生的一些争议要将国家利益与现有的理论基础相结合，形成有号召力的主张或者观点。从“二战”以后海洋法的发展来看，无论是海洋自由内涵的扩大还是通过消极自由约束缔约方过度利用公海自由原则，使得公海自由从绝对自由走向相对自由，最终都显示出与现代自由理论一致的发展方向。因此，通过现代自由理论预演公海治理将来所可能遇到的困难及走向，具有很强的决策借鉴意义，也是各国海洋权益相互博弈背后相对清晰的线索之一。

---

〔22〕 参见王铁崖：《论人类共同继承财产的概念》，载邓正来编：《王铁崖文集》，中国政法大学出版社2003年版，第83页；刘楠来：《国际海洋法》，海洋出版社1986年版，第296页。

〔23〕 John Knauss, Development of the Freedom of Scientific Research Issue of the Third Law of the Sea Conference, *Ocean Development and International Law*, Vol. 1, 1973, p. 96.

公海自由中列举范围的扩大，体现了现代自由理论中对积极自由立法模式的转变。积极自由本质上就权利的一种类型，通过积极、完全列举的立法模式能够有效地约束法律主体扩大自身的权利范围。新增的两项公海自由为在国际法允许的范围内建设人工岛与其他设施的自由和进行科学研究的自由。这两项相对于1958年《公海公约》新增的自由明显更加有利于发达国家的利益诉求，但从新自由理论中将自由与正义作为自由体系中的基石，站在全人类的角度这两项自由的增加明显更加有利于全人类的共同发展。因此，虽然国家间利益集团在这两项自由中的利益存在此消彼长的关系，发展中国家与发达国家最终还是站在更高的高度，以文字的形式确立了公海的科学研究自由与建设人工岛礁的自由。这项对于缔约国新增的权利符合新自由理论应用中，通过完全列举模式转化原有的积极自由，但这一转化并不彻底。

公海自由中限制条件增加、向相对自由的转变，体现了现代自由理论中通过原则反映自由主义价值的新路径。对自由的主张，从终极的角度来看，实际是对一系列原则的主张，自由是一种体系，在此体系中所有法律主体都受原则的指导。〔24〕传统自由理论有利于海洋强国的特征在美国及其国家实践中体现得尤为明显，美国不签署《联合国海洋法公约》除了该公约第十一部分难以达到美国的期望外，该公约中的诸多具体或基本原则都极大地限制了美国的利益范围。美国在南中国海基于航行自由所主张的权利应当予以尊重，但是军事船舶在这一地区所进行的航行显然不符合《联合国海洋法公约》中所规定的和平目的，并且严重侵犯了中国的主权与国家安全利益。〔25〕现代自由理论中通过原则约束绝对自由的过度扩张与滥用，也逐渐被现有的海洋法体系所借鉴，但是还存在着相关原则不多、执行较为僵化的问题。从现代自由理论的发展要求来看，《联合国海洋法公约》需要增加能够适用公海的具体性原则，并对公海的军事活动以及军事船舶所适用的航行自由规则作出更多的原则性规定，以避免国家以航行自由为借口威胁世界和平。

公海自由内涵的修正路径，体现了现代自由理论中的"交叉共识"理论。传统的自由理论不但影响了法律的发展与制定规则，在政治学意义上也存在着反对一元政治、提倡多元政治的倾向，但是多元政治在现代社会又难以就某一具体事项达成一致意见。为克服这一问题，罗尔斯所提出的"交叉共识"理论可以解释关于公海自由的修正方向和修正方法。交叉共识理论是指：在政治多元的情况下提供一个自由主义政治的平台，允许多种政治主张的存在，但在多种主张各不相同甚至彼此对立的情况下，寻找交叉共识的内容并进行正义要求的评价。〔26〕现代自由理论中相比较于传统自由理论，最大的创新

---

〔24〕参见［英］哈耶克：《自由秩序原理》，邓正来译，生活·读书·新知三联书店1997年版，第79页。

〔25〕Zewei Yang, the Freedom of Navigation in the South China Sea: An Ideal or a Reality?, *Beijing Law Review*, Vol. 3, 2012, p. 143.

〔26〕参见高全喜：《法律秩序与自由正义》，北京大学出版社2003年版，第335页。

之处就是引入了正义作为评价自由的新标准之一。在海洋法修改的过程中，我们可以看到从 1921 年《承认无海岸国家悬挂船旗权利的宣言》，到 1958 年《公海公约》中承认内陆国有自由进入海洋的权利，再到 1982 年《联合国海洋法公约》中沿海国有义务为内陆国享有出海权而负担的“过境自由”义务，公海自由的发展也体现出了与新自由理论相一致的正义追求。在多方的利益博弈之下，我们尤其应该珍惜这些关注到主权国家中在利用海洋资源方面相对弱势的国家，这些国家也大都是发展中国家或者最不发达国家。因此，现代自由理论中的交叉共识理论已经成为了过去海洋法修改历史中可以总结的经验之一，这就要求我们在共识体系的范围内提出中国意见与中国方案时先自行考察该主张是否符合正义的标准。

五、结　语

公海自由在海洋法体系中具有特殊地位。它在以“权利—义务”作为主要立法模式的《联合国海洋法公约》中独树一帜的立法模式有着多层次的因素，也存在着对于自由理论的误读与借鉴不足。从国际法体系来看，条约法中有关于条约适用的空间范围这一问题是否能够妥善解决，是化解海洋法与条约法之间法律冲突的关键。从海洋自由原则的发展来看，我们如今在英语语系下对格劳秀斯海洋自由论的理解存在着对原文的过度解读与选择性借鉴。从自由理论的发展来看，将正义的本质要求纳入海洋法的修改之中已经是一种大势所趋。公海自由的相对性是一种暂时的过渡现象，在国际社会共进发展的时代背景下，全人类所期盼的是一个自由、正义、和平的海洋秩序。我们要在建设过程中重视国家利益的同时，也要做深、做强中国主张与中国方案的理论根基。

渔业在专属经济区划界中的地位与作用

■林　桢[*]　　唐　议[**]

【内容摘要】维护国家海洋权益是"海洋强国"的战略应有之义，妥善解决海洋划界问题更是维护国家权益的重要内容。专属经济区是海洋划界中极易出现争端的区域。专属经济区制度的确立与沿海国开发、养护和管理渔业资源实践紧密联系，理当在专属经济区划界中考虑渔业因素。《联合国海洋法公约》强调专属经济区划界需要考虑的各类因素，以保证划界结果的公平。对专属经济区内海床上覆水体的资源开发主要就是针对鱼类这一生物资源的开发，因而渔业是专属经济区划界中应当考虑的"相关因素"之一，实践中渔业更多作为评价划界结果是否公平的标准。考虑维护我国海洋权益、保障动物蛋白供应等实际需求，建议我国专属经济区划界需充分考虑渔业因素。

【关键词】渔业　专属经济区　划界　历史性捕鱼权

一、前　言

近年来，我国周边海域安全角势严峻，渔业冲突频繁发生，国家海洋权益面临严峻挑战。党中央高度重视海洋强国建设，十九大报告更是明确要"坚持陆海统筹，加快建设海洋强国"。维护国家海洋权益和海上安全，是建设海洋强国命题的应有之义。若能妥善解决好我国与周边国家间海洋划界问题，必然会对保障我国海洋权益具有十分重要的现实意义。[1]

若某沿海国所主张的海洋管辖区域与海岸相邻或相向国家所主张的海洋区域重叠，就会存在海洋划界问题。专属经济区是《联合国海洋法公约》（以下简称《公约》）依法赋予各沿海国主权权利的区域，因《公约》规定沿海国可享有从领海基线起最大200海里宽度区域，而实际上许多国家相邻或相向间距离远小于两倍的上述范围，所以专属经济区成为海洋划界中常易出现争议的一块区域。《公约》赋予沿海国在专属经济区内享有勘探、开发以及养护海床上覆水体、海床以及底土自然资源的主权权利，因而专属经济区划界从某种意义上而言，即是当事国对存在权利重叠区域中潜在资源如何分配的问题。[2]渔业是人类最早开发利用海洋的传统产业之一，曾对专属经济区制度的形成与发展产生重大影响，专属经济区制度确立后，全球捕捞产量的90%左右来自于各沿海国

---

* 上海海洋大学硕士研究生，主要从事渔业政策与法规研究。

** 上海海洋大学海洋文化与法律学院院长、教授，渔业资源学博士，主要从事海洋法、海洋渔业管理研究。

〔1〕 参见张燕：《海域划界中的岛屿及其效力——兼论钓鱼岛和南沙群岛划界问题》，中央民族大学2016年硕士学位论文。

〔2〕 参见［澳］维克托·普雷斯科特、克莱夫·斯科菲尔德：《世界海洋政治边界》，吴继陆、张海文译，海洋出版社2014年版。

专属经济区内[3]；此外，渔业也是今后可持续利用海洋资源以保证人类动物蛋白摄取的行业之一[4]，因而是专属经济区划界过程中需要考虑的重要内容。

二、渔业与专属经济区制度的建立

20世纪中叶以前，除沿海国家管辖的领海以外海域均被认为是公海，任何国家均有平等地利用公海的权利。伴随着捕捞技术的提升和捕捞强度的扩大，沿海国逐渐意识到渔业资源的有限性，养护和管理好周边海域渔业资源的需求日益迫切。许多沿海国不在将渔业管辖权局限于狭窄的领海区域内，它们多要求扩大渔业管辖范围，并通过国内立法建立"专属渔区"，如苏联于1935年宣布建立12海里的沿海海域，以便其渔业资源管理和养护。[5]此外，沿海国还通过加入双、多边协议以求更好管理和养护邻近本国的渔业资源，例如1839年英法签订的《渔业条约》、1882年《北海渔业公约》等。[6]

1945年9月，美国总统杜鲁门发表《公海渔业资源宣言》和《大陆架宣言》。其中，《大陆架宣言》指出，出于养护和利用自然资源的迫切性，美国政府认为处于公海之下却邻近美国海岸的大陆架底土和海床的自然资源受美国政府的管辖和控制，而《公海渔业资源宣言》则指明美国现有的协议未能充分有效地保护其本国渔业资源，美国可以在邻接其领海的公海设立渔业养护区。

部分南美洲国家在参考了美国两项宣言内容的基础上，建立了200海里范围的海洋管辖区域，它们主张对海床、底土以及上覆水体拥有完全主权，进而可以养护和管理好海域内以及海底所有自然资源（当时主要为渔业资源），如智利1947年宣布建立200海里保护区、1952年秘鲁/智利/厄瓜多尔三国签订《关于海洋区域的圣地亚哥宣言》。[7]众所周知，秘鲁、智利大陆架狭窄，其主张200海里范围海洋管辖区域与其沿岸水体丰富的渔业资源有直接关系。

1958年《公海捕鱼和生物资源养护公约》（以下简称《公海捕鱼公约》）第6条规定，沿海国有权在邻接其领海的公海内采取任何渔业养护措施，这反映出沿海国具有养护、管理和养护渔业资源的权利，然而《公海捕鱼公约》并未明确授予沿海国该项专属权利。1960年召开的第二次联合国海洋法会议上，有关沿海国专属捕鱼管辖权拓展至12海里未能予以通过，但此后主权国家单方面海洋权利主张多加以体现，如美国建立了12海里的渔区、尼加拉瓜确定了200海里的渔区等。直至第三次联合国海洋法会议，经

〔3〕参见韩增林、张耀光：《世界海洋经济地理》，科学出版社2017年版。
〔4〕黄硕琳：《渔权即是海权》，《中国法学》2016年第6期，第68—77页。
〔5〕参见陈德恭：《现代国际海洋法》，海洋出版社2009年版。
〔6〕参见［美］刘易斯·B. 宋恩、克里斯汀·古斯塔夫森·朱罗、约翰·E. 诺伊斯等：《海洋法精要》，傅崐成等译，上海交通大学出版社2014年版。
〔7〕吴少杰：《专属经济区概念的提出与美国的反应（1970—1983）》，《世界历史》2016年第2期，第40—52页。

过多次磋商谈判，专属经济区制度才得以确立。该制度规定，沿海国对本国海域内包括渔业资源在内的所有生物和非生物资源享有勘探、开发和管理的主权权利。[8]

三、专属经济区划界内涵与一般国际法规则

（一）专属经济区划界内涵

专属经济区制度经《公约》得以确立，但迄今为止，国际司法与仲裁机构提供的相关判例以及学者研究并未对专属经济区划界内涵详细阐明，只是谈及划界的要素问题。国外学者威尔曾提出专属经济区划界包含：专属经济区权利重叠区域、划界区别于确定区域归属等四个方面要素。[9]

本文认为专属经济区划界内涵应包含以下几个方面内容：

第一，专属经济区划界是划定一条边界线的过程。首先，要明确专属经济区划界是一个过程；其次，专属经济区划界确定的是该区域的边界线，而不是重新确定专属经济区归属的问题。正如国际法院1969年针对北海大陆架案[10]指出的那样，"专属经济区和大陆架划界是对原则上以归属沿海国的区域确立边界的过程，而非重新确立该区域归属的问题。"需要注意的是，"归属"并非完全等同于实质拥有该区域权利，因为依据《公约》，沿海国可主张最大不超过200海里的专属经济区，而若当事国间海域范围小于两倍的上述距离时，必然会出现当事国间对该专属经济区均同时主张权利的情况，此时的"归属"即仅意味着沿海国"原则上"享有。[11]

第二，专属经济区划界的对象为当事国间专属经济区权利重叠区域。所谓权利重叠专属经济区区域，即是指各当事国依据国际海洋法赋予的权利主张的最大区域界限间的重叠专属经济区。

第三，专属经济区划界的主体是与划界有直接关系的当事国。专属经济区划界的主体必须可以依照国际海洋法对专属经济区划界的对象主张权利和承担义务。

第四，专属经济区划界的实现方式主要为直接协商或第三方司法仲裁。首先，《公约》第74条第1款提出，海岸相邻或相向国家间专属经济区发生重叠时，界线需通过协议划定；其次，该条第2款规定，若当事国未能在合理期限内达成有关协议时，可诉诸《公约》十五部分指定的争端解决机构。

第五，专属经济区划界的依据是国际法。国际法强调划界中的首要原则就是要保证划界结果的公平，正如国际法院特别分庭在缅因湾划界案[12]中所指出的那样，划界不论是采用直接协议还是第三方司法仲裁，都必须建立在适用公平标准并使用能确保划界

[8] 参见张海文、李海青：《〈联合国海洋法公约〉释义集》，海洋出版社2006年版。

[9] Prosper Weil, *the Law of Maritime Delimitation: Reflections*, Cambridge: Grotius, 1989.

[10] http://www.icj-cij.org/en/case/51.

[11] 参见黄伟：《单一海洋划界的法律问题研究》，社会科学文献出版社2011年版。

[12] 参见吴士存：《国际海洋法最新案例精选》，中国民主法制出版社2016年版。

结果公平的方法。

综上所述，专属经济区划界是指当事国依据国际法以协议或是司法仲裁方式对专属经济区内权利重叠区域确定公平界限的过程。

（二）渔业与专属经济区划界规则

专属经济区是沿海国依照《公约》有权建立的专属管辖海域，沿海国在专属经济区内享有以勘探、开发、养护、管理海床上覆水域和海床及其底土的自然资源（不论为生物或非生物资源）为目的的主权权利，上覆水域中的自然资源主要是生物资源，其商业用途主要是渔业生产。《公约》第57条规定，专属经济区是从测算领海宽度基线起，不超过200海里的海域，其外部界限可由沿海国自行确立。而若沿海国主张的专属经济区与海岸相邻或相向国家主张的专属经济区发生重叠，则当事国需要通过一定的方式去加以解决。

《公约》第74条第1款规定，海岸相向或相邻的国家间专属经济区的界限，应在《国际法院规约》第38条所指国际法的基础上以协议划定，以便得到公平解决。梳理本条发现，专属经济区划界的一般规则是为了保证“公平解决”。具体来看：第一，国家间若存在专属经济区划界争议，应首先加以协商。从早期专属渔区划界实践来看，争议国家间都是通过协议来予以解决的；第二，划界的结果应对当事国均是公平合理的。海洋法长期发展过程中，有关专属经济区划界的方法存在着两种不可调和的方法，一是使用“中间线或等距离线加特殊情况”方法，二是更为明确坚持公平规则。《公约》虽未对专属经济区划界方法作明确规定，但有关各方无论使用何种方法、考虑哪些因素，只要能公平解决专属经济区内划界问题，都是被允许的。[13]

从《公约》规定的一般规则分析，专属经济区划界中需要综合考虑各种因素的影响，以便划界结果公平公正。众所周知，世界各地的海域情况各不相同，主权国家的专属经济区划界若划界采用的是公平规则，渔业作为海洋中重要的生物资源应当予以考虑，划界过程中可以参考世界粮农组织和各国多年来专属经济区渔业捕捞产量、渔业从业人员以及渔业产值等数据，以便科学评判其在划界中的作用；若划界采用的是“中间线或等距离线加特殊情况”方法，渔业资源则在检验界限是否公平过程中起到重要作用。

四、渔业在专属经济区划界中的地位与作用

《公约》是各国海洋博弈妥协的产物，其高度概括了专属经济区划界的基本原则，因而未能规定具体如何划界，但《公约》强调专属经济区划界要保证对当事各方均公平合理，因而确认哪些因素影响划界公平就显得尤为重要。正如1982年国际法院在利比

---

〔13〕 参见［斐］萨切雅·南丹、［以］沙卜泰·罗森：《1982年〈联合国海洋法公约〉评注》（第2卷），吕文正、毛彬译，海洋出版社2014年版。

亚和突尼斯划界案[14]中指出的，任何不考虑划界区域相关情况的划界都不可避免缺乏公平。虽然《公约》中涉及专属经济区划界的规定并未像领海划界规定那样明确提及“特殊情况”，但从《公约》第74条起草历史来看，专属经济区划界中应考虑各有关情况[15]，国际法院埃文斯法官曾在利比亚和突尼斯海洋划界案中提及，《公约》未反映该规定并不削弱划界区域考虑相关情况的重要性。[16]

第三次联合国海洋法会议期间，与会多国就曾提议专属经济区划界需要考虑所有相关因素，但经过多次磋商，“所有相关”这一限定词被“相关主要”所取代，这意味着有关因素必须要是专属经济区内占优势的因素。[17]各专属经济区划界需要考虑何种因素，本质上随着拟要划定界限的专属经济区的自身情况而不断变化。国际法院在北海大陆架划界案中指出，当事国为确保划界结果公平考虑任何因素都不会被法律限制。[18]沿海国在专属经济区内享有渔业开发和管理的主权权利，这是专属经济区制定的核心内容之一，因而渔业也应当是专属经济区划界中应当考虑的相关因素。

渔业在专属经济区划界中发挥作用得到国际司法和仲裁划界实践的认可。格陵兰—扬马延海洋划界案中，国家法院认为两国存在争议专属经济区最南端区块为主要渔业产区，为保证双方公平享有该区域渔业资源，因而将划定的临时等距离线向东进行调整。[19]巴巴多斯与特立尼达和多巴哥海洋划界案中，仲裁庭虽未采纳巴巴多斯提出渔业因素，但从仲裁庭给出的未考虑原因来分析，若巴巴多斯提供充分证据表明其本国渔民历史上经常到多巴哥岛进行渔业生产，仲裁庭会予以考虑渔业因素。[20]此外，在利比亚和突尼斯海洋划界案中[21]，突尼斯依据其享有的历史性捕鱼权，主张在两国大陆架划界中享有更大区域。国际法院对此认为，突尼斯主张的历史性捕鱼权应当与专属经济区的划界有着密切联系。部分国家实践与专属经济区主张中也认可渔业在专属经济区划界中的地位，如印度和斯里兰卡两国边界协定中均认可双方历史性捕鱼权，美国也明确表示其不认可没有考虑渔业的专属经济区。[22]从上述案例分析得出，国际司法和仲裁、国家实践以及国家有关权利主张均赞成渔业是专属经济区划界中的“相关因素”之一，但

---

〔14〕 http：//www. icj-cij. org/en/case/63.

〔15〕 参见［斐］萨切雅·南丹、［以］沙卜泰·罗森：《1982年〈联合国海洋法公约〉评注》（第2卷），吕文正、毛彬译，海洋出版社2014年版。

〔16〕 http：//www. icj-cij. org/en/case/63.

〔17〕 王军敏：《历史性捕鱼权在专属经济区划界中的地位和作用》，《湖北行政学院学报》2009年第4期，第15—19页。

〔18〕 http：//www. icj-cij. org/en/case/51.

〔19〕 http：//www. icj-cij. org/en/case/78.

〔20〕 参见张靖苑：《〈联合国海洋法公约〉下仲裁法庭对海洋争端的管辖权研究》，华东政法大学2015年硕士学位论文。

〔21〕 http：//www. icj-cij. org/en/case/63.

〔22〕 王军敏：《历史性捕鱼权在专属经济区划界中的地位和作用》，《湖北行政学院学报》2009年第4期，第15—19页。

在实际操作中，渔业更多被赋予检验划界结果是否公平的作用。

五、渔业与我国专属经济区划界分析

我国周边海洋安全环境复杂，由北向南分别与朝鲜、韩国、日本、菲律宾等8个国家海岸相邻或相向。绝大多数国家先后宣布建立200海里专属经济区（或专属渔区），并颁布实施相关国内法规。然而，由于我国周边海域较为狭窄，专属经济区制度实施后，我国与周边国家基本都存在海洋划界和岛屿主权争议，因而大部分海域尚未完成海洋划界。[23] 近年来，部分东南亚邻国渔船屡屡进入我国离岸200海里区域实施捕鱼活动，由此产生的渔业纠纷案件时有发生。此外，我国渔民部分惯常捕鱼的渔场位于日本、韩国、朝鲜等国所主张的专属经济区内。资料显示，在国家实施严格的海洋渔民“转产转业”和渔船“双控”政策背景下，2016年年底我国还有227.5万海洋渔业从业人员，其中约100万为传统渔民，他们中的绝大多数都在我国周边近海海域从事渔业生产。[24] 综合以上各条件而言，为维护我国海洋权益、保障海产品供应、保证渔民生产生活，我国今后在解决专属经济区划界争议时应当充分考虑渔业因素。

---

〔23〕 参见全永波、周鹏、王心：《海洋权益管理与中国之实践》，经济日报出版社2015年版。
〔24〕 参见农业部渔业渔政管理局：《2017中国渔业统计年鉴》，中国农业出版社2017年版。

国家管辖范围外海洋生物多样性的国际立法问题新探

■ 刘思竹*

【内容摘要】国家管辖范围以外区域海洋生物多样性的养护与可持续利用是近年来国际社会持续关心的议题，代表着海洋法的最新发展。联合国大会在2015年通过决议，决定就该议题制定一份具有法律约束力的国际文书。截至目前，四次筹备委员会已落下帷幕，2018年9月将正式举行政府间会议进行谈判。尽管谈判进展缓慢，且各方存在分歧，但可以预见的是，就该议题制定一份有法律约束力的国际文书应是已成定论。因此，在分析并结合现有的有关国家管辖范围外区域法律规范的基础上，针对筹备委员会已出现的问题和争论，中国应积极应对，不仅要确保自身在国家管辖范围外海域的权益，而且力争国际话语权，以负责任的大国的态度努力维护海洋生态平衡。

【关键词】国家管辖外海域　生物多样性保护　国际协定　国际谈判

一、引　言

随着第四次筹备委员会会议（Preparatory Committee，PREPCOM）的召开，关于国家管辖范围以外区域海洋生物多样性（Biodiversity beyond National Jurisdiction，BBNJ）的养护和可持续利用问题无疑进入了一个新的阶段。大会将正式举行政府间会议，结合筹备委员会前几次会议已确定的案文草案，以期拟定一份具有法律拘束力的国际文书。回顾之前几次 PREPCOM 以及非正式特设工作组（the *ad hoc* Open-ended Informal Working Group）的工作，对 BBNJ 的养护和管理主要聚焦在：海洋遗传资源，包括惠益分享问题；划区管理工具，包括海洋保护区等措施；环境影响评估；能力建设和海洋技术转让；其他贯穿各领域的问题。

由于拟定文书的性质及法律地位将成为《联合国海洋法公约》（United Nations Convention on the Law of the Sea，UNCLOS，简称《公约》）的执行协定，且将涵盖所有国家管辖范围以外的海洋区域（Areas beyond National Jurisdiction，ABNJ），即包括公海和海底区域。因此，首先对当下 ABNJ 国际治理现状作出分析无疑是必要的。在此基础之上，进一步剖析国家管辖范围外海洋生物多样性养护的国际立法。结合之前几次筹备委员会的情况和已有成果，将概括分析已有成果框架和谈判中出现的新想法新问题，针对此情，我国应重视北极在 BBNJ 中的地位和应对策略，赋予国际非政府组织相当地位并给予重视，并认真对待对软法在 BBNJ 养护立法制定过程中的融入因素及其指引作用，为国家范围外海域生物多样性的养护和可持续利用的发展贡献我国的力量，充分展示我国在国际上的话语权。

---

* 中国政法大学2017级博士研究生。

二、现有的 ABNJ 国际治理初探

毋庸置疑，《公约》是海洋法领域的“大宪章”，其以及两个实施协议为海洋的利用提供了全球性的法律框架。根据《公约》的规定，国家管辖范围以外的海域主要包括公海的水体、大陆架以外的海床、洋底及其底土。而针对其的治理体制，除却《公约》第 1 条第 1 款所规定的“区域”及第十一部分的其治理体制外，还包括鱼类种群协定的规定，不过两种体制都非独立存在（self-contained）的。[1]如果为“区域”制定的规则不适用时，便会适用公海的一般规则；当鱼类种群协定中规定的跨界鱼类和高度洄游鱼类规则不适用时，公海的一般规则同样适用。这两个体系实际上以不同的方式违背了公海的一般规则。“区域”否定了公海自由的概念，并以人类共同遗产取而代之；而鱼类种群协定的制度虽然并未否认自由这一概念，但它限制了一定的自由以保护物种和环境以及生物多样性，同时照顾到了一些沿海国家的利益。[2]

这两种制度都涉及资源，即用于人类消费的资源，不过“区域”的矿产资源是不可再生的，而鱼类资源是可再生的。同时，这两种制度也都包括其特定的管理机构。其中，为“区域”建立的机构是国际海底管理局（International Seabed Authority，ISA），而鱼类种群协定为其条款的各种目的利用已经存在或可能建立的相关机构，即（Regional Fish Management Organizations or Arrangements，RFMO/As）。“区域”的制度和机制是集中的，而“鱼类种群协定”的制度和机制则是分散的。

值得注意的是，不论是鱼类种群协定还是《公约》第十一部分及相关的附件三和附件四的条款都规定得非常详尽。但同时它们对涉及主题的定义又都十分局限。“区域”制度仅涉及资源的勘探和开采，“资源”被其狭义地定义为“海底或海底区域内的所有固体，液态或气态矿物资源，包括多金属结核”[3]。由于第十一部分的大多数规定所载的制度仅涉及多金属结核的勘探和开采，因此这一范围的扩大得到了加强。与此同时，鱼类种群协定仅涉及“跨界”和“高度迁徙”的鱼类种群。虽然这些种群没有在协定中得到具体定义，但是《公约》第 63 条规定的跨界种群定义和附件一中关于高迁移物种的清单赋予了这些名词一定的概念。

《公约》和鱼类种群协定生效以来的实践表明，这两种制度都具有一定程度的灵活性，使其能够扩大适用范围。国际海底管理局正在将“区域”制度扩大到与多金属结核不同的矿物资源，特别是多金属硫化物和富钴铁锰结壳。同时，不断发展新的规则为确保“区域”内的海洋环境的保护方面取得进展，包括防止因“区域”内活动的有害影

---

〔1〕 T. Treves，“Fragmentation of International Law: The Judicial Perspective”，（2007）23 *Comunicazioni e Studi*，pp. 824-832，841，844-845.

〔2〕 Elferink，Alex G. Oude. The International Legal Regime of Areas Beyond National Jurisdiction : Current and Future Developments，edited by Erik J. Molenaar，BRILL，2010，p. 13.

〔3〕《联合国海洋法公约》第 133 条。

响而对动植物造成的破坏。[4]至于鱼类种群协定，其在2006年审议大会鼓励各国考虑协定的一般原则也适用于“离散的公海鱼类种群”（discrete high seas fish stocks），即仅在公海上出现的种群，且通常是深海捕鱼的目标。这些观点也见于联合国大会最近的决议。[5]

有助于两种制度扩大灵活性的另一个方面是，两者都具有解决争端的强制性机制。与“区域”内活动有关的争议，包括合同和合同前事项以及与之有关的责任问题，可视具体情况由缔约国、管理局或承包商或提交至国际海洋法法庭海底争端分庭，且其决定具有约束力（见《公约》第187条）。关于鱼类种群协定的解释和适用的争议可根据《公约》第十五部分由一方单方面提交给主管的法院或法庭，其判决仍然具有约束力。除此之外，除了解决所提交的具体争端，国际法院和海洋法庭还会借此机会对《公约》和协定的规定进行解释。尽管国际法中没有明确的先例（*stare decisis*），但鉴于司法和仲裁机构的权威，这些解释同样有助于提高其所提及条款的准确性及其适用范围。[6]

然而，对这两种制度的扩大使用并非毫无限制。法官不是立法者，他只有在向当事方提出争议时才能进行干预。而《公约》和协定的修正机制又十分烦琐，事实上国际层面从未对其认真考虑加以使用。[7]鱼类种群协定作为两个实施协定中的主要范例，被视为发展在制定《公约》中未充分处理的概念的最为实际和有效的方法。尽管如此，鉴于这些协定是单独的，协定的缔约国会远远少于《公约》的缔约国，因此存在着缺乏统一性的风险。

三、BBNJ的国际规则既有框架

（一）《公约》

如前文所述，国家管辖范围外区域的两部分，即公海和“区域”，其分别由《公约》第七部分和第十一部分规制和调整。此外，《公约》第十三部分规定的海洋科学研究与海洋生物多样性也紧密相关。在公海部分中，《公约》为海洋生物资源的利用和保护方面创设了权利和义务，并主要适用“公海自由”原则。根据《公约》第86、87条规定，“……各国在公海享有航行自由、飞越自由、铺设海底电缆和管道的自由、建造国际法所容许的人工岛屿和其他设施的自由、捕鱼自由和科学研究的自由”。但《公约》

---

〔4〕 UN General Assembly resolution A/63/. 111 of 5 December 2008, para. 33.

〔5〕 See UN General Assembly resolutions A/60/31 of 29 November 2005, para 12, and, most recently, A/63/112 of 5 December 2008, para. 25.

〔6〕 Elferink, Alex G. Oude. The International Legal Regime of Areas Beyond National Jurisdiction : Current and Future Developments, edited by Erik J. Molenaar, BRILL, 2010, pp. 14-15.

〔7〕 D. Freestone and A. G. Oude Elferink “Flexibility and Innovation in the Law of the Sea: Will the LOS Convention Amendment Procedures Ever be Used?”, in A. G. Oude Elferink (ed.), *Stability and Change in the Lawof the Sea: the Role of the LOS Convention* (MartinusNijhoff, Leiden-Boston: 2005), pp. 169-221.

实际上并未明确提及生物资源，或者说遗传资源的准确定义，由第 119 条关于生物资源的规定可推断，其概念最初是为渔业资源和哺乳动物而设计的[8]，而在当今的语境下，国家管辖范围外海洋生物多样性的概念可能相对来说并不够准确。

在“区域”的部分中，《公约》第 1 条、第 133 条、第 136 条、第 137 条及第 140 条都对其有相应的规定，并不同于公海自由制度，“区域”的法律地位是人类共同继承财产，“区域”内的活动统一由国际海底管理局代表全人类来行使。值得注意的是，因为《公约》文本的起草在 20 世纪 70 年代，“区域”内资源的开发仅局限于矿物资源。随着科学技术的发展，人们逐渐意识到“区域”内海洋遗传资源的存在具有巨大价值，因而遗传资源的法律地位尚不明晰，国际上对此仍存在巨大的争议。

（二）《生物多样性公约》

《生物多样性公约》（CBD）是国际法中规范生物多样性保护与可持续利用问题的主要公约，不过 CBD 的适用范围仅在国家管辖内的海域，ABNJ 则被其排除在外。尽管如此，CBD 为其成员国设定了对生物多样性养护和管理的相关义务及未来发展的具体要求，因此该公约仍然对 BBNJ 问题的解决有着至关重要的借鉴意义。此外，根据该公约第 4 条 b 款的规定，“在该国控制或者管辖下开展的遗传资源的过程和活动，既可以在该国管辖区内，也可以在该国管辖区外”。该规定涉及国家管辖外区域生物多样性问题，但 CBD 只关注过程和活动，并未对养护和管理进行规制。[9]

（三）国际粮农组织和区域渔业管理组织

国际粮农组织（Food and Agricultural Organization，FAO）在国际渔业政策方面发挥着主导作用，其与各国政府、区域渔业机构、合作社、渔业社区等众多伙伴都开展合作。FAO 支持成员国制定和实施有关渔业活动的国际准则，与政府间组织密切合作，实施各项国际行动计划。这些文件对 BBNJ 的养护和管理都有着举足轻重的影响。

前文所提到的区域渔业管理组织（RFMO/As）存在于拥有大型深海渔业的大多数公海区域。它们通常负责收集渔业统计数据，评估资源，制定管理决策和监测活动。区域渔业管理组织在促进渔业管理和协调政府间合作方面发挥关键作用。随着最近强化的任务授权，大多数 RFMO 都有权根据渔业生态系统方法进行管理。[10]

在目前没有管理深海渔业的 RFMO 的地区，治理问题更加令人担忧。这些地区包括北极以及中部和西南大西洋（Arctic，Central and Southwest Atlantic）。在这些地区，捕捞规则由各船旗国自行决定。各国有义务与其他国家合作，保护公海的海洋生物资源，并制定适当的管理措施，使国民在同一地区利用类似的资源或不同的资源。同时还要求各

---

〔8〕叶泉：《国家管辖范围外区域海洋遗传资源管理机制探究》，《中国海商法研究》2013 年第 4 期，第 102 页。

〔9〕参见刘海江：《中国参与国家管辖外生物多样性国际谈判的机遇、挑战与应对》，《山东社会科学》2018 年 2 期。

〔10〕关于 RFMO/As 的介绍，具体参见 http：//www. fao. org/fishery/topic/166304/en。

国酌情设立区域渔业组织（regional fisheries organizations）。

四、BBNJ 谈判中的问题及应对

（一）关于北极特殊规则的设立

1. 北极环境的特殊性

众所周知，北极的生态环境独一无二。[11]北极生态系统的完整性和整体健康水平的反映被称为北极的生态安全。但北极生态系统自身存在脆弱性，且其生态平衡的恢复和重建亦非常困难。事实上，北极理事会最新的北极海洋运输评估报告显示，北极环境是一个具有"高度生态意义"的地区。[12]北极拥有丰富的生物多样性，包括许多具有全球意义的种群。

值得注意的是，北极的生态系统正受到一系列全球性、区域性和地方性的威胁，这无疑会改变北极的生态和社会经济条件。特别是在气候变化方面，已经表现出海冰覆盖面积大幅减少、气候变暖和潮湿等，无一不在威胁着北极的生物多样性。气候变化对夏季冰和海洋温度以及环流模式的影响正在改变该地区的一些生态动态，从而对冰依赖物种构成若干威胁，导致北极环境中物种的分布发生改变。[13] 此外，污染物的转移也会对北极环境和生物多样性造成有害影响，如海洋环流会将塑料碎片从其他海洋区域运往北极。夏季冰的减少导致以前无法进入的地区开放，从而促进了北冰洋与渔业，新航运路线和矿物开采，带来新的商业利益。所有这些变化都给北极海洋生物多样性和北极环境带来了越来越大的压力和威胁。

2. 北极现有的特殊规则

《公约》第十二部分致力于海洋环境的保护和保全，除了一般规则外，它承认了在必要时一些特殊和极端情况下规则的制定。首先便是第 194 条第 5 款，"应包括为保护和保全稀有或脆弱的生态系统，以及衰竭、受威胁或有灭绝危险的物种和其他形式的海洋生物的生存环境"，该条款实际上为稀有和脆弱生态系统的特殊待遇奠定了基础。[14]第二个相关条款是第 211 条，其中第 3—6 段规定了沿海国处理外国船只污染的规则。最后也是最相关的，《公约》第 234 条针对冰封区域作出了相关规定，该条也被称作"北极条款"。第 234 条在第十二部分的作用是不可忽视的，因为它允许沿海国在其专

---

〔11〕 相关描述及例子可参考北极理事会项下的北极监测和评估计划（Arctic Monitoring and Assessment Programme）的最新报告，SWIPA Report，AMAP，Snow，Water，Ice and Permafrost in the Arctic. Summary for Policymakers，2017。

〔12〕 AMAP/CAFF/SDWG，Identification of Arctic marine areas of heightened ecological and cultural significance：Arctic Marine Shipping Assessment（AMSA）IIc，part of the Arctic Council's Arctic Marine Shipping Assessment.

〔13〕 CAFF，Arctic Biodiversity Assessment，Status and Trends in Arctic Biodiversity，Conservation of Arctic Flora and Fauna，Akureyri，2013.

〔14〕 N. Nordquist，S. Nandan，and S. Rosenne，United Nations Convention on the Law of the Sea 1982 Commentary online，Leiden：Brill-Nijhoff，2013，"Part XII - Articles 192-237"，p. 68.

属经济区内非歧视性地通过自己的法律和条例。该条款作为第211条第6款的特别法(*lex specialis*),意味着沿海国可能会施加比国际规则和标准更严格的法规,以防止、减少和控制船只造成的海洋污染。这些特殊规定涉及沿海国在保护和保护海洋环境方面的公共利益作用所赋予的特殊权限,特别是在专属经济区内的海洋环境部分。然而,重点不在于条款的具体内容,而是在某种程度上《公约》的一般规则已被证明无法适用于各种情形,因此特殊的生态环境确实被认为是采用特殊规则的充分理由。〔15〕

除却《公约》关于北极环境的规定,国际海事组织(International Maritime Organization,IMO)曾颁布的《极地规则》(Polar Code)也涉及该主题的特殊规则。它的双重目标是在两极荒凉水域中的航行安全和环境保护,鉴于极度严寒的气候条件,包括冰封水域,特殊规则无疑是必要的。IMO海洋环境保护委员会(Marine Environmental Protection Committee,MEPC)在2015年5月举行的第68届会议上通过了专门保护极地脆弱环境的规则,以及《防止船舶污染国际公约》(International Convention for the Prevention of Pollution from Ships,MARPOL)的相关修订。关于环境问题,《极地规则》载有关于污染预防的强制性和建议性条款。例如在北极水域,船舶不能排放油和油性混合物;不能排出有毒液体物质;不能排放污水及塑料垃圾等。〔16〕

3. 是否在BBNJ中为北极设立特殊章节

有鉴于北极环境的特殊性及规则的缺失,一些专家学者曾在筹备会中提议加入北极的特殊章节,为北极环境的生物多样性保护规则的制定留有余地。但在此之前,除了第三次筹备委员会的一次周边会议曾提及过新的BBNJ协定对北极地区治理的潜在影响外〔17〕,北极并未成为筹备委员会讨论的重点。实际上,是否应该涵盖北极内容也存在着相当大程度的争议,一些学者认为北极并不适合纳入BBNJ国际文书制定中,因为北极地区本身十分敏感。〔18〕例如在2008年关于北极治理的决议中,欧洲议会曾强调了与南极洲类似的北极制定特定条约的重要性。〔19〕然而在同一年,五个北极沿海国家表示不愿意接受该地区的任何新治理制度。他们坚持认为,《公约》和海洋法下的现有制度,

---

〔15〕 Vito De Lucia, The Arctic Environment and the BBNJ Negotiations: Special Rules for Special Circumstances? Marine Policy, 86 (2017) pp. 235-236.

〔16〕 Polar Code, Part II-a, "Pollution Prevention Measures", MEPC 68/21/Add. 1, Annex 10, Chapter Ⅱ.

〔17〕 2017年4月4日,由Vito De Lucia和K. G. Jebsen组织的周边会议(side event),"Possible implications of a BBNJ (biodiversity beyond national jurisdiction) Agreement for Arctic marine governance". 详情参考:https://en.uit.no/forskning/forskningsgrupper/nyheter/artikkel?p_document_id=355759&sub_id=515749。

〔18〕 Kamrul Hossain, Arctic Marine Biodiversity in Areas beyond National Jurisdiction: Framing A Legally Binding MPA Regime?, *American Society of International Law*, Volume 20, Issue 14.

〔19〕 European Parliament Resolution of 9 October 2008 on Arctic Governance, P6_TA (2008) 0474, available at http://www.europarl.europa.eu/sides/getDoc.do?type=TA&language=EN&reference=P6-TA-2008-474.

以及北极理事会采取的举措内的合作已经提供了有效的治理。[20]由此可见，由于北极海洋生态系统的独特性、脆弱性和敏感性，拟议的具有一般范围的 BBNJ 条约可能达不到保护北冰洋海洋生物多样性的效果。在之后的条约谈判进程中，不论是否纳入北极的章节，其重要性和战略性都值得我国给予足够的重视。

（二）非政府组织在谈判中的作用不容忽视

在促进人权、禁止地雷和促进自然保护等各种问题上，非政府组织（Non-governmental Organization，NGO）已经从地方政策性文件到国际政策中无处不在。追溯该术语的起源，可至《联合国宪章》的规定："经济及社会理事会可以在适当情况下与非政府组织协商。"[21]虽然非政府组织的定义因背景而异，但从本质上来说，非政府组织必须不受政府的直接控制。

非政府组织在全球环境治理中作用的提升客观上是由于：首先，越来越多的非政府组织被联合国和其他国际组织授予咨商或观察员地位，这增强了其在全球政治中的作用。其次，发展中国家作用的相对下降、经济危机与国际金融机构培育的新自由主义政策的后果，以及以东欧剧变、苏联解体为发端的新政治背景，为非政府组织活动的扩张提供了体系条件。最后，国际环境政治对科学知识的强调、对国家利益的侵蚀以及对全球解决方案的追求，为非国家行为体进入全球政治舞台提供了可能。[22]近年来，非政府组织积极参与制定全球发展议程，最显著的便是在制定联合国可持续发展目标（Sustainable Development Goals，SDGs）中的作用。而在 BBNJ 的谈判过程中，NGO 的作用同样不能忽视。

其中最重要的一点，非政府组织会提供给各国代表在他们不熟悉的领域中相关的科学和法律专业知识。最初，许多国家认为 BBNJ 基本上是一个环境问题，因而它们的代表大多由环境部门的官员组成，导致其他代表在认为这实际上是海洋法框架中问题的解决时无所适从。其他一些国家的代表则是大多数由常驻代表团的工作人员组成，因而难免会对海洋生物资源的养护和利用问题不甚熟悉。根据调查显示，NGO 在 BBNJ 中最擅长的领域是海洋保护区及环境影响评价的问题，在谈判中尤其是在 NGO 举办的周边会议中，往往会因此受到其他国家代表的青睐而被邀请提供额外的咨询支持。有政府代表团成员表示，国家立场有时会基于缺乏专业知识，或者不熟悉正在讨论的生态或技术问题而改变，而科学家和 NGO 在政府代表团中享有高度信任，因此，非政府组织和科学

〔20〕 Arctic Ocean Conference，May 27-29，2008，The Ilulissat Declaration（May 28，2008），available at http：//www. oceanlaw. org/downloads/arctic/Ilulissat_ Declaration. pdf.

〔21〕 "the Economic and Social Council may take suitable arrangements for consultation with nongovernmental organizations"，Charter of the United Nations，24 October 1945，1 UNTS XVI.

〔22〕 参见徐步华、叶江：《浅析非政府组织在应对全球环境和气候变化问题中的作用》，《上海行政学院学报》2011 年第 1 期。

家会对正在谈判的问题提供明确的解释进而对谈判产生一定的影响。[23]因此，关注 NGO 对专业知识的解释，对我们在谈判中掌握主动权具有一定的帮助。

（三）重视软法因素的指引作用

在 BBNJ 法律规则的国际文书制定中同样不可忽视的便是国际上软法的作用。这些软法即为不具有约束力的法律文件，相关的软法包括：如联合国大会关于海洋法及渔业可持续的决议[24]；1992 年在联合国环境与发展会议通过的《里约宣言》第 17 章第 21 事项；2002 年在可持续发展问题世界首脑会议通过的《约堡实施计划》（尤其是第 30—36 段）；2012 年联合国可持续发展大会的成果文件（*the future we want*，para. 158-177）以及 2030 年可持续发展议程，尤其是目标 14 "保护和可持续利用海洋和海洋资源以促进可持续发展" 等[25]。

长期以来，关于软法的法律地位在法学界广为争论。在国际条约越来越难以达成的今天，软法以其灵活性受到多数国家的青睐。但同时，软法也因其约束力缺失而广受诟病。实际上，软法在国际环境法领域一直占据着不可或缺的地位，如 1972 年的《斯德哥尔摩宣言》及上述提到的 1992 年《里约宣言》，可谓国际环境法领域内著名的软法文件。此外，国际条约中多处出现的"软条文"也是国际环境法另外一个显著特点。[26]如《联合国气候变化框架公约》几乎以国际宣言般"软法"的形式通过，它只规定了关于防止气候变化的最基本的法律原则，而没有涉及缔约方的具体国际义务。[27]但不可忽视的是，经过数十年的实践，许多软法中的相关内容已被写入国际条约甚至发展为国际环境法的基本原则，如"共同而有区别的责任"等。[28]

由此可见，借鉴国际环境法已存的软法经验可谓 BBNJ 国际文书制定中的宝贵财富。引入已有的国际环境法原则和全世界认可的做法无疑有利于 BBNJ 条文的起草和各国政治博弈的平衡。在此基础上若以联合国大会决议的形式或作为联合国主办的外交会议产生适用于国家管辖范围以外海洋区域的环境保护原则宣言，可进一步激发全球支持并采

---

〔23〕 Robert Blasiaka, b, Carole Durusselc, Jeremy Pittmand, Carole-Anne Sénite, Matilda Peterssonf, Nobuyuki Yagia, The Role of NGOs in Negotiating the Use of Biodiversity in Marine Areas Beyond National Jurisdiction, Marine Policy 81 (2017) 1-8, pp. 4-5.

〔24〕 具体相关文件可参见 http：//www. un. org/depts/los/general_ assembly/general_ assembly_ resolutions. htm。

〔25〕 2030 Agenda for Sustainable Development, in particular Sustainable Development Goal 14 "Conserve and sustainably use the oceans, seas and marine resources for sustainable development".

〔26〕 参见张磊：《论国家管辖范围以外区域海洋生物多样性治理的柔化——以融入软法因素的必然性为视角》，《复旦学报（社会科学版）》2018 年第 2 期。

〔27〕 杜群：《气候变化的国际法发展：〈联合国气候变化框架公约〉京都议定书述评》，载吕忠梅、徐祥民主编：《环境资源法论丛》，法律出版社 2003 年版，第 237 页。

〔28〕 Laura Paulette; Marian Proorocu; Dan Vârban; Ruxandra M. Petrescu-Mag; Tania Mihăiescu; I. Valentin Petrescu-Mag, the "Common but Differentiated Responsibility" viewed as a soft law instrument and its reflection in some international environmental acts, Advances in Environmental Sciences, Vol 5, Issue 1, pp. 10-14 (2013).

取具体措施保护和管理国家管辖范围以外的海洋生物多样性。这样的宣言将提高人们对国家管辖范围以外海洋环境受到威胁的认识，加强人类的使用，并重申各国有义务保护和维护包括国家管辖范围以外地区在内的整个海洋环境。如包括合作保护国家管辖范围以外区域海洋生物多样性的相关义务，以及采用现代环境保护原则的必要性，如预防性和基于生态系统的方法以及先前和持续的环境影响评估以规范这些地区的人类活动等。[29]此外，宣言还可以指出发达国家和发展中国家在保护与维护国家管辖范围以外的海洋环境方面的共同但有区别的责任，以及向发展中国家履行其职责提供技术和能力建设援助的必要性。

五、结 论

海洋治理日益走向精细化和合规化，联合国大会通过决议要求对 BBNJ 的养护和管理达成有法律效力的国际文书随着四次筹备委员会的结束目前也在走向正轨。结合国家管辖范围外的海洋治理，以及现有的国家管辖范围外海洋生物多样性的法律框架，无疑证明现有规则的缺失以及对 BBNJ 国际法律文书的需求是迫切且必要的。针对谈判中已经出现的新问题，无疑要对症下药，寻求新对策新方法。在谈判中不仅涉及海洋强国与弱国之间的国家利益博弈，更加涉及国家之间、国际政府间组织、国际非政府组织等各方利益的博弈。可以预见的是，虽然即将召开关于国家管辖范围外海洋生物多样性的养护和可持续利用的第一次政府间会议，但最终形成有效力的法律文本仍旧是一个漫长的过程。

中国作为海洋大国应该抓住此次机会，投身国际海洋治理，争取国际海洋秩序构建的主导权。从预备委员会成立以来，中国便高度重视参与该国际协定的谈判。在接下来的正式谈判中，中国应针对预备委员会成立以来出现的新问题新焦点，有选择、有针对性地予以解决，重视和把握各方的机遇及作用，利用此次机会参与 ABNJ 的国际治理，积极争取并实现中国的海洋权益。与此同时，重视国际非政府组织的专家地位并加强与其合作，重视软法因素在国际文书制定中的融入，进一步提升中国在国际谈判中的话语权。

---

〔29〕 Robin Warner, *Protecting the Oceans Beyond National Jurisdiction : Strengthening the International Law Framework*, Martinus Nijhoff Publishers, Leiden · Boston, 2009, pp. 221-222.

全球海洋秩序重构视域下国家管辖范围外海洋环境的治理

■吕　鸣*

【内容摘要】深受无主物理论的影响，国家管辖范围外海域目前主要适用公海自由原则，即公海对所有国家开放及公海资源可为各国所用，《联合国海洋法公约》分区管理的缺点因此被放大，船旗国管辖也无力缓解公地悲剧。国际社会意识到国家管辖范围外海洋环境治理的这一困境，就BBNJ展开国际谈判，并要求达成相关条约以实现硬法之治。在BBNJ谈判进程中，适用原则、权利主体等问题成为纷乱繁杂的诸多问题中最核心的问题，这既是BBNJ的核心问题，也是国家管辖范围外海洋环境治理的瓶颈。人类共同继承财产原则因契合环境治理的共有理论、符合环境治理的公共利益，必将成为国家管辖范围外海洋环境治理的新基石。同时，联合国专门机构作为托管机构将发扬人类共同继承财产原则，有效遏制新的蓝色圈地运动，实现国家管辖范围外海洋环境的良治。

【关键词】国家管辖范围外　海洋环境　公海自由原则　人类共同继承财产　治理

一、问题的提出

1972年《联合国人类环境会议宣言》（又称《斯德哥尔摩宣言》）首次以国际文件的形式提出环境权，自此，环境权作为第三代人权被确立下来。[1]环境关乎全人类共同利益，环境权一经提出，环境保护的国际法制和法治得到了极大丰富和发展。在国际法制方面，国际环境法可谓“软硬”[2]兼施；而在国际法治方面，国际社会通过成立相关专门性主管国际组织[3]，主导全球环境治理。随着国际环境治理进程的推进，环境保护的内涵外延也日臻完善，目前而言，一般包括污染防治和生态保护两个范畴[4]，并

---

* 法学博士，上海海洋大学海洋文化与法律学院副教授，主要研究方向为海洋法和海商法。
本文是国家社科基金重大项目“完善我国海洋法律体系研究”（项目编号：15ZDB178）的阶段性成果。

〔1〕 TAFSIR MALICK NDIAYE, The International Protection of the Marine Environment, *State Practice and International Law Journal*, Volume 4 2017, p. 17.

〔2〕 通常而言，软法（soft law）是指不具有法律约束力的法律文件，国际环境保护领域的软法有《斯德哥尔摩宣言》《里约宣言》《保护海洋环境免受陆源污染全球行动纲领》等；而硬法（hard law）则是指对缔约国具有法律约束力的法律文件，国际环境保护领域的硬法有《联合国海洋法公约》、1973年《国际防止船舶造成污染公约》及其1978年议定书（MARPOL73/78）、1972年《防止倾倒废物和其他物质污染海洋公约》及其1996年议定书（《伦敦公约》）等。

〔3〕 如国际海事组织（International Maritime Organization，以下简称IMO）。严格意义而言，IMO成立于《斯德哥尔摩宣言》出台之前（1948年），原名为政府间海事协商组织。为更好地防止和控制船舶造成海洋污染的活动，其于1973年成立了海洋环境保护委员会（Marine Environment Protection Committee, MEPC），并积极参与了第三次联合国海洋法大会的工作，是联合国专门机构，也是《联合国海洋法公约》下的“主管国际组织”。其于1982年更名为国际海事组织。参见IMO. IMO What It Is，2014。

〔4〕 吕忠梅主编：《环境法》（第2版），高等教育出版社2017年版，第22页。

发展出“公民环境权”[5]等理论和“公众参与”[6]等原则，在某种程度上反向促进了环境保护的国际法制和法治。

在全球环境治理中，海洋环境治理相对起步较早。在一次次惨痛的海洋环境污染事故[7]后，海洋环境保护立法接踵出台，并试图通过建立船旗国、沿海国、港口国管辖制度来实现海洋环境治理的互补，从而强化全球治理的效果。基于国家主权或主权权利行使的驱动，国家管辖范围内海洋环境的治理取得一定成效，而由于《联合国海洋法公约》（以下简称《海洋法公约》）采取分区法（zonal approach）和部门法（sectoral approach），加之船旗国管辖的天生缺陷等原因，国家管辖范围外的海洋环境治理差强人意，存在无序化、无力化、碎片化等问题。在远洋运输污染、深海矿产资源的过度开采开发、IUU 捕捞、海洋酸化、塑料污染、生物多样性减少、海平面上升等新旧海洋环境问题面前，国家管辖范围外的公海和国际海底区域成为重灾区，相关治理工作也提上日程。

2003 年，关于国家管辖范围外区域海洋生物多样性养护和可持续利用问题（the Conservation and Sustainable Use of Marine Biological Diversity beyond Areas of National Jurisdiction，以下简称 BBNJ）首次在联合国关于海洋和海洋法的开放式非正式磋商进程中提出[8]，并于 2004 年成立临时工作组。[9]2011 年，临时工作组建议建立有关 BBNJ 的法律框架以有效解决这一问题。[10]2012 年，在联合国可持续发展大会（又称“里约峰会”）上，BBNJ 的重要性得以认可。[11]2015 年，第 69 届联合国大会第 292 号决议确定成立预备委员会。[12]自 2016 年在联合国总部美国纽约举行首次预备委员会会议到 2018 年 9 月将举行政府间第一次正式会议[13]，BBNJ 已然成为海洋法领域的焦点，也是全球海洋秩序重构的契机。海洋环境治理旨在减少海洋污染和保护海洋生态，二者相互关联、不可缺一，而关注于海洋生态保护的 BBNJ 将成为国家管辖范围外海洋环境治理的

---

[5] 同上，第 49 页。

[6] 同上，第 44 页。

[7] 1967 年“托利·勘庸（Torry Canyon）号”油轮溢油事故促成了 1969 年《国际油污损害民事责任公约》（CLC1969）、1969 年《国际干预公海油污事故公约》（CSI1969）、1971 年《设立国际油污损害赔偿基金公约》（IFC1971）和 MARPOL73 等公约的诞生；1978 年“阿莫柯·卡迪兹（Amoco Cadiz）号“触礁溢油事故促成了 MARPOL73/78 的通过；1989 年“埃克森·瓦尔迪兹（Exxon Valdez）号”油轮触礁事故促成了 1990 年《国际油污防备、反应和合作公约》（OPRC）的制定；2002 年“威望号”油轮沉没事故促生了 MARPOL73/78 附则中关于双壳船的修正案，加快了单壳船的淘汰步伐。

[8] “Report on the Work of the United Nations Open-ended Informal Consultative Process on Oceans and the Law of the Sea”（26 June 2003）UN Doc. A/58/95.

[9] UN Doc. A/RES/59/24，第 74—76 段。

[10] UN Doc. A/66/119 附件，第 1 段。

[11] UN Doc. A/66/288 附件，第 162 段。

[12] UN Doc. A/RES/69/292，第 1 段。

[13] http：//www. xunart. com/f350461. html.

突破口。在BBNJ的谈判过程中，各方讨论激烈、观点相互冲撞，新问题不断涌现，其中适用原则、权利主体等问题成为BBNJ谈判进程中纷乱繁杂的诸多问题中最核心的问题。[14]上述问题也是国家管辖范围外海洋环境治理的顽疾。我们应当把握BBNJ国际谈判这一契机，明晰国家管辖范围外区域的适用原则、国家管辖范围外海洋环境治理的主体、国家管辖范围外海洋环境治理的路径等问题，国家管辖范围外海洋环境治理无序化、碎片化、无力化等问题必将迎刃而解。

二、国家管辖范围外区域宜适用人类共同继承财产原则

（一）公海自由原则诱发公地悲剧

公海自由原则由海洋自由原则衍化而来。海洋自由原则由著名荷兰法学家格劳秀斯于1609年提出[15]，并被写进《海洋法公约》，适用于公海海域，成为公海治理的重要原则。而公地悲剧理论由英国加勒特·哈丁教授（Garrett Hardin）1968年在《The tragedy of the commons》一文中首先提出。他举例说，作为理性人，每个牧羊者都希望自己的收益最大化。在公共草地上，每增加一只羊会有两种结果：一是获得增加一只羊的收入；二是加重草地的负担，并有可能使草地过度放牧。经过思考，牧羊者决定不顾草地的承受能力而增加羊群数量。于是他便会因羊只的增加而收益增多。看到有利可图，许多牧羊者也纷纷加入这一行列。由于羊群的进入不受限制，所以牧场被过度使用，草地状况迅速恶化，悲剧就这样发生了。[16]

公海自由原则深受古罗马法无主物理论（res nullius）的影响。根据该理论，公海自由原则主要体现为公海对所有国家开放，公海资源可为各国所用。与无主物理论一脉相承的先占取得制度（occupatio）也名正言顺适用于公海资源的获取。受利益驱动，部分主权国家或其国民无节制攫取公海资源从而获得商业利益。格劳秀斯在其著名的《海洋自由论》一文中提出海洋自由原则的考虑之一是认为海洋资源取之不尽、用之不竭。[17]而现实科学数据却显示海洋资源并非源源不绝，相反，由于人类的无序无度开发致使海洋资源逐年萎缩、海洋环境不断恶化[18]，公地悲剧业已显现。

《海洋法公约》在制定之时，已经意识到公海自由原则的缺陷，在赋予国家公海航

---

〔14〕 http：//www. comra. org/2017-12/21/ content_ 40115600. htm.

〔15〕 Trullio Treves，High Seas，Max Planck Foundation for International Peace and the Rule of Law（2009）.

〔16〕 参见张真、戴星翼编著：《环境经济学教程》，复旦大学出版社2007年版，第75页。

〔17〕 ［荷］格劳秀斯：《论海洋自由或荷兰参与东印度贸易的权利》，马忠法译，上海人民出版社2005年版，第12—16页。

〔18〕 2016年联合国粮农组织发布的《世界渔业与水产养殖状况》指出，在被评估的渔业资源种群中，58.1%的渔业资源被完全开发，31.4%的渔业资源在生物学上不可持续的水平上被开发（过度捕捞），只有10.5%的渔业资源处于健康状况。转引自黄硕琳、邵化斌：《全球海洋渔业治理的发展趋势与特点》，《太平洋学报》2018年第4期，第66页。

行权[19]、捕鱼权[20]等权利的同时，亦要求承担为其国民采取养护公海生物资源措施等义务。[21]由于《海洋法公约》对海洋治理采取分区法[22]，《海洋法公约》的上述补救措施流于形式，最终事与愿违。

所谓分区法，即将海洋划分为领海、毗连区、群岛水域、专属经济区、大陆架、公海、国际海底区域、内水和历史性海湾九大区域[23]，并将上述区域分为国家管辖范围内和国家管辖范围外两大类别。同时，为加强海洋环境保护、强化海洋环境治理，《海洋法公约》及其他海洋环境保护条约创设了沿海国、港口国以及船籍国管辖，分而治之。其中，港口国为避免船舶对本国港口造成污染，可对自愿挂靠本国港口的外籍船只进行监督检查；沿海国则可基于海洋环境的保护和保全，在领海和毗连区行使主权、在专属经济区和大陆架行使主权权利；而由于国家对公海等国家管辖范围外区域既无主权也无主权权利，因此目前仍主要实行船籍国专属管辖。实践证明，受主权和主权权利的驱动，国家在国家管辖范围内海域积极履行条约义务，甚至制定较之国际条约更为严苛的国内立法[24]，国家管辖范围内海洋环境治理取得较好效果。反观公海等国家管辖范围外区域，虽然《海洋法公约》要求"每个国家应对悬挂该国旗帜的船舶有效地行使行政、技术及社会事项上的管辖和控制"[25]，但因内乏治理动机，即使国家为履行海洋环境保护相关条约义务，制订了准入前配套方案，规定只有当船舶符合相关环保和安全标准，才予以注册登记，但对准入后船舶在公海上的活动监管力度有限。雪上加霜的是，船东的趋利避害使得一些国家[26]通过规避法律[27]，建立方便旗制度，使得国家和船舶之间失去真正联系。分区法人为割裂了海洋的整体性，加之船籍国管辖的上述天生缺陷，致使国家管辖范围外的海洋环境治理呈现无序化，《海洋法公约》借希望通过船旗国管辖来抑制公海自由原则诱发公地悲剧的这一初衷也完全落空。

（二）公海自由原则受到诸多限制

根据《海洋法公约》第87条的规定，公海自由包括六项自由，分别是航行自由、飞越自由、铺设海底电缆和管道的自由、建造国际法所容许的人工岛屿和其他设施的自

---

〔19〕《海洋法公约》第90条。

〔20〕《海洋法公约》第116条。

〔21〕《海洋法公约》第117条。

〔22〕TAFSIR MALICK NDIAYE, The International Protection of the Marine Environment, State Practice and International Law Journal, Volume 4 2017, p. 20.

〔23〕TAFSIR MALICK NDIAYE, Challenges and Prospects of the New Law of the Sea, State Practice and International Law Journal, Volume 3 2016, p. 7.

〔24〕如美国制定有较1969年《国际油污损害民事责任公约》及其1992年议定书更为严苛的1990《石油污染法》（Oil Pollution Act，OPA），要求油污责任主体承担更为严格的民事赔偿责任。

〔25〕《海洋法公约》第94条。

〔26〕如巴拿马、塞浦路斯、利比里亚均为方便旗国家。前述历史上几例灾难性船舶油污事故的主角几乎都为方便旗船，方便旗制度对海洋环境的破坏千夫所指。

〔27〕《海洋法公约》第91条要求国家和船舶之间必须有真正联系。。

由、捕鱼自由以及科学研究的自由。除航行自由和飞越自由外，捕鱼自由等都受到《海洋法公约》相关条款的限制。且实践中，除上述《海洋法公约》本身的限制，公海自由也不同程度受到其他相关国际条约的限制。

以航行自由为例，考虑到公海重大油污事故对沿海国管辖海域环境的严重威胁，国际海事组织于1969年通过了《国际干预公海油污事故公约》，授权沿海国“在发生海上事故或与此事故有关的行为之后，如有理由预计到会造成较大有害后果，那就可在公海上采取必要的措施，以防止、减轻或消除由于油类对海洋的污染或污染威胁而对其海岸或有关利益产生的严重而紧迫的危险”〔28〕。考虑到航运对海洋生态的破坏，国际海事组织在MARPOL73/78附件一、附件二和附件五中均提及了特殊区域，“系指这样一个海域，在该海域中，由于其海洋学和生态学的情况以及其运输的特殊性质等方面公认的技术原因，而要采取防止海洋污染的特殊强制办法”〔29〕，并在1991年国际海事组织第17次大会上，以A. 720（17）号决议的形式通过了《有关特殊区域指明和特别敏感区域鉴定的指南》。根据指南，在人为有必要对公海采取保护措施的情况下，特殊区域和特别敏感区域可适用于公海地区。〔30〕考虑到航运碳排放加剧了全球气候变暖，国际海事组织在MARPOL73/78附件六中建立了船舶排放控制区制度以限制船舶大气污染。经IMO批准，全球已设有波罗的海、北海（含英吉利海峡）、北美和加勒比海四个船舶排放控制区〔31〕，船舶行驶至上述区域，需采取相关减排措施，否则会被拒绝驶入。

由此可见，因海洋环境保护的需要，国际海事组织的立法和实践已对公海自由中最为传统和核心的航行自由加以限制，航行自由已绝非格劳秀斯所描述的绝对航行自由。

捕鱼自由较之航海自由，受到的限制更为普遍和彻底。无论是早期还是晚近、全球抑或区域渔业资源养护与管理的有关国际立法〔32〕几乎都对公海捕鱼自由加以限制，可以说，渔业资源的养护与管理是伴随着对于“公海捕鱼自由”的限制而发展起来的。〔33〕而根据《海洋法公约》第118条的授权，通过建立区域渔业组织来对渔业资源进行管理和养护已成为国际习惯法。据联合国粮农组织的数据，目前全球共有50多个区域渔业

〔28〕 1969年《国际干预公海油污事故公约》第1条。

〔29〕 MARPOl73/78第1条第10款。

〔30〕 范晓婷主编：《公海保护区的法律与实践》，海洋出版社2015年版，第47页。

〔31〕 波罗的海和北海（含英吉利海峡）船舶排放控制区于2010年7月1日正式生效，北美船舶排放控制区于2012年8月1日正式生效，加勒比海船舶排放控制区于2013年1月1日正式生效。

〔32〕 早期的渔业资源养护与管理的相关国际立法有1882年《北海渔业公约》、1911年《北太平洋海豹保全和养护公约》、1946年《国际捕鲸管制公约》等，晚近的渔业资源养护与管理的相关国际立法有《促进公海渔船遵守国际养护和管理措施的协定》《执行1982年12月10日〈联合海洋法公约〉有关养护和管理跨界鱼类种群和高度洄游鱼类种群的规定的协定》《港口国预防、制止和消除非法、不报告、不管制捕捞的措施协定》等，区域的渔业资源养护与管理的相关国际立法有《南极海洋生物资源保护公约》等。

〔33〕 朱建庚：《海洋环境保护的国际法》，中国政法大学出版社2013年版，第106页。

组织，海洋主要渔区几乎全部被区域渔业组织覆盖[34]，而加入区域渔业组织并遵守该组织相关养护措施是享有公海捕鱼权的前提条件，因此，公海捕鱼自由在实践中名存实亡。

（三）人类共同继承财产契合公民环境权理论

《海洋法公约》框架下，人类共同继承财产原则主要适用于国际海底区域。在《海洋法公约》谈判的进程中，被誉为“联合国海洋法会议之父”的马耳他大使阿维德·帕多在1967年联合国大会上发表重要演讲，并提交了相应的提案。他主张将海底及其资源作为“人类共同继承财产”，各国不得据为己有，并由国际社会通过有效的国际制度进行合作开发。[35]在帕多提案的推动下，联合国大会在1970年通过第2749号决议——《关于国际海底区域的原则宣言》[36]，将“人类共同继承财产”写入其中，其后成为适用于《海洋法公约》第十一部分的基本原则。

人类共同继承财产原则与公海自由原则都强调任何国家不得对国家管辖范围外区域主张或行使主权或主权权利，而两者的区别之处在于，在无主物理论的支撑下，公海资源可被国家自由开发、单独受益，最终据为已有；而人类共同继承财产原则受公共利益理论支配，认为国际海底区域资源应由托管机构管理局代表全人类共同开发、共同受益，其权利属于全人类。如前所述，受私利驱动，发达国家在其科技实力支撑下，利用先发优势，攫取大量公海资源，诱发公地悲剧；而人类共同继承财产摒弃了国家主权的概念，反对先占先得，认为国家管辖范围外区域资源为全人类共同所有，这既包括发达国家，也包括发展中国家和最不发达国家，既包括当代人类，也包括子孙后辈。因此，帕多认为人类共同继承财产原则挑战了穷国和富国间的结构性关系，不仅对海洋法造成冲击，对国际关系也是一种革命。[37]

公民环境权作为环境法的基石，和人类共同继承财产原则几乎同时出现。20世纪60年代，联合国大会以决议的方式决定召开斯德哥尔摩人类环境会议，号召全世界人民共同讨论环境保护的法律问题。在这一号召下，人们提出了各种学说和观点，其中最具影响力并被广泛接受的是密歇根大学约瑟夫·萨克斯教授提出的环境“共有”和“公共信托”理论。他认为，空气、阳光、水等人类生活所必需的环境要素，在当今受到严重的污染和破坏，以致威胁到人类的正常生活的情况下，不应再视为“自有财产”而成为所有权的客体。环境资源就其自然属性和对人类社会的重要性来说，应该是全体国民的“共享资源”，即“共通财产”，任何人不能任意对其占有、支配和损害。为了合理支配和保护这一“共通财产”，共有人作为委托人将其委托给国家来进行管理，国家作为受

---

〔34〕 黄硕琳、邵化斌：《全球海洋渔业治理的发展趋势与特点》，《太平洋学报》2018年第4期，第73页。

〔35〕 转引自［美］刘易斯·B. 宋恩等：《海洋法精要》（第2版），傅崐成等译，上海交通大学出版社2014年版，第187页。

〔36〕 U. N. Doc. A/RES/25/2749.

〔37〕 Pardo A，“Ocean，Space and Mankind”. Third World Quarterly. 1984. 6（3）：559-69.

托人，必须对受益人负责，不得滥用委托权。[38]

根据萨克斯教授的上述理论，公民环境权一般具备以下属性：（1）公民环境权的主体包括当代人和后代人；（2）公民环境权的对象是人类环境整体；（3）公民环境权的正当性来自环境保护对于人类生存和发展的需要。[39]

由此可见，在环境资源的法律属性、法律地位、管理模式等方面，人类共同继承财产和公民环境权一脉相承，人类共同继承财产原则契合公民环境权理论，也正因如此，人类共同继承财产原则也被运用于外空间[40]等其他公共资源领域。正是由于环境问题关乎全人类共同利益，公众有权参与环境治理，环境治理应当反映公众利益，这也与习近平总书记提出的“人类命运共同体”思想不谋而合。

三、国家管辖范围外海洋环境的治理宜以联合国专门机构为主导

（一）环境托管是人类共同继承财产原则的配套机制

如前所述，公海自由原则受无主物理论的影响，诱发公地悲剧；而受共有物理论的影响，人类共同继承财产原则下，国家管辖范围外水域被视为人类共同继承财产，需共同管理、共同开发、共同受益，因此可有效缓解公地悲剧，也正因如此，人类共同继承财产原则契合了公民环境权。根据约瑟夫·萨克斯教授提出的环境“共有”和“公共信托”理论，为了合理支配和保护环境这一“共通财产”，共有人作为委托人将其托管给国家来进行管理，国家作为受托人，必须对受益人负责，不得滥用委托权。[41]根据该理论，国家管辖范围外水域作为全人类共同继承财产，已超越国家主权的调整范畴，应当托管给超国家组织管理，而联合国专门机构作为根据特别协定而同联合国建立关系的或根据联合国决定而创设的那种对某一特定业务领域负有国际责任的政府间专门性国际组织[42]，代表国际社会的共同价值，兼具专业性和独立性，且对国家管辖范围外海域的环境治理已有成功经验[43]，因此是国际托管的不二选择。

此外，国际托管原则被大量国际习惯法看作是基本原则，在国际协定中出现源自1972年《斯德哥尔摩宣言》原则21，2008年世界自然保护联盟制定的《公海治理十项原则》也将该原则纳入其中。[44]国际托管原则作为人类共同继承财产原则的配套机制，

---

〔38〕 参见金瑞林主编：《环境法学》，北京大学出版社1990年版，第112页。

〔39〕 吕忠梅主编：《环境法》（第2版），高等教育出版社2017年版，第62页。

〔40〕 1979年《指导各国在月球和其他天体上活动的协定》第11条第1款规定：“月球及其自然资源均为全体人类的共同财产。”

〔41〕 参见金瑞林主编：《环境法学》，北京大学出版社1990年版，第112页。

〔42〕 马呈元主编：《国际法》（第3版），中国人民大学出版社2012年版，第43页。

〔43〕 如联合国粮农组织在打击IUU捕捞上颇有建树，而国际海事组织也因规制船舶污染而颇受肯定。

〔44〕 孙畅：《海洋垃圾污染治理与国际法》，哈尔滨工业大学出版社2014年版，第125页。

为一种新的公海治理方式提供了法律基础。[45]

（二）国际组织主导海洋环境治理是国际合作原则的重要体现

国际合作原则是国际环境法的重要原则之一，也是国际环境治理的重要手段，其重要性和必要性被诸多环境保护的国际立法所肯定。如《斯德哥尔摩宣言》第24条原则规定："有关保护和改善环境的国际问题应当由所有的国家，不论其大小，在平等的基础上本着合作精神来加以处理，必须通过多边或双边的安排或其他合适途径的合作，在正当地考虑所有国家的主权和利益的情况下，防止、消灭或减少和有效的控制各方面的行动所造成的对环境的有害影响"，第25条原则规定："各国应保证国际组织在保护和改善环境方面起协调的、有效的和能动的作用"；《里约宣言》原则7规定："各国应本着全球伙伴关系的精神进行合作，以维持、保护和恢复地球生态系统的健康和完整。"《海洋法公约》更是对国家有关"海洋环境保护和保全"的国际合作义务专节规定，其第十二部分第二节对国家在海洋环境保护和保全上的"全球性和区域性合作"义务加以概述，第三、四、五节则分别对国家在技术援助、检测和环境评估，国家关于特别污染源的立法和国际规则等方面的具体义务加以阐述。

上述条文表明，由于全人类对环境具有共同利益，所有国家原则上都可以平等利用公海，因而只有国家考虑合作，才可能有效解决人类活动对海洋环境的影响。海洋环境问题的跨国性使得有效的国际合作成为海洋环境治理的必要手段。合作既是国家实现利益的手段，也是为了保护共同利益而发展出的义务。较之国家"单打独斗"，国际组织能将国家联合起来，敦促其履行国际义务，从而实现有效的国际合作。以国际海事组织为例，MARPOL73/78赋予国际海事组织一定的权力，如公约的执行、方法的改进，以及促进技术合作，附则则提供成员政府采取措施或违约的信息、危险物质的情况通报、履行公约情况和与污染事件相关的研究结果等。[46]由此可见，国际组织较之国家能更好代表人类福祉和共同利益，能打破政治樊篱和地理界线，能缝接海洋治理的碎片，能提供专业意见和科学数据，在国际组织的合作平台和治理框架下，国家更充分、有效地践行国际合作原则。

（三）国际组织主导海洋环境治理是遏制霸权国家蓝色圈地运动的有效途径

21世纪以来，陆地资源开发殆竭，深海资源转而成为争夺焦点，而公海的无主状态，使其更成为强国必争之地，是蓝色圈地运动的核心所在。

以国际海底区域为例，为抢夺丰富的"区域"矿产资源，日本、美国、韩国、法国、俄罗斯、加拿大、意大利等海洋强国争先恐后，掀起了争夺开发权的"蓝色圈地"

---

〔45〕 Rayfuse R, Warner R. Securing a Sustainable Future for the Oceans beyond National Jurisdiction: The Legal Basis for an Integrated Cross-sectoral Regime for High Seas Governance for the 21st Century, *International Journal for Marine and Coastal Law*, (23) 2008, pp. 408-411.

〔46〕 孙畅：《海洋垃圾污染治理与国际法》，哈尔滨工业大学出版社2014年版，第26—27页。

运动。美国为确保其战略资源的稳定来源及其在海洋高新技术方面的领导地位，牢牢占据着深海活动的主导地位，是目前“区域”资源拥有量最大、开发技术研究水平最高的国家。日本出于对21世纪战略资源的需求，近年来在深海金属矿、天然气水合物、深海生物基因的勘查和开发技术研究方面的投资力度已居各国之首。[47]

再以北冰洋海底为例。2007年，俄罗斯首先在北冰洋洋底发现了丰富的资源后，其深潜器穿过冰层将国旗插到4000米深的北冰洋海底宣示主权。随后俄罗斯《晨报》称，科考结果表明，北冰洋120万平方千米的洋底归俄罗斯所有。俄罗斯这一举动在国际社会尤其是在其他四个毗邻北冰洋的国家——美国、加拿大、丹麦和挪威引起轩然大波。紧接着，加拿大政府在2007年10月宣称计划绘制北极地区海床地形图，来证明北极大部分地区属于加拿大。于是，这几个与北冰洋毗邻的国家围绕着北冰洋展开了激烈的蓝色圈地运动，争端层出不穷。[48]

而在一批海洋强国对深海资源展开激烈争夺进而掀起蓝色圈地运动狂潮的同时，一些沿海国通过建设海洋保护区、以海洋生态环境保护名义进行新的海洋圈地运动，也由此引发了国际社会对沿海国以设立公海保护区为手段，从而实现拓展自身管辖权、圈占海洋利益的目的的担忧。尽管国际社会对公海保护区建设心存顾虑，但在部分沿海国和国际组织的推动下设立公海保护区已成事实，一场“新海洋圈地运动”时代正悄然进行。[49]

在BBNJ的谈判进程中，以美俄日为代表的“资源利用派”强调国家在启动和开展环评以及相关决策方面的主导地位，拒绝接受第三方干预，拒绝该问题的国际化，可以预见，如任由单一国家进行环境评价和圈定公海保护区，必将扰乱国际海洋生物资源利用和养护秩序，掀起新的蓝色圈地运动。[50]

四、国家管辖范围外海洋环境的治理宜体现为“硬法“之治

（一）海洋环境保护迫在眉睫

由于国际环境问题具有综合性、整体性和流动性，其治理需全球通力合作。由于各国发展水平不一，利益诉求也不尽相同，而国际环境问题关乎全人类共同利益，其规制已提上重要议程，一方面是环境治理的迫切需要，另一方面是无法调和的南北矛盾，因此有关环境的国际立法大量体现为宣言等软法或是条约中的软条款。前者如1972年《斯德哥尔摩宣言》、1976年《关于国家责任的条约草案》、1980年《世界自然保护大纲》、1982年《世界自然宪章》、1987年《我们共同的未来》、1992年《里约宣言》、1992年《21世纪议程》等；后者如1992年《联合国气候变化框架公约》和《生物多样

[47] 彭建明等：《深海资源开发的全球治理：形势、体制与未来》，《国外理论动态》2016年第11期，第116页。

[48] 参见黄海霞等：《全球蓝色圈地愈演愈烈》，《瞭望》2009年第30期。

[49] 范晓婷主编：《公海保护区的法律与实践》，海洋出版社2015年版，第169页。

[50] 胡学东：《围绕海洋生物多样性的国际较量》，《中国海洋报》2017年11月29日，第2版。

性公约》等条约的相关条款。

我们不难发现，上述国际环境软法大多在20世纪70年代至90年代制定，而这一时期具有两个显著特征：一是环境污染问题开始被人类广泛关注，二是随着第三世界兴起并要求建立世界政治经济新秩序而致使南北关系空前紧张。在这一背景下，国际社会认为与其停滞不前，不如搁置争议，以宣言等载体实现国际环境问题的软治理。

时移世易，与20世纪70年代相比，正由于软法治理采取拖延政策，因此包括海洋环境在内的国际环境问题更为突出和多样，联合国环境规划署（United Nations Environment Programme，UNEP）在其2014年年鉴中归纳了海洋塑料垃圾污染、北极环境急剧变化等11类新型环境问题〔51〕，海洋环境保护迫在眉睫，需借助更强有力的硬法加以规制。与此同时，发展中国家由于几十年的粗放发展环境不断恶化，而发达国家由于采取较严格的环境立法环境问题得以改善，因此，在环境治理上，南北矛盾已经弱化，这也为国家管辖范围外海洋环境的硬法治理提供了契机。

（二）软法治理效果甚微

国际环境软法文件通常以联合国大会、政府间组织或其他国际组织通过不具有约束力的宣言、决议、行动计划和建议等形式出现，因此具有较大的政治影响力，其通常以框架性文件的形式确定环境保护的基本原则，其中的一些重要规定还发展为国际环境法的一般法律原则〔52〕，为国际条约的制定打下了基础。软法不具有约束力的特征使其较为灵活松散，也正因如此，其在国际环境治理中的短板效应也显而易见。

1. 由于缺乏强制履约机制，软法治理效果大打折扣

目前炙手可热的BBNJ谈判将生物多样性的养护和可持续利用问题再次拉回到全球视野中。实际上，早在1992年，联合国环境规划署发起的政府间谈判委员会第七次会议就通过了一部专门保护地球生物资源的国际性公约——《生物多样性公约》，该公约于次年生效。《生物多样性公约》既对国家管辖范围内的生物多样性问题加以规制，也对国家管辖范围外的生物多样性问题加以调整。由于《生物多样性公约》的管辖范围主要为国家管辖范围内地区〔53〕，因此其对国家管辖范围外地区生物多样性的规制仅体现为要求缔约国在生物多样性的养护和可持续利用方面进行国家间或通过国际组织合作，且此合作义务的程度为“尽可能并酌情”〔54〕。受到主权理论的限制，《生物多样性公约》对于缔约国国家管辖范围外生物多样性的养护义务采取了软化处理，由于该国际义务缺乏强制履约机制使其形同虚设，当下正在进行的BBNJ谈判已说明《生物多样性公约》对有关国家管辖范围外生物多样性的治理苍白无力。

---

〔51〕 UNEP Yearbook 2014：Emerging Issues in Our Global Environment.

〔52〕 如《里约宣言》原则七发展为共同但有区别的责任原则。

〔53〕 根据《生物多样性公约》第4条，仅在缔约国管辖或控制下开展的过程和活动可能对国家管辖范围外地区生物多样性产生不利影响，才可突破国家管辖。

〔54〕《生物多样性公约》第5条。

2. 由于缺乏具体制度设计，软法仍需要硬法加以补充完善

如前所述，《生物多样性公约》主要着眼于国家管辖范围内生物多样性问题的规制，即便有国家主权理论的支撑，其在“遗传资源的取得”等核心问题上，亦采取软法治理，同样仅要求缔约国“应力求充分参与”“并于可能时进行”“酌情采取立法、行政或政策性措施”[55]，因此其不可避免地出现上述相同问题，使该条款形同虚设，需要其他硬法加以补充。为完善“遗传资源惠益分享”制度，《生物多样性公约》缔约方大会在 2002 年通过了《关于获取遗传资源并公正和公平分享通过其利用所产生惠益的波恩准则》（以下简称《波恩准则》）。遗憾的是，由于南北国家在这一问题上的诉求南辕北辙，《波恩准则》并不具有法律约束力，仅为各国如何遵约提供参考标准，其命运必然是被可被执行的新的议定书所取代。在 2010 年，《生物多样性公约》缔约方大会又通过了《关于获取遗传资源和公正和公平分享其利用所产生惠益的名古屋议定书》（以下简称《名古屋议定书》）。《名古屋议定书》吸取了上述《波恩准则》的教训，成为一份“软硬兼施”的文件。一方面，它不是《波恩准则》那样纯粹的参考意见，而在整体上属于具有法律约束力的执行性文件，尤其是《名古屋议定书》第 15 条第 1 款和第 2 款比较充分地满足了发展中国家对遵约机制应当具有法律约束力的愿望；另一方面，《名古屋议定书》没有建立争端解决机构和制定违约惩罚措施，并且在一部分条文中仍然采取“酌情”等措辞，保留缔约国的回旋空间，在另一部分条文中则采取“可考虑”等措辞，不为缔约国设定具体义务。[56]

除此之外，《联合国气候变化框架公约》的命运也如出一辙。在《联合国气候变化框架公约》谈判进程中，由于气候变化所带来的影响非常广泛，因此所面临的问题也纷繁复杂，为避免在这些问题上停滞不前，成员国将其设定为框架性公约，只在其中规定了关于防止气候变化的最基本的法律原则，而没有涉及缔约方的具体国际义务。缔约国该遵守何种减排标准，在《联合国气候变化框架公约》下不得而知。为解决这一问题，缔约国开展后续谈判，通过了具有实质性内容的《京都议定书》，为发达国家设定了第一承诺期的强制减排标准，要求其在 2008 年至 2012 年需将二氧化碳等 6 种温室气体排放量在 1990 年的基础上至少减少 5%。[57]

由上可见，软法文件或条款暂时规避问题、允许国家间求同存异，其结果是被缔约国用来规避环境治理。因此，环境治理必须通过硬法路径实现，或迟或早，只是时间问题。

（三）硬法之治多有成功案例

如前所述，软法文件由于缺乏强制履约机制，且内容多为原则性规范，因此其治理

---

〔55〕《生物多样性公约》第 15 条。

〔56〕张磊：《论国家管辖范围以外区域海洋生物多样性治理的柔化——以融入软法因素的必然性为视角》，《复旦学报》（社会科学版）2018 年第 2 期，第 174 页。

〔57〕《京都议定书》第 3 条。

显得拖沓无力。《联合国气候变化框架公约》便是典例。虽然其后通过的《京都议定书》对发达国家的减排义务加以明确规定，一定程度上弥补了《联合国气候变化框架公约》的不可操作性，但由于发达国家的减排标准设置过低、发展中国家的减排义务得以豁免，《京都议定书》对减缓气候变化的作用有限而备受指责。为加大加快全球减排力度，后京都时代各国重启谈判，先后通过了《巴利路线图》《巴黎协定》等国际文件，遗憾的是，该两部文件均属于软法文件，仅对后期减排要求自主安排。温室气体减排的一般国际法一波三折、停滞不前，相应的，减缓气候变化的国际治理进展缓慢、效果甚微。

在全球温室气体减排治理进程中，航运温室气体减排治理可谓异军突起，与一般温室气体减排治理形成强烈反差，究其原因，主要是采取硬法之治。作为联合国系统规制船舶污染的专门机构，《联合国气候变化框架公约》及其《京都议定书》授权国际海事组织对船舶温室气体减排作出具体规定。[58] 国际海事组织不负所托，于1997年通过MARPOL73/78新议定书，专设附件六《防止船舶造成大气污染规则》以防止船舶造成大气污染。2011年，国际海事组织下属海洋环境保护委员会第62届会议对附件六进行了修改，规定了减少船舶温室气体排放的强制性措施，并使能源效率设计指数（能效指数）对新船成为强制性，及使船舶能源效率管理计划（能效管理计划）成为对所有船舶的要求。会议同时通过了设立加勒比海排放控制区、（生活污水）波罗的海特殊区域以及Bonifacio海峡特别敏感海域的修正案，将包括船舶温室气体排放在内的船舶污染防治落到实处。由于MARPOL73/78附件六及其修正案要求缔约国对船舶采取强制减排措施，包括中国在内的缔约国纷纷在国家管辖范围内水域设置船舶排放控制区[59]，以履行其船舶温室气体减排的国际义务。由于具备强制的履约机制和明确的履约方案的双重保障，航运温室气体减排成绩斐然，成为全球温室气体减排治理的成功案例。

五、结　论

海洋环境治理在全球环境治理中起步较早，成就较高。其中，受利己主义的驱动，主权国家充分行使其国家主权和主权权利，实行沿海国管辖和港口国管辖，国家管辖范围内海洋环境治理有序开展；而受无主物理论的影响，国家管辖范围外区域主要实行船

〔58〕 详见《京都议定书》第2条第2款。

〔59〕 根据修正案的规定，我国最迟应于2019年1月1日起开始执行修正案的规定。为此，2015年11月，交通运输部出台《珠三角、长三角、环渤海（京津冀）水域船舶排放控制区实施方案》，拉开了我国设置船舶排放控制区的帷幕。根据该方案，自2016年1月1日起，排放控制区内有条件的港口可以实施船舶靠岸停泊期间使用硫含量≤0.5% m/m的燃油等高于现行排放控制要求的措施；自2017年1月1日起，船舶在排放控制区内的核心港口区域靠岸停泊期间应使用硫含量≤0.5% m/m的燃油；自2018年1月1日起，船舶在排放控制区内所有港口靠岸停泊期间应使用硫含量≤0.5% m/m的燃油；自2019年1月1日起，船舶进入排放控制区应使用硫含量≤0.5% m/m的燃油。

旗国管辖，而船旗国往往“鞭长莫及”，因此国家管辖范围外的海洋环境治理目前仍缺乏有效机制，存在无序化、碎片化和无力化的问题。解决上述问题的关键是打破无主物理论的束缚。

公海自由原则作为无主物理论的体现，不符合环境治理的规律，其必然结果是导致公地悲剧，必须抛弃。人类共同继承财产原则契合环境治理的共有理论，符合公共利益，反映人类福祉，是国家管辖范围外海洋环境治理的新的法律基石。人类共同继承财产原则呼唤环境托管，而兼具专业性和独立性的联合国专门机构将不辱使命，并部分弥合《海洋法公约》分而治之带来的碎片。

海洋环境约占全球环境的75%，公海环境约占海洋环境的70%，公海环境治理成败关乎全球环境治理成败，其治理刻不容缓，蓝色星球保卫战需要更强有力的硬法支撑。国际社会已经意识到公海治理的严峻性和紧迫性，BBNJ 谈判便是缩影，我国已经在上一轮蓝色圈地运动中远远落后，在新一轮蓝色圈地运动中，我们必须抓住契机，在有效遏制霸权国家引领的蓝色圈地运动中展现东方智慧，唱响中国声音。

国家管辖范围外区域的划界问题研究

■ 那　力[*]　　辛佳潞[**]

【内容摘要】由公海和“区域”组成的国家管辖范围外海域面积约占地球表面的一半，国家在该范围内不得主张主权，因而该区域边界的划定不仅涉及人类共同遗产的合理保护，也与相应资源的权利归属相关。本文从国家管辖范围外区域的范围界定和海洋边界划定的法律依据着手，通过分析各国海洋划界实践，强调专属经济区和外大陆架划界对明确国家管辖范围外区域边界的重要意义。借归纳国家管辖范围外海域的划界特点与发展趋势，提出解决国家管辖范围外海域划界争端问题的具体构想，为中国处理划界争端指明方向。

【关键词】国家管辖范围外区域　海洋划界　200 海里以外大陆架

一、国家管辖范围外区域划界问题概述

（一）国家管辖范围外区域的范围界定

1990 年以来，由于海洋环境不断恶化，各国将视线从国家管辖范围内转移到国家管辖范围外区域（Area Beyond National Jurisdiction，以下简称 ABNJ）的管理和保护。管辖权涉及立法、行政和司法等方面，主权国家可以对其领土范围内的一切进行管辖，除有国际条约或相关法律的特别规定外，国家享有管辖其公民、领土的权力。国家管辖范围外的区域在国家的主权范围之外，虽然《联合国海洋法公约》（United Nations Convention on the Law of the Sea，下文简称 UNCLOS）中对其没有概念的界定，但在 UNCLOS 中加以规定的“公海”和“区域”即是 ABNJ，国家在该范围内不得主张主权。UNCLOS 第七部分对公海的适用范围进行了规定，即“不包括在国家的专属经济区、领海、内水或群岛国的群岛水域内的全部海域”。第一部分则对“区域”的范围进行了界定，“区域是指 ABNJ 的海床和洋底及其底土”。

一方面，虽然我们对 ABNJ 复杂的海洋生态系统知之甚少，但我们已经知晓曾被认为贫瘠的公海和深海蕴藏着丰富的生物资源，而这些都超出了任何国家的管辖范围，超出了任何政府单独保护这一地区的能力。另一方面，随着对资源需求的增加和技术能力的提升，人们在海洋上的活动范围也逐渐扩大。尽管各国在海洋养护和基于生态系统的管理方面有法律义务和政治承诺，但公海和“区域”的生物多样性正受到越来越大的威胁。我们应当尽快明确 ABNJ 的边界，从而为其提供适当的保护。目前在许多地区 ABNJ 的具体边界还不明确，仍存在尚未划定的边界，尤其是 200 海里外大陆架外部界线的确

---

* 哈尔滨工程大学人文社会科学学院教授，法学博士。

** 哈尔滨工程大学人文社会科学学院硕士研究生。

本文为中央高校基本科研业务费项目“中国北极安全法律问题研究”（HEUCFP201831）、黑龙江省哲学社会科学规划项目“北极水域海事安全法律体系构建及中国参与路径研究”（17FXB07）、黑龙江省哲学社会科学规划项目“极地通航法律问题研究”（16FXB01）基金支持项目。

定难题使得 ABNJ 划界更为棘手。

（二）海洋边界划定的法律基础

海洋划界是国际法中最复杂的领域之一，其具有技术复杂性和政治相关性等特点。法律、政治、技术、历史、环境和经济因素的结合使得海洋划界不仅成为法学家面临的难题，而且还是水文学家、地理学家和其他专家需要考虑的重要问题。在大约 60% 的边界仍有待划定的海洋中，海洋边界及其相关法律正在通过国际法院和国际海洋法法庭的活动进行逐步界定，这对于确定全球公域的重要组成部分——ABNJ 具有重要意义。

事实上，自 1940 年以来，已有 20 多起有关国际海洋边界的争端提交给国际司法机构，在国际法院进行具体案件审理时，海洋划界为主要诉求。在传统观念影响下，各国一直关注领土边界的划定，而对海洋边界的关注相对较晚。在 20 世纪初，随着各国发现海洋生物资源的多样性和海底丰富的矿产资源，沿海国家越来越多地对海洋行使主权，在其主权的范围内要求建立更大的海洋区域成为一种不可逆转的趋势。在这种背景下，作为海洋边界倍增现象演变的一部分，经济甚至环境因素正在补充海洋边界的传统政治性质。

1970 年，经过多年的努力，联合国大会一致宣布国家管辖范围以外的海床洋底为人类共同遗产，并于 1973 年召开会议，决定建立联合国海洋法法庭。其中，ABNJ 的边界划定直接影响着相应海底资源开发权的归属。从法律角度来看，国际海洋边界是通过双方协议建立的，在没有协议的情况下，当事方以前将争端提交国际裁决，主要是提交国际法院，有时也提交仲裁法庭，甚至国际海洋法法庭。解决海洋边界争端涉及适用复杂的国际公法规则，如 UNCLOS 的规则。对海洋、海底和底土自然资源的相互冲突的主权要求促使各国诉诸司法或仲裁解决海洋争端，并出现了共同开发和管理海洋区域及其资源的新概念。由于当前 UNCLOS 中关于海洋划界的规定的不确定性，国际判例仍具有重要意义。此外，《领海及毗连区公约》《大陆架公约》以及国家间达成的划界协议对 ABNJ 边界的确定具有重要参考价值。[1]

二、国家管辖范围外区域划界的相关实践探析

（一）专属经济区划界相关实践对公海划界的重要意义

一般来说，一个国家的专属经济区是指领海以外毗邻领海的区域，从领海向外海延伸不超过 200 海里基线。这一规则的例外情况发生在专属经济区重叠时，也即国家海岸基线相距不到 400 海里。当出现重叠时，应由各国划定实际的海上边界。ABNJ 由公海和海底区域组成，外大陆架的划界决定了海底区域的面积，而专属经济区的划界则对公海面积有重要影响，专属经济区的确切范围也是各国之间在海洋水域发生冲突的共同根

〔1〕 庄炜：《大陆架划界的国际法原则与实践》，华东政法大学 2011 年博士学位论文。

源。在许多地区，由于邻国的存在，各国无法拥有200海里的完整区域。在这种情况下，相邻专属经济区的划界应在国际法的基础上通过协议进行，以实现公平解决。专属经济区和大陆架划界在很大程度上受习惯法制约，法院通常基于公平原则解决争议。

尽管海洋拥有丰富的生物资源，但ABNJ是地球上受保护程度最低的地区之一。这可能与它们作为“全球公域”的地位有关，因为它们的所有权由所有国家及其公民分享，因此养护它们不是任何一个国家或集团的具体责任。公海自由是格劳秀斯在1609年提出的一种原则，他认为，海洋是国际领土，各国都可在该区域从事航海贸易。1982年通过的《海洋法公约》于1994年生效，经常被认为是“海洋宪法”，同样规定公海按照公海自由原则应向所有国家开放，这种自由包括航行、飞越、捕鱼、科学研究、铺设海底电缆和管道以及建造人工岛和国际法允许的其他设施，而事实上捕鱼、航运以及石油、天然气和矿产勘探等活动导致海洋遭受的压力日益增加，这极有可能导致“公地悲剧”。UNCLOS第56条规定了沿海国在专属经济区的权利，如勘探和开发生物和非生物资源的主权权利，人工岛、海洋科学研究等事项的管辖权，且沿海国在专属经济区内享有对渔业的专属管辖权。及早划定专属经济区与公海的界线，对于采取合理措施加强对公海资源和生物多样性保护具有重要意义，有利于ABNJ的可持续发展。

（二）外大陆架划界相关实践对海底区域划界的重要意义

1. 确定大陆架外部界线的必要性

大陆架是指从测算领海宽度的基线量起，陆地延伸到大陆边缘外缘和200海里以外的整个自然延伸的领海。大陆架最长不得超过领海基线350海里，也不得超过2500米等深线100海里。根据UNCLOS第76条规定，沿海国陆地领土向海洋的自然延伸如果超过其领海基线200海里以外的，可以主张200海里以外的大陆架，简称“外大陆架”。不属于大陆架范围的ABNJ的海底区域资源是全人类的共同遗产，大陆架外部界线直接影响着ABNJ中海底区域的面积，更决定着该地区资源的权属。大陆架主要指海底，它的上覆水域是专属经济区，专属经济区最宽只有200海里，而大陆架有些却可以扩展到200海里之外。在ABNJ的海底区域边缘可能出现石油、天然气、天然气水合物、锰结核、钛、钍、铁、镍、铜、钴、金和钻石等丰富的资源。这些矿床的大小和价值是未知的，但潜在的外大陆架范围涉及大部分海床。相比之下，专属经济区面积约为8500万平方千米，外大陆架面积约为2.6亿平方千米。专属经济区相对大陆架而言更好界定，目前国际上现有的很多海洋边界争端都涉及外大陆架的划界。[2]

不属于国家管辖范围内的海底被称为“区域”，该地区的矿产资源为人类所共同拥有，因而利用“区域”的主体必须为他们在该地区的活动支付费用。在该区域的利益应当在全球范围内进行分配，尤其要注重发展中国家和内陆国家的需求。国际海底管理局

---

〔2〕 Changyoul L., Study on the Continental Shelf Delimitation beyond 200 Nautical Miles, *Korean Journal of International Law*, 2017.

就是根据 UNCLOS 设立的一个政府间组织，是专门为人类在该地区的行动而设立的，其任务是组织和控制人类在 ABNJ 中的海底区域的活动。沿海国家大陆架延伸到 350 海里的扩展可能性侵蚀了国家管辖范围外海底区域的面积，也将影响到发展中国家和内陆国家可获得的资源，因而关于外大陆架划定的争议一直不断，在划定其边界的过程中也必须更为审慎。

2. 大陆架界限委员会在外大陆架划界实践中的作用

大陆架界限委员会是根据 UNCLOS 附件二组成的国际机构，由 21 名地质、地理、水文领域的专家组成。委员会的第一批成员于 1997 年 3 月当选，于 1997 年 6 月通过了其初步规则，其科学和技术指导方针于 1999 年 5 月通过。委员会于 2001 年 12 月收到俄罗斯联邦提交的第一份文件。其主要职能是“审议沿海国家提交的关于外大陆架的数据和其他材料，并根据第 76 条规定提出建议”。因此，沿海国应在这些建议的基础上确定其大陆架外部界限。〔3〕

在委员会成立的前十年中，沿海国家只提交了 11 份意见书。截至 2016 年，委员会已收到 81 项外大陆架划界案，并已就其中 24 项划界案提出建议。除了新提交国家将增加的领域和初步资料文件转变为正式提交的领域之外，到目前为止提交的文件中有一半以上只是“部分”提交，这意味着提交国家今后提交的文件可能涉及更多的领域。此外，提交申请的沿海国家数量越多，提交申请的大陆架面积越广，申请面积与相邻国家申请面积重叠的可能性就越大。在最初提交的 51 份文件所包含的约 2300 万平方千米中，有 10% 的面积被包含在两份或两份以上的提交文件中，因此可能会有重叠主张。〔4〕

根据 UNCLOS 第 76 条，大陆架界限委员会在确定大陆架外部界限的单方面进程中发挥着重要的监督作用。但是，委员会并不是沿海国之间主权或边界争端的仲裁者，也没有能力审议相对或相邻的沿海国之间有重叠要求的分界线的价值。最重要的是，该委员会是一个科学和技术机构，其重点任务是根据 UNCLOS 第 76 条规定的地质、地貌、水文和地理标准要求的大陆架边缘，并在委员会的科学和技术指南中详细阐述。第 76 条和有关规定企图使委员会免受与大陆架重叠主张有关的问题影响，UNCLOS 明确指出，该条规定并不影响具有相对海岸或相邻海岸的国家之间对大陆架划界的问题。其附件二进一步规定，委员会的行动不应影响到具有相对或毗邻海岸的国家之间边界划定的事项。此外，《议事规则》附件一强调和扩大了这一点：委员会提交的意见和委员会通过的建议，不应损害陆地或海洋争端纠纷国家的立场。在与未解决争端有关的通信中，

〔3〕 Kanehara A：Contribution by the Commission on the Limits of the Continental Shelf to the International Legal Order of the Oceans，Social Science Electronic Publishing，2018.

〔4〕 张天飞：《国际法院的海域划界判例对中国与相邻和相向国家海洋划界的启示》，吉林大学 2007 年硕士学位论文。

各国或明确同意委员会审议提交的案文，或在未表示同意的情况下保留其立场，或明确反对委员会审议提交的案文。正是考虑到最后这些可能的情况，各国必须处理提交过程和相关的边界问题。

3. 各国对划界争端提交文件的处理模式

各国不需要在提交委员会之前对其扩展的大陆架进行完全划界或解决所有悬而未决的争端。事实上在某些情况下，只有在充分考虑提交的划界案后，一个国家才能知道边界是否需要或在何种程度上需要与邻国达成一致。尽管如此，如果在提交文件所涉及的领域内存在未解决的争端，提交国必须认识到提交文件被阻止的可能性。考虑到这一点，国家已经采取行动来避免这种结果。各国处理未解决争端采取的不同途径为：（1）在提交之前解决划界问题；（2）部分提交，避免未解决的争端；（3）在若干国家之间提交联合意见，从而将提交国集团中未解决的争端内化；（4）与邻国协商后单独提交，以避免异议；（5）在不保证无异议的情况下单独提交。

对于各国现有的提交文件处理模式，我们应当认识到：首先，单次提交可能包含多种方法。一个国家可能与一个邻国有一个约定的边界，但可能需要在同一提交中针对另一邻国采取不同的方法。其次，在提交报告和接受委员会的建议之间可以有很长一段时间。在此期间，提交国与相邻国家的关系可能会发生变化，从而影响划定外部界限的紧张关系。与此同时，提交的意见书也可能被修改以反映新的发展。此外，我们应当注意，委员会进程的大部分是私下进行的。公开的唯一书面文件是提交文件的执行摘要、其他国家提出的书面回应以及最终委员会建议的摘要。提交材料的其他部分和完整建议未公开，委员会与提交国之间的会议通常私下举行，会议可能就提交的若干主题进行实质性对话。

（三）国家管辖范围外海域的划界特点与发展趋势

目前，国际上在划定专属经济区和相邻国家或相对国家之间的大陆架界线方面，尚未形成普遍接受的方案。因此，UNCLOS 第 74 条和第 83 条含糊地指出，专属经济区或大陆架的划界，如《国际法院规约》第 38 条所述，应受国际法基础上的协定的影响，以达成公平的解决办法。实际上，人们普遍认为这并不构成对划界谈判甚至仲裁问题的可靠指导。ABNJ 尚未划定的边界问题主要集中于专属经济区、外大陆架的界线划定，尤其是 200 海里外大陆架外部界线问题。通过总结近年来海洋划界争端案件，我们可以发现 ABNJ 划界呈现以下趋势：

第一，在专属经济区和大陆架划界问题上，采取单一划界方法的国家逐渐增多。随着专属经济区制度在 UNCLOS 的落实，划界问题日趋复杂化，各国对海域的争议通常要涉及专属经济区和外大陆架两个边界，之前主要集中于海底海床的划界问题已日趋复杂，人们越来越关注其上覆水域的权利归属，出于专属经济区与大陆架的地理范围重叠、主权权利类似等因素影响，也为了沿海国便于行使管辖权，专属经济区与外大陆架划界渐趋融合，国际上开始习惯用一条单一边界划定专属经济区和大陆架。[5]虽然国际上认同专属经济区和大陆架为两个不同区域，也可以划定不同界线，但国际法院和仲裁机构在审理诸如喀麦隆/尼日利亚海洋划界案等单一划界案时，大多数情况下都作出划定单一边界的裁决。

第二，极地地区划界引发广泛关注。北极和南极作为ABNJ的典型区域，蕴藏着丰富的资源，尽管近年来，挪威和俄罗斯等北极沿岸国签署了划定包括大陆架的海洋区域的双边协定，但北冰洋中部靠近北极的外部大陆架界线尚未确定。尽管世界上有一种划界趋势是以等距线作为海洋划界的起点，但北极目前的做法并没有明确反映出对这一原则的偏好。在北冰洋中部，俄罗斯向大陆架界限委员会提出的划界主张可能与加拿大和丹麦等国今后提出的划界主张重叠。美国不是UNCLOS的缔约国，这一事实使问题更加复杂。如果大陆架委员会因涉及重叠主张的争端而无法就北冰洋中部大陆架外部界线提出最后建议，或者若这些建议不被接受，在该地区拥有权利主张的国家将不得不通过彼此达成协议或其他解决办法处理争端问题。

第三，先行提出部分划界申请，促成双边条约谈判成为许多国家的选择。当前，各国对外大陆架提出的权利主张发生重叠较多，如英国与阿根廷针对马尔维纳斯群岛提出的大陆架主张几乎完全重叠。面对当前复杂的划界争端形势，沿海国可先行提出无争议的部分划界申请以规避争端，这将有利于沿海国整合充分材料提出申请，提高申请通过率。此外，谈判仍是解决划界争端的重要途径，争端当事国可以通过谈判来达成双边条约，在各方的妥协下达成利益分配方案，从而最大程度地维护国家利益。

三、解决国家管辖范围外海域划界争端问题的具体构想

UNCLOS是一部较为全面的法典，涵盖了国家间各类划界争端和可采取的解决办法。我们应根据国际习惯法原则，并考虑到国际法院的各项决定，遵循不同的划界模式，如在特殊情况下修改等距离原则、尊重自然延伸地点的地理结构、为所有地理类型的海岸在低水位线上设定基线，并遵循几何模型，以使毗邻国家获得同等利益。因此，随着UNCLOS和经过多年实践演变的具有里程碑意义的习惯法，以有益健康的方式管理和治理海洋及相关资源，从而形成全面的国际制度具有一定的现实性。

（一）各国应积极通过谈判化解争端

各国有义务通过协议划定有争议的海上边界。在北海大陆架案件中，国际法院表示，谈判的义务是构成国际关系基础的一项特殊原则，并且这是被《联合国宪章》第33条的所承认的原则，谈判是和平解决国际争端的方法之一。在权利冲突因而相互限制的情况下，如两国主张拥有主权的有争议的海域，可以说谈判的义务来自各方各自权利

〔5〕 Nagasaka N., Visualising Historical Trends in Global Maritime Boundary Delimitations since the 1940s, *Marine Policy*, 2016.

的性质。通过协议划定海洋边界的义务在所有现有和拟议的关于划定海洋边界的常规规则中都得到了承认和重视。

许多国家已经就各自的海域边界划定问题与邻国进行了谈判，从而缔结了大陆架、领海、专属经济区和单一海域边界的许多协定。虽然单一边界协定直到最近才出现，但它们的数目现已大幅增加，这是由于最近有扩大专属经济或渔业管辖范围的断言。在一段合理的时间内，当事各国应当根据对方的要求，协调各方利益，争取在谈判中达成协议。此外，有关国家应本着理解和合作的精神，尽一切努力作出具有实际性质的临时安排，在这一过渡时期不得采取一些危及或妨碍最终协议达成的行为，这样的临时安排应不影响最后的定界。

（二）大陆架划界时应遵循的划界原则

针对不同的划界争端，国际社会上存在不同的划界原则，但目前世界上被广泛承认的原则主要有公平原则、自然延伸原则和等距离—特殊情况规则。根据国际习惯法和传统法，对于谈判者和第三方决策者而言，边界应根据公平原则确定。国际法院和仲裁法院都使用“公平”一词来反映对公平和正义、合理性和适当性的考虑，而不是根据“公平和正义”一词所作的决定，只有在当事各方明确同意的情况下才允许这种决定。然而，国际法院指出，使用公平原则并不涉及“仅仅作为抽象正义问题而应用公平问题，而是适用法律本身需要适用公平原则的法治。公平原则的适用必须符合三个‘理念’或法律原则：为达成协议而进行的有意义的谈判，根据公平原则进行划界，以及要求一国的土地领土的自然延长不得侵犯另一个国家领土的自然延长”〔6〕。

自然延伸原则被国际法院认为在大陆架划界中具有重要地位，但相应仲裁裁决中使用的理由证明这一原则在大陆架界线划定时的作用有限。自然延长原则的基本功能是使各国有资格申请大陆架区域，而不是作为划界的规则；划界问题的出现正是因为在两个或两个以上国家的领土位于大陆架一个连续的地区的情况下，从地理上说，这是每一个相关国家领土的自然延伸。当争议中的大陆架是双方的自然延伸时，自然延伸原则就不再具有可行性，相互同意和公平原则就成为划界的唯一基础。

此外，1958 年的《领海公约》将等距定义为“两国领海的每一点与基线最近点的等距”。根据此公约，在没有协议、历史名称或特殊情况时，必须使用等距法。后来，随着专属经济区理论的出现，等距离原则在划界目的上具有更大的理论重要性，因为它成为 200 海里范围内所有海上区域所有权的唯一共同要素。国家发现了等距离方法的实用优势、简单性和便利性，因而在海上划界谈判中作为一个优先步骤被赋予了特权地位，随后有可能对其进行修改。

国家实践支持的结论是，国家间海洋划界的适用原则和规则应当通过与公平原则相一致来解决，而适当地使用等距离方法通常会导致公平的解决方案。单凭国家惯例无法

〔6〕 丁肇锋：《海洋划界规则与实践研究》，中国政法大学 2007 年硕士学位论文。

制定习惯规则，由于每种情况的具体性质，必须极其谨慎地处理在条约划界的基础上形成习惯规则。正如 1969 年《维也纳条约法公约》第 34 条所规定的那样，国家间达成的协议只在各方之间具有约束力，有关海洋划界的法律不是强制法，而是解决方案。国家不承认并且不愿意承认某些行为是一般法律要求或允许的，因为这可能会妨碍它们在以后提出主张相反的主张。

（三）专属经济区划定的影响因素

虽然有相当多的国际法体涉及相对国家与相邻国家之间的大陆架边界划界，但有关专属经济区边界划界的法律尚处于起步阶段。没有任何常规规则或司法裁决直接涉及这一主体，国家实践也很少。目前来看，影响专属经济区划定的因素主要有：

其一，地理因素为首要因素。划定不同国家间专属经济区界限的基本原则必须从沿海国家享有所有离岸区域权利的相关法律理论、其他与海洋区域相关的传统和习惯法以及阐明一般原则的司法声明中获得。所有这些资料都指向一种基本上基于地理因素的方法，这种方法类似于用来划定大陆架界线的方法。事实上，陆地支配海洋的主张是沿海国家对所有邻近海域的管辖权的法律依据，所有离岸区域都被认为是沿海陆地领土的延伸。例如，《领海及毗连区公约》第 12 条规定，如果两个对立的或毗邻的国家未能达成协议，则任何一个国家都无权将其领海扩展到与各国各自基线等距的中间线以外。等距当然是一个纯粹的地理概念。〔7〕

其二，历史使用和经济依赖的相关情况可能与专属经济区边界划定有关，这也是大陆架和专属经济区边界定界的法律的主要差异。这种差异源于历史捕鱼权和对特定鱼类种群的经济依赖性，这些可能已在专属经济区的某些地区予以了确定。这些资源不同于大陆架的资源，几个世纪以来一直被开发利用。在《领海及毗连区公约》划界规定中承认了历史权利在水域中的重要意义，第 12 条规定严格适用等距法不适用于“由于历史上权利或其他特殊情况需要划定领海的地方”，在 UNCLOS 草案的领海划界条款中也使用了类似的措辞。杜鲁门总统宣称沿海国家有权在领海附近建立渔业保护区，这一重要宣言不仅承认了沿海国家的“特殊权利和权益”，也承认了“任何可能在该地区建立合法利益的其他国家的特殊权利和权益”。《公海渔业和生物资源养护公约》根据《领海及毗连区公约》第 12 条的内容，规定划定渔业保护区，间接承认了历史权利的重要性。

（四）单一划界在划分大陆架与专属经济区时的地位

随着专属经济区的出现，为了简单、确定和便利，各国越来越倾向于采用单一的海洋边界将其海域划分为领海以外的海域。在相邻海岸的情况下，从海岸划出的一条线通常只会在最初的 12 海里内将两国的领海分开。单一海上边界是由专属经济区与大陆架之间的并行性和相似特征所支持的，其长度可达 200 海里，UNCLOS 第 57 条和第 76 条规定了在大陆边缘延伸至 200 海里的情况下专属经济区和大陆架的合法所有权归属。实

---

〔7〕 Collins E. J., Rogoff M. A., International Law of Maritime Boundary Delimitation, *Marine Law Review*, 1982.

际上，关于专属经济区和大陆架划界的第74条和第83条规定是相同的。国际法院在1985年利比亚/马耳他一案中确立了距离标准作为在200海里范围内海床和底土所有权的唯一依据，这也有利于两区之间单一海洋边界的划定。

UNCLOS第76条规定了大陆架划界的两个标准：陆地领土自然延伸的概念和距离的概念。因为自然延伸的概念超过了上述规定中的距离标准，而第57条专属经济区划界仅设置了距离标准。因而有人提出大陆架划界与专属经济区划界是存在差异的。必须指出的是，单一海上边界的概念并不存在于海洋法中，但习惯法或传统法中并没有规则禁止对不同的海洋区域使用单一边界。

关于邻国之间单一海上边界的第一个案例是1984年缅因湾案。1969年的北海案件仅涉及大陆架，1982年的突尼斯/利比亚案件也不涉及两个区域。值得注意的是，在这些案件中法官Jimenez de Arechaga、Oda和Evensen赞成划界的统一，理由不仅是出于实际的动机，也是由于大陆架概念越来越多地被吸收到专属经济区中。在1984年的缅因湾案中，法院分庭根据国际法的原则和规则划定加拿大和美国在缅因州湾地区的大陆架和渔业间的单一海洋边界。分庭指出“国际法中肯定没有相反的规则，而且在本案中，在划定这种边界方面没有实质上的不可能性”。分庭注意到在国家实践中采用专属经济区的国家不断增多和对单一划界的普遍需求；它根据专属经济区考虑了渔业区，并在当时宣布：可以预见，随着大多数海洋国家逐步采用专属经济区，因而对单一划界的要求越来越普遍，以尽可能避免多个单独划界所固有的缺点，因此，不可避免地会优先考虑由于其中性特征而最适合用于多用途划界的标准。分庭通过将地理的“中立”因素置于首要地位，特别是海岸的地理位置最适于在多用途定界中使用，成功地避免了将大陆架的权益与捕鱼区的权益进行权衡的问题。[8]

在专属经济区概念出现后，各国发现使用多用途线（单线）进行海上边界划分很方便。格鲁吉亚和土耳其于1997年7月14日缔结了一项关于其海上边界的协定，其中确认了土耳其和苏联在1973—1987年缔结的海上边界协定的效力。两国之间的这项双边协定为所有目的建立了一个单一的海洋边界。此外，各国在地中海缔结的大多数条约都为各地区确立了一个单一的海洋边界。当国家同意为专属经济区和大陆架建立单独的边界时，也会产生一些例外。例如，1978年澳大利亚和巴布亚新几内亚之间的条约建立了两条独立的分界线：一条用于海床，另一条用于渔业管辖。该条约还在渔业和海床管辖范围内建立了一个保护区，以保护传统捕鱼和传统居民自由迁徙的权利，并规范商业渔业的开发和分享。

可以看出，越来越多的国家不再满足于划定它们的大陆架，而是同意为它们所有的区域划定一个单一的海洋边界。多年来，定义单一海洋边界协议的数量超过了只涉及划定一个海域的协议数量。

---

〔8〕 Dundua N., Delimitation of Maritime Boundaries Between Adjacent States, *Political Science Quarterly*, 2006.

（五）划界未达成时的国际共同开发模式

国际合作原则是习惯国际法的一部分，是 UNCLOS 运作的核心，国际合作在缺乏主权管辖权的 ABNJ 尤为重要。在外大陆架和专属经济区已经进行明确划界的区域，各国可以通过合作共同开发相应资源。在划界尚未完成时，专属经济区、外大陆架的权利归属不明，与公海、海底区域的界线也不够明确，在争议海域共同开发海洋资源是解决谈判僵局的一种务实可行的方式。

各国往往无法就边界达成一致，因此也无法就在边界内找到的资源的所有权达成一致。即使在边界确定的情况下，资源也可能跨越边界，使勘探和开发变得困难。然而，近年来，出现了一种以海上联合开发的形式应对相互竞争、相互重叠的海上边界主张困境的对策。《联合声明》规定，缔约国将共同的管理争议区，分担开采成本和分享利润。尽管在 UNCLOS 之前达成了一些联合开发协定，但 UNCLOS 为联合开发提供了明确的法律依据，因此，国家实践在 UNCLOS 生效后有所增加，有关国家应本着谅解与合作的精神，尽一切努力作出切实可行的临时安排。

此外，ABNJ 作为公共区域不属于任何国家，但其对人类和各国具有重要生态意义，且一国也难以处理广大的 ABNJ 海洋生态环境问题，国家和国际组织间进行合作对于为 ABNJ 提供全面的保护至关重要。此外，随着全球化和区域经济一体化进程的加快，区域环境问题日益突出，环境保护的区域合作为各国共同参与环境保护和有效解决区域环境问题提供了良好的机会和平台。

四、结　语

就 ABNJ 的划界问题而言，应在国际法的基础上实现公平解决。这不仅涉及国家管辖外海域的合理保护，也涉及资源的权利归属。在划界过程中，应当尤为注重外大陆架边界的划定，在尚未确定边界的 200 海里以外区域，应当将其视为全球人类的共同遗产。针对目前在南海等海域的划界争端，中国以公平原则为指导，强调历史性权利的重要性。在存在争议的海域，可作出一定的临时安排，积极推进“搁置争议，共同开发”政策。综上所述，在有争议的大陆架和专属经济区等复杂区域，可以划定共同的海洋边界，而在其他情况下，在没有协议的情况下，必须公平解决划界问题。此外，一切都应符合习惯国际法的原则。

海洋争端提交国际司法或仲裁程序管辖问题之比较研究

■ 吴盈盈* 孔庆江**

【内容摘要】我国与周边国家在海洋方面还有一些争议。比如在南海方面，中国与东南亚地区的越南、菲律宾、马来西亚、文莱等国之间存在南海诸岛领土和海洋划界等争端；在东海方面，与日本存在关于钓鱼岛主权等方面的争端；在黄海方面，与韩国存在苏岩礁、渔业纠纷等争端。2013 年，菲律宾单方面对中国提起了仲裁，该仲裁给我国造成了不少被动。在这种情况下，我国对有关国家对南海问题（即我国与其他南海沿岸国家之间的争端）、东海问题和黄海问题可能提出的仲裁情势，应有所准备。因此，对于其中涉及的法律上的管辖权问题进行法理解释，分析不同种类的海洋争端被提交到国际仲裁或司法的可能性，可以使我国未雨绸缪。

【关键词】周边海域　海洋争端　仲裁　预案

一、研究的对象、方法、意义

本文的研究对象是管辖权问题，具体而言，是针对我国周边海域争端提交国际司法或仲裁程序的管辖权问题。我国是一个幅员广阔、临海临陆的国家。我国的周边海域有黄海、东海和南海等。在这广阔的海域上，我国与周边国家在海洋方面还有一些争议，包括黄海问题、东海问题和南海问题。如在南海方面，中国与东南亚地区的越南、菲律宾、马来西亚、文莱等国之间存在南海领土和海洋划界等争端。在东海方面，如与日本存在关于钓鱼岛主权等方面的争端。在黄海方面，如与韩国存在苏岩礁、渔业纠纷等争端。

解决争端的方式有很多，比如通过外交途径的谈判、斡旋，有第三方介入的调解、仲裁，有非和平方式的武力等。我国向来主张和平解决争端，坚持平等、公平等原则。鉴于南海问题中，菲律宾将部分海洋争端提起国际仲裁，引起了国际社会的广泛关注，以及对我国产生的潜在影响，因此有必要针对强制国际仲裁或司法进行研究。能够将海洋争端提交国际司法或仲裁，第一步则是管辖权问题，即该仲裁庭或法庭是否有权对此争端进行审理、裁决。若没有，则该争端不能被继续审理；若有，则仲裁庭或法庭将对该争端的实质问题进行审理。因此，有关国际仲裁或司法的管辖权至关重要，因为它涉及门槛问题。

本文将通过法律分析和案例分析法，主要针对东海问题中的海洋争端类型，阐述可能会被提交国际仲裁或司法的途径和国际法依据。首先，本文将简单梳理争端的类型和种类，比如领土主权之争、海洋划界之争、油气渔业资源的开发利用之争、渔船碰撞之争、地理性质特征之争等。管辖权包括对人管辖权和对事管辖权。之所以区分周边海域

---

* 中国政法大学国际法治研究院讲师，法学博士。

** 中国政法大学国际法治研究院教授，国际领土主权与海洋权益协同创新中心研究员。

争端的性质、种类，是为了便于接下来分析对事管辖权。其次，本文将通过案例分析、法律分析来阐释当前国际法中将海洋争端提交国际司法或仲裁的规定，从而进一步阐释管辖权问题。最后，通过分析各种不同种类的争端被提交国际司法或仲裁的可能性和前提条件等，作出简单的结论和建议。

因此，本文的研究为解决我国沿海周边海洋争端提供法律依据和论证，尤其是针对东海问题中中国与日本的海洋争端，通过分析国际仲裁或司法的管辖权问题，为预见日后不同类型的海洋争端被提交国际仲裁或司法的可能性，从而为我国的应对措施提供法律意见和参考。

二、周边海域争端的性质、种类

本部分简要分析我国与周边海域国家和地区已经存在或者以后可能出现的争端，以及争端的类型。主权领土之争、大陆架或专属经济区划分之争、矿产资源的开发利用之争、渔业领域的开发利用冲突之争、某地物的地理特征属性之争等争端类别不一，导致其在法律上的分析也会依据争端的本质、性质、类别而有所不一。而当事国双方往往对于争端的定性也存在分歧。比如争议的性质可能会被进行包装而呈现不同的样态。此外，需要解释的是，这些争端之间错综复杂，比如地物性质界定、资源开发利用等都与主权之争相交错。

（一）领土主权之争

中日钓鱼岛争端由来已久。从 20 世纪 60 年代起，中日围绕钓鱼岛的主权发生了一系列争执，两国均称对此岛拥有主权。1972 年，中国政府在与日本恢复邦交正常化谈判中，提议从中日友好的大局出发，将钓鱼岛的归属问题留待以后条件成熟时再解决，日本政府予以接受。1979 年 5 月，中国国务院副总理邓小平出于促进中日两国友好合作关系、谋求“共赢”的考虑，在钓鱼岛群岛的问题上主动向日本倡议“由双方商量，搞共同开发，不涉及领土主权问题”。中国就钓鱼岛问题主张“搁置主权，共同开发”原则。〔1〕搁置岛屿主权争议，共同开发海洋资源，是中国解决同周边邻国海洋争端的一贯主张。但后来日本政府对此进行否认。在钓鱼岛的主权归属问题上，中国政府基于地理、历史、使用角度、国际条约等依据，主张钓鱼岛群岛自古以来就是中国的领土。而日本基于历史地理、国际条约、有效管辖等原因，也对钓鱼岛主张主权。〔2〕

（二）大陆架、专属经济区划界之争

在东海大陆架的划界中，中国坚持自然延伸原则和公平划界原则。中国坚持大陆架是大陆领土的自然延伸，支持大陆架可以超过 200 海里的观点，即《联合国海洋法公

---

〔1〕 参见《邓小平文选》第 3 卷，人民出版社 1993 年版。

〔2〕 参见王德水：《从国际法视角看中日钓鱼岛主权争端》，《海洋开发与管理》2007 年第 3 期；参见刘中民：《近十年来国内钓鱼岛问题研究综述》，《中国海洋大学学报（社会科学版）》2006 年第 1 期。

约》(以下简称《公约》)第76条关于"大陆架外部边缘从测算领海宽度的基线量起不超过350海里"的规定。因此,中国主张"东海大陆架是中国大陆领土的自然延伸,中国对东海大陆架拥有主权"。在此基础上,中方根据《条约》第76条和第77条,主张大陆架延伸理论,坚持按中琉海沟(冲绳海沟)来为两国专属经济区分界。《公约》规定2500米深度是切断大陆架的标准,而中琉海沟深度达2940米。而日本坚持"中间线"原则。日本基于《条约》规定,由领土向外延伸200海里之内,属于所有国家的专属经济区,主张两国在划定距离不足400海里的经济专属区分界线时,要以双方等距离的中心线进行划分。在"中间线"划分下,钓鱼岛在中间线以东。

(三)油气资源的开发利用之争

1969年,美国海洋学家埃默里等人所著的《东海和黄海的地质构造和水文特征》一文发表,其指出东海的石油蕴藏量极其丰富,即在东海的中、日、韩大陆架交界处存在着世界上最有希望的尚未勘探的海底石油资源。1992年《公约》规定"主权国家以200海里内的海域为其经济专属区"。公约规定本国为勘探大陆架和开发其自然资源的目的,对大陆架行使主权权利。其中,自然资源包括海床和底土的矿物和其他非生物资源。因此,钓鱼岛的实际价值更在于以钓鱼岛为中心,直径为400海里的辽阔海域以及此海域内的海洋资源。

日本主张"吸管效应",即认为中国在东海的油气开发,把日本的资源"吸"走了。中方的"春晓""天外天""平湖""断桥"四个油气田的开采位置,均在日方所强调的"日中经济海域分界中间线"的中方一侧,最近的也距"中间线"有5海里。但因为海底油气资源是连在一起,并存在流动性,所以日方担心中方在距"中间线"如此之近的距离进行开采,会将中间线日方一侧的资源"吸"过来。我国认为,日本的"吸管效应"是基于"中间线"主张,而我国不同意"中间线"划分。其次,东海大陆架是西高东低,油作为液体,即使流动,也是从中国这边往日本那边流。因此,两国有关石油资源的开发利用存在争端,此争端也是基于两国有关主权、海洋划界上的分歧而产生的。

(四)渔业资源、渔船碰撞之争

东海海域曾多次发生中日撞船事件、船长被逮捕的事件等。比如,2003年,中海油、中石化与美国两家公司签订了东海西湖合同,日方频繁出动舰船和飞机到中方作业现场进行监视、侦察和骚扰。2010年9月7日,一艘中国渔船在钓鱼岛海域先后与两艘日本巡逻船相撞。中国外交部副部长随后奉命约见日本驻华大使,要求日方停止非法拦截行动。当晚,日本海上保安厅决定以涉嫌妨碍公务逮捕这艘中国渔船的船长,同时对该船展开调查。此外,在黄海领域,也时常发生此类争端。比如,2011年韩国海岸警卫队队员登上黄海海域的中国渔船检查,中国渔船船长刺死一名韩国海警,而被韩国法院判处30年徒刑。中国强烈反对韩国单方面适用"专属经济区法"对中国渔民作出判决。有关渔业资源、渔船碰撞之争,也是基于两国有关主权、海洋划界上的分歧而产生的。

（五）地理特征、性质之争

有关一个地物的地理特征需要考察鉴定，但依旧存在争议。而法律上有关一个地物的定性，直接影响其享有的法律地位。比如，在法律上，岛屿是指四面环水并在高潮时高于水面的自然形成的陆地区域，可以维持人类居住及其本身的经济生活。而岩礁（rock）是指四面环水并在高潮时高于水面的自然形成的陆地区域，其无法维持人类居住及其本身的经济生活。这两者在法律上所享有的法律地位完全不同。根据《公约》第121条第3款规定："不能维持人类居住或其本身的经济生活的岩礁，不应享有专属经济区或大陆架。"比如，南沙群岛的永暑礁是岩礁，因为它在涨潮时只有一两处很小的岩石露出水面。在南海案件中，在2016年公布的"南海仲裁案"仲裁结果中，仲裁法庭认定"太平岛"属于"岩礁"而不是"岛屿"。而太平岛在南沙群岛中是最大的。"太平岛"被定义为"岩礁"意味着南沙群岛所有的"岛"最多也只能是岩礁。而岩礁没有专属经济区或大陆架。有关地理特征、性质之争，其本质也与有关主权、海洋划界有关。因此，有关钓鱼岛是否是"不能维持人居住或者其本身的经济生活"的岩礁等，双方存在争议。再如，中国跟日本之间有关"冲之鸟礁是属于岛屿还是岩礁"也存在争议。可以看出，有关地理特征、性质之争，也是出于两国有关主权、海洋划界上的分歧而产生的。[3]

三、提交国际仲裁的管辖权问题

将争端提交到国际仲裁是解决争端的方式之一，当前的国际仲裁有常设仲裁庭、国际海洋法法庭、特别仲裁庭等。能够将海洋争端提交国际仲裁，第一步则是管辖权问题，即该仲裁庭是否有权对此争端进行审理、裁决。若没有，则该争端不能被继续审理。若有，则仲裁庭将对该争端的实质问题进行审理。本文首先分析常设仲裁庭的管辖权，即来源于当事方的同意。其次分析国际海洋法法庭的管辖权，尤其是强制管辖的条件和例外。此外，通过案例分析和法律分析，介绍了不同种类的争端可能在哪种情况下被提交到常设仲裁庭或者国际海洋法法庭。

（一）常设仲裁庭（Permanent Court of Arbitration）

1899年的海牙和平会议（Hague Peace Conference）和1907年的海牙和平会议，分别制定了1899年和1907年的Hague Convention，设立了常设仲裁庭。该国际常设仲裁庭的管辖权并不是强制性的，需要案件当事方的共同同意将争端提交该国际仲裁庭。[4]具体

---

〔3〕 参加国务院新闻办公室：《钓鱼岛是中国的固有领土》，2012年9月。See Schoenbaum Thomas J., Peace in Northeast Asia: Resolving Japan's Territorial and Maritime, *Edward Elgar Publishing*, 2008.

〔4〕 See the Statute of Permanent Court of Arbitration.

而言，作为1899年和1907年公约的成员国，并不代表它们有义务将争端提交仲裁。[5]中国在1904年和1910年分别加入这两个公约（1899年公约和1907年公约）。日本分别于1900年和1912年加入此两个公约。国际常设仲裁庭是一个国际性组织。它接受国家间的争端解决、国家间争端调解、其他国家间争端解决、国家－投资者仲裁、其他仲裁等。比如，厄尔瓜多根据2012年《南太平洋公海渔业资源管理和保护公约》，对南太平洋领域渔业管理组织委员会的有关措施不满，提起审查程序，提交到该国际仲裁庭。[6]该组织主要为当事方提供仲裁、调解等争端解决的各种服务，包括提供场所、程序、登记服务以及选择仲裁员或调解员、调查事实等服务。[7]

因此，常设仲裁庭的管辖权来源于当事方的同意。通常情况下，往往是在争端发生后，当事方协商后一致同意将争端提交国际仲裁庭，或者在协定、公约中等有规定将争端提交该国际仲裁庭。经审查，如中国、日本参加的有关海洋的协议、公约中，我国事前给予同意的较少，主要是《公约》，将在下文详细阐述。[8]

（二）国际海洋法法庭（Tribunal for the Law of the Sea）

1.《公约》有关强制解决争端的谈判历史

在“二战”后，联合国分别于1956年、1960年、1973年分别召开了三次“联合国海洋法会议”。第一次会议达成了4个公约；第二次会议没有任何成果；第三次会议经过漫长的长达9年的谈判，在1982年通过了《公约》。该公约在1994年，即在第60个国家签署之后，开始生效。关于争端解决机制，在1958年召开的第一届联合国海洋法会议期间，参会国就已讨论有效的争端解决机制。比如，德国支持争端解决机制，尤其是针对大陆架定义的不确定性所引发的争端；印度等另外一些国家则反对扩大国际法院的任意管辖权。

第三届联合国海洋法会议是在冷战期间举行的，当时所有社会主义国家，以及有些其他国家，基于国家主权概念，主张充分尊重一国选择是否接受国际义务、国际强制解决争端体系的意志。尽管如此，与会国提出必须将争端解决议题从其他讨论议题中单列出来，进行讨论。对于《公约》中的争端解决条款应包括哪些具体内容，不同国家集团之间出现了重要分歧。争议点在于争端应该提交给哪个法院或法庭，以及适用强制解决的争端范围，因为有些国家不愿接受法庭就其主权问题作出的裁决。一些国家如瑞士和

---

〔5〕 International Court of Justice, “*History of Permanent Court of International Justice*,” http://www.icj-cij.org/en/history (last accessed on July 2, 2018).

〔6〕 Permanent Court of Arbitration, “*Review Panel Established under the Convention on the Convention on the Conservation and Management of High Seas Fishery Resources in the South Pacific Ocean*,” https://pca-cpa.org/en/cases/156/ (last accessed on April 4, 2019).

〔7〕 *See* the website of permanent court of arbitration, available at https://pca-cpa.org/en/home/.

〔8〕 中国加入《联合国海洋法公约》，对于强制管辖的主体（国际法院、国际海洋法法庭、仲裁庭等）没有进行选择，因此按照该公约规定，推定中国选择仲裁。

日本，倾向于选择国际法院；另一些国家如法国和英国，则更愿意选择仲裁庭；第三类国家群体包含苏联和东欧国家，它们倾向于设立特设仲裁庭，要求在渔业、污染或科研案件中适用特别程序规则；非洲和南美的一些国家则提议成立单一仲裁庭，而另一些国家则更愿选择一个还能受理国际组织、个人案件的仲裁庭。

为了避免国家在其认为高度敏感的问题上做出过多保留，1975 年，各国达成了一份敏感问题清单，具体而言，其包括以下 4 类争端：（1）有关沿海国根据其在《公约》下的监管管辖权和执行管辖权行使自由裁量权的争端，滥用权力者除外；（2）有关海洋划界、历史性海湾及历史性权利的争端；（3）有关军事活动的争端；（4）涉及联合国安理会根据《联合国宪章》行使其职权的争端。这 4 类争端在 1982 年的《公约》中以不同形式呈现。〔9〕后文将会详细分析。

2. 强制管辖的前提条件

《公约》第十五部分有关争端解决，是在各国妥协中达成的。具体而言，第十五部分第二节是关于强制解决争端，而第一节规定了争端解决的其他方式，比如争端各方协议约定的解决方法，按照《公约》附件五第一节规定的调解、交换意见等。其中，有些被视为依据第十五部分第二节采取司法和仲裁方式解决争端的“先决条件”。

（1）选择导致有拘束力裁判的其他解决方法的权利（替代性的争端解决）。根据《公约》第 281 条和第 282 条的规定，有关该公约解释或适用的争端各方，可以通过协议约定采用和平方法解决争端。如果争议双方有双边协定或参与的多边协定，这些协定中有规定导致有拘束力判决的争端解决程序，那么，可以替代《公约》第十五部分第二节中有关强制争端解决的程序。在大部分案例中，法院或法庭将必须对缔约国援引的替代第十五部分程序的协议条款作出解释，首先确定其是否为具有法律拘束力的协议，其次甄别这个协议是否能提供一个导致有拘束力裁判的程序。

（2）交换意见的义务。《公约》第 283 条规定了交换意见的义务，即“1. 如果缔约国之间对本公约的解释或适用发生争端，争端各方应迅速就以谈判或其他和平方法解决争端一事交换意见。2. 如果解决这种争端的程序已经终止，而争端仍未得到解决，或如已达成解决办法，而情况要求就解决办法的实施方式进行协商时，争端各方也应迅速着手交换意见”。因此，交换意见的义务也是诉诸强制争端解决的先决条件。然而，交换意见的义务范围并不清晰，有关交换意见的规定“旨在确保一国在被提起强制程序时不会完全措手不及”。

因此，交换意见的义务往往止于形式、程序，而非触及实质性问题，而且也从未被认为可以阻碍仲裁庭的管辖权。因此，仲裁庭在查戈斯群岛海洋保护区仲裁案的裁决

---

〔9〕 有关谈判的历史，参见 Geneviève Bastid Burdeau, “Compulsory Dispute Settlement Methods under the UNCLOS: Scope and Limits under the Scrutiny of the Jurisprudence”, *China Ocean Law Review*, 2017, pp. 11-21。

中，认为这是一种程序性要求，即争端各方必须就解决争端的方法交换意见，但这不是一项就争端的实质问题进行谈判的义务。[10]在中菲南海仲裁案中，仲裁庭将这项义务解释为程序性义务，即如果有证据表明曾就争端的解决方法举行过会谈，那么就满足第279条的要求。仲裁庭认为，“第283条第1款不要求争端各方就争端的实质性问题进行谈判”[11]。

要达到事先交换意见的主要目的，需满足两大决定性条件。首先，意见交换必须成功地明确争端各方对争议问题的立场；其次，各方必须同时“本着诚意进行协商，并且真正有意寻求各方均同意的解决争端的方法”[12]。在“北极日出号”案和“Duzgit Integrity号”仲裁案中，仲裁庭认为，只要双方交换过一些官方文件就满足了交换意见的要求，即使没有重要证据表明双方之间的通信提及争端解决方法或程序方面的内容。[13]在毛里求斯诉英国案中，仲裁庭指出，此后毛里求斯决定，双方已经没有可能就进一步协商的条件达成协议，于是毛里求斯选择通过仲裁强制解决争端。因此，仲裁庭认为，毛里求斯已满足《公约》第283条规定的就争端解决交换意见的要求。[14]往往最后变成让申请方自行判断是否无法达成《公约》第十五部分第一节规定的争端解决方法，并决定是否提起第十五部分第二节规定的程序。

3. 强制管辖的主体

根据《公约》第287条，一国有自由发布声明，表明其选择国际海洋法法庭、国际法院或仲裁庭来解决争端。如果争端各方选择的争端解决机构一致，则此机构优先适用。如不一致，除非争端各方决定采用约定的其他方法，否则应适用《公约》附件七规定的仲裁。另外，根据《公约》第287条第3款规定，“缔约国如为有效声明所未包括的争端的一方，应视为已接受附件七所规定的仲裁”。换言之，如果一缔约国没有作出《公约》第287条的声明，则推定为接受附件七所规定的仲裁。中国在1982年签署《公约》，1996年该公约得到其立法机关人民代表大会的批准，在2006年作出了有关该公约第298条的声明。但中国没有作出《公约》第287条的声明。因此，默认强制解决争端的程序为附件七所规定的仲裁。

不同管辖主体的管辖范围有所不同。其中，国际海洋法法庭还有特殊管辖权，即《公约》第292条规定的该项权限涉及船舶和船员的立即释放，具体规定“1. 如果缔约

---

〔10〕 Chagos Marine Protected Area Arbitration (Mauritius v. United Kingdom), Award, 18 March 2015, para. 378.

〔11〕 The Republic of the Philippines v. The People's Republic of China, Award on Jurisdiction and Admissibility, 29 October 2015, paras. 333& 349.

〔12〕 Barbados/Trinidad and Tobago, Award of 11 April 2006, paras. 201-205.

〔13〕 Arctic Sunrise Arbitration (Netherlands v. Russian Federation), Award on the Merits of 14 August 2015, para. 151. Duzgit Integrity Arbitration (Malta v. Sao Tome and Principe), Award, 5 September 2016, para. 199.

〔14〕 Chagos Marine Protected Area Arbitration (Mauritius v. United Kingdom), Award, 18 March 2015, paras. 385-386.

国当局扣留了一艘悬挂另一缔约国旗帜的船只，而且据指控，扣留国在合理的保证书或其他财政担保经提供后仍然没有遵从本公约的规定，将该船只或其船员迅速释放，释放问题可向争端各方协议的任何法院或法庭提出，如从扣留时起十日内不能达成这种协议，则除争端各方另有协议外，可向扣留国根据第二八七条接受的法院或法庭，或向国际海洋法法庭提出”。因此，除船舶扣留时起10日内各方另有协议外，这类争端可提交扣留国根据《公约》第287条接受的法院或法庭，或向国际海洋法法庭提出。通常情况下，此类案件在实践中大多提交给了国际海洋法法庭，而非其他法院或法庭，海洋法法庭也由此逐步制定了针对这类案件的重要审判规程。因此，如果涉及中国的船舶与他国发生争议被扣押或中国扣押别国船舶，即涉及船舶的立即释放，则此类争端可提交中国根据《公约》第287条接受的仲裁庭，或者扣押国（如日本）根据《公约》第287条接受的法院或仲裁庭。

4. 强制管辖的范围

《公约》第十五部分是有关管辖权范围的规定。首先，《公约》第286条规定：“任何有关本解释或适用的争端，如已诉诸第一节而仍未得到解决，经争端任何一方请求，应提交根据本节具有管辖权的法院或法庭。”即有关《公约》的解释和适用，属于强制管辖范围。

其次，《公约》第288条第2款规定的争端解决机制可扩展适用于其他与《公约》目的相关的公约。换言之，与海洋法目的相关的其他公约或协定若规定了将争端提交《公约》的争端解决程序，则有关这些公约或协定的适用或解释都属于强制管辖的范围。而与海洋法“目的相关”在范围上可以涵盖很多其他公约，例如，《跨界鱼类种群协定》就提及了《公约》中的争端解决程序。因此，有关《跨界鱼类种群协定》的解释与适用的争端，也适用此强制管辖。此外，还有一系列公约，如《促进公海渔船遵守国际养护和管理措施协定》《有关养护和管理跨界鱼类和高度洄游鱼类的条款的执行协定》《关于防止倾倒废物和其他物质造成的海洋污染公约的议定书》《保护东南太平洋公海海洋生物资源框架协定》《中西太平洋高度洄游鱼类种群养护和管理公约》《保护水下文化遗产公约》《内罗毕废除残骸国际公约》《关于确定次区域渔业委员会（SRFC）成员国管辖海域内海洋资源获取和开发最低条件的公约》《关于预防、制止和消除非法、不报告和不管制捕捞的港口国措施协定》《北太平洋公海渔业资源养护和管理公约》等。[15]

再次，《公约》第288条第3款规定：“按照附件六设立的国际海洋法法庭海底争端分庭的第十一部分第五节所指的任何其他分庭或仲裁法庭，对按照该节向其提出的任何

〔15〕 有关援引《联合国海洋法公约》争端解决程序的公约，参见 International Tribunal for the Law of the Sea, “International Agreements Conferring Jurisdiction on the Tribunal,” https://www.itlos.org/en/jurisdiction/international-agreements-conferring-jurisdiction-on-the-tribunal/ (last accessed on April 4, 2019)。

事项，应具有管辖权。”

最后，《公约》第288条第4款规定了自裁原则，对于法院或法庭是否具有管辖权如果发生争端，应由该法院或法庭以裁定解决。

5. 强制管辖的例外

在联合国海洋法会议期间，与会国的第二大争论焦点在于是否能将某些类型的争端排除在强制管辖之外。对许多国家来说，只有将特定事项排除在外，才能接受强制管辖。《公约》第309条包含了对保留的一般禁止性规定，其规定“除非本公约其他条款明示许可，对本公约不得作出保留或例外”。这一则条款排除了缔约国擅自作出保留的可能性。《公约》第十五章第二节（即第286条至第296条）规定“导致有拘束力裁判的强制程序”，即将争端提交强制争端解决程序的义务。而第三节（即第297条至第299条）规定了“适用第2节的限制和例外”，即限制强制程序的几种例外。

（1）自动例外。《公约》第297条第1款规定：“关于因沿海国行使本公约规定的主权权利或管辖权而发生的对本公约的解释或适用的争端，遇有下列情形，应遵守第二节所规定的程序：（a）据指控，沿海国在第五十八条规定的关于航行、飞越或铺设海底电缆和管道的自由和权利，或关于海洋的其他国际合法用途方面，有违反本公约的规定的行为；（b）据指控，一国在行使上述自由、权利或用途时，有违反本公约或沿海国按照本公约和其他与本公约不相抵触的国际法规则制定的法律或规章的行为；或（c）据指控，沿海国有违反适用于该沿海国、并由本公约所制订或通过主管国际组织或外交会议按照本公约制定的关于保护和保全海洋环境的特定国际规则和标准的行为。”一般而言，第297条处理沿海国被指控在行使其航行或飞越自由和权利时有违反《公约》规定的行为时可能产生的争端，适用第十五章第二节规定的强制程序的原则。

该条规定到底是限制性条款，还是肯定性的重申性条款？仲裁庭在查戈斯群岛案中指出：“第297条第1款的措词完全是肯定性的，未提及在哪些例外情形下仲裁庭不能行使管辖权。”“因此，从公约文本来看，第297条第1款重申而非限制了仲裁庭根据第288条第1款所享有的管辖权。”因此，“不是说双方之间的争端必须属于第297条第1款规定的情况”，仲裁庭才能继续进行程序。〔16〕

《公约》第297条第2、3款肯定了本公约关于海洋科学研究（第297条第2款）或渔业（第297条第3款）的规定在解释或适用上的争端，应按照第二节（强制管辖）解决。然而，该条也规定了几个例外，规定沿海国在下述3种情况下无义务同意将争端提交第二节规定的解决程序，这3种例外情形主要是关于海洋科学研究、生物资源的权利与权力的行使，具体而言是：①沿海国为在专属经济区内或大陆架上进行海洋科学研究而行使权利或斟酌决定权所引起的争端（第297（2）（a）（i）条和第246条）；②沿海

〔16〕 Geneviève Bastid Burdeau，“Compulsory Dispute Settlement Methods under the UNCLOS：Scope and Limits under the Scrutiny of the Jurisprudence”，*China Ocean Law Review*，2017.

国决定命令暂停或停止一项海洋科学研究计划所引起的争端（第 297（2）（a）（ii）条和第 253 条）；③有关沿海国对专属经济区内生物资源的主权权利或此项权利的行使的争端（第 297（3）（a）条）。

有关对专属经济区内生物资源的主权或者对生物资源的开发利用争端，比如分配可捕鱼量，并不适用强制管辖程序。同时，有些情况需要调解程序，比如对于他国请求捕捞的种群，拒绝决定可捕量。具体体现在《公约》第 297 条第 3 款规定："（a）对本公约关于渔业的规定在解释或适用上的争端，应按照第二节解决，但沿海国并无义务同意将任何有关其对专属经济区内生物资源的主权权利或此项权利的行使的争端，包括关于其对决定可捕量、其捕捞能力、分配剩余量给其他国家、其关于养护和管理这种资源的法律和规章中所制订的条款和条件的斟酌决定权的争端，提交这种解决程序。（b）据指控有下列情事时，如已诉诸第一节而仍未得到解决，经争端任何一方请求，应将争端提交附件五第二节所规定的调解程序：（1）一个沿海国明显地没有履行其义务，通过适当的养护和管理措施，以确保专属经济区内生物资源的维持不致受到严重危害；（2）一个沿海国，经另一国请求，对该另一国有意捕捞的种群，专断地拒绝决定可捕量及沿海国捕捞生物资源的能力；或（3）一个沿海国专断地拒绝根据第六十二、第六十九和第七十条以及该沿海国所制订的符合本公约的条款和条件，将其已宣布存在的剩余量的全部或一部分分配给任何国家。（c）在任何情形下，调解委员会不得以其斟酌决定权代替沿海国的斟酌决定权。（d）调解委员会的报告应送交有关的国际组织。（e）各缔约国在依据第六十九和第七十条谈判协定时，除另有协议外，应列入一个条款，规定各缔约国为了尽量减少对协定的解释或适用发生争端的可能性所应采取的措施，并规定如果仍然发生争议，各缔约国应采取何种步骤。"

（2）任择性例外。《公约》第 298 条明确列出可以排除的例外，允许缔约国将有限类型的争端排除在有拘束力的争端解决之外。该条采用的立法技术意在限制并规范强制管辖的例外情形。其明确列出了属于例外情形的事项，任何缔约国均可事先声明这些事项不接受强制管辖。因为缔约国无权起草文案，只能选择第 298 条下几款条文的表述，即①关于划定海洋边界的第 15、74 和 83 条在解释或适用上的争端，或涉及历史性海湾或所有权的争端；②关于军事活动的争端；③正由联合国安全理事会执行《联合国宪章》所赋予的职务的争端。

对于第 1 种类型的争端（有关海洋划界、历史性海湾的争端），争端各方有义务进行协商，如未在合理时间内解决争端，应争端任何一方要求，各方必须接受将争端事项提交给《公约》附件五第二节下的调解。比如东帝汶和澳大利亚案件，调解委员会宣布其有权受理相关争端。

《公约》第十五部分第三节还规定了单方声明的一些程序。一国在签署、批准或加入《公约》时，或在其后任何时间均可作出声明，也可以在任何时候撤回声明。第 298 条规定："在不妨害根据第一节所产生的义务的情形下，一国可以书面声明对于下列各类争端的一类或一类以上，不接受第二节规定的一种或一种以上的程序……”大部分国家，都交存了声明，排除了第298条列出的所有争端。中国在1982年签署《公约》，1996年《公约》得到全国人民代表大会的批准，在2006年作出了有关第298条的声明，排除这三种争端被强制管辖。[17]

（3）自裁管辖权原则、解释方法与管辖权终裁。根据《公约》第288条第4款规定，“对于法院或法庭是否具有管辖权如果发生争端，这一问题应由该法院或法庭以裁定解决。”因此，依照自裁管辖权原则，仲裁庭有权判断自身的管辖权范围，以及判断争端的实体问题是否明确涉及《公约》第298条规定的例外情形。而仲裁庭有关管辖权的判定是最终裁决，仲裁庭无须在实体阶段重新审议这一问题。

那么，如何解释这些例外？例外应该被限制性解释还是扩张性解释？其他仲裁庭是否能作出其他解释？解释方法之所以重要，是因为缔约国只能从几种情况中选择想要排除的，而不能自己起草、新增排除的争端类型，只能解释现有的这三个种类。比如俄罗斯作出的声明中，其提及第298条列出的3类争端后，补充道：“根据《公约》第298条的规定，针对关于行使主权权利或管辖权的执法活动的争端，其不接受《公约》第十五部分第二节规定的导致有拘束力的裁判程序。”但这种情形最终却被归入了《公约》第297条有关自动例外的规定。在荷兰与俄罗斯之间的“北极日出号”案中，仲裁庭在有关管辖权的裁决中指出，对于涉及专属经济区执法活动的争端，仲裁庭管辖权的唯一限制只能源自《公约》第297条第2款和第3款认可的限制。

有观点认为由于例外情形是由《公约》规定而非缔约国起草的，所以必须进行统一的解释。在2015年10月29日发布的中菲仲裁案管辖权与可受理性问题的裁决中，仲裁庭认为，菲律宾要求将某些海中地物的法律地位判定为《公约》第121条规定的“岛屿”或“岩礁”或第13条规定的“低潮高地”，这类诉之声明不涉及“划界和主权归属”，不属于《公约》第298条规定的例外情形。换言之，仲裁庭对此有管辖权。因此，争议的性质可能会被对方通过法律解释进行包装改变，从而提交到国际法院。而仲裁庭在管辖权上作出的裁决是终极裁决。

有关仲裁法庭、特别仲裁庭，依据《公约》第287条，基本同上分析。

四、提交国际司法的管辖权问题

本部分将探讨将争端提交到国际法院所面临的管辖权问题。国际法院分为诉讼管辖权和咨询管辖权两种，本部分将简要介绍这两种类型的管辖权，并结合不同的争端种类，分析将这些争端提交到国际法院的可能性和可能的结果。

---

〔17〕 http：//www. un. org/depts/los/convention_ agreements/convention_ declarations. htm.

（一）国际法院（International Court of Justice）的诉讼管辖权

国际法院是联合国的机构之一。国际法院所依据的《国际法院规约》是联合国宪章体系的组成部分。[18]国际法院的管辖权之一是诉讼管辖权（contentious jurisdiction），即国际法院有权对争端当事国提交的争议进行审理，并作出具有法律约束力的裁决和判决。国际法院的诉讼管辖权分为对人管辖权和对事管辖权。关于前者，只有国家才能在国际法院起诉或被诉。[19]

1. 同意原则

《联合国宪章》第 33 条规定了和平解决争端的义务，但该义务被视为一项避免使用武力的义务，并不是等同于接受强制争端解决程序的义务。国际法院的管辖权基于同意原则。根据《国际法院规约》第 36 条第 1 款规定，“法院之管辖包括各当事国提交之一切案件，及联合国宪章或现行条约及协约中所特定之一切事件”。具体而言有以下几种：（1）当争端出现时，当事国双方都同意将争端提交国际法院；（2）双方都是某协定的成员国，而该协定约定缔约国将争端提交国际法院；（3）根据《联合国宪章》规定需要提交国际法院的争端。另外，国际法院的缔约国可以根据《国际法院规约》第 36 条第 2 款进行申明，接受强制管辖。此外，《联合国宪章》第 37 条规定，“现行条约或协约或规定某项事件应提交国际联合会所设之任何裁判机关或常设国际法院者，在本规约当事国间，该项事件应提交国际法院。”因此，国际法院接受管辖是基于当事人的同意原则。需要缔约国同意才能将争端提交司法程序和国际法院。诉诸国际法院的很多案子，争议点往往是管辖权，而大多数案子因为没有管辖权而被驳回，或者被诉国频频提出初步异议，进而致使案件审理时间冗长。

有关自愿性强制管辖，《国际法院规约》第 36 条第 2 款规定，“本规约各当事国得随时声明关于具有下列性质之一切法律争端，对于接受同样义务之任何其他国家，承认法院之管辖为当然而具有强制性，不须另订特别协定：（子）条约之解释。（丑）国际法之任何问题。（寅）任何事实之存在，如经确定即属违反国际义务者。（卯）因违反国际义务而应予赔偿之性质及其范围。上述声明，得无条件为之，或以数个或特定之国家间彼此拘束为条件，或以一定之期间为条件。”这一规定几乎涵盖了所有的争端问题。

具体而言，对于中国与周边国家的海洋争端，首先，需要审查中国以及与我发生海洋争端的周边国家是否为国际法院的成员国，并且是否依据《国际法院规约》第 36 条第 2 款作出申明接受国际法院的强制管辖。其次，需要审查中国是否与这些周边国家有双边或多边协定，而该协定规定将争端提交国际法院。中国和日本都是联合国的成员国，因此也都是国际法院的成员国，日本应接受国际法院的强制管辖权。[20]但强制管辖

---

〔18〕 http：//www. icj-cij. org/en/history.

〔19〕 参见《国际法院规约》第 34 条第 1 款。

〔20〕 https：//treaties. un. org/pages/ViewDetails. aspx？ src = IND&mtdsg_ no = I-4&chapter = 1&clang = _ en.

的适用前提是，“对于接受同样义务的人和其他国家”，即当事方国家都作出强制管辖的申明，而我国没有作出这样的申明，因此，国际法院的强制管辖权不适用于此。韩国是联合国的成员国，也是国际法院的成员国，但其在2006年撤回了其声明接受国际法院的强制管辖。而另一种情况，即双方都是某协定的成员国，而该协定约定缔约国将争端提交国际法院，此种情形前文已述，此处不赘述。

若我国日后根据《国际法院规约》第36条第2款作出申明接受国际法院的强制管辖，则与日本之间的海洋争端会被国际法院强制管辖。但与韩国之间的海洋争端并不立刻接受国际法院的强制管辖，因为韩国没有接受国际法院的强制管辖。

2. 自裁原则

根据《国际法院规约》第36条第6款，有关管辖权争议，国际法院有权决定其是否具有管辖权，且该裁决是终审。根据《国际法院规约》第69条，修改之的程序等同于修改《联合国宪章》的程序。要想修改自裁原则，难度甚大。

（二）国际法院的咨询管辖权

国际法院的第二种管辖权是咨询管辖权（advisory opinion）。根据《国际法院规约》第65条规定，“法院对于任何法律问题如经任何团体由联合国宪章授权而请求或依照联合国宪章而请求时，得发表咨询意见。”具体而言，联合国机构（大会、安全理事会、经济及社会理事会、托管理事会、大会临时委员会）以及相关组织目前也有权请法院就各该组织活动范围内出现的法律问题发表咨询意见。比如其中的国际海事组织，可以请求国际法院就国际海事组织活动范围内出现的法律问题，发表咨询意见。理论上，发表的咨询意见可能涉及我国周边海洋争端。咨询意见的法律效力，虽然原则上没有拘束力，但是依旧可以提供软法性质的指导与指引。[21]

五、结论以及对我国的启示

我国的沿海海域宽广，与周边国家有各种海洋争端，这些争端表现为多种形式，有主权领土之争、大陆架或专属经济区划分之争、矿产资源的开发利用之争、渔业领域的开发利用冲突之争、某地物的地理特征属性之争，等等。虽然它们类别不一，但本质上或多或少与主权、划界争议相关。以何种方式解决上述争端将间接影响最终的结果，因此选择适当的方式解决上述海洋争端，可以维护我国的海上利益。争端解决的方式有很多，包括非和平方式、和平谈判、磋商、调解、仲裁、司法裁决等。其中，国际仲裁或国际司法是由独立第三方作出具有约束力的裁决。而提交到国际仲裁或司法的首要问题是管辖权问题。本文通过研究不同仲裁机构和国际法院的管辖权基础和法律依据，并结合不同类型的海洋争端，分析不同类型的争端提交到国际仲裁或国际法院的可能性。

---

〔21〕 曾令良：《国际法院的咨询管辖与现代国际法的发展》，《法学评论》1998年第1期。

不论是国际仲裁还是国际司法，都基于一个共通原则即自愿原则。任何当事国之间发生争端后，若双方协商一致同意，均可提交国际仲裁或国际法院。比如国际仲裁庭，能够为当事国提供很好的一系列仲裁服务。换言之，国际仲裁庭或国际法庭的管辖权来源于当事国的同意。“同意”主要有两种类型：一是该“同意”是事前已经在有关公约、协定中授予了；二是当争端发生后，就针对该特定争端，同意提交国际仲裁或司法。主要的分歧发生于前一种情况，即在《公约》《国际法院规约》等公约、协定中，缔约国已经事先授予了同意，即同意强制管辖。而在这些强制管辖中，往往有些例外供缔约国选择。我国声明选择了这些例外。因此，发生的纠纷或分歧往往在于如何解释当前的强制管辖以及强制管辖的条件和例外。这些例外往往针对争端的种类，因此，针对不同类型的争端，会有如下可能的情况：

（1）有关涉及中国的船舶与他国发生碰撞等争议被扣押或中国扣押别国船舶，即涉及船舶的立即释放，则此类争端可提交国际仲裁，或者提交中国根据《公约》第 287 条接受的仲裁庭，或者提交扣押国（如日本）根据《公约》第 287 条接受的法院或仲裁庭。但这个不是强制管辖。

（2）有关海洋划界、历史性海湾的争端，属于强制管辖的任择性例外，因此，如果我国海洋争端中涉及划界、历史性海湾、主权方面的争端，不适用强制管辖。但是，各方有义务进行协商，如未在合理时间内解决争端，应争端任何一方要求，各方必须接受将争端事项提交给《公约》附件五第二节下的调解。

（3）有关沿海国被指控在行使其航行或飞越自由和权利时有违反《公约》规定的行为时可能产生的争端，适用《公约》中的强制管辖程序。

（4）有关特定的海洋科学研究，尤其指沿海国为在专属经济区内或大陆架上进行海洋科学研究而行使权利或斟酌决定权所引起争端、沿海国决定命令暂停或停止一项海洋科学研究计划所引起的争端，是强制管辖的自动例外，即不会被强制提交到国际仲裁或司法。

（5）有关沿海国对专属经济区内生物资源的主权权利或此项权利的行使的争端，也是强制管辖的自动例外，即不会被强制提交到国际仲裁或司法。具体而言，有关对专属经济区内生物资源的主权或者对生物资源的开发利用争端，比如分配可捕鱼量，并不适用强制管辖程序。同时，有些情况需要调解程序，比如对于他国请求捕捞的种群，拒绝决定可捕量。

（6）有关石油、油气开采利用的争端，并没有被明确排除在强制管辖之外。但是，石油开采利用的争端往往是基于大陆架划线、专属经济区划界上的分歧，因此，对于此类争端，可以抗辩说，其涉及有关海洋划界、历史性海湾的争端，属于强制管辖的任择性例外，争端各方有义务进行协商，如未在合理时间内解决争端，应争端任何一方要求，各方必须接受将争端事项提交给《公约》附件五第二节下的调解程序。

（7）有关海洋上某地物的特征性质认定，如某小岛是属于“岩礁”还是“岛屿”，并没有被明确排除在强制管辖之外。但是，关于某地物性质的界定，直接影响到主权、界线的划分，因此可以抗辩说，此类争端是属于历史性权益、主权、海洋划界争端，从而构成强制管辖的例外。

综合而言，上述不同类型的争端被强制管辖的可能性较小。国际法院也有强制管辖，但我国之前没有申明接受，因此，上述争端没有被强制提交到国际法院的可能性。尽管如此，在强制管辖领域中，基于自裁原则，即有关该法庭或仲裁庭是否具有管辖权，则由该法庭或仲裁庭决定，并且该裁决是终裁。因此，当事国对于管辖权问题，其享有的自主权较少，无法就管辖权问题进行上诉或请求再审。

中北冰洋公海渔业开发与治理的问题探究

■ 武俊松*

【内容摘要】近些年来中北冰洋开发前景的日益显现化使得北极地区成为国际社会所关注的焦点问题之一，尤其是中北冰洋核心区域即北极公海地区海冰的消融使得北冰洋鱼类资源向北转移，核心海域鱼类资源的开发与治理成为各国所争夺的目标，加快构建完整的中北冰洋公海渔业开发与治理的国际法律体系、组建新型管理模式的呼声愈发强烈。本文将对当前中北冰洋公海渔业治理所面临的挑战进行分析，并通过对中北冰洋公海渔业资源治理模式的梳理，提出相应的中北冰洋公海渔业开发与治理的新模式，加快推动中国参与北极事务的步伐，提高中国应对北极问题的能力，共建北极命运共同体。

【关键词】中北冰洋　公海　渔业　北极

2017 年 11 月 30 日，在美国华盛顿举行的第六轮北冰洋公海渔业谈判大会上，中国、冰岛、日本、韩国、欧盟同原北极五国即美国、俄罗斯、加拿大、丹麦、挪威一致通过了《预防中北冰洋不管制公海渔业协定》（以下简称《中北冰洋公海渔业协定》），《中北冰洋公海渔业协定》的签订标志中北冰洋公海渔业的开发与治理进入了新阶段，也是世界跨区域国家一同应对北极问题的合作典范。国际社会之所以高度关注北极事务以及北极未来的发展走向，主要是北冰洋海域冰层的解冻将会释放很大的潜在既得利益，当前北极航道的开通与试行正演化为一种可能，其背后不仅仅涉及航道运输的经济利益，更多的还是军事战略利益。随着全球气温的不断升高，中北冰洋公海渔业资源的开发前景尤为可观，即使当前中北冰洋公海地区仍被大面积的冰层所覆盖，渔业商业开发尚不可能，但北极五国早已发觉只有抢先制定北极公海渔业开发与治理的规约，才能将开发权与管理权紧紧握在本国的手中，排除域外国家的介入，独享中北洋公海渔业的可得利益。考虑到北冰洋的整体性与不可分割性，单方面地将北极域外国家排除在外，难以达到维护中北洋公海渔业资源可持续开发与有效管理的效果，还会加剧传统远洋捕捞大国与北极国家之间的矛盾，制造不必要的纷争。因而笔者认为中北冰洋公海区域是人类共同的财富，该区域渔业资源的开发与管理需要世界各国的参与。

一、预防中北冰洋不管制公海渔业开发的必要性

预防中北冰洋不管制公海渔业开发主要考虑到北极地区对全球的气候环境、海洋安全、生物多样性具有关键的影响作用，北冰洋附近拥有着世界上最大的渔场之一，即巴伦支海和挪威海，随着中北冰洋核心海域逐渐演变为季节性无冰海区，北极周边国家单方主义捕捞北冰洋公海渔业资源势必会产生恶性相互竞争的趋势，加剧中北冰洋公海地

---

* 西南政法大学国际法学院硕士研究生。

区渔业资源的枯竭，这不仅是对中北冰洋地区海洋生态环境的破坏，也对全球的生物多样性和生物链产生了一定程度的不良影响。

（一）“暖温期”时代下北冰洋公海渔业资源开发的潜在威胁

北冰洋是一个近似地中海的半封闭海域，与南极大陆相比并不存在大面积的陆地，相反由大面积的冰层海域和十分分散的诸多岛屿构成，北冰洋同太平洋、印度洋、大西洋相比是最小的大洋，也是四大洋中最浅的大洋，同时北冰洋拥有八个附属海。[1]中北冰洋海域拥有着丰富的渔业资源，重要的经济鱼类主要有北极鲑鱼、北极鳕鱼、鲽鱼和毛鳞鱼、黑线鳕等，巴伦支海、挪威海和格陵兰海是世界著名的渔场之一，近年的捕鱼量约占世界的8%—10%。[2]尽管中北冰洋的渔业资源都在边缘附属海域生存，但由于地球当前正处于“暖温期”时代[3]，加上人类活动范围的不断扩大，人口基数的增加，科技水平的提高使得温室气体不断地被排放并积聚在大气层中，致使地球大气层内部的热量无法向外扩散，这是造成北冰洋冰川、冰层融化的主要原因。而中北冰洋的渔业资源却存在大量的高度洄游性鱼类种群，气候环境的变化必然使得鱼类种群向纬度更高的海域游动，这就为中北冰洋公海渔业商业开发提供了可能性。

《联合国海洋法公约》（United Nations Convention on the Law of the Sea）被称作是一部“综合性海洋宪章”[4]，但其并未单独针对北极或北冰洋公海地区渔业开发和治理作出相关规定，与南极完善的国际法律体系相比还存在诸多的问题。目前，针对中北冰洋公海渔业资源开发与治理存在两种分歧：一种是虽然《联合国海洋法公约》未专门对中北冰洋公海渔业作出适当的安排，但中北冰洋作为世界四大洋之一，理应适用《联合国海洋法公约》中有关公海生物资源的相关法律规定。另一种是以美国为首的北极五国主张通过制定并采取适当的临时措施来防止未来中北冰洋可能会出现的不管制渔业捕捞现象，同时承认东北大西洋渔业委员会（North-East Atlantic Fisheries Commission）对大西洋一侧中北冰洋公海地区有关渔业资源的管理与养护，这些适当的临时措施适用于中北冰洋公海地区。[5]美国的倡议在一定程度上排除了中北冰洋公海适用于《联合国海洋法公约》，也将北极域外国家参与中北冰洋公海渔业开发与管理的事务排除在外。北极五国虽然对外一致强调五国均对中北冰洋公海渔业享有专属的开发权与管理权，但北极

---

〔1〕北冰洋拥有八个附属海，分别是挪威海（Norwegian Sea）、格陵兰海（Greenland Sea）、巴伦支海（Barents Sea）、喀拉海（Kara sea）、拉普捷夫海（Laptev Sea）、东西伯利亚海（East Siberia Sea）、楚科奇海（Chukchi Sea）、波弗特海（Beaufort Sea）。

〔2〕参见刘慧荣、董跃：《海洋法视角下的北极法律问题研究》，中国政法大学出版社2012年版。

〔3〕地球分别经历了八次冰河期和温暖期，欧洲联合科研小组通过相关研究工作认为，当前地球温暖期与40万年前的一次温暖期较为相似，其持续了大约2.8万年，而当前地球的温暖期才刚刚进入1万年左右，所以下一次地球的冰河期将会在1.5万年—2万年出现。

〔4〕韩成粱、潘抱成：《国际法教程》，南京大学出版社1989年版，第188页。

〔5〕唐建业：《北冰洋公海生物资源养护：沿岸五国主张的法律分析》，《太平洋学报》2016年第1期，第93—101页。

五国内部也是矛盾重重。除了涉及北冰洋岛屿归属、海域划界问题之外，北极五国针对中北冰洋公海渔业的开发也存在不同的看法，五国之间有关中北冰洋公海渔业开发与管理的政策也存在很大的差异，相互之间并不认同。这种情势极易引发北极五国对中北冰洋公海渔业进行单方主义的捕获活动，碎片化的渔业政策有可能将中北冰洋公海渔业资源推向枯竭殆尽的窘境。

（二）“全球化”时代下北冰洋公海渔业资源开发的相互依赖

2015 年 9 月，习近平总书记在第七十届联合国大国一般性辩论演讲中首次提出了“共建人类命运共同体”的理念，面对全球性挑战，没有哪个国家可以置身事外、独善其身，世界各国需要以负责任的精神同舟共济、协调行动。[6]之所以中北冰洋公海渔业资源开发与管理在“全球化”时代下具有相互依赖性，可以从两个方面来理解：从自然层面来看，北极及北冰洋对地球的气候环境以及沿海国领土安全、海洋生物具有牵连性的影响。毋庸置疑的是中北冰洋公海渔业资源的开发以核心海域冰层的融化为前提，据华盛顿大学消息，以往的潜艇和现代卫星显示，1975 年至 2012 年，北冰洋中央区的海冰平均厚度减少了 65%，9 月份冰层最薄，冰层厚度减少了 85%。[7]2018 年 3 月 27 日，美国气象学会《气候杂志》发表题为《北极海冰损失的季节性和区域性表现》的文章，指出了北冰洋目前正处于快速的季节性无冰状态，北极海冰连续 4 年达最低值。[8]虽然中北冰洋公海区域将会出现大面积的无冰状态，有助于开展商业渔业捕捞工作，但中北冰洋海冰的快速消失将对部分沿海国的领土产生淹没性的负面效应，北冰洋大量的岛礁或许将从地图中消失，重要的是作为调节地球气候的作用力将会明显减弱或消失，诚然，中北冰洋公海渔业资源的开发是建立在以上负面效应的背景下进行的。因而，中北冰洋公海渔业资源的开发牵涉诸多的因素，同时根据德国阿尔弗雷德·魏格纳海洋与基地研究所（AWI）的海洋生物学家的调查发现，北极海冰下存在大量的极地鳕鱼，该鱼类种群是北极海豹、鲸鱼和海鲇的主要食物来源[9]，因此，这种鳕鱼是北极动物生态链中的重要环节，一旦商业过度开发将会对整个北极的生物系统造成不可估量的毁坏。

从社会层面来看，首先从国际法的角度即《联合国海洋法公约》针对公海生物资源的养护和管理进行了较为详细的规定，其第 118 条规定各国在公海要进行养护和管理生物资源方面的合作。虽然该公约未对北极作出专门的安排，但考虑到北极是由整个北冰洋和诸多岛礁构成，所以应当适用该公约有关公海方面的规定。其次从社会学的角度即集体行动理论、公共产品理论则要求中北冰洋公海的渔业开发与管理仅靠某一两个国家或北极国家是无法取得良好效果的。中北冰洋公海渔业开发需要国际社会的共同努力，

---

〔6〕 中共中央宣传部：《习近平总书记系列重要讲话读本》，学习出版社、人民出版社 2016 年版，第 265 页。

〔7〕 http：//www. nsf. gov/news_ summ. jsp？ cntn_ id = 134435&org = NSF&form = news.

〔8〕 http：//www. globalchange. ac. cn.

〔9〕 国家海洋局极地考察办公室国际处、中国极地研究中心极地信息中心：《国外极地考察信息汇编》2015 年第 28 期。

作为一项集体行动，并非是单方面的作为。在集体行动的过程中，由国际社会共同创造出公共物品，由此产生的成本由集体行动的成员互摊、利益共享，但难免会出现“搭便车”的窘境[10]，这就需要制定统一的具有法律拘束力的国际公约来加以约束各国的行为。共商、共建、共享理念适合作为中北冰洋公海渔业开发与管理的指导性原则，北极和北冰洋是人类共同的财富，需要人类以及整个国际社会的守护，而不是某几个国家的私物。

二、预防中北冰洋不管制公海渔业治理的挑战

中北冰洋公海渔业治理至今还未签订一份具有法律拘束力的国际公约，也未形成区域性渔业管理组织，究其原因还是其背后涉及复杂的政治、经济、文化、军事等各方面利益的影响。但从北极五国的角度来分析，美国并非《联合国海洋法公约》的成员国，其并不受该公约的拘束，而俄罗斯自“二战”结束以来就与美国争夺世界霸主地位，虽然 1991 年《阿拉木图宣言》标志着苏联的解体，俄罗斯就此丧失了与美国相比肩的优势，但俄罗斯并未失去与美国继续争夺世界霸主地位的决心。现如今北极航道正成为现实，该航道的开通运行带来的不仅仅是巨大的经济利益，其军事战略利益也不言而喻，因而美俄为了提前掌控北极的局势使得两国的关系更加不稳定。除此之外北极五国经济发展的差距还很大，国内的支柱产业也不同，以挪威和丹麦为主的两个国家对捕鱼产业十分依赖，主张加快对中北冰洋渔业的开发，而美国、加拿大则更为注重中北冰洋渔业资源的养护，因而五国渔业政策的侧重点就存在不同，因而解决中北冰洋公海渔业开发所面临的挑战任重而道远。

当前，中北冰洋公海渔业开发与管理工作仍然由北极五国制定的一系列临时安排措施加以调整，但其弊端也日益显现出来。尽管北极五国近年来不断扩大其他国家参与中北冰洋公海渔业事务的范围，但其目的都是为了获得国际社会对其制定的临时措施与安排的承认。笔者认为中北冰洋公海渔业开发与管理的挑战主要集中于以下三个方面：第一，中北冰洋公海渔业开发与管理组织的缺失。为什么中北冰洋公海渔业组织迟迟无法得以建立呢？从北极五国内部来看，北极五国之间的利益错综复杂，难以就中北冰洋公海渔业组织的组建达成一致的意见，2018 年是《伊卢利萨特宣言》签署十周年，原本定于在此次会议中签署有关中北冰洋公海渔业协议，但由于俄罗斯与签署国之间的紧张关系导致该项议程未被列入会议。从北极五国外部来看，北极五国之所以避而不谈中北冰洋公海渔业组织，主要是想将中北冰洋公海渔业事务纳入五国的内部事务范畴，这样其他国家或者国际社会如果想要参与该事务，就只能按照北极五国的程序进行申请。纵观世界公海区域大部分都组建了相应的区域性渔业组织，如依据《养护大西洋金枪鱼国

---

〔10〕 赵鼎新：《集体行动、搭便车理论与形式社会学方法》，《社会学研究》2006 年第 1 期。

际公约》(International Convention for the Conservation of Atlantic Tunas)建立的养护大西洋金枪鱼国际委员会(ICCAT),依据《南太平洋公海渔业资源养护与管理公约》(Convention on the Conservation and Management of High Seas Fishery Resources in the South Pacific Ocean)成立的南太平洋区域渔业管理组织(SPRFMO),依据北太平洋公海渔业资源养护和管理公约(Convention on the Conservation and Management of High Seas Fisheries Resources in the North Pacific Oceans)正在组建的北太平洋渔业委员会(NPFC)。2017年11月30日在华盛顿召开的第六轮中北冰洋公海渔业谈判会议上,虽通过了《预防中北冰洋不管制公海渔业协定》,但该协定并未就组建中北冰洋公海渔业组织作出规定,仅仅是稍微提了一下[11],因而构建中北冰洋公海渔业组织是当前最为重要的事情。第二,北冰洋沿岸国家主张利益的严重分歧性,除上述笔者谈到的北极五国内部的政治利益存在很多矛盾外,北冰洋沿岸国家的对中北冰洋公海渔业的关注点也不同,尤其明显地体现在各个国家的国内渔业政策上面。对于美国、俄罗斯而言,两国更加注重对中北冰洋公海渔业事务的掌控权,通过对中北冰洋公海渔业事务的管理谋求对整个北极事务的主动权;而加拿大则主张渔业经济性开发与可持续发展相结合;以冰岛、挪威为主的国家则倾向于加大对中北冰洋公海的渔业开发。渔业产业在北欧国家为支柱性产业,同时,中北冰洋公海渔业的种群在未来大部分将会从大西洋边缘海域渔场浮游过去,因而北欧国家更为看重公海渔业的开发潜力。[12]基于各国之间渔业政策的相互冲突,就难以达成统一的具有法律约束力的中北冰洋渔业开发与管理的国际公约。第三,中北冰洋公海地区海底状况以及潜在鱼类种群和数量的数据并不完整。当然,这并不属于国际法上的问题,但一般国际条约中都会将其作为专门的一章加以规定,要求各国之间共同开展科学研究,共享数据。该事实问题其实是开展中北冰洋公海渔业开发和管理的前提,对该区域渔业资源过多过低的估计都会影响是否应当对该海域的渔业资源进行开发与管理。因此北极五国要打开中北冰洋事务的大门,协同国际组织和利益攸关方国家共同开展相关的科学调查活动,为中北冰洋公海渔业开发与管理提供准确的数据。

三、预防中北冰洋不管制公海渔业的治理模式

(一)北极五国协同治理的模式

北极五国协同治理的模式就是由美国、加拿大、俄罗斯、丹麦和挪威通过一系列的临时安排对中北冰洋公海渔业进行开发和管理,将其他国家和国际组织排除在外,或仅仅在某些重要的中北冰洋公海渔业事务中以邀请的方式使其他国家和国际组织参与会

---

〔11〕《预防中北冰洋不管制公海渔业协定》第5条规定:是否启动谈判,为管理协定区域的捕鱼活动建立一个或多个新的区域或分区域渔业管理组织或安排;和一旦根据上述目的启动谈判,并且缔约方已经商定确保鱼类种群可持续性的机制,是否为协定区域的这些种群制定追加的或不同的临时养护和管理措施。

〔12〕邹磊磊、张侠、邓贝西:《北极公海渔业管理制度初探》,《中国海洋大学学报(社会科学版)》2015年第5期,第7页。

谈。当然，它们仅仅有临时参与权和建议权，并不享有任何实质的权利，至于哪些国家可以真正地参与相关会谈并不取决于其他国家和国际组织，该决定权往往在于北极五国。2008年《伊卢利萨特宣言》（Ilulissat Declaration）的签订标志着北极五国在北冰洋管理领导地位的正式确立。从2010年开始，北极五国历届年会主题都是关于中北冰洋公海渔业开发与管理的问题，2014年北极五国针对中北冰洋公海渔业达成一系列的临时安排，排除了组建中北冰洋公海区域性渔业开发与管理的组织，并通过一系列的中北冰洋公海渔业会议试图向其他国家和国际组织推广北极五国制定的临时安排，已达到排斥他国和国际组织涉入的目的。[13]2018年也是《伊卢利萨特宣言》实施十周年，该年5月北极五国携手原住民及其他国家举行会议，讨论的内容包括北极理事会之前未涉及的议题——加强安全政策合作的框架等。原本定于在此次会议上进行北极渔业协议的签署，但由于北极五国内部的政治局势致使该协议未被纳入议程。[14]北极五国协同治理的模式虽然在中北冰洋公海渔业开发与管理事务方面取得了很多的成就，但不可否认的是北极五国基于社会意识形态、社会经济发展水平、社会文化等方面的差异使得该模式也难以有更为光明的前途，北极五国协同治理模式在一定程度上将沦为美国与俄罗斯之间争夺中北冰洋公海渔业开发权与管理权的工具。

（二）利益攸关方参与的模式

利益攸关方参与的模式就是指中北冰洋公海渔业开发与治理组织不应仅仅包括北极五国或北冰洋沿岸国家，该组织框架结构应当是开放、包容的体系制度，传统的远洋捕捞大国以及热衷于中北冰洋公海渔业开发与管理的国家或者国际组织均可通过一定的申请程序加入到该组织中，或者给予这些国家或国际组织参加中北冰洋公海渔业开发与管理事务的提案权，发表自己的见解和看法，使该组织的运行过程更加科学、公正、透明。同时，利益攸关方参与的模式将会拓宽用于开发和管理中北冰洋公海渔业资源的资金途径。当前，鉴于中北冰洋公海区域仍被巨大的冰盖所覆盖，中北冰洋海域的鱼类种群以及具体的鱼类数量仍然无法确定，北极五国以及传统远洋捕捞大国所掌握的数据也存在相互冲突性和不完整性。当然，构建利益攸关方参与模式的区域北冰洋公海渔业开发与管理组织将会重新整合各国之间的渔业数据，进行统一的科研调查。以2009年11月14日在新西兰签订的《南太平洋公海渔业资源养护与管理公约》为依据成立的南太平洋区域渔业管理组织（Convention on the Conservation and Management of High Seas Fishery Resources in the South Pacific Ocean，以下简称SPRFMO）为例，SPRFMO共包括十二个缔约国，其中就包括欧盟、丹麦（代表法罗群岛）以及俄罗斯，以上三个国家和组织均非南太平洋沿岸国家，但依旧将其纳入SPRFMO的公约之内，欧盟方面认为欧盟的加

〔13〕邹磊磊、黄硕琳：《试论北冰洋公海渔业管理中北极5国的“领导者”地位》，《中国海洋大学学报（社会科学版）》2016年第3期，第6页。

〔14〕参见http：//www. polaroceanportal. com/article/2083。

入，使得该协议填补了全球公海渔业管理方面最后一个空白点，SPRFMO 的生效将确保澳大利亚西部至南美洲海域的渔业捕捞活动被纳入国际公认的法则之中。[15] 欧盟、丹麦以及俄罗斯的加入将会促进南太平洋区域渔业资源的可持续发展，也有利于促进多边水产品国际贸易和非法捕捞（IUU）问题的解决。地中海渔业开发与治理也有利益攸关方的参与，地中海渔业一般委员会（General Fisheries Commission for the Mediterranean，以下简称 GFCM）除了地中海沿岸国为其成员外，还将传统远洋捕捞大国日本、韩国纳进该组织之中，同时世界自然基金会、国际自然与自然资源保护联盟等国际组织也参与其中[16]，为其提供科学研究数据和资金支持。

四、引入利益攸关方参与模式的法律依据

（一）联合国海洋法公约

《联合国海洋法公约》是调整中北冰洋公海渔业开发与管理的基本法律依据，该公约的第 116 条规定了所有国家均享有在公海捕鱼的权利。依据该公约的规定，中北冰洋公海区域的渔业资源自然允许世界各国国民在履行一定义务的前提下前往中北冰洋公海范围从事捕鱼活动。该公约第 118 条也要求各国在公海要进行生物资源养护和管理方面的合作，在适当的情形下建立分区域或区域渔业组织。笔者认为该公约的两个条款即赋予了远洋捕捞国家以及与北极存在相关利益的国家参与中北冰洋公海渔业开发和管理事务的权利。诚然，引入利益攸关方参与的模式是建立在中北冰洋公海应当存在一个区域性渔业开发和管理组织的前提下，但北极五国认为当前中北冰洋公海当前仍未全部融化，渔业商业开发尚不具备条件，但又要防止未来有可能存在的不管制捕捞活动，于是倾向于通过一系列的临时安排以代替组建中北冰洋公海渔业开发与管理组织。笔者认为北极五国的行为其实就是想把北冰洋公海渔业开发与管理事务的权利握在五国手中，避免国际社会的过度干预，但这种临时的安排真的有利于中北冰洋渔业资源的开发与养护吗？且不说北极五国的这种行为是对《联合国海洋法公约》第 119 条第 1 款的违反，北极五国也并未意识到引入利益攸关方参与模式的重要性，透过其他国际区域性渔业组织，都有大量的国际组织和利益攸关方的参与，所以中北冰洋公海渔业开发和管理需要引入利益攸关方参与模式，平衡世界各国在中北冰洋公海渔业开发中的利益问题。

（二）联合国鱼类种群协定

1995 年 8 月 4 日在纽约举行的联合国关于跨界鱼类种群和高度洄游鱼类种群会议上通过了《联合国鱼类种群协定》（以下简称 UNFSA），北极五国即美国、俄罗斯、加拿

〔15〕 李励年：《欧盟签署南太平洋公海渔业管理协议——称协议填补了全球公海渔业管理上最后一个空白点》，《现代渔业信息》2010 年第 10 期，第 34—35 页。

〔16〕 李聆群：《南海渔业合作：来自地中海渔业合作治理的启示》，《东南亚研究》2017 年第 4 期，第 114 页。

大、挪威、丹麦均是UNFSA的成员国，同时北极理事会成员、永久观察员和正式观察员也基本为UNFSA的成员国。[17]与《联合国海洋法公约》相比，美国并不是该公约的成员国，而其当前在北极事务中却发挥着重要的作用，因而单独依靠《联合国海洋法公约》难以对美国加以约束。但UNFSA几乎囊括了整个北极沿岸国以及积极参与北极事务的国家，至少北极五国是UNFSA的成员方。UNFSA第三部分专章规定了关于跨界鱼类种群和高度洄游鱼类种群的国际合作机制，第8条第3款中就提到对有关渔业真正感兴趣的国家可成为这种组织的成员或这种安排的参与方，这种组织或安排的参加条件不应使这些国家无法成为其成员或参加者。[18]该条款实际就赋予了传统远洋国家和利益攸关方参与中北冰洋公海渔业开发和管理的权利。UNFSA在一定程度上是对《联合国海洋法公约》中鱼类种群内容的具体规定，因而这两个公约中的有些条款是具有一致性的，比如在公海捕鱼的国家应当直接或通过适当的分区域或区域渔业管理组织或安排，就特殊鱼类种群进行合作。[19]所以笔者认为UNFSA的相关条款为构建利益攸关方参与模式的区域渔业开发与管理组织提供了法律依据，北极五国应当依照UNFSA的规定加快推进利益攸关方参与模式的进程。

（三）负责任渔业行为准则

1995年10月31日，世界粮食及农业组织（Food and Agriculture Organization of the United Nation）（以下简称粮农组织）一致通过了《负责任渔业行为守则》（The Code of Conduct on Responsible Fisheries）（以下简称《守则》）。《守则》确定适用于所有渔业的养护、管理和开发的非强制性的原则和标准[20]，致力于解决高度洄游鱼类种群和跨界鱼类种群在公海被非管制捕捞的问题，旨在能够促进海洋鱼类资源的可持续发展。《规则》第7条“渔业管理”中的第7.1.4款就规定了分区域或区域渔业管理组织或安排应当包括对国家管辖范围外的渔业或资源拥有实际利益的国家的代表。[21]这里的“实际利益国家”其实就是指一些传统的远洋捕捞大国以及与中北冰洋事务存在相关联系的国家。该规则为了进一步维护相关实际利益国家的权利，还提出了这些国家应当成为分区

---

〔17〕北极理事会成员为美国、俄罗斯、加拿大、芬兰、丹麦、冰岛、挪威（均为UNFSA成员国），北极理事会永久观察员为英国、德国、法国、西班牙、荷兰、波兰（均为UNFSA成员国），北极理事会正式观察员为韩国、日本、中国、意大利、印度、新加坡（新加坡非UNFSA成员国）。

〔18〕《执行1982年12月10日〈联合国海洋法公约〉有关养护和管理跨界鱼类种群和高度洄游鱼类种群的规定的协定》第8条第3款。参见崔利锋、黄硕林：《国际渔业条约和文件选编》，海洋出版社2015年版，第8页。

〔19〕《执行1982年12月10日〈联合国海洋法公约〉有关养护和管理跨界鱼类种群和高度洄游鱼类种群的规定的协定》第8条第1款。参见崔利锋、黄硕林：《国际渔业条约和文件选编》，海洋出版社2015年版，第8页。

〔20〕《负责任渔业行为守则》序言。参见崔利锋、黄硕林：《国际渔业条约和文件选编》，海洋出版社2015年版，第124页。

〔21〕《负责任渔业行为守则》第7条。参见崔利锋、黄硕林：《国际渔业条约和文件选编》，海洋出版社2015年版，第128页。

域或区域渔业管理组织或安排的成员或参加者通过相关的合作共享渔业开发的利益，共担养护与管理渔业资源的义务。利益攸关方参与的模式是当今区域渔业委员会发展的一种新趋势，吸引不同的国家和国际组织加入更有助于从整体上维护海洋渔业的可持续发展，虽然当前中北冰洋公海渔业商业开发尚无法实行，但未来会成为一种现实。当前国际社会还是应当未雨绸缪，及早论证、分析、制定可行且具有国际法约束力的统一性国际法律文件，组建利益攸关方参与的中北冰洋公海区域渔业开发与管理组织。

五、中国参与中北冰洋公海渔业开发与治理的事务

2018 年 1 月 26 日，中华人民共和国国务院新闻办公室发布《中国的北极政策》（China's Arctic Policy）白皮书，进一步明确了中国对北极事务的高度关注。该白皮书指出，中国是北极事务的重要利益攸关方，是“近北极国家”之一，北极的自然状况及其变化对中国的气候系统和生态环境有着重要的影响，关系到中国众多领域的经济利益。〔22〕中国作为世界负责任的大国之一，有义务也有责任对人类共同的财富——中北冰洋公海渔业的开发与治理加以重视。笔者认为，中国首先应向国际社会宣扬“共商、共建、共享以及共筑北极命运共同体”的先进理念，让更多关心中北冰洋公海渔业的国家和国际组织能够加入其中。其次，中国还可以同其他利益攸关方以及国际组织共同推进组建区域或分区域渔业组织或安排的进程，加强对相关区域渔业组织的研究论证分析，力争为中北冰洋公海渔业提供一个理想的组织运行框架。最后，中北冰洋公海渔业资源的开发与管理固然重要，但自然具有整体性，各国都应当重视中北冰洋的环境保护，海洋是鱼群的生存环境，对公海渔业资源的开发要严格遵守相关国际环境公约的规定。笔者认为，当前可以先行组建中北冰洋公海渔业开发与管理基金委员会，主要用于针对中北冰洋公海的科研调查、鱼类种群的养护、海洋环境的保护等。

---

〔22〕 参见 http：//www. scio. gov. cn/ zfbps/32832/Document/1618203/1618203. htm。

海洋垃圾治理的国际机制及其新近发展

■ 谢小庆*

【内容摘要】海洋垃圾作为海洋环境的新型污染方式已然成为直逼气候变化的又一个重大全球环境问题。在所有海洋垃圾类型中，塑料垃圾所占比重最大，其也因此成为国际社会首要关注的海洋垃圾问题。目前，国际社会一些全球性及区域性的条约对海洋垃圾问题有所涉及，但其管制体系尚不完备，管制效果也是微乎其微。为了更好地应对海洋垃圾问题，国际社会必须针对现存问题对症下药，填补制度空白，首先至少应该从完善国际条约出发，同时重点从以下角度进行考虑：第一，国际社会应能够对海洋垃圾中高达80%的陆源垃圾加强管控；第二，当造成海洋垃圾的行为发生在国际公共区域时，国际社会应该将其与公海自由进行协调，适当扩大管辖权；第三，当海洋垃圾的损害结果不仅仅涉及传统意义上的人身财产损害，而且单纯造成了环境损害时，应该针对“环境”本身设置相应的处理机制；第四，在能确认特定海洋垃圾的来源国时，一定程度上应该建立国家责任机制。

【关键词】海洋垃圾　微塑料　跨界环境损害　国际治理　国家责任

当今世界面临的不稳定性不确定性异常突出，不再局限于一国内部，不再是一国之力所能应对的全球性问题和挑战不断涌现，海洋塑料垃圾即是其中之一。2016 年，联合国第 71 届会议秘书长报告指出，海洋塑料垃圾是“一个影响到世界各大洋的全球性问题”，从近岸海域到大洋，从表层海水到深层海水和大洋沉积物，从两极到赤道以及海冰中，均发现存在塑料垃圾。[1]同年，第二届联合国环境大会将海洋塑料垃圾列为与全球气候变化、臭氧耗竭和海洋酸化等并列的重大全球环境问题。面对这一问题，作为一个拥有较长海岸线的国家，中国不可能免受其威胁。根据《2017 年中国海洋生态环境状况公报》，中国的海洋遭受海面漂浮垃圾、海滩垃圾和海底垃圾的污染，其中大部分垃圾为塑料类垃圾。[2]所以，无论是考虑到发挥负责任大国作用，积极参与全球海洋环境治理，还是旨在保护我国海洋生态环境，建设美丽中国，我们都必须密切关注海洋塑料垃圾问题。事实上，全国海洋工作会议已明确提出了积极参与海洋垃圾议题的国际规则制定的任务。鉴此，本文拟概括综述海洋垃圾治理的国际机制及其新近发展，以作为下一步研究的基础。

一、海洋垃圾的界定及其危害

（一）海洋垃圾的界定

不可否认，海洋对于人类的生存和发展至关重要，但长期以来人类社会对海洋环境

---

* 西南政法大学国际法学院副教授，法学博士。
本文为 2017 年教育部人文社会科学研究一般项目《全球治理背景下中国有效参与国际规则制定研究》（项目批准号：17YJCZH070），中国博士后科学基金第 57 批面上资助项目（资助编号：2015M572438）的中期研究成果。

〔1〕 联合国第 71 届会议报告 A/71 /74，《海洋和海洋法秘书长的报告》，2016 年 3 月 22 日。

〔2〕 http：//www. soa. gov. cn/zwgk/hygb/ zghyhjzlgb/201806/t20180606_ 61389. html.

造成的污染及破坏已经让海洋生态环境岌岌可危，特别是近些年海洋垃圾的出现让海洋环境雪上加霜。曾有学者指出，2003年全世界约有23%的人口（约12亿人）生活在距离海岸100公里的地方[3]，而这一数字到2030年可能会上升到50%。[4]此外，海洋中的初级生产者[5]所生产的物质占到了整个生物圈净初级生产量[6]的一半，足见海洋对于整个生态圈的重要性。同时，海洋环境蕴藏着丰富的生物物种，相关的旅游业亦是许多沿海国家至关重要且不断发展的经济部门之一。虽然人类的福利与海洋及其自然资源错综复杂地联系在一起，但不可否认的是人类在短短几个世纪内就已经大大改变了海洋原有的面貌。渔业、污染、水体富营养化、深海油气勘探、海水酸化和全球海洋变暖以及冰川迅速融化和海水热膨胀导致的海平面上升等，都是人类对海洋施加压力造成严重生态和社会经济影响的突出例子。因此，海洋环境保护和管理已成为全球许多国家不可分割的政治和社会问题。近几十年来，人造垃圾对海洋的污染已被认为是全球性的严重环境问题，针对海洋垃圾的研究也层出不穷。但具体而言，不论从何种角度研究海洋垃圾，首先都应该探讨人造海洋垃圾究竟是指什么类型的垃圾以及对海洋环境造成了什么样的影响。因为人类社会对海洋垃圾的认识并不是一蹴而就的，而是伴随着连续出现的海洋环境问题不断加深，对其概念的研究也反映了人类社会对海洋垃圾认识的进程。

海洋垃圾这一概念早在20世纪60年代便已进入大众视野，但一直没有全球普遍承认的标准定义。1995年由UNEP倡导的“保护海洋环境免受陆源污染全球行动计划”（以下简称“全球行动计划”）在美国华盛顿召开的政府间会议上获得通过，在这一计划中海洋垃圾被定义为“被丢弃或者处置到海洋和沿海水域中的具有持久性的人造固体物质”。在2006年UNEP发布了一项题为《海洋垃圾可持续管理分析性综述》的报告，在其中对海洋垃圾作了进一步的定义。报告认为，“海洋垃圾是指被丢弃或者处置到海洋和沿海环境中的任何具有持久性的、人为制造或加工的固体物质。海洋垃圾由人类制造或使用的物品组成，既可能被故意丢弃在海洋、河流或海滩上，由河流、污水、雨水或强风间接带进大海；也可能无意间被丢弃进大海，包括在恶劣天气中丢失的渔具、货物等物质。”这一定义相较于1995年的定义更加具体，且加入了许多限制条件。从这一定义中可知，海洋垃圾是指固体性的海洋垃圾，这一限制条件将石油等非固体性废弃物排除在外；此外，这一定义还反映出了海洋垃圾的来源既可能是人类有意的行为，也可

[3] Small, C. & Nicholls, R. J, “A global analysis of human settlement in coastal zones”, *Journal of Coastal Research* (2003), 19, pp. 584-599.

[4] Adger, W. N., Hughes, T. P., Folke, C., Carpenter, S. R., & Rockstrom, J., “Socialecological Resilience to Coastal Disasters”, *Science* (2005), 309, pp. 1036-1039.

[5] 初级生产是指自养生物即无机营养性生物所进行的有机物的生产。在一般生态系统中，光合成生物（绿色植物和光合细菌）所进行的有机物生产在数量上占绝大多数，因此，一般也多指光合成生物的有机物的生产。

[6] 净初级生产量是指在初级生产过程中，植物光合作用固定的能量中扣除植物呼吸作用消耗掉的那部分，剩下的可用于植物的生长和生殖的能量。

能是无意的行为，且来源渠道既包括海上来源，也包括陆上来源。具体而言，海源垃圾主要来源于：（1）各类船只，包括商船、渡轮、邮轮、渔船、军事舰队、考察船和游船；（2）海上石油、天然气平台和钻井平台；（3）水产养殖；（4）自然灾害。而陆源垃圾主要来源于海岸或内陆地区，包括海滩、码头、港口和河岸等，主要是：（1）沿岸废物垃圾场；（2）河流及洪水、暴雨冲刷；（3）工厂排污；（4）城市污水；（5）海滩、海滨野餐及休闲区垃圾；（6）沿海旅游及娱乐活动；（7）渔业活动等。UNEP 执行主任施泰纳（Achim Steiner）曾表示，“海洋污染的 80% 都源于陆地。照目前的污染速度，海洋污染程度在 40 年内将翻一番”。由此可见，海洋垃圾污染很大程度上来源于陆源垃圾，其复杂性和危害性也要求国际社会予以更多关注。

海洋垃圾不仅是固体性物质，且具有持久性。构成海洋垃圾的最常见的材料是塑料、玻璃、金属、纸张、布料、橡胶和木材等，根据美国海洋保护协会（Ocean Conservancy）2017 年发布的年度报告可知，全球范围内所收集的海洋垃圾比重排名前十的分别是：烟头、塑料饮料瓶、塑料瓶盖、食品外包装、塑料购物袋、塑料杯盖、吸管、玻璃饮料瓶、其他塑料袋以及外卖盒。由此可见，海洋垃圾构成材料中塑料垃圾占了最大比重。据估计，有专家认为全球所有塑料碎片中有 10% 最终进入了海洋[7]，也有人认为每天有超过 800 万个垃圾物品进入海洋，且这个数字可能在不断提高。2015 年《科学》上的一篇研究发布了自 1970 年以来首份全球数据评估报告，该报告指出每年都有大约 800 万吨塑料垃圾进入海洋，全球 192 个沿海国家在 2010 年总共制造了高达 275 亿吨的塑料垃圾，而且有大约 480 到 1270 吨最终流入海洋。这一数据进一步反映出海洋塑料垃圾问题的严重性，也让国际社会不得不重新审视海洋塑料垃圾问题。

海洋垃圾的种类并不是一成不变的，而是随着人类社会制造业的发展随之改变。比如近些年进入大众视野的“微塑料”便是最新的一种海洋垃圾。目前针对海洋垃圾研究最受人关注便是“微塑料”问题，这也是人类社会对海洋垃圾最新的认识。UNEP 在 2014 年报告中将“微塑料”问题列为全球十大最新问题之一，并指出“微塑料”已经成为海洋生物生存的巨大威胁。不同于常见的塑料垃圾，“微塑料”垃圾是指粒径比较小的微型塑料颗粒，但针对“微塑料”的具体尺寸和定义国际社会目前尚未达成共识。“微塑料”这一概念最初由汤普森（Thompson）在 2004 年发布在《科学》杂志上的一文中提出，此后这一概念得以广泛使用，但对其尺寸的定义依旧存在争议。海洋污染科学专家组（GESAMP）在 2015 年的报告中将“微塑料”定义为直径位于 1 纳米至 5 毫米之间的塑料颗粒，但通常而言，目前人们所指的“微塑料”直径不超过 5 毫米，仅仅设定了上限而没有设定下限。“微塑料”分为初级微塑料和二级微塑料，初级微塑料通常是为工业和家庭用途而特意制造的塑料微粒，主要用于化妆品、牙膏、洗面奶等日常

---

〔7〕 Thompson, R. C., “Plastic Debris in the Marine Environment: Consequences and Solutions”, in J. C. Krause, etc., eds., *Marine Nature Conservation in Europe*, Stralsund, 2006, pp. 107-115.

用品，而二级微塑料则是由较大的塑料物质通过风化等一系列物理的或者化学的变化而产生。“微塑料”由于其体积小，又易于进入海洋，对海洋动植物必然造成各种物理的、化学的影响，同时也可能影响处于食物链顶端的人类社会。因此，目前针对海洋垃圾的国际法管制，“微塑料”逐渐被提上日程，也是研究海洋垃圾中最为重要的一个方面。UNEP 甚至在 2015 年发布的一项名为《化妆品中的塑料：我们是否在通过使用个人护理产品来污染海洋环境?》的报告中直接呼吁各国停止或者禁止在化妆产品中使用微塑料，以便更加有效地保护海洋生态环境。

（二）海洋垃圾的危害

数十年来，人类已经认识到海洋环境中人造垃圾的危害性。海洋垃圾对海洋生物的危害不言而喻，而对人类社会本身的危害却容易被忽视。无论是通过新闻媒体还是报纸杂志，人类社会对于大量垃圾堆积在海面上的画面并不陌生。而在不断出现在人类视野的海洋垃圾中，人类社会甚至发现有些垃圾由于体积过大已然演化成了巨型垃圾场。臭名昭著的太平洋垃圾岛，也称太平洋垃圾漩涡便是人造海洋垃圾最直接的证据。美国国家地理学会指出，太平洋垃圾岛上大约 80% 的垃圾是由北美和亚洲地区的陆上活动造成的，在所有垃圾中绝大部分（约 705000 吨）是废弃的渔网。这一巨型垃圾岛对附近大范围水域内的海洋生物和海洋环境产生了严重的影响。由于这一区域远离所有国家的海岸，没有任何国家愿意承担清理责任或者提供清理资金，以至于这一垃圾带自被人类社会发现以来并没有得到有效的改善。太平洋垃圾岛的发现者查尔斯·摩尔（Charles Moore）曾表示清理太平洋垃圾岛的成本过高，足以使任何国家破产，这也是没有任何国家愿意负责任的主要原因。有些海洋垃圾虽然没有太平垃圾岛的规模，但由于塑料等垃圾的存在常常使垃圾聚集在一起，造成的威胁同样不容小觑。比如 2014 年马来西亚航空 MH370 失联航班搜救活动中，大量海洋垃圾堆积的画面令人触目惊心，甚至让搜救人员一次又一次地将其当成是失联航班的残骸。除了带来视觉上的污染，海洋垃圾同时也会污染水体，在威胁海洋生物生存的同时也阻碍着人类社会的生存和发展。总体来说，海洋垃圾，特别是塑料垃圾的危害性可以分为生态影响以及社会经济影响两大方面。

1. 生态影响

就生态影响方面而言，海洋垃圾的污染主要包括对生态环境以及海洋生物的影响。相关数据显示，人类社会塑料的产量每年增长 5%[8]，而其中很大一部分最终都会进入海洋，以至于海洋塑料垃圾问题被认为是全球关注的主要问题。根据《生物多样性公约》秘书处发布的报告显示，截至 2012 年，共有 663 种海洋生物受到海洋垃圾的影响，而这一数据到 2016 年已经增长到 817 种，这表明在短短几年内受到海洋垃圾影响的生物种类大幅增长了 23%。海洋垃圾对海洋生物的影响方式是多方面的，包括造成海洋生物

[8] Andrady, A. L. and Neal, M. A., “Applications and Societal Benefits of Plastics”, *Philosophical Transactions of the Royal Society of London* (2009), pp. 1977-1984.

的缠绕、窒息以及误食等。其中最臭名昭著的影响是其对海洋动物的缠绕，这种缠绕通常是由被人类丢弃的渔具和绳索造成的。被缠绕的动物在移动、捕食及呼吸方面受到了限制，往往因此丧失生命。据悉，每年有大量的海豹、海狮和海豚等海洋生物被由渔网等塑料垃圾组成的“鬼网”所缠绕。一旦陷入这种“鬼网”的纠缠之中，海洋生物便很难脱身，大量海洋生物丧命于此。除了被遗弃的渔具之外，人造材料如绳索、气球、塑料袋、床单等海洋垃圾也是造成大量海洋生物被缠绕的元凶。被缠绕的海洋生物要么由于无法继续捕食最终饿死、淹死，要么由于无法有效躲避猎食者而沦为食物。除了被缠绕，许多海洋生物常常误将海洋垃圾当作食物吞食，这些海洋垃圾进入到海洋生物体内后对这些生物的繁殖及生存产生了严重的影响，甚至可能直接造成死亡。比如，近些年的科学研究使得人们意识到塑料垃圾在海洋中的可视性可能会逐渐变小，但这些塑料垃圾实际上变成了微小颗粒，并没有真正从海洋中消失。而塑料颗粒越小，被处于食物链低端的动物所捕获的可能性就越高。微塑料被动物食用后，具有巨大的潜在性危害，使得人类社会不得不加紧评估其对于整个海洋食物链的影响。仅从缠绕和吞食两方面而言，海洋垃圾就对高达 519 种海洋生物造成了影响。而除了缠绕和吞食的问题之外，海洋垃圾也可能会造成海洋生物的窒息，破坏海洋生物的栖息地，进而对其他海洋生物造成影响。比如海洋垃圾除了对海面的动物产生影响，进入海底的垃圾也会对动植物产生不同程度的影响，这种影响往往是通过窒息的方式进行的。史密斯（Smith）就曾指出，大量的海洋垃圾覆盖在海底，窒息了红树林幼苗的生长，由此阻碍了对巴布亚新几内亚几近枯竭的红树林的修复。而在潮间带，海洋垃圾的重量和遮蔽效应可能会破坏敏感的盐沼植被，或者降低植被生长所需的光照水平，进而可能导致这些敏感的受保护的生态系统形成裸露地区。

2. 社会及经济影响

海洋垃圾除了会造成生态影响，也可能会产生直接的社会和经济影响，这种影响主要通过危害旅游、渔业、水产养殖和航行等经济部门对人类福利产生影响。就社会影响方面而言，海洋垃圾的影响是多方面的，比如漂浮在海面的海洋垃圾对航海而言自然是一种潜在的危险，而遍布于沙滩附近的海洋垃圾则破坏了人类常常进行娱乐休闲活动的沿岸环境。同时由于海洋生物常常误食海洋垃圾，这些海洋垃圾进入海洋生物体内后对这些海洋动物造成严重损害，而这些难以降解的垃圾通过食物链不断进入食物链高层次生物体内，最终甚至进入处于食物链顶端的人类社会，很可能对人类健康造成威胁。虽然目前对于海洋垃圾对于处于食物链不同层级的生物所造成的潜在影响仍旧缺乏科学的证据，但这并不排除海洋垃圾对不同食物链上生物甚至人类产生影响的可能性。最为直接的例子便是当处于上层食物链的生物吞食了下层食物链上的生物时，下层生物链上的生物所吞食的海洋垃圾必然会进入上一级食物链，从而产生影响。以微塑料为例，根据 UNEP 发布的 2016 年报告可知，虽然从目前有限的证据来看，海洋食品中的微塑料尚不足以直接威胁人类身体健康，但其中仍有许多不确定性。比如有些微塑料的直径可能要用纳米单位衡量，这种微塑料能够穿越人体细胞，也正是由于这种不确定因素的存在使得人类社会目前无法完全排除微塑料的潜在危害性。此外，海洋垃圾所带来的经济影响也是不言而喻的，比如由于海洋垃圾的影响造成海洋鱼类大量减少，人类的捕捞活动随之减少，收入自然也随之降低；再如，由于大量海洋垃圾堆积，人类社会不得不花费人力、物力及财力进行垃圾清理，这也是海洋垃圾造成的经济影响之一。亚太经合组织的一份报告显示，由于海洋垃圾的影响其成员经济体每年损失超过 10 亿美元用以垃圾清理等活动，足见海洋垃圾对人类社会造成的经济影响。

（三）海洋垃圾问题出现的原因及相应挑战

海洋垃圾造成了巨大危害，加快步伐应对这一问题已然迫在眉睫。但如果要取得良好的效果，首先必须明确海洋垃圾这一问题产生的原因，求本溯源方能从根本上解决海洋垃圾问题。同时，在分析海洋垃圾问题产生原因时，也必须认识到这问题给国际社会带来的挑战，从而为解决这一问题提供明确的方向。海洋垃圾问题并不是一个单纯的环境问题，更可以称之为经济问题、健康问题，甚至也是一个美学问题。这一问题的产生离不开人类社会的经济发展、政策规定以及传统认知等活动，而这一问题产生后由于其持续性、广泛分布性和危害性又给人类社会应对海洋垃圾带来一系列挑战，由此在日积月累中海洋垃圾有增无减，情况不断恶化。

首先，人类社会长期将海洋作为理想的垃圾倾倒场所。自古以来对于海洋有限的认知使得人类认为海洋是无限的，也就成了一个天然的垃圾存储地。加上海洋本身超强的自洁能力使得特定地区的海洋垃圾在短时间内并未显现出明显的负面影响。于是人类社会长期以来形成了将废弃物处理至海洋中的习惯，这也是海洋垃圾问题产生的主要原因。其次，人类社会经济活动持续发展，第二次世界大战后开始大规模生产塑料制品。由于塑料质地轻薄，持久耐用，而且价格低廉，使得塑料迅速被广泛应用于各类生产活动。加上大多数塑料制品都是一次性物品，按照人类传统的丢弃方式处理的塑料制品在海洋中并不会很快降解消失，而是不断累积，造成海洋环境中塑料垃圾不断增加的后果。一次性产品的使用越来越多，加上废弃物不加控制地胡乱处理以及废弃物得不到良好的管理和回收利用是造成垃圾堆积在海中的主要原因。以塑料海垃圾为例，解决海洋塑料垃圾问题面临的主要挑战是塑料产品的多样性以及塑料垃圾进入海洋环境的多重方式。塑料垃圾的特性直接造成目前国际应对机制的效果大大缩水。具体在处理海洋垃圾时又不可避免涉及多方利益，各方思想认识的差异、习惯传统的差异加上区域位置的差异，使得海洋垃圾的处理始终陷入“谁处理以及如何处理”的困境。而当海洋垃圾问题上升成为国际问题时，这一问题变得更为棘手。政策的失灵加上国际合作的匮乏使得海洋垃圾问题愈演愈烈。换句话说，当人类社会意识到海洋垃圾问题时，却又因为应对机制不当使得这一问题不断恶化。

海洋垃圾问题迫使人类社会不得不重新审视人类与海洋的关系，进而反思人类社会长期以来利用海洋资源的方式。海洋垃圾的存在凸显出人类社会目前经济模式的弊端，这种用完就扔的不可持续性生产模式对人类社会的可持续发展提出了挑战，也迫使人类社会加快发展循环经济的步伐，与此同时也就对科学技术以及经济发展水平提出了更高的要求。同时，海洋垃圾问题加大了国际合作的难度。目前国际社会虽然普遍认识到了防治海洋垃圾问题的紧迫性，却很难进行国际合作。通常，各国出于自身利益考虑很少会采取主动合作的态度处理国际性事务，而且鲜有国家愿意在牺牲本国利益的基础上为国际社会共同利益谋福祉，所以大多数国际合作都建立在一个有效公约基础上，且常常伴随相应的国际组织在各国的授权下行使一定的权力。然而，国际环境法目前在国际法上处于相对尴尬的境地，首先是缺乏相应的国际环境公约和国际环境组织，而且相应的国际法实践也并不丰富。一旦涉及国际合作，必然牵扯到资金积累、技术转让以及责任分配的问题，而这往往是大多数国家避之不及的问题。加上海洋垃圾极具流动性，使得海洋垃圾对海洋环境的破坏并不集中在特定区域，在对本国海洋环境造成破坏的同时也会威胁到其他国家的利益，甚至会对国家管辖范围外的公共区域造成影响，这也给国际治理带来了进一步的挑战。因此，目前针对海洋垃圾，国际社会主要是通过一些不具法律约束力的倡议以及报告等形式敦促各国采取措施，真正能够从国际法律层面处理海洋垃圾问题的文件并不多，并且这些涉及海洋垃圾的国际法律规定大多散见于各种其他国际法律文件中，有些甚至是通过以保护生物多样性等形式间接涉及海洋垃圾问题。作用有限的应对机制让海洋垃圾问题不断恶化，而不断恶化的海洋垃圾问题在威胁生态环境的同时也在不断挑战着人类社会的生存和发展。为了更好地从国际法层面应对海洋垃圾问题，首先必须对现有的涉及海洋垃圾的国家管制体系从整体上进行认识，进而找到现有国际法体制存在的漏洞和问题，从而为今后深化国际合作提供具有可行性的建议。

二、海洋垃圾相关国际治理机制

（一）海洋垃圾相关国际治理文件

1. 联合国《2030 年可持续发展议程》

国际社会在针对海洋塑料垃圾问题制定相关处理政策时需要考虑已有的区域和国际框架，这些框架旨在加强海洋环境保护，从宏观上指导各国作出有利于环保的举措。因此，在发展其他国际、区域、国家和地方性倡议时，首先就要考虑相关的国际框架，在探讨海洋垃圾问题时首先不可忽略的便是联合国发布的《2030 年可持续发展议程》（以下简称《议程》）。《议程》于 2015 年 9 月 25 日在联合国大会上通过，总共包括 17 个可持续发展目标和 16 项具体目标，是国际社会认可的发展框架，于 2016 年 1 月 1 日正式生效。从某种程度上来说，这 17 个目标都与海洋垃圾有关，但具体涉及这一问题的主要是目标 11、12 和 14。《议程》并不具有法律效力，但激励各国主动承担责任，并且各自建立为实现这 17 个目标的国家框架，可以说是目前国际社会针对海洋垃圾国际法管制首屈一指的指导性文件。具体而言，目标 11、12 和 14 涉及了海洋垃圾的问题。目标 11 下第 6 项表示："到 2030 年，减少城市的人均负面环境影响，包括特别关注空气质量，以及城市废物管理等。”目标 12 鼓励各国采取可持续的生产模式和消费模式，在这一目标下，各国努力实现自然资源的可持续管理和高效利用，并且努力通过预防、减排、回收和再利用，大幅减少废物的产生，这些都与海洋垃圾直接相关。目标 14 则倡导国际社会保护和可持续利用海洋和海洋资源，从而促进可持续发展。具体而言，该目标敦促国际社会“争取到 2025 年，预防和大幅减少各类海洋污染，特别是陆上活动造成的污染，包括海洋废弃物污染和营养盐污染”。由此可以看出，该项议程中至少有三项目标直接涉及海洋垃圾问题，但通过分析这三条目标可知《议程》的确是从宏观出发，设定了整体发展目标，并未针对海洋垃圾作出任何具体的规定。

2. 国际法律框架

（1）《联合国海洋法公约》。1982 年的《联合国海洋法公约》（以下简称《公约》）是唯一一个在全球范围内规定防止陆源污染一般义务的条约。《公约》第十二部分特别规定了海洋环境的保护和保全，强调了各国有保护和保全海洋环境的一般性义务。其中第 194 条对防止、减少和控制海洋环境污染的措施作了规定，要求各国应该采取必要措施管控“一切污染来源”的海洋环境污染。同时，第 194 条第 3 款对于“一切污染来源”作了详细规定，第一项便提及“陆上来源”的有毒、有害物质，特别是一些持久不变的物质。此外，《公约》在第 194、195 及 196 条规定了各国对于其他国家应承担的义务。比如，各国应该采取必要措施以防对其他国家及其环境造成损害，不得将损害或危险或转移或将一种污染转变成另一种污染，且不得故意或偶然在海洋环境某一特定部分引进外来的或新物种从而影响海洋环境。因此，一个国家如果造成了海洋垃圾问题，就很有可能违反这些规定。以塑料为主的海洋垃圾在演变成微塑料后随着海水流动会污染其他国家的环境，并且伴随着海洋垃圾跨国界的流动，常常给入侵物种提供了交通媒介。[9]因此，为了防止一国国内的行为对其他国家的海域环境造成污染，UNCLOS 对于海洋垃圾的规制不仅制定了比较宽泛的国际规则规定，还要求各国制定国内法以防止、减少和控制海洋环境污染，比如《公约》第 201 条规定各国应针对“倾倒造成的污染”立法，第 211 条规定各国应针对“来自船只的污染”进行立法。除了第十二部分直接规定了海洋环境的保护外，《公约》的许多其他条款也为国际社会管控海洋垃圾提供了依据。如沿海国有权采取适当的措施养护其海洋生物资源，有权对其专属经济区内的海洋环境进行保护和保全。此外，所有国家都应该遵守沿海国家所制定的有关生物资源利用的法律规章，比如渔具的种类、大小等。“无害通过权”中关于“无害”的规定也进一步要求通过国不能有“任何故意和严重的污染行为。这些条款虽然没有直接规定“海洋垃圾”，但通过对保护海洋生物资源、保护海洋环境以及“无害通过”的规定，可以推断出一旦海洋垃圾（无论是陆源还是海源垃圾）对海洋生物资源、海洋生态环境以及

〔9〕 O. Goldberg, “Biodegradable Plastics: A Stop Gap Solution for the Intractable Marine Debris Problem”, *Texas Environmental Law Journal* (2012), Vol. 42, p. 311.

“无害”权造成了破坏或威胁，就可以援引这些条款对相应的海洋垃圾进行管制。

（2）《1973年国际防止船舶造成污染公约》及1978年《议定书》（MARPOL73/78）。国际海事组织（IMO）主持制定了《1973年国际防止船舶造成污染公约》（以下简称《防止船舶污染国际公约》），该标准于1973年通过，1978年修订，涵盖了旨在防止和尽量减少海洋污染的规定，并且专门制定了附则五以管制船舶垃圾处理问题，也是目前国际社会唯一一个专门针对海洋垃圾设定专门条款的公约。《防止船舶污染国际公约》附则五（防止船舶垃圾污染规则）于1988年生效，并于2013年得到进一步修改。目前，已有超过150个国家为附则五的签约国。附则五规定了船舶操作产生的垃圾种类及相关处理规定。值得注意的是，附件五并没有对所有船舶垃圾作出笼统的处理规定，而是区分了垃圾种类与地域，相较于《公约》，该公约针对海洋垃圾的规定更为具体。首先，该附则对于世界上的海域作了“特殊区域”与非特殊区域的区分，区分的标准基于海洋学和生态学的情况以及特定区域内海洋运输的特殊性质等公认的技术原因，由此对于某些特殊区域需要采取特殊强制办法防止垃圾污染海洋。其次，该公约划分出了“特殊区域”，相应地在处理船舶垃圾方面也有不同的规定，总体而言在“特殊区域”内处理垃圾的规定更为严格。最后，该附则不仅对于禁止处理入海的垃圾种类作了规定，对于如何合理有效地将部分垃圾处理入海的方法也作了相应规定。附则五的规定是具体针对海洋垃圾的，总共只有7条，并没有针对海洋垃圾规定特殊的执行机制与责任机制，而是统一适用《防止船舶污染国际公约》中的规定，相关的具体内容将在下文进一步阐述。

（3）《1972年防止倾倒废物和其他物质污染海洋的公约》及1996年《议定书》。《1972年防止倾倒废物及其他物质污染海洋的公约》于1972年在瑞典斯德哥尔摩举行的联合国人类环境会议上通过，是保护海洋环境免受人类活动影响的首批全球性公约之一，其目标是“促进对所有海洋污染源的有效控制，并采取一切可行措施防止、减少并在可行时消除倾倒或海上焚烧废物或其他物质造成的海洋污染”。1992年联合国环境与发展大会召开，国际社会对环保的呼声与热情高涨，相关国际组织与国家也陆续推出了新的环境保护战略。在此背景下，《伦敦公约》已然不能适应新的形势，缔约国协商大会顺势决定全面修改已有的《伦敦公约》。缔约国会议到1993年已经取得了显著成果，分别通过了禁止倾倒放射性废物、禁止倾倒工业废弃物以及禁止海上焚烧有毒液体三项决议，并于1994年开始起草《〈防止倾倒废物和其他物质污染海洋的公约〉1996年议定书》（以下简称《议定书》）。在谈判期间，各国代表一分为二，一部分人主张禁止向海洋倾倒任何物质，被称为“绝对环保派”；而另一部分人则认为不应该忽视海洋本身的自净能力，而应该加以利用，所以应该对倾倒活动进行合理控制，这部分人被称为“利用控制派”。经过三年的艰苦谈判，双方终于就《议定书》的文本达成妥协，并最终在1996年召开的政府间特别会议上通过。《议定书》总共只有29条，包含3个附件，其主要内容包括缔约目标、缔约国一般义务、公约适用范围、遵约程序、争端解决机制、赔偿责任以及区域合作等。

《议定书》中虽然没有直接的“海洋垃圾”字眼，但却是目前处理海洋垃圾的主要国际法依据之一。首先，根据《议定书》的规定，除了所谓的“反向清单”中可能接受的废物以外，其他所有废物或者物质的海上倾倒都是禁止的。就这个层面而言，《1972 年防止倾倒废物和其他物质污染海洋的公约》的目标是通过规范倾倒来治理海上污染，而《议定书》的目标则是阻止在海上倾倒废物。[10]也就是说，《议定书》通过引入反向列名办法，比《1972 年防止倾倒废物和其他物质污染海洋的公约》更具有限制性。这项“反向清单”中所罗列出的可考虑倾倒的废物或其他物质并不包含塑料等海洋垃圾，因此，向海上倾倒塑料垃圾是被《议定书》禁止的。具体到公约执行方面，《议定书》敦促各国应当实施《议定书》所规定的措施，并且应当按照国际法的规定采取适当的措施防止废弃物倾倒行为，且在必要时对违法行为进行处罚。

（4）其他国际性条约。针对海洋垃圾目前国际社会并没有制定专门的国际性条约，关于海洋垃圾的处理也只能从各项条约中搜寻涉及海洋垃圾的部分。除了以上三个比较明显涉及海洋垃圾的国际公约外，在许多其他国际性条约中也能找到少量的相关条款。比如联合国《生物多样性公约》第 6 条和第 8 条涉及海洋垃圾碎片的影响，鼓励各国采取措施保护生物多样性。同理，其他涉及生物多样性的公约也能够直接或间接地推断出与海洋垃圾相关的部分，比如当海洋垃圾威胁到生物多样性时，就可以援引某些条款。此外，一些涉及海洋环境中有害物质的公约也可以找到一些涉及海洋垃圾的条款，例如《关于持久性有机污染物的斯德哥尔摩公约》（以下简称《斯德哥尔摩公约》）以及《控制危险废料越境转移及其处置巴塞尔公约》（以下简称《巴塞尔公约》）中都对各种有毒有害物质作了相关规定，当海洋垃圾释放出有毒有害物质时，部分条款可以引用。《斯德哥尔摩公约》建立了一份含持久性特性的十多种化学物质清单，规定缔约方有义务控制这些物质。就具体措施而言，缔约方有义务采取相应措施以减少非故意生产持久性物质的排放或者消除这些物质的污染源。此外，缔约方也有义务积极开发替代品，改进生产材料、具体产品和工艺手法，以此防止非故意生产的可持久性物质的形成和释放。这一公约列出了可能形成非故意产生的持久性物质的潜在来源，其中便包括城市生活垃圾以及医疗废弃物等，这些物质一旦进入海洋便形成了海洋垃圾，这也是《斯德哥尔摩公约》能够部分用于海洋垃圾的原因。

（5）“软法”。为响应《公约》中的相应规定以及对陆源海洋污染日益增长的关注，联合国环境规划署紧锣密鼓地制定了三个并不具有约束力的框架来解决海洋垃圾问题。这些“软法”性质的框架均明显缺乏执行机构，且各国在遵守层面也各不相同。在很长时间内，这些框架并没有认识到塑料是海洋环境中日益增多的持续性问题的来源。首先

〔10〕 Louka, E., *International Environmental Law: Fairness, Effectiveness, and World Order*, Cambridge University Press, 2006.

值得一提的便是《保护海洋环境免受陆源污染蒙特利尔准则》（以下简称《蒙特利尔准则》），《蒙特利尔准则》几乎是对《海洋法公约》的重述，同样缺乏具体的技术标准和明确的适用规则。《蒙特利尔准则》将海洋污染的定义从“对海洋生物的损害”扩大到了“对海洋生态系统的损害”，这一扩大性定义表明了对非生物因素的考虑，也反映出了国际社会对生态环境态度的重大转变，表明国际社会不再单纯将环境作为人类服务者，而是开始关注到环境本身，赋予环境本身作为国际法赔偿客体的权利。在《蒙特利尔准则》起草7年后的1992年，联合国在里约热内卢环境与发展会议通过了关于保护海洋和沿海地区的《21世纪议程》。其中第17章规定各国应该保护大洋和各种海洋及沿海区，并保护、合理利用和开发其生物资源。与《蒙特利尔准则》相比，《21世纪议程》有了质的进步。首先，《21世纪议程》明确将塑料列为“对海洋环境构成最大威胁的污染物”之一，并指出陆地来源污染占海洋总体污染的70%。其次，第17章首次在国际论坛上提倡将预防原则作为处理陆地来源海洋污染的一种方法。根据预防原则的相应规定，第17章针对海洋污染物建议采取预防性措施，比如提倡进行环境影响评价、推行洁净生产技术、促进回收利用等。最后，第17章也高度重视国家和地区的合作。具体而言，UNEP实际部分施行了《21世纪议程》中所提出的区域及国际合作，比如UNEP在全世界范围内部署了多个区域海洋计划（Regional Seas Programs，RSP）。这些区域计划规模相对较小，易于管理，更有助于解决海洋垃圾问题。“全球行动计划”是在1995年年底举行的华盛顿会议上作为《21世纪议程》授权的后续行动而产生的，旨在“应对人类陆地活动所引起的对海洋及沿海环境的健康、繁殖及生物多样性的威胁”，比《21世纪议程》第17章更进一步承认“垃圾”特别是塑料属于海洋污染的来源，并在国家、地区和全球层面建议采取相关行动。具体而言，“全球行动计划”第141段和第142段描述了陆地垃圾进入海洋的具体方式和渠道，并认为约80%的持续性固体废物来源于陆地。在2012年举行的第三次政府间审查全球行动计划会议中，与会者讨论了“全球行动计划”和“区域海洋计划”在减少目前海洋污染水平方面效率不高的原因，强调将陆地海洋垃圾作为2012年至2016年的海洋垃圾污染源的优先源处理类别，并且还首次将包括微塑料在内的海洋塑料碎片称为新出现的全球问题。除了UNEP主持的这些“软法”性质的活动，上文中所提到的“火奴鲁鲁战略”等也都是目前与海洋垃圾相关的国际管制体系中的部分。基于国际环境法的特殊性考虑，过于强硬的标准在国际社会上并不受欢迎，效果往往也会大打折扣，因此在国际环境法领域推行这种所谓“软法”性质的国际文件是不可避免的选择。

3. 区域合作体系

（1）联合国环境规划署区域海洋计划。联合国环境规划署于1974年发起的区域海洋行动计划（Regional Seas Programme，RSP）是UNEP在过去四十年内最显著的成就之一。这些区域计划旨在通过确立“共同海洋”（shared seas）方式解决世界海洋和沿海地区日益恶化的问题，即通过与周边国家进行全面和具体的行动来保护其共同的海洋环境。目前已有超过143个国家加入了18个区域海洋公约和行动计划，旨在追求可持续管理和使用海洋及沿海环境。在大多数情况下，行动计划主要依托强有力的法律框架，以区域公约和有关具体问题的议定书等形式出现。虽然所有单独的公约和行动计划都采纳了类似的方法，但每个公约都由其相关政府和机构量身定制，以适应特定区域特殊的环境挑战。具体而言，在所有18个区域海洋行动计划中，目前有7个由UNEP直属管辖（UNEP-administered Regional Seas programs），7个非UNEP直属管辖（Non-UNEP administered Regional Seas programs）以及4个独立区域计划（Independent Regional Seas programs）。过去40年来，UNEP区域海洋公约和行动计划已成为国际社会在区域一级保护海洋的唯一法律框架。就海洋垃圾问题而言，这些区域计划中均有相关条约或者政策规定。比如在地中海区域，目前主要有2012年通过的《地中海海洋垃圾管理战略框架》，2013年通过的《地中海海域垃圾管理区域计划》以及为保护海洋环境和地中海沿岸地区所建立的《巴塞罗那公约》等。在东北大西洋区域，目前影响最大的是《保护东北大西洋海洋环境公约》，也称《奥斯陆公约》。海洋垃圾是《奥斯陆公约》重点关注的领域之一，在其五个处理专门问题的附件中就有两项附件涉及海洋垃圾。附件一主要用于预防和消除陆地来源的污染，附件三主要用于预防和消除海上来源的污染，这两项均有相关条款涉及海洋垃圾问题。在西北太平洋区域，目前针对海洋垃圾主要文件是2008年由中国、日本、韩国和俄罗斯针对该地区的海洋垃圾问题制定的《西北太平洋海洋垃圾区域行动计划》（NOWPAP Regional Action Planon Marine Litter）考虑到每个区域不同的具体环境，不同的社会背景和经济背景，每个地区的区域行动计划之细节程度及各国要求或推荐的行动范围各不相同。例如，《关于地中海海域垃圾管理的战略框架》规定了各国有采取措施防止和减少地中海垃圾对该区域造成影响的法律约束义务，也有的区域行动计划并没有规定强制性的法律义务。

（2）欧盟。欧盟采取了一系列减少海洋塑料垃圾的环境保护措施，这些措施适用于欧盟的所有成员国。具体而言，欧盟委员会2012年发布了一项报告，涉及欧盟有关海洋垃圾政策、立法和措施等内容。这些内容不仅涉及欧盟内部的具体举措，也涉及最重要的国际义务。例如，根据《防止船舶污染国际公约》附则V规定，各国需要提供港口接收设施，而这一具体要求便反映在欧盟2000年的指令中。欧洲立法中与海洋垃圾最相关的是2008年颁布的《欧盟海洋战略框架指令》（英文简称为MSFD），该项指令将海洋垃圾作为欧洲海洋环境状态的十一个描述因子之一，其中还有专门章节规定如何减少海洋垃圾，其主要目标是到2020年实现欧盟海域的良好环境状况（Good Environmental Status，GES）。该指令将GES定义为："海洋水域的良好环境状况是指这些海域可以富有生态多样性和动态性，并且这些海洋是干净的，健康的和多产的。"2013年，欧盟委员会发布了《关于环境中塑料废弃物的欧洲战略的绿皮书》（Green Paper On a European Strategy on Plastic Waste in the Environment），该绿皮书涉及塑料生产、使用、管理及回收等方面，并提出了一系列问题以促进制定更有效的废物管理准则和法规。根据该绿皮书，欧盟着手修订现行法律，比如2015年欧洲议会要求各国减少使用轻质塑料袋。此外，欧盟在“微塑料”方面的研究也处于世界前沿，委员会2017年针对“微塑料”启动了两项专门研究，包括全面研究产品中有意添加的塑料微粒的来源、途径和影响以及在产品生命周期中所产生的（非有意添加）微塑料，并探寻减少其释放和减轻其影响的方案。欧盟成员国认为，通过改良、管理、回收垃圾，特别是塑料垃圾，避免使用一次性使用产品，改善产品设计（例如最大限度地减少微塑料在海洋环境中的释放），通过强化教育和认知行动，可以最大程度地避免海洋垃圾的产生。众所周知，一项政策或者法律只有得到有效的实施才能真正发挥其预期效用，也就是说成功实施废弃物政策是避免塑料垃圾进入海洋环境的先决条件，这也充分说明了执行机制的重要性。欧盟的特殊性使得欧盟所发布的指令性文件执行力度相对较强，这也给其他国际性文件的执行提供了有效借鉴。

（二）海洋垃圾现有国际治理措施

人类社会意识到海洋垃圾这一问题后，最初的主要工作均围绕如何减缓已有的海洋垃圾进行。随着海洋垃圾的进一步增长以及国际社会对海洋垃圾不断深入的了解，国际社会针对海洋垃圾从一开始仅强调减缓与重点关注海源污染逐步过渡到开始重视对海洋垃圾的预防，并且越来越重视陆源垃圾污染。在对海洋垃圾有关的国际管制体系有了一定的了解后，不可避免地需要对其相关的具体措施进行分析。不论是针对海洋垃圾的预防措施还是减缓措施，都不同程度地涉及了科学与法律等多个层面的内容，同时在整个国际化大背景下也离不开对相应国际法规则与原则的运用。国际环境法离不开科学研究，涉及海洋垃圾的国际法律管制亦是如此，但本文着重在于探讨相关的国际法问题，因此在解析具体措施时主要涉及与国际法律层面相关的内容。

1. 预防措施

国际环境法中最常涉及的原则包括可持续发展原则、预防原则、谨慎原则以及污染者付费原则等。讨论海洋垃圾的预防措施，离不开对谨慎原则与预防原则的运用。谨慎原则主要运用在气候变化中，主要是针对气候变化的不确定性而提出的，大体而言是指“国际社会应当通过仔细的前瞻性规划、阻止有潜在损害性的活动来避免对环境的破坏”。这一原则在20世纪70年代初发展成为德国环境法的基本原则，它被用来衡量国家在打击酸雨、全球变暖和海洋污染等方面的环境政策的有效性。之后，谨慎原则被广泛地纳入了各项国际政策文件中。1982年，它在联合国大会上被纳入《世界自然宪章》，之后这条原则也被许多生效的国际协议认可，如1987年的《蒙特利尔议定书》在序言中提到了谨慎原则，1992年的联合国欧洲经济委员会《跨界水道和国际湖泊的保护和利用公约》和《生物多样性公约》中提及了谨慎原则，1922年的《里约环境与发展宣言》也提及了谨慎原则。而预防原则是指对现有或可能的环境损害进行预防的原则，即采取积极的事前措施以避免危害结果的发生。一般认为预防原则最早起源于1941年

"特雷尔冶炼厂仲裁案"[11]，各国有义务采取预防措施避免自身活动对他国造成影响。预防原则与谨慎原则的本质区别在于，谨慎原则强调不以科学上的不确定性作为不行动或延迟行动的理由，也就是说谨慎原则产生的基础是科学的不确定性和环境损害的不可逆转或补救性，而预防原则则是在科学上基本确定的情况下采取措施防止环境损害。谨慎原则和预防原则都以预防环境损害的发生为目的，以预防为主的精神和理念来保护环境，从某种程度上说，谨慎原则是预防原则的进一步延伸，所以有学者将其并称为谨慎预防原则。但具体到海洋垃圾这一问题，不论是采纳预防原则还是谨慎原则就目前而言没有本质上的差别。但如果海洋垃圾问题所涉及的科学问题演变到像气候变化那样复杂难以确定时，谨慎原则的运用则是不可避免的趋势。总之，在这两个原则的指导下，国际社会针对海洋垃圾制定相应规则时主要考虑的便是采取何种措施以预防海洋垃圾的产生与扩散。

比如，《奥斯陆公约》第 2 条便规定："缔约方应适用预防原则。"据此，当有合理根据表明直接或间接进入海洋环境中的物质或能量可能会导致危害人类健康、损害生物资源和海洋生态系统、危害海洋设施或者干扰海洋的合理利用时，甚至即使没有确凿证据证明排放（的物质或能量）和结果之间具有因果关系时，都应采取预防措施。在具体措施方面，《防止船舶污染国际公约》以及《1972 伦敦公约/1996 议定书》中均对特定物质进入海洋的条件作了相关规定。《防止船舶污染国际公约》中划分出的"特殊区域"在处理船舶垃圾方面也有相应的特殊规定，比如在"特殊区域"外，一切塑料制品（包括但不限于合成缆绳、合成渔网及塑料垃圾袋）均不得处理入海；而在"特殊区域"内，除了包含在"特殊区域"外禁止入海的一切塑料制品（包括但不限于合成缆绳、合成渔网和塑料垃圾袋外），还包括一切其他的垃圾，具体包括纸制品、破布、玻璃、金属、瓶子、陶器、垫舱物料、衬料和包装材料。而《伦敦公约》实质上通过引入"反向名单"禁止倾倒除附件一所列物质以外的任何废物或其他物质并且倾倒附件一所列这些物质（如疏浚挖出物，污水污泥，鱼类废物，船舶、航空器、平台或其他海上人造结构物，惰性、无机地质材料以及自然起源的有机物）需要许可证。分析附件一所列的清单可知，允许有条件性地倾倒物质中并没有本文所说的"海洋垃圾"，尤其是塑料等人工制品，可见在海上倾倒以塑料制品为主的"海洋垃圾"也是《议定书》所禁止的。

预防措施的重点是避免产生垃圾或防止垃圾进入海洋。除了上述对垃圾入海的规定，其他预防措施主要包括减少垃圾来源，对废物再利用和再循环，将垃圾废物转化为能源，建立港口接收设施以及各种陆上垃圾管理措施，等等。限制使用塑料袋对于预防海洋垃圾的产生是十分重要的举措，但目前国际社会并没有完全禁止塑料袋的使用，欧盟建立的《欧盟废弃物框架指令》鼓励成员国采取立法或非立法措施，以加强废弃物的

---

〔11〕 Nicolas de Sadeleer, *Environmental Principle: From Political Slogans to Legal Rules*, Oxford University Press, 2002, p. 125.

预防和回收再利用。各国采取各种预防措施减少垃圾进入海洋，通常不仅仅是各国完全自主的行为，在许多国际条约及国际法原则的限制下实际上更是一种国际义务。但涉及垃圾的源头比如在生态设计要求以及循环利用等方面，国际社会尚未达成统一的标准，各国要么采纳本国的相关规定，要么遵循某些特定区域行动计划的要求。

2. 补救措施

针对海洋垃圾除了产生前采取预防措施外，在海洋垃圾产生后采取补救措施也至关重要。一般而言，补救措施可分为缓解措施与消除措施两个部分。缓解措施主要涉及垃圾的处理方式，即采取合适的垃圾处理方法将其对海洋环境的不利影响降至最低。这类措施大多数具有规制性的特征，如果涉及防止某些特定物质进入海洋时实际上与预防措施有一定的重合。比如，禁止某些类型的垃圾（如塑料）排入海洋或沿海垃圾填埋场，禁止某些类型的废物排入生态敏感地区以及禁止在海上进行某些活动（例如海上废物焚化）等。国际社会不仅对于禁止处理入海的垃圾种类作了规定，对于如何合理有效地将部分垃圾处理入海的方法也作了相应规定。比如在《防止船舶污染国际公约》附则五第3条规定："对于下述垃圾，应尽可能远离最近陆地处理入海，但无论如何不得在距最近陆地不足：（i）25海里将漂浮的垫舱物料、衬料和包装材料处理入海；（ii）12海里将食品废弃物和一切其他的垃圾，包括纸制品、破布、玻璃、金属、瓶子、陶器及类似的废物处理入海；本款（b）（ii）中所述的垃圾，在通过了粉碎机或磨碎机后，可允许尽可能远离最近陆地处理入海。但无论如何禁止在距最近陆地不到3海里处处理入海，这种业经粉碎或磨碎的垃圾，应能通过筛眼不大于25毫米的粗筛。"消除措施旨在清除海洋环境中已经存在的垃圾碎片。通常所见的海滩清理便属于此种类型，但这类工作不仅耗费大量的人力、物力和财力，而且也只能清理所有垃圾中特别小的一部分。据悉，英国的城市每年花费约1800万欧元清理海滩垃圾，且这项成本在过去十年中增加了37%。除了海滩清理之外，还有一些地区雇用专门的潜水员收集和监测海底废弃物，另外也会鼓励渔民将正常捕鱼作业期间收集垃圾物品转移至岸边集中处理。

总体而言，目前针对海洋垃圾问题补救措施在国际层面仍旧比较缺乏，除了上述《防止船舶污染国际公约》附则五作出了一些规定，其他国际性公约都没有相应的规定。目前比较具有执行效果的规定大多来自区域性的行动计划纲领，比如中日韩俄四国于2008年颁布的《西北太平洋海洋垃圾区域行动计划》，这一计划明确在西北太平洋区域针对海洋垃圾主要采取预防和补救两项措施。具体到补救措施方面，该项计划规定提出了三项要求。首先，各国应该积极组织海滩清理活动，并且向计划组提交清理数据；其次，各国应该采取有效措施清除已有海洋垃圾，比如开展定期清理活动，渔业部门承担部分清理责任等；最后，各国应该积极展开有关海洋垃圾的研究活动。由此可见，该项计划对比《防止船舶污染国际公约》等条约更加具体，但实质上也没有建立很好的执行机构和监督机构。

3. 责任机制

除了海洋垃圾的预防措施及补救措施外，针对海洋垃圾的具体国际管制措施不得不提相应的责任制度。责任制度从不同层面来看可以同时属于预防措施和补救措施。“特雷尔冶炼厂仲裁案”1941年的最后裁决承认了国际法的一个基本规则：“一国负有确保在它管辖或控制范围内的活动，不对其他国家或本国管辖范围外的环境造成损害的责任”，简称为“领土无害适用原则”。这一规则最终通过1972年《联合国人类环境会议宣言》（《斯德哥尔摩宣言》）得到国际法的确认，并逐渐演变成为国际环境法上最为重要的基本原则之一，同时也发展成为了一项国际习惯法规则。《联合国人类环境会议宣言》第21条指出：“各国有责任保证在它管辖或控制之内的活动，不致损害其他国家的或在其他国家管辖范围以外地区的环境。”与“领土无害原则”紧密相关的便是预防原则与谨慎原则。从这一角度出发，海洋垃圾责任制度可以说是预防措施里不可忽视的一部分。只有各国规范本国范围内的行为，不对本国范围外的其他国家或者公共领域造成损害，采取可行的预防性措施，才能有效应对全球海洋垃圾的问题。再者，责任机制往往涉及的是赔偿机制以及相应的补救义务，造成损害的国家如若承担相应的责任，通常会以赔偿资金的方式来为后续补救工作提供资金支持，或者责任国自己采取补救措施，这其中往往又会涉及技术转让等问题。从这一角度而言，海洋垃圾责任制度又可以列为补救措施的一部分。

目前，国际社会针对海洋垃圾主要是从海洋垃圾治理层面着手，主要包含控制海洋垃圾的产生以及垃圾产生后的处理问题。由此可见，现有的国际法律体系针对海洋垃圾主要是从国际合作层面出发，而出于各国主权权威性的敏感性几乎没有条约从国家责任层面对海洋垃圾进行治理。换句话说，目前国际法律体系主要是针对海洋垃圾本身进行的。但如上所述，责任制度实际上是服务于国际管制体系的，也是为了更好地实施预防措施及补救措施。但针对海洋垃圾的责任制度至少首先需要确认某项责任究竟是国内责任还是国际责任，且要确认责任主体、认定因果关系与责任标准。比如在《伦敦公约》第15条中便规定了责任和赔偿责任：“缔约当事国应按照有关对损害它国环境或损害任何其他环境区域的国家责任的国际法原则，承诺制定有关倾倒或海上焚烧废物或其他物质产生的赔偿责任的程序。”这显然是国际管制体系下赋予各国的国内责任，各国应制定相应的责任赔偿程序。另外，《公约》第235条也规定了责任问题，其中第2款也是国内法上的责任，而第3款要求各国采取国际合作在适当情况下制定强制保险或者补偿基金。无论是强制保险还是补偿基金，对于海洋垃圾的预防和补救都是至关重要的，但目前国际执行情况并不理想。

三、海洋垃圾现有国际治理机制的反思

（一）现有海洋垃圾国际法管制缺陷

如前所述，国际社会处理海洋垃圾已经具备基本的机制框架，一些地区和国家也已采取管理措施来处理这些问题。相关案例表明这些管理措施在少数区域已经取得了比较令人满意的结果，如韩国的渔具回购计划，中国台湾地区的塑料限制政策和强制垃圾分

类政策，OSPAR的捕捞垃圾政策，欧盟的海洋垃圾政策，等等。尽管如此，无论是在沿海地区、河口地区还是海底区域世界范围内的海洋垃圾在数量上仍在继续增加，这表明海洋垃圾整体上并没有得到有效的控制，仍然是一个持久的亟待解决的全球性问题。海洋垃圾问题迟迟得不到有效的解决，可见现有海洋垃圾国际管制体系存在相应的缺陷，具体而言本文认为可从如下几个方面探析。

1. 缺乏科学研究的有效数据

尽管目前针对海洋垃圾已经出台了一些方案，但人类社会对海洋环境中垃圾的数量、降解程度及其对海洋生物的潜在的物理和化学影响仍旧缺乏充分的认识。比如，目前人类社会对西印度洋地区海洋垃圾的数量、来源以及沉降等方面的数据掌握十分有限，对东亚海洋地区海洋垃圾问题的性质以及污染程度知之甚少。在欧洲海域海底、海面及河流中海洋垃圾的数量、成分、运输、来源和影响方面均存在数据空白。此外，目前国际社会上不乏大量非法捕捞活动，这些未加报告或者管制的捕捞活动所产生的海洋垃圾也无法得到有效监控。再者，上文中提到的“微塑料”问题更是急需科学数据的支撑。“微塑料”的产生、输送、影响以及处理方式目前都尚未有完全明确的回答，这也是目前国际法上尚未有专门针对“微塑料”的国际条约的原因之一。

与科学有效的数据直接相关的除了会导致人类社会采取相关的应对措施受到阻碍外，对人类社会采取行动的自觉性也会产生影响。换句话说，没有更多科学的数据让人们信服海洋垃圾的危害性或者说对现有数据的传播不够广泛，民众参与的积极性不高，效果也就会大打折扣。关于海洋垃圾问题的公众意识不强、教育不足既和缺乏科学有效数据的客观现实紧密相关，同时也和国际社会行动不足有关。在环保意识强烈的发达国家，民众自然也会更加重视环保。但在一些缺乏科学数据指导或者宣传不够到位的地区，海洋环保依旧任重道远。比如，尽管《布加勒斯特公约》中部分章节涉及海洋垃圾，但目前还没有专门管理黑海海洋垃圾的法律文书。一些区域海域甚至没有参与环境署全球倡议计划，如中西非和南非、东北太平洋等海域。这些相关的国家很多并没有意识到海洋垃圾这一问题的严重性，有的则是因为国家经济困难难以承担海洋垃圾管理的重担。

2. 缺乏针对海洋垃圾的国际公约

首先，虽然目前涉及海洋垃圾问题的国际法律文件并不单一，但并没有一个全球性的统一规范框架。即使有部分区域性条约较多涉及海洋垃圾问题，但公约的参与程度低，相应的作用也就受到限制。其次，尽管有些区域性的公约相对比较重视海洋垃圾问题，但也鲜有区域专门针对海洋垃圾问题制订详尽的规制计划。再次，针对海洋垃圾的陆源和海源问题需要采取不同的处理方式，目前国际法也未分别制订有效的计划。比如MARPOL和《议定书》主要针对的是以船舶（船舶、航空器、平台或其他海上人造结构物）倾倒为代表的海上废物来源，没有涉及海洋垃圾中另一主要来源，即陆源海洋垃圾。由于陆源垃圾造成的海洋损害具有跨界性质，加之各国之间的利益冲突导致处理陆源垃圾污染十分困难，对相应海洋环境的保护也无法由一个国家单独实现，因此，针对陆源垃圾的管制国家之间进行国际合作是必经之路。此外，针对陆源垃圾制定国际规则对于确保国际经济公平竞争来说也尤为重要。然而，目前不仅没有专门的国际条约规制海洋垃圾问题，也没有专门针对陆源海洋垃圾的国际法律体系。

不可否认，《公约》的问世为国际社会管制海洋垃圾提供了一个大致的法律框架体系，并且确认了每一个国家都有保护海洋环境的义务。由于《公约》涵盖了所有形式和来源的海洋污染，与那些要么以污染来源为导向，要么以地域为导向的公约相比，《公约》提供了更为综合的规制办法。MARPOL 针对的是船舶相关的污染，《议定书》针对的是海上倾倒造成海洋污染，而 UNCLOS 则涵盖了所有的海洋污染，不论是陆源的还是海源的，从这一层面而言，UNCLOS 在针对海洋垃圾管理方面填补了前两项国际公约的缺陷。但这并不意味着就海洋垃圾规制而言，UNCLOS 提供了完整有效的国际法律管制体系，相反 UNCLOS 中针对可以用于规制海洋垃圾的条款十分有限，且大部分比较笼统，缺乏具体可行的标准。目前，已有的国际法体系大多数也都是针对海源垃圾污染，类似的与海洋垃圾有关的规定很多在国际法上都存在法律空白，既然无法可依，又何谈有法必依。UNCLOS 是一个综合性的海洋条约，难以在海洋垃圾层面做到面面俱到，这也正是目前国际社会在规制海洋垃圾方面欠缺相应的国际法依据的原因。

3. 针对海洋垃圾的管辖权十分有限

无论是《公约》还是《1972 伦敦公约/1996 议定书》和《防止船舶污染国际公约》，涉及管辖权部分，作为目前针对海洋垃圾管制的主要国际性条约都显示出了国际条约作用的有限性。比如，许多海洋垃圾已经超出了按照 UNCLOS 所规定的任何国家的水域权利范围。据估计，举世震惊的“太平洋垃圾岛”大约有 1 亿吨垃圾，且这一数据并不确切，因为虽然有的塑料垃圾漂浮在海面，但大部分海洋垃圾实际上已经沉到海面以下，由此造成统计上的困难。虽然数量惊人，但这一“垃圾岛”由于其流动性已经超出了任何国家的管辖范围，然而 UNCLOS 中并没有对这种情况作出详细规定。同样，《防止船舶污染国际公约》第 3 条规定适用范围为：“（a）有权悬挂一缔约国国旗的船舶；和（b）无权悬挂一缔约国的国旗但在一缔约国的管辖下进行营运的船舶。”可见，该公约缔约国对船舶的管辖权只限定在缔约国本身享有管辖权的范围内。《1972 伦敦公约/1996 议定书》也有相似的规定，其目的在于防止倾倒废物和其他物质对海洋造成污染，因而对缔约各国提出了对向海洋中倾倒废物等物质进行管理的要求。但《1972 伦敦公约/1996 议定书》具体规定缔约当事国的管辖权时，明确指出缔约国应当将所需措施应用于：“（1）在其领土中登记或悬挂其国旗的船舶和航空器；（2）在其领土中装载要被倾倒或海上焚烧的废物或其他物质的船舶和航空器；（3）据知在其按国际法有权行使管辖权的地区中进行倾倒或海上焚烧的船舶、航空器、平台或其他人工构造物。”由此可见，《1972 伦敦公约/1996 议定书》下的缔约国在管理向海洋中倾倒废弃物行为时的管辖权同其本身所享有的海域管辖权并没有区别，同样只在其根据国际法有权行使管辖权的地区享有管理海洋垃圾的权利。但当海洋垃圾超过了各国本身享有的管辖权时，在国际法上针对海洋垃圾便失去了有效的法律依据。《1972 伦敦公约/1996 议定书》在管辖权规定方面虽然与其他两项国际性公约没有本质区别，但却规定了缔约国应该针对国家管辖范围外的区域“合作制定有效应用本议定书的程序”，包括“对观察到的进行违犯本议定书的倾倒或海上焚烧的船舶和航空器作出报告的程序”。这说明国际社会也意识到涉及国际环境问题时，传统的国家管辖权范围已经不足以应对全球环境问题，国际社会有意进行扩大。然而，这同国家管辖范围外生物多样性的保护一样，由于涉及各方利益将面临漫长的国际谈判。

4. 缺乏执行标准和监督机制

目前虽然没有针对海洋垃圾的全球性条约，但现有的国际法律管制体系并非毫无用处，不管是全球性的还是区域性的条约或者规范，如果能够得到很好的执行，海洋垃圾问题必然能够得到改善。但从国家层面而言，目前对国际条约和国际规范的监督和执行都远远不够，这既归咎于条约本身不够明朗化的规定，也与相关国家怠于遵守条约原则和履行各国条约义务息息相关。比如，UNCLOS 中涉及海洋污染的部分大多是综合性的规定，有些用词更是模糊。又如“无害通过权”中关于“无害”的规定要求通过国不能有“任何故意和严重的污染行为”，那么什么情况算是“严重的污染行为”？涉及海洋垃圾时又该如何评估？再如，UNCLOS 第 194 条规定成员国应“尽力”使用“最切实可行的办法”，同时又“按照其能力”来“防止、减少和控制海洋环境污染”。类似的规定在 1992 年《赫尔辛基公约》中也有体现，第 3 条要求缔约方采取“一切适当”措施来预防和消除污染。这种宽泛的规定虽然不可避免，但也没有出台具体的执行标准，这也就为法律体系、环境状况以及应对能力各不相同的不同国家提供了解释空间，执行起来也就更加困难。

此外，不论国际社会针对海洋垃圾如何规制，最终落实的依旧是国家。可以说，国家层面执行法规及管理措施是应对海洋垃圾的关键。但目前许多国际性的规定并没有完全转化成各国国内规定，即使转化成了国内法，也存在执行不力以及法律不够明确以至于存在解释空间等问题。例如，联合国环境署 2009 年的报告指出，只有加勒比海和西北太平洋地区的部分国家有专门处理海洋垃圾的国家立法。修改过后的《防止船舶污染公约》附则五在德国等国家尚未转化为国家法律，因此在国家层面实施这一经修订的附件五缺乏法律基础。《防止船舶污染公约》附则五不仅在许多国并未转化成国内法，而且在已经转化为国内法的国家中实施情况也并不理想。比如在美国，1995 年以来因为《防止船舶污染公约》附则五被起诉的案件中，只有不到 10% 的案件最终有相关处罚，且每个被处罚的案件平均只被罚款 4560 欧元，如此低的罚款数额根本无法起到威慑作用。再如，欧盟 2000/59 号指令旨在通过改善船舶废弃物的港口接收设施以减少船舶废弃物和货物残余物进入海洋的排放，从而加强对海洋环境的保护。欧盟所有国家国内的港口都有义务设立回收设施，并且对在港口停留或经过的各种船只均适用，但是这一指令对回收设施的收费规定含糊不清，以至于在转换为各国立法时产生了分歧。欧盟国家不同港口使用不同的废弃物收费系统会造成船东和运营商之间的混淆，在实施时也容易遇到阻碍。

5. 缺乏责任制度

如上所述，目前针对海洋垃圾实际上缺乏有效的责任制度，已有的少量责任制度也并未得到很好的贯彻执行，国家责任承担形式也不明确。虽然各国普遍比较排斥责任制度，也因此在国际环境法领域国际社会多采取合作机制，很少制定强硬的责任机制，比如在气候变化领域国际社会并没有设定严格的责任制度。但笔者认为，以气候变化为代表的环境问题主要是出于其科学的不确定性而带来的责任分配上的困难。但在海洋垃圾层面，如果能够确认垃圾的来源国，比如监控到某一国家在公共海域违反规定处理海洋垃圾，就应该设立一定程度的责任制度，因为海洋垃圾问题并不完全同气候变化问题一样完全受到科学不确定性的影响。当然，不可否认的是，已经存在的海洋垃圾在确定来源国上十分困难，那么针对这一部分不能确认来源国的垃圾也应该单独设定处理机制。从海洋垃圾制造国的角度来看，可以发现某一国制造海洋垃圾的行为，无论是有意的还是无意的，给该国境外的其他国家也造成了损害，也就是国际法上所认可的跨界损害问题。从这一层面来探讨海洋垃圾的问题，自然而言也就涉及了造成跨界损害的国家责任问题。国家责任一直是国际社会上各国抱有谨慎态度的问题，也常常因为各国的利益考虑陷入困境。诚然，国际合作是解决海洋垃圾不可否认的首选方式，考虑到海洋垃圾的危害性，笔者认为建立相应的国家责任制度也是必要的。在笔者看来，之所以对海洋垃圾进行管制，也是因为其造成了环境影响，但造成这种影响的责任人还是会具体到每一个国家，也就涉及每个国家的行为造成的这种跨界损害问题，同时也就引出国家责任承担问题。目前，针对海洋垃圾施行的责任机制并不明确，少量的规定比如上文提到的《伦敦公约》第 15 条以及《公约》第 235 条也比较含糊。不管是海洋垃圾尚未造成之前的强制保险措施、补偿基金措施，还是海洋垃圾发生之后的赔偿责任问题，都没有具体的实行标准和执行机构，可以说责任机制是目前针对海洋垃圾规定最不完善的一部分。

（二）海洋垃圾国际治理机制的发展趋势

1. 海洋垃圾国际及区域法律体系发展趋势

尽管海洋垃圾是一个全球性环境问题，但解决这一问题离不开每个国家的努力。整体来说，应对海洋垃圾问题，需从国家、区域、全球三个方面着手。首先需要围绕全球框架制订全球性减缓行动计划，其次在区域一级进行协调，最后在国家层面把制订和实施处理海洋垃圾的国家行动计划落实到具体的方方面面。不仅国际社会应该健全海洋垃圾管理的法律依据（如公约、法律、法规、行动计划等），各国也应通过制定适当的国家法律法规来加强和执行这些法律，以便更有效地控制和减少海洋垃圾。而目前针对海洋垃圾无论是在国际法层面还是在区域层面，都存在不同程度的空白。因此，针对海洋垃圾的国际及区域法律体系都存在一定的发展空间，而在具体发展这一法律体系时，比如建立专门的海洋垃圾国际公约，又存在许多需要着重解决的问题。除了针对海洋垃圾国际及区域法律体系漏洞进行发展，对现有国际法律机制进行落实同样具有很大空间。

国际社会可以专门建立针对海洋垃圾的国际条约，这是海洋垃圾治理的一个发展趋势或者说理想状态。而这项条约的内容至少应包括可执行的海洋垃圾判定标准、跟踪和报告机制以及处理办法。通过实施新的积极的国际制度，以实现联合国可持续发展大会“里约＋20 峰会”中提出的“到 2025 年显著减少海洋废弃物，防止对沿海和海洋环境造成损害”的目标。在制定国际条约时，特别应该专门针对海洋塑料垃圾和微塑料问题设定相应的条款，并且至少应意识到塑料垃圾对生态环境、经济发展和人类健康造成的危害，由此严格规范塑料垃圾的处置，解决塑料污染的主要来源。在发展有关国际性条约时，笔者认为有几个显著的问题值得关注。

第一，如前文所述，由于陆源垃圾造成的海洋损害具有跨界性质，加上各国秉持的“主权至上”的观点，对于海洋环境保护无法由一个国家单独实现。因此，针对陆源垃圾的管制必然离不开国际合作，且只有在这一领域制定国际通用规则，才能确保国际经济的公平竞争。而在涉及陆源海洋垃圾的问题时，不可避免地必然会与各国“主权至上”的天然状态产生一定程度的冲突，当然这也是国际化大背景下国际法必须面临和解决的问题。在这项理想化的条约中，国际社会能够在多大程度上以及采取何种手段涉猎这些陆源垃圾，将是各国谈判的主要关注点，也是未来建立相关国际条约必须解决的问题。

第二，海洋垃圾的流动性决定了其造成的损害不可能固定在某一范围内，当海洋垃圾损害来源国的行为所发生的范围，在来源国管辖与控制之外，比如发生在国际公共区域（公海或者两极地区等区域）时如何管控？这和公海自由如何有效协调？根据《公约》第 87 条第 1 款的规定，公海对所有国家开放，且不论其为沿海国或内陆国，这也就是各国所主张的“公海自由”的国际法律依据。然而，正因为公海的“自由性”使得各国在公海上的活动在一段时间内几乎不受管控，但随着海洋资源可持续利用与海洋环境保护概念的兴起，国际社会逐渐加大了对海洋的保护力度，近些年兴起的公海保护区、国家管辖范围以外区域海洋生物多样性保护以及北极保护政策等概念无一不挑战着传统的公共海域政策。可以说，公海自由与在该区域内的环境保护实际上反映了国际社会所崇尚的自由公平的秩序和全球共同治理的关系，同时也是一种权利和义务相辅相成的关系。具体到海洋垃圾问题，本质上也就是环境保护与自由权利之间的关系。

第三，一方面考虑到海洋垃圾损害行为可能发生在国际公共区域造成管控困难，另一方面不可忽视的便是海洋垃圾损害结果的发生地。环境作为一个整体是不分国界的，但国际法将世界划分为各个离散的地缘政治单位，各自拥有对自己领土的主权，并且不能容忍侵犯到各自国界的行为。被国际法所划分的各个政治单位在其边界以外的权力受到了严格限制，因此各国保护其国内环境免受国外侵害的能力相应地受到限制。同时，各国也有可能因为没有得当地控制其国内的行为而对本国区域以外的地区造成环境损害。就目前的国际法而言，当海洋垃圾损害的结果对其他国家造成损害时，可以援用国际法上跨界损害方面的国际条约进行处理。但当这种海洋垃圾的损害结果发生在公海等公共区域时又该如何处理？再者，当海洋垃圾的损害结果不仅仅涉及传统意义上的人身损害及财产损害，而是单纯造成了环境损害时，是否应该针对“环境”本身设置相应的处理机制？这种针对环境本身而设置的环境责任机制并不是国际法上最新提出的想法，但却是国际法目前谈判困难、进展缓慢的层面。随着人类社会发展航海、开采等技术的提升，人类社会对于自然社会的利用会愈加广泛，随之而来的破坏也会不断扩大，同时对于环境本身造成的破坏也带来了相应的恶果。国际法委员会早在 1980 年末正式发布的《国际责任条款草案》中第 19 条“国际罪行和国际侵权行为”第 3 款“关于可能造成国际罪行的行为”中第四项行为就规定了“严重违背对维护和保全人类环境具有根本重要性的国际义务”可能造成国际罪行，比如大规模地污染海洋和大气层。也就是说，“保护人类环境”已经被认为是国际社会的根本利益之一，违背了这一义务会被以为是种国际犯罪。相应地在“跨界损害”中对于“损害”的定义也就涵盖了除人身及财产损害以外的纯环境损害。除了国际法委会，欧盟法中针对“损害”也作了同样的区分。在欧洲委员会于 2000 年发布的《环境责任白皮书》中，污染损害被分为：环境损害（Environmental damage）和传统损害（Traditional damage）两类。传统损害即由于污染损害行为造成的人身损害及财产损害，这类损害通常经由民事程序解决。而《环境责任白皮书》（以下简称《白皮书》）中明确了“环境损害”的概念，即对环境造成的损害。在通过《白皮书》之前，欧洲联盟成员国已经建立了涵盖对人身和财产损害的国家环境责任制度，但并没有真正解决对自然环境损害的赔偿责任问题。这也是市场主体在经济行为中侧重于考虑对他人人身及财产可能带来的责任问题，而不倾向于考虑对环境造成损害的责任问题的原因所在。因为环境在传统上就被视为一种“公共物品”，社会作为一个整体应该对其负责，而不是实际造成损害的个人应该承担的责任。然而，《白皮书》提出了对自然造成损害的责任，希望带来人们态度的转变，从而提高环保水平。《白皮书》由此规定了欧共体环境责任制度的结构，涵盖了传统损害（对人身和财产的损害）和环境损害。根据《白皮书》，欧洲议会在 2004 年通过了处理“纯生态损害”的《环境责任指令》。海洋垃圾除了会对海洋生物、人体健康及社会经济发展造成损害外，对海洋环境本身也会造成不可逆转的破坏。针对“跨境损害”中单纯的环境损害，是否有必要在单独定义的同时进行单独的国际法律规制？比如效仿目前国际社会针对石油污染建立单独的资金制度。

第四，在能确认特定海洋垃圾的来源国时，不管是对其他国家造成污染损害还是对国际公共区域造成污染损害，是否应该考虑建立相应的国家责任机制？国际责任承担的形式也是未来国际法上应该重点关注的问题。国家的国际责任长期以来被分为两类责任：一是传统的国家责任，二是国际法上不加禁止的行为所造成的国家责任。传统意义上的国家责任遵循格劳秀斯的“过失责任论”，即按照一国的行为是否合法来判断是否承担国际法上的责任。而现实中各国社会进行各种各样的生产活动往往会产生些危险的或者危害性的后果，且国际法也不加以禁止，这种情况下所造成的责任被国际法委会称为“国际法不加禁止的行为产生的损害性后果的国际责任”。与海洋垃圾相关的国家责任，且不论其究竟是源于一国的合法性行为还是违法性行为，为了有效解决这一问题都应该有相应的责任机制。但在责任承担形式上，国际法在未来谈判过程中应该针对海洋垃圾作出合理有效的规定。众所周知，国际法上国家责任承担的形式可以说经历了“国家承担—私法化趋势—公私结合”的发展历程。比如，在治理海洋石油污染方面，目前国际社会已经建立了相对完善的责任机制，也取得了比较明显的效果。针对海洋石油污染的责任制度不再是单一一国政府的责任，其正向私法化以及公私结合方向发展，在“污染者付费原则”以及“预防原则”等原则的指导下，发展出了“损失分担”以及“损害基金”等一系列制度。比如，1969 年国际社会建立了《国际油污损害民事责任公约》，公约规定：“在事件发生时，船舶所有人应对该事件引起的漏油或排油所造成的污染损害负责。”但现实中一旦出现油污事故，由于赔偿数额过于巨大船主无力负担，所以国际社会在 1971 年又建立了《国际油污损害赔偿基金公约》（以下简称《基金公约》）作为 1969 年公约的补充。《基金公约》通过向石油进口人收取费用建立起油污损害基金，从而确保能对油污事件的受害者提供其全部损失的赔偿，同时又能解除船舶所有人的额外经济负担。这种“污染者付费”以及“公私结合”的责任制度使得石油污染在国际社会得到了相对较好的应对方法。同理，在处理海洋垃圾污染时，建立相应的国家责任制度也可以参考石油污染的这种责任制。

国际社会可以落实现有国际法律机制。一项国际条约的达成绝非易事，因此针对海洋垃圾专门建立国际条约虽然极具发展空间，然而就目前而言依旧任重道远。但海洋垃圾问题又不断恶化，亟待解决，因此目前最有效的办法便是落实现有的国际法律机制，强化履行现有的国际法律义务。比如目前应该促使更多国家批准加入《防止船舶污染公约》附则五，并且制定有效的实施机制。具体而言，在区域和国家层面可以制定和实施基于国际统一认可的方法及标准的区域和国家海洋垃圾监测计划。比如国际社会至少可以改善处理船舶废弃物和破旧渔网的港口接收设施，以减少进入海洋及沿海区域的海洋垃圾数量。而一系列处理海洋垃圾的行动计划均离不开资金的支持，因此国际社会也可以确定用于管理海洋垃圾的财政资源和基本资金，将有关资金的国际法规定落到实处。同时，相关负责任的联合国组织（如环境署、海事组织、粮农组织等）也可以加强和协调其在海洋垃圾问题方面的工作，与民间社会，包括科学界、学术界、私人部门和非政府组织等展开密切合作，最大限度发挥现有的国际法律体系的作用。在全球性机制缺乏的情况下，落实区域机制也是至关重要的。比如目前 UNEP 主持下的许多区域海洋计划，更应该加强在海洋垃圾层面的区域合作，在已有相关区域机制的情况下更应该落实实施机制。可以说，在落实现有国际及区域机制方面，各国目前具有很大的发展空间。

2. 海洋垃圾相关国际文件国内化趋势

从各国国内角度而言，不可否认国际法的效力是有限的，而且往往很难得到落实。因此，各国为了更好地解决海洋垃圾问题，同时又不触及主权问题，必然会选择逐步将相关国际规定内化为国内法。比如《防止船舶污染公约》附则五，其很多规定比较模糊，在实行标准上往往只给出了框架性建议，各国在执行附则五时很可能会根据本国需要制定相应的施行标准。除此之外，首先，各国可能会制定和实施国家废弃物管理法，或者针对海洋垃圾单独立法，制订相应的法律或者行动计划。具体而言，各国应该制定和实施法律，防止废弃物进入海洋环境。防止废物进入海洋环境是保护海洋环境的一个关键途径，因为废弃物一旦进入海洋环境，就很难或不可能将其清除。因此，制定相应的策略例如在水环境附近建造垃圾处理厂或者发展循环经济等方法有助于减少废弃物的产生和进入海洋。其次，为了响应国际社会对塑料垃圾的限制，各国从国内法的角度首先禁止或减少海洋垃圾中常见的一次性垃圾和其他废物产生的一次性塑料，如瓶子、杯子和袋子经常在海滩上被发现，而且在海洋环境中大量存在。因此，目前许多国家和地方政府已经禁止特定一次性用品的使用，比如塑料袋等。再次，管理不可回收的物品也是各国执行国际法的必然选择，比如管理个人护理以及化妆品产品中的塑料微粒。目前人类技术无法将这些塑料微粒从水环境中消除，因此只能防止它们进入海洋环境，从源头上消除海洋塑料污染。最后，为了处理已有海洋垃圾，履行保护海洋环境、维护生物多样性等国际义务，各国也将积极支持海洋垃圾清理工作。通过政策措施和政府计划，各国可以支持区域和地方海洋垃圾监测和清理计划，参与教育和提高公众意识的活动，并扩大相应生产者的责任。除了在立法层面加快立法进程，可以进一步加强国家体制建设，设立相关行政部门处理海洋垃圾问题。同时，为了有效实施国际法与国内的相关规定，各国也将努力改进执法体系，以便相关的现行立法得到有效执行。比如，为执法官员提供培训，提高政治家对海洋垃圾问题的敏感程度，以协助打击违法行为，等等。海洋垃圾问题并不仅仅是国家面临的挑战，也无法单纯依靠国家得到解决，因此无论是国家还是地区，都不会忽视各类民间组织及个人的力量。要加强公共部门和私营部门的伙伴关系，制定关键利益相关方和合作伙伴参与的框架，并且提高公众意识和教育水平。只有在积极履行国际法律义务，加快将国际法国内化的步伐，使更多的人参与到处理海洋垃圾问题这一阵营中来，才能事半功倍。

四、结　语

海洋垃圾问题已成为人类社会亟待解决的全球性问题之一，尤其是塑料垃圾问题更是值得关注。海洋垃圾引发的一系列问题存在诸多争议，这主要源于国际社会不同的政治、经济及法律利益。以塑料垃圾为例，自人类社会发明塑料以来，其已经成为人类社会产品包装及物品收纳不可分割的一部分，经济层面上的价值成为各国无法舍弃使用塑料制品的主要原因。而当塑料制品被丢弃或者遗弃到海洋环境中后，其残骸对海洋生物、生态环境以及人类社会均造成了威胁。且由于海洋环境的特性，海洋垃圾造成的环境损害往往是跨境损害，不仅给相应的国家带来人身及财产的损失，对其他国家甚至整个海洋环境也造成了破坏。但是，由于各国对于其管辖范围内绝对主权的信奉，国际社会对于单独某一国家的行为进行管制十分艰难。为了应对海洋垃圾这一严重问题，单纯依靠某一个甚至某几个国家的力量简直是杯水车薪，甚至可以说是天方夜谭。在这一背景下，应对海洋垃圾问题不得不要求整个国际社会开展有效的国际合作。自国际社会意识到这一问题以来，便开始针对这一问题展开了各种研究。最初国际社会对于海洋垃圾的研究主要集中在寻找减缓措施上，且主要关注海源垃圾污染。随着海洋垃圾的进一步增长以及国际社会对海洋垃圾的不断深入了解，国际社会从一开始仅强调减缓措施与重点关注海源污染逐渐开始重视对海洋垃圾的预防以及陆源垃圾污染。从针对海洋垃圾进行科学性的研究到制定解决战略，国际社会经历了从科学到实践、从国内到国际的发展历程。然而，具体到国际管控制度，目前针对海洋垃圾的国际管制体系在“质”与“量”上都存在不足。在处理海洋垃圾问题时，国际社会面临着许多棘手的问题。比如，在国家管辖范围外的公共区域，类似公海与极地区域，对一国的行为是否可以进行国际管制以及如何进行国际管制是当前治理海洋垃圾污染的一大挑战。另外，尽管海洋垃圾污染已经引起国际社会的广泛关注，但相应的国际法律管制仍旧不够健全，对于海洋垃圾造成跨界环境损害所引发的国际责任也没有相应的制度。

为了更好地应对海洋垃圾这一挑战，国际社会不仅需要进一步加强相关的科学研究，同时也应该在国际治理层面寻求新的解决方案。比如，在寻求解决海洋塑料垃圾的方法时，国际社会不应该将注意力完全放在寻找塑料品替代品上，而是更应该专注于塑料垃圾的处理上。因为塑料虽然会威胁海洋环境，但其实用性也不可否认。防止塑料垃圾损害海洋环境最直接的方法便是禁止各国在海上处理塑料垃圾，《防止船舶污染公约》附则五是至关重要的法律文件，但其局限性也让国际社会意识到制定一项禁止世界海洋塑料污染的国际法律规范必不可少，也势在必行。同时，由于陆源海洋垃圾涉及各国主权问题，比较复杂，在全球范围内针对陆源海洋垃圾的管理仍然很薄弱，目前解决陆源垃圾几乎都是以不具约束力的文件形式予以规定。制定规范陆源海洋垃圾的全球法律框架需要考虑经济发展水平、海洋垃圾本身的特性、不同区域的地理和生态状况以及发达国家与发展中国家在经济及技术方面的差距等因素。也正是因为这些方面的限制，目前针对陆源海洋垃圾主要通过区域合作进行。且不论海洋垃圾究竟是来源于陆地还是海洋，如果要解决这一问题，就必须着手制定有效的国际法律文件，解决一系列关键问题。首先，必须制定一套统一的国际标准，明确海洋垃圾入海的标准及方法；其次，必须解决海洋垃圾造成跨界损害这一问题，尤其是当损害发生在国际公共区域时的处理方法。在完善了相关的法律体系之后，必须同时健全相应的执行机制和责任机制。除此之外，海洋垃圾同样涉及环境损害这问题，这与传统的人身损害及财产损害不同，是单纯涉及环境的损害，环境本身是否应该享有权利也是目前国际法上热烈探讨的话题。总而言之，从国际法层面解决海洋垃圾问题是国际社会的必经之路，也是一条困难重重的道路。

船员失职刑责之再探究

——罪名设置的理论基础与路径选择

■ 杨　猛*

【内容摘要】对于造成重大人员伤亡与财产损失的船员失职行为的认定，故意杀人罪、过失致人重伤或死亡罪、交通肇事罪的评价范畴内都有解释适用的空间。但是，对于未造成重大法益侵害后果的船员高风险失职行为的惩处，目前却多以行政处罚为主。这种结果归责式的评价标准无法在高风险领域有效预控风险。那么，对于船员失职应该如何规制？是设立新罪还是对现有罪名作出合理解释？本文拟从船员失职入罪的法理基础入手，通过附属刑法衔接前置船员义务规范与危险驾驶罪、走私罪、污染环境罪，结合船员失职的行为类型，对以上罪名进行分类构建与解释适用。

【关键字】船员失职　入罪理论基础　附属刑法　罪名分类构建与适用

海事航运属于高风险行业，在保障船员各项权益的基础上，应纠正结果归责倾向，强化尽职，最大程度减少失职可能造成的法益侵害风险。我国有关船员的立法主要有《中华人民共和国海商法》（以下简称《海商法》）与《中华人民共和国船员条例》（以下简称《船员条例》），其中多是对船员权利义务的规定与船员权益的保护，船员失职多以行政处罚（如罚款与吊销船员资格）为主。由于海上环境复杂，船员构成也很复杂，因此需要通过立法完善船员人身与财产安全。我们也必须注意到，长时间在高风险环境中作业，船员要承受更多的压力，船员本身就会对海事航运带来风险。也就是说，在高风险行业中，我们既要保证从业者的各项权益，同时更要通过尽职规则，强化尽职，减少高风险行业中人为风险因素带来的人身财产损失。对于船员的故意犯罪和某些过失造成严重法益侵害的犯罪，由刑法典分则对现有的罪名加以规制，比如故意伤害罪、故意杀人罪、过失致人死亡罪、过失致人重伤罪、环境污染罪等。对于重大过失但是没有造成人员伤亡或者没有造成重大财产损失，比如出于过失的重大海难事故，但是搜救及时并未造成严重后果，那么此时对船员的处罚与对造成重大法益侵害的船员的处罚，差异性是显著的。这显然是结果归责主义对海事违法行为性质认定的负面影响。以此角度为切入点，我们再次审视船员相关立法，对船员责任的划分，是否罪责刑相适应，还是值得商榷与反思的。

一、问题的提出

首先，梳理国外立法，船员失职行为刑责化明显。面对不断发生的海难事故，国外

---

* 大连海事大学法学院讲师。

立法多数倾向于将船员责任单独苛责，施以刑事处罚。比如，《瑞典海商法》第 20 章第 2 条规定："对于未能运用良好船艺的人员，除非其疏忽轻微，否则应就其在海上交通事故中的疏忽对其处以罚金或 6 个月以下的监禁；严重疏忽，应对其处以 2 年以下的监禁"，第 7 条规定："当船舶与他船发生碰撞后，船长未能尽到组织施救和通知义务，应对其处以罚金或 2 年以下的监禁。"日本《船员法》第 124 条规定："船长违反船舶碰撞情况下尽力施救义务和告知义务，处 3 年以下有期徒刑或 100 万日元以下的罚金。"按照英国《商船航运法》第 58 条、第 59 条的规定，船长或其他船员违反义务或玩忽职守，造成严重财产损失或人员死亡或受重伤，将会被处以 2 年以下有期徒刑或罚金或两者并罚。[1] 这就说明除了造成重大伤亡法益损害之外，在某些失职行为方面，国外立法是有将其刑责化处理的倾向的。

其次，综观我国海商法与船员条例，对于船员高风险的失职行为仍停留在民事责任和行政处罚阶段，比如《海商法》"船员"章中基本是对船员权利义务的原则性说明，其他章节也是对船员民事责任的确定；《船员条例》第三章"船员职责"与第七章"法律责任"，只是对船员的行政责任作出规定。对于未造成严重后果的高风险失职行为无有效罪名跟进，必然会导致失职行为频发，这也是很多重大海难事故发生的最终根源。海难事故一旦发生就无法挽回，所以我们必须通过严苛立法强化尽职，减少因船员失职造成的海难事故的可能性。而根据目前的立法现状，仅仅处以行政处罚又很难达到惩戒与预防的效果，这就在行政处罚与刑事惩罚之间，留有必须完善的空白地带。就目前立法现状而言，该空白地带的龃龉主要表现在以下几个方面：一是没有达到重大法益侵害程度的高风险海事违法行为没有具体罪名跟进；二是大部分船员失职行为无法运用我国目前的渎职犯罪处罚；三是海事违法行为具有其特点，不能完全照搬陆上犯罪的犯罪构成解读（比如陆上犯罪多数都是结果犯，但是海事犯罪应多构建行为犯、危险犯的犯罪构成罪名，海事犯罪既遂有更大的危害性，应提前刑法介入的时间）。

故，笔者认为，应在厘清国内外有关船员刑事立法现状的前提下，通过准确定位船员失职入罪的刑事理论基础，在保障刑法谦抑性、稳定性与逻辑性的同时，完善海商法"船员"章与刑事立法的衔接，有效规制与预控船员失职行为，进而降低海事航运的人为风险。

二、船员失职入罪具备刑法理论基础

（一）寻求法益让渡与保护之间的平衡

科技不断发展，在助力社会与经济发展的同时，也造成无法完全避免的风险。比如，飞机、高铁、邮轮、海底隧道等，在便利人们生活与促进经贸发展的同时，也必然

---

[1] 张丽、初北平、李湾湾：《中国〈海商法〉修改之船员刑事责任立法构建研究》，《江淮论坛》2018 年第 2 期，第 109 页。

会导致某些人身与财产损失，但是法律不能因此就禁止科技的发展，面对无法回避的风险，法律选择让渡部分法益。与此同时，法律也通过对高风险领域尽职人员的强化尽职立法，防止失职造成不必要的法益侵害，从而寻求法益让渡与保护之间的平衡。这种立法旨意在高风险行业有很多体现，诸如：陆上交通运输领域，在不断延伸高速公路与发展高铁的同时，有交通肇事罪与危险驾驶罪等罪名跟进；在航空领域，有重大飞行事故罪跟进，这些都对高风险行业失职行为予以预控与规制。但是，对于船员失职行为，我国却没有相应的罪名可以适用，除非造成重大伤亡能适用个别罪名之外，对于具有高风险的失职行为仍然以行政处罚为主，这就导致在海事领域刑法法益让渡与保护的失衡。一方面，我国航运业蓬勃发展，但是海难事故几乎每年都有发生；另一方面，我国对此领域预防性立法并不充分，很难实现对法益的有效保护。所以急需通过完善刑事立法，克服目前船员失职相关行政处罚过轻的弊端，实现法益让渡与保护之间的平衡。

（二）船员失职入罪符合新过失理论

过失理论分为旧过失理论、新过失理论与新新过失理论。旧过失理论强调行为人对结果的预见义务，即应该预见危害结果或者危险的发生，出于过失没有预见则具备非难可能性。新过失理论基于风险社会风险刑法理论，将旧过失理论升级，注意义务从对结果的预见义务升级到对结果的避免义务。新过失论的中心观点是，过失不仅是责任的要素，而且还是违法的要素，过失的根据不在于过失的心理事实，而在于行为人违反回避结果义务。[2]新过失理论符合风险社会对过失犯罪的要求，因为对于高风险领域，危害结果可能随时发生，预见性是必须的，只是能否在预见的同时强化尽职，采取必要的手段避免危害结果的发生，最大可能减少法益侵害后果的发生，才是应对风险社会时刑法应有的品格。海事航运领域便是如此，海上航运环境变幻莫测，船体碰撞、泄漏污染等事件随时都有可能发生，这是船员应该具备的预见可能性，刑法不能以是否预见作为处罚过失犯的标准，否则会无端扩大处罚范围，不符合刑法的谦抑品格。借鉴新过失理论，能避免对船员处罚范围过大的弊端，同时为船员失职入罪提供具有说服力的主观评价要素。

（三）行为无价值二元论为船员失职入罪提供实质评价依据

目前，从我国对船员入罪的刑事苛责的基础来看，是以结果无价值为评价标准的。比如失职造成重大伤亡事故的，可以定为过失致人死亡或重伤罪，如若同样的过失行为模式，也造成了人员伤亡的危险，但是由于救助及时，未实际造成人员的重大伤亡，那么按照结果无价值论，则可能会免除对船员过失的刑事非难。但是这并不符合逻辑，同样的失职行为，却以结果是否既遂来判断罪名的成立，这是结果归责主义，无法实现刑法的罪责刑相适应，所以应在此情况下，以二元论对过失行为评价，在此基础上，寻找或者创设具有相当性的针对未造成重大法益侵害的船员失职行为的刑事罪名。行为无价

---

〔2〕 陈兴良：《过失犯论的法理展开》，《华东政法大学学报》2012 年第 4 期，第 37 页。

值二元论是德国刑法学界对于结果无价值与行为无价值之争的折中解决方案，同时也是主流的学术观点。其认为，对于行为违法性与有责性的判断，应兼顾法益实害的结果与对行为的规范性评价。无论从违法性论发展史的角度，还是结合刑法立法和司法实务都可以看出，就违法性判断而言，仅有结果无价值是不够的。〔3〕即虽然有危害结果的发生，但是其行为不具备构成要件的该当性，就无法推论出其行为具有形式上的规范违反性，即无违法性，那么其责任应该阻却；反之，虽然无危害结果的发生，但是其行为已经具备构成要件的该当性，有重大的主观过错已经构成违法，那么也应肯定其责任的成立，这就是行为无价值二元论的评价模式。即不存在所谓不考虑行为的纯粹的结果无价值论，作为构成要件要素，行为是不可或缺的内容。〔4〕船员失职入罪恰好符合该理论基本思路，在船员失职未造成重大法益损害时，由于其行为已经具备前置行政违法行为构成的该当性，只是我国刑法未像其他国家一样在刑法中非难此类违法行为，然而实际上，根据二元论此类行为的危险程度已经达到入罪的可能。

（四）空白罪状为船员失职入罪提供形式化方案

目前，我国海事立法中有关船员尽职义务的立法主要是《海商法》中的“船员”章以及《船员条例》，其中对船员的尽职义务范围与失职处罚内容都作出详尽的规定，这在法源上就为船员失职入罪提供了可能，即可以尝试以空白罪状的方式，将前置船员行政性立法与刑法罪名衔接，形成专门针对船员失职的附属刑法，进而对船员失职行为入罪形成错落有致、逻辑性较强的立法模式。空白罪状是附属刑法的表现形式，所以对某类行为用附属刑法的方式加以调整，就必须要在前置立法与刑法中都有关于该行为的规定，对于船员失职行为来说，前置行政立法已经将船员义务与责任规定得较为详尽，这为船员失职的附属刑法的规定提供了直接可参考的法源。

三、船员失职入罪路径的反思与述评

（一）现有刑法分则罪名无法完全覆盖船员失职行为

1. 现有刑法分则的故意杀人罪、故意伤害罪、过失致人重伤或死亡罪无法覆盖船员的全部失职行为

以上是陆上犯罪中的重罪，适用的前提：前者要求主观要素是故意，后者要求结果有重大的人员伤亡或财产损失。对于海上航运中船员之间的故意伤害、故意杀人、船员在海难时弃船故意不履行救助义务或者船员因过失导致重大航海事故致重大人员伤亡与财产损失的，都可以按照故意杀人罪、故意伤害罪、过失致人重伤或死亡罪，甚至将交通肇事罪、重大生产责任事故罪进行扩大解释加以适用。虽然如此，也不可以简单套用陆上犯罪的罪名对海事犯罪加以机械地适用，因为海上失职行为有其特殊性，所造成的

〔3〕 周光权：《行为无价值与结果无价值的关系》，《政治与法律》2015 年第 1 期，第 2 页。

〔4〕 张明楷：《结果无价值论的法益观与周光权教授商榷》，《中外法学》2012 年第 1 期，第 24 页。

法益侵害范围与后果是陆上犯罪行为无法企及的，而且陆上犯罪罪名更无法完全覆盖船员的失职行为，对于船员的一般失职行为，则有刑法处罚的空白地带。比如，船长擅自改变航线触礁，导致人员伤害，但是还未达到重大伤害的程度，船长的责任如何承担；由于船员操作过失导致全船乘客落海，但是经及时抢救，并未造成人员伤亡与财产损失，船员的责任如何承担；船员故意走私物品，船长却没有履行监督的尽职义务，导致走私既遂，船长的责任如何承担；或者船员根本不知运输货物为走私物品，最后导致走私既遂，对船员的监管义务与责任如何定性；船员过失导致船体油箱泄漏，漏油量已经达到严重污染水体的程度，但是后期处理及时，并未造成严重的环境污染，但是已经对海洋环境造成了一定的污染与破坏，甚至对当地渔业资源造成了一定的损失，但是未达到环境污染犯罪的严重后果的程度，该如何处罚？对于以上种种船员的过失行为，仍然要对该船员仅仅施加行政处罚吗？因为以上的各种情况都涉及船员的一般过失失职行为，目前在此领域我国只有《海商法》“船员”章以及《船员条例》有所涉及，但《船员条例》只是行政法规，法律层级较低、处罚力度有限，无法对船员的一般失职行为形成有效的规制与预控。而面对这些领域的失职，刑法分则现有条文的确鞭长莫及，这就在某种程度上放任了船员的职业过失行为，无法形成一般预防与特殊预防的效果。刑法是前置立法的最后一道防线，在高风险领域，需要有刑法的保驾护航，才能减少实害与危险的发生。

2. 渎职类犯罪也无法完全覆盖船员失职行为

首先，我国刑法分则第九章渎职类犯罪的主体要求具备国家工作人员身份，对此刑法修正案对国家工作人员身份作出明确解释：渎职罪的犯罪主体限定为国家机关工作人员。国家机关包括权力机关、行政机关、审判机关、检察机关和军事机关，以及在依照法律、法规规定行使国家行政管理职权的组织中从事公务的人员，或者在受国家机关委托代表国家机关行使职权的组织中从事公务的人员，或者虽未列入国家机关人员编制但在国家机关中从事公务的人员在代表国家机关行使职权时有渎职行为，构成犯罪的，依照刑法关于渎职罪的规定追究刑事责任。由以上立法中可见，国家工作人员的身份是十分明确的。其次，船员身份构成复杂，大部分不具备国家工作人员身份，无法成为渎职罪主体，故渎职类犯罪无法全面适用于船员失职行为。随着我国经济体制的改革，船员的就业模式也从长期固定职工向自由职业转变，更确切地说是从“聘任制”向“雇佣制”转变。通过船员中介机构的实地调查显示，我国的船员构成比例如下：国有船员公司占30%，中介公司船员占40%，自由船员占30%[5]，可见非国家工作人员在船员中占有较大比例，那么对于该类船员的失职行为，就不可能适用刑法的渎职罪来规制与预控其失职行为。

---

〔5〕 张丽英：《从船员雇用方式的变化谈〈中华人民共和国海商法〉有关船员规定的修改》，《中国海商法年刊》2011年第3期，第36页。

（二）海洋刑法等的立法模式并非必要且有违刑法谦抑性

海上环境当然有其独特的一面，但是基于刑法的谦抑性与稳定性，不宜制定海洋刑法，也不宜制定海事单行刑法。我国有完整的刑法典，分则众多罪名可以通过解释不断满足现代社会发展的需要，一来节约立法成本，二来保证刑法的稳定性与完整性。第一，没有必要设置海洋刑法。如果一定要创制刑法的分支学科或者单行刑法，笔者认为国际刑法是目前唯一具有研究价值与适用价值的刑法分支学科，其他领域不宜创制分支或单行刑法。关于海事航运的国际惯例、国际条约等涉及刑法内容的，完全可以通过国际刑法引入到我国，转化为相关领域的国内法即可。也就是说，刑事立法国际法的国内法化，国际刑法就能实现该功能，无须再创制海洋刑法的概念，比如海盗罪，在国际公约条约有关海盗犯罪的立法都已转化为国内法；又如公海的海洋污染、船舶碰撞、海难救助等涉及重大法益侵害的领域，其管辖、定性、惩罚、赔偿都可以通过国际刑法的借鉴、国内法化、修改、完善去解决相关问题；再如上文提及的内海海事故意犯罪、过失犯罪更可以通过国内刑法相关罪名解决，即使不能解决，也可以通过对现有罪名的解释完善立法，没有必要专门创制海洋刑法。第二，海事单行刑法有违刑法的稳定性与谦抑性。单行刑法即属于特别刑法范畴，是刑法典之外设定刑事责任的法律条文。[6]单行刑法的设置是有一定历史与法制背景的，在法制不健全、立法机关没有制定颁布刑法典的情况下，单行刑法数量较多。单行刑法以1979年刑法典与1997年刑法典为界，呈现出不同的立法样态，1979年没有刑法典时，单行刑法较多；1997年刑法典完备颁布后，四个涉及刑法的大体具有单行特别刑法形式的“决定”，分别是《关于惩治骗购外汇、逃汇和非法买卖外汇犯罪的决定》（1998年12月29日）、《关于取缔邪教组织、防范和惩治邪教活动的决定》（1999年10月30日）、《关于维护互联网安全的决定》（2000年12月28日）和《关于加强反恐怖工作有关问题的决定》（2011年10月29日）。其中，只有《关于惩治骗购外汇、逃汇和非法买卖外汇犯罪的决定》是一部纯粹的设定刑法罪刑规范的单行法。[7]所以总体而言，我国对单行刑法的立法模式是较为排斥的，呈减少趋势。所以，在此立法惯例下，确立海事单行刑法不够现实。即使将海事犯罪列为单行刑法，那么对于其他高风险行业也就有了单行刑法的可能，试想航空航天的单行刑法、高铁运输的单行刑法、科技人工智能的单行刑法，这将使刑法典的稳定性大打折扣。更重要的是，在特殊风险行业设置单行刑法，目的就是延伸刑法调整范围，诚然这突出了刑法对法益重点保护的领域，也会更加强化高风险领域的尽职，但是这与在原有刑法罪名中进行适当的扩大解释相比，明显有违刑法的谦抑性品格。刑法是前置立法对法益保护的第二道防线，在穷尽前置立法的所有调整手段后，仍不能对法益有效保护，则需要

〔6〕 李立丰：《特别刑法及其存在之合理性》，《暨南学报》2017年第1期，第75页。

〔7〕 赵秉志：《我国内地特别刑法立法之演变及其对澳门特区的启示》，《政法论丛》2014年第2期，第69页。

刑法的介入。在船员责任的刑事立法模式方面，附属刑法与单行刑法在刑法谦抑性方面的差异性是明显的。若是以附属刑法模式规制船员失职行为，那么前置立法与刑法衔接，二者形成错落递进评价机制，符合刑法谦抑性；但是若以单行刑法模式规制船员失职行为，较前者，刑法谦抑性很难得到彰显。

（三）船长见危不救罪等新罪名并非解决问题良方

对于船员失职入罪的路径，最直观的选择就是针对性地设立新罪名，这似乎更加容易操作，但是将其与整个刑法典联系起来，其实并无可操作空间。一些学者认为可以创立船长见危不救罪、船员失职罪等专有新罪名。这些罪名虽然有针对性，构成要件也十分明确，但是，考虑其所要保护的法益，是生命财产安全？还是海上航行秩序？还是社会管理秩序？所以，因保护法益的不明确，就很难确定该罪名应安放在刑法典的哪一章节？是否符合刑法分则的前后逻辑？而且，假如设立该新罪名，我们知道罪名是对一类行为的抽象概括，那么对于航空和高铁等高风险运输行业的机长、车长、乘务人员，是否也应该纳入所谓的见危不救、失职罪当中去？如若纳入是否有打击范围过广之嫌？是否破坏了刑法典的稳定性与完整性？如不纳入，该新设罪名是否完整？是否具有概括性？这都是很现实且值得探讨的问题。

四、船员失职入罪的路径选择分类附属刑法之构建

通过上文对船员失职入罪的刑法理论探讨以及各入罪路径的述评，笔者认为船员失职入罪，应以《海商法》中的“船员”章和《船员条例》为基础，形成完备的海事附属刑法即可。

首先，在国外的高风险领域中，附属刑法作为典型的立法模式值得借鉴。外国海商法领域各国有关船员失职入罪的附属刑法规定如瑞典《海商法》规定：“对于未能运用良好船艺的人员，除非其疏忽轻微，否则应就其在海上交通事故中的疏忽对其处以罚金或6个月以下的监禁；严重疏忽，应对其处以2年以下的监禁”，“当船舶与他船发生碰撞后，船长未能尽到组织施救和通知义务，应对其处以罚金或2年以下的监禁”。日本《船员法》规定：“船长违反船舶碰撞情况下尽力施救义务和告知义务，处3年以下有期徒刑或100万日元以下的罚金。”英国《商船航运法》规定：“船长或其他船员违反义务或玩忽职守，造成严重财产损失或人员死亡或受重伤，将会被处以2年以下有期徒刑或罚金或两者并罚。”[8]其实，除了海商法领域，在国外其他高风险行业附属刑法也是比比皆是，反洗钱领域即是如此：美国《银行保密法》规定：金融机构不提交报告或者提交虚假报告，构成犯罪；英国《2002年犯罪收益追缴法》规定：不申报罪和泄露罪；加拿大《犯罪收益（洗钱）和恐怖融资法》规定：不履行记录保存义务罪；法国《2009—104

---

[8] 张丽、初北平、李湾湾：《中国〈海商法〉修改之船员刑事责任立法构建研究》，《江淮论坛》2018年第2期，第109页。

号法令》规定：不履行可疑交易报告义务罪；等等。[9]以上都是典型的附属刑法模式。我国虽然没有明确的附属刑法，一般都是在前置立法中以“违反本法规定，构成犯罪的，依法追究刑事责任”作为兜底条款，但是对于将前置立法入罪刑责化，在我国是有先例可循的。比如《刑法修正案（八）》将酒驾入刑，《刑法修正案（九）》更是将多个前置行政违法行为明确入罪：使用虚假身份证件罪，盗用身份证件罪和代替考试罪，非法生产销售专用间谍器材、窃听、窃照专用器材罪，扰乱无线电通讯管理秩序罪，扰乱法庭秩序罪，扰乱国家工作秩序罪，组织、资助非法聚集罪，等等。由此可见，对前置行政违法行为刑事化的立法趋势越来越明显，所以对于高风险行业中的附属刑法的制定也是必然趋势。

其次，丰富的船员尽职义务立法为附属刑法的创设提供“天然”法源，应以《船员条例》中第三章的“船员职责”为前置立法义务来源，通过刑法分则相关罪名的解释作为附属刑法罪名的切入点。《海商法》中第三章对船员的义务与责任作了原则性的规定，《船员条例》第 20 条至第 24 条共计 24 款对船员的适航职责作了详尽的规定，但是《海商法》的效力层级更高，以其作为船员附属刑法的前置立法更有利于对船员失职行为的违法性的认定。而且《船员条例》将《海商法》“船员”章中船员的职责予以细化，使其具备行政规范的性质，可以与刑法衔接，形成附属刑法的法定犯。因此，应参照《船员条例》中的部分内容，将《海商法》中“船员”章的内容进行细化，即分为船员保障适航的义务、保障船上人身财产安全的义务、预防船舶污染水体的义务以及其他监督管理的义务。

最后，根据上述船员义务的分类内容，以及对现有刑法分则相关罪名的解释，结合船员失职造成法益侵害的领域可以将船员失职入罪模式分类归纳如下：

（一）危险驾驶罪的扩大解释适用

第一，前置法源与附属刑法构建。首先，前置法源即《船员条例》第 22 条第 3、6、7、8、9 款以及第 23 条：保证船舶和船员在开航时处于适航、适任状态，按照规定保障船舶的最低安全配员，保证船舶的正常值班；船舶进港、出港、靠泊、离泊，通过交通密集区、危险航区等区域，或者遇有恶劣天气和海况，或者发生水上交通事故、船舶污染事故、船舶保安事件以及其他紧急情况时，应当在驾驶台值班，必要时应当直接指挥船舶；保障船舶上人员和临时上船人员的安全；船舶发生事故，危及船舶上人员和财产安全时，应当组织船员和船舶上其他人员尽力施救；弃船时，应当采取一切措施，首先组织旅客安全离船，然后安排船员离船，船长应当最后离船，在离船前，船长应当指挥

---

[9] 资料整理自阮方民：《洗钱罪比较研究》，中国人民公安大学出版社 2002 年版；张军：《反洗钱立法与实务》，人民法院出版社 2007 年版；姜威：《反洗钱国际经验与借鉴》，中国金融出版社 2010 年版；何帆：《刑事没收研究——国际法与比较法的视角》，法律出版社 2007 年版；邵沙平：《控制洗钱及其相关犯罪法律问题研究》，人民法院出版社 2003 年版；甄进兴：《洗钱犯罪与对策》，东方出版社 2000 年版；王新：《反洗钱：概念与规范诠释》，中国法制出版社 2012 年版；等等。

船员尽力抢救航海日志、机舱日志、油类记录簿、无线电台日志、本航次使用过的航行图和文件，以及贵重物品、邮件和现金。其次，附属构建：船员违反以上谨慎出航义务造成重大航行风险的，应按照危险驾驶罪论处，处于拘役或者罚金或二者并罚。

第二，适用解释。船员违反适航义务，造成航行过程中人员财产安全风险，虽未造成重大损害结果，但是鉴于其高度危险性，应扩大解释适用危险驾驶罪。原因如下：危险驾驶罪是指在道路上驾驶机动车，追逐竞驶，情节恶劣的；醉酒驾驶机动车的；从事校车业务或者旅客运输，严重超过定额乘员载客，或者严重超过规定时速行驶的；违反危险化学品安全管理规定运输危险化学品，危害公共安全的行为。可见，危险驾驶罪构成的该当性并不要求重大法益侵害结果，有高度的危险盖然性即可，另外对主观要素的评价也为过失。所以与驾驶船舶相比较，只有行为方式与驾驶环境不同。然而，对于驾驶船舶而言，海上驾驶环境变化莫测，风险的高度盖然性更大，而且对船员的谨慎适航义务要求更高，所以导致重大风险的过失行为模式呈多样化。因此，举轻以明重，路上环境相对安全都以危险驾驶罪强化驾驶审慎义务，那么海上环境就应该设置危险驾驶罪以预防与规制船员的失职行为。诚然，这种对危险驾驶罪的扩大解释不必然局限于海上航行，也同样适用于航空、高铁等高危驾驶作业领域，所以，在风险社会对危险驾驶罪的扩大解释具有广泛的适用性与防控风险的积极意义。

（二）间接故意下的走私罪

第一，前置法源与附属刑法构建。《船员条例》第20条第7款规定，船员不得利用船舶私自载客、货物，不得携带违禁物品，违反此规定情节严重的构成间接故意的走私罪。

第二，适用解释。走私罪是指个人或者单位故意违反海关法规，逃避海关监管，通过各种方式运送违禁品进出口或者偷逃关税，情节严重的行为。从走私罪的犯罪构成中可知，走私罪是结果犯，且要求主观要素为故意，也就是说过失不成立走私罪。那么，对于船员的失职行为，违反上述《船员条例》第20条第7款即不得利用船舶私自载客、货物，不得携带违禁物品之规定，造成严重后果的，是否成立走私犯呢？这要考虑行为样态与法益侵害程度之间的关系：其一，船员基于过失失职造成走私既遂的，那么不论法益侵害程度多大，都不构成走私罪，否则将无端扩大走私罪的处罚范围；其二，船员在间接故意的主观因素支配下，虽然不明确船舶内其他人员是否有走私意图，也不明确船舶内是否有走私物品，但是出于失职懈怠，不对船员与承载物品尽职检查，放任走私犯罪，造成严重法益侵害的，船员应当承担走私罪的刑事责任；其三，船员明确船舶内其他人员有走私意图，也明确船舶内有走私物品，同时也积极履职向海关报告或向有关机构举报，但是已经开始航程，无法及时阻断走私行为，在此情况下笔者认为不宜认定为走私罪，因为其不具有走私的故意，而且已经及时采取措施，走私法益侵害后果在可控范围之内，此时针对其启航前的检船义务之违反进行行政处罚即可；其四，船员虽然失职，但是走私并未造成实害，则不以走私罪论处。

（三）污染环境犯罪之龃龉

第一，前置法源与附属刑法构建。《船员条例》第 22 条第 4 款、第 24 条第 3 款即执行海事管理机构有关水上交通安全和防治船舶污染的指令，船舶发生水上交通事故或者污染事故的，向海事管理机构提交事故报告；发现引航员的操纵指令可能对船舶航行安全构成威胁或者可能造成水域环境污染时，应当及时纠正、制止，必要时可以要求更换引航员，船员违反以上谨慎出航义务造成重大环境污染的，应当按照环境污染罪论处。

第二，适用解释。污染环境罪是指违反防治环境污染的法律规定，造成环境污染，后果严重，依照法律应受到刑事处罚的行为。从条文内容可以看出环境污染犯罪是过失犯且要求重大法益侵害后果，而且 2016 年 11 月 7 日“两高”颁布的《关于办理环境污染刑事案件适用法律若干问题的解释》[10]也对重大法益侵害作出了详细说明。其中对法益侵害“重大”的标准作出了详细说明，既包括生态环境的破坏，又包括人类生命健康法益的损害，所以立法实践中环境犯罪对法益的保护是两方面的，采取的是生态学的人类中心的法益论。[11]所以对于船员失职造成重大环境污染的，也应按此逻辑，以双方面的法益保护为目的，造成严重环境污染的应当以污染环境罪论处，未造成严重污染的不宜入罪。

---

〔10〕《最高人民法院、最高人民检察院关于办理环境污染刑事案件适用法律若干问题的解释》已于 2016 年 11 月 7 日由最高人民法院审判委员会第 1698 次会议、2016 年 12 月 8 日由最高人民检察院第十二届检察委员会第 58 次会议通过，予以公布，自 2017 年 1 月 1 日起施行。

〔11〕张明楷：《污染环境罪的争议问题》，《法学评论》2018 年第 2 期，第 1 页。

北极航道治理冲突的法律消解路径

■ 杨显滨[*]　黄　鑫[**]

【内容摘要】随着全球变暖，北极航道冰雪消融，通航区域逐步扩大，北极航道治理冲突呈现白热化趋势。俄罗斯、加拿大应用“扇形理论”、“海冰与陆地同权理论”、海峡基线法、“历史性权利”、直线基线法等分别主张东北航道、西北航道是其内水，其他国家船只不享有无害通过权和过境通行权。美国、欧盟等则主张北极航道属于用于国际航行的海峡，其他国家船只有过境通行权。国际法学界对此展开了激烈讨论，时至今日，仍无定论。我国应当在《联合国海洋法公约》框架下秉持“三要件说”，构建以“地理海峡”和“被外国使用”为中心的国际海峡界定标准，坚持以文义解释规则与适当顾及原则适当限制“冰封区域条款”的适用范围，切实维护我国的北极利益，保障海洋强国战略的顺利实施。

【关键词】北极航道　斯瓦尔巴德条约　“历史性水域”　国际海峡　“冰封区域条款”

北极航道分为东北航道、西北航道和中央航道，主要与俄罗斯、加拿大、美国、挪威、丹麦等北极沿岸国家及相关北极域外国家海洋权益息息相关。俄罗斯、加拿大分别对东北航道和西北航道提出内水主张，美国、日本、挪威等国及欧盟予以否认。中央航道因位于公海海域，争议较小，本文不予讨论。由于北极航道没有统一适用的单一国际条约，且与“无害通过权”“过境通行权”“航行与飞越自由”“剩余权利”“冰封区域条款”等紧密相连，而此类权利又高度关涉各国国家利益，故北极航道治理成为当今学界比较关注的一个理论与实践问题。中国国务院新闻办公室于2018年1月26日发表《中国的北极政策》白皮书，倡议建立“冰上丝绸之路”，进一步助推了学界对北极航道治理的国际法问题研究。可是，北极航道的法律地位如何，适用何种法律进行规制，选择哪种模式进行治理，中国作为近北极国家如何参与北极航道治理事关我国北极政策的成败及海洋强国战略的顺利实施，亦是国际法学界的研究重点和难点，故研究北极航道治理冲突的法律消解路径具有重要的理论与实践意义。

一、北极航道的法律地位之争

（一）东北航道

东北航道，俄罗斯称之为北方海航道。东北航道主要是北极理事会的定义，与北方海航道略有不同的是，前者涵盖不属于俄罗斯的巴伦支海航段，后者则不涉及，学界多

---

* 上海大学法学院副教授，上海交通大学凯原法学院土地法治研究中心研究员，大连海洋大学客座教授、扬州大学城市管理研究中心兼职研究员，硕士生导师。

** 上海大学法学院非物质文化遗产法律保护研究中心助理研究人员。

本文为教育部人文社会科学研究基金项目“海上人工岛屿理论与实践的法律研究”（项目号：16YJC820041）的阶段性研究成果。

采用东北航道措辞，本文亦不例外。[1]俄罗斯通过“历史性权利”（historic title）、“扇形理论”和直线基线法明确东北航道的法律地位，认为整个东北航线是其基于历史原因而形成的国内航线，属于俄罗斯内水。1999年俄罗斯在批准《联合国海洋法公约》（UNCLOS）时指出，东北航道沿线的冰封海峡为其内水，称其是以直线基线法划定的“历史性水域。”（historic waters）[2]内水与陆地领土一样，是国家领土的组成部分，国家对其拥有完全的、排他的主权。[3]俄罗斯对东北航道的法律定位是内水，依据是“历史性权利”，但须提供充分的证据证明进行了长期的排他性的司法管辖，且得到国际组织或其他国家的默认，否则不能就东北航道主张“历史性水域”。有学者认为，基于美国等国的多次反对，不符合默认要件，俄罗斯把东北航道认定为“历史性水域”，进而行使主权权利，有僭越UNCLOS之嫌。[4]1951年的“挪威渔业案”是最好的例证，国际法院认为，面临挪威对海岸外浅滩水域长达200多年的司法管辖，英国政府未提出任何异议，视为默认，相关海域应视为挪威的“历史性水域”，即挪威的内水，挪威享有主权。[5]此外，俄罗斯采用群岛海峡直线划定的维利基茨基海峡、桑尼科夫海峡、拉普捷夫海峡和绍卡利斯基海峡的直线基线的东西两端均超过24海里，依据的是对上述海峡的“历史性权利”。同时，俄罗斯在北冰洋沿岸划出了28条直线基线，只有5条不超过24海里，其余23条有悖于UNCLOS第10条第5款关于“如果海湾天然入口两端的低潮标之间的距离超过二十四海里，二十四海里的直线基线应划在海湾内，以划入该长度的线所可能划入的最大水域”的规定，23条直线基线包围的水域不应全部视为内水，应以不超过24海里的直线基线作为划定内水的标准。

（二）西北航道

西北航道指的是沿着北美北岸，连接大西洋和太平洋的北极水域。从西部的白令海峡开始，穿越美国阿拉斯加和加拿大的北部海岸，经过加拿大的北极群岛，抵达东部的戴维斯海峡和巴芬湾。[6]加拿大政府宣称，西北航道是其内水，加拿大拥有主权，未经许可外国船只不得进入西北航道航行，即加拿大有管控和限制西北航道海上交通的权利，依据是“扇形理论”、“海冰与陆地同权理论”和海峡基线法。[7]美国政府则多次反

---

〔1〕［俄］N. H. 贺梅利诺夫，朱显平、刘啸：《“冰上丝绸之路”的安全保障》，《东北亚论坛》2018年第2期，第9页。

〔2〕A. Kolodkin, M. Kolossov, The Legal Regime of the Soviet Arctic: Major Issues, *Mar-Ine Policy*, 1990,（14）: 21-23.

〔3〕参见邵津：《国际法》（第5版），北京大学出版社、高等教育出版社2014年版。

〔4〕参见周健：《岛屿主权和海洋划界国际法案例选评》，测绘出版社1999年版。

〔5〕Erik Franckx, *Marine Claims in the Arctic-Canadian and Russian Perspective*, Amsterda-m: Kluwer Academic Pu-bishers, 1993.

〔6〕Micheal Byers, *Who Owns the Arctic?*, Vancouver: Douglas and McIntyre Ltd., 2009.

〔7〕William Y. Kim, Global Warming Heats up the American-Canadian Relationship: Resolving the Status of the Northwest Passage under International Law, *Can. -U. S. L. J.*, 2013,（38）: 167-172.

对加拿大的主张，具体理由包括：一是19世纪初加拿大政府应运所谓的“扇形理论”对西北航道内的陆地和岛屿宣誓主权，但从未得到国际社会的认可，取而代之的是美国政府明确表示反对，默认要素缺位，历史权利主张恐难成立；[8]二是“海冰与陆地同权理论”的前提是，西北航道内的海冰同陆地一样具有确定性与稳定性，可以被占有和侵占。可是，2007年9月14日欧洲航天局宣布，卫星图像分析显示，全球气候变暖已经打开了冰封的西北航道，西北航道内海冰的确定性与稳定性饱受国际社会的质疑，海冰的可被占有和侵占属性面临考验；[9]三是依据UNCLOS第7条第3款关于“直线基线的划定不应在任何明显的程度上偏离海岸的一般方向，而且基线内的海域必须充分接近陆地领土”的规定，美国政府认为，加拿大采用的海峡基线过长，且偏离了海岸的一般方向，故基线内的水域不应全部以内水视之。美国政府称西北航道是国际海峡，遵照UNCLOS第38条第1款和第2款的规定，外国船只有过境通行权，即“所有船舶和飞机均享有过境通行的权利，过境通行不应受阻碍”，但须符合“继续不停和迅速过境的目的”。作为回应，加拿大引用国际法院在“科孚海峡案”中的判决，认为通航量的多少决定着一个海峡是否构成用于国际航行的海峡，在西北航道没有达到一定通航量的情况下，不应适用UNCLOS第三部分用于国际航行的海峡制度对西北航道进行规制。[10]审视用于国际航行的海峡制度，美国海军战争学院James Kraska教授认为，UNCLOS对于一个海峡没有通航量的要求。在著名的“科孚海峡案”中，国际法院提到通航量，只是为了表明北科孚海峡已被外国船只用于航行，除此之外应无他意，无改变现有UNCLOS第三部分用于国际航行的海峡制度的企图，加拿大的观点歪曲了国际法院的判决意旨。[11]表面上看，美加之争聚焦于“扇形理论”“海冰与陆地同权理论”和海峡基线法，实为西北航道的国际法律地位之争，加拿大希冀把西北航道定义为内水，通常非经许可，外国船舶和飞机不得进入一国内水并在其中航行或进行捕鱼等其他活动，加拿大自然取得管控西北航道的绝对主权。美国则希望对西北航道属于用于国际航行的海峡寻求理论支撑及国际法与国际判例证成，进而可以通过过境通行权保障其船只在西北航道的航行自由与安全。

二、北极航道的可能治理模式

（一）《南极条约》模式

《南极条约》于1959年12月1日签署于美国华盛顿，1961年6月23日生效。我国

---

〔8〕 Donald R. Rothwell, The Canadian-U. S. Northwest Passage Dispute: A Reassessment, *Cornell Int'l L. J.*, 1993, (26): 336.

〔9〕 赵涵漠：《最有利可图的航道通了》，《中国青年报》2011年6月1日，第11版。

〔10〕 Matt Roston, The Northwest Passage's Emergence as an International Highway, *Sw. J. Int'l L.*, 2009, (15): 465.

〔11〕 The Corfu Channel Case (U. K. and N. Ir. v. Alb.), 1949 *I. C. J.* 4 (Apr. 9).

于1983年6月8日申请加入《南极条约》，并于该日对我国生效。《南极条约》第1条第1款明确规定，“南极应只用于和平目的”，即人类只能基于和平目的而使用南极，南极不应成为国际纷争的对象和场所，南极主权处于冻结状态。针对北极沿岸国家之间的主权、主权权利和管辖权之争及北极沿岸国家与北极域外国家就“航行与飞越自由”“剩余权利”“无害通过权”“过境通行权”“冰封区域条款”等之间的争锋不断呈现。有学者提出，北极航道治理可以采用《南极条约》模式，以达致搁置主权、主权权利和管辖权争议，实现发展科考、维护和平的理想状态。〔12〕2008年5月，北极五国〔13〕在格陵兰岛伊卢利萨特发布的《伊卢利萨特宣言》（Ilulissat Declaration）对《南极条约》治理模式进行了否定，称北极地区的主权、主权权利和管辖权争议仅在较小范围内存在，相关国家可以通过协商等方式单独解决，无须采用《南极条约》模式通过冻结主权的方式来解决北极地区争端。2011年5月，在格陵兰岛努克召开的第7届北极理事会外长会议上，经各方同意，各国外长签署了《北极搜救协定》，其向国际社会发出的信号是，北极航道治理是北极沿岸国家的事，与北极域外国家无关，故《南极条约》模式是否适用北极航道治理，取决于北极沿岸国家，而非北极域外国家或国际社会。〔14〕

此外，北极沿岸国家一致认为，从地理属性看，北极地区与南极地区不同，前者是海洋区域，后者是陆地区域。沿海国海洋权利的获取遵循的是“以陆定海”原则，陆地权利决定海洋权利。陆地权利和海洋权利不宜采纳同一治理模式，海洋区域难以照搬陆地区域的治理模式。且南极地区的法律地位已经得到《南极条约》的确定，受到国际社会的认可和普遍遵循。〔15〕但包括北极航道在内的北极地区的主权、主权权利和管辖权存在争议，除已经确定并经国际社会认可的内水、领海、毗连区、专属经济区（EEZ）、大陆架外，北极沿岸国家各自依据地缘优势，检视有利于己方的国际判例和UNCLOS的相关规定，应用“扇形理论”“海峡基线法”“历史性权利”等，已将北极地区划归为己方的内水、领海、毗连区、EEZ和大陆架，呈现“多足鼎立”态势。〔16〕基于此，根由于南极地区的《南极条约》治理模式跃离了北极地区的地理属性和实际，不尽周密，缺乏可操作性。

（二）斯瓦尔巴德模式

《斯瓦尔巴德条约》（Svalbard Treaty，以下简称《斯约》），又名《关于斯匹次卑尔

---

〔12〕 胡德坤、唐静瑶：《南极领土争端与〈南极条约〉的缔结》，《武汉大学学报》（人文科学版）2010年第1期，第67页。

〔13〕 北极五国包括美国、俄罗斯、加拿大、挪威和丹麦。

〔14〕 刘惠荣：《谁可以在北极分一杯羹——北极的领土、资源之争与法律地位界定》，《经济参考报》2011年10月25日，第8版。

〔15〕 陈敬根：《北极航道“特殊条约规制型海峡模式”的治理与构建》，《政法论丛》2017年第4期，第86—87页。

〔16〕 Michael Sternheim, Regulating the Northwest Passage, *Loy. Mar. L. J*, 2011, (10): 188-193.

根群岛的条约》(Spitsbergen Treaty),由英国、法国、美国、丹麦、挪威、意大利、日本等18个国家于1920年2月9日在法国巴黎签署,1925年正式生效,我国于1925年加入《斯约》。缔约国承认挪威对斯瓦尔巴德群岛拥有"完全和绝对"(full and absolute)的主权,但应接受《斯约》规定的相关条件的限制。[17]遵照《斯约》第2、3、5、8和9条的规定,缔约国应当承认挪威对斯瓦尔巴德群岛的主权,缔约国在该地区拥有捕鱼权、狩猎权、科考权、采矿权及从事与海洋、矿业、商业、工业等相关活动的权利,但缔约国不得在《斯约》规定区域内建立任何海军基地,构筑任何防御工事。[18]《斯约》作为UNCLOS北极地区适用的例外情形,对斯瓦尔巴德群岛的和平利用和开发意义重大,学界称之为"斯瓦尔巴德模式"。据此,有学者主张,北极航道治理可以采用"斯瓦尔巴德模式",承认北极沿岸国家对北极航道的主权,条件是北极沿岸国家把具体权益让渡出来,由北极沿岸国家和北极域外国家分享。同时,在尊重北极沿岸国家主权,遵循和平利用与不歧视原则的前提下,各国承担相应的义务,禁止建立海军基地和任何防御工事等。[19]

然而,鉴于《斯约》签署时的特殊历史背景,整个国际社会的海洋权益意识淡薄,加之UNCLOS尚未签署,《斯约》存在一定的局限性,仅涉及领海经济权益的相关制度安排,没有涉及沿海国EEZ、外大陆架等海洋区域权利。映射北极航道争端,颇为热烈的恰是EEZ、外大陆架等海洋区域的海洋权益争端,倘若认真思考一番,适用"斯瓦尔巴德模式"容易滋生新的问题,有践踏UNCLOS第五、六、七部分的EEZ制度、大陆架制度、公海制度之嫌。"斯瓦尔巴德模式"是斯瓦尔巴德群岛争端的产物,其北极地区适用受到北极沿岸国家的强烈反对,不宜推而广之。另外,《斯约》签署之前,斯瓦尔巴德群岛主权存在争议,《斯约》的签署旨在划定群岛主权,对以领海为主要区域的海洋经济权益进行合理分配。反观北极地区,岛屿和陆地主权已定,且得到国际社会的普遍认可,争议的焦点主要集中在相关海洋区域的海洋权利,[20]诸如北极航道是俄罗斯、加拿大的内水,还是国际海峡、EEZ、公海,故而延伸出"无害通过权""过境通行权""航行与飞越自由""剩余权利""历史性权利""海峡基线法"等海洋法问题,所以北极航道治理不宜采用"斯瓦尔巴德模式"。

(三)冰封区域治理模式

1969年"曼哈顿号"(Manhattan)航行事件后,加拿大政府在1970年颁布了《北极海域污染预防法案》(the Arctic Waters Pollution Prevention Act,以下简称《法案》),

---

〔17〕 T. Pedersen, The Dynamics of Svalbard Diplomacy, *Diplomacy and Statecraft*, 2008, (19): 236-239.

〔18〕 Christopher R. Rossi, A Unique International Problem: The Svalbard Treaty, Equal Enjoyment, and Terra Nullius: Lessons of Territorial Temptation from History, *Wash. U. Global Stud. L. Rev*, 2016, (15): 95-103.

〔19〕 吴军、吴雷钊:《中国北极海域权益分析——以国际海洋法为基点的考虑》,《武汉大学学报》(哲学社会科学版)2014年第3期,第55页。

〔20〕 陈敬根:《北极航道"特殊条约规制型海峡模式"的治理与构建》,《政法论丛》2017年第4期,第87页。

对其北极沿岸 110 英里内的航行船舶征税，纵然那时国际法没有授予沿海国有超过 12 海里的海洋权利。此后，加拿大建议国际海事组织（IMO）将《法案》合法化，但遭到 IMO 的拒绝。在加拿大的努力下，作为 1982 年第三次联合国海洋法会议主要成果的 UNCLOS 在第十二部分“海洋环境的保护和保全”之中加入了“冰封区域条款”，即 UNCLOS 第 234 条，沿海国有权制定和执行非歧视性的法律和规章，以防止、减少和控制船只在 EEZ 范围内冰封区域对海洋的污染……赋予沿海国对 EEZ 内的冰封区域享有额外权利，加拿大在《法案》中的主张在 UNCLOS 第 234 条得以体现，标志着加拿大在第三次联合国海洋法会议上的巨大胜利。[21] 以此为依据，加拿大和俄罗斯以保护北极环境为名，颁布和实施了多部法律、法规，诸如《俄罗斯直线基线：北极大陆沿岸与岛屿、波罗的海和黑海》第 4450 号法令、《北加拿大船舶航行服务区规章》（NORDREG）、《北方海航线海路航行规章》、《北极航运污染防治规则》、《关于北方海航线水域商业航运政府规章的俄罗斯联邦特别法修正案》（以下简称《修正案》）、《北极冰区航行制度标准》、《俄罗斯联邦商业航运法》、《加拿大航运法》、《北方海航线水域航行规则》、《加拿大北极水域游船活动指南》等，加强对包括北极航道在内的北极地区的控制。此种境遇下，有学者提出冰封区域治理模式，即应运 UNCLOS 第 234 条对北极航道进行治理，希冀在北极沿岸国家和北极域外国家之间达至一个最为合理的利益衡平机制。[22]

毋庸置疑，冰封区域治理模式为北极航道治理提供了一条参考路径，但需要解决该模式可能面临的两大挑战：第一，UNCLOS 第 234 条关于“专属经济区范围内冰封区域”的规定，把冰封区域限制在 EEZ 内，非 EEZ 内的冰封区域不能适用“冰封区域条款”。北极航道争端主要集中在两个方面：一是北极航道是俄罗斯、加拿大的内水，还是国际海峡，进而决定其他国家是否有无害通过权、过境通行权，焦点并不是北极航道是否为俄罗斯和加拿大的 EEZ，故“冰封区域条款”适用空间有限；二是俄罗斯和加拿大公然违背 UNCLOS 第五部分 EEZ 相关制度的规定，划定超过 200 海里的 EEZ，扩大 EEZ 范围，侵蚀公海海域，在越界海洋区域内的冰封区域主张主权权利和管辖权，自然不能适用 UNCLOS 第 234 条。[23] 第二，UNCLOS 第 234 条的适用范围限于 EEZ 内的冰封区域，随着全球气候变暖，北极冰雪正在消融，冰封条款可能不再适用北极航道，UNCLOS 赋予北极沿岸国家的额外权利也随之消失，俄罗斯、加拿大等国可能会放弃其主权主张，届时冰封区域治理模式也失去用武之地。[24] 综上，冰封区域治理模式赖以依存的 UNCLOS 第 234 条的冰封条款产生于北极地区为厚厚的冰雪覆盖、难以通航的特殊历

---

〔21〕 William Y. Kim, Global Warming Heats up the American-Canadian Relationship: Resolving the Status of the Northwest Passage under International Law, *Can. -U. S. L. J.* , 2013, (38): 170-171.

〔22〕 Michael Byers, Time to Negotiate the Northwest Passage with the United States, *Policy Options*, 2011, (10): 1.

〔23〕 Michael Sternheim, Regulating the Northewest Passage, *Loy. Mar. L. J.* , 2011, (10): 179.

〔24〕 Maryanne Mundy, The Polar Express Lane: Promoting Cleaner Shipping in the Northwest Passage, *Geo. Envtl. L. Rev*, 2016, (26): 168.

史背景——北极沿岸国家和北极域外国家即使已经窥视到北极丰富的矿藏和通航可能带来巨大的国防、能源、经济、交通等利益，但基于通航可能面临的巨大困难和风险，只能望而生畏，北极地区主权、主权权利和管辖权之争虽此起彼伏，但尚未白热化。因此，脱离冰封条款产生的历史现实，轻率地采用冰封条款治理模式来治理日渐开冻的北极航道是否可行，有待进一步考虑。

三、北极航道治理的中国主张

（一）秉持“三要件说”对待北极航道的“历史性水域”主张

“历史性水域”不是一个国际成文法概念，一般包括“历史性内水”“历史性海湾”“历史性海峡”“历史性领海”等。后通过国际法院在“挪威渔业案”中的裁决，“历史性水域”被视为内水，前提是有“历史性权利”存在。1958年通过的《领海与毗连区公约》未纳入“历史性水域”制度，亦不适用“历史性水域”，仅要求对“历史性水域”和“历史性海湾”进行研究。[25]1962年，联合国秘书处提交给国际法委员会的《关于历史性水域（包括历史性海湾）的法律制度》（以下简称《制度》）的研究报告列举了构成“历史性水域”的三个基本要件：正式主张、持续有效地行使管辖权和国际社会的默认，学界称之为“三要件说”，但1982年通过的UNCLOS没有使用“历史性水域”的称谓，取而代之的是“历史性所有权”（historic rights）和“历史性海湾”。[26]

俄罗斯2013年1月28日正式生效的《修正案》第14条规定，“北方海航线是历史上形成的俄罗斯国家运输线”，把东北航线归属于俄罗斯的国内航线，其作为内水的法律地位就此确立，唯独没有提起东北航线是“历史性水域”。东北航线海峡分布较广，坐落着近60个海峡，但俄罗斯仅在1964年7月主张对拉普捷夫海峡和桑尼科夫海峡享有“历史性权利”，意味着这两个海峡是俄罗斯的“历史性海峡”，也是俄罗斯第一次就东北航线海峡提出“历史性水域”诉求。纵然俄罗斯曾就维利基茨基海峡提出过领水主张，可并没有涉及过“历史性水域”宣称。[27]据此，东北航道诸海峡是否构成“历史性水域”的探讨空间较小，限于拉普捷夫海峡和桑尼科夫海峡，按照《制度》列出的“历史性水域”的三个基本构成要件，由于俄罗斯对其他海峡没有提出正式主张，即丧失“历史性水域”主张。针对拉普捷夫海峡和桑尼科夫海峡，俄罗斯1964年提出正式主张，遵照英国在“挪威渔业案”中提到的一个世纪以上的时间维度，俄罗斯的正式主张存在天然缺陷，时间过短。俄罗斯1965年通过法令要求其他船舶在通过拉普捷夫海峡和桑尼科夫海峡“实行强制性的引航和破冰服务”、1967年俄罗斯海运部长要求外国

---

〔25〕 参见王译林：《北极航道法律地位研究》，上海交通大学出版社2014年版。

〔26〕 Suzanne Lalonde, Increased Traffic Through Canadian Arctic Waters: Canada's State of Readiness, *R. J. T. n. s.*, 2004, (38): 77.

〔27〕 参见王译林：《北极航道法律地位研究》，上海交通大学出版社2014年版。

船舶开发北极时应“遵守苏联的航行规则和付费”、1998 年《俄罗斯联邦内海水、领水和毗连区法》规定船舶通过拉普捷夫海峡和桑尼科夫海峡“必须接受强制性的破冰船引航”等一系列措施，包括申请制度、船舶配置、批准制度、长期不间断控制等，契合持续有效地行使管辖权的要件构成，应予肯定。对于国际社会的默认要件，俄罗斯主张拉普捷夫海峡和桑尼科夫海峡是“历史性海峡”，属于俄罗斯的内水，美国、欧盟等提出抗议，国际社会的默认不能成立，应当否认其“历史性水域”主张。〔28〕因此，东北航道海峡不是俄罗斯的“历史性水域”，不具有内水属性。

19 世纪初，加拿大通过“扇形理论”对西北航道内的陆地和岛屿宣誓主权，不过未涉及西北航道本身和航道周围水域，基于当时西北航道通航的可能性较小，除美国表示反对外，国际社会反响不大。〔29〕时至今日，加拿大宣称其自 1906 年以来持续不断地对西北航道宣誓主权，存在一个国际法院在“挪威渔业案”中认可的“历史性权利”，满足《制度》列举的正式主张要件，西北航道理应构成加拿大的内水。〔30〕值得探究的是，加拿大在 1906 年 Roald Amundson 第一次成功穿越西北航道后，主张的是西北航道内陆地和岛屿的主权，之后的相关立法、官方声明却声称整个北极航道是其“历史性内水”，前后主张不一致，有悖于正式主张的确定性要求。此外，加拿大称其出台了以《公约》为代表的多部法律和规章，相关部门、人员多次在多个场合对其“历史性内水”进行正式声明，持续有效地行使了管辖权，满足了《制度》的第二个要件。可《制度》要求的持续有效地行使管辖权，不应流于法律、规章、声明等文本形式和口头形式，最为关键的是采取实际行使管辖权的行动，否则加拿大的“历史性内水”主张难以成立。〔31〕回望 20 世纪，美国破冰船、军舰和潜艇穿越西北航道航行并未获得加拿大的许可，结果是加拿大政府的默认，乃至协助，加拿大显然没能持续有效地行使管辖权。〔32〕自 1906 年加拿大对西北航道内的陆地和岛屿宣誓主权以来，美国就提出了反对意见，可见加拿大称西北航道是其“历史性内水”的主张没有得到国际社会的默认。〔33〕故而，遵照“三要件说”，加拿大就西北航道所作的“历史性内水”主张不能成立。

综上，我国应当以国际判例、学说所认可的《制度》中列举的“三要件说”为基础，否认西北航道的“历史性水域”主张，为我国船只北极航行、参与西北航道治理及保障我国与北极航道有关的能源、国防、经济、能源、贸易安全等提供国际法依据和理

---

〔28〕 刘惠荣、李浩梅：《北极航行管制的法理探讨》，《国际问题研究》2016 年第 6 期，第 94 页。

〔29〕 John Kennair, An Inconsistent Truth: Canadian Foreign Policy and the Northwest Passage, *VT. L. REV.*, 2009, (34): 47.

〔30〕 周健：《岛屿主权和海洋划界国际法案例选评》，测绘出版社 1999 年版。

〔31〕 Clive R. Symmons, *Historic Waters in the Law of the Sea*, Leiden: Martinus Nijhoff Publisher, 2008，转引自王泽林：《北极航道法律地位研究》，上海交通大学出版社 2014 年版。

〔32〕 Micheal Byers, *Who Owns the Arctic?*, Vancouver: Douglas and McIntyre Ltd., 2009.

〔33〕 Robert S. Reid, The Canadian Claim to Sovereignty over the Waters of the Arctic, *Can. Y. B. Int'l L.*, 1974, (12): 124.

论支撑。[34]

（二）构建以“地理海峡”和“被外国使用”为中心的国际海峡界定标准

UNCLOS第37条规定，过境通行“适用于在公海或专属经济区的一部分和公海或专属经济区的另一部分之间的用于国际航行的海峡”，阐明了国际海峡的两个构成要素：一是航道两端必须连接公海和EEZ，或公海和公海，或EEZ和EEZ，即“地理海峡”标准；二是必须用于国际航行，即“被外国使用”标准，又称功能标准。东北航道分布着近60个海峡，对东北航道起决定性作用的主要是白令海峡、德朗海峡、拉普捷夫海峡、维利基茨基海峡、喀拉海峡，其间都存在公海海域，西北航道内诸海峡两端则连接着北冰洋公海和EEZ，皆满足国际海峡“地理海峡”标准，对此国际社会争议不大。[35]关键是北极航道是否能够满足国际海峡的“被外国使用”标准，即北极航道是否用于国际航行。美国、欧盟、挪威等认为，北极航道构成国际海峡，其他国家船只有过境通行权。该观点既取决于部分源于习惯国际法的UNCLOS，也取决于国际法院在“科孚海峡案”中的判决。有部分俄罗斯和加拿大学者对此进行反驳，称国际法院在“科孚海峡案”中的判决为国际海峡的“被外国使用”标准设置了一个最低的航行量门槛，北极航道的航行量明显低于北科孚海峡，所以北极航道因航行量低而失去国际海峡地位，构成俄罗斯和加拿大的内水，其他国家无过境通行权。[36]国际法院在“科孚海峡案”中引用北科孚海峡航行船只的数据，仅说明北科孚海峡已经用于国际航行，但未为国际海峡设置任何航行量门槛，俄加两国学者援引“科孚海峡案”判决设置的所谓“航行量”标准来否认北极航道的法律地位，不尽周密。审视UNCLOS第三部分用于国际航行的海峡制度，UNCLOS没有创设任何种类的航行量标准，以砌筑国际海峡“被外国使用”标准的边界。此外，若把航行量作为探究一个海峡是否用于国际航行的标准，那么一国潜艇在海峡内的水下航行是否影响一个国际海峡的法律地位界定呢，对此UNCLOS仍然是沉默的。加之一国潜艇数量通常是保密的，是否通过一个海峡，一次通过几艘，几次通过一个海峡，是无法获知的。[37]因此，用航行量标准构筑一个海峡是否符合“被外国使用”标准缺乏依据，有待进一步思考。

我国应当在遵循UNCLOS第三部分用于国际航行的海峡制度的前提下，以“地理海峡”和“被外国使用”为中心构建国际海峡的界定标准，“地理海峡”标准已经得到国际社会的认可，在此不赘述。尽管“被外国使用”标准在“科孚海峡案”中的应用受到部分俄加学者的曲解，提出所谓的“航行量”主张，但UNCLOS的沉默和国际法院在“科孚海峡案”中的判决意旨较好地诠释了“航行量”主张缺乏国际法和国际司法判例

〔34〕 刘万啸：《投资者与国家间争端的替代性解决方法研究》，《法学杂志》2017年第10期，第92页。

〔35〕 李志文、高俊涛：《北极通航的航行法律问题探析》，《法学杂志》2010年第11期，第63页。

〔36〕 The Corfu Channel Case（U. K. and N. Ir. v. Alb.），1949 *I. C. J.* 4（Apr. 9）.

〔37〕 Mike Perry，Rights of Passage：Canadian Sovereignty and International Law in the Arctic，*U. Det. Mercy L. Rev.* 1996，（24）：190.

依据，理应摒弃。同时，为了论证我国奉行“被外国使用”标准的合理性，可以诉诸1936年多个欧洲国家签署的《蒙特勒公约》，该条约第1条规定，“缔约各方认可海峡内的过境与航行自由”，授予外国船舶穿越土耳其水域的过境通行权，未对航行量进行任何规定，与UNCLOS不谋而合。按照1927年“荷花号案”[38]应用的“法无禁止即可为”原则，[39]UNCLOS和《蒙特勒公约》暗含这样一条规则：一个海峡如果同时满足“地理海峡”标准和“被外国使用”标准，此种海峡就是国际海峡，不应受到“航行量”的限制，哪怕外国船舶的一次航行，也可能使一个海峡构成用于国际航行的海峡，其他国家船舶有过境通行权，除非UNCLOS有相反规定。[40]所以，我国构建以“地理海峡”和“被外国使用”为中心的国际海峡界定标准有充分的国际法依据和国际判例证成，应力争获得国际社会的普遍认可，其在授予我国船舶北极过境通行权的同时，可为我国参与北极航道治理提供坚实的国际法理论基础，进而推动我国海洋强国战略的贯彻与实施。

（三）坚持以文义解释规则与适当顾及原则审视“冰封区域条款”的适用范围

UNCLOS第234条赋予沿海国以“防止、减少和控制船只在专属经济区范围内冰封区域对海洋的污染”为目的，执行和实施非歧视性的法律和规章，有学者称之为“冰封区域条款”。[41]“冰封区域条款”是外交官John Moore的杰作，旨在回应加拿大对其他国家在北极群岛自由从事商业活动而损害其国家利益的担忧。事实上，“冰封区域条款”已经成为俄罗斯和加拿大立法者的有力工具，适时根据当局的需求及国际形势的变化，出台、修正相关立法，对北极航道内的外国船舶进行符合自身利益的管制行为，有悖于文义解释规则和UNCLOS第234条规定的适当顾及原则。[42]况且，“冰封区域条款”的国际法理论基础存在瑕疵，加拿大和俄罗斯并无管控北极航道经济活动的无限特权，仅限于EEZ内的冰封区域，并限于管控污染目的。同时，有学者争议，俄罗斯、加拿大等北极沿岸国家在UNCLOS第234条的授权下，享有在EEZ内制定严于UNCLOS标准的相关法律和规章的许可是否严于UNCLOS赋予沿海国就领海所制定的法律和规章的许可及在冰封区域其他国家是否享有无害通过权。无论学界争锋如何，俄罗斯和加拿大通过对

---

〔38〕 在“荷花号案”中，土耳其法院判决法国籍“荷花号”大副戴蒙80日监禁和22英镑罚款，法国提出抗议，认为土耳其法院无权审判戴蒙，戴蒙应移交法国法院审判。后两国通过特别协议，将此案提交国际常设法院。国际常设法院称，除受国际条约或国际习惯限制外，任何国家都有权在其领土管辖范围内自由处理内外事物，无须国际法的授权和许可，国际法学者称之为“国际法不禁止即为许可”，又称之为“法不禁止即可为”原则。

〔39〕 S. S Lotus（France v. Turkey），1927 *P. C. I. J.* （Ser. A） No. 10（Sept. 7）.

〔40〕 Matt Roston, The Northwest Passage's Emergence as an International Highway, *Sw. J. Int'l L.*, 2009, （15）: 465-466.

〔41〕 Erik Vande Stouwe, An Arctic Peril: The Pitfalls and Potential of a Fragmentary Polar Law, *Brook. J. Int'l L.*, 2017,（43）: 207.

〔42〕 Aldo Chircop, International Arctic Shipping: Towards Strategic Scaling-Up of Marine Protection, *CHANGES IN THE ARCTIC ENV, T AND LAW OF THE SEA*, 2010,（177）: 181-185.

"冰封区域条款"的扩大解释，不断颁布、实施与污染控制相关的法律和规章，日益扩大对其他国家航行与飞越自由的限制，已成既定事实，既亵渎了文义解释规则，也违反了适当顾及原则。[43]以加拿大为例，在第三次联合国海洋法会议之前，加拿大就制定了《北极水域污染防治法》，对北极水域进行管控。现在主要对北方船舶交通服务区（Northern Canada Vessel Traffic Services Zone）的相关水域的冰封区域进行管控，但不以EEZ为限，在某些区域早已越过200海里EEZ的应有范围。加拿大声称西北航道水域是其内水，因为西北航道是其"历史性水域"，其他国家不享有无害通过权和过境通行权。加拿大内水范围的肆意扩大，必然扩宽原有EEZ范围，跃离UNCLOS第五部分EEZ制度的初衷，构成对"冰封区域条款"的滥用。[44]反观俄罗斯，2013年1月28日正式生效的《修正案》第14条规定，"北方海航线是历史上形成的俄罗斯国家运输线"，表明北方海航线是俄罗斯的国内航线，而非用于国际航行的海峡，国内航线通常是历史上形成的，即北方海航线是俄罗斯的内水。[45]这在一定程度上使俄罗斯内水外扩、领海基线外移，200海里的EEZ大幅度延伸，"冰封区域条款"的适用将成为俄罗斯侵占北极水域的罪魁祸首。基于加拿大和俄罗斯针对北极航道的内水主张，应当在UNCLOS框架下，采取适当措施限制"冰封区域条款"在北极的适用，在保护北极沿岸国家海洋权利的同时，兼顾北极域外国家的海洋权益。[46]

我国作为UNCLOS和《斯约》的缔约国、北极理事会的观察员国及近北极国家，北极航道治理与我国国防、经济、航运、贸易、能源等安全利益密切相关。针对俄罗斯和加拿大利用UNCLOS第234条"冰封区域条款"以防止、减少和控制船只在冰封区域的环境污染为名，肆意扩大管控海洋区域的行为，我国应当主张北极沿岸国家严格按照UNCLOS第234条的文义解释规则制定相关法律和规章，把北极沿岸国家管控与环境污染有关的冰封区域框定在EEZ范围内，即"从测算领海宽度的基线量起，不超过二百海里"[47]，北极沿岸国家制定的相关法律和规章不得赋予超过200海里的冰封区域管辖权，同时适当顾及航行自由与安全和海洋环境的保护和保全。其他国家在200海里外的海洋区域享有航行与飞越自由，除公海、大陆架和国际海底区域等相关制度的拘束外，不受北极沿岸国家法律和规章的不当限制。[48]UNCLOS第234条规定，"法律和规章应适当顾及航行"，适当限制了北极沿岸国家的权利，其有权在该条的授权下制定非歧视性

---

〔43〕 Stanley P. Fields, Article 234 of UNCLOS: The Overlooked Linchpin for Achieving Safety and Security in the U. S. Arctic?, HARV. NAT'L SEC. J., 2016, (7): 108.

〔44〕 参见王译林：《北极航道法律地位研究》，上海交通大学出版社2014年版。

〔45〕 同上。

〔46〕 何志鹏：《国际法的西方传统与中国观念》，《法学杂志》2018年第2期，第63页。

〔47〕 参见UNCLOS第57条。

〔48〕 梅宏、王增振：《北极海域法律地位争端及其解决》，《中国海洋大学学报》（社会科学版）2011年第1期，第25页。

的法律和规章，“以防止、减少和控制船只在专属经济区范围内冰封区域对海洋的污染”，但应当遵守适当顾及原则，不妨碍其他国家的航行自由和安全及海洋环境的保护和保全。当北极域外国家划定超过 200 海里的 EEZ，对 EEZ 之外的冰封区域进行管控时，可能会对其他国家的航行自由和安全产生影响。对此，我国应当积极参与国际海洋与海事立法，力争应用适当顾及原则适当制约北极沿岸国家就相关冰封区域制定相关法律和规章的权利，切实保障包括我国在内的北极域外国家船只的航行自由与安全。〔49〕另外，北极航道的冰雪逐步消融，不久的将来北极航道不再切合“一年中大部分时候冰封的情形”〔50〕，国际社会应当要求对俄罗斯和加拿大依据“冰封区域条款”制定的相关法律和规章进行废止、更新或完善，以减少对其他国家船只北极航行自由的限制和约束。因此，奉行“冰封区域条款”文义解释规则与适当顾及原则，合理限制 UNCLOS 第 234 条“冰封区域条款”在北极航道的适用范围，防止北极沿岸国家利用“冰封区域条款”侵占公海海域或国际海底区域，干扰其他国家的航行自由与安全，最大限度实现北极沿岸国家与北极域外国家的利益衡平。〔51〕

四、结　语

北极航道治理须对北极航道的国际法律地位、治理模式、相关法律规范与制度、法律适用、合作机制等系列国际法问题进行考察，涉及北极沿岸国家和北极域外国家的多重利益，与 UNCLOS 中的“无害通过权”“过境通行权”“航行与飞越自由”“剩余权利”“历史性水域”“冰封区域条款”“用于国际航行的海峡”等密切相关，且与一般国际法、国际条约、北极沿岸国国内法的相关规定关系重大。俄罗斯主张东北航线是其国内航线，基于历史原因形成，属于俄罗斯的内水，外国船只无无害通过权和过境通行权。加拿大认为西北航道是其内水，未经许可外国船只不能进入西北航道航行。俄加两国的理论依据大致相同，即“历史性水域”、直线基线法、“海冰与陆地同权理论”、“扇形理论”、海峡基线法等，但未得到美国、欧盟等国际社会的认可。基于此，为了平衡各方权益，学界提出了《南极条约》模式、“斯瓦尔巴德模式”和冰封区域治理模式三种治理模式，为北极航道的国际法治理提供了理论参考，不过由于三种治理模式皆存在一定缺陷，恐难承担北极航道治理的重任。因此，我国应当在 UNCLOS、《斯约》等一般国际法、国际条约下秉持“三要件说”，构建以“地理海峡”和“被外国使用”为中心的国际海峡界定标准，坚持以文义解释规则与适当顾及原则适当限制“冰封区域条款”的适用范围，切实维护我国的北极利益，保障海洋强国战略的顺利实施。此外，应

---

〔49〕 参见王译林：《北极航道法律地位研究》，上海交通大学出版社 2014 年版。

〔50〕 参见 UNCLOS 第 234 条。

〔51〕 江河、郑实：《南海争端和平解决的路径冲突及其化解——以国家主权的双重属性为框架》，《政法论丛》2017 年第 5 期，第 27 页。

对我国与北极沿岸国家可能开展的合作进行研究，中俄两国领导人倡议建立的“冰上丝绸之路”就是一个很好的范例，值得在中加之间推广。中国作为UNCLOS和《斯约》的缔约国、北极理事会的观察员国和近北极国家，应积极参与北极航道事务与北极航道治理立法，加快推进《北极航行公约》的出台。同时，加强同北极理事会的合作，探索与北极沿岸国家合作共赢的长效机制，在尊重北极沿岸国家主权、主权权利和管辖权的同时，保障我国船只北极航行自由与安全，维护我国北极航道治理权，尽快打通通往欧洲和北美的快捷通道，确保我国能源、航运、经济、国防、贸易等安全。

国际海底区域深海采矿环境影响评价程序构建探析

■ 袁 雪[*]　袁瑞阳[**]

【内容摘要】当前，国际海底区域深海采矿不断由勘探向大规模商业开采进行转变，为更好地执行“海洋环境有效保护”原则，需要对深海环境影响评价制度作细致规定。当前对于深海环境影响评价的规定见于国际公约、区域性的协定以及国际海底管理局的文件中，但对于深海环境影响评价规定或笼统或停留于勘探层面，需要在后续开采规章中予以完善。深海环境影响评价现存问题在于不确定性因素解决机制的建立、环境影响评价各阶段不完善、环境影响评价对决策机制的影响力度缺乏以及监管机构投入与参与的缺乏。对于环境影响评价程序的构建，应在现有的国际公约规定上作出调整，将程序分解为筛选、范围确定、环境影响评价、环境管理计划、公众参与以及监督审查六个方面，以确保深海环境影响评价的有效进行。

【关键词】环境影响评价程序　国际海底区域　开采规章　深海采矿

国际海底区域富含丰富的矿产资源，《联合国海洋法公约》第十一部分将国际海底区域制度作为基本法律制度确定下来。随着“区域”资源的开发，来自“区域”内活动的污染已经成为六类海洋环境污染之一。[1]随着“区域”资源勘探开发活动的逐步开展，国际海底活动的重心从勘探阶段逐步转向开发阶段，国际海底管理局（ISA）正前行在实现海底矿产商业化的道路上。[2]但是对于“区域”的开采开发处于初级阶段，在开采过程中环境保护力度不足，特别是缺乏对环境影响评价制度的构建。

一、“区域”资源勘探开发环境概况

人口稳定增长，金属需求增加以及陆地上开采的矿床等级降低，促使人们对海洋矿产资源的经济潜力产生兴趣。尽管一些资源的开采已经在浅海环境中进行了多年，目前深海矿产资源仍然处于勘探状态。[3]深海（覆盖 >200 米海水深度的区域）覆盖地球表面面积约 3.6 亿平方千米（约 50%），占可居住体积的 95%（全球生物圈）。在地形上，大部分深海底是超过深海 3000 米的深海平原，其特征包括海底峡谷、海洋沟和山脊、

---

* 法学博士，哈尔滨工程大学人文学院法学系副教授，硕士生导师，主要研究领域为国际法和海洋法。

** 哈尔滨工程大学人文学院法学系硕士研究生。

本文获得中央高校基本科研业务费项目“中国北极安全法律问题研究”（HEUCFP201831）、黑龙江省哲学社会科学规划项目“北极水域航行海事安全法律体系构建及中国参与路径研究”（17FXB07）、黑龙江省哲学社会科学规划项目“极地通行法律问题研究”（16FXB01）基金项目支持。

〔1〕王岚：《国际海底区域开发中的环境保护立法——域外经验及中国战略》，《湖南师范大学学报》2016 年第 4 期。

〔2〕朱永灵：《关于中国国际海底区域矿区采矿的思考》，《海洋开发与管理》2017 年第 8 期。

〔3〕Peukert A., Petersen S., Greinert J., et al., Seabed Mining, in *Submarine Geomorphology*, Berlin: Springer Geology, 2018.

热液喷口和海山。但截至目前，绝大多数“区域”尚未开发。[4]

目前，深海采矿（DSM）对环境造成影响的因素可总体归结为：（1）开采的基质数量、分离方法和排放物的排放机理；（2）由于采矿机、破碎机、提升机器和排放物的移动而导致的固体悬浮；（3）子系统损失，如管道、链条、工具或任何其他硬件设施；（4）采矿和运输船只的溢油和泄漏；（5）运输船的压载水排放；（6）海上处理废物，包括化学品，碎片和水；（7）人类废物，如垃圾，包括塑料、金属、玻璃和其他不可生物降解的物品。[5]在DSM中具体存在的影响则包括：（1）生态系统脆弱地区生物栖息地破坏；（2）中底水层中羽流沉积物的影响；（3）减缓海底生态系统的恢复能力；（4）噪声与光污染；（5）可能对海底动物群造成的毒性影响。[6]

表1　DSM项目对环境的影响

DSM 环境影响	生物栖息地破坏	中底水层中羽流沉积物的影响	减缓海底生态系统的恢复能力	噪声与光污染	对海底动物群造成的毒性影响
锰结核	√	√	√	√	
钴结壳	√	√		√	√
多金属硫化物	√	√		仅光污染	

在进行DSM问题上，环境与资源开采是一个双向问题，DSM与环境的保护与治理是紧密相连的，即DSM会对海洋环境产生影响，海洋环境对采矿活动同样会产生影响，其原因在于“区域”的水文、地貌、矿物特征等主要条件在DSM项目设计与执行中占有重要的地位。海洋采矿公司（OMI）和海洋采矿协会（OMA）在1972至1981年第一次共同对DSM影响评估研究是在太平洋进行的。在此之后，承包商开展了深海实验，以评估使用犁耙等装置对太平洋和印度洋的水力沉积物之间的潜在影响。[7]上述实验对于DSM与环境之间的影响进行了初步探索，证明了DSM环境影响评价与海洋环境保护之间的必然联系。

承包商在实施DSM时由三个部分组成：（1）勘探和资源评估；（2）采矿和冶金加工的技术开发；（3）海洋环境的协调与保护。[8]其中，关于环境部分包括环境基线的建立、进行影响评估和环境监测与管理，并最终形成环境管理计划的制订。项目的最终执

---

〔4〕 Miller K. A. , Thompson K. F. , Johnston P. , et al. , An Overview of Seabed Mining Including the Current State of Development, Environmental Impacts, and Knowledge Gaps, *Frontiers in Marine Science*, 2018.

〔5〕 Sharma R. , Development of Environmental Management Plan for Deep-Sea Mining, in *Deep-Sae Mining*, India: Springer, 2017.

〔6〕 Weaver P. P. E. , Billett D. S. M. , Dover C. L. V. , *Environmental Risks of Deep-sea Mining*, Springer, 2018.

〔7〕 Sharma R. , Deep-Sea Mining: Current Status and Future Considerations, in *Deep-Sea Mining*, Springer International Publishing, 2017.

〔8〕 Henocque Y. , The Crafting of Seabed Mining Ecosystem-Based Management, in *Deep-Sea Mining*, Springer International Publishing, 2017.

行关键在于技术经济评估和法律框架的建立，两者在各自活动的程序中可以此独立进行，但是最终确认执行的阶段需要在两者之间建立紧密的联系，在这种情况下需要环境影响评价进行调整。

环境影响评价有利于各方对深海环境的保护，而且还能使承包商在深海采矿处于有利地位，促进“区域”资源的商业开发。在进行环境影响评价过程中，需要通过实验、勘探、监测等对深海数据进行收集，在此期间监管机构有足够的准备时间来制定勘探和开采海底资源所需的政策，承包商则能够采取相应的指导方针并自行准备环境影响评价报告与环境管理计划，从而使得在申请程序上更为便捷。

二、深海采矿环境影响评价程序立法分析

（一）国际公约与区域性协定

《联合国海洋法公约》（UNCLOS）作为国际海洋法大宪章，在第 165 条规定：“国际海底管理局的法律和技术委员会应就‘区域’内活动对环境的影响准备评价。”UNCLOS 在第 204 条到第 206 条构建了在海洋环境中执行环境影响评价的基本框架。[9]《联合国环境划署环境影响评价目标和原则》（UNEP）则为环境影响评价提供了广泛的准则，并指出各国应当在实行环境影响评价时对标准进一步细化。《生物多样性公约》（CBD）是另外一个要求进行环境影响评价的国际性文书，其第 14 条对于环境影响评价和尽量减少不利影响方面作了详细规定。[10] 除此之外还包括一系列的区域性文书：《跨界领域的环境影响评价公约》（Espoo Convention），《保护东北大西洋海洋环境公约》（OSPAR Conventio），《地中海海洋环境和海岸带保护公约》（Barcelona Convention），《南太平洋地区自然资源和环境保护公约》（AT），《北极环境影响评价准则》。这些区域性文书对海洋环境影响评价有所涉及。

（二）国际海底管理局探矿与勘探规章

“区域”内 DSM 活动主要由 ISA 监督和管理。ISA 成立于 1994 年，是监管深海勘探开发矿产资源活动的专门机构。[11] UNCLOS 第 137 条第 2 款规定：“对‘区域’内资源的一切权利属于全人类，由管理局代表全人类行使。这种资源不得让渡。但从‘区域’内回收的矿物，只可按照本部分和管理局的规则、规章和程序予以让渡。”任何国家或组织在“区域”内 DSM 活动都必须经过 ISA 的批准。为了更合理地进行 DSM 开发与海洋环境的保护，UNCLOS 第 145 条授权 ISA 制定适当的规则、规章和程序以防止、减少和控制海洋环境污染和对海洋生态平衡的干扰，并在第 165 条规定：“国际海底管理局

〔9〕 http：//www. foxitsoftware. com.

〔10〕 https：//www. cbd. int/convention/articles/default. shtml？ a = cbd-14.

〔11〕 Harrison J. ，The International Seabed Authority and the Development of the Legal Regime for Deep Seabed Mining，*Ssrn Electronic Journal*，2010.

的法律和技术委员会应就‘区域’内活动对环境的影响准备评价。”为了执行 UNCLOS 有关“区域”的规定，1994 年联合国大会通过了《关于执行 1982 年 12 月 10 日〈联合国海洋法公约〉第十一部分的协定》，该协定进一步阐述了对“区域”内的深海采矿活动进行环境影响评价的义务。协定的附件 I 第 7 条规定：“对工作计划的审批申请，应当附有该活动的潜在环境影响评价以及关于按照管理局制定的规则、规章和程序进行的海洋学和环境基线研究方案的说明。”[12]

ISA 已经生效的《“区域”内多金属结核探矿核勘探规章》《“区域”内多金属硫化物探矿和勘探规章》《“区域”内富钴铁锰结壳探矿和勘探规章》中明确规定了海洋环境包括海洋生态系统、海洋水域及水域上空，以及海床和洋底及其底土的生产力、状态、状况和质量的一种资源、化学、地质和生物组成部分、条件和因素。申请探矿者在实际可行情况下，尽量向管理局提供保护和保全海洋环境的相关数据。探矿者应同管理局合作，制定并实施方案，检测和评价多金属结核的勘探和开发可能对海洋环境造成的影响（如表 2 所示）。探矿活动引发的任何事故如已经、正在或可能对海洋环境造成严重损害，探矿者应采用最有效的手段，立即以书面形式通知秘书长。

表 2 《多金属规章》《硫化物规章》《富钴铁锰规章》第五部分保护和保全海洋环境的规定[13]

	《多金属规章》《硫化物规章》《富钴铁锰规章》
保护和保全海洋环境	·管理局和担保国采取《里约宣言》原则 15 预防性办法和最佳环境做法 ·法律技术委员会制定并执行有关程序 ·承包者、担保国和其他有关国家或实体同管理局合作，制定并实施检测和评价深海底采矿对海洋环境的影响区域
环境基线和监测	·承包者收集环境基线数据，确定环境基线并进行评价，制定监测和报告方案 ·承包者应与管理局和担保国合作制定并执行监测方案 ·承包者每年以书面方式向秘书长报告监测方案的执行状况
紧急命令	·发生紧急事故所应实施的一系列措施及程序 ·承包者不迅速遵从紧急命令，理事会应自行采取必要措施 ·承包者提供财政和技术的保证，或担保国督促承包者提供保证
沿海国权利	·承包者行为有可能危害其管辖范围或主权范围的海洋环境造成损害，可通知秘书长 ·有明确理由相信可能造成严重损害，秘书长可采取紧急命令或立即采取临时措施
具有考古或历史意义的遗骸、文物和遗址	承包者立即将发现书面通知秘书长

2013 年 7 月，ISA 法律技术委员会颁布《指导承包者评估“区域”内海洋矿物勘探活动可能对环境造成的影响的建议》，进一步明确环境影响评估的强制性义务，在第 19

〔12〕 http：//www. hainu. edu. cn/stm/nhlaw/2012629/10330934. shtml.
〔13〕 参见中国大洋协会办公室主编：《国际海底区域资源探矿和勘探规章》，海洋出版社 2015 年版。

条明确规定了必须进行事前环境影响评估的活动：（a）在超出具体指南规定的范围内进行勘探；（b）利用系统人为扰动海底的活动；（c）测试采集系统和设备；（d）利用船载钻机进行钻探活动；（e）岩石取样；（f）使用海底拖撬、挖掘机或拖网进行的采样活动。[14]

（三）"开采规章"

随着"区域"商业化开发，2017年8月，ISA审议并公布了《"区域"内矿产资源开采规章草案》，提出了有效保护"区域"海洋环境的基本原则，发展了环境影响评价制度，明确了承包者在开发活动中的海洋环境保护义务和担保国应承担的担保责任。承包者在勘探阶段应在合同区域内收集原始环境数据，确定环境基线，并对比评价其勘探活动可能对海洋环境造成的影响。进入开发阶段后，承包者应界定其拟议开发活动可能造成的环境影响，采用国际上公认的环境影响评价技术，以科学合理的方式对拟议活动的潜在环境影响进行评价，并对管理局提交环境影响报告。[15]在向ISA提交开发工作计划申请之前，潜在申请人应向秘书长提交一份环境影响范围界定报告，报告经过公众咨询以及法律技术委员会审议后，应作为申请人在项目区域内进行环境影响评价的依据。[16]由国际海洋矿物学会制定的《海洋采矿环境管理规范》对海底采矿提出了更为具体的要求：（1）与利益相关方进行广泛、透明的磋商；（2）采矿区的保护参考区和影响参考区；（3）大规模合作的国际海洋环境研究计划；（4）适应性管理原则适用于环境影响评价；（5）环境数据和信息收集和报告的标准化；（6）将环境影响评价纳入立法框架，以支持在评价和执行DSM期间采取预防措施；（7）设计DSM方法和技术，以尽量减少对环境的影响。[17]基于前期立法基础与特定行业要求，在"开采规章"制定中应对环境影响评价程序进行补充与完善。

三、深海采矿环境影响评价程序面临的问题

尽管环境影响评价制度已经被广泛地应用，成为深海"区域"资源勘探开发活动中不可或缺的一部分，但在"区域"活动中环境影响评价仍然存在相应的问题。

（一）"区域"采矿不确定性因素解决机制的不健全

"区域"采矿项目的环境影响评价需要解决高度不确定性问题。当前，DSM环境影响评价数据收集技术有限，同时与环境基线以及其他类似的资源开采项目相比数据还很不完备。完备的环境影响评价程序具有记录和解决不确定性的机制，并提供解决"区

〔14〕 任秋娟：《国家管辖范围外区域生物采探环境影响评估》，《山东理工大学学报》（社会科学版）2017年第4期。

〔15〕 王超：《国际海底区域资源开发与环境保护制度的新发展——〈"区域"内矿产资源开采规章草案〉评析》，《外交评论》2018年第4期。

〔16〕 杨泽伟：《国际海底区域"开采法典"的制定与中国的应有立场》，《当代法学》2018年第2期。

〔17〕 Verlaan P., Deep-Seabed Mining, in *Handbook on Marine Environment Protection*, Berlin: Springer, 2018.

域”资源勘探开发中不确定性因素的建议。但是，即使在数据完整的情况下，当前决策过程中的程序性或制度性措施对不确定因素也不能保证完全考虑。在实践过程中，承包者在申请勘探合同时并不需要确定其项目设计和评价中固有的不确定性，以及说明如何在其工作计划中解决这些问题。同样，法律技术委员会对于是否批准勘探合同的建议，不需要向理事会传达任何不确定性因素。[18]

多项活动可能需要进行环境影响评价，包括项目开始前的活动或项目进行中的改变活动。每项活动或变更活动都应进行筛选，并在必要时进行环境影响评价。这可能会导致单个项目存在的多个环境影响评价和环境管理计划。随着 DSM 技术和对环境理解的发展，这种情况的发生概率会逐步增高。如何在 ISA 的监管框架内实施多个环境影响评价与环境管理计划，或是如何更新现有环境影响评价与环境管理计划尚不清楚，但应在今后的“开采规章”中予以考虑。

（二）环境影响评价各阶段规定不完善

应当对环境影响评价各阶段中的内容作详细要求，并规范其评价的具体标准。环境基线数据采集和环境影响评价报告的内容已经取得了长足进步，但在环境影响评价程序方面仍然缺少详细的规定。[19] 国际公约与 ISA 制定的规章及相关建议对环境影响评价程序有所有规定，但 ISA 仍然需要强化 DSM 规范中的程序保障措施，以确保这些措施能够实现海洋环境的有效保护。

（三）环境影响评价程序对 ISA 决策影响力度缺乏

实施环境影响评价和环境管理计划应被应用于降低环境风险，而不仅仅是作为补偿手段加以实施。环境影响评价程序应完全纳入 ISA 合同授予决策过程，同时加强环境监测与管理。[20] 依据 UNCLOS 第十一部分的规定，ISA 在“开采规章”的起草过程中，需要对自己的管理权限进行规定，并确保其在管理和监督开采制度方面的实质性权力。ISA 在环境管理中需要对法律、组织管理和财政措施以及不遵守规章的惩罚措施进行相应的规定。

目前，一个主要的程序挑战是环境影响评价在勘探过程中的时间安排。承包商在获得 15 年勘探合同之前不需要进行全面的环境影响评价，只有经双方同意才能修改。[21] 为了使环境影响评价程序有效，ISA 要求承包商根据勘探合同有效期内获得的新信息以调整其运营。这种方法缺乏法规上的支撑，仅依据合同可能会阻碍 ISA 对 DSM 环境影响评价的有效控制，以及在项目的适应性管理上缺乏有效的措施。但是，ISA 在合同中可

---

〔18〕 Jaeckel A. , Deep seabed mining and adaptive management: The procedural challenges for the International Seabed Authority, *Marine Policy*, 2016, 70.

〔19〕 Durden J. , Billett D. , Brown A. , et al. , Report on the Managing Impacts of Deep-sea Resource Exploitation (MIDAS) Workshop on Environmental Management of Deep-sea Mining, *Research Ideas & Outcomes*, 2016, 70.

〔20〕 Ibid.

〔21〕 Jaeckel A. , Deep Seabed Mining and Adaptive Management: The Procedural Challenges for the International Seabed Authority, *Marine Policy*, 2016, 70.

以要求承包商遵守可能不时修改的法规，再通过不断完善法规使得承包商环境影响评价与 ISA 决策相互融合。

（四）环境监管机构的投入与参与的缺乏

当前仅依靠 ISA 对 DSM 的环境影响评价进行监督与管理负担过重，同时环境影响评价制度的每个阶段对监管机构与人员的素质要求很高。[22] 环境影响评价程序的监管机构能力不足可能导致决策失败，会导致监管机构环境影响评价的质量控制不足、执法不严和执法不力等负面结果。可以考虑在 ISA 下成立独立的监管机构，将 ISA 的监管权下放至下属监管机构，对于有效监督环境影响评价与环境管理计划以及整个 DSM 的合规性都非常重要。

四、DSM 环境影响评价程序的构建

ISA 环境政策决定了环境影响评价的内容，环境监管机构制定的环境战略目标和执行方式对其进行扩展。每一个项目的具体环境目标应由申请者根据现行政策和战略计划制定。ISA、担保国和承包商都可以在项目环境目标的制定过程中发挥作用。承包商的内部环境政策可作为其环境管理体系的一部分，为 DSM 环境影响评价提供更好的执行环境，其内容包括环境目标、物质条件、责任划分、程序、资源、政策以及目标等。[23] 监管机构在上述基础上对各阶段提出更为具体的要求。环境影响评价是项目环境管理的一个组成部分，其应在对环境进行初步评价后进行，在项目规划已经取得足够进展的基础上进行，评价环境风险并确定损害减缓方案。[24] DSM 规划应具有前瞻性，包括开采活动的每一阶段，同时还需要考虑环境目标和责任风险以及适应性管理的适用等。

（一）筛选

筛选是决定是否需要在特定地点和时间针对特定活动进行环境影响评价的过程。[25] 筛选涉及对项目特征和地理环境的初步风险评价，完备的风险评价往往需要对环境影响评价以外的阈值进行评估。除了 DSM 项目申请前需要进行前期环境影响评估外，DSM 进行中的项目如果发生调整与变化，也可能被列入环境影响评价的范围之中。DSM 的调整与修改的环境影响评价取决于筛选过程所决定的范围、幅度和与原计划的偏差。另外，在 DSM 的适应性管理过程中，根据通过监测、取样和审查进行修改环境影响评价

〔22〕 Bradley M. , Swaddling A. , Addressing Environmental Impact Assessment Challenges in Pacific Island Countries for Effective Management of Deep Sea Minerals Activities, *Marine Policy*, 2016, 70.

〔23〕 http://www.interridge.org/files/interridge/IMMS_ Code.pdf.

〔24〕 Durden J. , Billett D. , Brown A. , et al. , Report on the Managing Impacts of Deep-sea Resource Exploitation (MIDAS) Workshop on Environmental Management of Deep-sea Mining, *Research Ideas & Outcomes*, 2016.

〔25〕 Ellis J. , Clark M. , Rouse H. , et al. , Environmental Management Frameworks for Offshore Mining: the New Zealand Approach, *Marine Policy*, 2017.

内容或结论，可能也需要重新筛选步骤。[26]

当前有四种确定筛选阶段环境影响评价内容的方式：（1）初步研究或初步环境评价，其中通过前期评价考虑对环境影响评价的需求，并通过行业或地区标准进行确认；（2）逐案评价，通过单独评价考虑对环境影响评价的需求；（3）当前公约、立法等已确定的要求或不要求进行环境影响评价的项目或活动清单；（4）阈值，其中环境影响评价基于特定的测量和根据预定标准的限制。[27]由于DSM的技术和环境具有不确定性，这些方法中的一些方法至少初步评估阶段可能是不合适的，需要各种方式相互配合进行，即DSM项目合理性由前两种方法进行组合体现，并在后两种方法中进行完善。DSM环境决策的透明度、信息共享与国际合作也成为被确定为筛选的重要因素。[28]除要求必须进行环境影响评价的环境外，专家意见、项目的重大变化也可能需要进行环境影响评价。由于海底环境管理正处于不断发展的态势，任何可能改变风险评价的重大变化都应该要求进行环境影响评价。

（二）范围确定

范围确定即环境影响评价基于筛选结果所应当覆盖的内容。这一阶段的目的在于确定项目及其周围环境的相关问题，并为后续的环境影响评价设置界限。范围确定涉及环境风险评价，从而确定风险评估中最重要的问题，包括有关项目性质和环境设置的确定、监管要求和利益相关者意见等，同时通过相关数据与论证也能将某些问题予以排除。除此之外，范围的确定也需要考虑多个环境管理替代方案，其中应包括详细的部署，以便于进行环境影响风险评价以及计划外的影响等。范围确定能够促使ISA和承包商之间就环境影响评价程序、环境影响评价报告和环境监测计划的内容保持长期的环境管理合作。范围确定阶段提供的数据为后续阶段减少项目选项的不确定性所需的数据提供便捷，使承包商对DSM项目有更多的监管信心，并可能减少环境影响评价报告批准所需的时间，从而带来实质上的效益。范围确定对关键性问题进行考虑，并为环境影响评价各方设定了职权范围。

在DSM项目中，若缺乏用于DSM的区域环境的信息，便无法进行有效的范围确定。在范围确定中需要开展大量调查工作来提高环境的证据与数据基础，并由专家组进行专业综合判断。对环境风险的分析即为范围确定的结果，这是环境影响评价对DSM项目固有风险分析的必然要求，由监管机构对范围确定的文件进行审查。国家管辖范围内的范围确定程序通常需要申请方和监管机构之间进行沟通与合作，同时利益相关方的参与

---

[26] Ardron J. A., Ruhl H. A., Jones D. O. B., Incorporating Transparency into the Governance of Deep-seabed Mining in the Area beyond National Jurisdiction, *Marine Policy*, 2018, 89.

[27] Paulo Pinho, Sabine McCallum, Sara Santos Cruz, A Critical Appraisal of EIA Screening Practice in EU Member States, *Project Appraisal*, 2010, 28 (2).

[28] Ardron J. A., Ruhl H. A., Jones D. O. B., Incorporating Transparency into the Governance of Deep-seabed Mining in the Area beyond National Jurisdiction, *Marine Policy*, 2018.

和独立专家审查也是范围确定的关键，通过这种交流反馈的方式，能够促进各方之间更有效率地达成协议。当前 DSM 环境影响评价机制中为了使环境影响评价报告完成之前对环境影响评价程序得以确定，允许环境基线数据在风险评价、不确定性因素评估、环境影响和环境监测等方面存在差距，因此范围确定阶段中需要听取各方意见，建立信息交流、沟通与合作的相关机制。

筛选和范围确定的环境影响评价阶段应在 DSM 项目开发的早期阶段进行，以确保尽快对环境风险进行环境影响评价，从而制定环境管理的替代方案与减缓措施。替代方案和减缓措施的评价需要建立在环境基线研究中的特定数据以及勘探测试采矿活动的结果的基础上，而这些数据又取决于特定数据的收集与勘探测试的进行。因此，监管机构应在申请勘探工作计划阶段对范围确定和筛选文件进行评价，监管和筛选文件的评价和批准标准应由监管机构预先制定。[29] 前期审查批准筛选和范围确定文件能够很好地预期任何跨界影响，使监管机构能够更好地协调整个“区域”的 DSM 项目。

依据 2010 年法律技术委员会制定的《指导承包者评估区域内多金属结核勘探活动可能对环境造成的影响的建议》，范围确定的结果应具备有限的有效性，并应在 DSM 项目的实质性变更或是新的环境数据可以采用时进行更新，或者是至少每五年一次进行审查和更新[30]，其内容则包括法规变更、战略评价和战略规划等。在范围确定过程中应采用有效的审查更新机制，将 DSM 行业特征、法规的更新、环境数据的增加以及 DSM 技术的不断进步相互融合，以便确定范围的有效性，便于开始下一阶段的环境影响评价。

（三）环境影响评价

在范围确定的基础上进行环境影响评价，确定 DSM 项目的风险和影响。环境影响评价的关键阶段包括确定影响、替代方案评估、预期环境影响以及缓解措施的设计和评价等。这依赖于四个主要程序，包括审查现有数据、收集和解释新数据、生态风险评价、环境管理规划，主要内容包括：（1）对 DSM 目的和理由的描述，包括环境目标和可行性；（2）对环境影响评价的描述，包括环境监管和监测以及利益相关者的意见；（3）DSM 时间与空间影响方面的描述与影响缓解措施的制定；（4）综合信息以形成影响评价，包括相互关系评价、DSM 综合影响以及与环境监管标准和阈值的确定。[31]

作为 DSM 项目勘探阶段的一部分，在环境影响评价中应对环境基线评价进行计划。[32] ISA 在技术报告中对环境基线评价的内容进行了说明，但仍然需要不断地对法规

---

〔29〕 Durden J. M., Murphy K., Jaeckel A., et al., A Procedural Framework for Robust Environmental Management of Deep-sea Mining Projects Using a Conceptual Model, *Marine Policy*, 2017, 84.

〔30〕 https://www.isa.org.jm/sites/default/files/files/documents/isba-16ltc-7_1.pdf.

〔31〕 Dover C. L. V., Aronson J., Pendleton L., et al., Ecological Restoration in the Deep Sea: Desiderata, *Marine Policy*, 2014, 44 (1).

〔32〕 https://www.isa.org.jm/sites/default/files/files/documents/isba-16a-12rev1_4.pdf.

与数据的更新进行完善。[33]对于环境影响评价的完善可以通过采矿测试阶段的结果，来获取关于DSM的环境影响具体数据，实现DSM项目环境管理的改善。《勘探规章》第31条提出建议："收集并确定环境基线，那些对海底区域环境可能造成影响活动的合同承包者必须收集实际信息包括海洋环境结构、物理和化学数据以确定环境基线。"[34]在进行科学调查方案设计时应收集与未来环境监测进行比较所需的数据，用以推动后续DSM的进行。但仅依靠环境基线还不足以对海洋环境进行有效保护，还需要对评估后的DSM项目开展作进一步的环境影响评价。

在公众参与、利益相关方意见和专家意见得到解决时，环境影响评价报告已经完成，并提交环境监管机构。环境影响评价报告内容包括环境风险评价的结果、各方意见与建议、解决措施以及环境信息。在各方反馈意见与报告存在重大分歧时，环境影响评价报告可供各方进行进一步的讨论。在此期间承包商可以不断地修改与调整环境影响评价，以达到各方的要求。

（四）环境管理计划的制订

环境管理计划规定了DSM的环境管理方法，其内容包括环境影响评价中确定的所有缓解措施的实际实施细节，包括承包商的环境管理细则、项目的环境目标和法规的适用，并对如何满足其环境目标、法规适用和监管要求进行论证。DSM所带来的严峻的挑战，包含政治、经济、科学技术、环境、社会、工业和法律等多方面因素，必须实行全部管理，从而实现海洋环境的有效保护与DSM相协调。为实现《公约》对DSM的总体要求，DSM环境管理需要采取整体部署，包括对生态系统、预防性措施、知识信息合作与交流、信息透明度、适应性管理以及利益相关者意见[35]，根据上述条件对DSM、预防和补救措施的制定以及长期监测形成初步计划。

在审查和批准之前，环境管理计划可以采用与环境影响评价类似的方式对其进行不断的修改与调整，直到达到利益相关者要求为止。在DSM开展实施后，环境管理计划也将接受定期审查和重新评价。

（五）外部审查

1. 专家评审

深海海底采矿项目无疑将对海洋环境产生不利影响。为了确保UNCLOS第145条所要求的"切实保护海洋环境"，ISA执行的环境影响评价必须得到"最佳科学和技术信息"的支持，目前对勘探活动的前期环境影响评估的要求也是如此。[36]最佳科学和技术信息包括承包商在其勘探活动期间提供的信息，但仅依靠承包商自身提供的信息还需要

---

〔33〕 https：//www. isa. org. jm/sites/default/files/files/documents/tstudy10. pdf.

〔34〕 王斌：《太平洋国际海底区域资源开发的海洋环境保护》，《太平洋学报》2002年第4期。

〔35〕 Verlaan P. , *Deep-Seabed Mining*, Springer, 2018.

〔36〕 中国大洋协会办公室主编：《国际海底区域资源探矿和勘探规章》，海洋出版社2015年版。

独立专家进行审查。独立的专业审查可以对现有信息作出相应的完善，以便正确判断DSM工作计划的环境影响是否重大，能够在后续工作中得到妥善处理。

在环境影响评价程序中专家评审是一种普遍实施的做法，特别在重要项目中的意义更为重大。[37]在2014年ISA主持的“利益相关方调查”中，各利益相关者强烈主张在环境影响评价过程中纳入独立专家评审，并且在环境监管体系中加入独立专家评审已经达成共识。[38]当前专家评审目前是法律技术委员会的职责，但是法律技术委员会任务繁重，程序缺乏透明度，并且不能确保在“前期的环境影响评价”和“未来的环境影响评价”中具有有效的专业知识，也不能确保其专业知识涵盖所有适用的学科，在今后ISA“开采规章”制定过程中应当更为详尽地考虑。

2. 公众参与

DSM项目中的公众包括利益相关方、非国家行为体和公众中发生的其他人类活动的支持者，独立专家也可被视为是利益相关方。

广泛的公众的参与是《里约环境与发展宣言》（Rio Declaration）原则10所载的可持续性原则内容之一。[39]公众参与被广泛应用于可能对环境产生重大不利影响的项目的环境管理机制，公众参与在环境影响评价中占有重要的地位。公众参与依赖于公众可获得的环境信息，与专家评审意见相辅相成，能够更好地帮助决策的制定。Espoo已经规定各国有义务建立“允许公众参与的环境影响评估程序”[40]，在《奥胡斯公约》（The Aarhus Convention）得到进一步细化，将公众参与的一般性义务纳入一般环境问题的决策中。《奥胡斯公约》明确列出了在公众参与可能对环境产生重大影响的拟议活动的决策过程中必须向公众提供的文件清单：（a）对场址的描述以及拟议活动的物理和技术特性，包括对预期残留物和排放的估计；（b）描述拟议活动对环境的重大影响；（c）说明为防止和/或减少影响而设想的措施，包括排放；（d）上述的非技术性摘要；（e）申请人研究的主要备选方案概要；（f）根据国家立法通知有关公众及时向政府发布的主要报告提出建议。[41]

在自然资源治理方面，DSM透明度是加强承包商责任机制、项目的可执行性合规性、DSM可持续性以及环境影响评价结果公正的必要因素，公众参与能够促进高质量的环境决策的制定。[42]利益相关方审查为环境影响评价程序提供意见，从而进一步为DSM

---

〔37〕 Banhalmizakar Z., *Introduction to Environmental Impact Assessment*, London: UCL, 2013.

〔38〕 https: //www. isa. org. jm/survey/stakeholder-survey-march-2014.

〔39〕 http: //www. un-documents. net/rio-dec. htm.

〔40〕 http: //www. unece. org/fileadmin/DAM/env/eia/documents/legaltexts/Espoo_ Convention_ authentic_ ENG. pdf.

〔41〕 http: //www. unece. org/fileadmin/DAM/env/pp/documents/cep43e. pdf.

〔42〕 Ardron J. A., Ruhl H. A., Jones D. O. B., Incorporating Transparency into the Governance of Deep-seabed Mining in the Area beyond National Jurisdiction, *Marine Policy*, 2018, 89.

的环境管理提供意见。

监管机构应组织利益相关者审查所有环境影响评价文件（包括筛选、范围确定结果，环境影响评价报告，环境管理计划和专家审查结果），并应积极将文件向主要利益相关方进行传递。在各方反馈机制上应尽可能简化。目前，公开听证会是适当反馈机制的一种，但这可能会以书面评论的形式出现，不利于信息的互通与交流。同时应尽可能公开评审意见，因为DSM存在大量的公众利益和对环境影响评价报告的审查，需要充分吸取独立专家、直接利益相关方和公众的多重意见，需要将评审意见与决策相融合。

（六）监管审查

环境影响评价报告和环境管理计划提交给监管机构进行审查，大多采取听证会的形式进行。监管机构将决定环境影响评价和环境管理计划是否获得批准，项目是否获准运营。在特定情况下，监管机构也可能委托独立专家对环境影响评价进行科学审查。这些专家的要求是未在其他程序中发挥作用的，以避免利益冲突。

任何环境影响评价和环境管理计划的批准通常都包含对承包商的强制要求，包括遵守环境管理计划、遵守监管机构定期审核的规定、完成规定的环境监测和报告以及接受监管机构在违规情况下的补救措施。[43] 在此基础上还需要加入适应性管理的规定，即在环境发生变化时如何进行项目调整等。[44] 同时，还应当建立定期环境影响评价和监测结果审查，以及对现行法规适应性的审查。在某些情况下，环境影响评价和环境管理计划在项目期间可能是适当的，但基于技术的进步，对海底生态系统知识的发展，需要在后续工作中对环境影响评价与环境管理计划进行不断的调整。同时在监管层面，仅依靠ISA法律技术委员会不免加重了其负担，需要担保国及国际环境组织共同努力，在监管职权方面需要作出相应的调整，以确保环境影响评价的有效实施。

五、结　语

当前，对于深海环境影响评价的法规、文件很多，但存在规范笼统或是停留于探索阶段，对于开发阶段环境影响评价制度的建立处于不完善阶段，特别对于环境影响评价国际海底区域环境影响评价制度程序，不能简单定为单线的程序流程。其中如果发生重大环境变化或项目活动的变化，综合各方意见和实际情况可以重新开启环境影响评价，不断循环直至环境影响评价通过，并形成环境管理计划。完善DSM环境影响评价制度程序，不仅需要国际社会的共同努力，还需要各承包商、赞助国的相互配合，建立信息共享平台，完善国际立法，真正实现开发与保护之间的协调发展。

---

〔43〕 Ma W. , Van C. R. , Schott D. , A Numerical Calculation Method of Environmental Impacts for the Deep Sea Mining Industry—A Review, *Environmental Science Processes & Impacts*, 2018, 20 (4).

〔44〕 Jaeckel A. , Deep Seabed Mining and Adaptive Management: The Procedural Challenges for the International Seabed Authority, *Marine Policy*, 2016, 70.

国家管辖范围外区域海洋生物多样性保护法律问题探究

■ 赵　融*　　潘馨雨**

【内容摘要】目前，国家管辖范围外区域海洋生物多样性的养护和可持续利用成为国际海事热点问题。国际组织和论坛通过制定一些政策与法律文件在一定程度上对此问题进行了规制。但是，这些法律文件和国际组织与论坛自身在保护海洋生物多样性方面或多或少都存在一些问题。本文通过分析国际组织和论坛现有政策和梳理现有法律文件，发现国家管辖范围外区域海洋生物多样性保护存在现有法律文件针对性规范不足，对其进行规制的各主体之间缺乏合作与协调等问题。而进一步推动联合国就国家管辖范围以外区域海洋生物多样性的养护和可持续利用问题拟订的新协议的完成和加强海洋保护区的建设，以及以联合国为主导增强各主体之间的合作能够在一定程度上解决国家管辖范围外区域生物多样性保护的法律文件存在的问题。

【关键词】国家管辖范围外　生物多样性　新协议　海洋保护区

1982年颁布的《联合国海洋法公约》确立了领海、专属经济区等制度，将海洋大致划分为国家管辖范围内和国家管辖范围外两个部分，其中国家管辖范围外海域占全球海洋的64%。同时，由于过度捕捞和开采，生物栖息地的污染和破坏，海洋垃圾，气候变化等因素带来的影响，全球海洋生物多样性一直在下降。然而，生物多样性在生态、社会、经济等方面意义重大，与人类的生存环境和全球经济的发展息息相关，人口、资源、粮食、环境和能源等人类社会发展面临的主要问题均需从生物多样性里寻求解决途径。[1]所以国际社会开始重视国家管辖范围外区域海洋生物多样性的养护和可持续利用问题，联合国准备就该问题拟定一份新协议。中国也积极参与联合国关于国家管辖外海域生物多样性养护与可持续利用筹备委员会的相关工作，为此全球性话题作出中国贡献。

一、规制国家管辖外区域海洋生物多样性的现有政策与法律框架

（一）一般原则和政策

1.《关于人类环境的斯德哥尔摩宣言》

于1972年6月举行的联合国人类环境会议达成了《关于人类环境的斯德哥尔摩宣言》，建立了一套改善和保护环境的原则，其中一些原则与保护国家管辖范围外区域生物多样性有关，包括为了全人类的发展，地球上的所有资源都必须通过周密的计划和措

* 哈尔滨工程大学人文学院法学博士，主要研究领域为国际法和海洋法。

** 哈尔滨工程大学人文学院法学硕士研究生。

本文获得中央高校基本科研业务费项目“中国北极安全法律问题研究”（HEUCFP201813）、黑龙江省哲学社会科学规划项目“北极水域航行海事安全法律体系构建及中国参与路径研究”（17FXB07）、黑龙江省哲学社会科学规范项目“极地通航法律问题研究”（16FXB01）基金项目支持。

〔1〕周龙：《论海洋生物多样性的法律保护》，《法治视点》2016年第2期，第121页。

施加以保护[2]，人类对因人类活动而受到影响的野生生物及其栖息地负有特殊的责任[3]，并且国家还应该采取一切方法来防止人类活动对海洋环境带来的污染[4]，在本国境内进行活动时不能对其他国家和国家管辖范围外区域的环境造成损害。[5]这些一般性原则在一定程度上影响了后来的国际环境政策及立法发展。

2.《约翰内斯堡可持续发展宣言》

2002年在南非约翰内斯堡召开了可持续发展问题世界首脑会议，承认世界环境继续恶化，主要表现为：生物多样性不断丧失，鱼类资源进一步减少和气候变化所带来的不利影响等。为了解决这些问题首脑会议通过了《约翰内斯堡可持续发展宣言》和《可持续发展问题世界首脑会议执行计划》。该执行计划指出，为了促进海洋养护和管理，需要在所有各级采取行动，维持重要和脆弱的海洋和沿海地区（包括国家管辖之内和之外地区）的生产力和生物多样性。

（二）具有法律约束力的文书

1.《联合国海洋法公约》

作为海洋法大宪章的UNCLOS在其条款中明确规定了各国有保护和保全海洋环境的一般性义务[6]，并且采取必要措施保护稀有或生态脆弱的生态系统，以及衰竭、受威胁或有灭绝危险的物种和其他形式的海洋生物的生存环境。[7]并且对钻探、挖掘、废物处理等海洋活动进行管控，防止海底活动对海洋动植物造成损害，影响海洋生态环境。[8]在保护公海的海洋生物多样性上，UNCLOS第7部分第2节中规定了公海生物资源的养护和管理，各国应该采取措施对公海领域的生物资源进行养护，必要时应该与其他国家进行合作[9]，这种公海资源的养护不仅包括鱼类等资源，也包括海洋哺乳动物。[10]为了UNCLOS得到更好的执行，联合国海洋法会议于1994年和1995年分别通过了《关于执行〈联合国海洋法公约〉第十一部分的协定》与《执行〈联合国海洋法公约〉有关养护和管理跨界鱼类种群和高度洄游鱼类种群的规定的协定》两个协定。

除此之外，UNCLOS还创设了国际海底管理局、国际海洋法庭和大陆架界限委员会三个相对独立的机构行使管理权和解决争端。[11]其中，国际海底管理局主要管理国际海底勘探和开采工作，通过制定海底开发活动及保护海洋环境所需要的规则、规章和程序

---

〔2〕《关于人类环境的斯德哥尔摩宣言》原则2。
〔3〕《关于人类环境的斯德哥尔摩宣言》原则4。
〔4〕《关于人类环境的斯德哥尔摩宣言》原则7。
〔5〕《关于人类环境的斯德哥尔摩宣言》原则21。
〔6〕《联合国海洋法公约》第192条。
〔7〕《联合国海洋法公约》第194条。
〔8〕《联合国海洋法公约》第145条。
〔9〕《联合国海洋法公约》第118条。
〔10〕《联合国海洋法公约》第120条。
〔11〕刘海江：《国家管辖外生物保护的国际立法研究》，《社会科学战线》2018年第1期，第266页。

以减少海底活动对海洋环境的影响，保护海洋环境。国际海底管理局已经拟定了《“区域”内多金属结核探矿和勘探规章》，并且在条款中明确规定，为了保护和保全海洋环境，承包者在活动时应该提前预防，并采取最佳技术减少活动对海洋环境造成的影响。目前，管理局正在拟订多金属硫化物和富钴壳的探矿和勘探规章。[12]

2. 《联合国生物多样性公约》

各国为了保护生物多样性、持续利用其组成部分以及公平合理分享由利用遗传资源而产生的惠益而达成了 CBD。该公约对国家管辖范围外区域的海洋生物多样性的养护和可持续利用也作出了相关规定。其中，CBD 将对生物多样性的持续利用界定为，指使用生物多样性组成部分的方式和速度不会导致生物多样性的长期衰落，从而保持其满足今世后代的需要和期望的潜力。[13]这一界定为全球可持续开发和利用生物多样性资源制定了一个国际标准。该公约也明确规定缔约国在进行活动时，应该按照《联合国宪章》和国际法原则，防止对国家管辖外区域环境造成损害[14]，特别是在国家管辖范围外区域生物多样性保护问题上要加强国家合作。[15]并且每个缔约国都应该为保护和可持续利用生物多样性资源制定国家战略、计划或方案，这些战略、计划或方案要具有配套的措施。[16]除了法律条文外，CBD 缔约方大会（简称 COP）就国家管辖外区域生物多样性问题进行了多次探讨，并力求在国际、区域、国家层面推动解决该问题。[17]

3. 《经 1978 年议定书修正的 1973 年国际防止船舶造成污染公约》（MARPOL）

MARPOL 主要是通过 6 个附则防止船舶在航行或事故中排放污染物质对海洋环境造成污染，来保护海洋生物多样性。其 6 个附则分别规制了 6 种不同的污染，油污（附则一）；散装有毒液体物质（化学品）（附则二）；海运包装有害物质（附则三）；污水（附则四）；垃圾（附则五）；空气污染（附则六）。值得一提的是，MARPOL 公约按照海洋环境和生态条件的不同，将海洋划成了特殊区域与非特殊区域，在特殊区域中对船舶排放实施更加严格的标准，以保护特殊区域更加脆弱的生态环境，使这些区域的生物多样性得到更高程度的保护。因为这些区域是按照生态环境进行的划分，所以国家管辖范围外区域也会包括在内，如南极地区。

（三）无法律拘束力的文书

1. 《粮农组织负责任渔业行为守则》

该守则建议养护和管理决定要考虑到生物资源及其生境的传统知识以及有关环境、

---

〔12〕 http：//china-isa. jm. chineseembassy. org.

〔13〕《联合国生物多样性公约》第 2 条。

〔14〕《联合国生物多样性公约》第 3 条。

〔15〕《联合国生物多样性公约》第 5 条。

〔16〕《联合国生物多样性公约》第 6 条。

〔17〕 郑苗壮、刘岩、徐靖：《〈生物多样性公约〉与国家管辖范围以外海洋生物多样性研究》，《中国海洋大学学报》（社会科学版）2015 年第 2 期，第 41 页。

经济和社会的因素，通过科学研究调查渔业和生态系统的相互作用。采取的预防方式应适用于目标鱼种、相关鱼种或附属鱼种以及非目标鱼种及其环境的养护，应当研制和使用经选择的环保型捕鱼器具和做法，以便保持生物多样性和养护鱼种数量结构和水产生态系统。海洋生态系统中所有重大的渔业生境都应当加以保护和恢复。

2. 《国际珊瑚礁倡议》

该倡议目的是通过执行《21 世纪议程》第 17 章和其他有关国际公约及协定，各国政府、国际组织和非政府组织结成保护珊瑚礁和有关生态系统的伙伴关系。倡议鼓励各国政府订立并采取综合性沿海管理措施，促进海洋环境的保护，使其免受陆基和海基源的污染，推广无害环境的做法，包括根据情况划分区域，并采取措施防止非法捕鱼作业，实现可持续捕鱼和保护支持渔业的生态系统。〔18〕

二、管理国家管辖外区域海洋生物多样性的国际组织与论坛

（一）联合国大会

多年来，联合国大会及其相关机构通过了许多涉及海洋环境和生物多样性的决议与决定，并通过非正式协商进程和非正式特设工作组等方式，探讨了包括国家管辖范围以外区域的海洋生态系统和生物多样性的养护与可持续利用问题。

1. 非正式协商进程

1999 年 11 月 24 日，联合国大会第 54/33 号决议决定每年开展海洋事务和海洋法问题不限成员名额的非正式协商进程，以便利联合国大会有效地、建设性地研究审查海洋事务的全面发展情况。非正式协商进程为联合国大会在保护海洋生物多样性上作出了重要贡献，例如 2002 年，在非正式协商进程第 3 次会议（A/57/80）建议和《约翰内斯堡执行计划》的基础上，联合国大会在其第 57/141 号决议中呼吁各国制定国家、区域和国际方案，遏制海洋生物多样性的消失，特别是脆弱生态系统的消失，并呼吁发展各种方法和工具，包括生态系统方法，建立符合国际法并以科学知识为基础的海洋保护区。决议还鼓励有关国际组织紧急审议如何在 UNCLOS 框架内以科学方式统筹并改善对海山及其他水下地貌的海洋生物多样性所面临的风险的管理。

2. 非正式特设工作组

根据联合国海洋问题非正式协商进程第 5 次会议有关建议，2004 年联合国大会第 59/24 号决议决定设立不限成员名额非正式特设工作组，研究与国家管辖范围以外区域的海洋生物多样性的养护和可持续利用有关的问题，内容包括：（1）了解联合国和其他相关国际组织过去和现在就国家管辖范围以外区域的海洋生物多样性的养护和可持续利用问题进行的活动；（2）审查这些问题的科学、技术、经济、法律、环境、社会经济及

〔18〕 赵伟：《养护和可持续利用海洋生物多样性的国际法律框架》，《中国海洋大学学报（社会科学版）》2008 年第 1 期，第 10 页。

其他方面；（3）查明关键问题，对其进行更详尽的背景研究以有助于各国审议这些问题；（4）酌情提出可用于促进国际合作和协调，养护和可持续利用国家管辖范围以外区域的海洋生物多样性的办法和方法。

（二）《生物多样性公约》缔约方大会

CBD 的最高权力机构是由批准该公约的国家（含地区经济一体化组织）组成的缔约方大会（简称 COP）。2004 年 2 月在马来西亚吉隆坡召开的缔约方大会第 7 次会议讨论的一个重要方面是国家管辖范围以外区域生物多样性的养护和可持续利用问题。最终作出的决定涉及该问题的若干方面：（1）国家管辖范围以外的海洋保护区；（2）国家管辖范围以外深海底基因资源的养护和可持续利用；（3）国家管辖范围以外一般生物多样性的养护和可持续利用。缔约方会议在第 VII/5 号决定中指出，国家管辖范围以外区域的生物多样性面临着越来越大的风险，而这些地区的海洋保护区在目的、数目和覆盖范围方面都存在非常严重的欠缺。缔约方会议同意应立即开展国际合作，采取行动，改善国家管辖范围以外区域生物多样性的养护和可持续利用，包括根据国际法和科学信息建立更多的海洋保护区，将海底山脉、热液喷口、冷水珊瑚和其他脆弱的生态系统纳入其中。

（三）其他有关国际组织与论坛

1. 联合国环境署

联合国环境规划署的各种区域海洋方案，是在区域层面实施有关生物多样性公约的主要机制，包括《生物多样性公约》《濒危野生动植物种国际贸易公约》《养护移栖物种公约》《保护世界文化和自然遗产公约》等。目前共有 18 个区域海洋方案，其中 14 个方案由具有法律约束力的文书管制，重点是环境评估、管理、立法以及管理海洋和沿海环境的体制和财务安排。相关的区域海洋方案活动还包括建立区域海洋保护区网络等。此外，环境规划署与全球环境基金合作实施大型海洋生态系统项目；与政府间海洋学委员会合作实施海洋环境全球科学方案，特别是建立和实施全球海洋观测系统，地区包括地中海、印度洋、西太平洋和西北太平洋。

在环境规划署区域海洋地区中，《地中海行动计划》涵盖地中海公海地区。《地中海行动计划》由下列文书组成的一套法律框架提供支助：《巴塞罗那公约》以及处理具体环境问题的六项议定书，包括 1995 年《关于地中海特别保护区和生物多样性的议定书》，这项议定书取代了 1982 年《关于地中海特别保护区的议定书》。这项新的议定书向前迈出了一大步，对“地中海重要的特别保护区”作出了定义。这些保护区的部分或全部界线可能会超出有关国家的管辖水域，为地中海公海海洋保护区建立法律框架，从而可以养护外海和深海物种和生境。这是国际法中明文规定设立公海保护区的第一项具有约束力的文书。

2. 粮农组织

粮农组织通过实施 1995 年《负责任渔业行为守则》（以下简称《行为守则》），推动养护和可持续利用国家管辖范围以外的海洋生物多样性。《行为守则》为在国家管辖范围内外养护、管理和利用渔业提供了一个广泛而全面的框架。实施《行为守则》的一个重要方面是在守则的框架内制订相关的国际行动计划和战略，从渔业养护与管理的各个方面，在体制上加强发展中国家的人力资源发展，以便通过针对需要特别关注的特殊管理方面来增强渔业养护和管理。

3. 国际海事组织

国际海事组织已开展的一项工作是为航运给海洋环境和海洋生物资源带来风险的划定区域制定特别保护措施。2001 年，国际海事组织大会第 A. 927（22）号决议通过了“划定特殊区域的指导方针”。特别区域的定义是“由于公认的生态、社会经济或科学原因，需采取行动进行特殊保护，并且容易受到海上活动破坏的海区”，包括国家管辖外海域。

4. 保护东北大西洋海洋环境委员会

保护东北大西洋海洋环境委员会于 2000 年设立了生物多样性委员会，以便利执行委员会《关于保护和养护海洋地区生态系统和生物多样性战略》。2003 年，在生物多样性委员会之下设立了两个新的小组——海洋保护区、物种和生境问题工作组以及人类活动对环境影响问题工作组。生物多样性委员会负责制订控制人类活动的计划和方案，它可以强制规定各项措施，针对具体地点或特定物种实施保护、养护、恢复或者预防性措施。在一定程度上减缓了东北大西洋海洋生物多样性压力。

三、国家管辖范围外区域海洋生物多样性保护存在的问题

（一）国家管辖范围外区域生物多样性的针对性规范不足

作为海洋大宪章的 UNCLOS 虽然为全球海洋活动和海洋立法构建了大框架，并将国家管辖范围外区域国际海底区域视为“人类共同遗产”[19]，在规制时将生物资源排除在外[20]，仅仅关注特种海洋生物[21]，没有对国家管辖范围外区域海洋生物多样性的保护制定具体适当的制度。[22]就保护全部海洋环境而言，UNCLOS 只是规定了缔约国有一般性义务，没有规定这些义务该如何履行，更具体的方案还得依靠缔约国制定。而针对生物多样性进行保护的 CBD 只能对缔约国在国家管辖范围外区域的过程和活动进行规制[23]，没有针对生物多样性本身，除此之外在该地域没有其他管辖权。同样，CBD 的

〔19〕 李洁、张湘兰：《国家管辖外海域生物多样性保护国际法规范的完善》，《中国海商法研究》2016 年第 2 期，第 27 页。

〔20〕 何志鹏：《在国家管辖外海域推进海洋保护区的制度与发展前瞻》，《社会科学》2016 年第 5 期，第 102 页。

〔21〕 刘海江：《国家管辖外生物保护的国际立法研究》，《社会科学战线》2018 年第 1 期，第 268 页。

〔22〕 Kamrul Hossain, Kathleen Morris. Protecting Arctic Ocean Marine Biodiversity in the Area Beyond National Jurisdiction.

〔23〕《联合国生物多样性公约》第 4 条。

执行要依靠缔约国制定具体的战略和措施，不同国家对海洋的态度大相径庭，有些国家就算制订了保护生物多样性的战略计划，该计划也只是众多战略计划中的边缘部分。〔24〕虽然 MARPOL 公约中的特殊区域会涵盖国家管辖范围外区域，但它对生物多样性的保护只能起到防止船舶污染的作用，对其他造成生物多样性压力的因素，如过度捕捞、气候变化等不能进行规制。

其他法律文件或多或少对国家管辖范围外区域生物多样性保护进行了规制，但是并没有对该问题给予足够重视，在区域内就该问题形成多边条约。〔25〕

（二）各管理主体之间缺乏合作与协调

在国家管辖范围外生物多样性保护问题上，有众多组织对其进行管制，但是这些组织之间很少进行合作协调。大部分与国家管辖外海域生物多样性保护相关的实践分别由不同组织在其负责的有限范围内单独进行。〔26〕在国际政府组织层面，除了制定 UNCLOS 和 CBD 的联合国大会，联合国粮食与农业组织、联合国环境规划署、联合国开发计划署、国际海事组织、国际捕鲸委员会、国际海底管理局与粮农组织区域渔业机构等机构也对该问题进行了规制。在区域层面上，各大海域的渔业管理组织，通过对渔业资源的可持续开发进行管理，保护海洋生物多样性，如东北大西洋渔业委员会、西北大西洋渔业组织、东南大西洋渔业组织、地中海渔业总委员会等。除此之外，欧盟等区域间政府组织对国家管辖范围外区域生物多样性问题也进行了探讨。国际非政府组织层面，有全球环境研究所、世界自然保护联盟等关注环境与生物物种保护的非政府组织。但是，这些组织在行动时缺乏交流与合作，例如联合国设置的国际海底管理局、国际海事法庭与大陆架界限委员会三个机构，这三个机构分别承担了不同的责任，在行动时是相互独立的。〔27〕而在联合国第 64 届大会上，联合国也认识到了在管理海洋生物多样性上，存在组织和机构众多的问题。〔28〕而这些机制各行其是，可能会造成制度浪费或者制度冲突。〔29〕

四、国家管辖范围外海洋生物多样性保护问题的解决方案

（一）进一步推动联合国新协议的完成

---

〔24〕 Ricardo Aguilar, Allison L. Perry: Conservation and Management of Vulnerable Marine Benthic Ecosystems. *Marine Animal Forests*. 2017.

〔25〕 刘海江：《国家管辖外生物保护的国际立法研究》，《社会科学战线》2018 年第 1 期，270 页。

〔26〕 李洁、张湘兰：《国家管辖外海域生物多样性保护国际法规范的完善》，《中国海商法研究》2016 年第 2 期，第 27 页。

〔27〕 刘海江：《国家管辖外生物保护的国际立法研究》，《社会科学战线》2018 年第 1 期，第 268 页。

〔28〕 林新珍：《国家管辖范围外区域海洋生物多样性的保护与管理》，《太平洋学报》2011 年第 19 期，第 100 页。

〔29〕 何志鹏：《在国家管辖外海域推进保护区的制度反思与发展前瞻》，《社会科学》2016 年第 5 期，第 103 页。

联合国已经认识到了现有政策与法律框架在国家管辖范围外生物多样性方面存在的不足，在2004年成立“国家管辖范围外海域生物多样性养护和可持续利用问题不限成员名额非正式特设工作组”（以下简称特设工作组），探讨国家管辖外生物多样性的养护和可持续利用问题。[30]

特设工作组至今召开了9次会议，主要讨论了现存法律框架下法律规范不足及管理机制落后的问题，这一问题能否通过在《联合国海洋法公约》的框架下建立一个专门协定来解决。联合国大会于2015年6月通过了69/292号决议，决定根据《联合国海洋法公约》的规定就国家管辖范围以外区域海洋生物多样性的养护和可持续利用问题拟订一份具有法律约束力的国际文书，以保护海洋生物多样性，并为此设立一个筹备委员会，筹备委员会应竭尽一切努力以协商一致的方式就实质性事项达成协议。[31]2017年12月的第72届联合国大会决定召开一次政府间会议，审议筹备委员会关于该协议的建议，以尽早制订该文书。[32]

虽然联合国极力促进新协议的制订，但是在实际情况中，新协议的制订存在重重困难。新协议想要解决现如今国家管辖范围外区域生物多样性存在的问题，必须依靠国家之间的合作与协调。但是，不同国家有不同的国家利益，国家对海洋的需求也不尽相同，这些不同的利益需求增加了新协议制订的难度和时间。有些国家和地区因其国家利益坚持“公海自由”原则，认为国家管辖范外区域资源由人类共同所有，先到先得。有些国家和地区则坚持将国家管辖范围外区域进行利益划分，利用其技术优势对其进行开发。如何找到国家利益之间的平衡就成为了新协议制订的重点，如果各国不进行协商和让步，也许新协议会就此搁置。

就新协议的制订目的和现阶段成果来看，若新协议能够顺利制订，则会解决国家管辖范围外区域的管辖权不足问题。筹备委员会确定了未来条约的四个核心问题，包括：海洋遗传资源（包括惠益分享问题）、环境影响评估、基于地区的管理工具（包括海洋保护区）以及能力建设和技术转让，对海洋生物多样性重点问题进行了规制。鉴于法律的滞后性和飞速发展的科技，新协议在制订时应该考虑到将一些环境与海洋法的相关原则，例如事先预防原则、生态系统方法原则、区划管理原则等融入具体的条约中，防止过一段时间后出现法律条文不再适用的情况，降低新协议的效力。

（二）加强保护区的建设

在广阔的国家管辖范围外区域，不少地区因其生态或生物的多样性和脆弱性而值得被特殊对待，这些地区往往是保护生物多样性的重要区域，若是不通过某种管理工具进

〔30〕 Rachel Tiller，Elizabeth Nyman，“Ocean plastic and the BBNJ treaty-is plastic frightening enough to insert itself into the BBNJ treaty，or do we need to wait for a treaty of its own”，*Journal of environmental Studies and Sciences*，2018. 5.

〔31〕 A/RES/69/292. http：//www. un. org/zh/ga/69/res/all1. shtml.

〔32〕 A/RES/72/249. http：//www. un. org/zh/documents/view_ doc. asp？ symbol = A/RES/72/249.

行描述或标识，这些地区也许不会被重视。而建立海洋保护区（简称 MAPs）能让这些区域更加明晰和确定，更有利于保护濒危物种、稀有物种以及具有较高物种丰富度或较多特有种的生境或生态系统。[33]

关于建立 MAPs 问题，已经得到了国际社会的重视。2002 年，在南非召开的“世界可持续发展峰会”作出了到 2012 年之前建立起一个具有代表性的 MAPs 网络的承诺，2004 年 CBD 达成了关于在 2012 年之前形成一个 MPAs 网络的坚定承诺。不同组织都对建立 MAPs 做出了努力，如国际海事组织（IMO）建立了特别敏感海域（PASS）制度，其目的是维护在生态、社会经济、科学特征等方面具有特殊意义的区域，通过在立法时对该区域实行更加严格的标准来保护该区域的生态环境和生物多样性不受船舶的污染或影响。2005 年 IMO 通过有关 PASS 鉴定和指定的最新指南，在指南中规定了建立 PASS 的最新标准，包括：生态学标准，社会、文化和经济标准，科学和教育学标准等条件，同时还考虑船舶交通特性、自然因素等信息。但是，在 MAP 发展过程中依然存在一些问题，如 MAP 作为一种保护海洋生态环境的工具，其使用最终还是要依靠国家实施，国家是否遵循这些规则中的保护手段完全取决于国家自身的意愿。[34]所以在加强 MAP 建设时要重视区域性组织、非政府间组织和利益相关方的作用，如南印度洋的 MAPs 的建设是由深海渔民协会（由四个从事深海拖网的公司组成）和国际自然保护联盟合作完成的，双方还就在可持续发展深海鱼类方面的共同利益签订了协议，以减少对鱼类及其他生物的捕捞来保护该地区的生物多样性。

CBD 已经认识到了自身在国家管辖范围外区域生物多样性保护方面存在的不足，并不断作出改进，力求在国际、区域和国家层面推动解决国家管辖范围以外海洋生物多样性问题。[35] CBD 为在响应 2012 年之前在全球建立 MAPs 网络的计划，在 2008 年第 9 届缔约方大会上通过了符合具有重要生态或生物学意义海洋区域（简称 EBSAs）的标准。近年来，CBD 缔约国大会不断重申 CBD 在国家管辖范围外海域保护区问题上的科学和技术支持作用，进一步明确描述 EBSAs 标准的工作仅仅是科学和技术性质，对发现符合该标准的区域可能需要采取增强型保护和管理措施。[36]到目前为止，全球范围内举办了 12 次 CBD 科学区域研讨会，以描述符合 EBSAs 标准的领域。如今，CBD 秘书处已经完成了 207 处符合 EBSAs 标准的海域的描述工作，其中有 74 处涉及国家管辖范围外海域，

---

〔33〕 林金兰、陈彬、黄浩等：《海洋生物多样性保护优先区的确定》，《生物多样性》2013 年第 1 期，第 44 页。

〔34〕 何志鹏：《在国家管辖外海域推进保护区的制度反思与发展前瞻》，《社会科学》2016 年第 5 期，第 103 页。

〔35〕 Daniela Diz：Marine Biodiversity：Opportunities for Global Governance and Management Coherence. Handbook on Marine Environment Protection.

〔36〕 郑苗壮、刘岩、徐靖：《〈生物多样性公约〉与国家管辖范围以外海洋生物多样性研究》，《中国海洋大学报》（社会科学版）2015 年第 2 期，第 41 页。

相关描述工作涉及太平洋、大西洋、印度洋和北冰洋，覆盖面积达到全球海洋面积的90%。

在此背景下，CBD保护区特设工作组邀请一组专家整理现有的栖息地标准，并制定一套标准，包括：生物或者生态环境具有独特性或稀有性；该区域对物种的生活史阶段特别重要；该区域对受威胁，濒危或衰退的物种或栖息地的重要性；该区域具有脆弱性、敏感性或者缓慢能力弱、不易恢复和该地区的生物生产力、生物多样性等。这一标准与IMO的PASS标准非常相似，可以通过分析航运活动对EBSAs的影响以及EBSAs的脆弱性，为IMO提供新的PSSA和相关的保护措施。具体来说，EBSAs信息有助于国家或组织对“特殊海域”采用特定的保护和管理措施，以便长期保护和可持续利用海洋生物多样性。

毋庸置疑，无论是IMO的PASS还是CBD的EBSAs，它们的确定都会帮助国际社会进一步保护国家管辖范围外海域生物多样性，在联合国正在筹备的新协议中，已经确定了将海洋保护区作为核心问题进行对待，不少国家也对此投入资金和技术积极参与对国家周边海域进行符合标准的描述。虽然海洋保护区制度还在不断建设和修正，但是已经能够预料到其对海洋环境保护所带来的改善，所以加强海洋保护区的建设对保护海洋生物多样性具有重要意义。

（三）加强组织和机构在各个层面上的合作以联合国为主导

联合国作为最具权威性的国际组织，在保护海洋生物多样性上进行了不断的探索。每年联合国大会都会通过与海洋环境有关的决议，例如2017年通过的71/312号决议，坚定承诺保护和可持续利用海洋与海洋资源，以促进可持续发展；2015年通过的70/235号决议，强调必须加强主管国际组织的能力，在全球、区域、次区域和双边各级，通过与各国政府的合作方案，协助发展在海洋科学以及可持续管理海洋和海洋资源方面的国家能力，关切某些人类活动对海洋环境和生物多样性，特别是对包括珊瑚礁、冷水生境、热液喷口和海底山脉在内的脆弱海洋生态系统及其实体和生物结构造成的严重有害影响，等等。[37]这些决议由联合国大会通过，对与会国具有一定的效力，而这些与会国占全球国家的绝大多数，所以其他组织或机构在讨论相关问题时要对这些决议给予重视。

同时，也不能忽视区域机构对保护海洋生物多样性所作出的努力，因为区域机构内往往拥有更多的共同利益，也更利于从需要规制的区域环境出发，制定的相关规则或措施更符合该区域的生态环境并且能够得到更好的贯彻执行。全球海洋委员会也在2015年《从衰退到复苏：拯救全球海洋的一揽子计划》中提及了一系列的合作，包括加强海军、渔业执法、警察、军事等机关和各区域性机构之间的合作。但是，国家管辖范围外区域海洋生物多样性保护问题是一个全球性问题，因此在加强组织和机构的合作时必须

〔37〕 http：//www. un. org/zh/ga/documents/gares. shtml.

要重视联合国的作用。

海洋生态系统的脆弱已经成为亟须解决的问题，环保部门与其他海洋活动管理部门之间的合作应成为统一立法进程中需要设置的必要制度。[38]加强这些组织和机构在各个层面上的合作是协调管理国家管辖范围以外区域各种活动，进而促进海洋生物多样性养护和可持续利用的基本条件。

五、结 语

随着人类的脚步越来越深入海洋，国际社会对海洋环境也就越来越重视，其中国家管辖范围外区域海洋生物多样性保护问题成为国际热点问题。但对该问题进行规制的政策和法律框架存在着针对性规范不足和主体之间缺乏合作等问题。解决这些问题的方案，国际社会也作出了很好的探索。进一步推进新协议和海洋保护区的建设可以解决针对性规范不足问题，加强各主体之间的合作是促进海洋生物多样性养护和可持续利用的基本条件。

中国非常重视海洋生态环境的保护，积极参与了联合国关于国家管辖外海域生物多样性养护与可持续利用筹备委员会的相关工作，并且不断积累关于公海保护区的数据，加强了海洋保护区建设，新建了多个国家级海洋自然保护区和海洋特别保护区[39]，通过不断提升自身实力增加在国际海事上的话语权，以应对国际海洋局势和秩序可能产生的变化。同时，中国将在 2020 年举办 CBD 第 15 次缔约方大会，为推动全球生物多样性保护这一共同目标的实现作出贡献。

---

〔38〕 刘海江：《国家管辖外生物保护的国际立法研究》，《社会科学战线》2018 年第 1 期，第 269 页。

〔39〕 银森录、郑苗壮、徐靖等：《〈生物多样性公约〉海洋生物多样性议题的谈判焦点、影响及我国对策》，《生物多样性》2016 年第 7 期，第 860 页。